Helmut Pauls
Klinische Sozialarbeit

W0293270

Grundlagentexte
Soziale Berufe

Helmut Pauls

Klinische Sozialarbeit

Grundlagen und Methoden psycho-sozialer Behandlung

2., überarbeitete Auflage 2011

Juventa Verlag Weinheim und München

Der Autor

Helmut Pauls, Jg. 1952, Dr. phil., Dipl.-Psych. und Psych. Psychotherapeut ist Professor für Handlungslehre der Sozialen Arbeit und Psychologie an der Hochschule Coburg.

Er entwickelte den ersten deutschen Masterstudiengang in Klinischer Sozialarbeit, der heute von der Hochschule Coburg in Zusammenarbeit mit der Alice Salomon Hochschule Berlin und internationalen Kooperationspartnern durchgeführt wird. Von 1994 bis 2007 leitete er das „IPSG-Institut für Psycho-Soziale Gesundheit", Wissenschaftliche Einrichtung an der Hochschule Coburg.

Bibliografische Information der Deutschen Nationalbibliothek

Die Deutsche Nationalbibliothek verzeichnet diese Publikation in der Deutschen Nationalbibliografie; detaillierte bibliografische Daten sind im Internet über http://dnb.d-nb.de abrufbar.

1. Auflage 2004
2., überarbeitete Auflage 2011

Das Werk einschließlich aller seiner Teile ist urheberrechtlich geschützt. Jede Verwertung außerhalb der engen Grenzen des Urheberrechtsgesetzes ist ohne Zustimmung des Verlags unzulässig und strafbar. Das gilt insbesondere für Vervielfältigungen, Übersetzungen, Mikroverfilmungen und die Einspeicherung und Verarbeitung in elektronischen Systemen.

© 2004 Juventa Verlag Weinheim und München
Umschlaggestaltung: Atelier Warminski, 63654 Büdingen
Umschlagabbildung: Luke Golobitsh, Bonn
Printed in Germany

ISBN 978-3-7799-0738-1

Vorwort zur zweiten Auflage

Die Klinische Sozialarbeit hat seit der Erstauflage dieses Buches im deutschsprachigen Raum eine erfreuliche Entwicklung genommen. An Hochschulen, in der Berufpraxis, bei Trägern und Einrichtungen, im Rahmen von Veröffentlichungen und Forschungsprojekten und auch auf verbandlicher und institutioneller Ebene gibt es inzwischen viele Fachkräfte, die sich mit dieser Fachsozialarbeit befassen und sie vertreten. Der seit 2001 an der Hochschule Coburg laufende berufsbegleitende Masterstudiengang Klinische Sozialarbeit, der seit 2003 in Kooperation mit der Alice Salomon Hochschule Berlin durchgeführt und weiter entwickelt wird, steht inzwischen in einer Reihe von vergleichbaren Studiengängen in Deutschland, Österreich und der Schweiz. Auch Bachelor-Profile wenden sich klinischen Spezialisierungen zu. Auch in konsekutiven Masterstudiengängen hat die Klinische Sozialarbeit Fuß gefasst, so z. B. als Vertiefung im konsekutiven Masterstudiengang Soziale Arbeit in Coburg.

Diese erfreulichen Entwicklungen der Klinischen Sozialarbeit dürfen aber nicht darüber hinweg täuschen, dass der Weg der Profession nach wie vor auch mühsam und offen ist. Die Bemühungen um die Weiterentwicklung unterlagen in den vergangenen Jahren immer wieder einem situationsbedingten Ungleichgewicht, in dem die professionsbezogenen Aspekte der Auseinandersetzungen die fachliche Entwicklung in den Hintergrund zu drängen drohten.

Auch in dieser zweiten überarbeiteten und ergänzten Auflage konzentriere ich mich konsequent auf die inhaltliche Entwicklung in Theorie und Methodik. Im Fokus der Überarbeitung standen eine teilweise Neustrukturierung des Textes, die Aktualisierung der Fachliteratur sowie zahlreiche inhaltliche Ergänzungen und Veränderungen. Unter anderen betreffen diese Überarbeitungen die Themenbereiche der Geschichte der Klinischen Sozialarbeit, der bio-psycho-sozialen Integration, der Dimensionen psychosozialer Beratung und Behandlung (Setting und Aufgabenorientierung), der psycho-sozialen Diagnostik (Ergänzungen und Neustrukturierung des Kapitels), der psycho-sozialen Beratung (Erweiterung um bestimmte Ansätze), der Sozialen Therapie (spezifische Erweiterungen), der Rolle der Psychotherapie (u. a. Kinder- und Jugendlichenpsychotherapie).

Auch anlässlich dieser zweiten Auflage bin ich dankbar für die Unterstützung meiner Freunde, Kollegen, Mitarbeiter und Studierenden. Besonders danke ich Michael Reicherts, Brigitte Geissler-Piltz, Silke Gahleitner, Peter Dentler, Günter Zurhorst, Gernot Hahn, Uwe Klein, Frederik Mac-Donald, Wolfgang Rutz, Manfred Oster. Dieter Henning danke ich für bereichernde Gespräche „über den Horizont hinaus". Den Studierenden an der Hochschule Coburg und der Alice Salomon Hochschule Berlin, die in meinen Seminaren engagiert mitgearbeitet haben und durch kritische Diskussionen zur Weiterentwicklung trieben und im Rahmen der Klinischen Sozialarbeit ihre Master-, Diplom- oder Bachelorarbeiten geschrieben haben, danke ich ebenfalls sehr. Immer wieder habe ich mich in dieser Neuauflage auch auf die Ergebnisse dieser Forschungsprojekte und Beiträge stützen können.

Coburg, im Oktober 2010
Helmut Pauls

Inhalt

1. Unterwegs zur klinischen Fachsozialarbeit

Die Veränderungen der Gesellschaft bedeuten für viele Menschen Unsicherheit und Orientierungslosigkeit und schlagen sich in vielfältigen sozialbedingten und sozialrelevanten Gesundheitsproblemen nieder. Wer nicht über die notwendigen konstitutionellen, psychischen, sozialen und/oder materiellen Ressourcen verfügt, die Herausforderungen der „Modernisierung" zu bewältigen, ist ohne professionelle Hilfe den Zufällen seiner Lebenssituation und der sozialen Wandlungen ausgeliefert. Viele Menschen erleben ihre Partizipationsmöglichkeiten eingeschränkter als früher, bei gleichzeitig großer Ausweitung der Verhaltens- und Kommunikationsmöglichkeiten (Mobilität, Internet). Die technologisch und ökonomisch bestimmten und verrechtlichten Lebensbedingungen schieben die Technisierung der Medizin in den Vordergrund der Krankenbehandlung und machen das ökonomisch ausgerichtete Sozialmanagement zum tragenden Faktor der Sozialsysteme. Diese Situation geht nicht selten mit Sprachlosigkeit der Menschen in Bezug auf die soziale und emotionale Bedeutung des Geschehens einher. Natürliche Sozialbeziehungen erodieren und zerbrechen, nicht wenige Kranke und ihre Angehörigen, insbesondere sozial und ökonomisch benachteiligte, fühlen sich und sind überfordert. Die Forschung belegt eindrücklich, dass psycho-soziale Faktoren einen hochbedeutsamen Einfluss auf die Entwicklung der körperlichen und psychischen Gesundheit haben (vgl. z.B. Waller 2003, Sting & Zurhorst 2000). Psychosoziale Faktoren haben sogar einen bedeutsameren präventiven oder aber schädigenden Einfluss auf die Gesundheitsentwicklung als körperliche Faktoren (vgl. Mannheimer Risikokinder Studie, Laucht et al. 2000). Angesichts erschreckender Entwicklungen im Bereich psychischer und psycho-sozialer Störungen und Problemlagen stellt sich heute in unserer Gesellschaft in verschärfter Weise die Frage nach der Angemessenheit der historisch gewachsenen professionellen Hilfssysteme.

Die Rolle der sozialen Ebene muss sowohl im Hinblick auf die Behandlungsperspektive als auch im Hinblick auf die Gesundheitsförderung (Wettstein 2008, WHO 2006) neu bestimmt werden, und zwar in den verschiedensten Sektoren des Erziehungs-, Sozial- und Gesundheitswesens. Die generalistisch orientierte Sozialarbeit ist aufgrund dieser Entwicklungen an Grenzen gestoßen.[1] Sie ist notwendiger denn je, hat sie doch die Aufgabe,

1 Zur Diskussion um das berufliche Selbstverständnis siehe z. B. Klüsche (1994, 1999). Mühlum (2001)

einen Verbund institutionalisierter Lebenslagen und Hilfestrukturen für Menschen zu schaffen, die im Modernisierungsprozess bereits zu Schaden gekommen sind. Doch bei den gesundheits- und krankheitsbezogenen Aufgabenstellungen im Sozial-, Gesundheits-, Erziehungs- und Justizwesen wie in der Wirtschaft konfrontieren die schwierigen Problemlagen der Klienten[2] die Profession mit spezifischeren Anforderungen an Wissen und methodischer Kompetenz[3]. Die Entwicklung der Klinischen Fachsozialarbeit (Geissler-Piltz, Mühlum & Pauls 2005, Hahn & Pauls 2008, Ortmann & Röh 2008, Schaub 2008, Hahn 2010) steht in diesem Kontext und ist die Antwort der Profession auf die Tatsache, dass in vielen Arbeitsfeldern zunehmend seelisch stark gefährdete, chronisch kranke und mehrfach belastete Menschen den Schwerpunkt des Klientels bilden. Sie markiert einen Anspruch auf professionelles *Expertentum* (vgl. Giddens 1995) als „Fachsozialarbeit" (Mühlum 2002, 2000) für soziale Beratung, Behandlung und Intervention[4]. Sie hat sich im vergangenen Jahrzehnt im deutschsprachigen Raum in etabliert, so dass Schaub (2008, 18) zu Recht feststellt, dass die „Zeit der grundsätzlichen Legitimation dieser Fachsozialarbeit der Vergangenheit" angehöre.

1.1 Zur Geschichte der Klinischen Sozialarbeit

Nachdem 2001 die Hochschule Coburg mit dem ersten Masterstudiengang in Klinischer Sozialarbeit startete und diesen seit 2003 erfolgreich in Kooperation mit der Alice-Salomon Hochschule durchführt und weiter entwickelt, werden entsprechende Studiengänge inzwischen an weiteren Hochschulstandorten in Deutschland, Österreich und der Schweiz angeboten, sogar klinisch spezialisierte Bachelorstudiengänge werden entwickelt. Die Sektion Klinische Sozialarbeit in der Deutschen Gesellschaft für Soziale Arbeit (DGS) und das Kuratorium der Zentralstelle für Klinische Sozialarbeit (ZKS; http://www.klinische-sozialarbeit.de) haben entlang des Qualifikationsrahmens für Deutsche Hochschulabschlüsse und des Qualifikationsrahmens Soziale Arbeit (Beschluss des Fachbereichstags Soziale Arbeit vom 31.05.2006) Standards der professionellen Kompetenz in Klinischer Sozialarbeit für die Berufspraxis entwickelt und in der seit 2004 bestehenden Fachzeitschrift ‚Klinische Sozialarbeit – Zeitschrift für psycho-soziale Forschung und Praxis' veröffentlicht (Pauls & Gahleitner 2008).

Mit der im Dezember 2007 erfolgten Gründung des ‚European Centre for Clinical Social Work' (ECCSW; http://www.eccsw.eu) wird die Einbin-

---

2 In der Regel sind stets beide Geschlechter gemeint, auch wenn aus stilistischen Gründen im weiteren Text meist nur eines verwendet wird.

3 Vgl. Wohlfahrtswerk für Baden-Württemberg & Paritätischer Wohlfahrtsverband (Hrsg.) (1998). Sonderheft „Klinische Sozialarbeit".

4 Zur Problematik der Bestimmung der spezifischen Expertise Sozialer Arbeit siehe Kleve & Ortmann (2000, 115), zum methodischen Handeln Ansen (2000).

dung interessierter Praktiker, Hochschullehrer und Verbände auch auf nationaler und internationaler Ebene ermöglicht. Diese Initiative soll einen Zuwachs an Qualitätssicherung und einen wachsenden Austausch zwischen Wissenschaft, Hochschule und Praxis befördern, in der klinisch-sozialarbeiterischen Fachkräften nicht nur eine fachliche Zugehörigkeit finden, sondern in der ihnen auch Möglichkeiten zur weiteren Entfaltung ihrer Kompetenzen offen stehen. Symbolisiert mit dieser Gründung des ECCSW wird der Aufbau der Klinischen Sozialarbeit in Europa. Beispielhaft sind Entwicklungen in der Schweiz (Hüttemann, Fetscher & Leuthold 2007), in der besonders die Fachhochschule Nordwest Schweiz in Olten aktiv ist (u. a. mit einem „Master of Advanced Studies“ in Klinischer Sozialarbeit und in enger Kooperation mit der Hochschule Coburg und der Alice-Salomon Hochschule Berlin) und Österreich (Ortmann 2010; Wilfing 2007, u. a. Masterstudiengang an der Campus Hochschule Wien; Höllmüller 2009, 2010).

Eine Anzahl von Veröffentlichungen hat die Profilierung der Klinischen Sozialarbeit vorangetrieben[5], auch wenn Ortmann und Röh (2008, 10) zuzustimmen ist, dass es im Hinblick auf „entwickelte Theorien und Praxeologien klinischen sozialarbeiterischen Denkens und Handelns“ noch viel zu tun gibt. Auch Sommerfeld (2009) betont, dass die Soziale Arbeit „erhebliche Entwicklungsanstrengungen unternehmen“ müsse, um „die soziale Dimension psychischer Krankheit und Gesundheit professionell ausfüllen zu können, und um damit als Institution, und das heißt auf professioneller Augenhöhe, anerkannt zu werden“.

Der Begriff *clinical social work* (CSW) trat in den USA gegen Ende der 1960er, Anfang der 1970er Jahre in den professionellen Sprachgebrauch ein. *Clinical social work* wurzelt methodisch im Ansatz des *casework* der 1920er Jahre. Mary Richmond lenkte die Aufmerksamkeit auf die Person-in-der-Umgebung (person-in-environment) als Fokus, ein Motiv, das später in dem Begriff des „psycho-sozialen Menschen“ (Turner 1979) ebenfalls auftauchte (vgl. Brandell 1997, Richmond 1922). Einen wichtigen Beitrag zur historischen Identität der Clinical Social Work in den USA leistete die „funktionale“ Schule des US-amerikanischen *social casework*, mit ihren Begründerinnen Virginia Robinson (Robinson veröffentliche 1930 „A Changing Psychology of Social Work“) und Jessie Taft sowie deren Mentor Otto Rank (weitere Ausführungen hierzu siehe unten Kapitel: „Die erfahrungsorientierte Perspektive“). Edith Abbott – Professorin an der University of Chicago – verwendete wohl als erste den Begriff im Jahre 1931. Bald wurde der Begriff *clinical social work* in der amerikanischen Sozialarbeit populär und es machten sich mehr und mehr Sozialarbeiter/-innen selbstständig. Es entstanden Initiativen zur Schaffung eigener Berufsvereinigungen für im klinischen Bereich

5 Vgl. Themenheft „Klinische Fachsozialarbeit – State of the Art 2010“ in „Klinische Sozialarbeit. Zeitschrift für Psychosoziale Praxis und Forschung“, 2010, 6. Jg., Heft 3.

arbeitende Sozialarbeiter. 1971 wurde die National Federation of Societies for Clinical Social Work (NFSCSW) gegründet. 1978 erfolgte schließlich die Anerkennung der *clinical social work* durch die National Association of Social Work als eigene spezialisierte Profession. Die NSFCSW änderte ihren Namen und wurde zur Clinical Social Work Federation (CFSW). Richtlinien für die Ausbildung und die Praxis wurden festgelegt. Es gibt die eigene Fachzeitschrift „Clinical Social Work Journal".

Das 1987 gegründete American Board of Examiners in Clinical Social Work (ABE) zertifiziert als nationale Akkreditierungsagentur Klinische Sozialarbeiter als „Board Certified Diplomate in Clinical Social Work (BCD)". Diese Fachkräfte erwerben die Anerkennung aufgrund der Erfüllung strenger Kriterien hinsichtlich ihrer Aus- und Weiterbildung unter Supervision sowie ihrer Praxiserfahrungen im Rahmen einschlägiger Tätigkeiten in der Gesundheitsversorgung, insbesondere der *mental health care*. Viele Clinical Social Worker haben diese hohe Qualifikation des „advanced" Clinical Social Worker. Sie sind staatlich lizensiert und zugelassen zur Behandlung von bio-psycho-sozialen Störungen (assess, diagnose, and treat) (Graziano, 2006).

Mittlerweile hat sich in den USA die berufspolitische Landschaft weiter entwickelt. Die „Clinical Social Work Federation" hat (www.cswf.org) einen relaunch als „Clinical Social Work Association" hinter sich (CSWA; siehe http://www.clinicalsocialworkassociation.org). Als nationale Non-Profit Organisation ist sie berufspolitisch auf nationaler und bundesstaatlicher Ebene aktiv und fördert die Forschung. Die State Societies der ehemaligen Clinical Social Work Federation befinden sich nun zum Teil bei der Clinical Social Work Association und zum Teil beim Center for Clinical Social Work (http://www.centercsw.org) in dem heute das American Board of Examiners integriert ist.

Dentler (2006) fordert, die Spezifität der deutschen Landschaft Sozialer Arbeit zu berücksichtigen und zeigt auf, dass die Klinische Sozialarbeit in Deutschland keinesfalls eine bloße Übernahme der US-amerikanischen Entwicklung ist und sein kann. Allerdings sind zentrale Elemente der amerikanischen Situation, wie z.B. die Zertifizierung und Entwicklung von Standards, geeignete Vorbilder (Pauls & Gahleitner 2008).

Eine erste allgemeine – nicht zuletzt auch berufspolitisch ausgerichtete – Definition Klinischer Sozialarbeit in den USA schlug die National Federation of Societies for Clinical Social Work 1977 vor, 1989 erfolgte eine Einigung mehrerer einflussreicher Organisationen der Sozialarbeit[6] auf folgende Gegenstandsbestimmung: „Die Praxis der *clinical social work* umfasst die professionelle Anwendung der Theorien und Methoden der Sozia-

---

6 Die National Association of Social Workers (NASW), die National Registry of Health Care Providers, das American Board of Examiners in Clinical Social Work.

len Arbeit bei der Behandlung und Prävention psycho-sozialer Dysfunktionalität, Beeinträchtigung oder Behinderung einschließlich emotionaler und geistiger Störungen. Sie basiert auf Wissen und Theorien psycho-sozialer Entwicklung, des Verhaltens, der Psychopathologie, unbewusster Motive, interpersonaler Beziehungen, umgebungsbedingten Stresses, sozialer Systeme und kultureller Verschiedenheit/Vielfalt unter besonderer Berücksichtigung der Person-in-ihrer-Umgebung. Sie teilt mit jeglicher Praxis Sozialer Arbeit das Ziel der Verbesserung und Aufrechterhaltung/Stabilisierung der psycho-sozialen Funktionsfähigkeit von Individuen, Familien und Kleingruppen. Clinical social work umfasst Interventionen, die auf interpersonale Interaktionen, intrapsychische Dynamiken sowie Lebensunterstützung und Managementaufgaben gerichtet ist. Sie beinhaltet, aber ist nicht begrenzt auf die Psychotherapie von Einzelpersonen, Paaren, Familien oder Gruppen. Die Dienstleistungen der clinical social work umfassen Assessment; die Diagnose; die Behandlung einschließlich der Psychotherapie und der Beratung; klientenzentrierte Fürsprache; strategische Beratung und die Evaluation."

Die Charakterisierung der Praxis der *clinical social work* durch Maguire (2002, 36f.) stellt praktische, theoretische und methodische Merkmale vor: „*Clinical social work practice* is a systems-based approach that integrates advanced methods with empirically validated techniques and an eclectic framework:

- It is advanced in that it applies a higher level of knowledge, skills, and expertise required in professional social work settings. This level of practice requires a sophisticated knowledge base and repertoire of the appropriate behavioral, cognitive, psychodynamic, problem-solving, and other developing methods required to resolve complex psychosocial problems.
- It is systems based in that it recognizes the effects of the interacting social environment and particularly the need to increase social supports and decrease sources of stress and negative forces in the client's system.
- It is integrative in its use of methods that build upon a broad base, which then narrows in strategy and blends the required advanced methods into a logical, consistent, and coherent intervention. The ultimate intervention is, therefore, the culmination of a consistent strategy that builds from broad to specific methods in a logical sequence.
- It is empirical in its utilization of rigorous practice research as a basis for practice. The final intervention uses the specific methods that the objective facts suggest will lead to a successful outcome, given the client's own perspective and cultural needs and characteristics.
- It is eclectic in that it utilizes a variety of major, validated theories and subsequent interventionist methods drawn from commonly accepted human behavioral perspectives."

Eine eklektische Perspektive nahm interessanter Weise auch Carl Rogers ein (Rogers 1963), als er seinerzeit für die Psychotherapie – unter der er aber auch das Counseling einschloss – feststellte, sie befinde sich „in a mess." Er fuhr fort, man befinde sich an einem Punkt, wo man sich der begrenzten theoretischen Orientierungen entledigen sollte (einschließlich der client-centered therapy) und statt dessen daran gehen sollte, die therapeutische Arbeit an den Aufgabenstellungen und deren erfolgreiche Bewältigung zu orientieren („we should shed our limiting theoretical orientations – including client-centered therapy – and instead base our therapy on what has been found to work", Goldfried 2007, 252).

1.2 Gegenstandsbestimmung

Die Bezeichnung „Klinische Sozialarbeit"[7] verweist terminologisch *nicht* primär auf stationäre Krankenhaus-Settings oder auf Soziale Arbeit im Gesundheitswesen bzw. Kliniken. „Klinisch" bedeutet (wie in der „Klinischen Psychologie") die direkt beratend-behandelnde Tätigkeit in der Fallarbeit, unabhängig davon, ob dies in Praxen, ambulanten Beratungsstellen, in Tageseinrichtungen, oder in Kliniken und Langzeiteinrichtungen stationär erfolgt[8]. Auf der Basis der historisch gewachsenen und grundlegenden Ziele aller Sozialarbeit – der Förderung, Verbesserung und Erhaltung der psychosozialen Funktionsfähigkeit von Individuen, Familien und Gruppen – profiliert Klinische Sozialarbeit die Expertise in der psycho-sozialen Beratung, Behandlung und Prävention bei schweren Belastungen, Krisen und psychischen, sozio- und psychosomatischen sowie chronischen Erkrankungen. Wendt definiert im „Fachlexikon der Sozialen Arbeit" (in Stimmer 2000) Klinische Sozialarbeit analog zum amerikanischen Fachterminus als die bei Krankheit, Behinderung oder psycho-sozialen Krisen erfolgende professionelle Sozialarbeit. Ihr Gegenstand sei die „Behandlung psycho-sozialer Stö-

---

7 Ursprünglich kommt der Begriff *klinisch* aus dem Griechischen *kline*. Die *kline* (Lager, Bett) diente zum Schlafen, seit dem 7./6. Jahrhundert (v. Chr.) in Griechenland, in Rom, später, auch zum Speisen. Der Bezug zur Behandlung von Kranken liegt in der krankheitsbedingten Bettlägerigkeit, der Kliniker ist derjenige, der den Kranken behandelt. Die im Deutschen naheliegende Assoziation mit dem Krankenhaus entspricht nicht dem üblichen Gebrauch des Begriffes in der Wissenschaft und der Heilkunde. Insbesondere im angelsächsischen und angloamerikanischen Sprachgebrauch steht der Begriff (clinical) in direktem Bezug zur therapeutischen Behandlung von Personen (direct practice), unabhängig davon, ob sie nun bettlägerig sind und in einem Krankenhaus behandelt werden oder ambulante Hilfen erhalten. Alle Disziplinen, die an der Behandlung beteiligt sind, sind in dem Zusammenhang *klinisch tätig*.

8 Nach Habermas (2001 a, 79 ff.) beruht klinisches (Be-)Handeln grundsätzlich auf dem moralischen Grundsatz eines nicht instrumentalisierenden Umgangs mit den behandelten Personen. Die klinische Einstellung schöpft ihre legitimierende Kraft aus dem Konsens mit dem Anderen, der Ja oder Nein dazu sagen kann. In Fällen wo dies aufgrund des Zustandes des Anderen nicht oder nur eingeschränkt möglich ist, z. B. bei Kleinkindern, psychisch kranken oder geistig beeinträchtigten Menschen, reicht auch die begründete Unterstellung eines möglichen Konsenses mit dem Betroffenen, der die Behandlung nach menschlichem Ermessen *bejahen würde*, wenn er dazu fähig wäre (dies wird in der Regel von dazu befugten ‚Vormündern' – Eltern, Partnern, Betreuern – stellvertretend artikuliert).

rungen und körperlicher Beeinträchtigungen mit dem Ziel der Heilung, Linderung und Besserung". Behandlung ist hier in einem umfassenden Sinne psycho-sozialer Interventionsmöglichkeiten gemeint und ist nicht auf psychotherapeutische Methoden zu reduzieren.

Die vorliegende Schrift versteht *Klinische Sozialarbeit als integrierten professionellen Ansatz zur Verbesserung der psycho-sozialen Passung zwischen Klient bzw. Klientensystem und Umwelt.* Klinische Sozialarbeit ist spezialisiert beratende und behandelnde Soziale Arbeit in den Feldern des Sozial- und Gesundheitswesens. Mittels einer Fülle von Hilfeformen sowie geeigneter Settings wendet Klinische Sozialarbeit in ihren jeweiligen fall- und situationsspezifischen Bezügen spezifische Methoden psycho-sozialer Diagnostik und Intervention an. Zu nennen sind insbesondere psycho-soziale Beratung, Krisenintervention, Soziale Therapie, soziale Psychotherapie, Soziale Unterstützung und aktive Hilfen in ambulanten und stationären Kontexten mit umgebungsbezogener Ressourcenaktivierung, klinisches Case-Management, psychoedukative Gruppenarbeit. Primäre Zielgruppe ist das Klientel in Multiproblemsituationen in den unterschiedlichsten Arbeitsfeldern. Zentrale Aufgabe Klinischer Sozialarbeit liegt in der professionellen Kompetenz, mittels wissenschaftlich fundierter Methoden notwendige Veränderungen der psycho-sozialen Lebenslage und Lebensweise zu erreichen: zusammen mit den Betroffenen, ihren Bezugspersonen und ihrem sozialen Netzwerk, beteiligten Institutionen und Professionen (vgl. z.B. Hahn 2010, Geissler-Piltz & Gerull 2009, Hahn & Pauls 2008, Gahleitner & Hahn 2008, Ortmann & Röh 2008, Schaub 2008, Pauls 2008, 2004, Mühlum & Pauls 2005, Brandell 1997, Dorfman 1996, Ortmann & Waller 2000, Reinicke 2001, Schmidt, Holländer & Hölzl 1995, Schwendter 2000, Sting & Zurhorst 2000, Turner 1979 u. 1995, Milne 1999).

Wie in anderen Disziplinen (z.B. der Klinischen Psychologie) gibt es unterschiedliche theoretische und methodische Ausrichtungen, die teils konkurrierende Verfahrensweisen und theoretische Grundausrichtungen in der Arbeit mit einem breiten Spektrum von Klienten und Patienten vertreten. Zum Spektrum des Klientels gehören Aidskranke und ihre Familien, Menschen nach körperlicher Misshandlung, sexuellem Missbrauch und anderen Traumatisierungen, psychisch Kranke und Menschen mit emotionalen Störungen, Drogen- und Alkoholabhängige, Gewaltopfer und Gewalttätern dissozial und kriminell Auffällige, chronisch körperlich Kranke, behinderte Menschen, Menschen mit familiären Problemen, in Entwicklungs- und situationsbezogenen Krisen. Immer stärker wird die Aufmerksamkeit auch auf ethnische und kulturell benachteiligte Menschen gerichtet. In Deutschland wirkt die Klinische Sozialarbeit im Rahmen von Versorgungsnetzwerken unterschiedlicher Dienstleistungssysteme in interdisziplinärer Kooperation an der psycho-sozialen Versorgung der Menschen mit, z.B.

- in der Kinder- und Jugendhilfe mit ihren zunehmenden Aufgaben an Schnittstellen zur Kinder- und Jugendpsychiatrie wie auch zu den Schulen (u. a. intensive Einzelfallhilfe, Familienhilfe, Erziehungsbeistandschaft, sozialpädagogische Kinder- und Jugendlichentherapie bzw. Spieltherapie, Schulsozialarbeit);
- in der psycho-sozialen Beratung und Sozialen Therapie im Rahmen verschiedenster ambulanter Beratungseinrichtungen (insbesondere Erziehungsberatung, Familienberatung, Partner-, Familien- und Lebensberatung, Schwangerschaftskonfliktberatung, Sexualberatung);
- in Kern- und in Vorfeldern der Psychiatrie;
- in ambulanter und stationärer Suchtbehandlung;
- in Fach- und Akutkrankenhäusern;
- in Einrichtungen des Maßregelvollzuges und der Resozialisierung;
- in der gerontologischen Arbeit, in der Geriatrie und Gerontopsychiatrie.

Klinische Sozialarbeiter arbeiten so mit einem hinsichtlich der Problemstellungen und Störungen i. d. R. wesentlich breiter aufgefächerten Klientel in unterschiedlicheren Settings als andere Sozial- und Gesundheitsberufe (Strean in Brandell 1997, IX). Es gibt wohl keinen Beruf im psycho-sozialen und psychiatrischen Bereich, der weiter gestreute Aufgabenstellungen und Funktionen in der Arbeit mit hilfebedürftigen Menschen erfüllt als den im klinischen Feld tätigen Diplom-Sozialarbeiter/Sozialpädagogen. In Deutschlands Städten und Gemeinden würde die Versorgung der psychisch kranken Menschen sofort zum Erliegen kommen, wenn diese nur durch die zuständigen Ärzte oder Psychotherapeuten allein geleistet würde. Diese Patienten werden von Sozialarbeiterinnen bzw. Sozialpädagoginnen in den unterschiedlichsten stationären, teilstationären und ambulanten Einrichtungen betreut, beraten, begleitet und behandelt: in Wohnheimen, Übergangseinrichtungen, beruflichen Rehabilitationszentren, beruflichen Fortbildungszentren, Beratungsstellen, sozialpsychiatrischen Diensten, Tageskliniken, Gesundheitsämtern, im Allgemeinen Sozialen Dienst, in Jugendämtern, Justivollzugsanstalten und in Krankenhäusern.

Die Selbstverständlichkeit, mit der in den USA auch die Psychotherapie als Teilgebiet der clinical social work angesehen wird, wirft in Deutschland natürlich einige Fragen auf und lässt sich nicht einfach übertragen. Da psychotherapeutisches Bedingungs- und Handlungswissen vielfältig in psycho-soziale Beratung und Soziale Therapie einfließt, ist eine differenzierte Auseinandersetzung mit und eine sachgerechte Integration von psychotherapeutischen Ansätzen, Theorien und Methoden notwendig, um einer fatalen Fehlinterpretation von sozialarbeiterischer/sozialer Therapie und Beratung und ihrer Gleichsetzung mit einer „kleinen“ Psychotherapie zu begegnen. Klinische Sozialarbeit entwickelt einen eigenen sozialtherapeutischen Ansatz, der die Themen der sozialen Integration durch intensive Einbeziehung der Umgebung, soziale Netzwerkarbeit und durch professionelle Soziale Unterstützung in der direkten Beratungs- und Unterstützungsarbeit mit Klienten vor dem Hintergrund der Soziogenese von Belastungen, Störungen und Erkrankungen fokussiert. Es geht um Unterstützung der Klienten, die inneren und äußeren Bedingungszusammenhänge in ihrer Problematik zu verstehen, neue emotionale und kognitive Zusammenhänge sowie Verhaltensmöglichkeiten in der schwierigen Lenbenssituation zu finden und zu erproben, auch um konkrete Hilfen, Unterstützung und Anleitung bei Situationsveränderungen und klinisches Case-Management (Fu Keung Wong 2006). Die Aufgabenstellungen liegen in der Hilfe in bio-psycho-sozialen Notlagen, Reifungskrisen und Fehlentwicklungen in der Entwicklung von Individuen, Paaren, Familien- und Lebensgemeinschaften. Dies schließt die Diagnostik der körperlichen, seelischen und sozialen Mitverursachung von Störungen, die Klärung der Veränderungsmotivation und die Veranlassung geeigneter sozialtherapeutischer Maßnahmen oder auch die bedingte Anwendung psychotherapeutischer Methoden im Rahmen der Beratung bzw. Sozialintervention ein.

Schon Feinbier (1997) hat in seiner Monographie darauf hingewiesen, dass der zentrale Gegenstand Klinischer Sozialarbeit *gesundheitsrelevantes* abweichendes Verhalten ist, das durch psycho-soziale Problemlagen, sozialstrukturelle Lebensbedingungen mit ihren Ausgrenzungen und Benachteiligungen, psycho-soziale Defizitentwicklungen, Belastungen und Konflikte, körperliche und geistige Behinderungen verursacht und/oder aufrecht erhalten wird. Abweichendes Verhalten bezeichnet allerdings ein umfassendes und komplexes Konzept, das begrifflich schwer zu präzisieren ist. Simon (1995, 105) unterscheidet zwei Typen der Bewertung abweichender Phänomene: abweichende Phänomene, die von der Umgebung bzw. einem sozialen System als *nicht störend*, sowie abweichende Phänomene, die als *störend* bewertet werden. Menschen mit Problemen des ersten Typs sind mit hoher Wahrscheinlichkeit in medizinischen und klinisch-psychologischen bzw. psychotherapeutischen Einrichtungen zu finden. Körperliche Erkrankungen, psychosomatische Beschwerden und neurotische Abweichungen des Erlebens beispielsweise sind zunächst einmal Privatangelegenheit: ihre Behandlung obliegt in der Regel der Initiative der Betroffenen selbst. Solange erfolgt auch keine Reaktion durch Einrichtungen der Sozialen Arbeit. Erst wenn weitere Folgen zu sozial störenden Effekten führen, können auch diese Abweichungen zu Phänomenen des zweiten Typs werden. Der Umgang mit abweichendem Verhalten, das als sozial störend bewertet wird, wird in der Klinischen Sozialarbeit grundsätzlich durch ein (sozial-)*therapeutisches* Verständnis fundiert.

Klinische Sozialarbeit versteht den prinzipiell doppelten Auftrag der Sozialarbeit von *Hilfe für den Einzelnen* und *Änderung der Lebensbedingungen bzw. Gesellschaft* nicht als dichotome Konzepte. Beides sind historisch gewachsene Aufgaben der Sozialen Arbeit: die Funktionsfähigkeit und psycho-soziale Gesundheit von Individuen, Familien und Gruppen in ihrem unmittelbaren Umfeld zu fördern, und sich für eine Verbesserung der Lebensbedingungen einzusetzen. Gerade diese Schnittstellenarbeit im Lebensalltag der Menschen macht die Interventionskompetenz Klinischer Sozialarbeit aus. Weder die „innere“ psychologische Welt noch die „äußere“ Realität allein bilden ihr Feld, sondern der kritische Bereich, in dem „Inneres“ und „Äußeres“ aufeinandertreffen und zusammenwirken.

Hilfe für den Einzelnen
Soziale Arbeit
Änderung der Lebensbedingungen

Dies bedeutet eine Differenzierung und Abgrenzung zur klassischen Psychotherapie, die sich primär auf innerpsychische Störungen und Ressourcen bezieht. Die Betonung von Stärken und Ressourcen auf der Grundlage der Person-Umwelt Transaktionen unter Einbeziehung ökosystemischer Perspektiven kennzeichnen heute die theoretische Entwicklung (Wendt 1990; Meyer 1995; Germain & Gitterman 1996/1999). Mikro- und makrosystemische Interventionen erscheinen nicht mehr als krasser Gegensatz. Siporin (1985, 200 f., zn. Goldstein 1996, 100) stellte fest: „ecological systems perspective has envolved into a basic conceptual framework for our practice theories as well as for our behavior theories … and we now have a viable, highly useful, and basic paradigm for social work, as well as for clinical practice“. Theoretische Konzeptionen wie Salutogenese, Soziale Unterstützung und Stress- bzw. Belastungsbewältigung in Verbindung mit erfahrungsorientierten Therapie- und Beratungskonzepten, aber auch moderne analytische Konzepte, bilden für diese Herausforderungen brauchbare theoretische und methodische Grundlagen.

1.3 Klinische Sozialarbeit und ihre Nachbargebiete

Der Bericht der Weltgesundheitsorganisation (WHO 2001) zur psychischen Gesundheit leitete aus den Forschungsergebnissen zur Verschränkung biologischer, psychischer und sozialer Prozesse und Strukturen die dringende Notwendigkeit ab, die soziale Komponente in der Behandlung zu stärken. Psycho-soziale Gesundheit erweist sich als multidimensional und multiperspektivisch zu bestimmender Gegenstand, der eine *arbeitsteilige und interdisziplinäre* Praxis der Behandlung erfordert. Gerade die sozialen und psycho-sozialen Einflüsse werden sowohl als Krankheitsursachen als auch in ihrer Bedeutung als Krankheitsfolgen immer präziser nachweisbar. Jede Komponente der bio-psycho-sozialen Strukturen gehört dem Gesamtsystem an und beeinflusst die anderen Komponenten genauso, wie sie von ihnen beeinflusst wird. Soziale Effekte auf die Gesundheit werden mittlerweile durch eine beeindruckende Anzahl von Studien nachgewiesen, so dass eine bio-psycho-soziale Vulnerabilitäts-Stress Perspektive heute sehr weitgehend als disziplinübergreifende Grundlage akzeptiert ist (Sommerfeld, Calzaferri & Hollstein 2008, Fu Keung Wong 2006, vgl. auch Siegrist 1996, Bosma, Perter, Siegrist & Marmot 1998, Schulte 1998, Barlow & Durand 1998, Cockerham 1992, Weiss 1993). Folgerichtig fordert die WHO international die Einbeziehung der sozialen Komponente in die *primäre* Gesundheitsversorgung, verbunden mit einer Offensive der Ausbildung von Fachkräften in bisher nicht gesundheitsspezifisch profilierten Disziplinen. Ob die Klinische Sozialarbeit (und damit die Soziale Arbeit überhaupt) eine wirklich nennenswerte Chance im Gesundheitswesen bekommt, ist allerdings nicht ausgemacht (Ortmann & Waller 2005; Franzkowiak 2006; Dehmel & Ortmann 2006). Denn hier bewegt sich die Soziale Arbeit „in einem Spannungsfeld zwischen wertgeschätzter Expertise und untergeordneter Hilfsfunktion. Damit wird das Potential zur Bearbeitung der sozialen Dimension nicht ausgeschöpft." (Sommerfeld, Hollenstein & Krebs 2008, 9)

Die „Nachbargebiete" mit denen Klinische Sozialarbeit in diesem Sinne zu kooperieren – und teils auch zu konkurrieren – hat, sind unter verschiedenen Perspektiven betrachtbar: als wissenschaftliche Disziplinen, als Berufe und als Dienstleistungssysteme. Die Soziale Arbeit erbringt ihre Dienstleistungen – bisher auch die Mehrzahl ihrer klinischen Dienstleistungen – im System der Wohlfahrtspflege und bisher nur zum geringeren Teil im Gesundheitssystem, das durch die Medizin geprägt ist. Hier spielt sie nach wie vor eher eine randständige Rolle (Geissler-Piltz & Gerull 2009). Im Bereich der Krankenhaussozialarbeit wird sie in der Regel der Verwaltung zugeordnet. Im ambulanten Bereich des vom SGB V geprägten Gesundheitswesens fanden wir bisher überhaupt keine Sozialarbeiter (Crefeld 2000). Neben berufspolitischen und historischen Gründen spielt hierbei das Verständnis von Gesundheit und Krankheit in unserem Gesundheitswesen und in der Gesellschaft eine Rolle, in dem die Bedeutung und Komplexität der sozialen Dimension systematisch und erheblich *unterschätzt* wird (Sommerfeld, Hollenstein & Krebs ebd.). Auch die unbefriedigende eigene Profilierung durch spezialisierende Ausbildung ist nicht zu vergessen. In der Gesundheitsversorgung werden heute berufliche Standards erwartet, die in der Regel über eine standardisierte Berufsausbildung hinaus eine geregelte Weiterbildung zu spezialisierten Berufsbildern (z.B. Fachkrankenpflege für Psychiatrie, Intensivmedizin, Kardiologe usw.) erfordern. Solange dies in der Sozialarbeit fehle, und ein großer Unterschied zu den anderen Disziplinen innerhalb des Gesundheitswesens bestehe, so Crefeld (ebd.), würden Gesetzgeber und Sozialleistungsträger die Behandlungsverantwortung auch für sozialtherapeutische Behandlung weiterhin beim Arzt verorten. Von dem Gesichtspunkt der Dienstleistungssysteme aus ist es dringend notwendig, für die Klinische Sozialarbeit auf eine heilberufsrechtliche Regelung[9] hinzuarbei-

9 Nach Art. 74 Punkt 19 Grundgesetz ist „die Zulassung zu ärztlichen und anderen Heilberufen und zum Heilgewerbe" Gegenstand der konkurrierenden Gesetzgebung. Wenn von einem Beruf angenommen wird, dass er eine besondere Bedeutung für die

ten. Sie hätte zum Vorteil, dass die Ausbildungsinhalte und Prüfungen vom Gesetzgeber geregelt würden und mit dem Erwerb der Berufsbezeichnung verbindlich definierte Kompetenzen erworben würden.

Die folgende Übersicht stellt die Klinische Sozialarbeit neben die wichtigsten klinisch orientierten akademischen Nachbardisziplinen.

Klinische Sozialarbeit und ihre Nachbargebiete.
Definitionen und berufspolitische Bezeichnungen

	Definition/Gegenstandsbereich
Klinische Sozialarbeit	Teildisziplin der Sozialen Arbeit, die sich mit psycho-sozialen Störungen und den sozialen Aspekten psychischer und somatischer Störungen/Krankheiten und Behinderungen unter Berücksichtigung der Lebenslage der Betroffenen befasst. Gegenstand sind u. a. die Themen psycho-soziale Diagnostik/Assessment, psycho-soziale Beratung, Sozialtherapie, aufsuchende soziale Intervention, Betreuung, Case-Management, Prävention und Rehabilitation, gemeindenahe Versorgung und Sozialraumorientierung.
Klinische Psychologie	Teildisziplin der Psychologie, die sich mit psychischen Störungen u. psychischen Aspekten somatischer Erkrankungen befasst. Dazu gehören die Themen Ätiologie, Deskription und Klassifikation, Diagnostik, Behandlung: Prävention, Psychotherapie, Rehabilitation, Gesundheitsversorgung, Evaluation (Baumann & Perrez, 2005).
Psychotherapie	Interdisziplinäres Forschungs- und Praxisfeld sowie Berufsbild, das sich mit der psychologischen Behandlung (mit dem methodischen Ansatzpunkt im Erleben und Verhalten) von psychischen und psychosomatischen Erkrankungen sowie der Behandlung von psychischen Folgen körperlicher Erkrankungen und Behinderungen befasst. Psychotherapie als weitgehend klinisch-psychologischer Interventionsform befasst sich u. a. mit Themen wie Diagnostik, Klassifikation, Intervention, Prävention und Rehabilitation.
Psychiatrie	Teildisziplin der Medizin, die sich – mit in der Regel biologisch-somatischer Akzentuierung – mit psychischen Krankheiten befasst. Gegenstand sind u. a. die Themen Ätiologie, Deskription und Klassifikation, Diagnostik, Epidemiologie, Behandlung (Baumann & Perrez ebd.).
Gesundheitswissenschaft	Interdisziplinäres Forschungs- und Praxisfeld zur Verbesserung der Gesundheit (Krankheitsverhütung, Lebensverlängerung, Förderung des Wohlbefindens) mittels gemeindebezogener Maßnahmen bzw. mittels Beeinflussung des Gesundheitssystems (Margraf, 1995).

Gesundheitsversorgung hat, regelt der Gesetzgeber Ausbildungsinhalte und Prüfungen als Voraussetzungen für die Führung der Berufsbezeichnung. In diesem Sinne Heilberufe sind u. a. der Arztberuf, die Pflegeberufe, der Ergotherapeut, die Physiotherapie, die beiden psychotherapeutischen Berufe und etwa zehn weitere Berufsbilder. Die Berufsbezeichnung Sozialarbeiter ist demgegenüber ungeschützt (Crefeld, 2000, S. 2).

Pflegewissenschaft	In Deutschland junge akademische Disziplin[10] mit breitem Themengebiet, u. a. medizinische, psychologische u. soziale Grundlagen der Pflegediagnostik, -behandlung, Notfallbeurteilung und -intervention, Pflegemanagement (vgl. Brandenburg & Dorschner 2008).
Medizinische Soziologie	Teildisziplin der Soziologie, die sich mit sozialen Ursachen und Folgen von Gesundheit und Krankheit und dem gesundheitsbezogenen Lebensstil der Bevölkerung befasst. Sie erforscht u. a. Fragen der Gesundheit und Krankheit, die sozialen Funktionen von Gesundheitsinstitutionen, die Beziehung zwischen Gesundheitssystem und anderen sozialen Systemen, das soziale Verhalten von Mitarbeitern des Gesundheitswesens und der Empfänger von Gesundheitsleistungen (vgl. Cockerham, 1992).

Wie auch die Klinische Sozialarbeit gewinnen andere klinische Professionen ihre spezielle berufliche Kompetenz aufgrund einer fachlichen Differenzierung vor dem Hintergrund ihrer allgemeinen wissenschaftlichen Disziplin. In der Klinischen Psychologie, die seit Jahrzehnten in der ganzen Welt ein anerkanntes Fachgebiet innerhalb der Psychologie darstellt, geht beispielsweise die Anwendung des Begriffes klinisch bis in das 19. Jahrhundert zurück. Klinische Psychologie ist nach Pongratz (1973) auf die „sozialbedingten und sozialrelevanten *Störungen* des psychischen Lebens und deren Modifikation in Forschung, Lehre und Praxis“ bezogen, unabhängig davon, ob die klinisch-psychologischen Tätigkeiten ambulant oder stationär erbracht werden. Die praktischen Aufgaben der Klinischen Psychologie sind psychologische Diagnostik, psychologische Therapie und Prophylaxe. Schraml und Baumann (1970) haben den Gegenstand der Klinischen Psychologie vor mehr als dreißig Jahren breit konzipiert und verstanden darunter die Anwendung des Wissens, der Techniken und Methoden psychologischer Grundlagenfächer und der Nachbardisziplinen (Tiefenpsychologie, Soziologie, *Sozialpädagogik* und Sozialpsychiatrie) *„im breiten klinischen Felde von der Beratungsstelle über Heilerziehungsheime bis zu Krankenhäusern“* (21, Hervorh. durch Verf.). Hier ist erkennbar, dass die Klinische Psychologie wenig Probleme hatte, sich Aufgabenstellungen anzueignen, die *auch* in die Zuständigkeit der (klinisch orientierten) Sozialarbeit fallen.

Klinische Sozialarbeit setzt im Vergleich zur Klinischen Psychologie an der sozialen Perspektive an, bspw. an der Erhöhung des Unterstützungspotentials innerhalb der privaten und der professionellen sozialen Netzwerke der Klienten, durch Vernetzung und Kooperation (z.B. zwischen Jugendhilfeeinrichtung, jugendpsychiatrischer Tagesstätte und Schule), durch direkte Alltagsunterstützung (z.B. durch psycho-soziale Beratung und Therapie, Hilfen zur Erziehung, materielle Hilfen, direkte begleitend-betreuende Hilfestellungen

10 Sie kann in einer Vielzahl europäischer und nordamerikanischer Länder auf eine inzwischen etwa einhundertjährige Tradition der Akademisierung verweisen.

etc.) und durch Kompensation defizitärer sozialstruktureller Situationsmerkmale (z.B. Veränderung des Aufenthaltes, Einführung eines Erziehungsbeistandes), ggf. durch direkte Unterstützung und Moderation bei Lebensereignissen und Situationen im Feld (aufsuchend: z.B. Schule, Arbeitsplatz, Nachbarschaft). Doch ohne die Förderung der Fähigkeit der Klienten, soziale Unterstützung richtig einzuschätzen und anzunehmen, ohne eine hinreichende Förderung der Coping-Fertigkeiten und ohne eine entsprechende Verbesserung der Hoffungslosigkeit und negativen Selbsteinschätzung, kann es durch keine dieser Interventionen positive Veränderungen geben. Die hierfür notwendige psycho-soziale Expertise beinhaltet Wissen über das Leben und die Entwicklung von Menschen, über Regeln und Strategien des Vorgehens gegenüber Belastungen und die praktische Kompetenz, dies in der Begegnung mit Klienten und ihrer Umwelt anzuwenden. Dazu gehört besonders die Kompetenz, Kontexte zu beeinflussen. Hier wird deutlich, dass die psycho-soziale Fallarbeit im Sinne professionseigener Akzentuierung des Sozialen eben beide Dimensionen, die soziale und die psychische, einbeziehen muss, wie umgekehrt die Klinische Psychologie dies unter Akzentuierung der psychologischen Dimension tut.

Die Tätigkeitsfelder der Sozialen Arbeit und die psycho-sozialen Aufgaben im Gesundheitswesen erfordern qualifizierte interdisziplinäre Kooperation. Rahn (2001) betont die Notwendigkeit der multiprofessionellen Zusammenarbeit in der Psychiatrie: „Angesichts einer zunehmenden Differenzierung der psychiatrischen Versorgung bekommt die Kooperation auch über die Grenzen der Institution hinaus eine zunehmende Bedeutung. Kooperation ist die Grundlage des Informationsaustausches und dient dazu, die einzelnen Helfer in eine optimale Position zu bringen. Das setzt aber eine Fähigkeit zur Kooperation voraus, die keinesfalls selbstverständlich ist. Oft fehlen die strukturellen Voraussetzungen für die Kooperation, der Umgang miteinander ist oft eben nicht durch gegenseitigen Respekt und Achtung gekennzeichnet oder persönlicher und institutioneller Egoismus steht einer Kooperation im Weg." (ebd., 26)

Psycho-soziale Behandlung ist nicht sichere Domäne einer Berufsgruppe. Genauso wie bspw. Klinische Psychologen oder Fachpflegekräfte sozialarbeiterische Tätigkeitsmerkmale beanspruchen, kann und muss die Soziale Arbeit gesundheitsorientierte Aufgabenstellungen und Tätigkeiten gegenüber anderen Berufen beanspruchen. Ihre spezifischen klinischen Kompetenzen liegen dabei in der Arbeit mit besonders schwierigen, „hard-to-reach" Patienten und Klienten, die meist mit chronischen Belastungen und Erkrankungen oder Behinderungen in „Multiproblemsituationen" leben (Labonté-Roset, Hoefert & Cornel 2010; Pauls 2010).

1.4 Klinische Sozialarbeiterinnen als wissenschaftlich fundierte Praktiker

Eigenständige sozialarbeiterische Forschung im klinischen Kontext steckt nach wie vor noch in den Kinderschuhen, auch wenn es eine Reihe von interessanten – teils auch interdisziplinär angelegten – Projekten gibt (vgl. z. B. Geissler-Piltz & Gerull 2009, Hedtke-Becker et al. 2000, Schaub et al. 1997, Schaub 2008, Ortmann & Waller 2000). Relevant ist auch die Auswertung sektorenbezogener empirischer Studien aus dem Gesundheitsbereich, wie z. B. die großen Jugendhilfestudien (Mannheimer Jugend Risikokinderstudie, Laucht et al. 2000; JES – Jugendhilfeeffektestudie, Schmidt et al. 2003; EVAS + WOS, Macsenaere 2007; BELLA-Studie, Ravens-Sieberer et. al. 2007; vgl. Pauls 2008). Wissenschaftliche Basis Klinischer Sozialarbeit ist eine pragmatische Integration von Bedingungs- und Änderungswissen aus verschiedenen Grundlagenfächern. Ihre empirischen Grundlagen, ihre pragmatischen Beratungs- und Interventionsmodelle, beruhen zu einem wichtigen Teil auf Forschungsarbeit, die in anderen sozial- und humanwissenschaftlichen Disziplinen erbracht wurde. Der berechtigte Anspruch des Unterwegs-Seins zu einer eigenständigen Sozialarbeitswissenschaft (Merten et al. 1996, Merten 1996, Mühlum 1994, 2001) intendiert die Emanzipation von Forschung und Theorien dieser Bezugsdisziplinen. Die Entwicklung von „Fachsozialarbeiten" ist auf diesem Weg wohl nicht unwichtig: Die clinical social work in den USA gab Anstöße für die Entwicklung einer weitergehenden empirischen Fundierung der Praxis (Goldstein 1980, 1996), wobei sie mit klinischen Forschungsmethoden arbeitet, die z. B. in der Psychotherapieforschung angewandt werden. Maguire (2002) weist auf die Bedeutung der Entwicklung eigener Forschungsprogramme hin, da die Fragen von fortgeschrittenen Interventionsmethoden und ihrer Effektivität bisher zu sehr von anderen Professionen untersucht wurden – mit unerwünschten Konsequenzen: „As any researcher knows, the way the question is asked defines and limits the response range; so by leaving this research in the hands of non-social workers, we have not only been left with some useless data, but we have passively colluded in allowing our questions and concerns to be redefined and altered to meet the needs of those who know nothing about current clinical social work practice." (Maguire 2002, 9)

Zentrale psycho-soziale Forschungsfragen Klinischer Sozialarbeit betreffend die Person-in-ihrer-Umwelt (*person in environment*). Sie stehen in der Regel im Rahmen folgender übergeordneter Themenstellungen:

- Soziogenese von Krisen, Störungen und Erkrankungen;
- Bewältigung von Belastungen, Störungen und Erkrankungen;
- Bedeutung des sozialen Netzwerkes und der sozialen und sozialprofessionellen Unterstützung;

- psycho-sozialen Interventions- bzw. (Be-)Handlungsmethoden (Beratung, Soziale Therapie, Begleitung mit besonderem Bezug zur Einbeziehung des sozialen Kontextes).

Für eine praxisbezogene Forschung benötigt die Klinische Sozialarbeit klinische Settings in Kooperation mit Hochschulen. Sozialarbeiterische Praxiseinrichtungen allein können in der Regel mangels Ressourcen keine qualifizierte empirische Forschung leisten (mit Kontrollgruppen, Randomisierung, Bedingungsvariation etc.). Bei aller kritischen Betrachtung des bisherigen Standes ist zu würdigen (und dies sei insbesondere auch den Nachbardisziplinen Medizin und Psychologie gesagt), dass die methodologischen Herausforderungen an klinische Sozialarbeitsforschung aufgrund ihres komplexen Gegenstandbereiches enorm sind.

Neben der „sinnverstehenden" phänomenologisch-hermeneutischen Perspektive mit ihren primär qualitativen Vorgehensweisen (vgl. Dörr 2002, Schaub 2008), die in der Sozialen Arbeit sehr verbreitet ist, der systemischen und der tiefenpsychologischen Perspektive, finden wir in der Klinischen Sozialarbeit den empirischen Ansatz vertreten, der quantitativer Forschung verpflichtet ist.[11] Der synoptisch-eklektische Praktiker ist insbesondere in der clinical social work in den USA in den vergangenen Jahren positiv definiert worden. Er ist nicht einem einzigen Ansatz oder einer einzigen Theorie verbunden, sondern verwendet Modelle und Theorien, die einer gegebenen Aufgabenstellung am besten entsprechen. Weiterhin wendet er Techniken an, die sich in der empirischen Forschung als effektiv und effizient erwiesen haben. „Systematic eclecticism is thus most demanding, requiring the practitioner to keep abreast of emerging theories and findings. In our judgement, this approach to practice hold the highest promise of being efficious with a broad range of clients and problems." (Hepworth & Larson 1993, 17 f.) In diesem Sinne *wissenschaftlich fundierte PraktikerInnen* sind durch folgende Merkmale bzw. Fähigkeiten gekennzeichnet:

- die Fähigkeit, nach wissenschaftlichen Kriterien entwickelte und begründete Methoden (in Diagnostik und Intervention) anzuwenden, auch bei der praktischen Arbeit im Einzelfall;
- die Fähigkeit, im Praxisfeld Hypothesen zu entwickeln und Daten zu gewinnen, die im Rahmen von Praxisforschung wieder in den Wissenschaftsprozess einfließen;
- die Fähigkeit, empirische Forschungsergebnisse auf die praktische Arbeit zu beziehen;
- die Fähigkeit, zugleich sich selbst, die eigene Person als Bestandteil der Praxis zu reflektieren und einzubringen.

---

11 Hier sei auf die Forschungsorientierung von Carl Rogers verwiesen, der in seinen Forschungsprogrammen dem phänomenologischen und dem empirischen Paradigma Geltung gab.

Reicherts (2002) bringt diese Konzeption auf die Formel „Praxis schafft Wissen und Wissen schafft Praxis“. Nach Reicherts (im Anschluss an Bunge) lassen sich verschiedene grundlegende Wissensarten unterscheiden:

Tatsachenwissen (Know What) ist sozusagen die „einfachste“ Wissensart, es bezieht sich auf einzelne Tatsachen und Tatbestände (die durch eine objektive bzw. intersubjektive Prozedur ermittelt sind). Tatsachenwissen und wird durch singuläre Aussagen ausgedrückt. Singuläre Aussagen beschreiben Sachverhalte, die nur eine beschränkte zeit- und raumbezogene Gültigkeit haben. Es bezieht sich auf umschriebene Merkmale einer bestimmten Population oder eines bestimmten Individuums bzw. Einzelfalles, zu einem bestimmten Zeitpunkt (es enthält keine raum-zeitliche Generalisierung). Beispiele: – ‚Der Klient X hat ein kritisches Lebensereignis (Kündigung) zum Zeitpunkt (T) erlebt.‘ – Die Pävalenz einer Störung X (z.B. Essstörung) in der Population Y (Mädchen zwischen 13 und 18 Jahren) zum Zeitpunkt T (2005) ist Z% (20%). – Ein großer Teil der PatientInnen ist bei Eintritt in unsere Einrichtung „demoralisiert“ (orthopädische Rehabilitationsklinik). – 50% der männlichen Kinder unserer Beratungsstelle zeigen Störungen des Sozialverhaltens. Dieses Tatsachenwissen liegt weder im Einzelfall noch in Bezug auf eine Population einfach vor, sondern muss auch durch methodische Erhebungen gewonnen werden.

Nomologisches Wissen[12] (Know Why) beschreibt Beziehungen zwischen Variablen und zielt nicht nur auf die Beschreibung von Tatsachen, sondern auf die wissenschaftliche *Erklärung und Vorhersage* von Ereignissen. Es wird in Aussagen in Form von ‚Gesetzen‘ oder ‚Regeln‘ ausgedrückt, wie z.B. ‚Wenn A, dann B‘ oder ‚Je mehr A, umso mehr B‘. Beispiele: – Wenn unkontrollierbare negative Erfahrungen (A), dann (mit der Wahrscheinlichkeit p) erlernte Hilflosigkeit (B). – Wenn Erfahrung eines alkoholkranken Elternteils in der eigenen Kindheit und Jugend (A), dann steigt (mit der Wahrscheinlichkeit p) die eigene Alkoholgefährdung (B). – Wenn sexueller Missbrauch (A), dann (mit der Wahrscheinlichkeit p) posttraumatische Belastungsstörung. Dieses Wissen basiert auf Theorien und Forschungsergebnissen, die durch komplexere Untersuchungsanordnungen, Experimente oder Quasi-Experimente und Feldstudien geprüft werden.

Nomopragmatisches Wissen (Know How, auch technologisches Wissen genannt) bezieht sich auf Veränderungen durch methodisches Handeln. Es geht um Ziele und ihre Erreichung und die bei der Intervention dazu notwendigen und einzusetzen Mittel (Methoden). Es beschreibt Aktionen (A) und die Effekte, die diese herbeiführen (E), wenn bestimmte Bedingungen (C) gegeben sind. Das Motto ist: ‚Um einen Effekt (E) zu erreichen, tue A, wenn Bedingung C gegeben ist!‘ Beispiel: – ‚Um die Bereitschaft zur

12 Nomologische Aussagen = allgemeine, gesetzesartige wissenschaftliche Prinzipien bzw. Erkenntnisse.

Selbstexploration (E) zu erhöhen, sprich das Erleben in wertschätzender Weise an (A), sofern die Problematik in einer Inkongruenz zwischen Selbstbild und Erfahrungen der Person (C) besteht.‘ – ‚Um die Widerstandsfähigkeit Jugendlicher gegen Suchtgefahren zu erhöhen (E), fördere die Erfahrung der Selbstwirksamkeit durch Übertragung von Verantwortung (A) im Rahmen eines Gruppenprojektes. – Um Selbstgefährdung eines Klienten zu verhindern (E), veranlasse psychiatrische Unterbringung (A), wenn Klient/-in nicht in der Lage ist, für sich selbst zu handeln (C-1) und keine Soz. Unterstützer hinzugezogen werden können (C-2). Dieses Wissen wird fundiert durch Ergebnis- und Prozessforschung.

Konzeptwissen (Know What It Means) bezieht sich auf die Repräsentation (Abbildung, Erfassung) von Phänomenen der Realität mittels wissenschaftlicher Definitionen bzw. auf die Beziehung eines Konzeptes zu anderen Konzepten und die Kriterien seiner Anwendung (Operationalisierung). Beispiele: – Die (operationale) Definition von Konzepten wie ‚positive instrumentelle Verstärkung‘ oder ‚Erlernte Hilflosigkeit‘, – die Konzepte oder diagnostischen Kategorien von Störungen, wie z. B. eine ‚major depression, aktuelle Episode‘ oder ‚Panikstörung mit Agoraphobie‘ nach DSM IV .“

Als angewandte Disziplin – Crefeld (2002) bezeichnet sie als „Praxeologie“ – steht die Klinische Sozialarbeit vor einer enormen Komplexität der Bedingungen und Folgen praktischer psycho-sozialer Interventionen. Deshalb benötigen klinisch tätige Sozialarbeiter neben der fundierten wissenschaftlichen und methodischen Ausbildung pragmatische Offenheit für eigene Erfahrung und Intuition. Praxiskompetenz ergibt sich nicht unmittelbar aus der direkten Anwendung von Theorien: in der Praxis kommt das nomopragmatische Wissen (Know How) in den Vordergrund. Individuelles Erfahrungswissen, ganzheitliches Erkennen von Ähnlichkeiten in unterschiedlichen Fällen und ein sehr spezifisch auf den jeweiligen konkreten Kontext abgestimmtes Handeln zeichnet erfahrene Experten/-innen aus (Auckenthaler 2000, 119). Sie müssen aus dem eigenen Praxisbezug heraus entscheiden, welche Methoden auch aus anderen Disziplinen übernommen werden. Klinische Sozialarbeit muss auf kooperativen Strategien und Heuristiken aufbauen, sie kann nie einfach die „richtige“ Intervention aus einer Sammlung von Standardmöglichkeiten auswählen und „verordnen“. Psycho-soziale Behandlung ist in der Regel komplex, aufwendig und voraussetzungsvoll. Sie bedeutet auch eine hohe professionelle Verantwortung. Deshalb gehört zur fachlichen und persönlichen Kompetenz eines wissenschaftlichen Praktikers die *ethische Fundierung.*[13]

13 Schlittmaier (2003) betont, dass berufliches Handeln in der klinischen Sozialarbeit unter moralischen Gesichtspunkten durch berufsethische Prinzipien normiert wird, wie sie beispielhaft im Code of Ethics der Clinical Social Work Federation (CSWF) oder den berufsethischen Prinzipien des Deutschen Berufsverbandes für Sozial- und Heilpädagogen (DBSH) niedergelegt sind.

Für wissenschaftliche Praktiker der Klinischen Sozialarbeit ist bei diesen Differenzierungs- und Integrationsleistungen Systemkompetenz unerlässlich. Sie bedeutet die Fähigkeit, auf der Basis der Kenntnis geeigneter Behandlungs- bzw. Interventionsmethoden für bestimmte Klientele und ihre Bezugssysteme Hilfeprozesse zu organisieren und zu koordinieren, sowie kooperierend die eigenen Hilfe- bzw. Behandlungsmaßnahmen in ein Behandlungs- bzw. Hilfsnetzwerk einzubringen. Sticher-Gil (1998, 182) verlangt entsprechend „die Fähigkeit, sich in komplexen Systemen (und den mit diesen Systemen verbundenen Systemumwelten) orientieren und handeln zu können". Heiner (2010, 620f.) hat prozess- und bereichsbezogene Kompetenzmuster differenziert und die Systemkompetenz als „bereichsbezogene" Kompetenz verortet:

Prozessbezogene und bereichsbezogene Kompetenzmuster

Kompetenzmuster			
Prozess-bezogen / **Bereichs-bezogen**	*Planungs- und Analysekompetenz*	*Interaktions- und Kommunikations-kompetenz*	*Reflexions- und Evaluations-kompetenz*
Selbstkompetenz: (Weiter-)Qualifizierung, Identitätsentwicklung, Selbstmotivierung			
Fallkompetenz: Fallanalyse und Fallbearbeitung			
Systemkompetenz: Angebotskoordination, Organisations- und Infrastrukturentwicklung			

Schiepek und Reicherts (1992), Schiepek, Manteufel und Reicherts (1993) (vgl. auch Schiepek 1998) haben miteinander interagierende Teilqualifikationen der *individuellen* Systemkompetenz sehr differenziert konzipiert und die Systemkompetenzen gerade auch im Hinblick auf prozessbezogene personbezogene Dimensionen hin formuliert. Sie gehen dabei über das von Heiner (ebd.) vorgeschlagene Muster insofern hinaus, als spezielle personbezogene Systemkompetenzen sowohl bereichs- als auch prozessspezifische Kompetenzen sozusagen durchdringen. Selbst-, Fall-, Interaktions-, Analyse und Reflexionskompetenz beinhalten immer auch Aspekte von „Systemkompetenz". Danach lässt sich eine Expertise in klinisch-sozialen Interventionsmethoden durch folgende Komponenten der individuellen Systemkompetenz von Fachkräften charakterisieren:

Dimensionen der individuellen Systemkompetenz

Wahrnehmen, Erkennen und Berücksichtigen von Sozialstrukturen und Randbedingungen	• Fähigkeit zum Klären von Kompetenzen, Rollen, Aufgaben, Erwartungen und Aufträgen • Teamfähigkeit • Delegieren können • Wahrnehmen, Erkennen und Berücksichtigen von formellen und informellen Systemstrukturen; Erkennen von Mustern
Umgang mit der Dimension Zeit	• Orientierung in der Zeit und Entwickeln von Perspektiven • Zielanalyse (Zielpräzisierung, Abwägen widersprüchlicher Teilziele, Schwerpunktbildung, Erkennen von Neben- und Fernwirkungen) • Umgang mit Grenzen der Planung, der Vorhersage, des Wachstums unter Berücksichtigung von Neben- und Fernwirkungen • Wechsel zwischen Aktion und Reflexion • Geduld, warten können, sich Zeit nehmen, Zeitdruck vermeiden • Entwicklung von Prognosen, Kenntnisse und Berücksichtigung nichtlinearer Prozesse
Emotionale Dimension: Belastungsverarbeitung, Schaffung eines positiven Klimas, Genuss	• Erregungskontrolle, self-care, Selbstverstärkung, Selbstregulation, Genuss • Vorhandene Kräfte und Energie nutzen (Empowerment, Jiu-Jitsu-Prinzip) • Fokussieren, konzentrieren (sich nicht verzetteln) • Beteiligungen, Schaffen von „Kulturen“, „corporate identity“ • Umgang mit emotionalen Belastungen (z. B. bei Intransparenz, Zeitdruck, Misserfolg, sozialen Konflikten) • Hilfe, Unterstützung, Information einholen • Ambiguitätstoleranz (bei Vielfalt von Wahrnehmungen und Wirklichkeitskonstruktionen, Unterschiede zwischen formalen und informellen Strukturen, bei Paradoxien, Unterscheiden von hypothetischen und faktischen Realitäten) • Engagement, eigene und fremde Motivationsklärung (Leistung nur, wenn man dahinter steht)
Soziale Kontaktfähigkeit	• Verständliche Sprache, Gesprächsführungskompetenz • Sensibilisierung für Aufnahmebereitschaft • Flexible Selbstdarstellung; Gespür für Sprache, Regeln, Umgangsformen, Geschichte, Kulturen – multikulturelle Perspektive • Berücksichtigung fremder Operationslogiken (Transfer, Verstehen) • Konfliktmanagement und Konfrontation
Systemförderung, systemtheoretische Methoden und Theoriewissen	• Experimentieren (Bedingungen für die Möglichkeit von Selbstorganisation: Fluktuationsverstärkung, Variationen) • Systeme modellieren (Komplexitätsreduktion, flexibel anpassbare Modelle, Handlungsorientierung, Veridikalität – Verwirklichbarkeit – der Modelle steht nicht im Vordergrund) • Interdisziplinäre Kooperation • Theoretisches Wissen aus verschiedenen Bereichen • Methodisches Wissen und Nutzung methodischer Vielfalt (von der Hermeneutik bis zur Mathematik)

	• Fehlerfreundlichkeit (als eine Bedingung der Selbstorganisation) • Logische Buchhaltung einhalten (unterschiedliche Perspektiven und Ebenen unterscheiden können) • Heuristische Kompetenzen (Informationssuche, Suchraumerweiterung, Analogiebildung, Kompetenzerweiterung)

2. Theoretische Grundlagen: die bio-psycho-soziale Perspektive

Klinische Sozialarbeit als angewandte Teildisziplin der Sozialen Arbeit ist auf vielfältige theoretische Konzepte und Modelle angewiesen. Sie muss ihre Auswahl aus ihrem eigenen Praxisbezug und wissenschaftlichen Grundverständnis heraus treffen und Konzepte, Modelle und Forschungsergebnisse sowohl der Sozialarbeitswissenschaft als auch einer Reihe von klinisch relevanten Bezugswissenschaften aus ihrer eigenen Perspektive heraus integrieren. Die folgende Auswahl stellt den Versuch dar, Perspektiven zur Fundierung von geeigneten Vorgehensweisen und Interventionsinstrumenten für die Praxis Klinischer Sozialarbeit zu finden.

2.1 Bio-psycho-soziale Zusammenhänge

Anfälligkeit für Krise, Störung und Krankheit ist aus bio-psycho-sozialer Perspektive das Ergebnis einer Störung des Zusammenspiels von sozialem Zusammenleben (und sozialen Regeln) mit dem individuellen (psychologischen) Erleben und Verhalten und der leiblichen (biologischen) Existenz. Menschliches Leben als soziale Existenz bedeutet, in fundamentaler Weise Teil der Mitwelt zu sein (Levinas 1987, Heidegger 1927/1967, 1987). Ein bio-psycho-sozialer Ansatz Klinischer Sozialarbeit stellt die bio-physiologische und neuro-psychologische Natur des Menschen ausdrücklich in ein soziales Bezugssystem.

Die gesundheitswissenschaftliche Forschung zeigt in überzeugender Weise, dass psycho-soziale Integration und soziale Unterstützung die besten Schutzfaktoren vor körperlicher und psychischer Erkrankung sind. Soziale Unterstützung und psycho-soziale Integration gehören auch zu den besten Heilmitteln. Wiedergewinnung der Gesundheit und Rehabilitation bedeuten deshalb immer auch: Integration bzw. Re-Integration in die soziale Umgebung, Erlangung bzw. Wiedererlangung psychischen und sozialen Wohlbefindens. Die Gesellschaft wird niemals mit Medikamenten ausgleichen können, was an Krankheiten aus Mangel an sozialer Zuwendung und psycho-sozialem Wohlbefinden entsteht. Der sozialen Dimension muss im Gesundheitswesen der ihr nach dem heutigen Stand der Forschung zukommende Platz eingeräumt werden. Es ist nicht weiterhin akzeptabel, dass „der biologische Zugang der gesellschaftlich akzeptierte, der psychologische der in Grenzen gewollte und der soziale als der vernachlässigte angesehen werden kann“ (Ortmann & Schaub 2001).

Doch wie ist das Verhältnis der körperlich-biologischen, psychischen und sozialen Ebene zu konzipieren? Die moderne Hirnforschung zeigt, in welchem Ausmaß hirnorganische Abläufe Eigenschaften wie das menschliche Bewusstsein, die Wahrnehmung, die Sprache, das Gedächtnis, das Denken und die Emotionen sowie soziales Verhalten beeinflussen. Das Gehirn wird heute als ganzheitlich organisierte Struktur angesehen, die verantwortlich ist für die Verarbeitung und Verknüpfung von genetischen, molekularen und biochemischen Informationen innerhalb des Organismus mit den Informationen aufgrund der Erfahrungen in der Welt. Der Erfolg dieser Forschung läuft Gefahr, einer immer weiter gehenden Biologisierung des Psycho-Sozialen Vorschub zu leisten, obwohl dies sachlich nicht gerechtfertigt ist. Die WHO zeigt in ihrem World Health Report 2001, dass die künstliche Trennung der biologischen von psychischen und sozialen Faktoren bei Fragen der Entstehung, Behandlung und Prävention von Erkrankungen sich im Lichte der neueren Forschung als bedeutsames Hindernis für ein korrektes Verständnis von psychischen Erkrankungen, Verhaltensauffälligkeiten und auch körperlichen Erkrankungen erwiesen hat. Tatsächlich sind Erkrankungen ein Resultat komplexer Interaktionen dieser drei Dimensionen. Der uralte Streit über die Bedeutung von genetisch-angeborenen versus umgebungsbedingt-erworbenen Faktoren bei der Entstehung von Erkrankungen erweist sich als falsche Fragestellung. Psychische Erkrankungen und Verhaltensauffälligkeiten (und nicht nur diese) sind Ergebnis von genetischen *und* Umgebungsfaktoren, die – überwiegend psychisch vermittelt – auf das Individuum einwirken. Dieses Verhältnis ist aber nicht additiv sondern ein dynamisches Zusammenspiel.

Durch die technischen Errungenschaften hat die Hirnforschung heute die Möglichkeit, das lebende Gehirn während seiner Aktivitäten zu beobachten. War man in früheren Zeiten auf die Untersuchung der Gehirns Verstorbener angewiesen, auf indirekte Beobachtungsexperimente oder auf die Untersuchung der Folgen von Hirnverletzungen oder Hirnerkrankungen, hat die Möglichkeit der Beobachtung der normalen Gehirntätigkeit lebender, denkender, fühlender, handelnder Menschen eine Revolution in unserem Verständnis angestoßen, deren Folgen noch gar nicht zu übersehen sind. Das Gehirn und seine Funktionsweise ist weder das alleinige Ergebnis einer vorgegebenen Entfaltung oder Reifung genetischer Programme (genetischer Determinismus – genetic determinism), noch ist menschliches Verhalten allein das Ergebnis von erworbenen Erfahrungen (Umwelt Determinismus – environmental determinism). Beginnend mit der intrauterinen Entwicklung sind genetische und psycho-soziale Faktoren über die gesamte Lebensspanne hinweg in einer unauflöslichen Interaktionsfolge miteinander verwoben. Das Verständnis der Funktionen und Strukturen unseres Gehirns hat sich durch die Fortschritte der Neurowissenschaften dramatisch gewandelt. Die Verbindungen zwischen neuen Erfahrungen und den biologischen Prozessen im Gehirn und der Veränderung des Gehirns sind sichtbar geworden:

Wir wissen heute, dass jeder einzelne Lernschritt, jede Lernerfahrung des Organismus zu einer physischen Veränderung des Gehirns führt (Kandel 2007, 2009). Und dies nicht nur in der frühen Kindheit, sondern während des ganzen Lebens. Das menschliche Gehirn bleibt innerhalb gewisser Grenzen während der gesamten Lebensspanne plastisch. Während der Entwicklung des Fötus wird die Gehirnentwicklung durch genetische Programme gesteuert, bis bei der Geburt eine hochspezifische und organisierte Struktur entstanden ist. Schon diese frühe Entwicklung kann durch Umweltfaktoren beeinflusst werden (Ernährung der Mutter, Substanzgebrauch wie Alkohol, Drogen und Medikamente, Strahlung, Stress). Nach der Geburt und das ganze Leben hindurch haben die verschiedensten Erfahrungen die Möglichkeit, die unmittelbaren Kommunikationsübertragungen zwischen den Synapsen und Neuronen zu beeinflussen, und sogar molekulare Prozesse zu initiieren, die die synaptischen Verbindungen dauerhaft verändern (Hyman 2000). Dies wird auch *synaptische Plastizität* bzw. *Neuroplastizität* genannt und das bedeutet die physische Veränderung der Hirnstruktur aufgrund psycho-sozialer Erfahrungen. Neue Synapsen können geschaffen werden, alte können verschwinden, bestehende können gestärkt und ausgebaut oder geschwächt werden. Das Ergebnis von geeigneten Erfahrungen ist, dass die Informationsverarbeitungsprozesse auch für strukturelle organische Veränderungen im Gehirn sorgen, so dass eine neue Anpassung entsteht.[1]

Wolfgang Rutz, Beauftragter der WHO für psychische Gesundheit in Europa, stellt die revolutionären biologischen Erkenntnisse ausdrücklich in den bio-psycho-sozialen Zusammenhang: „Wir erleben revolutionäre Verbesserungen in neuer umfassender Behandlung von Depressionen, Psychosen, Alterserkrankungen und Epilepsie. Wir beginnen die Psycho-Biologie von Depression, Aggression und Destruktivität, von Gespaltensein, Hilflosigkeit und Liebe, von philosophischer Einsicht, Glück, existenzieller Leere und anderen Emotionen zu verstehen. Wir erkennen die erstaunliche Neuroplastizität des menschlichen Gehirns und finden heraus, wie physiologisches Wohlbefinden auch cerebral Stärke und Struktur bedingt, aber auch wie schädliches psychologisches, soziales und existenzielles Umfeld strukturelle Schwäche und lang dauernde Verletzlichkeit hervorrufen kann. Noch erstaunlicher – wir sehen, wie Umweltfaktoren durch trans- und inskriptionale Mechanismen ihren Einfluss auf das menschliche Genom nehmen können. Ausgehend von diesem neuen Wissen erleben wir, dass behandelnde, schützende und psychisch gesundheitsfördernde Strategien heute machbar, realistisch und notwendig werden – mit Hilfe von interdisziplinärer Zusammenarbeit und unter Teilnahme aller Bereiche der Gesellschaft. Wir lernen heute auch, dass humanistische, psycho-soziale und existenzielle Er-

---

1 Fachliteratur zu neurophysiologischen Grundlagen psycho-sozialer Funktionen vgl. Bartels & Bartels (1987), Davison & Neale (1996), Rockstro & Elbert (1998); Grundlagenwissen z. B. in Schmidt & Thews (1996), Birbaumer & Schmidt (1996).

fahrung mit biologischer, medizinischer Wissenschaft integriert werden kann, in Widerspiegelung der unausweichlichen *conditio humana*, sowohl Körper, als auch Geist und Seele zu sein, in der Erkenntnis, dass weder Geist ohne Gehirn noch Gehirn ohne Geist existiert, und in Vermeidung von sowohl biologischem als auch humanistischem oder soziologischem Reduktionismus.“ (Rutz 2001, 27 ff.)

2.1.1 Biologische Perspektive und psycho-soziale Personalität

In vielen philosophischen und psychologischen Entwürfen, und besonders in unserem naturwissenschaftlich-positivistisch geprägten Weltbild erscheint die materiell-biologische Basis als letztinstanzliche Grundlage des psychologischen und des sozialen Subjekts. Das biologische Individuum wiederum erscheint hier oft als *Ausgangspunkt* des sozialen Geschehens. Anders formuliert: zunächst existiert das biologische Substrat, aus dem ein körperliches Individuum wird, das Kontakt mit der sozialen Umwelt aufnimmt und durch seine Umwelt konditioniert wird. Die soziale Umwelt, repräsentiert vor allem durch die zwischenmenschlichen Beziehungen, erscheint in solchem Denken als stets sekundärer Prozess. Aus einer völlig anderen Perspektive heraus hat Hannah Ahrendt (1981, 15) demgegenüber betont, „für Menschen heißt Leben – wie das Lateinische, also die Sprache des vielleicht zutiefst politischen unter den uns bekannten Völkern, sagt – so viel wie ‚unter Menschen zu weilen‘ (inter homines esse) und Sterben so viel wie ‚aufhören unter Menschen zu weilen‘ (desinere inter homines esse).“ Geben wir in diesem Sinne dem sozialen und politischen Zusammenhang den Primat vor der Biologie, lässt sich behaupten: die Sozietät geht dem Individuum voraus. Als geschichtliche und soziale Wesen finden wir uns immer schon in einer sozial strukturierten Lebenswelt vor, die auch der biologischen Erzeugung vorausgeht. Ohne soziale Vorgänge und soziale Erfahrung entsteht kein menschliches Individuum. „Weil der Mensch in einem biologischen Sinne ‚unfertig‘ geboren wird und auf die Hilfe, die Zuwendung und Anerkennung seiner sozialen Umgebung lebenslang angewiesen bleibt, wird die *Unvollständigkeit* einer Individuierung durch DNA-Sequenzen in dem Augenblick sichtbar, wenn der Prozess gesellschaftlicher Individuierung einsetzt. Die lebensgeschichtliche Individuierung vollzieht sich durch Vergesellschaftung. Was den Organismus erst mit der Geburt zur Person in vollem Sinne des Wortes macht, ist der gesellschaftlich individuierende Akt der Aufnahme in den *öffentlichen* Interaktionszusammenhang einer intersubjektiv geteilten Lebenswelt.“ (Habermas 2001 a, 64) Subjektivität kann sich nur über die intersubjektiven Beziehungen zu anderen entwickeln.

Die biologisch orientierten naturwissenschaftlich-objektivierenden Beobachtungen und Erklärungen fokussieren auf das Zusammenwirken von Prozessen des Gehirns, des zentralen und peripheren Nervensystems, des immunologischen Systems, des Hormonsystems, des Herz-Kreislaufsystems und des gastro-intestinalen Systems. Hier wird die in sozialer Bezogenheit stehende Personalität „dekonstruiert“. Die oben angedeuteten Fortschritte der Hirnforschung (Neurowissenschaften) und der Informations- und Kognitionswissenschaften stellen das Verhältnis von Körper und Psyche auf eine neue naturwissenschaftliche Grundlage. Viele der alten anthropologischen Fragen nach dem Verhältnis von Körper, Geist-Seele und Gesellschaft werden auf dieser Basis heute entweder wesentlich anders und genauer gestellt oder können in neuer Weise beantwortet werden. Aus den neuen naturwissenschaftlichen Ergebnissen und Modellen schält sich Schritt für Schritt ein neues Menschenbild heraus, das allerdings Gefahr läuft, die soziale Dimension von Gesundheit und Krankheit noch weiter ins Abseits zu stellen. Mehr oder weniger subtil wird dadurch die Art und Weise beeinflusst, wie wir im Alltag miteinander umgehen, wie wir uns selbst erleben, wie wir menschliche Krankheiten, psychische und soziale Störungen und Probleme verstehen und behandeln.

Der Kognitionsphilosoph Thomas Metzinger sieht subjektives Erleben in der möglichen Konsequenz der biologischen Reduktion als „ein Naturphänomen wie viele andere, ein Phänomen von großer Schönheit und Tiefe, aber eben auch ein entzaubertes Phänomen, eines das uns keine prinzipiellen Rätsel mehr aufgibt. Wenn bewusstes Erleben einmal auf der begrifflichen Ebene der Hirnforschung einer reduktiven Erklärung zugänglich sein sollte, dann würde der klassische Begriff der ‚Seele‘ endgültig zu einem leeren Begriff. Das wiederum würde bedeuten, dass überhaupt nicht mehr klar ist, was wir eigentlich meinen, wenn wir von Psychiatrie oder Psychoanalyse, ‚psycho-sozialen Langzeitfolgen‘, ‚psychosomatischer Medizin‘, ‚Psychotherapie‘, ‚normativer Psychologie‘ oder auch vom ‚Menschen in seiner leibseelischen Ganzheit‘ sprechen.“ (Metzinger 2000, 3). Diese von Metzinger als bereits weitgehend erfolgt erachtete reduktive Erklärung des Psychischen durch Körperprozesse, also z. B. des bewussten Erlebens durch neurologische Abläufe im Gehirn, führt letztlich zu der Schlussfolgerung, dass unser Bewusstseinsprozess *nichts anderes sei als* ein sehr spezieller Körperprozess. Beispielsweise bedeutet eine hirnorganische Störung unzweifelhaft einen gravierenden Einschnitt in die seelisch-geistige und damit auch psycho-soziale Existenz einer Person. Ein pharmakologischer Eingriff in die neurophysiologischen Grundlagen unseres Bewusstseins bewirkt eine Veränderung des Bewusstseinszustandes. Metzinger (2000) macht folgerichtig darauf aufmerksam, dass sich in Zukunft mittels der fortgeschrittenen medizinischen Neuro- und Informationstechnologien mit steigender Geschwindigkeit immer größere Handlungsspielräume für die technische Beeinflussung des Bewusstseins der Menschen eröffnen. Er spricht von „Bewusstseinstechnologie“, die menschliches Bewusstsein technisch beeinflussbar, ja verfügbar machen wird. Wird aber dadurch die soziale Ebene nur zu einem nachrangigen Phänomen? Werden soziale Probleme, unter denen Menschen leiden und psychisch krank werden, zukünftig nur noch mittels Bewusstseinstechnologien und biologisch-pharmakologisch zu behandeln sein?

Angesichts der hohen Ambivalenz des Sozialen ist es nicht verwunderlich, dass das öffentliche Gesundheitsverständnis wie auch das Gesundheitswesen selbst höchst zwiespältig mit der sozialen Manifestationsebene umgeht: einerseits gilt das bio-psycho-soziale Modell als weitgehend akzeptiert, andererseits führt das Soziale als mitbehandelnde Ebene, ebenso wie die Soziale Arbeit als ihr potenzieller Leitberuf, im Gesundheitswesen ein Nischendasein (Geissler-Piltz & Gerull 2009; Homfeld & Sting 2006; Zurhorst 2000). Die Bejahung sozialer Angewiesenheit und Verantwortung ist anstrengend und sie ist für das allein gestellte Subjekt höchst prekär. Sie ist ebenso anstrengend und hinderlich für die Professionellen und die Professionen, für Wissenschaft und Forschung, Politik und Gesellschaft. Wer sich darauf einlässt, ist sofort mit einer schwierigen Komplexität konfrontiert, die zudem alle möglichen kontroversen Lebenseinstellungen, Ideologien und Interessen auf den Plan ruft. Und wenn es anstrengend wird, wächst der Wunsch nach vereinfachenden Reduktionen, die sicherstellen, dass der eigene Lebensentwurf unangetastet bleibt. Gesellschaftliche Verhältnisse, soziale Beziehungen und das eigene Fühlen und Verhalten lassen sich der sozialen Komplexität entziehen, wenn sie auf Biologisches reduziert werden können. Es ist inzwischen geläufig, komplexes psycho-soziales Geschehen auf die Wirkung eines Hormons oder auf Gehirntätigkeit zurückzuführen. Die Biologisierung des Sozialen und des Psychischen vollzieht sich zunächst auf den breiten Straßen der „Gesundheit“, erobert jedoch immer weitere Bereiche des menschlichen Zusammenlebens. Mit der Biologisierung droht aber die Gefahr einer Ent-Sozialisierung der menschlichen Lebenszusammenhänge.

Anschaulich zugespitzt wird diese Entwicklung in der Bewegung des „brain enhancement“ bzw. „cognitive enhancement“ (Buchanan 2009, Greely et al. 2008). Sie verspricht eine scheinbar leichte Möglichkeit, die Gefahren des Scheiterns menschlicher Lebensbewältigung mühelos zu umgehen. Ihre Botschaft: Der anstrengenden Auseinandersetzung mit grundlegenden Sinnfragen und den Grenzen menschlicher Existenz, die jedem der lange genug lebt auferlegt ist, könne man ausweichen. Durch einfache und passgenaue, dabei nebenwirkungslose oder zumindest nebenwirkungsarme chemische bzw. biochemische Einwirkung auf die Gehirnfunktionen und ggf. auch Gehirnstrukturen sollen Intelligenz, Konzentration, Sozialverhalten, Aggressionskontrolle, Schlaf-Wach-Rhythmus usw. direkt regulierbar und verbessert werden. Sozio-, Psycho- und Edukationstechniken erhalten gewisse Hilfsfunktionen: sie sollen beschleunigen, weiter optimieren, soziale Akzeptanz fördern. Damit greift die brain-enhancement-Perspektive auf das menschliche Bewusstsein aus – individuell und gesellschaftlich.

Wie erfolgreich diese Bemühungen tatsächlich sein können, sei dahin gestellt. Das Faszinierende scheint darin zu liegen, dass das Gelingen oder Scheitern menschlichen Daseins unmittelbar biochemisch und damit sozial möglichst *un*abhängig steuerbar werden soll. Das Versprechen lautet, nicht menschliche Angewiesenheit und die Grenzen und Möglichkeiten zwischenmenschlicher sozialer Unterstützung bedingten den Lebenserfolg. Auch die Verantwortung für das eigene Verhalten, Fühlen, Leisten und Begehren dürfe an Biologie und Neurotechnologie delegiert werden. Endlich könnte eine sehr weitgehende Autonomie von allen sozialen und psychologischen Verstrickungen jederzeit hergestellt werden, unabhängig von all diesen Lebenssituationen und Lebenslagen, von biographischer Erfahrung und psychischen Prägungen. Bewusstseinszustände erscheinen ablösbar von Lebensverhältnissen, das Eigene wird von seinem widerständigen Wesen befreit und dem (eigenen) Gestaltungswillen frei verfügbar. Die bewusstseinstechnologisch-pharmakologisch-mediale Steuerung verspricht Optimierung ohne die lästigen Folgen, die Drogen bisher in der Regel nach sich ziehen. Da es hier längst nicht mehr nur um die kranken Menschen geht, ist die Demarkationslinie der „Behandlung" von „Erkrankungen" überschritten – die Stoßrichtung geht zur gesellschaftlich akzeptierten Optimierung des insuffizienten „Normalen". Nun lässt sich alles unabhängig von sozialen Verhältnissen, individuellem Schicksal und individueller wie sozialer Anstrengung und Konfliktaustragung zurichten.

Natürlich sind alle psychischen („geistigen und seelischen") Vorgänge im Menschen immer auch körperliche Vorgänge. Das bedeutet allerdings nicht, dass die spezifischen Produkte dieser Prozesse (nämlich unsere Erlebnisse, unser Verhalten) auf Biologisches reduzierbar wären. Die biologische Bedingtheit des Psycho-Sozialen bedeutet nicht mehr, aber auch nicht weniger, als dass die Prozesse der sozialen und der psychischen Systemebenen nicht ohne biologische Körperprozesse existieren und auf deren intakte Funktion angewiesen sind. Und nicht übersehen werden darf, dass die psycho-sozialen Vorgänge, und damit die gesellschaftlichen Lebensverhältnisse, umgekehrt nicht nur funktionale biologische Abläufe beeinflussen, sondern auch strukturell Zentralnervensystem und Gehirn tiefgreifend prägen.

Jürgen Habermas (2001 b) hat eindringlich auf die Gefahren der einseitigen naturwissenschaftlich-szientistischen Biologisierung des Menschen hingewiesen: die *„vollständige Entsozialisierung"*. Wenn das Bewusstsein auf neurophysiologische Vorgänge reduziert wird, ändert sich das Menschenbild und das menschliche Selbstverständnis. Denn damit verschwindet das intuitive Selbstbild von der eigenen Verantwortlichkeit und Identität, oder, mit Habermas' Worten „verändert sich damit jenes intuitive Bewusstsein von Autorschaft und Zurechnungsfähigkeit, das alle unsere Handlungen begleitet" (ebd., 9). Und es wundert nicht, dass die Bedeutung psycho-sozialer Faktoren überhaupt nicht mehr verstanden wird, ja dass sie mehr oder weniger sinnlos erscheinen, wenn „Sinn" und „Bedeutung" nichts anderes sein sollen als willkürlich steuerbare Gehirnzustände. Fundamental negiert wird hier sowohl die Sozialbedingtheit und die Sozialrelevanz als auch die Individualität und Personalität psychischer und geistiger Zustände als Niederschlag der sozialbiographischen Erfahrungen der Subjekte. Ein „Lebensentwurf des Alleingangs" bricht sich hier Bahn, wie ihn Wallroth (2008, 38) auch als Kennzeichen der Sucht herausarbeitet: „Der radikale ethische Lebensentwurf des Alleingangs" ist wie die Sucht „missachtete menschliche Angewiesenheit gerade in emotionalen Angelegenheiten". Es ist der Versuch einer vollständig autonomen Selbstregulation. Zwischenmenschliche Angewiesenheit wird missachtet und nicht zugelassen, Solidarität wird verweigert und nicht in Anspruch genommen.

Menschliche Befindlichkeit (mit ihren Gehirnzuständen) ist eine Funktion der sozialen Erfahrung, in deren Rahmen sich die Person bildet, und ohne jene gar nicht denkbar. Im Sinne von aufsteigender und absteigender Reihe haben wir hier die emergentive[2] Verkettung von biologischen, psychologischen und sozialen Faktoren zu beachten. Die Körpersysteme werden durch unsere psychologisch verarbeiteten sozialen Erfahrungen genauso beeinflusst, wie jene diese beeinflussen: über die „absteigende" Verkettung von sozialer Situation und deren psychischer Verarbeitung wird auch unsere biologische Konstitution mitgeformt. Diese wechselseitigen Verschränkungen und ihre Relevanz für Entstehung und Behandlung psychischer und psycho-sozialer Störungen bilden den Hintergrund des bio-psycho-sozialen Krankheits- bzw. Gesundheitsverständnisses Klinischer Sozialarbeit. Sie behält gegenüber den naturwissenschaftlichen Behandlungsperspektiven eine Eigensinnigkeit, die Sozialität und Personalität behauptet. Sie bleibt damit in ihrem (Be-)Handeln mit dem Bewusstsein verschränkt, dass wir es mit *Personen* zu tun haben, die mit anderen Menschen sozial zusammenleben, die Initiativen ergreifen, Fehler machen und Fehler korrigieren können.

Eine theoretische Konzeption, die es ermöglicht, die verschiedenen Ebenen der natur-, human- und sozialwissenschaftlichen Disziplinen ansatzweise zu integrieren und zugleich ihre Eigenständigkeit zu sichern, liegt in der Emergenztheorie von Uexküll (1986) vor (vgl. auch Ortmann & Schaub 2001). Das Konzept der „Emergenz" nach Jakob von Uexküll geht davon aus, dass miteinander kommunizierende physiologische, psychologische und soziale Systemebenen zu unterscheiden sind. Bei allen Gesundheits- und Krankheitsprozessen sind diese Ebenen in auf- und absteigenden Vernetzungen miteinander verknüpft.

2 Emergieren (aus dem Lateinischen) – auftauchen.

Eigenschaften bzw. Qualitäten, die jeweils von spezifischen Wissenschaften untersucht werden.

Anthropologie (Gruppen leben in Kulturen)
Soziologie, Sozialarbeit (Menschen als fundamental soziale Wesen leben in Gruppen und Gesellschaften – Interaktion, Organisation, Funktionssysteme)
Psychologie (Lebewesen entwickeln differenzierte Nervensysteme, innere Repräsentationen und Selbststeuerung – Bewusstsein)
Biologie (komplexe chemische Verbindungen leben; Grundlagen: Energie, Chemische Substanzen werden zu organischen Systemen mit Stoffwechsel und Fortpflanzung – Organismen)
Chemie (Chemische Substanzen/anorganische Stoffe gehen Verbindungen ein; Grundlage: Energie)
Physik (Energie, Bewegung von Objekten)

Mit jedem Übergang von einer einfacheren zu einer komplexeren Systemebene treten sprunghaft auftauchend (emergentiv) neue Phänomene bzw. Eigenschaften auf. Das „Auftauchen“ vorher nicht vorhandener Eigenschaften bei der Verbindung oder dem Auseinanderfall qualitativ unterschiedlicher Komponenten nennt man „Emergenz“. So verbinden sich beispielsweise Sauer- und Wasserstoff zu Wasser, die Verschmelzung Keimzellen bzw. elterlicher Gene ergibt ein von ihnen verschiedenes Lebewesen , die kognitiven Strukturen des Gehirns erzeugen aus objektiven Daten Informationen, schaffen so eine neue Qualität, mit der wir uns geistig bewegen, Menschliche Laute werden in der sozialen Interaktion und Kommunikation zur Sprache, die eine kulturelle Welt erzeugt.

Beim Übergang von anorganischen Stoffen zu lebenden (biologischen) Systemen differenzieren sich in die vegetative, die animalische und die psychosoziale Entwicklungsstufe. Die neuen Eigenschaften *biologischer Systeme* bestehen darin, dass bereits der erste Einzeller ein Zentrum eigener Aktivität ist, das über eine relative Autonomie verfügt (*auto* = selbst, eigen; *nomos* = Gesetz) und zwischen den Kategorien „selbst – nicht selbst“ und „nicht existent“ unterscheiden kann. Die Kategorie „selbst“ bezeichnet das System, die Kategorie „nicht selbst“ bezeichnet die Umgebung bzw. die Umwelt. Alles was nicht in Berührung mit den Kontaktfunktionen des Organismus kommt, ist für den Organismus „nicht existent“ (was nicht bedeutet, dass es nicht objektiv auf ihn einwirkt, wie beispielsweise radioaktive Strahlung). Bertalanffy (1968, zn. von Uexküll & Wesiak 1986) stellt dar, dass jedes Lebewesen aus „dem großen Kuchen der Realität eine Scheibe herausschneidet, die seinen rezeptorischen und effektorischen Einrichtungen entspricht". „Für die Reaktion des biologischen Systems ist also nicht nur der äußere Vorgang (der Reiz) entscheidend, sondern ebenso sein eigener innerer Zustand (die Reaktionsbereitschaft), den man zum Beispiel mit Hilfe des kybernetischen Modells als Abweichung von einem Sollwert oder als gestörtes homöostatisches Gleichgewicht beschreiben kann. So wird ein Organismus nicht primär durch Reize, sondern erst durch ein Bedürfnis nach Nahrung, nach einem Geschlechtspartner, nach Wärme usw. veranlasst, auf Reize zu reagieren. Ohne das Bedürfnis würde der Reiz gar nicht existieren, aber ohne den Reiz könnte die Reaktion, die zur Befriedigung des Bedürfnisses führen soll, nicht zustande kommen. Auf diesem Zusammenhang beruht die Notwendigkeit, zur Beschreibung selbst einfachster biologischer Vorgänge, die linearen Ursache-Wirkungs-(Reiz-Reaktions-)Modelle durch kreisförmige Modelle zu ersetzen, deren einfachstes das kybernetische Modell des Regelkreises darstellt.

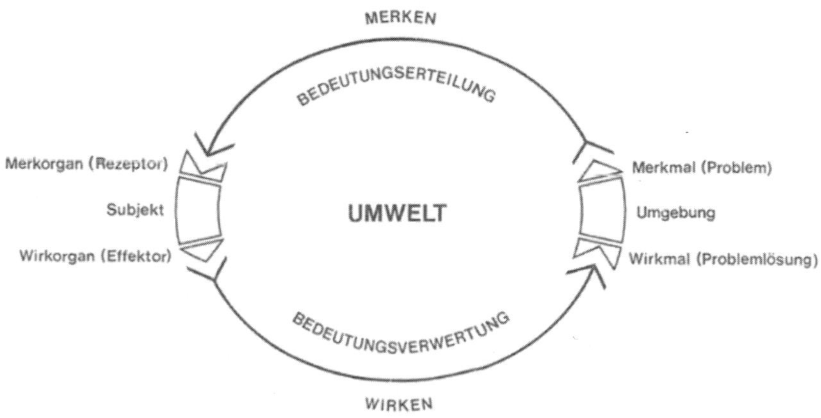

Dieses Modell des Funktionskreises (modifiziert nach Jakob von Uexküll 1936, zn. von Uexküll & Wesiak 1998) beschreibt – und hier wird deutlich, was die Termini ‚eigen' und ‚selbst' besagen – wie der (durch einen Sollwert repräsentierte) Zustand eines Systems dessen Umgebung deutet: Nur das, was für den Zustand des Systems (zur Befriedigung eines Bedürfnisses, zur Rückführung eines Istwertes zum Sollwert o. Ä.) von Bedeutung ist, existiert für das System, alles andere, was in der Umgebung sonst noch vorhanden sein mag, existiert für das System nicht. Die so erreichte Unabhängigkeit von der Umgebung bezeichnen wir als ‚Autonomie'." (von Uexküll & Wesiak ebd., 10)

Die jeweilige Umwelt eines Lebewesens ist folglich nur so komplex wie es selbst. Jedes Lebewesen kann aufgrund seiner eigengesetzlichen (autonomen) Wahrnehmungs- bzw. „Erkenntnisfähigkeit", wie einfach bzw. komplex sie auch entwickelt sei, seine Umwelt erkennen, sie strukturieren und sich zu ihr verhalten. Je komplexer die Erkenntnisfähigkeit dabei entwickelt ist, um so komplexer gestaltet sich Umwelt für das Lebewesen. „Menschen-Umwelten“ unterscheiden sich von tierischen Umwelten: in seiner psychischen Entwicklung baut das Kleinkind eine „Vorstellungswelt“ auf, in der abwesende Dinge gegenwärtig sein können. Diese Entwicklung fällt mit dem Beginn des Spracherwerbs zusammen, der wiederum auf der sozialen Interaktion, Kommunikation und Kooperation (Tomasello et al. 2009) basiert. Menschen leben von da ab in „individuellen Wirklichkeiten“, denen „Innenwelten der Vorstellung und Phantasie“ entsprechen (von Uexküll, Wesiack, 1998). Menschen haben „Gegenstände“: Auf Umweltveränderungen muss der Mensch nicht mehr reflektorisch oder zwanghaft reagieren (wie Tiere), sondern er kann denken: in seiner Innenwelt, kann er in der Phantasie durch „Probehandeln“ vortesten was er dann in der Realität handelnd tun wird.

Von einer bestimmten Organisationsstufe an wird diese Autonomie von spezifischen Schutzsystemen gesichert und weiterentwickelt, „zunächst dem Immunsystem, auf einer noch komplexeren von dem Schmerzsystem (animalische Systemebene, Anm. d. Verf.) und schließlich auf der Ebene sozialer Systeme von einem System ..., das Angst hervorbringt.“ Die emergenten Eigenschaften *sozialer* Systeme ergeben sich aus der Interaktion und Kommunikation der Individuen. Von Uexküll und Wesiak (ebd., 15) betonen, dass „mit der Festlegung der Verschiedenartigkeit der Eigenschaften, die auf jeder Stufe emergent auftreten“ die Einsicht verbunden ist, „dass soziale Vorgänge nicht auf psychologische und diese nicht auf biologische zurückgeführt werden können“. Bei der Frage der Verbindung zwischen den Systemebenen im Rahmen von Untersuchung und Behandlung von Erkrankungen bleibt die soziale Ebene bei ihnen allerdings weitgehend unbestimmt.

Von Seiten der Sozialarbeit betont Kleve (1999) die Wichtigkeit der operationalen Trennung der drei Systemebenen, um einem unreflektierten „Ganzheitlichkeitsgeraune“ zu entgehen. „Gerade in der Praxis der Sozialarbeit wird immer wieder offenbar, dass die Interventionen der Hilfesysteme Klientsysteme nicht derart instruktiv steuern, beeinflussen bzw. determinieren können, wie es die beteiligten Sozialarbeiterinnen intendieren; vielmehr verhalten sich Klientsysteme auf Interventionen entsprechend ihrer strukturellen Möglichkeiten ... Die in der Sozialen Arbeit relevanten psychischen und sozialen Systeme beziehen sich wechselseitig aufeinander, aber sie tun das entweder psychisch, bewusstseinsförmig, also über das Denken von Gedanken über Menschen, Familien oder Gesellschaft (im Falle psychischer Systeme) oder sozial, kommunikativ, also über das Kommunizieren von Kommunikationen (im Falle sozialer Systeme). Kommunikation scheidet Information (Inhaltsaspekte) von Mitteilungen (Beziehungsaspekte) und kann reflexiv, metakommunikativ verständlich machen, dass das individuell Gedachte und das sozial kommunizierte an den Grenzen der jeweiligen psychischen Systeme gebrochen wird und sich damit in andere Selektionshorizonte, in andere Komplexitätsreduktionen, kurz gesagt: in andere Realitäten einbindet." (Kleve 1999, 80 f.) Biologische, psychische und soziale Systeme sind verschiedenartig und heterogen. Die spezifisch sozialarbeiterische Praxis muss die Wechselwirkungen zwischen diesen verschiedenartigen Ebenen beachten, „d. h. nicht isoliert und auf ihre spezifische, etwa individuelle Erscheinungsweise reduziert, sondern vielmehr als in einem systemischen Zusammenhang herausdifferenzierte Lösungen vergangener Probleme, die aber andere, passendere, brauchbarere, weniger leidvolle, kurz: funktional äquivalente Lösungen ermöglichen. ... Im Gegensatz zur Psychotherapie geht es Sozialarbeit in erster Linie nicht um die Veränderung von Psychen, sondern darum, Veränderungsprozesse in sozialen, kommunikativen Strukturen anzuregen, also darum, in den Blick zu bringen, dass soziale Funktionen immer auch anders erfüllt werden können, als es gerade (problematisch) der Fall ist." (Ebd., 82 f.)

In der Klinischen Sozialarbeit geht es allerdings *auch* um die Beeinflussung menschlicher Bewusstseinszustände, woran sowohl die Psychologie als auch die Soziale Arbeit, die Psychotherapie, Psychiatrie und andere Disziplinen in einem wechselseitigen bezugswissenschaftlichen Verhältnis beteiligt sind. Im Falle der psycho-sozialen Behandlung soll das durch Armut, Marginalisierung, Ungerechtigkeit und soziale Desintegration benachteiligte Klientel durch psycho-soziale Maßnahmen zur *Selbst*hilfe befähigt werden. Die Unterstützung zu angemessener sozialer Teilhabe beispielsweise lässt diese Menschen idealerweise wieder zu einem handlungsfähigen, gesunden und glücklicheren Mitglied der Gesellschaft werden. Das Klientel Klinischer Sozialarbeit leidet sehr häufig unter schweren psychischen und geistigen Befindlichkeitsbeeinträchtigungen und Selbstwertstörungen, die als eine Art Bindeglied zwischen den krankmachenden sozialen Lebensumständen einerseits und biologisch-körperlichen Erkrankungen und Behinderungen andererseits fungieren. Veränderungsprozesse in sozialen und kommunikativen Strukturen sind in der Regel nicht erreichbar ohne die Beeinflussung der Psyche, bzw. umgekehrt: wenn problematische soziale Strukturen durch funktional bessere soziale Prozesse oder Strukturen ersetzt werden, ist die begleitende und unterstützende Arbeit an der Wahrnehmung, Einschätzung und Bewertung und Integration der Erfahrungen in das Selbstkonzept unerlässlich.

2.1.2 Neuroplastizität und Epigenetik – soziale Erfahrung verändert die Biologie

Forschungsergebnisse zur *Neuroplastizität* und *Neurogenese* (→ neue Synapsen entstehen, alte können verschwinden, bestehende können gestärkt oder geschwächt werden) belegen die Beeinflussung der biologischen Gehirnentwicklung durch Erfahrungen und Erlebnisse (Kandel 2007; Applegate & Shapiro 2005). Dies gilt auch für die Verhältnis von Genen und Umwelteinflüssen. Eine neue Disziplin, die „Epigenetik“, zeigt, dass die Genaktivität nicht starr ist, sondern ein Leben lang formbar. Die Steuerungsmechanismen für das „An- und Abschalten“ von Genen sind äußerst komplex. „In den vergangenen Jahren haben Epigenetiker große Fortschritte im Verständnis dieser übergeordneten Steuermechanismen erzielt. Dabei wurde immer klarer, dass das Epigenom für die Entwicklung eines gesunden Organismus ebenso wichtig ist wie die DNS selbst. Deutlich wurde bei den Forschungen auch, dass das Epigenom durch äußere Einflüsse weit leichter als die Gene verändert werden kann. Die größte Überraschung aber ist: Epigenetische Signale werden von den Eltern an die Kinder weitergegeben.“ (Watters 2007) Velden (2010, N2) weist eindringlich darauf hin, dass auch die Erblichkeit mentaler Merkmale (wie z. B. Intelligenz) eine Funktion der bestehenden Umweltunterschiede ist. Damit werden die traditionellen Abgrenzungen zwischen „nature“ und „nurture“ in hohem Maße unscharf.

Auszug aus:

Krebsforschung: Munter bleibt gesund – Mäuse, die ein kurzweiliges Leben führen, so zeigen Untersuchungen, sind weniger tumoranfällig. Könnte also positiver Stress vielleicht auch Krebspatienten schützen?

Von Volker Stollorz

(*http://www.faz.net/s/Rub7F74ED2FDF2B439794CC2D664921E7FF/Doc~E61E5FCA10D304063B1725F2DA4CC5857~ATpl~Ecommon~Scontent.html vom 04.08.2010*)

Die Labormaus zeigt: Reizarmut führt zu Fettleibigkeit und schwächt das Immunsystem. Verblüffende Entdeckungen haben ihren Ursprung manchmal in sehr persönlichen Erfahrungen. So war es auch bei den Neurowissenschaftlern Lei Cao und Matthew During von der Ohio State University in Columbus. Mehrere nahe Verwandte von ihnen waren an Krebs erkrankt. Als die beiden begannen, sich näher mit der Krankheit zu beschäftigen, stießen sie auf ein Phänomen, das selbst ausgesprochene Tumorexperten immer wieder überrascht: Bösartige Geschwüre können bei manchen Patienten rasend schnell wuchern, während sie bei anderen viel langsamer wachsen und mitunter sogar ganz verschwinden. Als Hirnforscher waren Cao und During absolute Neulinge auf dem Feld der Krebsforschung. Nur so erklärt sich wahrscheinlich, warum sie eine scheinbar längst ad acta gelegte Frage neu stellten: Könnte neben den molekularen Eigenschaften eines Tumors nicht auch die physische und soziale Umgebung eines Individuums das Krebswachstum beeinflussen? Gibt es mit einem Wort so etwas wie eine „Krebspersönlichkeit“?

Bestehende Nervenbindungen werden verstärkt. Zu diesem Thema existieren ebenso viele kühne Thesen, wie es an Fakten mangelt. Epidemiologisch ist bislang kein Zusammenhang zwischen bestimmten Persönlichkeitsmerkmalen und der Entstehung von Tumoren gefunden worden. Und Experimente verbieten sich aus naheliegenden Gründen. Also dachten sich die Forscher ein vom Prinzip her einfaches, aber beinahe schon geniales Tierexperiment aus. Mäuse sind ohnehin ein beliebtes Studienobjekt der Neurowissenschaftler. Seit vier Jahrzehnten studieren sie an ihnen das Gedächtnis und Lernprozesse im Gehirn. Zum Standarddesign solcher Versuche gehört es, dass eine Gruppe von Mäusen in kargen Standardkäfigen haust, während die andere in eine reizvollere Heimstätte gesteckt wird. Die einen müssen mit etwas Streu, Wasser und Futter auskommen, die anderen finden darüber hinaus Nester zum Ausruhen, können sich durch enge Tunnelröhren zwängen oder nach Lust und Laune in Laufrädern rennen. Auch ihr Sozialleben gestaltet sich aufregender als in Standardkäfigen, weil die Tiere in größeren Gruppen leben. Nach einigen Wochen der Eingewöhnung starten dann die Versuche. Bei Gedächtnistests müssen die Mäuse beispielsweise lernen, frei schwimmend eine rettende Plattform im Wasser wiederzufinden. Oder sich in einem vertrauten Labyrinth zu orientieren, um den Weg zu bestimmten Leckerbissen aufzuspüren. Nagetiere, die in einer anspruchsvolleren Umgebung, in einem „enriched environment" leben, lösen solche Aufgaben besser als Artgenossen in langweiligen Käfigen. Ihr Gehirn wird durch das anregende Milieu nachweislich in eine Art milden Stress versetzt, der Körper aktiviert Schutzmechanismen. Bestehende Nervenbindungen werden verstärkt, in einigen Hirnregionen bilden sich sogar auch noch nach der Geburt neue Nervenzellen. Sogar vor Alzheimer sind Mäuse eher gefeit, wenn sie in geräumigeren Käfigen aktiver hausen dürfen."Als Neurowissenschaftler verblüffte uns, dass offenbar noch kein Krebsforscher Mäuse unter solchen Bedingungen mit Tumorzellen konfrontiert hat", erzählt Cao. Genau das taten er und seine Kollegen, mit eindeutigem Ergebnis: Mäuse in Käfigen mit Tunneln, Ruheplätzen, Laufrädern und in Gesellschaft von Artgenossen widerstanden dem Angriff ansonsten tödlicher Haut- und Darmkrebszellen erheblich länger. Die Tumore waren zudem nach einigen Wochen deutlich kleiner.

Drei Wochen Leben im Luxuskäfig halfen. Fast ein Jahr rangen die Forscher anschließend mit den Gutachtern der renommierten Fachzeitschrift Cell, weil diese die Befunde an inzwischen rund 5000 Mäusen kaum glauben mochten. Ein Kontrollexperiment nach dem anderen lieferte dasselbe Ergebnis: Spritzten die Forscher den Mäusen nach sechs Wochen aggressive Krebszellen unter die Haut, entwickelten sich bei allen Tieren im Standardkäfig solide Tumore. Bei denen im komfortablen Laborhotel zeigten immerhin 17 von 100 keine Anzeichen eines Krebswachstums. Bei den übrigen waren die sichtbaren Tumore am Ende des Versuchs 80 Prozent kleiner als bei den Versuchstieren aus Standardkäfigen. Ihr Organismus hielt die von den Forschern verabreichten Krebszellen länger in Schach, offenbar, weil diese sich aufgrund von Schutzfaktoren im Blut deutlich langsamer teilen konnten. In einem zweiten Mäusestamm mit erblichem Darmkrebs, bei dem sich aufgrund eines genetischen Defekts üblicherweise schon nach wenigen Lebenswochen eine Vielzahl von Polypen im Darm bilden, halfen schon drei Wochen Leben im Luxuskäfig, um das Größenwachstum vorhandener Geschwüre um die Hälfte zu senken. Sogar die Zahl der neu entstandenen Darmkrebspolypen sank in diesem Mausmodell drastisch. …

Nicht nur Lei Cao ist „absolut überrascht" über das Ausmaß der Effekte. Wie aggressiv ein Tumor im Körper wächst, hängt nach gängiger Lehrmeinung letztlich allein von der Zahl defekter Gene ab, die sich von Krebszelle zu Krebszelle unterscheiden. Auch Fehler in der lokalen Umgebung entscheiden manchmal darüber, wo im Körper die böse Saat aufblüht. Von Risiken wie Tabakrauch oder falscher Ernährung einmal abgesehen gelten vor allem die molekularen Eigenschaften der Tumorzelle sowie die genetische Konstitution des Patienten als entscheidende Faktoren, die dem Körper den tödlichen Amoklauf aufzwingen. Caos und Durings Experimente dagegen wecken wieder einmal Vermutungen, nach denen ein Zusammenhang besteht zwischen unserer Art zu leben und dem Risiko, an Krebs zu erkranken. Die allermeisten experimentellen Krebsforscher halten sich von dieser Debatte fern. Zu komplex sind die Zusammenhänge zwischen Körper und Geist, zwischen Gehirn und Krankheit. Zwar ist Stress, so die Binsenweisheit, zweifellos schlecht für die Gesundheit, weil er die Immunabwehr unterdrückt. Und körperliche Aktivität bietet tatsächlich einen gewissen Schutz gegen Krebs. Fettleibige Menschen haben ein erhöhtes Tumorrisiko, so viel ist statistisch erwiesen. Aber könnte nicht auch ein bisschen positiver Stress, wie er unter günstigen sozialen Bedingungen erlebt wird, als Puffer gegen Krebs dienen? … (Text: F.A.Z.)

Für die Klinische Sozialarbeit besonders wichtig ist die Erkenntnis, dass der strukturelle und funktionelle Organisationszustand des Gehirns und des Organismus sich immer dann weiter entwickelt, wenn neuartige Umweltbedingungen und Erfahrungen auftreten. Neues stellt Anforderungen an die Anpassungsleistung des Nervensystems und an den gesamten Organismus. Im Entwicklungsprozess werden dabei bereits gebildete neuronale Verschaltungen bzw. die über sie ablaufenden Erregungsmuster immer stärker durch wiederholte Erlebnisse und Erfahrungen beeinflussbar. Aus neurobiologischer Sicht beruhen somit alle Veränderungen, die durch psycho-soziale Interventionen bzw. Soziale und Psychologische Therapie zu Stande kommen, auf einer „Veränderung synaptischer Übertragungsbereitschaft“ (Grawe 2003, 423). Die im Rahmen Klinischer Sozialarbeit angestrebte Passung zwischen Person und Umwelt ist auch immer eine „gesunde“ Passung eines plastischen Gehirns eines Menschen bezogen auf die Lebensbedingungen, die seine Umwelt, respektive die spezifische Situation, hergibt (vgl. Hüther 2007, 43 ff.).

Grawe (2004) zeigt, dass es gerade die Auswirkungen sozialer Belastungen sein können, die zu Veränderungen in den Gehirnstrukturen führen, die für die Entstehung psychischer Störungen verantwortlich sind. Beck & Brog-Laufs (2010, 65) fassen Grawes Auswertungen der einschlägigen Forschung zusammen: „Besonders deutlich wird dies bei Verletzungen der psychischen Grundbedürfnisse eines Menschen, z. B. dem Bedürfnis nach Bindung. Die wichtigste Ursache für das Risiko der Ausbildung einer psychischen Störung liegt nach Grawe (2004) in den ungünstigen Lebensbedingungen (z. B. Armut, Arbeitslosigkeit, schlechte soziale Umgebung, geringe Unterstützungsmöglichkeiten, Krankheiten und körperliche Beeinträchtigungen). Darüber hinaus zählen ungünstige Beziehungen (z. B. belastende Partnerbeziehung, belastende Beziehung zu den Eltern, eine nicht gelungene Ablösung von den Eltern) sowie das oft hieraus resultierende ungünstige Beziehungsverhalten bei neuen Kontakten zu den Risikofaktoren. Alle genannten Bedingungen führen dazu, dass auf der psychischen und körperlichen Ebene Symptome einer Erkrankung sichtbar werden. Das Ignorieren der Lebensumstände würde dazu führen, dass der betroffene Mensch täglich die belastenden Situationen neu durchleben muss, was wiederum zur Stärkung der ungünstigen neuronalen Verbindungen im Gehirn führen würde, die eine Veränderung der Verhaltensweise und die diesen zugrundeliegenden neuen Synapsenverbindungen fast unmöglich machen (ebd.).“

Blicken wir wie in diesem Kapitel auf die Verknüpfungen der biologischen Integrationsebene mit der sozialen und der psychischen, dann müssen wir in diesem Sinne von einem „sozialen Gehirn“ sprechen (social brain, Heatherton et al. 2004, Applegate & Shapiro, a.a.O.). Auch Sommerfeld (2009a) stellt fest: „Zunehmend wird deutlich, dass das Gehirn das menschliche Organ ist, dass diese extreme Form der Sozialität ermöglicht, die wir in Form menschlicher Gesellschaften und Kulturen beobachten können, und in denen wir leben. Das Gehirn ist ein soziales Organ.“ Die klinisch-neurobiologische Forschung hat somit gezeigt, dass adaptive Veränderung nicht durch rein kognitive Einsicht vermittelt wird, sondern durch wiederholt stattfindende implizite Situationsbewertung (Grawe, ebd., 425) im Rahmen von Umweltanforderung, Beziehung, Erfahrung, Stress.

Für die Klinische Sozialarbeit ermöglicht diese neurowissenschaftlich fundierte Forschung eine Integration neuer Wissensbestände in ihre sozialwissenschaftliche Handlungslehre. Die Beiträge von Lux (2008), Stiels-Glenn (2008) zeigen dies exemplarisch, indem sie die Behandlungskonzepte mit Bezug zu bindungstheoretischen Überlegungen und neurophysiologischen Vorgänge analysieren. Fetscher (2008) zielt auf die Erweiterung Klinischer Sozialarbeit um neurowissenschaftliche Aspekte im Zusammenhang der sozialen Mitbehandlung bei schwerwiegenden Hirnerkrankungen (insbesondere Epilepsie), die mit beruflicher und sozialer Exclusion und defizitären sozialen Kognitionen einhergehen.

Generell geht es darum, Klienten in Situationen zu bringen, die ihnen intensive Kompetenzerfahrungen gegenüber dem vorgebrachten Problem ermöglichen, etwa in der Umsetzung der gemeinsam entwickelten Erziehungsstrategien, oder der Schrittweisen „Bahnung“ von Kompetenzen bspw. einer allein erziehenden Mutter, die erheblich unter Überforderung durch Erziehungsaufgaben, mangelnde Ausstattung und finanzielle Probleme leidet und keine Möglichkeit sieht, aus diesem „Strom“ negativer emotionaler Belastungen herauszukommen. Klinische Sozialarbeit hat mit ihrer auch aufsuchenden Perspektive viele Möglichkeiten direktes, aktiverendes Erleben im sozialen Alltag zu initiieren. Klienten Klinischer Sozialarbeit sind häufig mit Ängsten oder dysfunktionalen Selbstbewertungen besetzt, die letztendlich eine eigenständige Problemlösung verhindern. Interventionen und Settings, die eine Steigerung von Selbstwert, Vertrauen und Selbstwirksamkeit durch Initiierung korrektiver Erfahrungen fördern die Entwicklung neuer hirnphysiologischer Strukturen. Insbesondere im Hinblick auf die praktische Durchführung von Interventionen sind im Anschluss an Moll, Hüther und Rothenberger (1999) folgende Schlussfolgerungen bedeutsam:

- Bei Anforderungen, die erworbene Verhaltensmöglichkeiten massiv und längerfristig überstiegen, so dass eine Person außerstande sieht, eine Anforderung zu bewältigen, stellt sich kognitiv und emotional ein Zustand von Hilflosigkeit und Ohnmacht ein, einhergehend mit einer tiefen und lang anhaltenden Stressreaktion.
- Vor allem durch die Wirkung des bei dieser Stressreaktion vermehrt ausgeschütteten Stresshormons Kortisol auf Nerven- und Gliazellen im zentralen Nervensystem kommt es zur Destabilisierung von im Gehirn bereits gebahnten neuronalen Erregungsabläufen bzw. diesen zugrunde liegenden neuronalen Verschaltungen. Das ist eine durchaus zwiespältige Situation mit sowohl positivem wie negativem Veränderungspotenzial.
- Einige der im Verlaufe von Stressreaktionen stattfindenden Aktivierungsprozesse, beeinflussen die Funktion von Nerven- und Gliazellen nachhaltig: die vermehrte Ausschüttung von Noradrenalin, die Stimulationen von Glucokortikoid-(Kortisol-)Rezeptoren insbesondere kortikaler und limbischer Nervenzellen.
- Diese Aktivierungen schaffen Bedingungen, die den strukturellen Aus- und Umbau von neuronalen Verschaltungen selbst noch im Gehirn Erwachsener erlauben. Das heißt, selbst die neuronalen Grundlagen bisher erfolgreich eingeschlagener, „routinierter" Bewältigungsstrategien können bei ausreichender Stärke der Belastungen dadurch allmählich aufgelöst werden. Das ist auf biologischer Ebene das, was aus der Krisenarbeit bekannt ist: eine krisenhafte Zuspitzung ermöglicht und erfordert neue Entwicklungen.
- Dann kann/muss es zu Neulernen kommen.
- Falls es nicht dazu kommt, kann dies bei den betroffenen Personen zu dauerhaften stressbedingten neurophysiologischen Veränderungen einschließlich schwerer Deformationen von Hirnstrukturen kommen, die sich im Erleben und Verhalten in einer weiter zunehmenden Verunsicherung, Verängstigung, zu sozialem Rückzug und/oder Verstärkung der Ausbildung von auffälligem Verhalten wie z.B. Zwängen niederschlagen. Als Folge solcher erfahrungsbedingten Hirnschädigungen kann Wahrnehmung, Verhalten und Persönlichkeit ebenso verändert sein, wie Aufmerksamkeit und Sprache, was wiederum gravierende Auswirkungen auf den Umweltbezug der Person hat.

Moll, Hüther und Rothenberger (ebd.) ziehen eine auch für die Soziale Arbeit bedeutsame Schlussfolgerung: Sowohl als kontrollierbar als auch als unkontrollierbar bewertete Anforderungen bzw. Belastungen sind entscheidend an der Herausformung der unser Denken, Erleben und Handeln begründenden neuronalen Verschaltungen beteiligt. Ohne ‚kontrollierbaren Stress' könnten wir keine Erlebnisse und Erfahrungen im Gedächtnis verankern und ohne ‚unkontrollierbaren Stress‘ hätten wir keine Möglichkeiten, die bisher eingefahrenen ‚Bahnen‘ unseres Denkens, Erlebens und Verhaltens zu verlassen. Intervention und Hilfen zur Veränderung müssen also ein angemessenes Maß an *Herausforderung* realisieren, um das Veränderungspotenzial neuronaler Plastizität zu aktivieren.

2.1.3 Soziale Bindungserfahrung und ihre biologischen Auswirkungen

Als *clinical social worker* bezieht sich Saari (1997) auf die wachsende Anzahl von Belegen aus den Neurowissenschaften zur Bedeutung von sozialen Bindungs- und Beziehungserfahrungen für die Entwicklung des zentralen Nervensystems. Die Bindungstheorie hat zu empirischen Untersuchungen geführt, die weitreichende Erkenntnisse über bio-psycho-soziale Zusammenhänge erbracht haben: Das Bindungsverhaltenssystem ist wie andere (physiologische) Steuerungssysteme auch ein Steuerungssystem, das zur Aufrechterhaltung der physiologischen Homöostase im Organismus beiträgt (Spangler & Schieche 1995, 298). Aufgrund neuerer Forschungen zu den langfristigen Effekten sozialer Isolation, zur Physiologie länger anhaltender Trennung und zum Isolationssyndrom wurden von einer Reihe von Autoren Bowlbys diesbezügliche Annahmen deutlich erweitert und modifiziert (Field 1985; Hofer 1982; Kraemer 1995).

Der englische Kinder- und Jugendpsychiater und Psychoanalytiker John Bowlby formulierte in den fünfziger Jahren die Bindungstheorie, die durch die Forschungen von Mary Ainsworth eine empirische Fundierung erfuhr. Die Bindungstheorie integriert zwei unterschiedliche Perspektiven: die bei Bowlby noch in der Psychoanalyse wurzelnde psycho-soziale Perspektive und die in der Ethologie wurzelnde biologische Perspektive (Spangler & Zimmermann 1995). Der Erklärungsansatz der Bindungstheorie stützt sich auf die Annahme genetisch verankerter Motivationssysteme. Die Bindungsforschung wandte sich konsequent prospektiver Forschung durch konkrete Beobachtung von Einflüssen auf die kindliche Verhaltensentwicklung zu. Die ursprüngliche Bindungstheorie schafft ein Konzept zum Verständnis der Neigung menschlicher Wesen, starke gefühlsmäßige Bindungen zueinander zu entwickeln. Nach Bowlby sind diese ersten Beziehungserfahrungen der Grundstein der Persönlichkeit (1975). Bowlby formuliert folgende Grundannahmen der Bindungstheorie (1995):

- emotional bedeutsame Bindungen erfüllen eine lebenswichtige Funktion und haben somit einen primären Status;
- die Entstehung und der Fortbestand dieser Bindungen wird durch einen kybernetischen Regelkreis, der im Zentralnervensystem lokalisierbar ist, gesteuert, und soll die Nähe oder Zugänglichkeit des anderen Partners gewährleisten;

- die kindliche Entwicklung wird durch den erheblichen Einfluss des elterlichen Verhaltens (insbesondere das der Mutter) geprägt;
- eine sichere Bindung ermöglicht Explorationsverhalten (Erkunden und Spiel), hingegen unsichere Bindungen mit aktiviertem Bindungssystem verhindern dieses;
- die Wirksamkeit der Systeme ist abhängig von den Selbst- und Objektrepräsentanzen (internale Arbeitsmodelle) und den sich entwickelnden Interaktionsmodellen beider Partner;
- die Bindungstheorie liegt einem Modell der Entwicklungslinien zugrunde, d.h., dass Personen in jedem Moment mit den psychischen Kompetenzen und Strukturen handeln, die bis dahin entwickelt sind, ohne aber unbedingt alle verfügbaren Ressourcen in Anspruch zu nehmen.

Bindungsverhalten ist jedes Verhalten, das zur Aufrechterhaltung und Wiederherstellung von zwischenmenschlicher Nähe erfolgt. Die Funktion des Bindungsverhaltens sieht Bowlby zum einen in der Gewährleistung des Schutzes vor Gefahr. Zum anderen lernt das Kind im Zusammensein mit der Mutter Tätigkeiten und Dinge, die dem Überleben dienen (1975, 212), so u.a. sich im gesellschaftlichen System einzufügen. Es trägt zur Aufrechterhaltung einer ständigen Beziehung zwischen dem Individuum und der ihm vertrauten Umgebung bei. Das Bindungsverhaltenssystem hat demnach also einen entscheidenden Überlebenswert.

Komplementär zum Bindungsverhalten des Kindes ist das elterliche Pflegeverhalten als besonderer sozialer Einflussfaktor von Bedeutung. Auch das elterliche Pflegeverhalten begreift Bowlby (1995, 19) als ein biologisch verankertes Verhaltenssystem, das für das Individuum und seine Nachkommen lebensnotwendig ist. Dieses Verhaltenssystem umfasst neben dem Bindungsverhalten auch Nahrungs-, Sexual- und Explorationsverhalten. Die Verhaltensmuster des elterlichen Pflegeverhaltens sind zunächst nur ansatzweise vorhanden und müssen erst erlernt werden. Die Bindungsqualitäten sind also durchaus umweltlabil, d.h. durch neue, andere Erfahrungen beeinflussbar. Auf der Grundlage empirischer Studien werden die Bindungsqualitäten aufgrund von Verhaltensmustern in sichere, unsicher-vermeidende, unsicher-ambivalente und desorganisierte Bindung klassifiziert.

Sicher gebundene Kinder haben die Mutter bzw. primäre Bezugsperson als Sicherheitsbasis. Sie wenden sich ihr direkt zu, sie suchen ihre Nähe und beginnen von hier aus wieder zu erkunden und zu spielen. Sie verringern ihre Spielaktivitäten zugunsten der unmittelbaren Kommunikation mit Vater oder Mutter, vor allem nach einer Trennung. Sie signalisieren ihre Befindlichkeit und ihre Bedürfnisse unmittelbar. Unsicher gebundene Kinder bevorzugen Ausdrucksverhalten beim Alleinspiel, vor allem nach einer Trennung. Wir können dies als ein Zeigen von „Symptomen“ ohne soziale Konsequenzen bezeichnen (Symptom als Aktion plus Ausdrucksverhalten).

Unterschiede im Gefühlsausdruck sind Kernpunkte für die Entwicklung zwischenmenschlicher Beziehungen. Alle diese Befunde haben Konsequenzen für die psychische Belastbarkeit, für das In-Einklang-Sein von Person und sozialer Situation mit ihren Anforderungen, für die emotionale Ausgeglichenheit, für die Frustrationstoleranz. Nach Bowlby werden die frühkindlichen Bindungserfahrungen in Form von Arbeitsmodellen für zwischenmenschliche Beziehungen verinnerlicht. Desorganisation der kindlichen Bindungsstrategien verursachende Bindungs- und Trennungstraumata sind auf Seiten des Kindes: Misshandlung, Vernachlässigung und häufig vollzogener Pflegewechsel. Auf Seiten der Mutter: unverarbeiteter Tod eines Elternteils in der Kindheit, unverarbeiteter Tod eines Geschwisters oder engen Vertrauten, Drogenabhängigkeit eines Elternteils, Misshandlung als Kind, gehäufte Verluste.

Hatte Bowlbys Konzeption im Wesentlichen beinhaltet, dass das Bindungsverhalten die Nähe zwischen Elternfigur und Kind reguliert und körperliche Sicherheit für das Kind ermöglicht (Brechler 1999), so zeigen die neuen Modelle aus der psycho-neuro-biologischen Forschung, dass die Natur und die Basis der Bindungsbeziehung weit über die Regulation von Nähe und Sicherheit hinaus geht. *Danach sind soziale Säugetiere in fundamentaler Weise unfähig, auf sich allein gestellt ein grundlegendes neurophysiologisches Gleichgewicht aufrecht zu erhalten.* Aus der Sicht dieser Forschung besteht das Nervensystem sozialer Säugetiere aus einer Anzahl homöostatischen Prinzipien gehorchenden offenen Schleifen, die externalen Input von anderen sozialen Säugetieren benötigen, um ihr inneres physiologisches Gleichgewicht (Homöostase) aufrecht zu erhalten. Dieser Input wird erreicht durch sozialen Kontakt und bio-behaviorale Synchronizität mit Bindungsindividuen (vgl. Field 1985). Aus dieser Sicht ist die Bindungsbeziehung ein notwendiger Regulator der normalen Physiologie sozialer Säugetiere. Die Reaktion eines sozialen Säugetieres auf eine Trennung von einer bedeutsamen Bindungsfigur hängt davon ab, wie gut es seine eigenen neurophysiologischen Prozesse ohne externe Inputs regulieren kann. Es wird angenommen, dass diese Kapazität bei der Geburt noch minimal ist und dass eine gesunde Entwicklung wesentlich davon abhängt, wie gut die Bindungsfiguren für eine angemessene Gleichgewichtsregulation sorgen.

Grossmann und Mitarbeiter (1997) haben physiologische Korrelate für verschiedene Bindungsmuster bei Kindern untersucht. Sie wiesen nach, dass auch die oft besonders selbständig wirkenden Kinder, die mit ihren Müttern durch ein unsicher-vermeidendes Bindungsmuster verbunden sind, tatsächlich durch die Trennung von der Bindungsperson in der Fremden Situation belastet sind. „Sie zeigten während der Trennung keine Anzeichen von Verunsicherung und reagierten auch kaum auf die Rückkehr der Mutter, so dass bei oberflächlicher Betrachtung der Eindruck entstehen konnte, sie blieben davon relativ unberührt. Ihre Herzschlagfrequenzveränderungen allerdings zeigten, dass nach der ersten Trennung von der Bindungsperson bei sicheren und bei unsicher-vermeidenden Kindern die Herzschlagfrequenz gleichermaßen zunimmt. Während die sicher gebundenen Kinder aktiv nach der Mutter suchen, unter Umständen auch weinen, also ‚gestresst' aussehen, steigt bei ihnen nach Beendigung der Fremden Situation der Cortisolspiegel im Speichel nicht an, während es bei den desorganisiert-desorientierten der Fall ist (Spangler & Grossmann 1993). Wir interpretieren den erhöhten Cortisolspiegel als Indikator eines physiologischen Stressmechanismus. Er wird als Folge der Unfähigkeit, auf der Verhaltensebene zur Beruhigung des Bindungssystems durch Herbeirufen der Mutter zu sorgen, aktiviert."[3] (Grossmann & Grossmann 1994, 31)

Amini et al. (1996) ziehen aus solchen Befunden für die Klinische Sozialarbeit folgende Schlussfolgerungen:

- Soziale Tiere (Säugetiere, Primaten, Menschen) sind unfähig, ihr neurobehaviorales inneres Gleichgewicht allein zu regulieren.
- Sie sind notwendig abhängig von angemessenem „sozialen Input" – wir könnten wohl sagen von sozialer „Fürsorge" im direkten Kontakt – um biologisch – neurologisch zu funktionieren.
- Die Selbstregulation neurobehavioraler und physiologischer Gleichgewichtszustände im Organismus ist abhängig von einer befriedigenden und nahen sozialen Bindungsbeziehung (zunächst: Mutter bzw. Mutterersatz – Säugling).
- Diese grundlegende interpersonale Bezogenheit und *soziale Bedürftigkeit biologischer bzw. physiologischer Vorgänge* ist kein Zeichen von Pathologie oder Unangemessenheit.
- Wir können annehmen, dass sie eine große Rolle bei der Entstehung, Aufrechterhaltung und auch bei der *Veränderung* von bio-psycho-sozialen Abweichungen spielt.
- Die häufig extrem stabilen Muster der psycho-somatischen Regulationen, der Emotionsregulation und des Sozialverhaltens haben sich als überdauernde biologisch-neurale Struktur psycho-sozialer Erfahrungen im Gehirn niedergeschlagen (Neuroplastizität).
- Diese neurale Struktur übt wiederum rückwirkend einen bedeutsamen Einfluss sowohl auf die Erlebnisverarbeitung und das Sozialverhalten,

---

3 „Interessant ist auch in diesem Zusammenhang, dass bei neugierigem Erkunden von Gegenständen die Herzschlagfrequenz von sicher gebundenen Kindern abnimmt, so wie das bei erkundendem Neugierverhalten auf der Grundlage der allgemeinen psychologischen Literatur auch zu erwarten ist, während die Herzschlagfrequenz beim sogenannten erkundenden Verhalten der unsicher-vermeidenden Kinder ansteigt. Dies scheint unseren Eindruck zu bestätigen, dass diese Kinder das Manipulieren ‚als Vorwand' nehmen, um durch Vermeidung von Bindungsverhaltensweisen gegenüber der Bindungsperson eine mögliche Zurückweisung zu verhindern. Sie tun nur so, als ob sie spielten – und sie bräuchten die Nähe zu ihrer Mutter ebenso wie die übrigen Kinder, sind aber psychologisch daran gehindert."

die sozial-emotionalen Beziehungen und die biologische Entwicklung in der Gegenwart aus.

Der Befund, dass menschliche Wesen unmittelbar voneinander abhängig sind, um biologische Selbstregulation und darauf basierendes psycho-sozial angepasstes Verhalten entwickeln zu können[4], unterstreicht die Bedeutung der in soziale Regulationssysteme eingebetteten „Fürsorgebeziehung“ bzw. „Umweltversorgung“ (Winnicott 1984). Nach Winnicott kann der menschliche Säugling ohne die mütterliche Fürsorge, ohne den „sozialen Uterus“, nicht existieren. Natürlich wird ein individueller menschlicher Organismus geboren, der ein ererbtes Potential hat. Die Einzigartigkeit und Spezifität wie auch das stammesgeschichtliche Erbe dieses menschlichen Wesens ist in seiner DNA festgelegt. Aber dieses „ererbte Potential“ kann kein *Säugling* werden, wenn es nicht mit der mütterlichen Fürsorge (gemeint sind immer auch Väter, auch „Ersatzmütter“, also die *soziale Fürsorge*) zusammengebracht wird. Die Einheit der psycho-sozialen Betrachtung der menschlichen Entwicklung ist nicht der individuelle Säugling sondern *die Beziehung zwischen* Mutter/Vater/Bezugsperson und Säugling, also das natürliche Fürsorge*verhältnis*. Innerpsychischen Strukturbildung geht primär die soziale Beziehungserfahrung voraus und hat Wurzeln sowohl in den psycho-sozialen Beziehungsgestaltungen *zwischen* Menschen im Rahmen übergreifend wirkender Situationen bzw. Umwelten (Bateson 1983) als auch im ererbten biologischen Potenzial.

Das pathogene Potenzial der grundsätzlichen sozialen Angewiesenheit des Menschen liegt nicht zuletzt in dem Faktum begründet, dass soziale Bindungen zwischen Individuen grundlegende Überlebensfunktion und daher einen primären biologischen Status haben. Als biologisch verankerte, durch soziale Erfahrungen geformte Regelsysteme, die sich im zentralen Nervensystem eines jeden Partners finden, sorgen sie für die Erhaltung von Nähe und den unmittelbaren Zugang zu emotional bedeutsamen Mitmenschen. Soziale Pathologie besteht danach immer dann, wenn die Sozialverhältnisse den Aufbau und/oder den normalen Lebensvollzug solcher Bindungsverhältnisse entscheidend stören, beschädigen oder unterbrechen.

Dies ist für erfahrene Praktiker psycho-sozialer Fallarbeit keine Neuigkeit. Die neuen Befunde erweitern aber die wissenschaftliche Basis für diese Erkenntnisse. Die sozialen Beziehungen und Strukturen beeinflussen grund-

---

4 Im Falle grundlegender bio-sozialer Prägungsprozesse müssen wir offenbar auch von langfristigen negativen Auswirkungen ausgehen – sofern keine angemessene Behandlung erfolgt. Nemeroff (2003, zn. Heim 2003) stellte „klinische Daten vor, die darauf hinweisen, dass Missbrauch, Misshandlung oder Vernachlässigung im Kindesalter die neurobiologische Vulnerabilität für Stressereignisse erhöhen. Kriegsveteranen, die in ihrer Kindheit missbraucht worden waren, haben, so Nemeroff, ein höheres Risiko für eine posttraumatische Belastungsstörung (PTBS) als Veteranen ohne traumatische Kindheitserfahrungen.“

sätzlich auch die bio-physiologischen Zustände der Subjekte und formen biologische Strukturen in spezifischer Weise. Insofern hat Soziale Arbeit grundsätzlich einen fundamentalen Gesundheitsbezug, der tatsächlich weit über normalerweise angenommene Mechanismen hinausgeht. Die spezielle Beziehung zwischen Klient und Helfer – bspw. in der sozialtherapeutischen Beratung im Rahmen Klinischer Sozialarbeit – ist nicht nur ein kommunikativer Austausch von Informationen, ein Gespräch, das psychische Vorgänge des Erlebens beeinflusst und Verhaltensänderungen durch psychosoziale Lernprozesse in ggf. veränderter Umgebung bewirken soll. Die helfende soziale Beziehung ist grundsätzlich eine Bindungsbeziehung (attachment relationship), die physiologische Regulationen einschließt und vermutlich unter geeigneten Bedingungen in der Lage ist, neurale Strukturen bei Klienten zu verändern – auch unter Umgehung bewusster psychischer Verarbeitungsmechanismen. Aus diesem Verständnis heraus beruhen die Wirkungen sozialer Interventionen unter anderem darauf, dass es gelingt, durch eine hilfreiche soziale Beziehung auch biologische Prozesse bei Klienten bzw. Patienten zu beeinflussen. Insofern soziale Hilfe auch auf biologischer Ebene regulierend eingreift (Amini et al. 1996, 232), können wir hier mit Fug und Recht von „sozio-somatischen" (Schaub 2008; Kleve & Ortmann 2000, 117) Zusammenhängen sprechen. Sofern sie als komplexe zwischenmenschliche Fürsorge-Beziehung[5] wirksam werden, sind sie für die biologischen, psychologischen und sozialen Funktionen und Verhaltensweisen des Organismus von Bedeutung.

Für die Praxis der Klinischen Sozialarbeit sind „Bindungsstörungen" (Brisch 2009) ein Paradebeispiel solcher sozio-psycho-biologischer Verschränkungen. Sie sind generell gekennzeichnet durch unzureichende Erfüllung von frühen Nähe- und Schutzbedürfnissen des Kindes in einer bedrohlichen oder ängstigenden Situation, Nichterfüllung wichtiger Bedürfnisse von extremem Ausmaß. Sie werden entweder „nicht adäquat, unzureichend oder widersprüchlich" erfüllt (bd., 60), ein ausgeprägtes vorherrschendes problematisches Interaktionsmuster des Kindes und traumatische Erfahrungen in der Kindheit. Gahleitner (2007) betont die häufig anzutreffende Parallelität zwischen Erfahrungen in der frühkindlichen Entwicklung und den aktuellen Beziehungsbedürfnissen und sozialen Fähigkeiten der KlientInnen in der Klinischen Sozialarbeit.

Die Herausforderungen an klinisch arbeitende Fachkräfte liegen in der Schaffung einer „sicheren Basis" für die Klienten und Patienten (Wertschätzung, Empathie, Kongruenz, Verlässlichkeit). „Das Gefühl … gut auf-

5 Fürsorge ist hier nicht in einem „paternalistischen" Sinne gemeint, also Sorge für „Bedürftige". Es geht aber bei aller solidarischen sozialen Unterstützung und selbstbestimmten Partizipation bei vielen Klienten Klinischer Sozialarbeit *psychologisch* um eine richtig verstandene professionelle „Sorge für" den anderen, der aus bestimmten Gründen in seiner „Selbst-für-Sorge" beeinträchtigt ist.

gehoben zu sein, [gilt] [als] Grundstein zum Erfolg". (Bowlby 1995, 131) Zu beachten ist die Qualität der Erfahrung, die die Klienten machen (vgl. Holmes 2006, 231), da in der Beratung der Wirkfaktor „Beziehung" einen erheblichen Anteil hat (Nestmann 2008, 19), ist doch die Beziehungsgestaltung und Interaktion zwischen Fachkraft und Klient die Grundlage für neue Erfahrungen und Entwicklungen.

Nachhaltige Veränderung verlangt somit reale Erfahrungen, was mehr beinhaltet als bloße kommunikative Problembewältigung. Befinden sich Klienten in einem positiven emotionalen und motivationalen „Annäherungszustand" müssen positive Erfahrungen initiiert werden. Insofern geht es auch darum, den Klienten gemäß seinen psychischen und sozialen Möglichkeiten Dinge selbst in die Hand nehmen zu lassen und lediglich die Rolle des Unterstützers ernst zu nehmen um Selbsthilfekompetenzen und nicht Hilflosigkeit weiter zu fördern. Eine *Über*forderung ist dabei aus motivationaler Sicht ebenso zu vermeiden. Klinische Sozialarbeiter müssen demnach Kompetenzen in psychologischer Gesprächsführung bzw. im beraterischen Bereich haben, da die komplexen psycho-sozialen Problematiken der Klientel Sozialer Arbeit die Psyche tangieren und ein „innerer Annäherungsmodus" erst hergestellt werden muss, der eine konkrete kooperative Bearbeitung der gesamten psycho-sozialen Lage ermöglicht. Alles was Klinische Sozialarbeiter explizit in der Kommunikation mit ihren Klienten initiieren, etwa Feedback, Fokussieren spezifischer Aspekte, Instruktionen, modellhaftes Handeln, muss auch immer den nicht bewussten, impliziten Funktionsmodus im Blick haben. Ständige Überforderung und Ohnmachtserfahrung im sozialen Bereich bahnt und verfestigt neuronale Korrelate mangelnder Selbstwirksamkeitsüberzeugung, Hilflosigkeit, Resignation und psycho-soziale Dysfunktion (vgl. auch Grawe 2004).

Auf der Basis dieser Ergebnisse können wir im Rahmen einer personbezogenen Klinischen Sozialarbeit gleichrangig neben somatische, psychosomatische und psychotherapeutische Behandlung eine *soziale Behandlung* stellen. Die biologischen und psychologischen Strukturen der Menschen in einer Gesellschaft entwickeln sich in tiefgreifender Abhängigkeit von den sozialen Beziehungen, weil letztere das zwischenmenschliche Handeln bestimmen (vgl. auch Kapitel „Überlegungen zu einer Sozialpathologie").

Es liegt auf der Hand, dass die Erkenntnisse über die Neuroplastizität und die Rolle von Bindungsbeziehungen das Verständnis psycho-sozialer Behandlungsprozesse revolutionieren können. Applegate & Shapiro (2005) umreißen diese Perspektive wie folgt: „The biopsychosocial integration offers a rigorously conceptualized and research-based explanatory framework for understanding how the clinical relationship works. For social work this formulation validates and privileges the quiet, sustaining, and supportive relational backdrop to the range of interventions, from assisting individual clients with emotional problems, to advocating with others on their behalf, to gaining cooperation of others toward modifying aspects of clients' external environments. The emphasis on attachment dynamics as key to successful intervention puts as much, if not more, emphasis on the experience of ‚being with' the client than on ‚doing for' him or her." (157)

Psycho-soziale Erfahrungen auf der Basis ressourcenaktivierender und Problemverhalten hemmender Interventionen führen bei entsprechender zeitlicher Konstanz *und* einer tragfähigen unterstützenden Beziehung zu Veränderungen in der Hirnstruktur (vgl. Grawe 2004; Heim 2003, 418f.) und ggf. zu weiter gehenden organismischen Veränderungen (Epigenetik). Man kann die psycho-soziale Behandlung menschlichen Sozialverhaltens nicht verstehen, wenn man es unabhängig vom Kontext der sozialen Entwicklungen und der sozialen Situation, die sich immer im Rahmen zwischenmenschlicher Beziehungen vermitteln, betrachtet.

2.2 Die Person im Lebenslauf und die sozialbedingte Entwicklung des Selbst

Wichtige biologische Funktionen und Strukturen sind genauso etwas Gewordenes wie gesellschaftliche Institutionen – und sie entwickeln sich in Interaktion mit ihnen. Und in diesem Verständnis lässt sich nicht nur von individuellen bio-psycho-sozialen, psycho- und sozio-somatischen Prozessen sprechen, sondern auch von solchen, die sich über Generationen hinziehen und sich gemäß bestimmter Gesetzmäßigkeiten in Interaktion mit den sozialen und ökologischen Lebensbedingungen verändern. So betrachtet ist übrigens auch die Untersuchung menschlichen Sozialverhaltens in seinem geschichtlichen Prozess und in seinem sozialen Kontext keine überflüssige Komplizierung, sondern ein vom Untersuchungsgegenstand gebotenes Vorgehen.

Norbert Elias (1976, 1998) beschrieb unsere heutige Schwierigkeit zu verstehen, wie tiefgreifend die Abhängigkeit der Menschen voneinander ist: dass der Sinn alles dessen, was ein Mensch tut, in dem liegt, was er für andere bedeutet, und zwar nicht nur für die Gegenwärtigen, sondern auch für die Kommenden. Seine Abhängigkeit von dem Fortgang der menschlichen Gesellschaft durch die Generationen hin gehört sicherlich zu den fundamentalen Abhängigkeiten der Menschen voneinander. Allzu oft sehen sich Subjekte heute als von anderen weitestgehend unabhängige Individuen. In den postmodernen Gesellschaften verstehen sich Menschen nach Elias weithin als von Grund auf unabhängige Einzelwesen, als Monaden ohne

Fenster, als vereinzelte Subjekte. „Den eigenen, als isolierbar verstandenen Interessen nachzugehen erscheint dann als das Sinnvollste, was ein Mensch tun kann. Als wichtigste Lebensaufgabe stellt es sich dann dar, nach einer Art Sinn für sich allein zu suchen, einem Sinn, der unabhängig von allen anderen Menschen ist. Kein Wunder, dass Menschen bei der Suche nach dieser Art von Sinn ihr Leben als absurd erscheint." (1998, 54 f.)

Hans Thomae (1968) bettet die Entwicklung der Persönlichkeit fundamental in den sozialen Zusammenhang, in dem die Person ihre Erfahrungen macht und der die „Daseinsthemen" vorgibt, die mittels „Daseinstechniken" zu bewältigen sind. Er legt seiner biographischen Persönlichkeitstheorie die Annahme zugrunde, dass fast alles, was Form und geronnene Struktur am menschlichen Charakter ist, einmal Geschehen war und dass vieles, was jetzt fließendes Geschehnis ist, einmal Form, Haltung, Bereitschaft, Anlage, Triebkraft werden kann. Die Person als Prozess (Entwicklung) und die Person als Struktur (Persönlichkeit) sind aufeinander bezogen und gehen auseinander hervor, in Abhängigkeit von den Erfahrungen, die das Individuum in seiner Welt macht.

Diese Dynamik des menschlichen Lebenslaufes ist eng verwandt mit dem in seiner Grundstruktur bio-psycho-sozialen Konzept der „Entwicklungsaufgaben" (Erikson 1950, Havighurst 1948/1982). „A developmental task is a task which arises at or about a certain period in life of the individual, successful achievement of which leads to his happiness and to success with later tasks, while failure leads to unhappiness in the individual, disapproval by the society, and difficulty with later tasks." (Havighurst 1972, 2) Entwicklungsaufgaben stellen sich in jeder Lebensphase jeweils spezifisch. Ihre jeweilige erfolgreiche Bewältigung führt zu Glück und Wachstum und ist die Grundlage für die erfolgreiche Bewältigung späterer Aufgaben. Werden die Entwicklungsaufgaben nicht bewältigt, so führt das zu Scheitern, gesellschaftlicher Missbilligung und Schwierigkeiten bei der Bewältigung künftiger Entwicklungsaufgaben. Innere und äußere Kräfte sind verantwortlich für Entstehung und Zeitpunkt von Entwicklungsaufgaben sind innere (z. B. biologische: körperliche Reifung) und äußere Kräfte (z. B. soziale: Erwartungen der Gesellschaft) stehen in einer dynamischen Wechselwirkung mit individuellen Werten und Erwartungen bzw. Ambitionen der Person (Persönlichkeit). Schule, Berufseintritt, Heirat, Familiengründung, Aufgabe und Wiederaufnahme des Berufes bei Frauen, Scheidung, Verwitwung, Auszug der Kinder aus dem Elternhaus sind solche relativ typischen Entwicklungsphasen, die die Menschen vor Entwicklungsaufgaben stellen, die sie bewältigen müssen (coping). Art und Erfolg der Bewältigung bzw. Meisterung von Entwicklungsaufgaben formt die Identität eines Individuums.

Entwicklungsaufgaben sind primär sozial definiert (auch z. B. körperliche Reifungsschritte, die im sozialen Interaktionszusammenhangneu zu regulieren sind) und immer im Zusammenhang der Begegnung mit anderen Menschen. Sie sind Ereignisse der Begegnung und Beziehung, die zu ständigen Formenbildungsprozessen und Umformungen des „Selbst“ und der Identität führen. Zur schöpferischen Anpassung im gesamten Lebenszyklus müssen die Individuen immer wieder neu ein Gleichgewicht zwischen verschiedenen Komponenten finden:

- dem Bild, das sich die anderen von ihm machen und aufgrund dessen sie ihm begegnen;
- dem davon wesentlich mitbedingten „Bild vom Eigenen“ (Selbstbild, vgl. Swildens 1991), verbunden mit den individuellen Fähigkeiten zu innerer Kontinuität und schöpferischer innerer Veränderung;
- der individuellen – passiven – Anpassung an neue Gegebenheiten des Organismus/Umwelt-Feldes;
- der aktiven Anpassung des Organismus/Umwelt-Feldes an das Individuum selbst.

Gesunde Entwicklung verlangt, Identität und Selbstbild in konstruktiver Auseinandersetzung mit den von der sozialen Umgebung und der eigenen Reifung gestellten Entwicklungsaufgaben kontinuierlich umzugestalten. Menschliche Entwicklung ist somit Bewegung und Verwandlung, Transformation. Lebensfördernder Umgang entsteht genauso aus Lebensbewegung und Lebensfreude wie aus der Auseinandersetzung mit Schmerz, Krankheit, Trauer und Angst, die machtvolle Lehrmeister sind. Das Selbst steht in ständiger Interaktion mit der Umgebung (Selbst-in-der-Welt). Diese Interaktionen sind stark gefühlsbehaftet und innerlich ständig bewertet (z.B. angenehm, lustvoll, bedrohlich, herausfordernd). Der Aufbau des Selbst beginnt in der Entwicklung des Individuums sehr früh. Die grundlegenden Selbst-Empfindungen kommen lange vor dem Entstehen von Selbstbewusstheit und Sprache auf. Im Lauf des Lebens müssen diese Selbstgefühle entfaltet werden. Je nach Erfahrung werden sie mehr elaboriert oder mehr gestört. Selbst-Empfindungen sind einzigartige subjektive Organisationsformen des sozial und organismisch vermittelten Erlebens. Für Perls, Hefferline und Goodman (1951) ist das Selbst das System der *Integration* der Erfahrungen, es spielt die entscheidende Rolle des Findens und Herstellens von Bedeutungen bei der Erlebnisverarbeitung des Kontaktes mit der Umwelt. Für Schauder (1996) handelt es sich beim Selbstkonzept um eine „veränderliche, multidimensionale und mit der sozialen Umwelt interaktiv verbundene, dynamische und flexible Organisation zentraler und peripherer Aspekte des Selbst, die in sich konsistent, kohärent und relativ stabil ist“ (9).

Es gibt kein Selbst ohne sozialen Bezug und ohne soziale Erfahrung. Das Selbst ist eine integrierte bio-psycho-soziale Funktionsgestalt, die im Subjekt lokalisiert ist. Es repräsentiert somit in hohem Ausmaß den Prozess der eigenen aktiven Auseinandersetzung des Individuums mit soziokulturellen Faktoren, also die Verarbeitung individueller Sozialisationserfahrungen auf der Basis interpersonaler Lernprozesse. Dabei sind Selbst-Bewertungsprozesse von zentraler Bedeutung. Schauder (ebd.) nennt direkte und indirekte Fremdbewertungsprozesse und Prozesse des aktiven Sich-Vergleichens bzw. des eher passiven Verglichenwerdens. Er fasst weitere zentrale Befunde der Selbstkonzeptforschung zusammen:

- „Das *Selbstkonzept* repräsentiert die auf sich selbst bezogenen Attitüden einer Person, die kognitive (relativ wertfreie Gedanken wie: ‚Ich bin intelligent!', ‚Ich bin ehrgeizig!', ‚Ich bin fleißig!', etc.) affektive (bewertende Gefühle sich selbst gegenüber: Bewertungen spezifischer, z. B. kognitiver oder anderer Aspekte des Selbst) und konative oder Verhaltensaspekte (die Tendenz, wie man sich selbst gegenüber handelt: z. B. kann man sehr selbstkritisch oder sehr nachsichtig mit sich selbst sein) umfassen. Das Selbstkonzept dient im Sinne einer subjektiven ‚Theorie über die eigene Person' in Interdependenz mit dem Umweltkonzept der relativ stabilen Vorstellung eines Individuums von seiner Umwelt, als individueller Bezugsrahmen, an dem sich das Denken, Fühlen und Verhalten einer Person orientiert. Das Selbstkonzept konstituiert somit die Persönlichkeit der betreffenden Person.
- Das *Selbstwertgefühl* meint in Unterscheidung zu einer rein kognitiven Repräsentanz der eigenen Person den affektiv evaluativen Aspekt des Selbstkonzeptes und ist durch Zentralität, d. h. durch eine hohe ‚Ich-Nähe' und eine hohe emotional-affektive Beteiligung des betreffenden Individuums gekennzeichnet. Das Selbstwertgefühl kann als Summe der verschiedenen, situations- und personabhängigen – positiven oder negativen – Selbsteinschätzungen bezüglich unterschiedlicher eigener Fähigkeiten und Eigenschaften definiert werden. … (Es) wird primär determiniert durch aktive oder passive interindividuelle (Verhaltens-)Vergleiche mit relevanten anderen Personen sowie durch den intraindividuellen Vergleich von Real- und Idealselbst. …
- Die Schaffung, Aufrechterhaltung bzw. Erhöhung eines *positiven Selbstwertgefühls* ist als menschliches Grundbedürfnis, als existentielle Motivation zu leben zu bezeichnen. Ohne ein Minimum positiver Selbstwertschätzung würde ein Weiterleben sinnlos erscheinen. Grundsätzlich scheint die Annahme eines ‚generalisierten Selbstwertgefühls', das über alle denkbaren Verhaltenssituationen hinweg erfasst wird, wissenschaftlich vertretbar. Das Selbstwertgefühl variiert jedoch in Abhängigkeit von verschiedenen Situations- und Umgebungsaspekten."

Die Entstehung und dynamische Entwicklung eines konsistenten, kohärenten und relativ stabilen Selbstkonzeptes über die Lebensspanne erfordert bestimmte Bedingungen einer gesundheitsfördernden sozialen und ökologischen Umwelt. Zeit[6], soziale Bindung und Kohärenz der Lebenserfahrun-

6 Respekt vor dem Zeitelement, dem Gewordensein und dem Werden wird heutzutage

gen sind in diesem Zusammenhang von großer Bedeutung. Doch von den Menschen wird heute verlangt, sich ständig „flexibel" zu verhalten, d. h. offen für kurzfristige Veränderungen zu sein, Risiken einzugehen und möglichst wenig abhängig von alten Regeln und sozialen Prozeduren zu sein. Richard Sennett (1998) verweist darauf, dass „diese Flexibilität Angst erzeugt" und die gesellschaftlichen Bedingungen für die Persönlichkeitsentwicklung einschneidend verändert. Auch Habermas (2001a, 63) betont, dass „das individuelle Selbst … nur auf dem sozialen Weg der Entäußerung (entsteht) und … sich auch nur im Netzwerk intakter Anerkennungsverhältnisse *stabilisieren* (kann). Die Abhängigkeit vom Anderen erklärt die Verletzbarkeit des Einen durch den Anderen. Die Person ist Verwundungen in den Beziehungen am schutzlosesten ausgesetzt, auf die sie zur Entfaltung ihrer Identität und zur Wahrung ihrer Integrität am meisten angewiesen ist – etwa in den intimen Beziehungen der Hingabe an einen Partner." (Umstellungen durch den Verf.)

Schneewind (1990, 1995, 1998) hat ein allgemeines Verlaufsmodell der Entwicklung vorgeschlagen, das klinische Aspekte berücksichtigt. Die Entwicklung einer Person ist immer auch abhängig von der objektiven Lebenslage, in der sie sich in Vergangenheit, Gegenwart und Zukunft befindet bzw. befunden hat. Gegenwärtig einwirkende Stressoren und Ressourcen werden hier in vier entwicklungsrelevanten Systemen in Beziehung gesetzt zu Stressoren und Ressourcen zu unterschiedlichen Zeiten im Lebenslauf. Die entwicklungsrelevanten Systeme sind: das intraindividuelle psychische System, das interpersonelle Paar- bzw. Familiensystem, das Mehrgenerationensystem, das extrafamiliäre soziale System (soziales Netzwerk). Die folgende Übersicht zeigt Beispiele für Entwicklungsstressoren und -ressourcen in den vier Systemen (modifiziert nach Oerter et al. 1999, 86), in denen die enorme Vielfalt der gesamten Beziehungen und wechselseitigen Einflüsse angedeutet werden.

Unbefriedigte entwicklungsbezogene Bedürfnisse von Klienten sind häufig der Grund für die Entstehung von Problemen und Störungen, die klinisch-sozialarbeiterische Interventionen erfordern. Sie resultieren aus der mangelnden *Passung* zwischen Entwicklungsbedürfnis und den Ressourcen der Umgebung. Deshalb sind immer wieder einerseits die positiven *Entwicklungschancen* und andererseits die *Grenzen der Entwicklungsmöglichkeiten* zu erkunden.[7]

---

unter dem erzeugten Kostendruck so vieler „Intensiv-" oder „Kurzzeit-Maßnahmen" in der Sozialen Arbeit und der Psychotherapie allzu häufig vergessen.

7 Dabei darf auch der historische Wandel von wertbehafteten Urteilen und Prognosen nicht vernachlässigt werden, insbesondere im Hinblick auf die grundsätzliche Problematik des Begriffes vom „abweichenden" Verhalten. Beispielsweise zeigen die Veränderungen der Einschätzung von Homosexualität (die historisch reicht von „krankhafte sexuelle Abweichung" bis zu „normale Variante menschlicher sexueller Orien-

Entwicklungsstressoren und -ressourcen						
	Stressoren			**Ressourcen**		
	Merkmale	**Ereignisse**		**Merkmale**	**Ereignisse**	
		Gegenwart	**Zukunft**		**Gegenwart**	**Zukunft**
Individuelles System	Niedriger Selbstwert, Mangel an Kompetenzen	Problem mit Arbeitgeber	Drohender Arbeitsplatzverlust	Hoher Selbstwert, gute Arbeitsqualifikation	Sicherer Arbeitsplatz	Aufstiegschancen
Paar/Familiensystem	Mangel an Intimität, beeinträchtigte Kommunikation	Aktueller Ehekonflikt	Trennung/Scheidung	Hohes Maß an Intimität, gute Kommunikation	Konstruktives Problemlösen	Erwartung weiteren Zusammenseins (nach elterlicher Phase)
Mehrgenerationensystem	Vorgeschichte von Vernachlässigung/Misshandlung in der Ursprungsfamilie	Gesundheitsprobleme der Eltern/Schwiegereltern	Vorwegnahme der Pflege der Eltern/Schwiegereltern	Vorgeschichte des Angenommenseins in der Ursprungsfamilie	Belohnende Besuche der Eltern/Schwiegereltern	Keine Anspruchshaltung der Eltern/Schwiegereltern
Extrafamiliäres soziales System	Vorgeschichte geringer sozialer Unterstützung informeller (Freunde, Nachbarn) und/oder formeller Art (Soziale Dienste)	Verlust eines guten Freundes	Drohende Schließung eines Gemeindezentrums	Vorgeschichte einer guten sozialen Integration	Hilfe erfahren von gutem Freund	Zu erarbeitende stabile Fortdauer bestehender Freundschaften und Vereinskontakte

tierung"), der Einordnung von Alkoholismus (von moralischem Versagen zu behandlungsbedürftiger Krankheit) oder des Verhaltens von Jugendlichen gegenüber Autoritätspersonen, dass gerade im Bereich sozialrelevanter Kategorisierungen mit Werthaltungs-Veränderungen zu rechnen ist. In der Praxis der Sozialarbeit trifft die Fachkraft auf Menschen (sowohl Klienten als auch Fachleute anderer Professionen und Kollegen) verschiedener Generationen und ist gerade bei der Einschätzung von Problemen und Anliegen mit historisch und soziokulturell bedingt sehr unterschiedlichen Werthaltungen und Normen konfrontiert.

In der direkten psycho-sozialen Beratung und Behandlung hat es die Klinische Sozialarbeit immer auch mit dem Selbstbild und der Selbstbewertung ihrer Klienten in Interaktion und Abhängigkeit mit ihren Mitmenschen, Partnern, Familienmitgliedern, Freunden, Arbeitskollegen, Nachbarn zu tun, und mit der Geschichte dieser Beziehungen, die sich im Selbsterleben niedergeschlagen hat. Für die belasteten, gefährdeten, gestörten, erkrankten Menschen sind oft langfristige, Bindung und Halt gebende Hilfen und helfende Beziehungen besonders wichtig, die die Chance bieten, stabile – heilende – Anerkennungsverhältnisse im Rahmen professioneller und professionell unterstützter Beziehungen erfahrbar und integrierbar werden zu lassen. Klinische Sozialarbeit übernimmt und/oder organisiert in diesem Sinne *kompensatorische Beziehungs- und Selbsterfahrungen im Rahmen von heilsamer Umweltunterstützung*, die im Idealfall zu einem stabilisierten Selbstkonzept und erhöhten Selbstwertgefühl persönlicher Bedeutung mit erweiterter Orientierungs- und Handlungsfähigkeit bei ihren Klienten führen. In diesem Sinne ist sie immer auch unter dem Entwicklungsaspekt zu sehen und muss in ihren Interventionen Fragen der Entwicklung beachten.

Die folgenden Fragen im Anschluss an Montada (1995) reflektieren die Bedeutung des Entwicklungsfaktors in der klinisch-sozialarbeiterischen Praxis[8].

- Welche entwicklungsbedingten Bedürfnisse sind bei Menschen in unterschiedlichen Lebensaltern und Entwicklungsabschnitten zu erwarten?
- Welche Kompetenzen, Einstellungen und Interessen darf man alters-, geschlechts-, und/oder gruppenspezifisch als normal voraussetzen?
- Welche Anforderungen sind in welchem Alter angemessen, in welcher Hinsicht ist Schutz und Schonung geboten?
- In welchen Entwicklungsperioden hat man mit welchen typischen Krisen und Problemen zu rechnen?
- Was muss in welchen Altersperioden vermieden werden, damit kein bleibender Schaden entsteht? Und zwar sowohl bei der psycho-sozialen Unterstützung der normalen Entwicklung als auch bei Krisenhilfen sowie beratenden und therapeutischen Maßnahmen.

Weitere entwicklungsbezogene Fragen klinisch-sozialarbeiterischer Intervention liegen in implizit oder explizit geforderten Prognosen über Persönlichkeitsentwicklungen und Verhaltensänderungen. Ist eine Maßnahme dringend geboten oder überflüssig oder gar schädlich? Wem sollte das Sorgerecht zuerkannt werden, d. h. bei wem wird sich das Kind wahrscheinlich am günstigsten entwickeln? Sollte ein Vergehen bestraft werden und wie? Reicht Beratung, z. B. mit der Methode der Klientenzentrierten Gesprächsführung aus oder muss eine intensive sozialtherapeutische Einzelfallförde-

---

8 Die Beantwortung dieser Fragen muss entsprechenden einschlägigen Lehrbüchern entnommen werden, z. B. Oerter & Montada 2008; Oerter, von Hagen, Röper & Noam (1999).

rung, eine Psychotherapie, eine fachärztliche pharmakologische Behandlung oder müssen aktive sozialökonomische bzw. materielle Hilfen oder eine Institutionalisierung eingeleitet werden? Bei welchen Jugendlichen und Familien ist eine Erziehungsbeistandschaft sinnvoll, wo müssen neben erzieherischen auch therapeutische Maßnahmen eingesetzt werden?

„Die die Ableitung und Begründung von Interventions- und Entwicklungszielen bei der *Planung* psycho-sozialer Interventionen baut auf diagnostisch fundierten Prognosen, Bedingungsanalysen und Zielentscheidungen auf. Dabei orientiert man sich an folgenden Fragen:

- Welche Maßnahmen sind bei welchen entwicklungspsychologischen Voraussetzungen geeignet, ein Interventionsziel zu erreichen?
- Gibt es günstige Interventionszeiten oder -ebenen und Ansatzpunkte?
- Gibt es für gegebene Problemstellungen zu bevorzugende Interventionsformen?
- Was sind die langfristigen Auswirkungen von Interventionen und Ereignissen?
- Gibt es unerwünschte Nebeneffekte?

Die Erfassung und Analyse von Informationen über die kurz- und langfristige Wirksamkeit, ebenso über eventuelle kurz- oder langfristige – unerwünschte, gefährliche oder auch erwünschte bzw. günstige – Nebeneffekte von Maßnahmen, ist unverzichtbar, „um entscheiden zu können, ob eine Maßnahme wirksam oder unwirksam, ob sie gefährlich oder förderlich ist. Ob es um Schulung oder Therapie, um Resozialisierung oder Rehabilitation, ob es um Adoption oder Bewährungshilfe geht, man muss versuchen, auch die längerfristigen Auswirkungen einzuschätzen." (Montada 1995, 22)

Leitlinien eines integrativen klinischen Verständnisses menschlicher Entwicklung

1. *Der Mensch ist ein aktives, selbstgestaltendes Wesen*, das in fundamentaler Weise auf soziale Bindungen angewiesen ist und Bindungserfahrungen verinnerlicht.

2. *Die Entwicklung und das Verhalten des Einzelnen vollziehen sich immer in sich historisch wandelnden sozialen und ökologischen Kontexten.* Sozialer Wandel erscheint als Wandel von Institutionen (Arbeitsfeld, Familie, Bildungseinrichtungen, soziale Versorgungssysteme usw.), als Veränderungen der herrschenden Weltanschauungen und Wertvorstellungen, der politischen und ökonomischen Situation, der demographischen Charakteristika der Population und der politischen Überzeugung.

3. *Menschen entwickeln und verändern sich in der gesamten Lebensspanne.* Familien befinden sich genauso in einem kontinuierlichen Transformationsprozess wie Einzelne und die soziale Umgebung insgesamt. In der Klinischen Sozialarbeit geht es um die Veränderungsarbeit mit Menschen in allen Lebensaltern und Entwicklungsstadien mit unterschiedlichsten Herausforderungen, Belastungen und Lebensaufgaben.

4. *Erleben und Verhalten entwickeln sich als kreative Anpassung des Organismus und der Person an die soziale Umgebung.* Erleben und Verhalten sind entwicklungsabhängige Versuche, das eigene Leben in Beziehung zur sozialen Umgebung zu sichern und zu gestalten. Krisen, Störungen und pathologische Erscheinungen entwickeln sich in zwischenmenschlichen Beziehungen in konkreten Situationen.

5. *Es gibt Spielräume, Chancen und Grenzen für eine Entwicklungsförderung und für individuelle Veränderung im Rahmen sozialer Maßnahmen.* Es sind immer wieder einerseits die positiven Entwicklungschancen und andererseits die Grenzen der Entwicklungsmöglichkeiten zu erkunden. Dabei sind sozialstrukturelle Chancenstrukturen, soziale Beziehungsnetze, soziale Unterstützungssysteme und die individuelle Selbstregulation in eine stimmige Passung zu bringen.

6. Die *Entstehung psycho-sozialer Störungen* ist ein prozesshafter Vorgang im Rahmen eines bio-psycho-sozialen Bedingungsgefüges. Beim Mani-festwerden, wieder-in-den-Hintergrund-Treten, unter bestimmten Bela-stungen wieder Remittieren etc. von Störungen ebenso wie von Ressourcen und Kompetenzen geht es um längerfristige, nicht selten lebenslange Prozesse (z. B. bei chronisch psychisch oder somatisch kranken und bei behinderten Menschen). Ihre Entwicklung ist ein kontinuierlicher, fortlaufend aktualisierter Prozess.

2.3 Person-in-Environment – Person-in-Situation

Vor dem Hintergrund der bio-psycho-sozialen Perspektive ist die Einheit der theoretischen Betrachtung wie auch der Praxis Klinischer Sozialarbeit die „Person-in-ihrer-Umgebung" (person-in-environment). Konstruktive psycho-soziale Veränderung von Menschen ist immer ein Prozess, der „Erleben-Verhalten-der-Person-in-konkreten-Situationen" und damit vor allem soziale Umgebungen betrifft. Wenn beispielsweise eine Klinische Sozialarbeiterin sich im Rahmen einer Jugendhilfemaßnahme um ein depressives Schulkind kümmert, dessen Mutter nach der Trennung vom Kindsvater auch noch arbeitslos geworden ist und das aufgrund von schweren Leistungseinbrüchen in der Schule zusätzlich von einem Schulverweis bedroht ist, so ist klar, dass ein integriertes Gesamtkonzept klinisch-sozialarbeiterischer Hilfe neben kindbezogenen Maßnahmen auch die Arbeit mit der Mutter, der Familie und ggf. auch der Schule einbeziehen sollte. Methodische Anforderungen eines „Person-in-environment" Ansatzes sind in einem solchen Fall Kompetenzen im pädagogisch-therapeutischen Umgang mit Kindern, Beratungs- und Gesprächsführungskompetenz und Case-Management (Vermittlung schulbezogener Hilfen und ggf. auch kinderpsychiatrischer medikamentöser Behandlung, falls die psycho-sozialen Maßnahmen nicht schnell genug greifen bzw. die fachärztliche Untersuchung die Notwendigkeit feststellt). Notwendig ist eine breite systemische Orientierung, die die beteiligten bio-psycho-sozialen Ebenen auch tatsächlich in diagnostische Abklärung und Behandlung einbezieht (vgl. Germain 1991, Germain

& Gitterman 1996/1999). Mary Richmond betonte bereits 1922 die Notwendigkeit, die Klienten als Handelnde in multiplen sozialen Milieus oder Systemen zu betrachten, wobei letztere das Verhalten und Erleben der Klienten beeinflussen und diese reziprok auf ihre Umwelten einwirken. Praktische Sozialarbeit obliegt die „Doppelverpflichtung zur Änderung der Sozialverhältnisse und des Sozialverhaltens" (Mühlum 1993, zn. Kling-Kirchner 2002).

Ein solcher Ansatz, der das Zusammenwirken von Umgebung und Person zentral stellt, muss Personvariablen, Situationsvariablen und die Interaktion zwischen beiden Variablengruppen beachten. Es geht also um eine interaktionistische Konzeption, die die „Verschränkungen, Wechselwirkungen, das Ineinandergreifen von Person und Umwelt in den Mittelpunkt ... stellt" (Lantermann 1980, 9). Wie lässt sich „Situation" beschreiben und wie wird die Situation von der Person wahrgenommen, gedeutet, verarbeitet?

Lewin (1951, 1963) entwickelte eine Feldtheorie des Verhaltens der Person, in der er versuchte, das Verhältnis von Verhalten und Situation, physikalischer und subjektiv-psychologischer Umwelt zu modellieren. Verhalten ist Resultante aus der Gesamtsituation (und nicht aus einzelnen Eigenschaften des Menschen), die sich im Wesentlichen gliedern lässt in Person und Umwelt. Der „Lebensraum" (verstanden als Gesamtheit von Einflüssen, die gleichzeitig das Verhalten einer Person bestimmen) umfasst als dynamisches Feld „Person und Umwelt" in der Weise, dass der Zustand jedes Teils dieses „Feldes" von jedem anderen abhängt. „Im Prinzip wird allgemein angenommen, dass das Verhalten (V) eine Funktion der Person (P) und der Umwelt (U) darstellt: V = F (P, U) und dass P und U in dieser Formel wechselseitig abhängige Größen sind." (Lewin 1963, 69). Fisseni (1984, 128) veranschaulicht diese komplizierten Zuordnungen folgendermaßen:

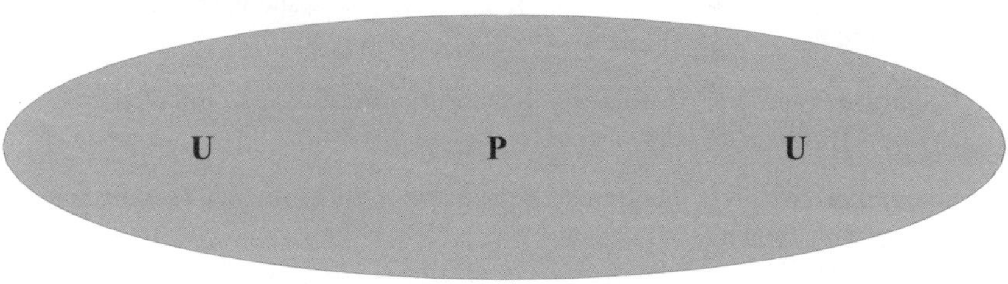

Uf -- Uf

L (psychologischer /subjektiver Lebensraum) = P (Person) + U (Umwelt)

Physikalisches Umfeld (Uf), Lebensraum (L), Person (P)
und psychologische Umwelt (U) in ihrer Zuordnung zueinander

Für die betroffene Person psychologisch zugänglich ist nur die „psychologische Umwelt", die von der Person selbst kognitiv konstruiert wird: „Wir wissen, dass der Erwachsene eine gegebene physikalische Konstellation je nach dem Zustand *seiner* Bedürfnisse, Befürchtungen, Wünsche usw. als verschiedene psychologische Umwelten wahrnimmt." (Lewin ebd., 143) Zu der „psychologischen Umwelt", die Lewin meinte, gehört also nur, was in einer Person kognitiv repräsentiert ist. Das physikalische Umfeld liegt außerhalb des *psychologischen* Lebensraumes: das Subjekt kann es allerdings beeinflussen und ist selber von ihm beeinflussbar, d. h. die Grenze zwischen beiden Bereichen ist wechselseitig durchlässig. „Jene Bereiche der physischen und sozialen Welt, die zu einer Zeit den Lebensraum einer Person nicht beeinflussen," werden „nicht als Teil des *psychologischen* Feldes zu dieser Zeit" betrachtet. „Liegt das Futter hinter geschlossenen Türen am Ende des Labyrinths, so dass es weder gesehen noch gerochen werden kann, so gehört es nicht in den Lebensraum des Tieres. Wenn das Tier aber weiß, dass dort Futter ist, so muss natürlich dieses Wissen in seinem Lebensraum dargestellt werden, weil ja dieses Wissen das Verhalten beeinflusst." (1963, 100, zn. Fisseni ebd., 128)

Dieses Beispiel zeigt die Grenzen des Lewin'schen Ansatzes für die Klinische Sozialarbeit auf: soziale Situationen und Lebenslagen mit ihren Chancenstrukturen, Belastungen und Risiken wirken auch dann auf die Gesundheit von Individuen ein, wenn sie nicht davon „wissen". Priller (1996) greift die folgerichtige Erweiterung der Lewin'schen Formel durch Kluck (1985) und Westhoff (1985) auf und konkretisiert im Sinne einer bio-psychosozialen Perspektive:

V = f (U;O;K;E;M;S)

(U) Umgebungsbedingungen: z. B. Wohnmöglichkeiten, Verkehrsmöglichkeiten, Kommunikationsmöglichkeiten, Arbeit, finanzielle Situation,

(O) Organismische Bedingungen: Körper- oder Sinnesdefekte, Krankheiten, körperliche Belastbarkeit, „Fitness", Über- oder Untergewicht,

(K) Kognitive Faktoren: Intelligenz, Konzentrationsfähigkeit, Schulleistungen, Begabungsschwerpunkte oder -mängel,

(E) Emotionale Faktoren: emotionale Belastbarkeit, Stimmungen, Gefühlslage in bestimmten Situationen,

(M) Motivationale Faktoren: Zukunftsvorstellungen, Ziele, Wünsche, Interessen, Erwartungen,

(S) Soziale Faktoren: Bezugspersonen, Einstellungen, Normen, Pflichten, Rollen.

Das Verhalten der Person steht immer unter dem Einfluss ihrer Interpretation von Situationen, d. h. Situation und Umgebung liefert Reize, die die Person verarbeiten muss. Mischel (1976, zn. Fisseni 1984) unterscheidet zwei Arten von Situationen: starke Situationen und schwache Situationen.

Starke Situationen sind so strukturiert, dass sie jeden dazu bringen, sich gleichartig zu verhalten. Sie sind durch folgende Merkmale definiert:

- sie müssen bei jedem Individuum gleiche Erwartungen erzeugen, wie das angemessene Verhalten aussieht;
- sie müssen dazu anreizen, das angemessene Verhalten auch zu verwirklichen;
- sie müssen solche Fertigkeiten bzw. sozialen Kompetenzen ansprechen, über die normalerweise jeder in gleichem Umfang verfügt.

Als Beispiel kann die rote Ampel im Straßenverkehr dienen: in der Regel erlaubt die Kenntnis der Situation (Ampel ist auf Rot geschaltet) eine bessere Verhaltensvorhersage von Personen als beispielsweise die Kenntnis der momentanen Stimmung und Gedanken der beteiligten Autofahrer.[9]

Schwache Situationen sind so strukturiert, dass sie nicht jeden zu gleichem Verhalten veranlassen. Sie sind durch folgende Merkmale definiert:

- sie veranlassen nicht jeden, die gleichen Folgen für das eigene Verhalten zu erwarten;
- sie bieten wenig Anreiz für ein *bestimmtes* Verhalten;
- sie stellen nicht die gleichen Lernbedingungen für jede Person bereit, die für den Erwerb gleichen Verhaltens erforderlich sind.

Als Beispiel kann hier die Freizeit ohne sozialen Druck zu bestimmten Verhaltensweisen dienen, die unterschiedlichste Aktivitäten erlaubt, die dann weitestgehend von der eigenen Motivation, den Wertmaßstäben und den individuellen Ressourcen der Person abhängen.

Der Grad der Strukturiertheit von Situationen entscheidet somit über ihre Stärke und Schwäche. Ist eine Situation stark strukturiert (hoher Situationsdruck), so ist sie für jeden, der an ihr partizipiert, eindeutig strukturiert. Alle Beteiligten interpretieren sie in weitgehend gleicher Weise, verbinden sie mit den gleichen Erwartungen. Beispiele: Behörde, Gericht, Vorlesung, Theater, Kirche, Knast, sowie Interaktionssituationen, auch Tests und Befragungen, die nur *eine* „richtige“ Antwort intendieren. Je mehrdeutiger eine Situation ist, je mehr jeder jede Art von Verhalten für möglich und angemessen ansehen kann, in desto größerem Ausmaß muss die Situation von jedem Subjekt nach eigenen individuellen Maßstäben interpretiert und bewertet werden. Beispiele für solch niedrigen Situationsdruck: das eigene Zimmer, Freizeit.

---

9 Priller (1996, 64) gibt weitere Beispiele für „überwältigende“ Situationen: drohender Flugzeugabsturz löst bei allen Angst aus; Nachricht vom Tod eines Freundes löst bei allen Trauer aus; die Übernahme von Rollen führt zu damit gefordertem Verhalten (Firmenchef, Pfarrer, Untergebener, Bittsteller, Verhalten bei feierlichen Anlässen).

1. Starke Situationen minimieren interindividuelle Differenzen, schwache Situationen maximieren sie. Dabei wirkt eine Situation psychologisch nicht wie oder als ein physikalischer Reiz, sondern entsprechend der *Bedeutung*, die eine Person ihr verleiht. Deshalb setzt Mischel fünf Personvariablen an, die mit der Situation in Interaktion stehen (zn. Fisseni, ebd., 245):
2. „eine Person verfügt über bestimmte Kompetenzen, die ihre Verhaltensmöglichkeiten umschreiben;
3. dazu gehört das Lernraster, nach dem sie die Situation kodiert und klassifiziert,
4. ebenso die Erwartungen, die sie aus ihrem Klassifikationsschema ableitet, und
5. die Bewertungen, die sie den Ereignissen einer Handlung beimisst.
6. In den so gezeichneten Verhaltensablauf gehen selbstgesetzte Ziele ein, Selbstkritik nach Misslingen, Selbstlob nach Gelingen einer Handlung."

Es erscheint sinnvoll, für eine handlungsrelevante Situationsdefinition folgende Unterscheidung zu treffen:

- die *objektive Situation*, deren Komponenten objektive Größen sind, welche ein Dritter (also in unserem Fall eine klinische Fachkraft, aber auch ein Angehöriger) als Beobachter feststellen könnte und
- die *erlebte Situation*, deren Komponenten subjektive, also von der Person (Klient/Patient) wahrgenommene, erlebte und erfahrene Größen sind.

Bottenberg (1995) unterscheidet ebenfalls einen objektiven und einen subjektiven Situationsbegriff und hebt beide von einem *Verhältnisbegriff* der Situation ab. *Objektiv* ist Situation danach ein intersubjektiv erkennbarer Weltausschnitt, „der als Stimuluskonstellation das Verhalten der Person (als Organismus) determiniert". In dem Maße, wie es gelingt, Situation mit „allwissenden" und neutralen, „desinteressierten" Augen zu sehen, all ihre materiellen, sozialen, psychischen Zusammenhänge, Elemente und Kontingenzen, haben wir es mit einer objektiven Situationsanalyse zu tun. *Subjektiv* ist „Situation" immer eine Schöpfung der Person. Sie ist „das, was die Person jeweils kraft ihrer Leistungsfähigkeiten, ihrer subjektiven Theorien, Auffassungsschemata, ihrer Einstellungen, Motive, Erwartungen, ihrer Wertsetzungen und Handlungsabsichten aus der (inneren und äußeren) Welt für sich erschließt und ausgrenzt. Im Extrem wird Situation hier zu einer Funktion der realitätsproduzierenden Potenz des Menschen verengt". (Bottenberg, ebd., 26 f.) Eine Situation ist zwar immer auch individuelle Situation, der Mensch, das Individuum „befindet" sich in ihr und sie hat Forderungscharakter, nach Guardini erfordert sie immer auch persönliche Stellungnahme, Entscheidung und Handeln (nach Böhm 2000, 494). Zugleich ist Situation aber auch überindividuell durch Faktoren mitbestimmt, die unabhängig vom Handeln des Einzelnen da sind und die seine Handlungsmöglichkeiten begrenzen und beeinflussen.

Als von diesen beiden Zugängen zur Situation abgrenzbares Vorgehen betrachtet Bottenberg „Situation“ als ein *Zwischen*: sie steht zwischen dem Subjekt und den Objekten. „Die Situation überspannt die Subjekt-Objekt-Spaltung, indem sie beides, das Subjekt und die Objekte, immer schon in sich aufgenommen hat. Nichts anderes ist gemeint mit der These: die Situation ist die Einheit der Aktualität von Subjekt und Welt im Augenblick.“ (Finke, 1955, 154, zit. n. Bottenberg, ebd. 27) Alles was in einer Situation geschieht, ist für die beteiligten Subjekte allerdings auch „Ereignis“. Was im Erleben-Verhalten unter sozialen und materiellen Gegebenheiten einer konkreten Situation geschieht, ist für das Subjekt (Person-in-Situation) „Ereignis-in-Situation“. So wie der Mensch immer erlebt *und* handelt (also Erleben und zielgerichtetes, organisiertes Verhalten als simultane Elemente im „Strom des Verhaltens“ auftreten), wir also besser von „Erleben-Verhalten“ sprechen sollten statt von reinem Verhalten oder reinem Erleben (Bottenberg 1995), müssen wir ein Bewusstsein gewinnen für die radikale, wesentliche Verschränkung von Person und Situation: *„Person-in-Situation“* (Bottenberg ebd., 26).

Im Rahmen eines klinisch-sozialarbeiterischen Horizontes ist Situation in komplizierter Weise mehrdimensional.

1. Situation ist das Ganze, das der Person in ihrem „Erleben-Verhalten“ jeweils gegeben ist (erlebte Situation), zuzüglich der Dimension nicht bewusster psychischer Vorgänge (z.B. bei psychisch Kranken), die eine Zwischenstellung zwischen erlebter und objektiver Situation einnehmen.
2. Über die psychisch repräsentierten Dimensionen hinaus schließt der psycho-soziale Situationsbegriff in umfassender Weise dingliche bzw. materielle Umgebung und soziales Umfeld ein, auch unabhängig von der Wahrnehmung durch das Subjekt (objektive Situation).
3. Auf der (objektivierbaren) biologischen Ebene sind auch nicht im Erleben repräsentiere leibliche Merkmale zur Situation zu zählen (z.B. Erkrankungen).

Gegebenheiten der physikalischen und sozialen Umwelt, ihre innerpsychischen Repräsentationen und die Potentialitäten des „Erlebens-Verhaltens“ stehen in Bezug zueinander. Jedes Element der Situation wie auch die Situation als Ganze steht in einem Zusammenhang mit anderen Elementen, weist auf diese hin und wird von diesen her überhaupt erst verständlich, bekommt erst von diesen her einen Sinn. Das, was hier und jetzt in Erscheinung tritt, deutet über sich hinaus auf weitere/andere Möglichkeiten der Wahrnehmung und des „Erlebens-Verhaltens“. Jeder Teil gewinnt seine Bedeutung aus dem Gesamtzusammenhang oder dem Kontext, in dem er erscheint. Haye und Kleve (2002, 42) sprechen von „Kontextualisierung“: „Uns interessieren in der Sozialen Arbeit soziale Kontexte, also soziale Rahmen und Zusammenhänge, in denen Verhalten gezeigt wird (vgl. Luhmann 1984). Wir können mit der systemischen Theorie davon ausgehen, dass zwischenmenschliches Verhalten nur verständlich wird, wenn wir es in dem Rahmen betrachten, in dem es gezeigt wird (vgl. Simon/Stierlin 1984, 198)." Dies verkompliziert den Gegenstand klinisch-psycho-sozialer Intervention deutlich. Steht der Klinische Sozialarbeiter doch immer in dem Spannungsfeld, über die Wahrnehmungen, Pläne und Entscheidungen der Person hinaus auch die objektiven Lebensbedingungen und die interpersonale Situation *jenseits von deren Repräsentationen bei der Person selbst* in seine diagnostischen Abklärungen und Interventionen einzubeziehen.

Dorfman (1996) zeigt die grundlegende Bedeutung des „person-in-environment" bzw. „person-in-situation"-Konzeptes in der clinical social work auf. Behandlungsbedürftige psycho-soziale Probleme und Belastungen resultieren gleichzeitig aus individuellen, sozialen und umgebungsstrukturellen Bedingungen. Die Verantwortung des Klienten für die eigene Lebens-, Problem- und Krankheitsbewältigung bleibt erhalten: „The person-in-environment (or person-in-situation) framework represents a synthesis of the early belief that individual factors were the cause of problems and the later belief that such determinants rested solely within the environment or social situation ... Nevertheless, clients remain responsible for their own actions, problems, and situations." (28) Die Tatsache, dass abweichendes Verhalten eine Reaktion des Subjektes sowohl auf soziale Bedingungen der Umgebung als auch eigene psychische Dispositionen ist, ist keine Rechtfertigung für normabweichendes Verhalten (die Familie, die Gesellschaft ... ist verantwortlich, ... das Subjekt ist bloßes Opfer der Bedingungen, der Situation). Doch gerade auch in tendenzieller Abgrenzung zum Klientel psychologischer Psychotherapie hat es Klinische Sozialarbeit häufig (nicht ausschließlich) mit Menschen zu tun, die sich aufgrund sozialer Ungleichheit dauerhaft in solchen benachteiligten, defizitären sozialen und materiellen Umgebungen befinden, die im Sinne Mischels (a. a. O.) einen *starken Situationsdruck* ausüben. Psycho- und soziopathologische Reaktionen sind auf extreme Lebenssituationen bezogen, sie erscheinen im Lichte dieser Bedingungen oft als nachvollziehbare, an sich normale Reaktionen auf extrem unglückliche Lebensumstände, Situationen und Lernbiographien von Klienten.

Im Wechselwirkungsprozess zwischen Individuum und Umwelt entsteht die *Realität* als jeweiliges Ereignis in einer konkreten Situation. Individuum und soziale Umwelt stehen in einer strukturellen Koppelung zueinander: keine der beiden Einheiten kann ohne die andere existieren. Frietsch & Löcherbach (1995, 41 ff.), die sich auf die Handlungstheorie von Staub-Bernasconi (1995) beziehen, schreiben hierzu: „Der soziale Kontext (Summe aller gesellschaftlichen Gegebenheiten und deren Repräsentanten) stellt die konkreten Bedingungen zur Lebensbewältigung, aber auch Lebensgestaltung dar, in dessen Rahmen ein Individuum seine Interessen verwirklichen und seine Bedürfnisse befriedigen will und kann. Das Individuum ist aber nicht Rezipient dieser Bedingungen, sondern aktive Einheit in diesem Prozess der Autonomieentwicklung ... Autonom meint nicht, dass autonome Systeme unabhängig von der Umwelt sind, sondern dass Ziele sich von denen der physikalischen Umwelt unterscheiden und systemintern definiert werden. Die Selbstorganisation eines lebenden Systems ist ein ständiger Prozess zur Selbstaufrechterhaltung und Selbstverwirklichung … Die Umweltgegebenheiten erhalten ihre subjektive Bedeutung durch die Handlungsziele einer Person und werden durch diese Relation zur subjektiven Wirklichkeit/Realitätskonstruktion. Alltagsanforderungen im Sinne von gesellschaftlichen Erwartungen (sozialen Rollen) und kritischen Lebensereignissen sind zu bewältigen, das Leben ist zu gestalten. Die Handlungsziele einer Person beziehen sich auf die Verwirklichung von Interessen und Befriedigung von Bedürfnissen, die eine Person durch ihr Handeln im sozialen Kontext erreichen möchte. Aus den Umweltgegebenheiten resultieren Bewältigungsaufgaben, die auch als Entwicklungsaufgaben bezeichnet werden können und für die das Individuum Unterstützung anderer braucht … Bei der Bewältigung von Entwicklungsaufgaben, verstanden als die durch subjektive Bedeutungsgebung entstandene Wirklichkeit aus ‚objektiven' Umweltgegebenheiten und Handlungszielen, ist das Individuum auf soziale Unterstützung angewiesen. Bei Nichtbewältigung der Entwicklungsaufgaben besteht ebenfalls ein Bedürfnis nach sozialer Unterstützung."

Notwendig ist die Koppelung aller Strukturelemente, die eine Praxeologie Klinischer Sozialarbeit bestimmen, im Sinne wechselseitiger Beeinflussung von Individuum, sozialem Kontext und physikalischer Welt. Eine Handlungslehre Klinischer Sozialarbeit steht vor der schwierigen Aufgabe, diese Ebenen mit ihren Wechselwirkungen zu konkreten Ansatzpunkten der Intervention mit entsprechenden Strategien und Methoden zu entwickeln. Deutlich werden die Ansatzpunkte:

- das Individuum mit seinen Bedürfnissen und Intentionen, seinen subjektiven Wahrnehmungen, Bewertungen und Handlungsmustern (einschließlich Selbstbewertung und Sinnperspektive);
- die sozialen Beziehungen mit ihren Kommunikationsmustern und Interpretationen im Rahmen von Interaktionsstrukturen, interindividuellen Bindungen, sozialen Beziehungsnetzen und Unterstützungssystemen im Rahmen des gesellschaftlichen Kontextes, die in der Lebensbewältigungs- und Entwicklungsaufgabenperspektive (Coping) die wichtige Funktion der sozialen Unterstützung haben;
- die leiblich-biologische Dimension des Individuums, deren Befindlichkeit subjektiver und sozialer Interpretation bedarf;
- die quasi objektiven Bedingungen der gesellschaftlichen Institutionen und Strukturen (rechtliche und politische Ebene) mit ihrer Chancenstruktur, ihren Anforderungen, Herausforderungen, Unterstützungssystemen und Defiziten;
- die materielle und physikalische Umwelt mit ihren objektiven, aber nur gesellschaftlich interpretativ und aspekthaft rekonstruierbaren Lebensbedingungen.

Eine alle diese Dimensionen integrierenden Theorie ist eine illusorische Utopie. Die Anforderungen einer komplexen klinisch-sozialarbeiterischen Praxis werden durch die gesellschaftliche und individuelle Wirklichkeit eines Hilfebedarfs definiert, der im Rahmen der zu Verfügung stehenden Konzepte mit begrenzter Reichweite beantwortet werden muss. Angesagt ist ein sorgfältiger Methodenpluralismus auf der Grundlage eines hinreichend kohärenten integrativen Handlungskonzeptes, das im Zweifel Wirksamkeit in der Lebenswirklichkeit über wissenschaftliche Reinheit stellt, ohne jedoch den Anspruch auf und das Ringen um wissenschaftliche Fundierung aufzugeben. Die Person-in-der-Situation Perspektive fordert ein Störungsverständnis und eine Gesundheitskonzeption, die dem zugrunde liegenden bio-psycho-sozialen Ansatz gerecht werden und auch ökosoziale und sozialräumliche Aspekte einbeziehen (vgl. Wilfing 2010, Karlusch 2008, Lutzker, Frame & Rice, 1982; Wendt 1990). Diese Überlegung führt dazu, die traditionelle strikte Unterscheidung zwischen „außermedizinischen" Bereichen – das betrifft die gesellschaftliche Existenz des Einzelnen wie Schule, Beruf, Arbeit, Familie und Partnerschaft, Eltern-Kind-Beziehungen, soziale Integration, lebensaltersspezifische Anforderungen und Belastungen, belastende Lebensereignisse etc. – und „medizinischen" Bereichen mit ihrer Zuständigkeit für akute und chronische Erkrankungen und Behinderungen körperlicher und psychischer Art zu überwinden. In der Konsequenz heißt das: das Gesundheitswesen muss sozialer werden, das Sozialwesen klinisch kompetenter.

2.4 Belastung/Stress und Soziale Unterstützung

Theorien der Belastungs- bzw. Stressbewältigung durch Soziale Unterstützung bieten für klinisch-soziale Konzepte eine brauchbare, „anschlussfähige" theoretische Basis, weil sie sowohl die bio-psycho-soziale Verschränkung als die Person-in-Situation-Perspektive beinhalten. Der „richtige" Umgang mit Belastungssituationen und die konstruktive Art ihrer Bewältigung sind zentrale Merkmale der psycho-sozialen Gesundheit. Belastungen bzw. Stressoren sind immer ein Ergebnis von Faktoren der *Lebenslage* (der Lebenssituation und der Lebensbedingungen) und der *Lebensweise* (also des Erlebens und Verhaltens) oder, anders gesagt, der Verhältnisse und des Verhaltens. Es gibt Belastungen, die durch ihr objektives Ausmaß auch psychisch belastbare Personen – oder „Könner" im Sinne guter Belastungsbewältigung – in Krisen stürzen, weil sie überbeansprucht werden. „Verschiedene Menschen sind bei gleicher Belastung

© Laurig, ergonassist

immer verschieden beansprucht." (Laurig 2010)[10] Menschen die besonders verwundbar (*vulnerabel*) sind, nicht über angemessene Kompetenzen zur Belastungsbewältigung und/oder über zu wenig protektive Ressourcen (helfende, schützende psychische, soziale und materielle Unterstützungsquellen) verfügen, können bereits bei geringeren Belastungen überfordert bzw. überbeansprucht sein, in Krisen geraten und erkranken.

Andererseits kann beim Menschen (im Unterschied zu physikalisch-mechanischen Belastungs-/Beanspruchungsmodellen) auch Unterforderung belastend sein und zum Stressor werden. Stress wird als Gefüge belastender Bedingungen gesehen, die auf eine Person einwirken. Durch eine Belastung wird die Person bzw. der Organismus mit bestimmten Funktionen in Anspruch genommen (Beanspruchung) – ein Vorgang, der in der Regel die psychische Befindlichkeit, die körperlichen Reaktionen und das soziale Verhalten beeinflusst. Beispielsweise können Belastungen in der Arbeit ihren Ausgangspunkt im materiell-technischen, sozialen und personalen Bereich haben, so können z.B. Lärm, Konflikte mit Arbeitskollegen und/oder die Ängstlichkeit der Person eine Rolle spielen. Häufig finden wir aber auch ein Zusammenwirken der Bereiche: beispielsweise durch soziale Isolation am Arbeitsplatz, durch Überforderung aufgrund von Arbeitsaufgaben mit hohem Schwierigkeitsgrad und durch Rollenkonflikte aufgrund von unterschiedlichen Anweisungen von unterschiedlichen Vorgesetzten.

Selye (1986) identifizierte das *„allgemeine Adaptationssyndrom" (GAS – General Adaptation Syndrome)* als eine unspezifische physiologische Antwort des Organismus auf eine Vielzahl von Stress auslösenden Reizen (siehe Abbildung: aus Nitsch 1981, 226). Durch einen Stress auslösenden Reiz erfolgt eine hormonell gesteuerte erregende Wirkung auf den gesamten Organismus – deshalb die Bezeichnung *„allgemein"*. Die Bezeichnung *Adaptation* weist darauf hin, dass durch den Stressreiz Abwehrsysteme des Körpers angeregt werden und durch diese Veränderungen die Überlebenschancen des Organismus erhöht werden. Bereits Selye hat Distress und Eustress unterschieden: d.h. es gibt Spannung auslösende Ereignisse, die gesundheitsfördernd wirken. Die Bezeichnung *Syndrom* macht deutlich, dass es sich immer um verschiedene Manifestationen von Stress handelt, die zusammen auftreten. Selye (ebd.), Canon (1942) und andere Pioniere der Stressfor-

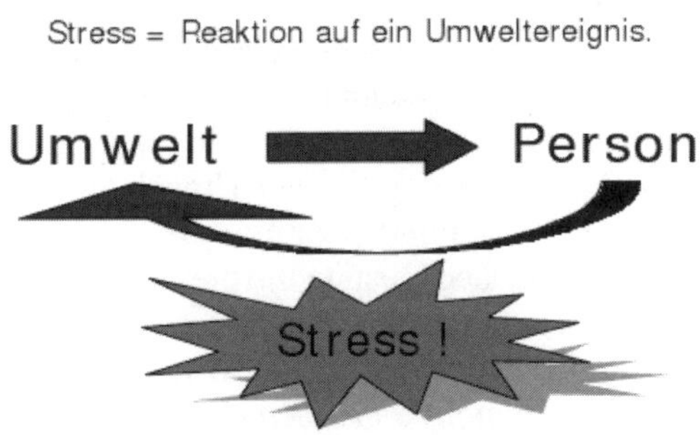

10 Belastung und Beanspruchung; Zeichung aus Laurig; http://www.ergonassist.de/belbean_gefaehrdung/Belastung_Beanspruchung_Gefaehrdung.html (26.02.2009)

schung haben darauf aufmerksam gemacht, dass die Funktion der allgemeinen Stressreaktion darin besteht, den Organismus zu mobilisieren. Der Organismus unterscheidet zunächst nicht nach der Art der Stressquelle sondern reagiert auf die *wahrgenommene* Notwendigkeit einer Anpassungsreaktion. So rufen physische wie soziale Stressoren das gleiche dreiphasische Syndrom hervor (z.B. Kälte, Nahrungsmangel, Tod des Partners o.Ä.):

- Phase 1: Alarm Reaktion (physiologische Reaktion, durch belastenden Reiz ausgelöst),
- Phase 2: Widerstandsphase,
- Phase 3: Erschöpfung.

In den frühen Stresskonzeptionen der 1960er Jahre wurde eine direkte Beziehung zwischen Stress und einer Belastung oder dem Problem hergestellt: Eine Belastung verursacht direkt die subjektive Erfahrung von Distress (z.B. Symptome der Depression oder Angst) und/oder die mehr „objektiven“ körperlichen und/oder sozialen Folgen oder Dysfunktionen (z.B. körperliche Symptome und Erkrankungen, Arbeitsunfähigkeit oder Unfähigkeit, eine Beziehung aufrecht zu erhalten). Lange Zeit wurde die soziale Umgebung hauptsächlich nur als Quelle von Belastungen gesehen, an die das Subjekt sich adäquater anpassen müsste oder die es verlassen oder vermeiden müsste. Es handelte sich um ein einfaches „Black-Box-Modell“: Belastungsereignisse treten auf und Stress entsteht. Diese Modelle beflügelten Untersuchungen zu belastenden Lebensereignissen, in denen die Anzahl und Schwere von Belastungen erfasst und eingeschätzt wurde und Listen von „kritischen Lebensereignissen“ aufgestellt wurden. (z.B. Holmes & Rahe 1967, Katschnig 1980, Filipp 1990) Doch es stellte sich heraus, dass Stress durch diese Faktoren nur in einem relativ geringen Ausmaß erklärt werden konnte, nämlich weniger als 10% der Varianz (Milne 1999, Holohan et al. 1996). Diese frühe Sichtweise übersah, dass das Individuum im Zusammenspiel mit seiner Umgebung eine sehr *aktive* Rolle spielt. Milne (ebd., 42) formuliert pointiert: „For example some people remained healthy or even flourished, despite the presence of major stressors; while others appeared to be overwhelmed by minor life events. Surviving during some of the most major events one could imagine experiencing make a particularly powerful contribution to *the idea that stress is not the case of distress*.“

Nach eine häufig anzutreffenden populären Meinung bestünde der Beitrag Sozialer Arbeit im Gesundheitswesen vor allem darin, Individuen zu helfen, Belastungen zu reduzieren oder zu vermeiden, um Stress und darauf zurückzuführende Störungen, Dysfunktionen und Erkrankungen zu beseitigen. Diese Sicht folgt einem simplen mechanistischen Modell (s. Abbildung rechts[11]). Solche Vorgehensweisen wurden und werden auch oft von der

11 Von Laurig: http://www.ergonassist.de/bel-bean_gefaehrdung/Belastung_Beanspruchung_Gefaehrdung.html (26.02.2009)

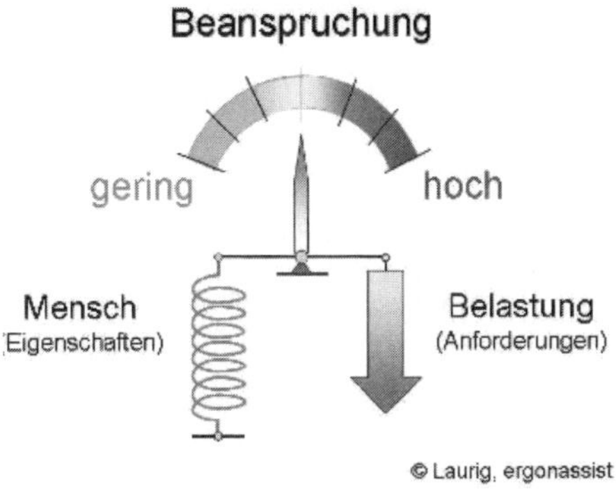

Sozialarbeit erwartet: eine bloße Reduzierung von sozialen, psychischen und ökonomischen Belastungen. Die Erwartung ist hier, dass *direkte Einflussnahme auf eine soziale Situation* (z.B. Gewährung von materieller Unterstützung, Milieuwechsel durch Vermittlung einer Reha-Maßnahme) die Belastungssituation und damit den Stress für die Betroffenen reduziert. Dies ist im Prinzip mit der sympto matischen Behandlung in der Psychiatrie mittels Psychopharmaka vergleichbar – und nicht selten eine notwendige Maßnahme. Jedoch entspricht dieses Modell (siehe Abbildung unten: Modell A) nicht einem differenzierten Behandlungsmodell Klinischer Sozialarbeit.

Modell (B) (siehe Abbildung nächste Seite) eröffnet dagegen ein weites Spektrum beratender, unterstützender und therapeutischer Optionen: diejenigen Mittel, Kompetenzen, Fertigkeiten und Ressourcen der Individuen (bzw. sozialen Systeme wie Paare oder Familien) in ihrer Umgebung (person-in-environment) werden verbessert, die die Bewältigung von Belastungen verbessern können. Psycho-soziale Gesundheit, Stressbewältigung und Stressprophylaxe betrifft somit sowohl die individuelle innerpsychische Belastungsbewältigung, Widerstandressourcen und Widerstandfähigkeit, als auch soziale Beziehungen (soziale Unterstützung und soziale Integration) sowie Wohn- und Arbeitsbedingungen, den biologischen Status und die ökonomische Situation.

Eine wegweisende Theorie zu Stress und Stressbewältigung, die international intensive empirische Forschungsaktivitäten auslöste und viele andere Forscher beeinflusste, stammt von R. S. Lazarus (Lazarus 1966). Nach mehrfachen Revisionen und Erweiterungen entwickelte sich der Ansatz zu einer weit reichenden, verschiedene Ebenen berücksichtigenden, transaktionalen Stresskonzeption (Lazarus, Kanner & Folman 1980). Er stellt die subjektiven Bewältigungsprozesse, d.h. die mit der Bewältigung (Coping) von Stress verbundenen Anpassungsleistungen des Individuums in den Mittelpunkt. Nach Lazarus und Launier (1981, 258) wird Stress als „prozesshafte wechselseitige Person-Umwelt-Auseinandersetzung" definiert, bei der sowohl Umweltfaktoren auf das Individuum einwirken, als auch die Person selbst Einfluss auf die Gestaltung ihrer Umwelt nimmt bzw. nehmen kann. Diese transaktionale Stresskonzeption ist auf die physiologische, psychologische und soziale Ebene anwendbar. Auf jeder dieser Ebenen bedeutet Stress eine Transaktion, bei der externe oder interne Anforderungen die adaptiven Mittel des Systems beanspruchen oder übersteigen. *Aus psychosozialer Sicht ist Stress also ein Ungleichgewicht zwischen Anforderungen und Bewältigungsmöglichkeiten einer Person oder auch eines Systems (z. B. Paar oder Familie). Stress entsteht, wenn Anforderungen bzw. Beanspruchungen als nicht bewältigbar erlebt werden und die bisherigen Reaktions- oder Bewältigungsformen versagen.*

Die verkürzte Sicht der Verbindung zwischen Belastungsereignis und Stress (A), die in den 1970er Jahren durch die Einbeziehung von Moderatorvariablen (B) abgelöst wurde (in Anlehnung an Milne 1999, 43)

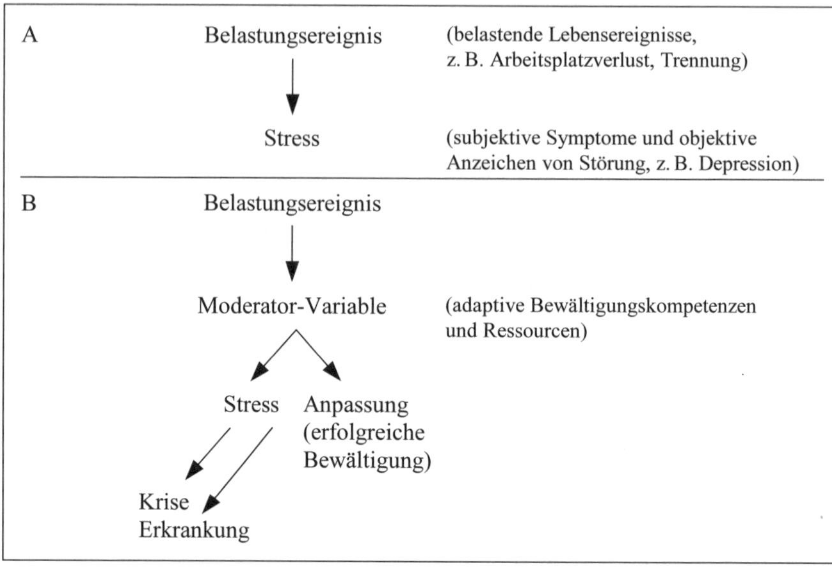

Zunächst sind automatische Reaktionsformen nicht mehr hinreichend: das Subjekt bzw. das System wird gezwungen, sich der Problematik mit vermehrtem Aufwand zuzuwenden. Häufig kommt es zu intensivierten Versuchen zur Bewältigung der Anforderungen mit den bisherigen Mitteln (mehr des Selben) – die Anforderung wird zunehmend als bedrohlich und belastend wahrgenommen. Wenn dies nicht hilft, kommt es zu deutlich erhöhten Stressreaktionen und zu Stresserleben sowie zu Störungen. Diese Störungen betreffen das *innere Gleichgewicht* (psychische Reaktionen und körperliche Reaktionen) und/oder das *äußere Gleichgewicht* (soziale Unterstützung, und sozial-emotionale Faktoren zwischen Subjekt und Umgebung). Belastungsbewältigung (Coping) ist die Aktivität, die Störung des Gleichgewichtes zu verringern oder ganz zu beseitigen, d. h. mit dem belastenden Problem fertig zu werden. Bewältigungsversuche umfassen sowohl intrapsychische Vorgänge (emotionale und kognitive Regulationen) als auch instrumentelles Verhalten. Erfolgreiche Bewältigung bedeutet, dass das innere und/oder äußere Gleichgewicht wieder hergestellt werden konnte. Erfolglose Bewältigungsversuche lassen die Störungen des Gleichgewichtes bestehen oder verstärken sie sogar. In dieser transaktionalen Sicht ist das Individuum nicht passiv mit Belastungen konfrontiert, sondern steht in aktiver Auseinandersetzung mit der Umwelt.

Dabei ist das Subjekt *zugleich* autonom und interdependent. Es ist klar, dass jeder Mensch im Lebenslauf mit kritischen Lebensereignissen, Krisen, chronischen An-, Unter- und Überforderungen, biologischen und psychosozialen Übergängen fertig werden muss. Insofern ist Belastung ein konstitutives Element des menschlichen Daseins: wir sind immer in Anspruch genommen und nehmen einander in Anspruch. Ein völlig belastungsfreies Leben wird umgehend zur Unterforderung und unversehens zu einem höchst pathogenen Stress. Die zentrale Frage nach der Gesundheit als Merkmal multidimensionaler Beanspruchungs- und Belastungsbewältigung ist somit immer die Frage nach der (Über-)Beanspruchung, den Ressourcen, den Kompetenzen, der psychischen Gesundheit und der Vulnerabilität. Moderne Konzepte haben folgerichtig die positiven Effekte von Beanspruchung und Belastung (auch „Eustress“ genannt, als Gegenbegriff zu „Distress“) deutlicher eingearbeitet (siehe unten Moos & Schaefer).

Der durch das transaktionale Stressmodell ermöglichte Perspektivenwechsel von der einseitigen Beachtung der objektiven Belastungsseite zu den subjektiven Bewältigungsprozessen darf nicht die stressrelevanten situationsbezogenen Variablen verdecken. Klinisch sozialarbeiterische Beratung und Hilfen zur Belastungsbewältigung und zum Stressabbau setzen nicht nur an der psychischen Ebene (also auf der Ebene der Repräsentation: Wahrnehmung und kognitiv-emotionale Bewertung) und an der sozial-emotionalen Ebene (sozial-emotionale Beziehungen) an, sondern ebenso auf der sozialökologischen (z. B. soziale Unterstützung im sozialen Netzwerk) und materiellen Ebene und damit an der *konkreten objektiven Situation.* Ein Belastungsereignis geschieht immer in einer konkreten Situation. Klinisch-sozialarbeiterische Intervention findet häufig in solchen psycho-sozialen Problembereichen statt, die durch besonders belastende *objektive* Belastungsbedingungen der Lebenssituation gekennzeichnet sind. D.h. zu unterscheiden sind Komponenten der Belastungssituation und Merkmale der Belastungsverarbeitung durch das Subjekt. Gerade weil Klinische Sozialarbeit über die psychische Beeinflussung hinausgehend konkrete Interventionen zur Beeinflussung der Lebensbedingungen und der Belastungssituation beinhaltet (ggf. durch aufsuchende Maßnahmen oder grundlegende Veränderung des Aufenthaltsortes eines Individuums), ist die Differenzierung von Komponenten der Situation und der subjektiven Belastungsverarbeitung wichtig.

Bäuml (1994) veranschaulicht anhand des „Vulnerabilitäts-Stress-Modells“ das Zusammenwirken von therapeutischen Maßnahmen auf der sozialen, psychischen und medizinischen Ebene.

Vulnerabilitäts-Stress Modell und therapeutische Hilfen (nach Bäuml 1994, 33)

	• **Genetisch** (Veranlagung)	**Medikation**
Vulnerabilität	• **Organisch** (körperlich)	
	• **Lebensgeschichtlich** (psycho-sozial)	**Psychotherapie**
	• **Coping-Defizite** (Probleme bei der Stress- bzw. Belastungs-/Krankheitsbewältigung)	
Stress	• **Probleme mit anderen** (z. B. Schwierigkeiten mit Angehörigen)	**Soziotherapie**
	• **Kumulierung von Life-events** (Häufung von Alltagsproblemen und Schicksalsschlägen)	

Medikation: „Nervenkostüm" geschwächt und sehr verletzlich durch Veranlagung oder körperliche Vorerkrankungen, Neuroleptika schützen und machen widerstandsfähiger.
Psychotherapie: behutsames Durchsprechen der Lebens- und Lerngeschichte, eigene Stärken und auch Schwächen besser verstehen und annehmen können, gezieltes Üben und Trainieren, um mit Alltagsproblemen besser zurecht zu kommen, dadurch kann unnötiger Stress vermieden und unvermeidlicher Stress besser bewältigt werden.
Soziotherapie: z. B. Angehörigengruppen: mehr Verständnis für die Situation der Patienten, dadurch weniger Stress in der Familie, geeignete Arbeitsplätze, die dem aktuellen Leistungsvermögen angepasst sind, lebenspraktische Unterstützung in Notlagen und bei Überforderung, viele weitere Maßnahmen (Wohnung, Finanzen, Freizeit usw.), Unterstützung von außen als Ausgleich für die krankheitsbedingte „Benachteiligung".

Die Verbindung zwischen biologischen, psychischen und sozialen Faktoren bei der stressbedingten Störungs- und Krankheitsentstehung lässt sich durch das *Diathese-Stress-Modell* veranschaulichen. Es befasst sich mit den subtilen Interaktionen zwischen einer Prädisposition zu einer Störung bzw. Krankheit (der Diathese) und Umwelt- oder Lebenserfahrungen, die auf Subjekte und soziale Systeme einwirken (dem Stress). Auch wenn Diathese ganz präzise genommen eine konstitutionelle Prädisposition zu einer Krankheit meint, kann man das Modell doch auch erweitern und auf jede Tendenz oder Neigung einer Person, auf bestimmte Weise auf Umweltbelastung zu reagieren, ausdehnen (Davison & Neale 1996). Durch die Interaktion zwischen genetischen und biologischen Faktoren mit psycho-sozialen, vor allem familiären Faktoren entwickelt sich eine vulnerable Persönlichkeitsstruktur, die von einer erhöhten Stressanfälligkeit gekennzeichnet ist. Letztere ist vor allem durch kognitive und affektiv-kognitive Störungen charakterisiert. Libermann et al. (1990) legten ein „Vulnerabilitäts-Stress-

Bewältigungs-Kompetenz-Modell“ vor. Wenn beispielsweise eine für Schizophrenie vulnerable Person über erfolgreiche Bewältigungsstrategien, soziale Kompetenz und ein stabiles, unterstützendes soziales Umfeld verfügt, kann die Wirkung von Stressoren reduziert werden. Nicht die Belastungen selbst, sondern die Auswirkungen der Stressoren werden verringert. Der Erkrankte wird als aktives Subjekt gesehen, das Einfluss auf den Verlauf seiner Erkrankung nehmen kann. Die Angehörigen als bedeutsamster Teil des sozialen Umfeldes sind in die Behandlung mit einzubeziehen (Dörner 2008).

Hurrelmann (1996) versteht persönliche Gesundheit als Ausdruck der Lebensbewältigung, als gelingende Abstimmung von Anforderungen und Bedürfnissen des Körpers, des Selbst, der sozialen Mitwelt und der Umweltbedingungen. Ausmaß und Qualität der *Passung* der bio-psycho-sozialen Faktoren bestimmt Ausmaß und Qualität des körperlichen, psychischen und sozialen Wohlbefindens. Bereits Heidegger (1987) bezweifelte die Angemessenheit eines rein negativen Belastungskonzeptes, da eine Existenz ohne Belastung, ohne Inanspruchnahme und Anforderung schlechterdings nicht möglich sei. Dies gehört auch zur allgemeinen Lebenserfahrung: Tugenden wachsen im Angesicht von Herausforderungen und Krisen. Persönliches Wachstum geschieht durch die Bewältigung von Herausforderungen. Maslows (1954/1981) und Rogers’ (1951, 1987) Verständnis von persönlichem Wachstum sind ebenso hier zu erwähnen wie Darwins Evolutionstheorie (Entwicklung der Arten durch Adaptation). Milne (ebd., 57) verweist auf Haan (1977), der herausfand, dass Individuen, die in jungem Lebensalter bedeutsame Lebensveränderungen durchmachten, in späteren Jahren toleranter gegenüber Mehrdeutigkeit waren und mehr Empathie zeigten. Moos und Schaefer (1993) vermuten, dass Stresserfahrung die Möglichkeiten erhöht, Problemlösefähigkeiten zu verbessern und sich angemessener auf die Unterstützung anderer zu beziehen, was sie als Weisheit, Toleranz und Respekt für andere bezeichnen. Moderne Modelle der sozialen Unterstützung und Belastungsbewältigung greifen diese Überlegungen auf und stellen die Stressoren in einen sozial-ökologischen Kontext (einschließlich körperlicher Gesundheit und materieller/ökonomischer Situation). Ein hohes Ausmaß an Stressoren kann bei gleichzeitigem hohen Ausmaß an sozialer Unterstützung gesundheitsfördernd wirken. (vgl. Antonovsky 1997, 26). Antonovsky definiert Belastungsfaktoren (Stressoren) neutral als „eine von innen oder außen kommende Anforderung an den Organismus, die sein Gleichgewicht stört und die zur Wiederherstellung des Gleichgewichtes eine nicht-automatische und nicht unmittelbar verfügbare, energieverbrauchende Handlung erfordert“ (Antonovsky 1979, 72 zn. Bengel et al. 1998). Die Anforderung führt danach zu Spannungszuständen, die grundsätzlich auch eine gesundheitsförderliche Wirkung haben, dann nämlich, wenn die Anforderung erfolgreich bewältigt wird und die dazu aufgebaute Spannung abgebaut werden kann. Erst wenn Spannungsbewältigung misslingt, entsteht „Stress" (*Stress* wird im Folgenden im Sinne von *Distress* gebraucht) bzw. eine das Individuum subjektiv und/oder objektiv belastende Situation. *Stress ist nicht einfach die Folge von Belastungen* – es gibt maßgebliche vermittelnde Faktoren (Mediatorvariable) zwischen Belastungsereignis und Stress. Diese vermittelnden Variablen kennzeichnen ein integriertes System psycho-sozialer Bewältigungskompetenzen, sozialer und materieller Ressourcen und körperlicher Faktoren. Bildlich gesprochen: psycho-soziale Belastungen und Stressoren treffen auf ein „psycho-soziales Immunsystem", das auch in engster Wechselwirkung mit dem biologischen Immunsystem steht.

2.4.1 Soziale Unterstützung als Stressmoderator

Die Alltagswelt der Klienten Klinischer Sozialarbeit besteht aus vielfältigen Belastungen, die mit den Stärken und Schwächen ihres sozialen Netzwerkes und ihren individuellen Bewältigungsmöglichkeiten und Ressourcen zusammenhängen. Deshalb ist es bei Belastungsdiagnostik und sozialarbeiterischen Hilfen zur Belastungsbewältigung wichtig, die komplexen Wechselwirkungen zwischen den Merkmalen sozialer Netzwerke, dem ihnen innewohnenden Unterstützungspotential und der subjektiven Belastungsbewältigung sichtbar zu machen. Klinisch-sozialarbeiterische Interventionen basieren auf dem Verstehen dieser Zusammenhänge, unter Berücksichtigung der sozialen Einstellungen der Klienten und ihrer Bereitschaft und Fähigkeit, soziale Unterstützung *anzunehmen*. Im Netzwerk der sozialen Beziehungen eines Individuums bilden vor allem Familienmitglieder, Freunde oder andere Vertrauenspersonen, aber auch ganz alltägliche Kontaktpersonen wie z.B. Nachbarn, der Friseur, die Verkäuferin, soziale Unterstützungsinstanzen. Die Absicherung im Gewebe der vertrauten Sozialkontakte ist grundsätzlich günstig für psycho-soziales Wohlbefinden, bietet aber keine Garantie für adäquate Hilfe bei ernsten Belastungen. Bereits früh erkannte man, dass die Verbindung eines Menschen mit „bedeutsamen Anderen" (significant other) mit geringeren Auswirkungen von Belastungen einhergeht, verglichen mit gesundheitlichen Auswirkungen bei Individuen, die allein und relativ wenig sozial unterstützt leben (Cassel 1974): Die Gegenwart eines anderen Menschen schützt das Individuum vor den schädigenden Auswirkungen möglicher Stress auslösender Faktoren. Menschen, die Belastungssituationen ausgesetzt sind, erfahren geringere schädigende Wirkungen auf ihre Gesundheit und ihr Wohlbefinden, wenn sie mit signifikanten anderen zusammen sind oder wissen (glauben), dass sie Zugang zu unterstützenden Bezügen haben.

Es sind verschiedene Arten und Ansatzpunkte sozialer Unterstützung zu unterscheiden:

- *Emotionale Unterstützung* bedeutet Annahme, Wertschätzung, Präsenz und Empathie, Ernst nehmen und zur-Sprache-Bringen von Gefühlen, Unterstützung angemessenen Umgangs mit Gefühlsreaktionen und Impulsen, Verstehen der Zusammenhänge von emotionalen Reaktionen, Stützung und Förderung des Selbstwertgefühls. Hier ist für die professionelle Arbeit viel Know-how in Konzepten der Klientenzentrierten Gesprächsführung nach Rogers oder anderen erfahrungsorientierten Konzepten zu finden.

- *Positiver sozialer Kontakt* bedeutet Zugang zu wichtigen Bezugspersonen in einem persönlichen Netz von Beziehungen. Im Falle professioneller sozialer Behandlung muss häufig zunächst dafür gesorgt werden, dass die Klienten mit „künstlichen" sozialen Netzwerken in Kontakt kommen, wie z. B. Selbsthilfegruppen, anderen Institutionen und Helfern, Pflegestelle. Andererseits ist es von zentraler Bedeutung, die (noch) vorhandenen oder reaktivierbaren Kontaktpersonen zu identifizieren und die Bereitschaft bei Klienten zu fördern, Kontakt zu potentiellen Unterstützern (z. B. Angehörige, Freunde, Arbeitskollegen, Peer Gruppe) aufzunehmen und bei letzteren die Bereitschaft und Fähigkeit dazu zu fördern. Die Nutzung der „normalen" gesellschaftlichen Einrichtungen zu positiven sozialen Kontakten kann gefördert werden (Sportvereine, Volkshochschulgruppen, Musikvereine, offene Gruppen in Kinder- und Jugendzentren). Positiver sozialer Kontakt meint in der Klinischen Sozialarbeit auch die Überwindung von sozialer Isolierung. Zu beachten ist, dass die Klienten (Kinder, Jugendliche, Erwachsene und Alte) oft erhebliche Defizite in sozialen Kontaktverhaltensweisen haben und erst lernen müssen, wie sie sich in sozialen Situationen angemessen verhalten können.
- *Instrumentelle Unterstützung* besteht in konkreten Hilfen, die Mittel zur Lebensbewältigung und Lösung konkreter Probleme bereit stellen. Beispielsweise die Bereitstellung finanzieller Mittel, aber auch die Hilfe bei Alltagsproblemen wie der Reparatur von Gebrauchsgegenständen, der Renovierung oder der Umstellung in der Wohnung (wo man eine helfende Hand benötigt), Hüten der Kinder, Hilfe bei den Hausaufgaben, Einkauf, Transport etc. Hier stellt die professionelle Sozialarbeit viele Möglichkeiten zur Verfügung.
- *Informationelle Unterstützung* bedeutet Zugang zu wichtigen Informationen zu haben und diese auch zu verstehen. Dies betrifft Informationen über das Lebensumfeld (Veranstaltungen, wichtige Termine, Adressen von Institutionen und Hilfemöglichkeiten) aber auch über Beziehungs- und Erziehungsfragen, Schulfragen, über Ernährung, Gesundheit und Hygiene. Doch hier muss man gerade bei der professionellen Beratungsarbeit mit individuell stark verankerten dysfunktionalen Einstellungen und Kognitionen rechnen, die zu einer Abwehr von neuen Informationen führen können. „Die gleichen Prozesse, die dazu führen, dass Klienten die mit ihren Anschauungen unvereinbaren Erfahrungen ursprünglich ignorieren, verdrehen oder abweisen, werden wieder aktiviert, wenn der

Berater neue Informationen oder Erfahrungen einbringt, um eine Veränderung beim Klienten zu bewirken." (Pearson 1997, 153) Das heißt, informationelle Unterstützung kann nur dann fruchtbar werden, wenn darauf geachtet wird, dass sie von den Klienten auch angenommen und integriert wird. Dazu ist es nötig, dass Gefühle der Bedrohung und dadurch aktivierte Abwehrmechanismen in der Gesprächsführung beachtet werden – was spezielle differentielle Gesprächsführungs- bzw. Beratungskompetenzen erfordert.

- *Bewertungs- und Einschätzungsunterstützung* bedeutet Unterstützung darin, Erfahrungen neu oder anders zu bewerten als bisher (Umbewertungen) oder auch bei der Konfrontation mit neuen Erfahrungen (z.B. Krankheit) überhaupt zu einer Einschätzung zu kommen. Ereignisse und Situationen werden von Individuen entsprechend ihrer bisherigen subjektiven Erfahrungen und Einstellungen bewertet. Die Einschätzung, ob ähnliche Situationen schon einmal gemeistert wurden oder nicht und über welche Mittel man verfügt (Frage nach der Selbstwirksamkeit) ist hier zentral. Die Bewältigung von Belastungen umfasst intrapsychisches und instrumentelles Verhalten. Erfolgreiche Bewältigung ist der gelungene Versuch, die Störung des Gleichgewichtes zu beseitigen. Dabei spielt die Repräsentation der Situation, der eigenen Erfahrungen und der Selbstwirksamkeitsüberzeugungen im Individuum eine wichtige Rolle. „Wenn Klient/-innen ihre Sorgen und ihre Schwierigkeiten erörtern, wird uns oft deutlich, dass sie andere Menschen, Situationen und Ereignisse in einer systematisch verzerrten Art und Weise wahrnehmen und systematisch verzerrt darüber denken. Das reduziert oft die Wahrscheinlichkeit, dass Mitmenschen mit Unterstützung reagieren … Drei allgemeine Strategien zur Reduzierung und zur Beseitigung von Effekten dysfunktionaler Einstellungen und Kognitionen, die den Zugang des Klienten zu sozialer Unterstützung erschweren, sind zu unterscheiden: den Klienten *direkte, stellvertretende* oder *simulierte Erfahrungen* ermöglichen und vermitteln." (Pearson ebd. 145) Eine Hauptquelle direkter Erfahrungen, auch Bewertungserfahrungen, ist die Beratungsbeziehung. Insbesondere Kinder und Jugendliche, aber nicht nur sie, benötigen in der Klinischen Sozialarbeit oft eine pädagogisch fundierte Einschätzungs- und Bewertungsunterstützung, z.B. in Fragen der Sexualität, von Regeln und Grenzen, Ernährung, Hygiene, Ausbildung und Berufswahl, Gefühlen und gefühlsgebundenen Reaktionen und Impulsen etc. Sie wissen oft nicht, welche Folgen bestimmte Verhaltensweisen oder Entscheidungen haben.

Cassel (ebd.) und Cobb (1976) verstanden soziale Unterstützung noch im Wesentlichen als die *Wahrnehmung emotionaler Unterstützung* durch das Individuum. Caplan (1974) erweiterte diese Sicht, indem er herausarbeitete, dass Unterstützer den Individuen nicht nur emotionalen Rückhalt bieten. Sie helfen den Individuen, ihre psychologischen Ressourcen zur aktiven Stressbewältigung zu mobilisieren, z.B. durch das Angebot *kognitiver* Hilfen. Sie übernehmen bestimmte Aufgaben und sie erschließen auch weitere Ressourcen (z. B. finanzielle Mittel). Caplan machte darauf aufmerksam, dass eine große Vielfalt sozialer Unterstützung in unterschiedlichsten Situationen und Zusammenhängen am Werke ist, angefangen von professionellen Institutionen, über nachbarschaftliche Hilfen und Selbsthilfegruppen bis hin zur informellen Hilfe durch Fremde an der Bushaltestelle. Andererseits wird der gesellschaftliche Mangel an informeller Hilfe und an sozialer Unterstützung durch zunehmende Vereinzelung und Mobilität vielfach schmerzhaft erlebt.

Aus professioneller Sicht ist die Reaktivierung gewachsener, informeller bzw. natürlicher Netzwerke naheliegend[12], weil auf diesem Wege eine stabilisierende soziale Unterstützung durch die Teilhabe von Betroffenen am gesellschaftlichen Leben in – auch ökonomisch – sehr günstiger Weise gefördert wird. Aber neben den positiven Wirkungen kann soziale Unterstützung auch negative Wirkungen produzieren, belastende Ereignisse verschlimmern oder selbst der Ursprung für pathogene Belastungen sein. Der Sozialpsychologe Gottlieb nahm diese Annahmen auf und integrierte sie in ein transaktionales Modell der sozialen Unterstützung, das auf folgenden Annahmen beruht (vgl. Milne 1999):

1. Individuen lernen auf bestimmte Reize mit Stress zu reagieren – dies ist die Basis für die oft hohe Situationsspezifität und die physiologischen Veränderungen bestimmter Reaktionen (oder auch ausbleibender Reaktionen), wie sie bei Personen zu beobachten sind, die für bestimmte Ereignisse sensibilisiert sind oder sich habituiert haben (z. B. beim Sprechen in der Öffentlichkeit ängstlich oder entspannt zu reagieren).
2. Es gibt zusätzlich stabile Persönlichkeitsfaktoren, die mit der Stress*wahrnehmung* interagieren, wie die Selbstwertschätzung des Individuums oder seine Kontrollüberzeugungen (locus of control).
3. Stressoren werden von Individuen in zweierlei Hinsicht eingeschätzt: zunächst (primäre Einschätzung) wird die Bedrohlichkeit der Belastung eingeschätzt, sodann (sekundäre Einschätzung) werden die eigenen Bewältigungsmöglichkeiten eingeschätzt.
4. Nicht nur bedeutsame kritische Lebensereignisse sind Stressoren, wie in den frühen Stressmodellen angenommen (Arbeitsplatzverlust, Umzug), sondern auch Alltagbelastungen und Ärgernisse. Es stellte sich sogar heraus, dass Alltagsbelastungen und Ärgernisse bessere Voraussagen über psychische Stressbelastungen zulassen als bedeutsame Lebensereignisse.

---

12 Nicht nur, weil professionelle Hilfe immer teurer wird. Natürlich würde der Einsatz von Helfern aus dem natürlichen Netzwerk manchen professionellen Helfer ersetzen – und mancher Sozialpolitiker oder Kostenträger wird möglicherweise ein primäres Interesse nur in der Kostenreduktion durch den Ersatz von professionellen bzw. formellen Helfern sehen. Vgl. H. Keupp in: B. Röhrle, Soziale Netzwerke und soziale Unterstützung, Geleitwort.

5. Stressoren sollten nicht als einseitige Schicksalsschläge aufgefasst werden, die auf ein passives und unbeteiligtes Individuum treffen. Sie können vom Individuum antizipiert und auch kontrolliert werden, so dass ihre Auswirkungen durch eine verbesserte Bewältigung sehr verändert sein können. Gottlieb warnte auch davor, soziale Unterstützung in sozialen Netzwerken und Beziehungen naiv zu romantisieren: soziale Eingebundenheit kann ihrerseits zu Konflikten und Belastungen führen. Es geht also immer auch um die richtige Balance der hilfreichen und der unerwünschter Einflüsse, die aus sozialen Interaktionen resultieren.

Gottlieb führte eine bedeutsame Differenzierung ein: Soziale Unterstützung wirkt sich einmal *direkt* auf die Stressoren aus, als *Haupteffekt* bezeichnet. Zum zweiten wirkt sich soziale Unterstützung *indirekt* auf die Verarbeitung der Belastungen sowie auf deren Bewältigung aus, als *Neben- oder Puffereffekt* bezeichnet. *Haupteffekte* helfen, Belastungen gar nicht erst als bedrohlich und schädlich zu bewerten. Soziale Unterstützung ist hier zunächst ganz unabhängig von der Anwesenheit von Stressoren zu betrachten: es kommt durch die soziale Unterstützung zu einem generell höheren Wohlbefinden. In Untersuchungen zur Gesundheit fand sich ein statistischer Haupteffekt dergestalt, dass gesunde Individuen sich der Mitgliedschaft in einem großen sozialen Netzwerk erfreuten und regelmäßig positive Erfahrungen durch die Einnahme stabiler und positiv bewerteter sozialer Rollen in der Gemeinde machten. Diese Erfahrungen fördern positive Gefühle aufgrund der wertschätzenden Beachtung der Person durch die Bezugspersonen und die Umwelt. Lazarus & Folkman (1984, 245 f.) brachten diese Ergebnisse in Zusammenhang mit den Ergebnissen der Bindungstheorie von Bowlby (siehe auch a. a. O. in diesem Buch): „… it is usually assumed that being embedded in a social network is essential for people to feel good about themselves and their lives. The classic work of Bowlby on attachment emphasises that even infrahuman species such as monkeys form close attachments to other members of the species and are distressed by separation and loss … without ongoing social relationships, much of the meaningfulness of human existence is lacking or impaired. Viable social relationships make possible identification and involvement – the opposite of alienation and anomie.“ Durch die soziale Unterstützung wird generell das Gefühl von Zufriedenheit erhöht und – wie die Forschung belegt – erhält dies die Gesundheit. Hier wird als Haupteffekt ein Einfluss sozialer Unterstützung auf den allgemeinen Gesundheitszustand einer Person angenommen.

Puffereffekte hat soziale Unterstützung, wenn sie bei einem aufgetretenen Stressereignis bei dessen Bewältigung hilft. Ein bereits als Stressor bewertetes Ereignis kann durch den Einfluss von sozialer Unterstützung besser bewältigt werden. Beispielsweise erfährt eine Person, die von einem kritischen Lebensereignis betroffen ist (z. B. Partner ist schwer erkrankt), durch soziale Unterstützung eines Freundes, der da ist, zuhört, ermutigt und berät, eine Erhöhung ihrer Kompetenz, diese Belastung besser zu bewältigen. Der Puffereffekt sozialer Unterstützung wirkt sich somit nicht nur auf die Bewertung eines Ereignisses aus, sondern auch auf die Steigerung der Handlungskompetenz in Bezug auf die Bewältigung bestehender, d.h. bereits als solche bewerteter Stressoren. Cohen und Willis (1985) haben diese aktive Bewältigungs-Komponente der sozialen Unterstützung betont. Eine Person, die beispielsweise an funktionellem Bluthochdruck leidet, kann durch Anleitung zu Entspannung, durch Hilfen die Belastungen neu zu bewerten oder durch die Aktivierung der eigenen Fähigkeiten durch soziale Ermutigung ihre Bewältigungskompetenz beim Umgang mit dieser Beeinträchtigung verbessern.

Soziale Unterstützung konstituiert ein *„soziales Immunsystem"*. Wenn die Unterstützung zunimmt, wird das Vorhandensein von schädlichen Einflüssen im Leben eines Individuums mit großer Wahrscheinlichkeit reduziert. Dies führt einerseits zu einer Verbesserung der allgemeinen Gesundheit, andererseits zu einer Steigerung der Fähigkeit, den negativen Effekten schädlicher materieller und sozialer Faktoren zu widerstehen. Wir finden in der sozialen Unterstützung eine Ressource, „der ein starkes Präventions- und Behandlungspotential in einem weiten Feld psychologischer und psychosozialer Störungen zukommt" (Pearson 1997, 27f.).

Soziale Behandlung durch soziale Unterstützung muss immer zwei verschiedene Richtungen ihres Vorgehens beachten: Man kann die soziale Unterstützung für Klienten dadurch erhöhen, dass das Ausmaß und die Qualität von Maßnahmen zunimmt und dass aktuelle und potentielle Unterstützer/-innen ihre Aktivitäten und ihre Aufmerksamkeit und Bereitschaft erhöhen. Hier wird also dem Klienten mehr und ggf. bessere Unterstützung angeboten. Die andere, ebenso wichtige Richtung, die in der sozialen Behandlung zu beachten ist, ist die Bereitschaft und Fähigkeit der Individuen, Unterstützung zu suchen, wahrzunehmen und anzunehmen (vgl. Pearson ebd.).

In der Praxis Klinischer Sozialarbeit ist abzuklären, ob der Klient aufgrund mangelnder sozialer Unterstützung verzerrt wahrnimmt und dadurch viele objektiv neutrale Stimuli als Stressoren bewertet (Haupteffekt, A1). Oder ob er aufgrund seiner mangelhaften sozialen Unterstützungssituation sich generell unwohl und belastet fühlt (Haupteffekt, A2). Oder ob er aufgrund mangelnder sozialer Unterstützung nicht in der Lage ist, Stressoren, die in unserem Leben zwangsläufig vorkommen, konstruktiv zu bewältigen (Puffereffekt, B1). Oder ob er aufgrund fehlender sozialer Unterstützung (z.B. Gespräche, Trost, Halt) chronische Stressreaktionen nicht abbauen kann und depressiv wird (Puffereffekt B2). Die verschiedenen Einschätzungen beeinflussen die Interventionen: So kann die Wahrnehmungsverzerrung – viele neutrale Stimuli werden als Stressoren wahrgenommen – möglicherweise durch gezielte Information reduziert werden.

Gottliebs (1983) Modell der sozialen Unterstützung zeigt vier Wege, wie soziale Unterstützung die Beziehung zwischen Stressor und Stress beeinflusst. Die Pfeile B1 und B2 zielen jeweils auf die *Verbindungslinien (deshalb indirekt)*

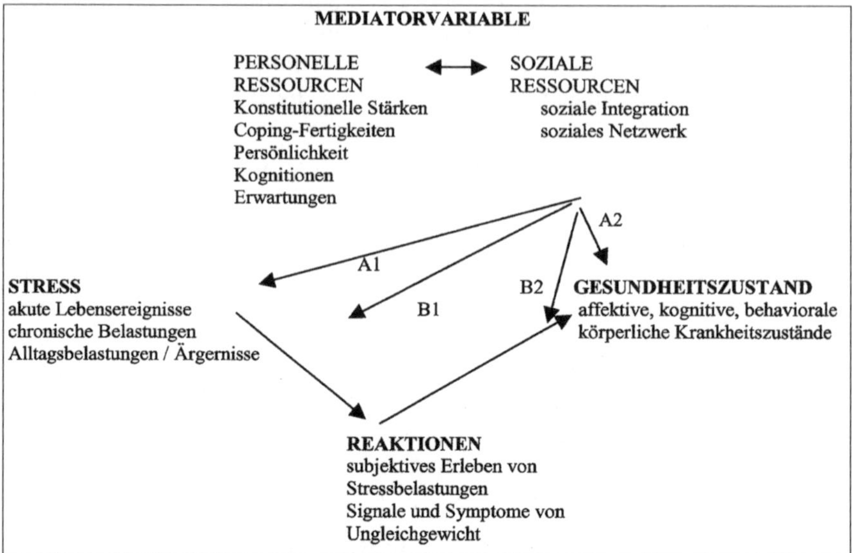

A1: Direkter Effekt sozialer Unterstützung, verhindert die Exposition gegenüber bestimmten Stressoren; induziert mehr positive / gesundheitsfördernde Einschätzung einer Bedrohung
A2: Direkter Effekt sozialer Unterstützung, stärkt die Zuversicht und das Empfinden von Wohlbehagen
B1: Puffereffekt sozialer Unterstützung, z.B. bewahrt und fördert positive Selbstwertschätzung und ein Gefühl für Kompetenz (sense of mastery) gegenüber Herausforderungen
B2: Puffereffekt sozialer Unterstützung, z.B. schützt vor Depression wenn Stressreaktionen auftreten

Professionelle Beratung ersetzt hier einen Haupteffekt sozialer Unterstützung (A1), der im natürlichen Netzwerk eines Klienten nur unzureichend vorkommt. Bei der Unfähigkeit, mit Stressoren umzugehen, liegt dagegen ein Mangel an Handlungskompetenz vor, der durch ein gezieltes Training angegangen werden kann. Hier kompensiert die professionelle Beratung Defizite im Bereich des Puffereffektes sozialer Unterstützung (B1) (vgl. Schlittmaier 1999[13]).

Das Konzept von Gottlieb ist relativ statisch. Insbesondere berücksichtigt es kaum, dass soziale Unterstützung (1) in umfassendere soziale Beziehungen eingebettet ist und (2) kein einseitiges, sondern ein wechselseitiges Geschehen zwischen Helfer und Empfänger der Hilfe ist. Das bedeutet, dass die Reaktion des Hilfeempfängers sich auf die weitergehende Interaktion auswirkt und dass deshalb die Bedeutung der Hilfe nur auf der Grundlage der

13 In den folgenden Ausführungen nehme ich immer wieder Bezug auf diesen Text.

Berücksichtigung der gesamten Beziehung erfasst werden kann. Außerdem wird (3) durch die subjektive Wahrnehmung des Hilfeempfängers die Wirkung sozialer Unterstützung wesentlich bestimmt. Shumaker und Brownell (1984) entwickelten ein differenziertes Konzept der Transaktion, das die eben genannten Kritikpunkte berücksichtigt. Insbesondere heben sie auch die Bedeutung der Reziprozität (Wechselwirkung) für die Auswirkungen sozialer Unterstützung hervor: Ob ein Individuum soziale Unterstützung positiv erfährt, hängt wesentlich auch davon ab, ob es über Möglichkeiten verfügt, die erhaltene Unterstützung wieder gut zu machen, also einen *Ausgleich* zu geben. Die durch soziale Integration gesicherte Befriedigung von grundlegenden Bindungs- bzw. Gemeinschaftsbedürfnissen ist von dem Bedürfnis nach Feedback zu unterscheiden: soziale Unterstützung als Rückmeldung gibt Orientierung über den Stellenwert und die Angemessenheit des eigenen Verhaltens und Erlebens.

Ins Spiel kommt auch die Zeit- bzw. Verlaufskomponente: verschiedene Stress vermindernde Funktionen von sozialer Unterstützung beziehen sich auf verschiedene Phasen des Bewältigungsgeschehens. Es gibt verschiedene Phasen der Einstufung eines Belastungsereignisses. *Bevor* ein Ereignis als Stressor identifiziert ist, kann soziale Unterstützung in Form ‚verbaler Informationen zum Problem‘ zu Übersicht und Klarheit führen. Eine Bewertung des Ereignisses als Stressor bleibt dann aufgrund der sozialen Unterstützung aus. Ist ein Stressor eingetreten und als solcher identifiziert, dann geht es darum einzuschätzen, ob man über ein ausreichendes Maß an Möglichkeiten seiner Bewältigung verfügt. Hier besteht soziale Unterstützung darin, Modelle des Umgangs mit dem betreffenden Stressor zu vermitteln. Dieses Modell sozialer Unterstützung betont die Bedeutung der *Passung zwischen Ressourcen, Bewältigungskompetenz und der durch eine Belastung zustande gekommenen Hilfebedürfnisse*: bei einem Verlust der Brieftasche im Ausland ist verständnisvolles Zuhören und Beruhigen allein nicht hinreichend: es ist auch die Bereitstellung von Geld nötig, um heimreisen zu können.

Heller et al. (1986) haben die Interaktionseffekte zwischen sozialer Unterstützung und Coping untersucht. Sie hoben die Bedeutung der *Einschätzungen* hervor, die die Individuen in Bezug auf ihre soziale Unterstützung vornehmen. Schulze-Steinmann (1996, 100 zn. Schwendter 2000, 34) stellt ebenfalls die Rolle der Einschätzung durch das Individuum zentral: „Die erweiterte Perspektive definiert den Begriff Stress als Unfähigkeit einer Person, mit der Diskrepanz zwischen Bedürfnissen und Bedürfnisbefriedigung verhindernden sozialen Lebensumständen zurechtzukommen. Die Angst des Individuums, in bedrohlichen Umweltsituationen keine Handlungsmöglichkeiten zu haben und dieser Situation nicht entkommen zu können, ist der pathogene Anteil Stress. Der Umgang mit Stress beruht auf der individuellen Biographie, der Art und Weise der sozialen Unterstützung und der Art und Weise, Belastungen individuell zu verarbeiten (Coping). Stress kann in Folge von chronischen Anspannungen, z. B. durch Rollenkonflikte und Rollenambiguitäten wegen Doppelbelastung durch Arbeit und Haushalt, durch anstrengende körperliche und nervliche Arbeitsbedingungen, durch lang andauernde Arbeitsüberlastung, enttäuschte Karriereerwartungen, andauernde Konflikte/Spannungen mit Partner/Partnerin, emotionale Spannung mit Kindern, langwierige Krankheiten usw. auftreten. Auch Dauerarmut kann zu Stress und zum Absinken der Lebensenergie führen. Stress ist eine (archaische, anthropologisch konstante) subjektive Reaktionsweise, die jedoch *stark von der Situationseinschätzung des Individuums abhängt.*" (Hervorhebung durch den Autor)

Das Modell von Heller et al. (1986) rückt die Bedeutung der individuellen Wahrnehmung und Einschätzung der zur Verfügung stehenden sozialen Unterstützung in die Aufmerksamkeit (nach Milne ebd.)

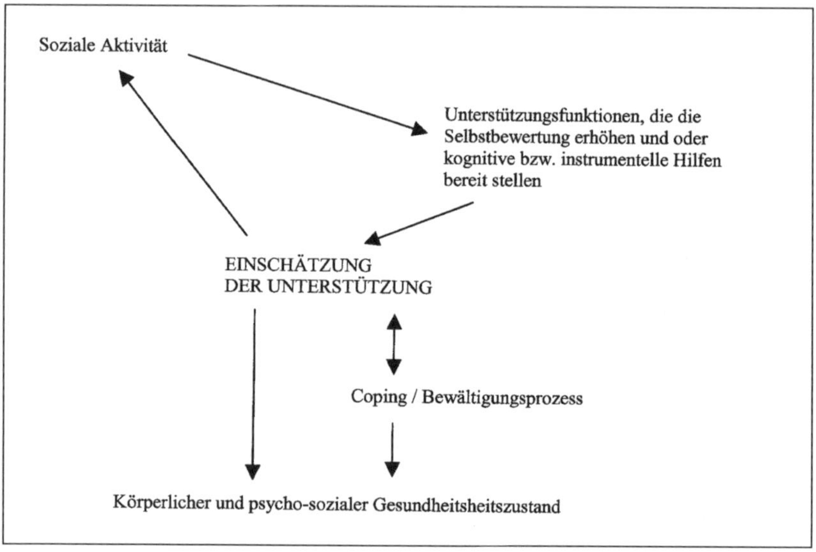

Diese Perspektive ist natürlich für die Klinische Sozialarbeit von großer Relevanz, macht sie doch auf die Bedeutung der individuellen Bewertungen und Einschätzungen der Klienten in Bezug auf angebotene Hilfen (und damit auf die individuellen Verarbeitungsfähigkeiten insgesamt) aufmerksam. Zugleich werden durch dieses Modell die fundamentalen Parallelen von Stressbewältigung und sozialer Unterstützung aufgezeigt. In der Praxis der Klinischen Sozialarbeit in Beratung und psycho-sozialer Therapie sind beide Dimensionen zugleich zu beachten und in die Behandlung einzubeziehen.

2.5 Gesundheit und Krankheit

Wir sind alle terminale Fälle. Aber solange wir einen Atemzug Leben in uns haben, sind wir bis zu einem gewissen Grad gesund.
Aaron Antonovsky

Ein einzelner Mensch ist niemals *allgemein* krank, sondern er leidet immer unter bestimmten Beschwerden, Störungen, Symptomen und Behinderungen. Diese bilden in jedem einzelnen Fall ein bestimmtes Syndrom und dies wird einer bestimmten Krankheit zugeordnet, aber nie zu einem allgemeinen Krankheitsbegriff zusammengefasst. Die Frage nach einem allgemeinen Krankheitsbegriff stellt sich im Angesicht der Hilfe- bzw. Behandlungsbedürftigkeit eines konkreten Menschen nicht, sondern aus der Sicht und den Interessen der Politik und der Rechtssprechung mit dem Ziel der sozialen Kontrolle im Gesundheitswesen und der Krankenversorgung. Störung oder Krankheit ist im Sinne des Leistungsgesetzes der Sozial- bzw. Krankenversicherung nur ein rechtlicher Zweckbegriff, der eine bestimmte Funktion erfüllt, nämlich der Definition des versicherten Risikos und der Bestimmung des Tatbestandes, welche die Leistungspflicht der gesetzlichen Krankenversicherung auslöst. In der Rechtsprechung des Bundessozialgerichtes ist Krankheit im Sinne der gesetzlichen Krankenversicherung „ein regelwidriger körperlicher oder geistiger Zustand, der entweder Behandlungsbedürftigkeit oder Arbeitsunfähigkeit oder beides zur Folge hat". (zn. Meyer, Richter, Grawe, Graf v. d. Schulenburg, Schulte 1991, 26) Karl Jaspers hat zur Frage eines allgemeinen Krankheitsbegriffes geschrieben (1973, 652): „Der Mediziner ist um gar nichts klüger, wenn es im Allgemeinen heißt, irgendetwas sei krank ... Statt des einen allgemeinen Krankheitsbegriffes, der ein bloßer Wertbegriff ist, schafft er eine Fülle von Seins- und Geschehensbegriffen (z.B. Verletzung, Infektion, Tumor, Ausfall oder Vermehrung endokriner Sekretion usw.)." Mit der Schwierigkeit, mit einem allgemeinen Krankheitsbegriff in der klinischen Praxis umzugehen, wird auch die Problematik angesprochen, was denn überhaupt Gesundheit und Krankheit ist.

Die Weltgesundheitsorganisation (WHO) definiert Gesundheit als einen Zustand vollkommenen körperlichen, seelischen und sozialen Wohlbefindens, nicht allein als Abwesenheit von Krankheit. Diese ideale Definition von „Gesundsein" wird von Schulte (1998, 20) als umfassender Gegenpol zum Begriff „Kranksein" gesehen. Ausdrücklich eingeführt wurde von der WHO die soziale Dimension des Phänomens, indem die Gleichrangigkeit der drei Manifestationsebenen postuliert wurde. Nach Gerhardt (1999, 402) wurde ebenfalls die „politische Dimension des sozialen Problems Gesundheit – Krankheit sowie der Gesundheitsversorgung vorgegeben". Gesundheit und Krankheit umfassen somit wesentlich mehr als das Funktionieren des Organismus. „Das heißt, gesellschaftliche Gruppen und Beziehungsnetze sowie kulturelle Bedeutungen und Werte einschließlich ihrer psychischen Korrelate auf der einen Seite und organisatorische Formen der Krankenversorgung und des Gesundheitswesens auf der anderen Seite werden soziologisch konstitutiv für Gesundheit – Krankheit." (Gerhard ebd.) Parsons (1951, 1978, 1979) kritisierte die mangelnde Spezifizierung dieser Gesundheitsdefinition und forderte, dass Gesundheit nicht hinreichend mit menschlichem Wohlergehen gleichgesetzt werden könne, sondern weiter spezifiziert werden müsse. Er (1967, 71, zn. Schulte 1998) definiert Gesundheit als „Zustand optimaler Leistungsfähigkeit eines Individuums für die wirksame Erfüllung der Rollen und Aufgaben, für die es sozialisiert worden ist". Parsons wandte sich damit gegen die entstehende Dominanz der Politisierung des Gesundheitskonzeptes und plädierte für die Beachtung der psycho-somatischen Dimension von Erkrankungen sowie für die Beachtung der psychischen bzw. psychotherapeutischen Bedeutung der ärztlichen Behandlungsmaßnahmen.

Gegenpol zu Parsons war die Position von Lemert, der mit der Schrift „Social Pathology" (1951) die medizinsoziologische Labelingtheorie begründete und damit Politik und Gesundheit – Krankheit in einen gemeinsamen Bezugsrahmen stellte. Was als gesundheitlich abweichendes Verhalten definiert und welche Menschen als „krank" und damit als „Außenseiter" bezeichnet würden, sei ein politischer Vorgang. Die aus diesen gesellschaftskritischen Konzepten sich entwickelnde radikale Medizinkritik führte auch in der Sozialarbeit zu einer starken und teilweise bis heute wirkenden Politisierung und Ablehnung des klinischen Ansatzes. „Darin ist das Postulat enthalten, dass Gesundheit universal wäre, wenn durch politische Befreiung vom Kapitalismus (Waizkin 1983) oder psychologisch-kulturelle Aufhebung des gesellschaftlichen Herrschaftszusammenhanges (Szasz 1984) adäquate Bedingungen einer repressionsfreien menschlichen Entwicklung geschaffen würden." (Gerhardt ebd., 403) Folge dieser radikalen Ideologie für die Sozialarbeit war die Spaltung in *people helper* und *society changer* (Goldstein 1996).

Diesen ideologischen Positionen ist entgegen zu halten, dass die bio-psycho-sozialen Bedingungsverhältnisse viel zu komplex sind, als dass sie mittels vereinfachender Ideologien angemessen beschrieben und erklärt werden könnten. Insbesondere ein psycho-sozialer Interventionsansatz erfordert differenziertere Betrachtungen. Die medizinsoziologische Forschung hat gezeigt, dass die Zusammenhänge zwischen sozialen, psychischen und somatischen Bedingungen und Merkmalen von Gesundheit – Krankheit viel enger, aber auch viel spezifischer sind, als beispielsweise vom Labelingansatz, aber auch vielen rein psychologisch-psychotherapeutischen Ansätzen angenommen. Nach Gerhardt (ebd.) „zeigt die Forschung, dass zwischen Gesundheit und Krankheit fließende Übergänge bestehen. Soziale Statuskategorien wie Alter, Geschlecht oder soziale Schicht (Berufsgruppe) bedeuten angebbares Risiko generell für Erkrankungen und spezifisch für Diagnosen wie z. B. bösartige Neubildungen, ischämische Herzerkrankungen etc. (Fox/Hall/Elveback 1970; Viefhues 1981). Gewohnheiten und Praktiken der Privatsphäre, nämlich Rauchen, Alkoholgenuss und Sexualität, wurden als Risikofaktoren für Diagnosen wie Lungenkarzinom, Leberzirrhose oder AIDS (HIV-Infektion) identifiziert. Das heißt: Zum einen ist der Gesunde Träger eines relativen Krankheitsrisikos entsprechend seinen sozialen Merkmalen, und zum anderen sind Alltagshandlungen des gesellschaftlichen Miteinander zugleich Prodrome bestimmter Erkrankungen."

Die sozialen Lebensumstände und die dadurch mitbedingte psychische Befindlichkeit und das Verhalten nehmen in bedeutsamem Ausmaß nicht nur auf die psychische, sondern auch auf die körperliche Gesundheit Einfluss. Die erste internationale Konferenz zur Gesundheitsförderung hat am 21. November 1986 in Ottawa eine Charta verabschiedet, die ein umfassendes positives Gesundheitskonzept entworfen hat und alle Maßnahmen zur Gesundheitsförderung in die bio-psycho-soziale Komplexität hineinstellt. Keupp (2000, 15) sieht in der Charta eine tragfähige Basis für einen sozialwissenschaftlich geprägten Gesundheitsbegriff, der sowohl „empirische Plausibilität" auf seiner Seite habe, als auch einen wichtigen normativen Bezugspunkt setze. Entscheidende Merkmale dieses Gesundheitskonzeptes sind: der präventive Ansatz, die grundsätzliche Gemeindeorientierung, das Konzept des Empowerment und der sozial-ökologische Ansatz.

Der bereits mehrfach zitierte Bericht der WHO zur Mental Health (New Understanding, New Hope) aus dem Jahre 2001 setzt diesen Weg konsequent fort. Er legt den Schwerpunkt auf die wechselseitigen Determinationen der bio-psycho-sozialen Ebenen und stellt zusammenfassend fest:

- „Mental and physical health are two vital strands of life that are closely interwoven and deeply interdependent. Advances in neuroscience and behavioural medicine have shown that, like many physical illnesses, mental and behavioural disorders are the result of a complex interaction between biological, psychological and social factors …
- Meanwhile, scientific evidence from the field of behavioural medicine has demonstrated a fundamental connection between mental and physical health – for instance, that depression predicts the occurrence of heart disease. Research shows that there are two main pathways through which mental and physical health mutually influence each other. Physiological systems, such as neuroendocrine and immune functioning, are one such pathway. Anxious and depressed moods, for example, initiate a cascade of adverse changes in endocrine and immune functioning, and create increased susceptibility to a range of physical illnesses. Health behaviour is another pathway and concerns activities such as diet, exercise, sexual practices, smoking and adhering medical therapies. The health behaviour of an individual is highly dependent on that person's mental health. For example, recent evidence has shown that young people with psychiatric disorders such as depression and substance dependence are more likely to engage in smoking and high-risk sexual behaviour.

- Individual psychological factors are also related to the development of mental disorders. The relationships between children and their parents or other caregivers during childhood are crucial. Regardless of the specific cause, children deprived of nurture are more likely to develop mental and behavioural disorders either in childhood or later in life. Social factors such as uncontrolled urbanisation, poverty and rapid technological change are also important. The relationship between mental health and poverty is particularly important: the poor and the deprived have a higher prevalence of disorders, including substance abuse. The treatment gap for most mental disorders is high, but for the poor population it is indeed massive." (WHO 2001, xiv)[14]

Soziale Ungleichheit bedeutet die ungleiche Verteilung von Einkommen und Eigentum, Bildung, Konsumgütern, Ansehen und Macht. Diese Merkmale sind trotz der relativen Durchlässigkeit der modernen demokratischen Gesellschaften recht konstant, d. h. Individuen und Familien müssen oft jahrelang oder über Generationen hinweg in schlechten Lebenslagen leben.

Schema zum Zusammenhang von Bedürfnissen der Selbst-Regulation mit der sozialstrukturellen Chancenstruktur (Siegrist 1998, 274)

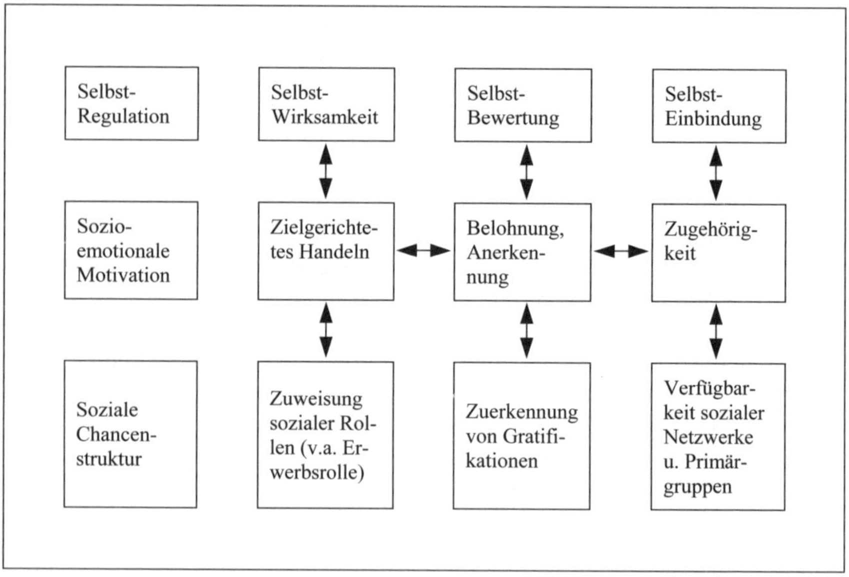

14 Der Report stellt fest, dass soziale Effekte auf die Gesundheit – Krankheit mittlerweile durch eine beeindruckende Anzahl von Studien nachgewiesen wurde (vgl. daneben auch Siegrist 1998, Bosma, Perter, Siegrist & Marmot 1998, Schulte 1998, Barlow & Durand 1998, Cockerham 1992, Weiss 1993).

Nach Siegrist (1998) kann man soziale Ungleichheit sozialstrukturell als eine vertikal angeordnete Abfolge von Statuslagen interpretieren, die es ermöglicht, jedes Individuum anhand der Kriterien Ausbildung, Beruf und Einkommen einer als relativ homogen gedachten Bevölkerungsgruppe zuzuordnen. Soziale Einflüsse auf die Gesundheit lassen sich vier Ebenen zuordnen (ebd., 266 ff.):

1. Das Gesundheitswesen als Subsystem der Gesellschaft: wie weit werden gesundheitliche Risiken durch soziale Einflüsse bestimmt, die sich aus unterschiedlichen Zugangs- und Teilhabechancen an der Gesundheitsversorgung ergeben?[15]
2. Materielle Lebenssituation als pathogenes Potenzial: wie wirken sich Armut, relative Benachteiligungen, ungünstige Wohn- und Arbeitsverhältnisse, die meist mit niedriger sozialer Schichtzugehörigkeit einhergehen, begünstigend auf die Entwicklung und den Verlauf akuter und chronischer körperlicher und psychischer Erkrankungen aus?[16]
3. Gesundheitsschädigendes und gesundheitsförderndes Verhalten: wie wirken sich individuelle gesundheitsschädigende und -fördernde Verhaltensweisen aus (wobei zu beachten ist, dass dieses Verhalten immer in übergeordnete soziokulturelle Kontexte eingebunden ist)?[17]
4. Chronische Belastungszustände mit negativen Emotionen (Distress): wie wirken sich chronische, langandauernde belastende emotionale Zustände als Folge erlebter Kränkungen durch soziale Benachteiligungen im Organismus aus? Insbesondere diesem Aspekt kommt bei einem bio-psycho-sozialen Verständnis von Gesundheit und Krankheit zentrale Be-

---

15 „Internationale medizinsoziologische Forschungsergebnisse der letzten Jahrzehnte haben Umfang und Bestimmungsgründe sozial differenzieller Morbidität und Mortalität als Folge unterschiedlicher Inanspruchnahme und Teilhabe am medizinischen Versorgungssystem dokumentiert und analysiert." (Siegrist ebd. 266)

16 „Materielle Benachteiligung wirkt sich besonders nachhaltig in der frühen Kindheit aus, in Mangelernährung, fehlender Hygiene, in Defiziten emotionaler Zuwendung und traumatischen Erfahrungen. Diese ungünstigen Bedingungen setzen sich in der Adoleszenz und im Erwachsenenalter fort, vermittelt über eine ungleiche Chancenstruktur der Teilhabe am Erwerbsleben, über ungleiche Wettbewerbschancen im Kampf um Sicherheit und Belohnungen auf verschiedenen Ebenen des Alltagslebens." (Siegrist ebd. 266)

17 „Gesundheitsschädigende Verhaltensweisen werden durch spezifische Angebotsstrukturen (Werbung, Verfügbarkeit von Genussmitteln) sowie durch psycho-soziale Vulnerabilitäten in erhöhtem Maße begünstigt und stabilisiert. Solche psychischen und sozialen Vulnerabilitäten (Krisen des Selbst-Konzeptes während der Adoleszenz, sozialer und interpersoneller Problemdruck etc.) variieren nach sozialer Schichtzugehörigkeit und nach Geschlecht; sie sind häufig mit bestimmten Einstellungen, Werthaltungen und Gewohnheiten assoziiert und tragen in ihrer Gesamtheit zur Ausformung eines spezifischen ‚Lebensstils' bei. Weil einzelne gesundheitsschädigende Verhaltensweisen wie Zigarettenrauchen, Alkoholkonsum oder Bewegungsarmut Bestandteile eines solchen umfassenden Lebensstils sind, fällt ihre isolierte Veränderung, losgelöst von diesem Kontext, besonders schwer." (Siegrist ebd., 272 f.)

deutung zu. „Leiden an der Gesellschaft in Form von Gewalt, Benachteiligung, Überforderung, Ausschluss oder anderen Arten zwischenmenschlicher Konflikte ruft starke, wiederkehrende *negative Emotionen* der Bedrohung, Angst und Hilflosigkeit, aber auch der Irritierung und Verärgerung hervor, die ihrerseits Aktivierungszustände im Organismus auslösen (chronischer sozio-emotionaler Distress). Vermittelt über das autonome Nervensystem, das neuroendokrine und das Immunsystem vermögen solche Aktivierungen längerfristig das geordnete Zusammenspiel physiologischer Funktionen zu beeinträchtigen und pathophysiologische Prozesse zu begünstigen, bis hin zu organischen Läsionen." (Siegrist ebd., 273)

2.5.1 Abgrenzungen: bio-medizinisches und psycho-soziales Denken

Das von der WHO beklagte „treatment gap" in Bezug auf seelische Gefährdungen und Erkrankungen, die durch vielfältige psycho-soziale, sozioökologische und ökonomische Handicaps bedingt sind, bedarf in unseren Gesundheits- und Sozialsystemen auch neuer Formen klinisch-sozialer Behandlung. Ein solcher Ansatz „würde damit überhaupt erst die Voraussetzung schaffen, um den Anspruch an komplexer Problemwahrnehmung und integrativer Problembearbeitung, der dem bio-psycho-sozialen Modell implizit ist, *praktisch"* einzulösen. „Die potentielle Gleichrangigkeit der drei Systemebenen (bio-psycho-sozial) in Fragen von Gesundheit und Krankheit findet nämlich derzeit keine Entsprechung in der Versorgung und Behandlung von Patienten. Die soziale Systemebene wird dort weder systematisch in den Blick genommen, noch systematisch bearbeitet." (Kleve & Ortmann 2000, 117)

Psycho-soziale Bedürftigkeit wird allerdings in der Gesellschaft nicht geschätzt, sondern selbst zum Problem, das Spannung und Stress erzeugt, und zwar sowohl bei der kranken Person als auch bei ihren Angehörigen und sonstigen Bezugspersonen. Zugleich können die psycho-sozialen Bedürfnisse kranker Menschen oft kaum oder gar nicht artikuliert werden – und dann „spricht der Körper". Als Beispiel sei eine empirische Untersuchung über den Einfluss psycho-sozialer Faktoren auf Gesundheit und Krankheit im Alter zitiert. Grant, Patterson und Yager (1988) untersuchten 118 allein lebende Männer und Frauen im Alter von 65 Jahren und älter. Diejenigen mit weniger bedeutsamen sozialen Kontakten und geringerer sozialer Unterstützung durch Verwandte hatten durchgängig höhere Einschätzungen depressiver Befindlichkeit und mehr Berichte über unbefriedigende Lebensqualität. Wir wissen aus anderen Untersuchungen, dass dies über psycho-neuro-immunologische Interaktionsprozesse zur Erhöhung der Anfälligkeit auch für körperliche Erkrankungen führt (vgl. z.B. Weiss 1993). Wenn die Personen mit geringerer sozialer Einbettung und Unterstützung aber körperlich erkrankten, erhielten sie durch ihre Verwandten mehr Unterstützung als bei Nichterkrankung. Dieser Befund führt die unglückliche Möglichkeit in Betracht, dass es für ältere Menschen von Vorteil sein kann, körperlich zu erkranken, weil die Krankheit ihnen ermöglicht, soziale Unterstützung zu aktivieren, die ihr Leben in psycho-sozialer Hinsicht wieder lebenswert macht. Angesichts dieser Ergebnisse wäre es sehr wichtig, durch psycho-soziale Maßnahmen alte Menschen und ihre Familien rechtzeitig, also präventiv, zu unterstützen, um die körperliche Gesundheit der Alten zu erhalten (und damit die Kosten des Gesundheitssystems durch sinnvolle soziale Investitionen zu reduzieren). Dieses Beispiel zeigt auch sehr deutlich, wie wichtig es ist, von einem Gesundheitsbegriff auszugehen, der Gesundheit nicht bloß als Abwesenheit von Krankheit auffasst (vgl. Siegrist 1996). Es weist darauf hin, dass die Kostenexplosion im Gesundheitswesen nicht zuletzt auch mit darauf zurückzuführen ist, dass die psycho-sozialen Bedingungen der Entstehung und Chronifizierung von Krankheiten ignoriert und bei der Behandlung in der Regel weitgehend ausgeschlossen bleiben.

Das bio-medizinische Denken ist orientiert an Krankheiten, es ist ‚pathogenetisch' ausgerichtet. In polemischer Zuspitzung gipfelt diese Orientierung in dem Bonmot: Gesunde Menschen gibt es in Wahrheit gar nicht, es gibt nur schlecht untersuchte Menschen. Für die psycho-soziale Orientierung des Krankheits- bzw. Gesundheitsverständnisses sind die Kernpunkte eines quasi a-sozialen naturwissenschaftlich-reduktiven Verständnisses dem psychosozialen Ansatz gegenüberzustellen, ohne damit in einen Widerspruch zu den bio-medizinischen Erkenntnissen zu geraten. Es geht vielmehr um eine wesentliche Ergänzung der Perspektive und um die Zurückweisung des alleinigen Gültigkeitsanspruches (vgl. Pauls 1997). Die psycho-soziale Perspektive wurde und wird im übrigen auch wesentlich von Medizinern entwickelt und vertreten (Namen wie von Uexküll, Viktor von Weizsäcker, aber auch Klaus Dörner, Asmus Finzen und andere wären zu nennen), auch wenn in Bezug auf den gesamten Ärztestand eine relativ starke Orientierung auf physiologische und somatische Prozesse zu konstatieren ist. Der Krankheitsbegriff der biologisch ausgerichteten Medizin besagt: Krankheit ist Störung, die zu beseitigen ist. Krankheit ist gestörte Funktion, gestörte Struktur, gestörtes Leben. „Krankheitssymptome (körperliche Beschwerden, körperliche Veränderungen, aber auch psychische Auffälligkeiten) werden durch organische Defekte erklärt. Diese anatomischen oder physiologischen Defekte bilden die eigentliche Krankheit. Für die Entstehung des Defekts wird angenommen, dass es eine begrenzte Zahl von Ursachen gibt, wie dies z.B. bei Bakterien oder Viren der Fall ist. Entscheidend ist das Erkennen des Defekts und die Suche nach Möglichkeiten, ihn zu beheben." (Bengel et al. 1998, 17) Störung ist die Folge eines kontingenten Ereignisses, einer Störung, die beseitigt werden kann durch fremdes Eingreifen, durch Fremdhilfe. Therapie besteht im Beseitigen der Störung, z.B. im Vernichten von Bakterien, im chirurgischen Eingriff, durch Ersetzen eines defekten Gens, in der Desensibilisierung oder Dekonditionierung, im Beseitigen des äußeren oder inneren Stressors. Krankheit ist Feind des Lebens. Therapie besteht aus Gegen- bzw. Anti-Maßnahmen (z.B. Antibiotika), aus diagnostischer Objektivierung und darauf basierender Elimination oder Modifikation des krankheitsverursachenden Faktors. Der Arzt bzw. Therapeut ist in der Heilung das handelnde Subjekt: er heilt den Patienten, der in einzelne Strukturbestandteile und Funktionskreisläufe zerlegt, zum Objekt der Interventionen wird.

An diesem bio-medizinischen Krankheitsmodell wurde immer wieder fundamental kritisiert (vgl. Heidegger 1987), dass der kranke Mensch als Subjekt und Handelnder mit seinem Erleben und Verhalten, seiner sozialen Welt ausgeklammert wird. Als Patient ist er jemand, der seine Krankheit „bekommt" und „hat", der sein Leid erduldet. Er hat ggf. ein krankes Organ, eine Depression etc. Der kranke Mensch wird in dem Maße, wie er der objektivierenden Beobachtung und kausalen Erklärung zugänglich gemacht wird, entpersonalisiert. Damit werden Subjektivität und soziale Beziehungen vor allem als Störfaktoren angesehen. Diese Engführung des Gesundheitsverständnisses auf die Abwesenheit von mechanistisch verstandener Krankheit verstellt aber den Blick auf die Person mit ihrer Geschichte und ihrem sozialen Lebenszusammenhang. Sie bringt nach Antonovsky Forscher, Praktiker und Politiker dazu, „sich auf spezifische diagnostizierte Krankheiten oder auf die Prävention spezifischer Krankheiten zu konzentrieren, insbesondere bei Individuen oder Gruppen mit hohem Risiko. Auf der sozialen Ebene führt dies zu Feldzügen gegen die Krankheit X, Y oder Z. Hieraus entsteht die Atmosphäre, vor der Dubos (1960) so überzeugend gewarnt hat: ‚die Fata Morgana der Gesundheit'" (Antonovsky 1997, 27).

Diese naturwissenschaftlich-medizinische Vergegenständlichung des Menschen mit ihrer pathogenetischen Ausrichtung darf aber auch nicht einfach pauschal zurückgewiesen werden. „Dieses Krankheitsverständnis hat in vielen Bereichen zu großen medizinischen Fortschritten geführt, z.B. bei der Behandlung von Stoffwechselstörungen oder der Bekämpfung von Infektionskrankheiten." (Bengel et al. ebd.) Gerade bei den Infektionskrankheiten waren die therapeutischen Erfolge der naturwissenschaftlichen Medizin in den letzten Jahrzehnten durchschlagend. Weiterhin gibt es eine medizinische Indikation für eine Fülle von Erkrankungen, insbesondere auch akute Notfälle, „wo die konsequente kausal-lineare Haltung lebensrettend sein kann" (Pieringer 1990, 30). Doch ist diese Sicht zu ergänzen und abzuwägen gegen psycho-soziale Faktoren, die sich einem klassisch biomedizinisch-naturwissenschaftlichen Zugriff widersetzen. Der Absolutheitsanspruch dieses Zuganges, als Maßstab für *alle* therapeutischen Wege zu gelten, muss nicht nur als Anmaßung abgewehrt werden, sondern auch als in ihrem pauschalen Geltungsanspruch zurückzuweisende Entsozialisierung des Gesundheits – Krankheitsverständnisses.

Der herrschende bio-medizinische Krankheitsbegriff lässt weder einen rechten Platz für einen eigenständigen psycho-sozialen Begriff von Gesundheit noch für psycho-soziale Krankheitsmodelle. „Gesundheit wird als bloße

Abwesenheit von Krankheit, als Abwesenheit von Symptomen und organischen Störungen definiert. Soziale, psychische und ökologische Wechselwirkungen werden ausgeblendet." (Sting & Zurhorst 2000, 9) Schmid (2009) betont aus klinisch sozialarbeiterischer und sozialwissenschaftlicher Sicht ebenfalls den „Mehrwert der Gesundheit gegenüber der bloßen Abwesenheit von Krankheit". Die Ausblendung dieser Perspektive zeigt sich in unserem Gesundheitssystem u. a. an der weitgehenden Ausschließung sozialer Behandlung und Behandler (– sie werden allerdings „heimlich" in großer Zahl tätig, insbesondere in den „sozialen" Einrichtungen: das darf aber nicht klar profiliert werden). Mit Antonovsky (1979) kann bezweifelt werden, dass Krankheit und Gesundheit als dichotome Pole zu sehen sind, d. h. dass sie sich als Zustände gegenseitig ausschließen. Auch dies scheint eine eher für die Krankenversicherungen brauchbare Kategorisierung zu sein als eine zutreffende Beschreibung des Gesundheitszustandes lebender Menschen. Man ist nicht *entweder* gesund *oder* krank. Diese Dichotomie wird auch bei sozialwissenschaftlichen Gesundheitskonzepten nicht immer deutlich genug zurückgewiesen. Doch gerade für die Klinische Sozialarbeit ist diese Dichotomisierung aufgrund der in aller Regel vorhandenen multifaktoriellen Problematik der Klienten wenig brauchbar, weil sie umgehend zu einer rein pathogenetischen Betrachtung der psycho-sozialen Störungen verleitet und den psycho-sozialen Menschen in seiner gesellschaftlichen Einbettung aus dem Behandlungskonzept ausschließt.

2.5.2 Merkmale eines bio-psycho-sozialen Krankheitsmodells

Mit der in den 1950er Jahren beginnenden Erforschung von Risikofaktoren wurden systematisch auch soziale und psychologische Faktoren beim Krankheitsgeschehen einbezogen (Waller 1991, zn. Hurrelmann & Laaser 1998, 24). Erkenntnisleitendes Muster ist die Abschätzung von Auswirkungen eines bestimmten Faktors auf die Entstehung, Entwicklung und den Verlauf einer Erkrankung. Als Faktoren werden u. a. betrachtet: genetische Disposition, niedrige soziale Schicht, kritische Lebensereignisse oder gesundheitsschädigendes Verhalten. Das Risikofaktorenmodell bildete die Grundlage für die Konzeption präventiver Gesundheitsmaßnahmen und der Gesundheitsförderung. Standen allerdings in früheren Zeiten die Förderung der hygienischen Versorgungsmaßnahmen und Massenimpfungsprogramme im Vordergrund, so haben sich heute deutlich andere Akzente in den Mittelpunkt der Präventionsforschung und der Anstrengungen der Gesundheitsförderung geschoben. Diese Entwicklung muss vor dem Hintergrund von bedeutsamen Veränderungen im Hinblick auf Veränderungen des Krankheitsspektrums interpretiert werden:

- Es hat eine starke Abnahme der Infektionskrankheiten gegeben. Dabei sind sowohl „bahnbrechende Erkenntnisse der medizinischen Forschung praktisch geworden, als auch Verbesserungen der öffentlichen Gesundheitspflege, der Hygiene und des Arbeitsschutzes entscheidend gewesen" (Gerhardt 1999, 405). Infektionserkrankungen sind in unserer Gesellschaft inzwischen relativ selten eine Todesursache;

- es ist eine starke Zunahme der chronischen und chronisch-degenerativen Erkrankungen (z. B. Herz-Kreislauf-Störungen und Nierenerkrankungen, Krebs, auch: Depression) zu verzeichnen. Als Ursache muss hier neben Lebensbelastungen aufgrund des Lebensstils der modernen Gesellschaft die sich wandelnde Altersstruktur gesehen werden. Der Anteil der Bevölkerung mit hohem und sehr hohem Lebensalter wächst und Hochbetagte leiden seit jeher eher an chronischen Krankheiten. Nach Gruenberg (1977, zn. Gerhardt ebd.) sterben aufgrund der durchschlagenden therapeutischen Erfolge der Medizin nur noch selten chronisch Erkrankte an sekundären Infektionen (z. B. Lungenentzündung), so dass sich die chronischen Erkrankungen auch als Todesursache weiter nach vorn schieben;
- „immer mehr Verbreitung finden ökosomatisch, soziosomatisch und psychosomatisch verankerte Störungen, stressartige Belastungen, Sucht und Abhängigkeit und Immunschwächen bzw. Fehlsteuerungen des Immunsystems wie etwa Allergien. Hinzu kommen Gesundheitsbeeinträchtigungen durch Fehlernährung, Bewegungsmangel, Hektik und Lärm." (Hurrelmann & Laaser 1998, 24).

Die Forschung wandte sich aufgrund dieser Entwicklungen den potenziellen Zusammenhängen und Interaktionseffekten zwischen Risikofaktoren zu (wie z. B. „verhaltensgebundene Risikofaktoren": Tabakkonsum, Bluthochdruck, Übergewicht, psychischen Stressoren und Herzinfarkt).[18] Gesundheitsförderung ist der Versuch, das Gesundheitsverhalten auf der Basis dieser Erkenntnisse zu beeinflussen, im Sinne der Vermeidung der Risiken durch individuelle Verhaltensänderungen. Kontext- und lebensverhältnisbezogene Risikofaktoren (z. B. chronische Arbeitsbelastung, Umwelteinflüsse) wurden in diesem Ansatz bisher eher vernachlässigt (Franzkowiak 1996, zn. Bengel a. a. O., 19).

In den 1970er Jahren formulierte Engel (1977, 1980) ein *bio-psycho-soziales Krankheitsmodell*, das neben den klassischen somatischen auch psychosoziale Faktoren zur Erklärung auch von „körperlichen" Erkrankungen heranzog. „Der Grundgedanke dieses Modells besteht darin, dass alle drei Bedingungen – die biologisch-organische, die psychische und die soziale – in sich kontinuierlich ändernden Wechselbeziehungen stehen und aus diesen Faktoren und deren Veränderungen sich Entwicklung und Verlauf von Störungen erklären lassen." (Jungnitsch 1999, 31) Die sozialen Faktoren werden hier auch kausal für die Entstehung von Krankheiten einbezogen. Der Mensch ist in dieser Sicht Teil umfassender Systeme und selbst wiederum ein System aus vielen Subsystemen bis hinab auf die molekulare Ebene.

18 Bengel et al. (a. a. O.) verweisen allerdings auf widersprüchliche Forschungsergebnisse.

Das bio-psycho-soziale Modell
(nach Friedrich 2000, zn. Beck & Borg-Laufs 2010, 66)

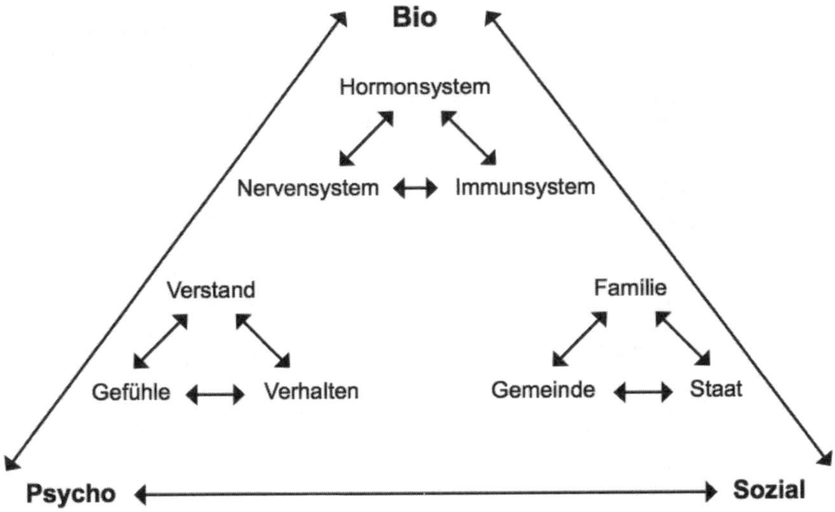

Engel beschreibt als wesentliches Element seines Modells die Kommunikationswege der einzelnen Subsysteme *innerhalb* ihres eigenen Systembereichs und *zwischen* den einzelnen Systemebenen. In diesem Sinne stellt Engel (1980, 539) exemplarisch einen Koronaren Arterienverschluss in den bio-psycho-sozialen Zusammenhang. Er beschreibt das kritische Ereignis einer fortschreitenden Schädigung des koronaren arteriellen Blutflusses durch die Unterbrechung der Sauerstoffversorgung und den Abbruch der Organisation eines Segmentes des Myocardiums. „Note that while changes are taking place at the levels of tissue, cell, molecule, organ, organ system, and nervous system, illness and patienthood do not become issues until the person experiences something untoward or exhibits some behavior or appearance that is interpreted as indicating illness. … Central here is the role played by the central nervous system in the integration and regulation of the individual's inner experiences and behavior and the physiological adjustments ocurring in response to the process originating in the oxygen-depriced myocardium." (Engel 1980, 539)

Entscheidende Ebene für die *Wahrnehmung* der „Krankheit" ist die Person. Entscheidende Ebenen für die Behandlung, den Umgang mit der Krise, den Verlauf und das weitere Leben sind die interpersonale, familiale und die gesellschaftliche. Diese Neuorientierung wurde von der sozialwissenschaftlichen, psychologischen und psychosomatischen Forschung vielfältig belegt. Psychische und soziale Faktoren sind bei Entstehung, Verlauf und Heilung von Erkrankungen von entscheidender Bedeutung, so dass auch die Diagnostik und die Behandlung diese Dimensionen mit einbeziehen muss. „Bereits die Wahrnehmung von Symptomen, das Schmerzerleben, die In-

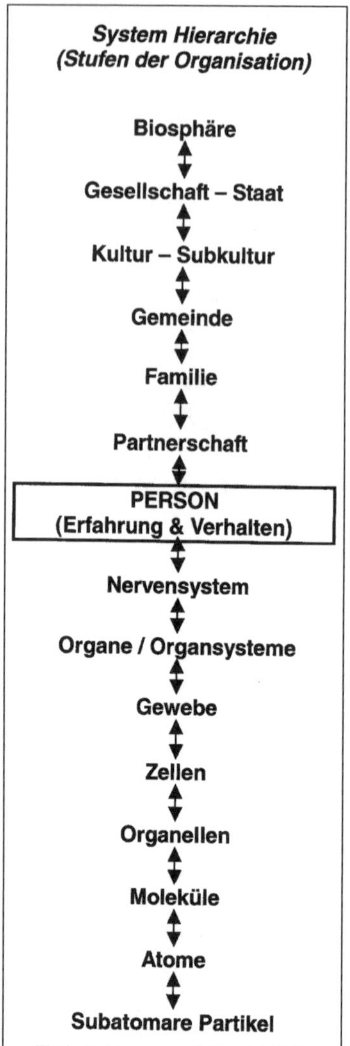

Wechselwirkungen nach Engel (1980)

anspruchnahme medizinischer Versorgung, das Befolgen von ärztlichen Anordnungen, um nur einige wenige Beispiele zu nennen, werden entscheidend von psychischen und sozialen Faktoren beeinflusst." (Bengel et al. 1998, 17; vgl. auch WHO 2001, a. a. O.) Die häufig anzutreffende Weigerung, neben einer medizinischen, einer psychologischen auch eine soziale Behandlungsebene anzuerkennen ist schwer nachzuvollziehen.

Protektive (schützende) Ressourcen des Organismus sind ebenso wichtig wie eine gegebene Vulnerabilität (Verletzlichkeit) des Organismus. Die psycho-biologische und psycho-neuro-immunologische Forschung zeigt vielfältige Zusammenhänge und Verknüpfungen zwischen psycho-sozialen Belastungen (Stressoren), psychosozialen Bewältigungsressourcen und immunologischen und hormonalen Reaktionen auf, die über psychophysiologische Vorgänge zu Erkrankungen führen. Beispiele:

- Stressexposition in der frühkindlichen Entwicklung ist verknüpft mit einer Hyperreaktivität des Gehirns und mit einer erhöhten Wahrscheinlichkeit im späteren Leben an Depressionen zu erkranken (Heim et al. 2000, zn. WHO 2001).
- Verhaltenstherapeutische Interventionen bei Zwangskranken zeigen Veränderungen in der Funktion des Gehirns, die durch moderne bildgebende Beobachtungsverfahren am Gehirn sichtbar gemacht werden können, und die den Veränderungen durch Medikamente entsprechen (Baxter et al. 1992, zn. WHO 2001).
- Es ist bekannt, dass die Anzahl von sozialen Beziehungen und die Häufigkeit von sozialen Kontakten einer Person bedeutsam mit der Lebenserwartung zusammenhängen. Je höher dieser „Sozialindex" ausfällt (je mehr Beziehungen und Kontakte), desto länger ist die Lebenserwartung, je verarmter das soziale Leben ist, desto kürzer ist die Lebenserwartung (Berkman & Syme 1979; House, Robbins & Metzner 1982, Schoenbach, Kaplan, Fredman & Kleinbaum 1986, alle zn. WHO 2001).

- Soziale und psycho-soziale Verursachung bezieht sich dabei nicht nur auf seelische Gesundheit und psychische Erkrankungen. Eine interessante Studie belegt, dass die Frage, ob man an einem grippalen Infekt erkrankt, stark beeinflusst wird durch die Qualität und das Ausmaß des sozialen Netzes einer Person. Cohen, Doyle, Skoner, Rabin und Gwaltney (1997) verabreichten 276 gesunden Freiwilligen mit zwei verschiedenen Erkältungen auslösenden Virenstämmen infizierte Nasentropfen und nahmen die Versuchspersonen eine Woche in Quarantäne. Die Autoren erfassten das Ausmaß an sozialer Partizipation in 12 unterschiedlichen Bereichen bzw. Typen sozialer Beziehungen (z. B. Beziehung zum Partner, zu Eltern, Freunden, Kollegen etc.) und ebenso andere Faktoren wie Rauchen, Schlafqualität etc., also Faktoren, die die Empfänglichkeit für den Ausbruch einer Erkältungskrankheit wahrscheinlicher machen könnten. Das überraschende Ergebnis: diejenigen infizierten Versuchspersonen mit den geringsten sozialen Verbindungen wurden vier mal häufiger krank als die Infizierten mit hohem Ausmaß sozialer Verknüpfung – bei Kontrolle der anderen möglichen Einflussfaktoren (nach Barlow & Durand 1998).
- Als weiteres Beispiel sei auf eine von vielen Studien zum Zusammenhang von psycho-sozialer Behandlung und Krebserkrankung hingewiesen. Fawzy und sein Team untersuchten 56 Krebspatienten mit malignem Melanom (bösartiger Hautkrebs), die zu Studienbeginn eine sehr gute Prognose hatten. 38 dieser Patienten erhielten über den Zeitraum von sechs Wochen verteilt jeweils eine Stunde pro Woche im Rahmen einer Kleingruppe psychoedukativ-therapeutische Unterweisung in Entspannungstechniken, Möglichkeiten der Stress-Bewältigung und Unterstützung im Umgang mit Problemen im Zusammenhang mit der Erkrankung. Sechs Monate nach dieser Behandlung war die Funktion des Immunsystems dieser 38 Patienten wesentlich besser als bei den anderen 18 Patienten (Vergleichsgruppe), die lediglich die allen 56 Personen zugekommene normale medizinische Behandlung erhalten hatten (Fawzy, Cousins et al. 1990, Fawzy, Kemey et al. 1990, Fawzy, Fawzy et al. 1993). Das wichtigere Ergebnis zeigte sich in einer fünf bis sechs Jahre später erfolgten Follow-up-Studie: die Patienten der psycho-sozial unbehandelten Gruppe hatten eine signifikant höhere Wahrscheinlichkeit von Rezidiven (Wiederauftreten des Malignen Melanoms) und eine bedeutsam höhere Wahrscheinlichkeit zu sterben. Zehn Patienten der unbehandelten Gruppe waren gestorben, nur drei der behandelten. Diese Ergebnisse replizierten Befunde einer vergleichbaren Studie von Spiegel (1986) mit einer Gruppe von 86 Frauen mit Brustkrebs in fortgeschrittenem Stadium. Dies sind beeindruckende Belege für die Annahme, dass die Reduzierung von psychischem Stress und die Vermittlung von besseren psycho-sozialen Bewältigungsmechanismen und die Möglichkeit der aktiven Einflussnahme auf das eigene Befinden die Funktion des Immunsystems verbessern.

- Die a.a.O. zitierte Untersuchung über den der Einfluss psycho-sozialer Faktoren auf Gesundheit und Krankheit im Alter von Grant, Patterson und Yager (1988) zeigt deutlich, dass körperliche Erkrankung als sozialer Mechanismus zur Verbesserung bzw. Sicherung sozialer Unterstützung und Integration fungieren kann.

Diese Einbeziehung mikrosozialer und makrosozialer Variablen hat eine Veränderung des Gesundheits-Krankheitsverständnisses gefördert, die Burkitt als eine Entwicklung von einem *a-sozialen* Ansatz des Krankheitsbegriffes zu einem sozialen Krankheitsbegriff bezeichnet hat. Kritisch merkt er an: „The medical model, in either its organic or psychodynamic version, captures the essence of the asocial stage ... Environmental factors are not entirely disregarded, but they are given secondary priority and remain largely in the background ... the individual is too frequently dissociated from the wider systems of society that shape his or her behaviour extensively, thus creating an ahistorical and asocial image of individuals." (Burkitt 1994, 99ff., zn. Milne a.a.O., xiii) Allerdings kritisieren Hurrelmann & Laaser (a.a.O., 24) auch das klassische bio-psycho-soziale Modell: „Es handelt sich um Krankheits-, nicht um Gesundheitsforschung ... Was das Modell nicht leistet, ist eine Erforschung der Gesundheitsdynamik im Gegensatz und auch im Bezug zur Krankheitsdynamik. Dafür ist ein Paradigmenwechsel oder zumindest eine Erweiterung des Modells nötig, die neben Risikofaktoren auch Schutzfaktoren einbezieht, die Krankheiten verhindern und Gesundheit fördern können. Ein Paradigmenwechsel würde eine Umkehr der Fragestellung der Krankheitswissenschaften einleiten, indem die Faktoren analysiert werden, die Gesundheit bewirken."

2.5.3 Salutogenese

Die einseitige Zuwendung zu Ursachen der Entstehung von Krankheiten verstellt den Blick auf die Frage, wie Gesundheit entsteht bzw. aufrecht erhalten wird. Aaron Antonovsky stellte der *pathogenetischen* Sichtweise die *salutogenetische*[19] gegenüber. Seine Hauptthese ist, dass Abweichung normal sei (1979, 15). Die auf die Krankheitsentstehung fixierte Sicht richte ihre Aufmerksamkeit auf die Pathologie und nicht auf den kranken Menschen und werde blind gegenüber dem Kranksein der Person und ihrer gesamten Lebenssituation. Sie führe auch zu einer Verkennung der Ätiologie des Gesundheitsstatus' der Person. Die Faktoren der ‚Ent-Gesundung' bzw. der Gesundheit würden übersehen („disease/dis-ease/health ease"). Er betont (1979, 1993, 1997), dass die bio-medizinische Annahme, Krankheit sei als Abweichung von der Norm „Gesundheit" zu betrachten, zu ergänzen ist

19 Salutogenese: salus (lat.): Heil, Glück, Unverletztheit – Gesundheit; genese (griech.): Entstehung)

durch die Annahme eines Kontinuums zwischen Gesundheit und Krankheit (*Gesundheits-Krankheits-Kontinuum*).

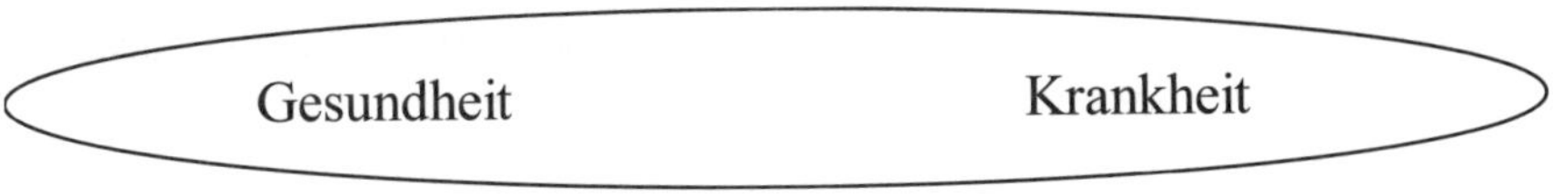

Menschen sind mehr oder weniger krank bzw. mehr oder weniger gesund. Epidemiologische Untersuchungen zeigen, dass mehr als ein Drittel, vielleicht sogar die Mehrheit der Bevölkerung in den modernen Industriegesellschaften an irgendeiner Erkrankung leidet (Antonovsky 1979). Menschen sind demnach nicht gesund *oder* krank, sondern ein mehr oder weniger „gesunder Kranker" bzw. „kranker Gesunder". Antonovsky geht davon aus, dass der Mensch ständig den Kräften der Entropie ausgesetzt ist, verkörpert durch alle möglichen Formen von Stressoren. Entropie – ein Begriff aus der Physik, genauer aus der Thermodynamik – bedeutet, dass geschlossene Systeme unweigerlich zu einem Zustand völliger Unordnung tendieren (aufgrund der Tendenz der Elementarteilchen, sich auf einen immer größeren Zustand der Unordnung hin zu bewegen); die Kräfte der entropischen Tendenz sind immer am Werk. Lebensprozesse verfügen über Wirkkräfte *gegen* die Entropie, das ist die sogenannte ‚negative Entropie'. Negative Entropie entsteht, wenn es gelingt gegen die Tendenz zu Chaos und Unordnung Zustände höherer Ordnung zu schaffen, oder, wie Schrödinger (1968) bildhaft sagte, sie können „Ordentlichkeit aus der Unordnung saugen, die den auf Unordnung gerichteten Druck aus der internen und externen Umwelt ausgleicht" (Antonovsky ebd., 116). Dieser ständige Druck in Richtung Unordnung, Heterostase bzw. Entropie ist ein grundsätzliches Charakteristikum der Welt, also auch jedes lebenden Organismus. Deshalb ist gesundheitliche Abweichung und Krankheit kein unnormales Ereignis wie für die pathogenetische Sichtweise, die davon ausgeht, dass „hin und wieder normalerweise selbstregulierende, homöostatische Prozesse entreguliert werden" (ebd. 22). Aufgrund der Kräfte der Entropie stehen Menschen ständig vor der Aufgabe der aktiven Adaptation „an eine unweigerlich mit Stressoren angefüllte Umgebung. Der Schlüsselbegriff heißt *Negative Entropie* und er löst die Suche nach nützlichen Inputs in das soziale System, die physikalische Umgebung, den Organismus und niedere Systeme bis hin zur Zellebene aus, um den immanenten Trend zur Entropie entgegen zu wirken." (ebd. 27)

Vor diesem Hintergrund entwickelt Antonovsky seine Fragen: Warum bleiben Menschen trotz vieler potenziell gesundheitsgefährdender Einflüsse (relativ) gesund? Wie werden Menschen wieder (relativ) gesund? Welche Faktoren tragen dazu bei, dass manche Individuen, deren Position auf dem Gesundheits-Krankheits-Kontinuum dauerhaft zum Krankheitspol verschoben ist (bei chronischen Erkrankungen und Behinderungen) sich dennoch gesunder fühlen und ein befriedigenderes Leben führen können als andere?

Forschungsmethodisch interessiert sich Antonovsky (1997, 29) für den abweichenden Fall („Welche Schwarzen leiden nicht an Hypertonie? Welche Personen vom Typ A bekommen keine koronaren Erkrankungen? Welche Raucher bekommen keinen Lungenkrebs?“). Die Suche richtet sich auf Bewältigungsfähigkeiten (Copingmechanismen), die direkt zur Gesundheit beitragen.

Gesundheit ist in salutogenetischer Sicht immer relativ (die relativ gesunde Person befindet sich eher dem gesunden Pol auf dem Gesundheit-Krankheits-Kontinuum zugewandt) und sie besteht sozusagen in der erfolgreichen Lebensbewältigung angesichts eines grundsätzlich labilen (Un-)Gleichgewichts der Welt. Er bezeichnet Pathogenese und Salutogenese als eine ‚komplementäre Beziehung‘ und vergleicht die beiden Orientierungen mit folgenden Worten: „Ich kann nun zusammenfassen, was unter der salutogenetischen Orientierung verstanden wird. Sie rührt aus dem fundamentalen Postulat, dass Heterostase[20], Altern und fortschreitende Entropie die Kerncharakteristika aller lebenden Organismen sind. Daraus folgt:

- Sie führt uns dazu, die dichotome Klassifizierung von Menschen als gesund oder krank zu verwerfen, und diese statt dessen auf einem multidimensionalen Gesundheits-Krankheits-Kontinuum zu lokalisieren.
- Sie verhindert, dass wir der Gefahr unterliegen, uns ausschließlich auf die Ätiologie einer bestimmten Krankheit zu konzentrieren, statt immer nach der gesamten Geschichte eines Menschen zu suchen – einschließlich seiner oder ihrer Krankheit.
- Anstatt zu fragen: ‚Was löste aus (oder wird auslösen, wenn man präventiv orientiert ist), dass eine Person Opfer einer gegebenen Krankheit wurde?‘, das heißt, anstatt uns auf Stressoren zu konzentrieren, werden wir eindringlich zu fragen gemahnt: ‚Welche Faktoren sind daran beteiligt, dass man seine Position auf dem Kontinuum zumindest beibehalten oder aber auf den gesunden Pol hin bewegen kann?‘ Das heißt, wir stellen Copingressourcen ins Zentrum unserer Aufmerksamkeit.
- Stressoren werden nicht als etwas Unanständiges gesehen, das fortwährend reduziert werden muss, sondern als allgegenwärtig. Darüber hinaus werden die Konsequenzen von Stressoren nicht notwendigerweise als pathologisch angenommen, sondern möglicherweise sehr wohl als gesund – abhängig vom Charakter des Stressors und der erfolgreichen Auflösung der Anspannung.
- Im Gegensatz zu der Suche nach Lösungen nach Art der Wunderwaffe müssen wir nach allen Quellen der negativen Entropie suchen, die die aktive Adaptation des Organismus an seine Umgebung erleichtern können.
- Letztlich führt uns die salutogenetische Orientierung über die in pathogenetischen Untersuchungen erworbenen Daten dadurch hinaus, dass sie

20 Heterostase = Ungleichgewicht

immer die in solch einer Untersuchung ermittelten abweichenden Fälle ins Auge fasst." (1979, 29 f.)

Gesundheit ist ein anfälliger, labiler und aktiver Prozess, der sich in dynamischer Weise selbst reguliert. Entscheidend ist die Fähigkeit des Organismus bzw. des Individuums (und des sozialen Systems), ihre ‚Ordnung' aufrechtzuerhalten bzw. ständig wieder herzustellen. Der Verlust von Gesundheit ist ein natürliches und immer gegenwärtiges Geschehen (Bengel et al. 1998, 26). „Der salutogenetische Ansatz betrachtet den Kampf in Richtung Gesundheit als permanent und nie ganz erfolgreich." (Antonovsky 1993, 10) Antonovsky lehnt eine positive und ideale Definition von Gesundheit ab, da ein idealisiertes Konzept der Realität nie entsprechen könne und Gefahr einer normorientierten Bewertung von Menschen anhand von Werten bestehe, die für die Betroffenen unzutreffend sein könnten. Statt dessen entwickelt er ein Konzept, das aus weiteren Komponenten neben dem Gesundheits-Krankheitskontinuum besteht: dem Kohärenzgefühl, Stressoren und Spannungszuständen und den generalisierten Widerstandsressourcen.

Das *Kohärenzgefühl* ist eine globale Orientierung, die das Ausmaß ausdrückt, in dem jemand ein grundlegendes, überdauerndes und dennoch dynamisches Gefühl des Vertrauens hat, dass (1) die Anforderungen aus der inneren oder äußeren Erfahrungswelt im Verlauf des Lebens strukturiert, vorhersagbar und erklärbar sind, (2) die Ressourcen verfügbar sind, die nötig sind, um den Anforderungen gerecht zu werden, (3) diese Anforderungen Herausforderungen sind, die Investition und Engagement verdienen. Antonovsky identifizierte drei relevante Komponenten des Kohärenzgefühls:

- *Ein Gefühl der Verstehbarkeit (sense of comprehensibility)*, das sich durch Kernfragen charakterisieren lässt wie: Haben Sie ein Gefühl der Verstehbarkeit für das, was Ihnen begegnet, was auf Sie zukommt an Problemen, (neuen und alten) Anforderungen, Reizen, Belastungen oder erscheint es Ihnen als chaotisch, unverständlich, zufällig, willkürlich oder inkonsistent? Es geht hier um kognitive Verarbeitungsmuster, Theoriewissen, Weltbilder: wird die Welt und die persönliche Lebenssituation als geordnet, vorhersehbar und erklärbar wahrgenommen? Die Basis zur Schaffung der Verstehbarkeit sind „konsistente Erfahrungen". Dazu ist die Fähigkeit wichtig, die emotionale und kognitive Integration von Lebensveränderungen wie Wachstum und Altern, Heirat, Geburt, Auszug der Kinder, Trennung, berufliche Veränderungen, Erkrankung, Schicksalsschläge oder Pensionierung zu ermöglichen. Eine nicht unbedeutende Komponente ist das Ausmaß der psychologischen Offenheit für Veränderungen.
- *Ein Gefühl der Beherrschbarkeit, Handhabbarkeit (sense of manageability)* mit Kernfragen wie: Haben Sie das Gefühl (und Erfahrungen) der Bewältigbarkeit von Anforderungen und Belastungen. Wichtig ist hier das Ausmaß, in dem geeignete Ressourcen zur Verfügung stehen

und wahrgenommen werden, um Anforderungen und Aufgaben zu bewältigen (eigene Kompetenzen, soziale Unterstützung, gute Arbeitsstrukturen und materielle Ressourcen etc.) Die Basis der Handhabbarkeitskomponente bildet eine *gute Belastungsbalance*. Diese ist gegeben, wenn die Person sagen kann: „Mir stehen Ressourcen zur Verfügung – eigene oder solche von zuverlässigen und vertrauenswürdigen Menschen, mit denen ich schon gut zurechtkommen werde." (Antonovsky 1997, 62)[21]

- *Ein Gefühl von Sinnhaftigkeit bzw. Bedeutsamkeit (sense of meaningfulness)* mit Kernfragen wie: Haben Sie das Gefühl, dass das, was Sie tun, Sinn und Wert hat? Ist es wert, dass Sie hierfür Ihre Lebensenergie, Zeit und Kompetenzen geben? Empfinden Sie die Ihnen gestellten Lebensaufgaben als (willkommene) Herausforderungen oder als auszehrende Lasten? Können Sie mit den Problemstellungen und Herausforderungen auch langfristig positive Erwartungen an das Leben verbinden? Ohne das Erleben von Sinn ist langfristig jede sich stellende Aufgabe eine Qual. Die Basis für die Sinn- bzw. Bedeutsamkeitskomponente[22] bildet die „Partizipation an der Gestaltung der Handlungsergebnisse".

Die zentrale Basis für die Sinn- bzw. Bedeutsamkeitskomponente bildet die *„Partizipation an der Gestaltung der Handlungsergebnisse"*. Jedes „individuelle Ausgeschlossensein aus gesellschaftlichen Systemen" kann „somatisch (biologisch), psychisch oder eben sozial wirken … Umgekehrt können auch die biologischen, psychischen und sozialen Systemebenen der Menschen das individuelle Ausgeschlossensein bedingen" (Kleve & Ortmann, ebd., 115). Antonovsky gibt Hinweise zur Klärung des Ausmaßes von Partizipation. So kann man immer fragen: „Haben wir mitentschieden? Wollen wir diese Erfahrung machen? Nach welchen Spielregeln soll es ablaufen? Wie sollen Probleme und Aufgaben gelöst werden, die aus der Erfahrung resultieren? Wenn alle diese Fragen von anderen entschieden werden – wenn sie die Aufgaben stellen, die Regeln formulieren und die Ergebnisse managen – und die Betroffenen nichts zu sagen oder zu beeinflussen haben, werden sie zu Objekten reduziert. Eine Welt, die von einem Individuum als gleichgültig gegenüber seinen Handlungen erlebt wird, wird schließlich eine Welt ohne jede Bedeutung. Deshalb ist es von zentraler Bedeutung, dass Menschen die auf sie zukommenden Herausforderungen, Belastungen und Aufgaben bejahen können, dass sie bei ihren Handlungen mitbestimmen können und Verantwortung übernehmen und tragen, und dass das, was sie tun oder nicht tun, sich für sie wahrnehmbar auf das Ergebnis auswirkt." (Anotonovsky 1997, 93 f.)

---

21 Zu diesen Ressourcen kann übrigens auch die professionelle bzw. institutionelle Unterstützung gezählt werden, die man als „Stützpunkt" und „Regenerationsraum" aufsuchen kann.

22 Aber auch religiöse, spirituelle und lebensphilosophische Orientierungen sind hier wichtig.

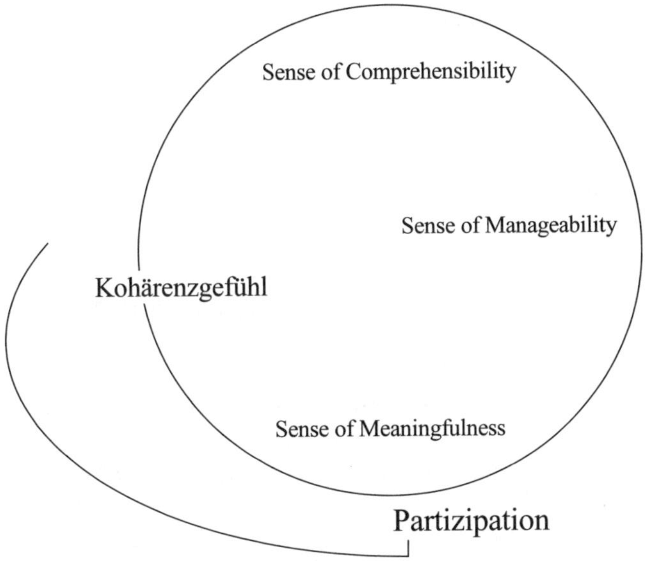

Ein starkes und positives Kohärenzgefühl geht nicht mit einem bestimmten Coping-Stil einher, sondern es befähigt die Person, situations- und belastungsangemessen zu reagieren. Sie ist in der Lage, aus ihrem Repertoire generalisierter Widerstandsressourcen geeignete Mittel auszuwählen. Von entscheidender Bedeutung sind damit *protektive und fördernde psychosoziale Faktoren, die in der Partizipation des Individuums am Gesellschaftlichen und Sozialen wurzeln.* Belastungen und Risiken sind aber nicht nur nicht zu vermeiden, sondern gehören zentral zum Leben – und sie können genauso in lebens- und gesundheitsfördernde Richtung wirken wie in krankmachende Richtung. Antonovsky benutzt für diese Sicht eine Metapher: „… meine fundamentale philosophische Annahme ist, dass der Fluss der Strom des Lebens ist. Niemand geht sicher am Ufer entlang. Darüber hinaus ist für mich klar, dass ein Großteil des Flusses sowohl im wörtlichen als auch im übertragenen Sinn verschmutzt ist. Es gibt Gabelungen im Fluss, die zu leichten Strömungen oder in gefährliche Stromschnellen und Strudel führen. Meine Arbeit ist der Auseinandersetzung mit folgender Frage gewidmet: ‚Wie wird man, wo immer man sich in dem Fluss befindet, dessen Natur von historischen, soziokulturellen und physikalischen Umweltbedingungen bestimmt wird, ein guter Schwimmer?' " (Antonovsky ebd., 92)

In Bezug auf die Möglichkeiten dauerhafter positiver Veränderung des Kohärenzgefühls durch professionelle Interventionen ist Antonovsky eher zurückhaltend (vielleicht weil eine Soziale Therapie erst am Anfang ihrer Entwicklung stand und steht?). Er empfiehlt, dass Experten-Begegnungen mit Kranken so sein sollten,

- dass den Personen (wenigstens) kein Schaden zugefügt wird,

- dass die Begegnungen so gestaltet werden, dass sich die Betroffenen als konsistent erleben können,
- dass den Menschen ermöglicht wird, ihr Kohärenzgefühl verbessernde Erfahrungen zu identifizieren und fördern zu können (z. B. im Hinblick auf Autonomie).

Klinisch sozialarbeiterische Interventionskompetenz besteht darin, diese Hinweise zu beachten.[23]

2.6 Ein integratives bio-psycho-soziales Modell der Bewältigung von Belastungen

Das bewusste Erleben ist keine absolute Voraussetzung für die Teilnahme am sozialen Leben, ja gerade die sozialisatorischen Grunderfahrungen bei Säuglingen und Kleinkindern entziehen sich dem Bewusstsein der Subjekte. Emotionale und kognitive Erfahrungen bilden wichtige Eigenschaften der sozialen und physikalischen Welt in Form eines inneren Zustandes ab, richtiger: Sie *(re-)konstruieren* und *re-präsentieren* für das Subjekt und die Gattung relevante Weltausschnitte. Psychische Erlebnisse dienen in fundamentaler Weise der Orientierung und Handlung in der sozialen und materiellen Welt. Aber diese Erlebnisse im Sinne sozial bedingter und sozial relevanter geistig-mentaler Vorgänge sind nicht notwendig *bewusste* Erlebnisse. Beispielsweise steuern menschliche Gehirne die Aktivität von Atmung, Leber, Herz und anderen Organen in der Regel ohne jedes bewusste Erleben. Das bedeutet, dass subjektive Erlebnisträgerschaft nicht permanent, sondern in Episoden erzeugt wird. „Die wichtige Erkenntnis, dass wir nur *episodisch* als die psychologischen Subjekte des Wachzustandes existieren, ist vielleicht ein starker Hinweis darauf, dass diese evolutionsgeschichtlich neue Eigenschaft nur unter Bedingungen einer maximalen funktionalen Komplexität aufrecht erhalten werden kann." (Metzinger 1993, 34)

Psycho-soziale Behandlung im Rahmen Klinischer Sozialarbeit muss also damit umgehen, dass Interventionen sowohl mit als auch ohne „Erlebnisträgerschaft" bzw. Bewusstsein der Probanden stattfinden können. Gerade Maßnahmen sozialstruktureller Art, bspw. soziale Unterstützung durch Integration von Wohngemeinschaften psychisch Kranker in nachbarschaftlich funktionierende Wohnviertel oder die kommunikationsfördernde Organisation einer Krankenstation etc. werden häufig auch ohne das bewusste Erleben der Betroffenen sozialtherapeutisch wirken. Gleichwohl besteht für Klinische Sozialarbeit gemäß ihrem klinischen Grundverständnis die moralische Verpflichtung, die Betroffenen maximal als Interaktionspartner an

23 Die Bestimmungen des „Klinischen" von Habermas (a. a. O.), die Grundhaltungen der Beachtung des anderen nach Rogers (a. a. O.) sowie in jüngster Zeit die Ausführungen von Sennett (a. a. O.) über die Rolle des „Respekts" in der Gesellschaft sind diesen Gedanken recht nahe.

den Interventionen zu beteiligen, in ihrer Autonomie zu fördern und sie nicht zu instrumentalisieren.

Bei der Behandlung von sozialer Desintegration, von damit zusammenhängenden Störungen der Erlebnisverarbeitung und des Sozialverhaltens, bei psychischen und somatischen Erkrankungen, bei Behinderungen und Krisen ist es wichtig, diagnostisch die Ursachen auf allen drei Manifestationsebenen (bio-psycho-sozial) abzuklären und bei Interventionen zu berücksichtigen. Bei professioneller klinisch sozialarbeiterischer Unterstützung in Form von Sozialen Hilfen, Sozialer Therapie und psycho-sozialer Beratung oder Krisenintervention muss die klinisch-sozialarbeiterische Fachkraft die Lebenswelt der Person (person-in-environment/person-in-situation) als komplexes „Lebensführungssystem“ einbeziehen, dessen Subsysteme jeweils Eigengesetzlichkeiten folgen.

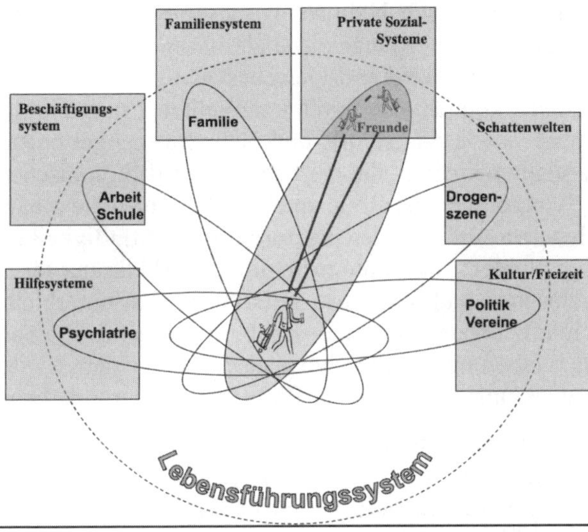

Aus: Sommerfeld, Hollenstein & Krebs (2008)

Anschaulich wird diese Komplexität von Sommerfeld (2009 a) dargestellt. Die „Psyche“ wird „als biologisch basiertes System“ verstanden, das immer schon in einer sozialen Daseinsform existiert. „Dieses bio-soziale Wesen bildet mit anderen seiner Gattung sozio-kulturelle Systeme, um sein Überleben als Individuum und als Gattung zu sichern, und zwar in der Form der Lebensführung … Das individuelle Lebensführungssystem mit den dazu gehörigen spezifischen Formen der Integration (hat) eine äußere sozio-kulturelle Seite und eine dazu passende innere psycho-soziale Seite.“ Im Falle beispielsweise der Integration der Psychisch Kranken in die Gesellschaft haben wir es mit „einen unmittelbaren Impact auf die psychischen Prozesse“ zu tun. „Dieses Lebensführungssystem muss bearbeitet werden, wenn das bio-psycho-soziale Modell als Grundlage dient und wir können diese Komplexität bearbeiten. Der Erfolg der Therapie hängt von dem ab, wie das Lebensführungssystem rearrangiert werden kann. Darum geht es bei Recovery. Wenn das stimmt, dann ist die Soziale Arbeit ein erfolgskritischer Faktor für die Therapie."

Der Behandlungsansatz ist nach der multidimensionalen Kausalität auszurichten und nicht vorrangig nach dem Symptom. Dabei gilt es die auf- und absteigende Qualität der beteiligten bio-psycho-sozialen Ebenen zu beachten. Bei der Betrachtung von Entwicklungs- und Anpassungsprozessen des Individuums, die Störungen und Abweichungen zugrunde liegen, müssen immer biologisch-medizinische Bedingungen abgeklärt werden, die evtl. für sich alleine das Auftreten der Störungen verursachen bzw. bedingen können. Z.B. können Störungsmanifestationen auf der psychischen Ebene, die mit Auffälligkeiten auf der sozialen Ebene einhergehen, bedingt sein durch Infektionen, genetisch bedingte Hirnerkrankungen, Durchblutungsstörungen, physiologische Mangelzustände, Tumoren, Vergiftungen, die bestimmte Hirnbereiche betreffen. Gewebeschädigungen des Gehirns und des Nervensystems können also durch entzündliche, immunologische oder toxische Prozesse sowie Sauerstoff- und Nährstoffmangel entstehen. Werden Gehirnbereiche betroffen, die bei bestimmten pathologischen Veränderungen bzw. Symptomen eine Rolle spielen, so können sie allein, ohne Zutun der psychischen und sozialen Faktoren, die Auffälligkeiten bedingen. Es ist ein „Kunstfehler", wenn die medizinische Abklärung im Zusammenhang mit psychischen und psycho-sozialen Störungen unterbleibt. Denn es ist leicht nachvollziehbar, dass eine psychologische oder soziale Behandlung erfolglos bleiben muss, wenn beispielsweise ein Tumor oder eine entzündliche Entwicklung im Gehirn der Problematik zugrunde liegt.

Es dürfte nicht ernsthaft zu bestreiten sein, dass eine exakte, zielführende und nebenwirkungsarme oder -lose pharmakologische Behandlung von psychischen Erkrankungen überall dort gebraucht wird, wo mit psychologischen und sozialen Einwirkungen nichts, zu wenig oder Lebenswichtiges zu langsam erreicht wird. Andererseits bleibt bei der Möglichkeit rascher, weitestgehend angeblich nebenwirkungsloser Medikamentengabe mit dem Ziel der Befindlichkeits- und Verhaltensänderung die große Verführung bestehen, dass sie vergleichsweise einfach erscheint. Schädliche Verhaltensweisen sind sehr festsitzende Muster, in der Regel sozialbedingt und sozialrelevant und biologisch eingeprägt, so dass ein großer Kraftakt erforderlich ist, um diese zu ändern. Im Vergleich dazu lassen sich Medikamente viel leichter vermarkten. Allerdings ist zu fragen, welchen Preis die Individuen und die Gesellschaft als Ganze auf längere Sicht dafür zu zahlen haben. Es ist beispielsweise bekannt, dass amphetaminähnliche Substanzen (Methylphenidat, z.B. Ritalin) hyperkinetischen Kindern mit Störung der Aufmerksamkeit hilft, ruhiger und konzentrierter zu werden. Es wird sehr häufig verordnet und unseren Schulkindern eingegeben. Es hat offenbar kein direktes Suchtpotential und eher als wenig gefährlich eingeschätzte Nebenwirkungen. Allerdings fehlen Studien zur Erforschung der langfristigen Wirkungen auf das Wachstum, die Entwicklung der Hirnfunktionen und das Herz-Kreislauf-System. Es ist ein Aufputschmittel wie z.B. Koffein, d.h. selbst Kinder, die aus anderen Gründen als cerebralen Stoffwechselstörungen hyperaktiv oder aggressiv sind (z.B. aufgrund belastender Lebensbedingungen wie schulischer Situation oder schwierigen Familienbeziehungen), werden in der Schule mit großer Wahrscheinlichkeit bessere Leistungen unter Einfluss dieses Medikamentes bringen. Aber wollen wir die schulische Leistungsfähigkeit unserer Kinder mit bewusstseins- und verhaltensbeeinflussenden Medikamenten steigern? Wollen wir später erwachsene Menschen haben, die sich nicht durch ein tätiges Leben die eigene Arbeits-, Liebes- und Genussfähigkeit erhalten, sondern durch Medikamente?[24]

Die Alternative zu reduktiven Interventionen durch ein biologistisches Gesundheitswesen ist die ernsthafte Anwendung des bio-psycho-sozialen Modells durch Herausarbeitung der Bedeutung aller drei Manifestationsebenen für die Behandlung von gestörten und erkrankten Menschen. Es geht danach nicht darum, die jeweils anderen Ebenen auf eine zu reduzieren (sie sind nicht aufeinander reduzibel, vgl. von Uexküll a.a.O., Staub-Bernasconi 1995), noch geht es darum, sie lose nebeneinander bestehen zu lassen. Es gibt und gab nicht nur den biologischen Reduktionismus sondern auch einen psychologischen (alles wird dann zum psychischen Geschehen im Sinne einer Psychotherapeutisierung) und einen sozialen (alles wird dann zum sozialen, sozioökonomischen oder auch sozialpolitischen Problem).[25] Sachgerecht erscheint heute die sorgfältige Beachtung aller Manifestationsebenen von Gesundheitsproblemen, die jeweils auf den unterschiedlichen Ebenen und in ihrer wechselseitigen Verflechtung und Wechselwirkung zu erfassen und zu behandeln sind.

Für die Intervention bedeutet dies, soziale Prozesse mit psychischen bei der Aufgabenbewältigung zu *synchronisieren.* Sommerfeld, Hollenstein und Krebs (2008) sehen die Aufgabenstellung Sozialer Arbeit in der Koordination und Synchronisation individueller und sozialer Prozesse, als integrierten Prozessbogen zwischen „drinnen" (bio-psycho-sozial) und „draußen" (sozio-psycho-biologisch). Primäre klinisch sozialarbeiterische Aufgabenstellungen liegen in der Arbeit an Formen der Integration von lebensweltlichen Kontexten der Klienten, wobei man sich dabei häufig auch *in* der Lebenswelt der Klienten (aufsuchend) bewegt. Der Blickwinkel der sozialen Behandlung im

24 Dies bedeutet keine pauschale Ablehnung der Ritalinbehandlung bei eindeutig diagnostizierten ADS- bzw. ADHS-Störungen und fachärztlich sorgfältig abgeklärter Indikation und in Zusammenhang mit geeigneten psycho-sozialen Behandlungen.

25 „Soziale Arbeit im Gesundheitswesen bearbeitet soziale Faktoren, die die Entstehung, die Verarbeitung und die Bewältigung von Krankheiten beeinflussen. Ihr geht es nicht darum, somatische Konzepte durch soziale zu ersetzen, sondern beide in der Versorgung zu verbinden." (Ansen 2001, 3)

Rahmen Klinischer Sozialarbeit schließt also die alltagsbezogene sozial*therapeutische* Perspektive und Begleitung von Klienten im Lebensfeld unbedingt ein und geht damit qualitativ über die grundständige Sozialarbeit hinaus. Der psychotherapeutische Blickwinkel beinhaltet eine Abklärung und Bearbeitung der psychologischen Problematik im Sinne individueller psychischer kognitiv-emotiver Funktionsmustern und ihr Zusammenwirken mit psychophysiologischen Prozessen. Die bio-medizinische Perspektive beinhaltet eine somatische Betrachtungsweise und beurteilt eine eventuelle medikamentöse Versorgung des Patienten, auch unter Beachtung individueller psychischer Komponenten.

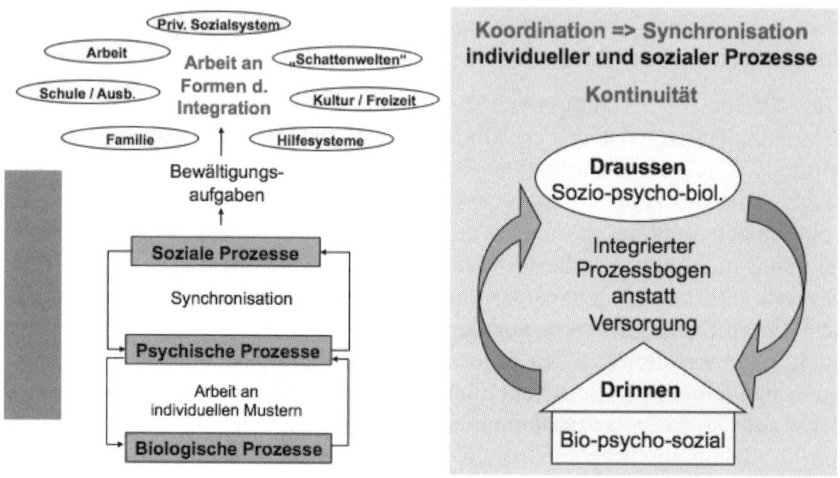

Aus: Sommerfeld, Hollenstein & Krebs (2008)

Es wird deutlich, dass die Perspektive einer Manifestationsebene allein nur einen Teilbereich des Menschen (seine Körperlichkeit, seine Persönlichkeit bzw. seine sozialen Bezüge) betrachtet. Bei mehreren Perspektiven gemeinsam lassen sich nicht nur die Einzelperspektiven kumulieren, sondern es sollten auch neue Integrationsebenen entstehen.

Interventionen auf der sozialen Ebene oder auf der erzieherischen Ebene bleiben in der Regel erfolglos, wenn es sich primär um eine Störung auf der psychischen Ebene handelt, die spezifischer psychotherapeutischer Maßnahmen bedarf. Diese psychologischen und psychotherapeutischen Maßnahmen müssen dann zunächst oder begleitend zu sozialen Interventionsmaßnahmen durchgeführt werden. Die *soziale Therapie* hat somit auf dem komplexesten Niveau zu erfolgen und sicherzustellen, dass die biologisch-medizinische und die psychologische Manifestationsebenen in (psychologischer und medizinischer) Diagnostik und Therapie berücksichtigt und integriert werden. Hier liegen noch Herausforderungen an die Forschung vor (vgl. Franzkowiak & Sabo 1993).

Bio-psycho-soziale Manifestations- u. Interventionsebenen und jeweils primäre disziplinäre Zuständigkeit

Klinische Sozialarbeit
- sozio-systemische Ebene
- psycho-soziale Ebene

Zu berücksichtigen sind:
1. psychologische Befunde u. Interventionen
2. medizinische Befunde u. Behandlung

Klinische Psychologie
- intra- und interpsychische Ebene
- psycho-somatische Ebene

Zu berücksichtigen sind:
1. medizinische Befunde u. Behandlung
2. klinisch-soziale Befunde u. Interventionen

Medizin
- somato-psychische Ebene
- somatische Ebene

Zu berücksichtigen sind:
1. psychologische Befunde u. Interventionen
2. klinisch-soziale Befunde u. Interventionen

Die disziplinäre Zuständigkeitshierarchie und interdisziplinäre Kooperation in einem integrierten bio-psycho-sozialen Behandlungskonzept muss in der Praxis der medizinisch-psychologisch-sozialen Versorgung *Regeln* folgen. Diese haben die Funktion, die angemessene Berücksichtigung der verschiedenen Manifestationsebenen von Störungen und Erkrankungen sowohl in Diagnostik als auch Intervention sicherzustellen. Angemessenheit beinhaltet hier auch die Beachtung des Behandlungsprimates (Diagnostik und Intervention) der biologisch-medizinischen Manifestationsebene vor der psychologischen und dieser beiden vor der sozialen. Dies bedeutet keine Abwertung der jeweils anderen Ebene, sondern die zwingende Konsequenz aus der hierarchischen Ordnung der Systemebenen. Beispielsweise bedingt eine Schilddrüsenerkrankung psychische Veränderungen, die wiederum interpersonale und soziale Konsequenzen nach sich ziehen können. Wird die medizinische Diagnose nicht als ursächlich erkannt, läuft eine etwaige psychologische Intervention im günstigsten Falle leer, im ungünstigsten Falle führt die Nichtbeachtung zu lebensbedrohlichen Konsequenzen. Ebenso sind z.B. klinisch-sozialarbeiterische Erziehungshilfen bei psycho-sozial gefährdeten Kindern einer alleinerziehenden Mutter absolut unzureichend, wenn nicht erkannt wird, dass die Mutter an einer klinischen Depression leidet, die einer medikamentösen Behandlung in Verbindung mit einer Psychotherapie bedarf und bei einem der Kinder eine hirnorganische Anomalie vorliegt, die ebenfalls eine medikamentöse Behandlung erfordert. Allerdings gibt es auch das sachlich zwingende Erfordernis, die jeweils nachfolgenden Manifestationsebenen einzubeziehen, was leider allzu oft nicht beachtet wird. So erfolgen medizinisch-medikamentöse Fehlbehandlungen bei sozialbedingten Störungen aufgrund ausbleibender psycho-sozialer Diagnostik und klinisch-sozialer Behandlungskompetenz. Ebenso sind bei vielen Störungen psychotherapeutische Interventionen mit ihrem Focus auf innerpsychische Dysfunktionen bei „Multi-Problem-Fällen" völlig unzureichend oder gar nicht indiziert, da aufsuchende, strukturbildend-stützende und vernetzte aktive soziale Hilfen und soziotherapeutisch-beratend-begleitende Maßnahmen notwendig sind. Diese Gesichtspunkte werden mit den folgenden „Regeln" systematisiert.

Regeln der disziplinären Zuständigkeit und interdisziplinären Kooperation in einem bio-psycho-sozialen Behandlungskonzept

- Soziale Abklärung und Intervention hat psychologische und medizinische Befunde zu berücksichtigen.
- Medizinische Behandlung muss immer dann psychologische und soziale Abklärungen einbeziehen, wenn Erkrankungsursachen bzw. Mitbedingungen auf diesen Ebenen anzunehmen sind und wenn sozialrelevante Erkrankungsfolgen psychologisch-psychotherapeutische und/oder klinisch-sozialarbeiterische bzw. sozialtherapeutische Maßnahmen erfordern, so dass es der Intervention auf diesen Manifestationsebenen bedarf.
- Die jeweilige „primäre" Disziplin hat die Maßnahmen auf den anderen Ebenen (der „sekundären" Mitbehandler) zu initiieren und ggf. zu koordinieren oder die Koordination zu delegieren.
- Der Behandlungsprimat kann wechseln (die bisher primäre Disziplin wird zum sekundären Mitbehandler), wenn der Schwerpunkt der Erkrankungsursachen und/oder der erforderlichen Interventionen auf einer anderen Manifestationsebene liegt oder sich im Verlauf verlagert (z. B. Kinder- und Jugendhilfe/Kinder- und Jugendpsychiatrie).

In einem Krankheits- und Gesundheitskonzept, das die Manifestationsebenen von Störungen und Krankheiten berücksichtigt, werden behandlungsbedürftige Personen und ihre Angehörigen als in einem psychosozialen Bezugssystem lebende Personen wahrgenommen. Patienten und Behandler – die klinisch tätigen Spezialisten/-innen aus den beteiligten Professionen – nehmen sich als erlebende und miteinander sprechende und handelnde Personen wahr, die sich gegenseitig Absichten und Motive zuschreiben. Klinische Sozialarbeit setzt dabei der objektivierenden naturwissenschaftlichen Vergegenständlichung Grenzen bzw. ordnet sie durch ihren Behandlungsansatz wieder in den persönlichen sozialen Kontext der Patienten/Klienten ein.

Das folgende Modell (vgl. Abb. nächste Seite, vom Autor modifiziert und erweitert im Anschluss an Moos und Schaefer (1993, nach Milne 1999, 58)) reflektiert die verschiedenen Ebenen sozialer Unterstützung und Gesundheit, einschließlich der möglichen positiven Resultate von Stresserfahrungen, die hier in Feld 6 als „Wohlbefinden" Beachtung finden. Erweitert wurde es um das Feld 3 (System Organismus) und das Feld 5, das im Sinne des salutoge-

Ein integratives Modell bio-psycho-sozialer Behandlungsperspektiven

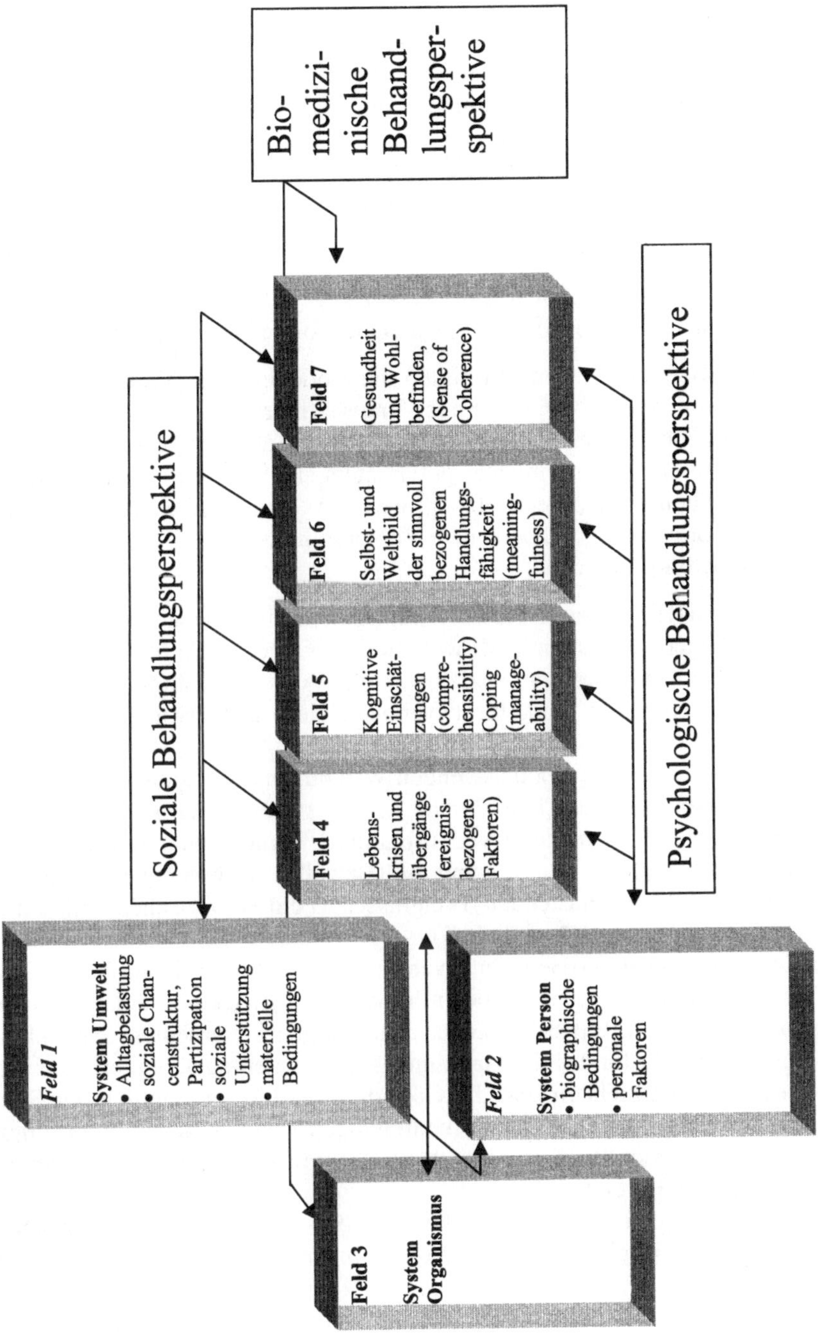

netischen Ansatzes von Antonovsky (a. a. O.) die Selbstkonzept- und Lebenssinnperspektive ergänzt.

1. Feld 1 repräsentiert soziale, ökologische und materielle Bedingungen und Ressourcen: soziale Unterstützung, einschließlich der aktiven Beteiligung von Familie und Freunden und Arbeitskollegen, ökosoziale Bedingungen wie Wohn-, Arbeits- und sonstige Lebensumstände.
2. Parallel dazu repräsentiert Feld 2 die individuellen demographischen und persönlichen Charakteristika (u. a. Geschlecht, psychologische Vulnerabilität und stabile Muster, aufgrund von Erfahrung mit Belastungen umzugehen).
3. Feld 3 repräsentiert die Eigenschaften und Vulnerabilitäten des Organismus, also unter Behandlungsaspekten die bio-medizinische Perspektive.

Alle drei Bereiche zusammen bilden die moderierenden Variablen, die einen generellen Einfluss auf Stress-Transaktionen ausüben. Neuchterlein (1987) hat diesen breiten Bereich von Faktoren als „Umgebungsverstärker und Stressoren“ (environmental potentiaters and stressors), Schutzfaktoren der Umgebung (environmental protectors), persönliche Schutzfaktoren (personal protectors) und personale Vulnerabilitätsfaktoren (personal vulnerability factors) bezeichnet.

4. Vor dem Hintergrund dieses komplexen Bedingungsgefüges trifft das Subjekt und seine soziale Mitwelt nun auf Faktoren (Anforderungen, Belastungen), die sich aus sozialbedingten Alltagsbelastungen, kritischen Lebensereignissen, und (bio-psycho-sozialen) Entwicklungsübergängen ergeben (Feld 4).
5. Als Konsequenz der moderierenden Wirkungen der sozialen (Feld 1) und personalen Faktoren (Feld 2) und der konstitutionellen Fitness (Feld 3) variiert die Einschätzung von (kognitive Komponente: sense of comprehensibility) und der Umgang mit (Bewältigungskomponente: sense of manageability) belastenden Ereignissen (Feld 4) zwischen Individuen und auch im Zeitverlauf (Feld 5).
6. Die Wirkungen der Belastungsverarbeitung und ihrer Transaktionen mit den vorgängigen Faktoren beeinflussen die Entwicklung eines positiven oder negativen, mit den eigenen Handlungen kongruenten oder inkongruenten Selbstbildes der Handlungs- und Steuerungsfähigkeit. Die subjektive Befindlichkeit und die Gestaltung und Wahrnehmung der Sinnhaftigkeit der eigenen Lebensbedingungen (Feld 6: sense of meaningfulness) werden hiervon maßgeblich geformt und wirken wiederum auf die übrigen Bereiche zurück.
7. Alle beteiligten Dimensionen (Felder 1–5) sind wesentliche Determinanten für das bio-psycho-soziale Wohlbefinden einer Person und ihrer Position auf dem Gesundheits-Krankheits-Kontinuum (Feld 7), eine komplexe Qualität, die ihrerseits das Gesamtsystem fördert bzw. stört und zugleich dessen Störung bzw. Stärke zum Ausdruck bringt.

Vor diesem Hintergrund können Störungen, Defizite und Ressourcen mit dem Begriff der *Passung* aufgefasst werden: bio-psycho-soziale Probleme sind Passungsprobleme im Sinne von Diskrepanzen bzw. Inkongruenzen zwischen verschiedenen Dimensionen des menschlichen Lebens. Die beteiligten Behandlungsperspektiven werden in ihren Möglichkeiten und Grenzen erkennbar: so wird die bio-medizinische Orientierung in der Regel wichtigen psycho- und soziogenetischen Faktoren bei der angestrebten Wiederherstellung von Gesundheit gar nicht gerecht werden können. Bei einem umfassenden bio-psycho-sozialen Verständnis sind biologische Konstitution, psychische Potentiale (Dispositionen, Bewältigungskompetenzen usw.), Entwicklungsanforderungen und Belastungen (z.B. familiär, schulisch, Arbeitsfeld, subkulturelles Umfeld und alters-, geschlechts-, funktions- und bereichsspezifische Standards), Entwicklungsziele und (Selbst-) Einschätzungen des Individuums, Entwicklungs- und Unterstützungsangebote in der Umwelt, die soziale Chancenstruktur (soziale und materielle Ressourcen und Mittel) immer mehr oder weniger günstig aufeinander abgestimmt. Im günstigen Falle bilden sie ein System fördernder Anregungen und Unterstützungen, die für die Entwicklung optimale Diskrepanzen aufweisen, so dass die Person durch Mobilisierung eigener Bewältigungskompetenzen neue, reifere Lösungen entwickeln und in einem hinreichend kohärenten Bild vom Selbst-in-der-Welt in gesundheitsfördernder Weise integrieren kann. Im ungünstigen Fall wirken diese Dimensionen aber gegeneinander, so dass eine Blockierung der Entwicklung erfolgt und problematische Bewältigungsversuche erfolgen. Dann kommt es im komplexen Zusammenspiel zwischen diesen Dimensionen zu erheblichen Spannungen, Inkongruenzen oder Diskrepanzen, die sich als soziale, psychische und körperliche Beschwerden (Symptome und Syndrome) zeigen, beispielsweise als akute oder chronische körperliche Erkrankung oder psychosomatisches Beschwerdebild, neurotische bzw. psychopathologische Symptomatik, deviantes Verhalten, heftige aversive Emotionen und negative Befindlichkeit, Leistungsversagen, Verwahrlosung.

2.7 Überlegungen zu einer Sozial-Pathologie

Klinische Sozialarbeit betrachtet Gesundheit als Ausdruck der Passung und gelingenden Regulation somatischer, psychischer und sozialer Prozesse. Sie bezieht neben der psycho-sozialen auch eine sozio-somatische Ebene ein. So wie die Medizin auf einer somato-pathologischen Perspektive aufbaut, Psychologie und Psychiatrie ihre Erkenntnisse in die Psycho-Pathologie einbringen, so stellt sich aus sozialwissenschaftlicher Sicht auch die Frage nach einer sozial-pathologischen Grundlegung, die für klinisches Handeln Raum lässt. Zurhorst (2002/2004) untersucht diese Frage und betont, dass ohne eine Sozial-Pathologie die Klinische Sozialarbeit möglicher Weise keine angemessen umfassenden theoretischen Grundlagen für soziale Behandlungskonzepte erarbeiten könnte. Die Entwicklung einer Sozial-Pathologie sei ein Schritt in die Richtung, „ein gegenstandsangemessenes, interdisziplinäres Denken über Gesundheit und Krankheit in die Wege zu leiten, bei dem in Diagnose und Therapie auch das ‚Soziale' seinen notwendigen Platz erhält." Waller (2002) spricht davon, dass die Soziotherapie sich auf das ‚Soziale', „also auf die Lebensumwelt des Klienten" beziehe und von Sozialarbeitern erbracht werde, so wie psychotherapeutische Maßnahmen sich auf die ‚Seele' bezögen und von ärztlichen und psychologischen Psychotherapeuten erbracht würden. *Krankheitsverhalten* einer Bevölkerungsgruppe ist nach Waller „geprägt von psychischen und sozialen Faktoren, die außerhalb der eigentlichen Beschwerden bzw. Erkrankungen liegen, die Entscheidung aber, z.B. medizinische Hilfe aufzusuchen, ebenso stark mitbedingen wie die Art und die Intensität von Symptomen" (Waller 2002, 12). Zurhorst (ebd.) kritisiert: „Hier ist bereits von der ‚Soziotherapie' der ‚Lebensumwelt' die Rede. Gleichzeitig wird eine Trennung von ‚Heilberuf' (= Krankheitsbezug – Arzt) und ‚Gesundheitsberuf' (= Gesundheitsbezug – Sozialarbeiter) vollzogen. … Es gibt demnach für Waller ‚Krankheiten', die von außerhalb der Krankheiten liegenden psycho-sozialen Faktoren beeinflusst werden. Inwiefern diese Faktoren selbst krankheitswertig sind, wird nicht diskutiert bzw. nicht angenommen."

Nach einer Untersuchung der Soziotherapierichtlinien des Bundesausschusses Ärzte und Krankenkassen sowie der Bestimmungen der „seelischen Krankheit" in den Psychotherapierichtlinien im Rahmen der kassenärztlichen Versorgung (Faber, Haarstrick 1999) stellt Zurhorst fest, dass zwar ausdrücklich anerkannt werde, dass es krankheitswertige Beziehungsstörungen gebe, „aber nicht ‚als solche', sondern nur ‚als Ausdruck' der ‚eigentlichen' körperlichen oder seelischen Krankheit. Diese höchst fragwürdige ätiologietheoretische Akrobatik mag zwar als Schutz der Versicherungsgemeinschaft vor zu großer Ausweitung psychotherapeutischer Leistungen gedacht sein. Sie zeigt aber auch, welche Anstrengungen unternommen worden sind, den Bereich der ‚Krankheit' für eng umrissene Berufsgruppen zu reservieren und alle weiteren als außerhalb des Krankheitsgeschehens anzusiedelnden ‚Hilfsberufe' zu platzieren. Diese Strategie geht einher mit der Etablierung eines *‚Krankheitsfolgemodells'*: Es wird zwar eingeräumt, dass Krankheit durch unterschiedliche ‚Faktoren' (körperliche, psychische, soziale, umweltliche) entsteht und in ihrem Verlauf beeinflusst wird. Jedoch wird nirgends betont, dass die sozialen Faktoren selbst ‚krank' sind. Damit bleibt das biomedizinische Modell unangetastet. Sozialarbeiter behandeln demzufolge keine Krankheiten und sind stattdessen auf die mit Krankheiten *einhergehenden sozialen Folgen* verwiesen. Demgegenüber kommt es aber ganz im Sinne der WHO-Gesundheitsdefinition darauf an zu verstehen, dass nicht ‚das Organ krank' ist, sondern dass ‚ein Mensch in einer Lebenswelt' krank ist und dass das Organische wie das Soziale gleichermaßen krankheitswertig sind bzw. sein können. Es geht also darum, ‚in die Höhle des Löwen' zu gehen und das Soziale mitten in der somatischen oder psychischen Krankheit aufzuspüren wie auch umgekehrt das Somatische mitten in den sozialen Handlungsformen und -strukturen zu entdecken."

In diesem Sinne lässt sich durchaus an frühere Arbeiten anschließen. Strotzka (1965, 27 ff.) hat bereits vor einigen Jahrzehnten Themenkreise benannt, die er einer Sozialpathologie zurechnet:

> „a. der pathogenetische Einfluss kultureller Faktoren, d.h. das Auftreten spezifischer Krankheiten in bestimmten Kulturen in einem ursächlichen Zusammenhang mit diesen;
> b. der pathoplastische Einfluss dieser Faktoren, d.h. die Formung des Verlaufs und Bilder allgemein verbreiteter Krankheiten durch sie;
> c. die allgemeine Persönlichkeitsprägung, vor allem die Früherziehung in bestimmten Kulturen als Hintergrund für Rollenverhalten in Gesundheit und Krankheit (Nationalcharakter, basic personality).
> … Rasche Veränderungen in einer Kultur im Sinne einer Industrialisierung, Urbanisierung, Reizüberflutung mit Informationen und der dadurch entstehenden Krise bisher gesicherter Werte und Autoritäten … führen nach übereinstimmenden Erfahrungen zu einer Zunahme von psychischen Störungen aller Art. Es mag dies, wie in vielen Fällen von Migration, an einer zu starken Diskrepanz zwischen Aspirationsniveau und erreichbaren Zielen liegen."

Folgen wir Strotzka weiter (ebd., 35), sind drei soziogenetische Formen zu unterscheiden, die das oben kritisierte bloße „Krankheitsfolgemodell" deutlich überschreiten:

> „1. Die direkte oder primäre Soziogenese, wobei soziale und Umweltfaktoren im Vordergrund der multifaktoriellen Kausalität stehen. Hier handelt es sich um Stressfaktoren, die … auf die Persönlichkeit einwirken, oder um chronische pathogene Belastungen, wie sie zum Beispiel durch eine schwere Familienneurose repräsentiert werden.
> 2. Als indirekte Soziogenese kann man alle jene Entwicklungslinien bezeichnen, bei denen eine Verhaltensstörung zwar in erster Linie organisch oder durch individualpsychologische Schicksalsschläge im rein privaten Bereich verursacht ist, aber als Hintergrund soziale Faktoren, wie Schichtzugehörigkeit (Armut, schlechte Wohnverhältnisse usw.), Geschlecht, Alter usw., eine bedeutsame disponierende Rolle spielen.
> 3. Schließlich muss noch die sogenannte tertiäre Soziogenese berücksichtigt werden, die von guter praktischer Bedeutung ist und für sämtliche Krankheitsbilder – zumindest für ihren Verlauf und ihre Pathoplastik – eine entscheidende Rolle spielt. Wir verstehen unter dieser etwas unglücklichen Analogiebildung zu dem von der Weltgesundheitsorganisation geprägten Begriff der tertiären Prävention die Tatsache, dass die jeweilige soziale Umwelt, vom Milieu bis zur Einstellung aller Bezugsgruppen, sehr entscheidend auf Krankheitsbild und -verlauf einwirkt. In diese Gruppe gehören die so häufigen nega-

tiven Institutionalisierungseffekte, die ein Kernproblem der Sozialpsychiatrie darstellen."

Mitscherlich hat in seinen psychoanalytischen Untersuchungen die am Individuum gewonnenen Einsichten auf gesellschaftliche Vorgänge übertragen. „Nach seiner Auffassung ist der Mensch vor allem ‚homo socialis', ein ‚zoon politikon', der primär auf mitmenschliches Leben angewiesen ist." (Zepf 1986, 39). Er machte darauf aufmerksam, dass die bei den Individuen vorfindbare Pathologie wie die Charakterstrukturen und Verhaltensweisen allgemein als Brücke zu einer Gesellschaftslehre dienen können. Die Sprache von „sozialer Krankheit" beim Individuum – also die individuelle Psychopathologie – wird als Ausgangspunkt der Bestimmung sozialpathologischer Vorgänge bedeutsam: „Für den Analytiker muss die Ausgangsbasis die am Individuum beobachtete Pathologie bleiben, auch wenn er den Versuch macht, über die Gesellschaft, in der er lebt, etwas auszusagen. Er bildet sich sein Urteil vornehmlich an einzelnen Kranken. Begegnet er bestimmten Charakterstrukturen und Verhaltensweisen gehäuft – gleichgültig ob sie nun Entdifferenzierungen darstellen oder Ausdruck einer guten Widerstandsfähigkeit sind gegen Einflüsse, welche das Individuum von sich selbst entfremden –, so hat er darin eine Brücke zur Gesellschaftslehre." (1967, 345)

Es ist für Mitscherlich also die Gesellschaft, die über Triebregulation und Triebverzicht das faktische Verhalten steuernd, für die Verhaltensprägungen der Individuen verantwortlich ist, indem sie eine unbewusst verlaufende kollektive Einstimmung auf bestimmte Verhaltensstrukturen erzwingt. So werden „am Einzelfall, wie bruchstückhaft auch immer, die krankheitserregenden Lebensbedingungen der Gesellschaft" erkennbar (Mitscherlich 1966, 34) „Soziale Krankheit entsteht, wenn die soziale Matrix zu schwach geworden ist, um die Sozialisierung des einzelnen in verbindlicher Weise zu fordern, den Einzelnen also ohne Anleitung in vielen Lebenslagen sich selbst überlässt und damit unbewusste mehr als bewusste Angst erweckt. Soziale Krankheit entsteht am anderen Ende des Spektrums, wenn der Anspruch der Gesellschaft so terroristisch in das Individuum hinein vorgetragen wird, dass Abweichungen von den Geboten und Verhaltensnormen permanente, intensive Angst erwecken und damit die spontane Rückäußerung des Individuums auf gesellschaftliche Zustände gelähmt erscheint. Beide Zustände gefährden die Gesellschaft in jedem einzelnen ihrer Mitglieder und veranlassen pathologische Verhaltensweisen. Deshalb kann man mit Recht unter solchen Voraussetzungen von sozialer Krankheit sprechen." (Mitscherlich ebd., 29 f.)

Auswirkungen spezifischer Formen kollektiven sozialen Verhaltens innerhalb der Familie wurde von Richter (1970) untersucht. Er beschrieb pathologisch geprägte Familienkonstellationen in ihrer Einwirkung auf das Individuum. Besondere Bedeutung maß er solchen Konflikten bei, die sich aus Erwartungen von Eltern an ihre Kinder ergeben sowie aus Erwartungen, die die Ehepartner aneinander stellen. Solche Erwartungen konzentrieren sich auf die Rolle, die das Kind oder der Partner im Rahmen der Beziehung einnehmen soll[26]. Richter geht über eine Individualpathologie klar hinaus, wenn er von „Familienneurosen" spricht: „Das Hauptmerkmal einer familiären Symptomneurose besteht darin, dass die Familie beziehungsweise ein Teil der Familie ein Mitglied (manchmal auch mehrere) krank macht und als ‚Fall' organisiert. Auf dieses Mitglied wird so lange Druck ausgeübt, bis der Betreffende dekompensiert, meist unter Produktion von medizinischen Symptomen, manchmal auch von Verwahrlosungszügen. Die übrige Familie verschafft sich durch das provozierte Scheitern ihres ‚Opfers' Entlastung. … Gegenüber der familiären Symptomneurose ist die familiäre Charakterneurose dadurch charakterisiert, dass sich unter dem Druck eines unbewältigten Konfliktes das ‚Kollektiv-Ich' der Familie verändert. Die Familie baut sich eine neurotische Welt auf, oft unter Zuhilfenahme einer Ideologie, die geeignet ist, die innerfamiliäre neurotische Konfliktspannung irgendwie zu kompensieren. Entscheidendes Kriterium für die familiäre Charakterneurose ist, dass keine Ausstoßung oder auch nur diskriminierende Abgrenzung des Symptomträgers erfolgt. Die charakterneurotische Familie bildet in der Regel nicht zwei Teile – hier gesund, dort krank –, sondern formt sich allmählich zu einem Ensemble von bemerkenswerter Einigkeit." (Richter 1970, 59 ff.) Aus diesen sozialpathologischen Konzepten entwickelte Richter therapeutische Möglichkeiten der Behandlung der gesamten Familie.

Auch die Bindungsforschung im Anschluss an Bowlby, die a. a. O. in diesem Buch ausführlicher gewürdigt wurde (siehe Kapitel „Biologische Perspektive und psycho-soziale Personalität"), belegt das pathogene Potenzial der grundsätzlichen sozialen Angewiesenheit des Menschen: soziale Bindungen zwi-

---

26 „Richter hat die verschiedenen Rollen untersucht, die dem Kind von den Eltern auf dem Wege unbewusster Phantasievorstellungen zugewiesen werden. *Unerfüllte Erwartungen* von Vater oder Mutter an die eigenen Eltern, den Gatten, die Geschwister können die Rolle des Kindes definieren. Dann wird etwa der unbewältigte Liebesanspruch der Mutter an ihre eigene Mutter vom Kind erwartet und durch die übertrieben nachgiebige Erziehungshaltung provoziert. Das Kind gerät dadurch in eine Kollusion mit den Rollenerwartungen, die es in der Schule, im Umgang mit Gleichaltrigen treffen. Depressivität, Schuldgefühle, Trotzhaltungen werden als Folgen angeführt. Analog ist es bei anderen Rollen, in denen das Kind Ersatzfigur für einen affektbesetzten Partner von Vater oder Mutter spielen muss. Immer sind es ungelöste Konflikte der Eltern, die das Kind austragen muss. In eine inadäquate Rolle wird das Kind auch gedrängt, wenn es als Substitut für einen Aspekt des elterlichen Selbst herhalten muss. Besonders schädigend ist die Rolle des Sündenbockes. Das grausame, strafende Über-Ich kehrt dann seine Impulse nach außen, gegen das Kind. Es kann aber auch sein, dass der schuldbesetzte Komplex vom Kind zum Ausagieren freigegeben wird – eine Art schuldfreier Ersatzbefriedigung. Es besteht Gefahr, dass diese Haltung zu Verwahrlosung, jene zu neurotischer Symptombildung führt. Richter gewinnt diese Ergebnisse vorwiegend durch die klinische Methode und auf dem Hintergrund der psychoanalytischen Theorie (1969)." (Pongratz 1973, 216 f.)

schen Individuen haben grundlegende Überlebensfunktion und daher einen primären Status. Als biologisch verankerte, durch soziale Erfahrungen geformte Regelsysteme, die sich im zentralen Nervensystem eines jeden Partners finden, sorgen sie für die Erhaltung von Nähe und den unmittelbaren Zugang zu emotional bedeutsamen Mitmenschen. Soziale Pathologie besteht danach immer dann, wenn die Sozialverhältnisse den Aufbau und/oder den normalen Lebensvollzug solcher Bindungsverhältnisse entscheidend stören, beschädigen oder unterbrechen. Eine Gesellschaft der totalen „Flexibilität" (vgl. Sennett 1998) ist natürlich in großer Gefahr, massenhaft sozialpathologisch bedingte Bindungsstörungen bei ihren Mitgliedern zu produzieren.

Diese früheren Konzepte sind durchaus anschlussfähig an die Zurhorst'schen Überlegungen: sozialtherapeutische Behandlung bedarf letztendlich einer Lehre der sozialen Pathologie, die Ernst damit macht, dass Kranksein neben psychischen und somatischen gleichrangig auch soziale Faktoren *beinhaltet* und nicht lediglich nach sich zieht. Zurhorst zitiert den Sozialepidemiologen Wilkinson (2001; Wilkinson & Pickett 2009), der *Faktoren der Toxizität des sozialen Umfeldes* näher bestimmt und feststellt, dass ökonomische und andere gesellschaftliche Benachteilungen gesundheitsrelevant über psycho-soziale Wirkungsmechanismen weitergegeben werden. „Bedenkt man, dass die wirtschaftlichen Faktoren die Risiken psycho-sozialer Schwierigkeiten verstärken – aber keineswegs deren einzige Ursachen sind –, ist es durchaus möglich, dass der Zusammenhang zwischen psycho-sozialen Faktoren und Gesundheit stärker ist als zwischen materiellen Faktoren und Gesundheit. Dass dies tatsächlich der Fall ist legt nahe, dass psycho-soziale Faktoren das wichtigste Verbindungsglied zwischen materieller Benachteiligung und Gesundheit sind." (Wilkinson ebd., 200 f., zn. Zurhorst a. a. O.) Wilkinson weist auf die Bedeutung des sozialen Zusammenhaltes für eine „gesunde Gesellschaft" hin: „Betrachtet man eine Reihe unterschiedlicher Beispiele für gesunde, sozial ausgewogene Gesellschaften, so scheinen sie alle ein wichtiges gemeinsames Merkmal aufzuweisen – sie alle verfügen über sozialen Zusammenhalt. Sie haben ein ausgeprägtes Gemeinschaftsleben. Das soziale Leben macht nicht vor der Haustüre Halt, der öffentliche Raum bleibt vielmehr sozialer Raum." (Wilkinson ebd., 5, zn. Zurhorst a. a. O.) Mangelnde soziale Integration und Unterstützung zeigt sich und resultiert in *Lebensweisen*, die nicht nur individuell verankert sind, sondern in kollektiven Lebensweisen und Lebensverhältnissen wurzeln, die ggf. als „krank" zu bezeichnen wären.

Anfälligkeit für Krankheit ist das Ergebnis einer Störung bzw. eines („pathologischen") Zusammenbruchs von sozialen Regeln, mit der Folge sozialer Desintegrationsprozesse und pathologischem individuellem Erleben und Verhalten (vgl. auch Totman 1982, zn. Stroebe, Hewstone, Codol & Stephenson 1992, 442). Damit ist ein Zusammenhang zwischen schützenden Faktoren, belastenden Lebensereignissen und deren Bewältigung herstellbar. Gesundheitsgefährdender psycho-sozialer Stress und sozialbedingte Störungen und Erkrankungen entstehen, wenn „die persönliche Identität als eine einzigartige Kombination biographischer Daten und subjektiver Momente …“ mit der „sozialen Identität, die das Individuum zur Konformität verpflichtet“ in Konflikt geraten (Theunissen 1992, 49). Gesundheitsrelevante Auswirkungen von Spannungen und Herausforderungen, die zu gefährdenden Stressbelastungen, Krisen und Erkrankungen führen, sind je nach Bewältigungsressourcen, psychischen und sozialen Kompetenzen, sozialer Unterstützung und Konstitution auf verschiedenen Ebenen der Gesamtpersönlichkeit greifbar – sowohl auf der Ebene der körperlichen Funktionen, als auch im psychischen Bereich (Erleben und Verhalten) und im sozialen Bereich (soziale Integration, Sozialverhalten). Störungen auf einer Ebene führen zu Störungen auf den anderen Ebenen: das Individuum reagiert als organisiertes Ganzes in seiner Welt. Die einem sozialen Gesundheits- bzw. Krankheitsbegriff zugrunde liegende Idee einer Soziopathologie sieht Krankheit als Ausdruck notwendiger Regelkreisänderungen, ja sie ist selbst oft schon der Versuch dazu. Krankheit und Gesundheit gehören hier zum Prozess des Lebens: sie treten mit- und nebeneinander auf. Kranksein ist eine Beziehungsstörung des Verhältnisses Organismus-Selbst-Mitwelt-Umwelt. Gesundheit wird aus einer bio-psycho-sozialen Perspektive im Hinblick auf das Bestreben eines lebendigen Organismus definiert, „eine lebensfähige Übereinstimmung zwischen seinem inneren und äußeren Milieu herzustellen“ (Milz 1995, 20, zn. Sting & Zurhorst 2000, 10). Hier zeigt sich, dass eine so verstandene Sozial-Pathologie, will sie tatsächlich als Basis sozialtherapeutischer bzw. klinisch-sozialer Behandlungen dienen, eine empirische Basis benötigt, die Dimensionen der Verschränkung sozialer Lebensbedingungen im Alltag und der individuellen Lebensweisen so weitgehend zu konkretisieren vermag, dass tatsächlich klinisch relevante Aussagen ableitbar werden.

3. Therapeutische Grundrichtungen psycho-sozialer Fallarbeit

3.1 Zur Rolle der Psychotherapie im Spannungsfeld psycho-sozialer Beratung und Intervention

Auf der Herbsttagung der Psychotherapeutenkammer Berlin 2008 war zum Thema ‚Soziale Arbeit und Psychotherapie' ein interessanter Kommentar zu vernehmen: ‚Die ‚unkomplizierten Fälle' würden von der Psychotherapie behandelt, die ‚komplexen Fälle' landeten in der Sozialen Arbeit'. Nun sollte man in der interdisziplinären Debatte nicht zu polemischen Übertreibungen greifen, doch ist es in der professionellen Praxis vielfach zu beobachten, dass die Klinische Sozialarbeit mit einer überkomplexen Situation zu tun hat. Dieses Praxisphänomen steht diametral im Gegensatz zu zahlreichen Zuschreibungen in der Fachliteratur und zur verbreiteten Ansicht im Gesundheitswesen, der Sozialen Arbeit eine eher nachrangige Bedeutung (und Kompetenz) zuzuschreiben (Gahleitner & Pauls 2010). Andererseits gibt es eine unglückliche Geschichte pauschaler Ablehnung psychotherapeutischer Konzeptionen auf Seiten der Sozialen Arbeit. Dies hat genauso wie die ‚unreflektierte Übernahme von Fremddeutungen in die Soziale Arbeit' auf Seiten der sozialarbeiterischen Praxis in der Vergangenheit die Entwicklung eigenständiger klinischer Konzepte sehr behindert. Ohne die Präsenz der Sozialen Arbeit in (psycho-)therapeutischen (und psychiatrischen) Handlungsfeldern gäbe es beachtliche Klientengruppen, die nicht oder nicht in der notwendigen Komplexität und methodischen Breite sozialpsycho-therapeutisch behandelt würden (vgl. auch Johach 1993; Gahleitner & Borg-Laufs 2008; Hey 2000; Kling-Kirchner 2000; Gahleitner & Pauls 2009; Pauls 2005, 2010). In den USA wurden nicht wenige zielgruppen- und arbeitsfeldspezifische methodische Ansätze der Clinical Social Work unter Einbezug psychotherapeutischer Schulen erarbeitet (vgl. u. a. Dorfman 2004; Turner 1997; Cooper & Granucci Lesser 2002). Eine Vielzahl von Beratungsstellen fußt auf und arbeitet mit psychotherapeutisch geprägten Ansätzen, Methoden und Techniken, die inzwischen auch in Deutschland vielfach für Arbeitsfelder und Zielgruppen der Sozialen Arbeit ausdifferenziert wurden. Aus dieser Perspektive kann von der Psychotherapie sogar als „Spezialfall sozialer Beratung" (Crefeld 2002, 32) gesprochen werden. Klinische Sozialarbeit könnte aus dieser Perspektive mit ihrer gelungenen „Interdependenz von Psychodynamik und Soziodynamik" (Schulze 2006) als Dach für soziale Beratung und Therapie dienen (Dörr 2002;

Kling-Kirchner 2000; Leuthold 2008) – doch das ist unter den gegebenen Bedingungen Utopie. Die Beschäftigung mit den Annahmen und Perspektiven der psychotherapeutischen Grundrichtungen ist für die Klinische Sozialarbeit vor allem aus einem anderen Grund wichtig: es geht nicht zuletzt um die Auseinandersetzung mit den psychotherapeutischen Menschenbildern, Störungskonzepten, Methodologien und Veränderungszielen, die in komplexer Weise moderne psycho-soziale Beratungsansätze beeinflusst haben und sozialtherapeutische Grundkonzeptionen durchwirken.

Klinisch ausgerichtete Sozialarbeit steht seit jeher in einem Spannungsverhältnis zur Psychotherapie. Die von Eda Goldstein 1980 und 1996 in ihren programmatischen Artikeln zur Clinical Social Work beschriebene Spaltung der Sozialarbeiterschaft zwischen „people helper" und „society changer" ist eine zwar holzschnittartige aber perspektivisch sicher nicht völlig falsche Charakterisierung (vgl. auch Graziano 2006). Unkritische Übernahme oder gar Gleichsetzung stand und steht manchmal auch heute noch deutlicher Ablehnung der Psychotherapie als Bestandteil Sozialer Arbeit gegenüber. Heiko Kleve (1999) arbeitet die Differenz klassischer, nicht-klinischer Sozialarbeit zur klassischen Psychotherapie heraus: „Sozialarbeit (unterscheidet sich) methodisch von klassischer Psychotherapie gerade dadurch, dass sie versucht, psycho-soziale Probleme nicht nur zu individualisieren; vielmehr wird in der sozialarbeiterischen Interaktion seit jeher – stärker als in der Psychotherapie – der soziale Kontext markiert, um Probleme aus ihrem sozialen Bedingungsgefüge heraus zu verstehen und sie in ihrem sozial-ökologischen Zusammenhang zu beeinflussen (vgl. Pfeifer-Schaupp 1995, 150). Diesbezüglich könnte man auch davon reden, dass die Sozialsystemorientierung Probleme externalisiert, da individuelle Symptomatiken nicht in erster Linie den betreffenden Individuen bzw. deren psychischen Strukturen zugerechnet werden, sondern den durch zwischenmenschliche Interaktion entstehenden sozialen Kommunikationssystemen (vgl. hierzu auch Fuchs 1994) bzw. belastenden sozial-ökologischen Bedingungen. Mit anderen Worten, die Sozialsystemorientierung verdeutlicht, dass Sozialarbeit im Gegensatz zur Psychotherapie nicht primär darauf zielt, Psychen umzustrukturieren, sondern vielmehr anstrebt, sozialstrukturelle Veränderungen bezüglich der Teilnahme von Personen an sozialer Kommunikation zu initiieren (vgl. Baecker 1994a; Fuchs 1994)." (Kleve 1999, 126 f.) Zu Recht formuliert Kleve vorsichtig: Sozialarbeit „versucht", psycho-soziale Probleme „nicht nur" zu individualisieren, sie beachtet „stärker als" die Psychotherapie den Kontext. In seinen weiteren Ausführungen (ebd., 127 f.) baut er eine Brücke für einen Ansatz der Klinischen Sozialarbeit, der die psychotherapeutische Perspektive einschließt: Es „könnte eine einseitig sozialsystemisch orientierte Sozialarbeit zu dem Glauben verführen, ‚äußere‘, mithin soziale Veränderungen reichten in jedem Falle aus, um die klientären Probleme zu lösen (vgl. auch Göppner 1996, 38). Dabei wird … ausgeblendet, dass die individuelle Externalisierung von Problemen durch die Sozialsystemorientierung mit einer individuellen Internalisierung der Ressourcen zur Problemlösung einhergehen müsste. Mit anderen Worten, es reicht nicht aus, auf die sozialökologischen und systemischen Kontextbedingungen der Klientinnen mit Veränderungsintentionen einzuwirken, denn es sollte nicht übersehen werden, ‚dass der Austausch mit dem Umfeld zwar davon abhängt, welche Möglichkeiten dieses bietet, aber auch davon, welche Optionen der Person durch ihre innere Struktur zur Verfügung stehen‘ (ebd., 39).“ Keinesfalls reicht eine Bearbeitung ausschließlich „objektiver Problemverstrickungen“ (Gildemeister & Robert 2005, 1902 ff.) aus, um die im Verlauf der Biographie internalisierten Folgen psycho-sozialer Probleme durch Soziale Arbeit zu lösen.

Klinische Sozialarbeit trägt mit ihrer Offenheit für den psychotherapeutischen Blickwinkel und ihrer Integration entsprechender Methoden in ihr beratendes und (sozial)therapeutisches Vorgehen der Tatsache Rechnung, dass jedes Individuum während seines Lebens fortwährend vor der Aufgabe steht, auf dem Hintergrund seiner bisher entwickelten psychischen Struktur *und* seiner aktuellen psycho-sozialen Situation bedeutsame Veränderungen seiner Lebenslage psychisch zu verarbeiten (hierzu gehören Defizite und Kompetenzen, soziale Benachteiligungen und psycho-soziale Ressourcen einschließlich institutionell-struktureller und sozioökonomischer Lebensbedingungen). Die psychotherapeutischen Sicht- und Vorgehensweisen leisten einen wichtigen Beitrag für die Grundformen psycho-sozialer Behandlung, indem sie Grundkenntnisse über die innerpsychischen Vorgänge der Person und Methodenkompetenz beitragen. Für die individualorientierten Arbeitsformen und Methoden Klinischer Sozialarbeit ist ein Verzicht auf die psychotherapeutischen Grundlagen zur Beziehungsarbeit und zum Umgang mit dem Selbstbezug von Klient *und* Helfer unmöglich. Psychotherapeutische Methodenkompetenz wird benötigt in der Gesprächsführung, bei Hilfen zur Erlebnisverarbeitung und zur Verhaltensänderung, in der Beratung, der Sozialen Therapie und der Krisenintervention. Psychotherapeutisch fundierte Selbsterfahrung in der Ausbildung fördert die eigene Persönlichkeitsentwicklung Klinischer Sozialarbeiter, ohne die kompetente und richtig verstandene Anwendung von Umwelt- und Personunterstützung jenseits der reinen psychotherapeutischen Hilfe („eingeengt auf den ‚psychologischen Blick‘“ Crefeld 2002, 30) einerseits und der Lebensgrundlagen sichernden Sozialarbeit andererseits nicht möglich ist.

Hey (2000) unterscheidet einen *funktionalen* und einen *methodischen* Aspekt der Psychotherapie: „Psychotherapie im funktionalen Sinne als Behandlung eines bestimmten Krankheitsbildes ist von Psychotherapie im methodischen Sinne als der für eine solche Behandlung geeigneten Methode zu unterscheiden. Die Therapie als Funktion setzt eine nach dem medizinischen-psychotherapeutischen Klassifikationsschema diagnostizierte Krankheit voraus, auf die dann die jeweils indizierten Behandlungsverfahren angewendet werden. Psychotherapeutische Methoden basieren – jedenfalls als wissenschaftlich begründete – in der Regel auf systematisierten Formen personaler Interaktion bzw. Kommunikation, die sich hinsichtlich ihrer Grundkonzeptionen nicht für irgendeine Berufsgruppe monopolisieren lassen. Dies hat der Gesetzgeber neuerdings auch ansatzweise geregelt, wenn er im § 1 (3) des Psychotherapeutengesetzes feststellt: ‚Zur Ausübung von Psychotherapie gehören nicht psychologische Tätigkeiten, die die Aufarbeitung und Überwindung sozialer Konflikte oder sonstige Zwecke außerhalb der Heilkunde zum Gegenstand haben.' Hinzu kommt noch, dass nicht jede denkbare und evtl. mit Leiden verbundene personale Funktionsstörung Krankheitswert hat und damit in die privilegierte Zuständigkeit der für Krankenbehandlung verantwortlichen Berufsgruppen fällt." (168)

Bereits die Psychiatrie-Enquête von 1975 (Bundesminister für Jugend, Familie und Gesundheit 1975) stellte fest, dass nichtärztliche und nichtpsychologische Berufsgruppen, insbesondere die Sozialarbeiter/-innen bzw. Sozialpädagog/innen, an der psychotherapeutischen Versorgung der Bevölkerung in Deutschland mitwirken. So z.B. in Bezug auf Kinder- und Jugendlichen-Psychotherapeuten: Sozialarbeiter/Sozialpädagogen „... sind auf Grund ihrer speziellen beruflichen Grundausbildung als Sozialarbeiter/Sozialpädagogen ... sowie ihrer zusätzlichen berufsbegleitenden Weiterbildung in analytischer Kinder- und Jugendlichenpsychotherapie für die psychotherapeutische Behandlung von Kindern und Jugendlichen sowie zur Beratung von deren Eltern und anderen Beziehungspersonen qualifiziert" (298). Aber nicht nur im Bereich der Kinder- und Jugendlichenpsychotherapie, sondern auch im Bereich der Erwachsenenpsychotherapie waren und sind Diplom-Sozialarbeiter/-pädagogen in erheblichem Ausmaß beteiligt, wie im „Forschungsgutachten zu Fragen eines Psychotherapeutengesetzes" im Auftrag des Bundesministeriums für Jugend, Familie, Frauen und Gesundheit (Meyer et al. 1991) festgestellt wurde: „Nach einer Schätzung von Wittchen & Fichter (1980) ergibt sich eine Anzahl ca. 1000 in der psychosozialen Versorgung beratend/psychotherapeutisch tätiger Sozialarbeiter/-pädagogen." (44). Mittlerweile eröffnen sich auf gesetzlicher Grundlage therapeutische (Be-)Handlungsmöglichkeiten auch für Sozialarbeiter in Deutschland in mehreren Bereichen:

- die Suchtbehandlung als soziotherapeutische Maßnahme im Rahmen der „ambulanten Rehabilitation Sucht",
- die ambulante Soziotherapie bei psychisch Kranken (nach dem Gesundheitsreformgesetz 2001),

- die Kinder- und Jugendpsychotherapie (die Zugangsberechtigung zur Ausbildung haben gleichermaßen Diplom Sozialarbeiter/-innen, Diplom-Psycholog/-innen und Ärzt/-innen).

Für die amerikanische clinical social work gehört Psychotherapie integral zum eigenen Interventionsrepertoire.[1] MacDonald (2003, mündliche Mitteilung) schätzt, dass Psychotherapie in engerem Sinne in den USA inzwischen überwiegend von *clinical social workers* durchgeführt wird. Schaut man sich in der Landschaft von psycho-sozialen Beratungseinrichtungen in Deutschland (Lebensberatung, Erziehungsberatung, Sexual- und Schwangerschaftsberatung, aber auch sozialpsychiatrischen Diensten, Kliniken etc.) um, so fällt auf, dass de facto viele Sozialarbeiterinnen und Sozialarbeiter psychotherapeutische Methoden anwenden. Hey (ebd., 166) weist darauf hin, dass in dem impliziten und „teilweise sogar explizit geltend gemachten Anspruch, *auch* psychotherapeutisch tätig zu sein“, einer der Punkte liege, „die es notwendig machen, über die formale Konstitution einer Klinischen Sozialarbeit in Deutschland weiter gründlich nachzudenken“. Nach jahrzehntelanger Ausgrenzung von Psychotherapie aus der Sozialen Arbeit einerseits und der Ausgrenzung der Profession Soziale Arbeit aus der Psychotherapie steht für eine Klinische Sozialarbeit in Deutschland die *Integration* psychotherapeutischer Konzepte auf dem Programm – einschließlich der fachlichen und berufspolitischen Aneignung der Psychotherapie als offizielles Tätigkeitsmerkmal. Dann steht vielleicht eines Tages neben der „ärztlichen“ und der „psychologischen“ die „sozialarbeiterische Psychotherapie“.

Eine anerkannte Definition der Psychotherapie, die schulenübergreifende Kriterien festlegt und Grundlage des Pychotherapeutengesetzes in Deutschland geworden ist, stammt von Strotzka (1975, 4): „Psychotherapie ist ein bewusster, geplanter, interaktioneller Prozess zur Beeinflussung von Verhaltensstörungen und Leidenszuständen, die in einem Konsensus (möglichst zwischen Patient, Therapeut und Bezugsgruppe) für behandlungsbedürftig gehalten werden, mit psychologischen Mitteln (durch Kommunikation) meist verbal aber auch averbal, in Richtung auf ein definiertes, nach Möglichkeit gemeinsam erarbeitetes Ziel (Symptomminimalisierung und/oder Strukturänderung der Persönlichkeit) mittels lehrbarer Techniken auf der Basis einer Theorie des normalen und pathologischen Verhaltens. In der Regel ist dazu eine tragfähige emotionale Bindung notwendig.“

Diese allgemeine Definition verzichtet bewusst auf den Bezug zu spezifischen psychotherapeutischen Richtungen und geht lediglich auf allgemeine psychologische Mittel ein. Damit wird Psychotherapie als Oberbegriff ver-

---

1 „Clinical social work encompasses interventions directed to interpersonal interactions, intrapsychic dynamics, and life support and management issues. It includes but is not limited to individual, marital, family and group psychotherapy.“ (aus der Defintion der Clinical Social Work durch die NASW)

standen, der für alle Maßnahmen und Verfahren systematischer Modifikation psychoneurotischer, psychosomatischer, psychotischer und *sozialer* Störungen steht (vgl. Pongratz 1973). Diese Beschränkung umgeht zunächst den allseits bekannten Methoden- oder Schulenstreit. Psychotherapie wird schulenübergreifend als ein *bewusster und geplanter* interaktioneller Prozess zur Beeinflussung von Verhaltensstörungen bezeichnet. Es handelt sich also nicht einfach um einen Prozess menschlicher Zuwendung und Unterstützung, wie er z. B. im Alltagsgeschehen häufig zu finden ist, sondern Psychotherapie fußt auf theoretischen Annahmen, wissenschaftlichen Überprüfungen und klinischen Erfahrungen. Im Sinne einer *sozialen* Psychotherapie geht es – so soll hier ergänzt werden – zentral auch um gestörtes Sozialverhalten und um gestörte und defizitäre soziale Integration.

Psychotherapie ist nach Strotzka ein *interaktioneller Prozess* zwischen Therapeut und Klient/Patient *mit dem Ziel der Beeinflussung* des letzteren. Interaktionsprozesse werden also gezielt initiiert, um psychotherapeutische Verhaltensveränderungen und Entwicklungsanstöße zu geben. Ein Großteil der Ausbildung, Supervision und Praxisanleitung in Psychotherapie und psychotherapeutischen Beratungsverfahren befasst sich mit der prozessbezogenen Umsetzung interaktioneller Strategien im Rahmen schwieriger Beziehungssituationen, denn die Beeinflussungen sind natürlich keine Einbahnstraße. Gerade die Interaktionsstrategien der Klienten/Patienten, mit denen sie den Helfern begegnen, sind oft Teil ihrer Problematik. Dies gilt auch für die *soziale* Behandlung und sozialarbeiterische Therapie; hier wird allerdings in vielen Fällen (zusätzlich) die direkte Beeinflussung des Umfeldes Teil der Interaktionen und Interventionen des Klinischen Sozialarbeiters.

Im Rahmen dieses schwierigen interaktionellen Prozesses werden nach Strotzkas Definition *Verhaltensstörungen und Leidenszustände behandelt.* Im Verhältnis zu ärztlicher und psychologischer Psychotherapie sind im Rahmen Klinischer Sozialarbeit neben berufsrechtlichen und sozialrechtlichen Fragen unseres Gesundheitssystems vor allem auch solche nach den Bedingungen und Ursachen psychischen Leids, psycho-sozialer Störungen und psychischer Erkrankungen und den soziotherapeutischen Beratungs- und Behandlungsmöglichkeiten im Sinne einer *sozialen* Anwendung psychotherapeutischer Methodik wichtig. Es geht bei der Behandlung durch psychologische Psychotherapie in der Regel um eine *freiwillige Behandlung*, die ein Patient im Konsens mit Therapeut und Bezugsgruppen aufnimmt. Wir kennen aber auch gerade in der sozialarbeiterischen Beratung und Psychotherapie viele Situationen, wo die Freiwilligkeit der Behandlung zunächst nicht gegeben ist, d. h. in der therapeutischen Arbeit im Rahmen Klinischer Sozialarbeit ist häufig mit solchen weniger freiwilligen Beziehungsverhältnissen zwischen Helfer und Klient zu rechnen.

Die *Methoden der Behandlung* in der Psychotherapie sind Methoden der Kommunikation und Interaktion, die sich in der Regel im Rahmen der Sprache abspielen. Allerdings gibt es Methoden, die die sprachlichen Mittel mit nicht-sprachlichen therapeutischen Interventionstechniken verbinden: z.B. körperbezogene Arbeit, psychodramatische Techniken, imaginative Verfahren, kreative Medien, Bewegung und nonverbaler Ausdruck. Eine *soziale Behandlung und sozialarbeiterische* psychotherapeutische Intervention basiert ebenfalls auf Mitteln der Kommunikation und Interaktion und verbindet diese mit Klärungen, aktiven Hilfen und psycho-sozialer Unterstützung, die die aktuellen sozialen und materiellen Lebensbedingungen einbeziehen sowie mit pädagogischen Einflussnahmen.

Strotzka unterteilt die Zielsetzung von Psychotherapie in zwei grundlegende Zielbereiche: zum einen die *Symptomminimalisierung*, zum anderen die *Strukturänderung der Persönlichkeit*. Jahrzehntelang war dies eine Kontroverse zwischen Verhaltenstherapie und psychoanalytischer sowie humanistischer Therapie. Die ideologischen Gräben sind heute nicht mehr ganz so tief (vgl. Grawe et al. 1994). Soziale Psychotherapie hat darüber hinaus die Zielsetzung der sozialen Integration und der Beeinflussung der Umgebung. Die *lehrbaren psychotherapeutischen Techniken* stehen auf der Basis einer wissenschaftlichen *Theorie des normalen und pathologischen Verhaltens*. Hier ist für die *soziale* Beratung und therapeutische Behandlung die soziale Dimension durch Theorien der psycho-sozialen Unterstützung und der Sozialpathologie zu ergänzen.

Die Entwicklung einer *tragfähigen emotionalen Bindung* ist das letzte Kriterium der Definition Strotzkas. Hier geht es um die therapeutische Allianz, die in der psycho-sozialen Behandlung besondere Fragen aufwirft, da hier die psychotherapeutische Abstinenz der ärztlichen und psychologischen Psychotherapie häufig in professionell spezifischer Weise modifiziert werden muss. Durch die besondere soziale Lage des Klientels und die dadurch notwendigen psycho-sozialen Interventionen im Lebensfeld wird der soziale Therapeut zu einer viel flexibleren und aktiveren Haltung und persönlichen Involvierung, ja zum Teil geteilter Lebenspraxis gezwungen.

Während von Gegnern psychotherapeutischer Vorgehensweisen in der deutschen Sozialarbeit die Fortschritte der psychotherapeutischen Methoden (vgl. Baumann & Perrez 1998) oft nur unzureichend zur Kenntnis genommen werden (vgl. Galuske 1998), so finden wir auf der anderen Seite nicht selten die Annahme, dass Soziale Arbeit in klinischen Feldern (und nicht nur dort) nichts anderes sei bzw. sein könne als eine Art „kleiner psychologischer Psychotherapie“. Die Gefahr dieses Selbst-Missverständnisses therapeutisch orientierter Sozialarbeit liegt darin, dass sie nicht als *sozialer Behandlungsansatz* in einen theoretischen Rahmen und eine Methodenlehre einer Klinischen Sozialarbeit eingebunden ist, die sich prinzipiell als ein Teilgebiet der Sozialen Arbeit versteht. Die Folge ist nicht selten, dass von Sozialarbeitern bzw. Sozialpädagogen auf Klienten bzw. Aufgabenstellungen, die soziale Interventionen oder praktische Hilfen benötigen, mit rein innerpsychisch fokussierenden psychotherapeutischen Methoden eingegangen wird. Im Gegensatz zur ebenfalls anzutreffenden unzulässig pädagogisierenden oder ökonomisierenden Reduktion Sozialer Arbeit haben wir es dann mit einer Psychotherapeutisierung zu tun, die zentrale sozialtherapeutische, edukative (oder psychopädagogische) und normative Aufgaben der Klinischen Sozialarbeit (vgl. auch Schwarz in Biermann-Ratjen, Eckert & Schwarz 1979) vernachlässigt.

Im Gegensatz dazu ist aus fachlichen Gründen eine Entkrampfung des Verhältnisses zwischen sozialer Beratung bzw. sozialer Therapie und Psychotherapie angesagt (was aus berufsständischen Gründen in Deutschland ein schwieriges Unterfangen ist). Mit Crefeld (2002) muss „deutlich werden, dass es letztlich von den Umständen des Einzelfalles abhängig zu machen ist, ob eine qualifizierte soziale Beratung als Psychotherapie bezeichnet wird.“ (32) „Wenn es sich bei einem sozialen Beratungsprozess um einen bewussten und geplanten interaktionellen kommunikativen Prozess handelt mit dem Ziel der hilfreichen Unterstützung eines Klienten in einer von ihm allein nicht zu bewältigenden Problemsituation mittels lehrbarer Techniken und auf der Basis geeigneter Theorien und Methoden zum Fallverständnis, so könnte man immer dann von Psychotherapie sprechen, wenn gesundheitliche Beeinträchtigungen und ihre Folgen im Vordergrund der Problemdefinition stehen. Damit hinge es vor allem vom institutionellen Kontext und der Interpretation der für die Intervention im Vordergrund stehenden Probleme ab, ob ein Beratungsprozess als Psychotherapie zu bezeichnen ist. Die Problemkonstellation eines Einzelfalles ist immer aus verschiedenen Perspektiven zu interpretieren, insofern kann bei der Problemdefinition auch eine therapeutische Indikation im Sinne eines Sozialleistungsrechts in den Vordergrund rücken und dann von Therapie gesprochen werden.“ (Crefeld ebd., 34 f.)

Infolge der Änderungen, die das Psychotherapeutengesetz in Deutschland mit sich gebracht hat, wurde das Verständnis von Psychotherapie als verordnungsfähige Kassenleistung auf die individuum-zentrierte ärztliche und psychologische Psychotherapie eingegrenzt. Von einem sozialen Standpunkt aus ist dies zu kritisieren, wenn die Verzahnung mit klinisch-sozialen Hilfen unterbleibt, zeigt doch die Forschung, dass jede psychische Stabilität verloren geht, wenn sie nicht sozial abgesichert ist (Roos 2008). Genau hierauf zielt der bio-psycho-soziale Ansatz der Klinischen Sozialarbeit, der mit seiner sozialtherapeutischen bzw. sozialpsychotherapeutischen Perspektive in der Lebenswelt der Klienten/Patienten wirkt. „Eine von Klüsche (1990) durchgeführte Untersuchung bestätigt die Theorie. Bei einer Umfrage gaben Sozialarbeiter an, dass ihre Funktion innerhalb des Beziehungsverhältnisses zum Klientel zu 76 % der Motivationsfunktion gilt, der nach Grawe et al. (2001) innerhalb der Ressourcenorientierung besondere Bedeutung beigemessen wird. Darüber hinaus ergab die Studie, dass die Beziehung zum Klienten zu 75,7 % der Informationsfunktion und zu 62,5 % der Kommunikationsfunktion dient, da sie in den meisten Fällen Menschen trotz oder gerade wegen ihrer Schwierigkeiten dazu motivieren müssen, sich neu oder in anderer Weise als bisher zu verhalten. Auch für den Wirkfaktor der Problembewältigung zeigt die Studie, dass Sozialarbeiter über ausreichende Kompetenzen verfügen. Zu 86% führt die sozialarbeiterische Intervention zu einer Steigerung der Selbstständigkeit der Klienten und zu 63,4% zu Einstellungs- und Verhaltensänderung. In 63,5% der Fälle können Verbesserungen der individuellen Leidenszustände verzeichnet werden und in 46,4% eine Verbesserung der gesellschaftlichen Integration (ebd.)." (Beck & Borg-Laufs 2010, 81) Nicht zuletzt darf hier daran erinnert werden, dass es auch ein wesentlich umfassenderes Verständnis von Psychotherapie gab und gibt, das Psychotherapie als Gesundheitsarbeit unter Einbezug des sozialen Kontextes versteht (vgl. Keupp 1987).

Die psycho-soziale Beratungsarbeit in einer Vielzahl von Beratungsstellen – die man einer sozialen Therapie bzw. Psychotherapie zurechnen könnte – fußt auf und arbeitet mit psychotherapeutischen Ansätzen und Mitteln. Vielen Menschen in Multiproblemsituationen ist mit einem ausschließlich innerpsychisch zentrierten Pychotherapieansatz nicht zu helfen – sie sind mit solchen Angeboten oft nicht einmal initial erreichbar. Aber sie sind erreichbar mit Methoden sozialer Beratung und (Psycho-)Therapie im Rahmen psycho-sozialer Behandlung bzw. Klinischer Sozialarbeit, die sensibel auf die sozialen Aspekte eingeht und es versteht, psychotherapeutische Elemente mit Orientierung gebender Beratung und ggf. aufsuchender Arbeit und aktiven Hilfen der sozialen Unterstützung und Vernetzung zu verbinden. Therapeutisch orientierte psycho-soziale Beratung und Behandlung zielt auf die Assimilation psychotherapeutischer Methoden in der direkten Einzelfallarbeit und ihre Verbindung mit Sozialtherapie. Milne (1999) spricht von einer *social sensitive therapy*. Diese Sicht wird durch die Psychotherapieforschung unterstützt: nach Miller, Duncan und Hubble 1997 klären nicht etwa die spezifischen therapeutischen Methoden und Techniken den größten Teil der Varianz erfolgreicher Veränderungen auf (ca. 15%), sondern das soziale Umfeld und Erfahrungen außerhalb des unmittelbaren psychotherapeutischen Settings (ca. 40%) und die personorientierte Beziehung (ca. 30%). Smail (1993) fordert von Therapeuten Sensibilität für die soziale und materielle Welt der Klienten. Sie müssen drei Funktionen bzw. Aufgaben in ihrem Vorgehen integrieren:

1. *Begleitung/Gefährtenschaft im Rahmen einer sorgenden therapeutischen Bindung*. Dies betrifft die Sorge für das Wohlfühlen der Klienten (comfort) wie sie insbesondere von Rogers (1987) als durch Empathie, Akzeptanz und eine von sozialer Wärme und Menschlichkeit geprägte therapeutische Beziehung ausgearbeitet wurde.

2. *Entmystifizierung*. Die zweite Funktion beinhaltet die Klärung der Gründe für die Belastungen des Klienten, d.h. dem Klienten zu helfen, auch die sozialen, körperlichen und materiellen Ursprünge der Beeinträchtigungen als Komponenten seines Lebensfeldes (Smail spricht von „power

field") wahrzunehmen und zu erkennen, wie er nicht zuletzt durch Zufälle und Schicksalsschläge in seine schwierige Lage geraten ist. Hier geht es nach Smail um eine „Entmystifizierung" in dem Sinne, die Klienten von der Bürde zu entlasten, sie seien für ihre Lage vollständig selbst verantwortlich und es läge auch allein an ihnen, ihr zu entkommen. Die soziale (Psycho-)Therapie bezieht Schritt um Schritt sorgfältig die sozialen und materiellen Lebensbedingungen und Situationsfaktoren des Klienten als verursachende und aufrecht erhaltende Faktoren ein und ist nicht darauf fixiert, die Problematik auf innerpsychische Defizite, Inkongruenzen oder Ressourcen zurückzubinden.

3. *Ermutigung zum Gegen-Einfluss.* Die dritte Funktion des Therapeuten in einer sozialen Psychotherapie besteht nach Smail in der Ermutigung und Unterstützung des Klienten, auf diejenigen sozialen Beziehungen und Umgebungsbedingungen einen aktiven Einfluss (counter-influence) zu nehmen, die zu seinen Belastungen und Schwierigkeiten beitragen. Dies schließt die Förderung aller Bemühungen der Klienten ein, soziale Vorteile zu erreichen und die materielle Lage zu verbessern.

Dieser Ansatz geht über das Konzept des *Empowerment* hinaus, da es nicht nur die persönliche Stärkung des Klienten fördert. Jedoch ist individuelles Empowerment oft eine wichtige Voraussetzung dafür, dass Einfluss auf die Umgebung genommen werden kann. Die Einbeziehung von psychotherapeutischer Methodik in die Klinische Sozialarbeit bedeutet somit, neben die therapeutische Klärung, Problemaktualisierung, Ressourcenaktivierung und aktive Hilfe (Grawe et al. 1994, s.u.) im Sinne innerpsychischer Determinanten (psychologische Psychotherapie), die Bearbeitung und Beeinflussung der realen sozialen und materiellen Lebensbedingungen zu stellen. Es geht darum, die Klienten zu unterstützen, überdauernde Quellen der Solidarität und Hilfe durch soziale Unterstützer (insbesondere Partner, Familie, Freunde) in ihrem Leben aufzubauen und zu nutzen und dadurch therapeutische Hilfe überflüssig zu machen.[2] Sozialarbeiterische psychotherapeutische Methodenanwendung ist somit eine Komponente psycho-sozialer Behandlung. Sie steht in der beruflichen Wirklichkeit seit langem neben ärztlicher und psychologischer Psychotherapie. So gibt es denn auch in der Praxis Tausende von Sozialarbeiterinnen und Sozialarbeitern, die psychotherapeutische Qualifikationen durch Fort- und Weiterbildungen erworben haben.

Im „Forschungsgutachten zu Fragen eines Psychotherapeutengesetzes" im Auftrag des Bundesministeriums für Jugend, Familie, Frauen und Gesundheit (Meyer, Richter, Grawe, Graf v. d. Schulenburg, Schulte 1991) wurde festgestellt, dass neben niedergelassenen Psychotherapeuten eine Fülle weiterer Einrichtungen, Dienste und Institute in öffentlicher und freier Träger-

2 „... to encourage patients to develop ... enduring sources of solidarity in their lives, thereby rendering therapeutic comfort redundant." (Smail 1993, 169)

schaft an der psychotherapeutischen Versorgung der Bevölkerung beteiligt waren (und auch heute noch sind): „Gleichwohl sollen …, quasi exemplarisch für ambulante psychotherapeutische Dienste und Einrichtungen, die Erziehungs- und Familienberatungsstellen und die sozialpsychiatrischen Dienste erwähnt werden, wohlwissend, dass vor allem in Großstädten auch in Psychosozialen Diensten, AIDS-Beratungsstellen, Frauen-Therapiezentren, Pro Familia-Beratungsstellen, Zentren für Krisenintervention etc. psychotherapeutische Leistungen angeboten und insbesondere von solchen Menschen wahrgenommen werden, für die die Schwelle zur Praxis des niedergelassenen Psychotherapeuten zu hoch ist.“ (31 f.) Der Umfang der psychotherapeutischen Versorgung der Bevölkerung *außerhalb* der kassen- und vertragsärztlichen Versorgung war (und ist) erheblich. Leider wird selten erkannt, dass in den meisten dieser Einrichtungen eine sozialarbeiterische psychotherapeutische Arbeit betrieben wird, deren zentrale Wirkfaktoren die häufig von den Subjekten lange entbehrten und in ihrer gegenwärtigen Lebenslage weiterhin defizitären sozialen Haltefunktionen sind. Die psychotherapeutische Perspektive in der Klinischen Sozialarbeit ist Teil des gesamten integrierten psycho-sozialen Hilfekonzeptes und ihr Erfolg ist eine Funktion ihrer Interaktionen mit dem umgebenden Feld.

3.1.1 Zur Bedeutung Klinischer Sozialarbeit für die Kinder- und Jugendlichenpsychotherapie

Die Mehrheit der Kinder- und JugendlichenpsychotherapeutInnen hat vor ihrer Ausbildung in Deutschland Soziale Arbeit bzw. Sozialpädagogik studiert. Durch das Psychotherapeutengesetz (PsychThG) von 1998 wurden zwei neue Heilberufe (mit Approbation) geschaffen: der Psychologische Psychotherapeut und der Kinder- und Jugendlichenpsychotherapeut (KJP). Der Heilberuf des KJP – Einschränkung auf den Altersbereich bis zum 21. Lebensjahr – ist für Diplom-Sozialarbeiter/Diplom-Sozialpädagogen, Diplom-Pädagogen, Diplom-Heilpädagogen u. a. neben Diplom-Psychologen zugänglich. Mit der Konstruktion dieses gesonderten Heilberufes mit Zulassung zur Approbation stellte der Gesetzgeber klar, dass er die lange Tradition auf der Grundlage des Studiums der Sozialarbeit/Sozialpädagogik anerkennt und für notwendig hält. SozialpädagogInnen mit Hochschulabschluss werden in ihrem Studium in großem Umfang mit Problemstellungen des Kindes- und Jugendalters befasst. Sie leisten ihre Praktika oftmals in Einrichtungen der Kinder- und Jugendhilfe und erfahren dort u. a. die Notwendigkeit der Integration psycho-sozialer Hilfen und psychotherapeutischer Behandlungen. Die im Sozialarbeits- bzw. Sozialpädagogikstudium vermittelten „klinischen Kompetenzen“ (vgl. Pauls & Mühlum 2005) betonen die Integration und Vernetzung der beratenden, sozial- und psychotherapeutischen sowie pädagogischen Arbeit, die beispielsweise im Rahmen der Elternberatung und Familienhilfe, der Interventionen im Alltag des Kindes bzw. Jugendlichen, der Kooperation z. B. mit Schulen und psychiatrischen Einrichtungen besondere Beachtung finden. Heilsame Veränderung vollzieht sich in diesem Altersbereich in besonderes großem Ausmaß in einem fördernden Lebensfeld – eine Aufgabenstellung Klinischer Sozialarbeit, liegen ihre spezifischen Stärken doch in der Arbeit mit besonders schwierigem, chronisch belasteten „hard-to-reach“ Klientel in „Multiproblemsituationen“. Ein integrierendes und kooperatives bio-psycho-soziales Verständnis zwischen Medizin, Psychologie und Sozialarbeit war in Deutschland dennoch lange Zeit nicht gegeben. Seit einigen Jahren wird erkannt, dass – nicht zuletzt auch vor dem Hintergrund der sozial bedingten Ungleichverteilung pychischer Erkrankungen in der Gesellschaft (Wilkinson & Pickett 2009) – zum Wohle der Betroffenen eine enge Kooperation zwischen Kinder- und Jugendhilfe, Kinder- und Jugendpsychiatrie und Kinder- und Jugendlichenpsychotherapie erforderlich ist (Fegert 2001, zur Notwendigkeit vgl. auch BELLA-Studie, Ravens-Sieberer et al. 2007; vgl. auch Bundesdrucksache 16/12860 2009). Dabei gewinnen soziale Dimensionen immer stärker eine primäre Bedeutung (Zurhorst 2010). So werden Maßnahmen wie intensive Einzelfallhilfen, Beratung, Familienhilfe bei schwer psychisch gestörten Kindern zunehmend in enger Zusammenarbeit von sozialpädagogischen Fachkräften, Kinder- und Jugendlichenpsychotherapeuten und Kinder- und Jugendpsychiatern durchgeführt. Kinder- und Jugendlichenpsychotherapie würde als Profession ohne (sozial-)pädagogische und klinisch-sozialarbeiterische Kompetenzen eine fachlich schwer vertretbare Verkürzung erfahren. Genau in der Verzahnung mit pädagogischen, sozialpädagogischen und sozialen Aufgaben und Kompetenzen unterscheidet sich die psychotherapeutische Arbeit mit Kindern und Jugendlichen und ihren Familien (Heekerens 2009), die in diesem Feld bei einem erheblichen Teil der Klientel eine sozial-psychotherapeutische sein muss, von der Erwachsenenpsychotherapie. Die Klärung von Erziehungsfragen, der Umgang mit Multiproblem-Familien, die Förderung sozialer Integration und die Zusammenarbeit mit Einrichtungen und Trägern der Jugendhilfe sind dringende Erfordernisse in der Ausübung des Berufes einer KJP, die in diesem Sinne durchaus auch als ein wichtiger Teilbereich der Klinischen Sozialarbeit anzusehen ist – als Spezialgebiet psycho-sozialer Fallarbeit.

3.2 Schulenübergreifende Perspektiven und ein allgemeines Modell

Nicht zuletzt unter dem Einfluss des Generic Model of Psychotherapy von Orlinsky (Orlinsky & Howard 1986; Orlinsky 1999) haben die psychotherapeutischen Schulrichtungen deutliche Weiterentwicklungen und Veränderungen im Verständnis psychischer Störungen und Erkrankungen und in ihren Methoden durchgemacht. Die Verhaltenstherapie ist zu sehr spezifischen Therapieprogrammen gekommen, mittels derer „störungsspezifisch“ behandelt wird. Die ursprünglich für alle Störungen vorgesehene Konzeption der „Inkongruenz zwischen Selbstkonzept und Erfahrung" der Gesprächspsychotherapie nach Rogers wurde differenziert (vgl. z. B. Tscheulin 1992, Swildens 1991, Sachse 1999). In der Psychoanalyse ergaben sich Änderungen durch Erkenntnisse über die kindliche Frühentwicklung und die möglichen Störungen der Ich-strukturellen Entwicklung mit den Folgen schwerer interaktioneller Persönlichkeitsstörungen („Frühstörungen"). Die Erkenntnis, dass sich Behandlungssetting, Beziehungsgestaltung und Methodik für persönlichkeitsstrukturell gestörte Menschen unterscheiden müssen von dem Vorgehen in der Neurosenbehandlung stammt wesentlich aus diesen Erfahrungen (Fürstenau 1992).

Bereits Pongratz (1973) bemühte sich um schulenübergreifende Perspektiven und sah psycho-soziale bzw. sozialbedingte und sozialrelevante Störungen übergreifend durch folgende Aspekte gekennzeichnet:

- Erlebnismäßige Präsenz der Symptomatik: Gemeint ist hier die sog. Krankheitseinsicht, der Leidensdruck. Bei Psychotikern fehlt häufig das Störungsbewusstsein und das psychische Leiden unter Konflikten, ebenso bei Persönlichkeitsstörungen oder psychosomatischen Störungen.
- Kognitive Latenz der Ursachen (Unwissentlichkeit der Ursachen): Der neurotisch gestörte Mensch weiß nicht, „warum" er sein Symptom produziert, warum er sich z. B. die Hände wäscht, kein Buch mehr lesen kann, einen Tic hat. Darüber hat er wohl Hypothesen, macht er auch biografische Angaben, doch fehlt ihm gleichsam der letzte Schlüssel zum Verständnis seines Verhaltens.
- Unwillkürlichkeit des neurotischen Verhaltens: Es versagt die Selbststeuerung oder die Selbstkontrolle. Der Neurotiker „kann nichts dazu", z. B. das enuretische Kind kann das Einnässen nicht willentlich unterlassen. Der Patient mit Zwangsgedanken kann diese nicht abstellen. Die Verhaltensstörung wird phänomenologisch durch „verborgene Kräfte" gesteuert.
- Erworbenheit (Psychogenität – Soziogenität – Sozialbedingtheit): Eine Symptomatik, die auf eine „psychogene Störung" hinweist, hat ihren Ursprung in einem psychischen Prozess (im Unterschied zu z. B. somatischen Wurzeln). Der Begriff Erworbenheit fasst nach Pongratz (ebd.) alle Einflüsse zusammen, die zur neurotischen Störung führen, z. B. Frustration, Verwöhnung, Angst, soziokulturelle Repression usw.

Diese Kriterien einer psychogenen Störung (neurotischen Störung, Verhaltensstörung) lassen sich in die Begrifflichkeiten sowohl psychodynamischer als auch verhaltenstherapeutischer und kognitionspsychologischer sowie humanistischer Ansätze übertragen. Die „kognitive Latenz" und die „Unwillkürlichkeit" gelten in der Psychoanalyse als Ausdruck des „Unbewussten". Wer den psychodynamischen Standpunkt einnimmt, wird erkennen, dass mit dem Merkmal „Erworbenheit" gefragt wird, wie es denn zu der neurotisierenden psychischen Dynamik gekommen ist. In der verhaltenstherapeutischen Neurosenlehre bezieht sich die kognitive Latenz u. a. auf die

Primärangst, die traumatische Situation, den Zeitpunkt der Fehlkonditionierung, die angstreduzierende und symptomverstärkende Wirkung der Vermeidung. Die behaviorale Neurosenlehre spricht dieses Merkmal mit dem Terminus „gelernt“ an. In den humanistischen Ansätzen steht sie im Zusammenhang des Selbstkonzeptschutzes und der Weigerung bzw. Unfähigkeit zur Verantwortungsübernahme.

Nach Hermer gilt die Abkehr von einer „Schulenorientierung“ als eines der Charakteristika des gegenwärtigen Psychotherapieverständnisses (vgl. Hermer 2000). „Seit man weiß, dass kein psychotherapeutischer Ansatz den anderen Ansätzen durchgehend überlegen ist, seit man außerdem weiß, dass die ansatz*übergreifenden* Wirkfaktoren für das Zustandekommen therapeutischer Erfolge weit entscheidender sind als die ansatz*spezifischen*, wäre man auch nicht mehr sehr überzeugend, würde man den eigenen Ansatz über andere Ansätze stellen. Außerdem ist bekannt, dass die Unterschiede zwischen Therapeuten unterschiedlicher Orientierungen mit zunehmender Erfahrung kleiner werden und dass der Erfolg einer Psychotherapie von der Mitwirkung des Klienten abhängt, dass die Klienten sogar ‚die eigentlichen Regisseure der Veränderung in der Psychotherapie‘ sind (Miller, Duncan & Hubble 2000, 42). Schließlich stellt auch die Praxis den Sinn des Schulendenkens in Frage: Kaum eine Praktikerin oder ein Praktiker sieht sich als eine Vertreterin bzw. einen Vertreter einer ‚reinen‘ Lehre.“ (Auckenthaler 2000, 2).

Auch Auckenthaler (ebd.) stellt die Frage nach den Voraussetzungen für eine solche schulenübergreifende Psychotherapieorientierung, insbesondere im Rahmen der Ausbildung und nennt einige Merkmale, die ihrer Ansicht nach „gegeben sein müssen, damit die Auseinandersetzung mit mehreren psychotherapeutischen Ansätzen nicht als verwirrend, sondern als bereichernd erlebt werden kann. Besonders leicht hat man es natürlich, wenn man sowieso nicht in Gefahr ist, sich *einer* Sache, *einer* Theorie oder *einer* Wahrheit zu verschreiben. Die *Lehrenden* könnten den Umgang mit unterschiedlichen Ansätzen erleichtern, indem sie den Werkzeugcharakter von Theorien betonen (vgl. Groeben & Westmeyer, 1975, S. 74) und indem sie therapeutischen Methoden und Techniken nur den Stellenwert zuschreiben, der ihnen nach den Ergebnissen der Psychotherapieforschung zukommt (vgl. Lambert, 1992; Miller, Duncan & Hubble, 2000). *Das* könnte dann der besondere Reiz einer methodenübergreifenden Psychotherapieausbildung sein: nicht von einem einzigen Denksystem überzeugt sein zu müssen – weder von einem der ansatzgebundenen Denksysteme mit ihrer begrenzten theoretischen Reichweite noch von einem einheitlichen theoretischen Denksystem mit noch so guter Erklärungskraft –, und nicht den Ehrgeiz entwickeln zu müssen, alle Methoden, die man kennen lernt, auch anzuwenden. Vielleicht ist es ja mit psychotherapeutischen Ansätzen wie mit Sprachen: Nicht jede Sprache, die man versteht, kann man auch sprechen, manchmal genügt es, eine Sprache wenigstens mäßig gut zu sprechen, und wer viele Sprachen versteht und/oder spricht, wird selten über die Probleme klagen, die er deswegen hat. Im Übrigen bin ich überzeugt, dass die Entscheidung für eine methodenübergreifende Ausbildung … dann besonders sinnvoll ist, wenn sie Ansätze einbezieht, die ressourcenorientiert und nicht pathologisierend sind.“ (Auckenthaler ebd.) Um wie viel mehr gelten diese Überlegungen für die psychotherapeutischen Merkmale Sozialer Therapie!

Die Schulenorientierung wird von einigen Autoren ersetzt durch eine Störungsorientierung, d. h. man geht davon aus, dass nicht alle Behandlungsmodelle in der Lage sind, „bei allen Problemen, Krankheiten und Störungen und bei allen Persönlichkeitstypen von Patient(inn)en gleich wirksam zu sein“ (Broda & Senf 2000, 294). Broda und Senf fordern deshalb eine „methodenintegrierende Psychotherapie“, unter der sie verstehen, „dass unter dem Grundsatz einer möglichst minimalen Intervention Patienten nur das an Therapie und therapeutischer *Dosis e*rhalten, was zur Behandlung der Erkrankung indiziert, medizinisch notwendig und ausreichend ist“ (Broda & Senf 2000, S. 295, Hervorhebung durch den Verf.). Hier wird deutlich, dass diese unter verhaltenstherapeutischem Primat angestrebte „Integration“ eine in extremem Ausmaß pharmakologisch-medizinischem Denken untergeordnete Psychotherapie sein soll, sogar in angemessenen „Dosierungen“ verabreichbar. Interessant, aber eigentlich nur folgerichtig ist, dass die humanistischen Verfahren bei Broda und Senf keine Rolle mehr spielen. Als soziales Psychotherapieverfahren in der klinisch-sozialarbeiterischen Fallarbeit eignet sich eine solche Ausrichtung überhaupt nicht, da soziale Behandlung einen anderen Denkansatz verfolgt.

Die verschiedenen *Komponenten psycho-sozialer Behandlung* wurzeln in übergreifenden, allgemeinen Behandlungselementen, auf die in unterschiedlicher Gewichtung und Kombination je nach Problematik, Indikation, Setting und Zielsetzung der Interventionen zurückgegriffen wird. Orlinsky und andere (Orlinsky, Orlinsky & Howard 1987, Orlinsky 1999) haben im Rahmen eines allgemeinen Modells der Psychotherapie (*Generic Model of Psychotherapy*) auf der Basis einer Meta-Analyse einer großen Zahl empirischer Psychotherapiestudien zentrale Elemente dargestellt, die den therapeutischen Prozess konstituieren. Diese Elemente sind für die soziale Beratung und Therapie von grundlegender Bedeutung, weil sie weitestgehend übertragbar sind. Grundlage der Meta-Analyse von Orlinsky, Grawe & Parks (1994) bildeten mehr als 2.300 Psychotherapiestudien aus dem Zeitraum von 1950 bis 1992. Die Bedeutung des Modells besteht zum einen darin, dass es den Weg für eine schulenübergreifende Sichtweise der Psychotherapie öffnete und das Forscherinteresse auf konzeptunabhängige Wirkfaktoren des psychotherapeutischen Prozesses wie die therapeutische Beziehung, die Patienten- bzw. Therapeutenrolle, das soziale Netzwerk des Patienten, u. a. fokussiert. Damit lässt es die verschiedenen theoretischen Vorstellungen innerhalb der Psychotherapie vor einem neuem Hintergrund erscheinen. Des Weiteren hebt das Allgemeine Modell die zentrale Bedeutung der Therapeut-Klient-Beziehung hervor. Diese besondere Position kommt der therapeutischen Beziehung dadurch zu, dass sie einen direkten Einfluss auf positive Veränderungen am Ende der jeweiligen Therapiesitzungen (micro-outcome) und auch auf das Gesamtergebnis (macro-outcome) ausübt. Ferner beeinflusst sie positiv die Aufnahmebereitschaft des Klienten durch dessen Selbstbezug. Darüber hinaus zeigt das Modell, dass ein direkter, andauernder Einfluss bestimmter therapeutischer *Interventionen* allein auf den Therapieerfolg nicht zu belegen ist. Das heißt, ob spezifische, auf dem jeweiligen therapeutischen Konzept beruhende Interventionen erfolgreich wirken, hängt von der *Aufnahmebereitschaft des Klienten* ab, diese wiederum von der Qualität der therapeutischen Beziehung.

Das allgemeine Modell der psychotherapeutischen Prozessstruktur nach Orlinsky & Howard (nach Perrez & Baumann 1998, 407)

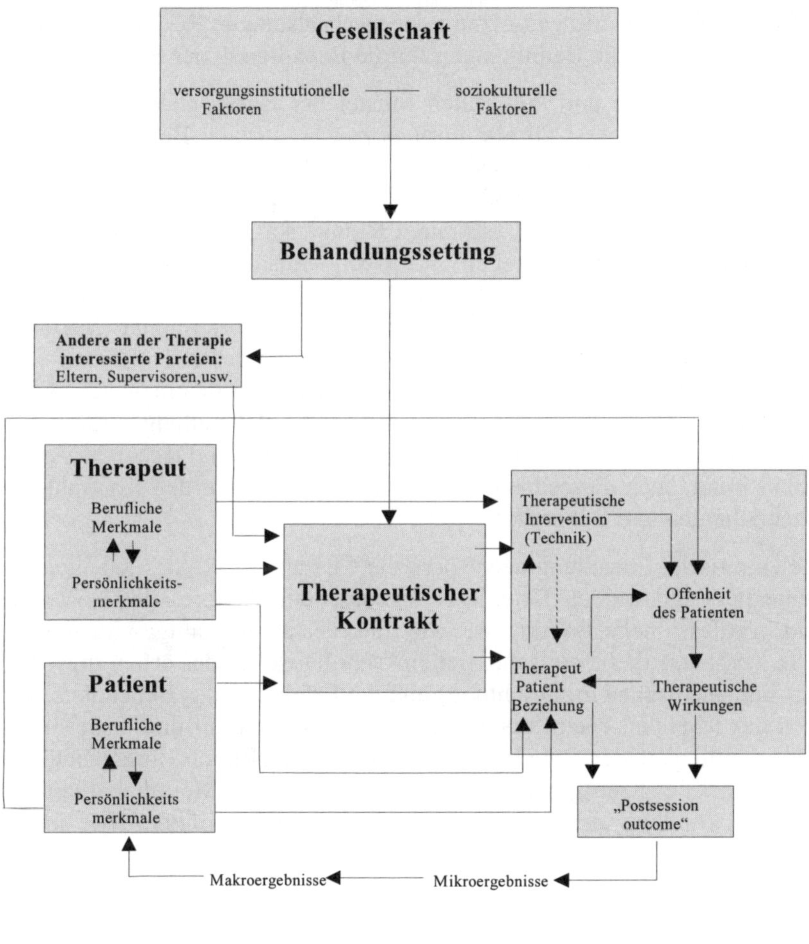

Das *Generic Model* besteht aus folgenden Komponenten:

Therapeutischer Kontrakt/Arbeitskontrakt: Er definiert den Zweck, die Anordnung, die Dauer und die Grenzen der gesamten Intervention und schafft einen sicheren Rahmen und tragfähige Grenzen. Der therapeutische Kontrakt bzw. Vertrag definiert das *gemeinsame Verständnis* innerhalb der Behandlungssituation *über die Ziele und Bedingungen* sowohl für Klient/Patient als auch für den Berater/Behandler (einschließlich evtl. weiterer beteiligter Partner). Zu den Dimensionen des Kontraktes gehören alle Modalitäten der Behandlung, welche die Art der Maßnahme (Individual-Therapie bzw. Beratung in dyadischer Form, Paar-Therapie/Beratung in triadischer Form, Familien-Therapie, Gruppen-Therapie etc.), den Behandlungsplan (z. B. die Frequenz, den Zeitpunkt, den Ort und die Dauer der Treffen), das Behandlungsmodell und das Honorar bzw. die Finanzierung betreffen. Dazu gehört ebenfalls die explizite Übereinkunft bezüglich der Erwartungen und der Ziele, über die Umsetzung der wechselseitigen Rollen in verschiedenen Phasen und die Bedingungen für die Beendigung der Behandlung.

Die institutionellen und kulturellen Muster der Gesellschaft bilden einen übergreifenden Kontext für alle Formen psycho-sozialer Beratung und Behandlung. Dadurch üben sie einen direkten Einfluss auf das Zuweisungssystem zu therapeutischen und anderen sozialen Maßnahmen (z. B. Versorgung durch Ärzte u. Psychologen, die durch Krankenkassen bezahlt werden; Finanzierung von Beratungsstellen und psycho-sozialen Projekten) aus. Das kulturell bestimmte Krankheits- bzw. Störungsverständnis und anerkannte Modelle helfender Beziehungen (z. B. Auswahl bestimmter Verfahren durch das Psychotherapeutengesetz oder auf Basis des KJHG) üben einen indirekten Einfluss auf den Arbeitskontrakt bzw. den therapeutischen Vertrag aus. Im Zuweisungssystem wird ferner das Behandlungssetting (z. B. Einzel- oder Gruppentherapie, Kommstruktur oder aufsuchende Arbeit) mitbestimmt, auch dieses hat einen direkten Einfluss auf den Kontrakt zwischen Klienten und Behandlern.

Die empirische Forschung zeigt, dass die Charakteristika des Klienten, des Behandlers und anderer Beteiligter fundamentale Faktoren des Kontraktes sind. Professionelle Merkmale, wie die verfahrensmäßige Ausrichtung (z. B. verhaltenstherapeutische, tiefenpsychologische oder erfahrungsorientiert-humanistische Grundrichtung) und die Erfahrung des Behandlers, aber auch des Klienten, beeinflussen den Behandlungsverlauf und insbesondere die Erwartungen der Beteiligten bezüglich ihrer Rollen, ihrer Ziele und Aufgaben. Gleichzeitig beeinflussen auch persönliche Merkmale die therapeutische Bindung und auch den Selbstbezug der Beteiligten. Hier sind zu nennen:

- das Selbstkonzept,
- der soziale Status,
- die momentane Lebenssituation,

- Beziehungserfahrungen,
- bevorzugte Muster interpersonellen Verhaltens.

Behandler, Berater, Therapeuten füllen ihre Rolle aus, indem sie ihre Behandlungsmodelle (z.B. verhaltenstherapeutische, tiefenpsychologische oder erfahrungsorientiert-humanistische Grundrichtung, zunehmend auch schulenübergreifende Orientierung) einbringen. Auf dieser Basis deuten sie das, was der Klient an Problematik präsentiert, formulieren adäquate Veränderungsziele, formen ihre technischen Interventionen. Die wichtigsten Fähigkeiten des Therapeuten während der Einführung des *Kontraktes* sind ein hohes Ausmaß therapeutischer Fähigkeit, Stabilität im therapeutischen Rahmen zu gewährleisten sowie für die Befolgung der Regeln und Vorgehensweisen des therapeutischen Modells zu sorgen (Aufbau eines Halt und Struktur gebenden Settings).

Therapeutische Bindung: Sie ist ein zentraler Aspekt der Beziehung, die sich zwischen den Beteiligten (Berater/Klinischer Sozialarbeiter/Therapeut/Psychotherapeut und Klient/Patient) entwickelt, während sie beide die jeweils ihnen obliegenden Aktivitäten im Rahmen der Interventionen ausführen. Die Beziehung zwischen den Personen, die als Klient und Helfer in eine Arbeitsbeziehung eintreten, überschreitet notwendigerweise ihre jeweiligen Rollen, weil Personen mehr umfassen, komplexer und vielschichtiger sind, als jede einzelne Rolle, die sie einnehmen. Niemand kann nur eine Mutter, nur ein Manager oder nur ein Sozialarbeiter oder Therapeut sein. Eine Mutter ist eine Frau, war oder ist eine Tochter, ist möglicherweise eine Ehefrau, vielleicht eine Schwester, war sicher eine Schülerin, ist eine Nachbarin, eine Bürgerin etc. Der Sozialarbeiter ist jemandes Kind, Schüler und Student, Nachbar, Freund; er hat ein Leben außerhalb seiner Arbeit. Alle diese anderen Merkmale, die einander begegnende Personen auch ausmachen, kommen synergetisch zusammen und „vermenschlichen“ die Art und Weise, wie sie ihre Rollen miteinander ausfüllen. Es ist diese ganzheitliche Beziehung, die Klient/Patient und Klinischer Sozialarbeiter miteinander zwangsläufig teilen – als Klient und professioneller Helfer und als Personen mit anderen Eigenschaften und Aktivitäten –, die zu einem therapeutisch hilfreichen Band wachsen kann oder aber auch dazu führen kann, dass die therapeutische Bindung fehlschlägt oder nicht tragfähig genug wird.

Durch die Ausarbeitung eines therapeutischen Vertrages und ihre aufeinander bezogenen Handlungsweisen entwickeln die beteiligten Personen (Klient und Behandler) eine spezifische interpersonelle Beziehung. Diese Bindung (auch therapeutische Allianz) ist gekennzeichnet durch den Einfluss des wechselseitigen Beziehungsverhaltens auf die „Atmosphäre“ des therapeutischen Prozesses und kann sowohl positiven als auch negativen Charakter haben. Die therapeutische Bindung entsteht als ein zentraler Aspekt der Beziehung, indem Helfer und Klient den Kontrakt schließen und in die Wirklichkeit umsetzen. Der „Plan“, die „Blaupause“ wird konkretes Engagement, indem *beide* sich auf konkretes Handeln (Interventionen) einlassen. Howard und Orlinsky (1987) unterscheiden drei Hauptaspekte der therapeutischen Beziehung:

1. *Sich-Einlassen/Rolleninvestition:* das Ausmaß in dem jeder Teilnehmer sich persönlich auf die Zusammenarbeit einlässt;
2. *empathische Resonanz:* das Ausmaß in dem sich beide Teilnehmer auf derselben „Wellenlänge" befinden (gegenseitiges Einfühlen und Mitschwingen);
3. *gegenseitige Bestätigung:* das Ausmaß an Sorge für das gegenseitige Wohlbefinden, das sich zwischen den Beteiligten entwickelt.

Diese Aspekte erinnern an die Rogers'schen Grundhaltungen des Helfers mit dem Unterschied, dass diese Dimensionen hier nicht nur die persönlichen Eigenschaften des Helfers charakterisieren, sondern in zweiseitiger bzw. gegenseitiger (reziproker) Hinsicht die Beziehung zwischen Helfer und Klient kennzeichnen. Grundlegend ist die Realität oder Echtheit dieses Beziehungs-Bandes. Es handelt sich nicht nur um eine Projektion oder Übertragung aus der Vergangenheit des Klienten auf die Gegenwart der Beziehung zwischen Klient und Helfer. Positive und negative unbewusste Übertragungen und Gegenübertragungen müssen natürlich als Aspekte der therapeutischen Beziehung gesehen werden, aber wenn sie auftauchen, und nicht auf der Grundlage einer tragfähigen therapeutischen Bindungs-Beziehung bearbeitet und aufgelöst werden können, ist ihr typischer Effekt, dass sie den Arbeitskontrakt unterminieren und die Arbeitsbeziehung beschädigen. Es stellt sich in der Forschung deutlich heraus, dass nur effektives Sich-Einlassen, empathische Resonanz und gegenseitige Bestätigung von Klient und Helfer das Auseinanderbrechen der therapeutischen Beziehung aufgrund unbewusster Übertragungen verhindern können. Nur wenn die Bindung stark genug ist, ermöglicht sie es, auftretende Übertragungen in therapeutische Fortschritte zu verwandeln. Ein tragfähiges therapeutisches Band zwischen Klient und Helfer fühlt sich für beide solide und *verlässlich, mitschwingend und warm* an. Die bereits genannten drei Hauptelemente der therapeutischen Bindung sind folgendermaßen zu charakterisieren:

- *Sich-Einlassen/Rollen-Investition*: Es gibt ein intensives und effektives Einbringen von Energie und Engagement (commitment) in die Beziehung und die jeweilige Rolle, erkennbar sowohl in der sich selbst ausdrückenden emotionalen Bindung des Klienten an den Helfer oder die Gruppe als auch in der aktiven Zusammenarbeit des Klinischen Sozialarbeiters mit dem Klienten/Patienten mittels Methoden bzw. Techniken, für die er sich am besten befähigt fühlt und die indiziert sind. Dieser Aspekt zeigt sich in folgenden Variablen:
  (1) Engagement des Helfers versus Gleichgültigkeit
  (2) Glaubwürdigkeit des Helfers versus Unsicherheit
  (3) Echtheit/Authentizität des Helfers
  (4) Engagement des Klienten

(5) Motivation des Klienten
(6) gegenseitiges Engagement und gleicher Level der Intensität

- *Empathische Resonanz:* Ein zweites Element das mit dem Zusammenhalt in einer guten und hilfreichen Maßnahme einhergeht, ist der gute persönliche Kontakt, das verlässliche Aufeinander-Bauen der Teilnehmer. Dieser persönliche Kontakt ist charakterisiert durch gegenseitiges Vertrauen und Sich-Wohlfühlen, wenig Verteidigungshaltungen und Abwehr auf beiden Seiten (erkennbar in der Spontaneität des Klienten und der Echtheit des Helfers), und auch durch einen starken und einfühlsamen Rapport, ein Gefühl, auf derselben Wellenlänge zu sein, das durch empathische Resonanz und gegenseitiges Verstehen entsteht. Dieser Aspekt zeigt sich in folgenden Variablen:
  (1) Aufnahmebereitschaft und Einstimmung des Helfers,
  (2) Ausdruckkraft des Helfers (frische Sprache, Stimme, Artikulation, Konkretheit),
  (3) Aufnahmebereitschaft und Einstimmung des Klienten,
  (4) Ausdruckskraft des Klienten (gefühlsbetonte Äußerungen stehen in signifikantem Zusammenhang mit Therapieerfolg),
  (5) Gegenseitige Resonanz.

- *Gegenseitige Bestätigung:* Schließlich ist als drittes Element ein weitgehender und wachsender „guter Wille“ zwischen den Beteiligten in hilfreichen Therapien erkennbar – ein starkes Gefühl der Zusicherung und Bestätigung, dass es nicht bloß Akzeptanz ist, sondern Akzeptanz verbunden mit der Ermutigung zu Unabhängigkeit. Dies kann sowohl herausfordernd als auch unterstützend sein. Wichtig ist, dass es aus der Sorge und dem Respekt für die grundlegenden Interessen und die Autonomie der anderen Person erwächst. Als Variablen sind zu nennen:
  (1) Bestätigung durch den Helfer,
  (2) Bestätigung durch den Klienten,
  (3) gegenseitige Bestätigung.

Die Ziele der Behandlung können durch diese Bindung gefördert oder gestört werden. Eine positive therapeutische Bindung beinhaltet als Prozessvariable genauso *effektive Zusammenarbeit* (persönliches Einbringen und Abstimmung der Interaktionen von Patient und Therapeut, Kooperation) wie *individuellen Rapport* (gegenseitiger Kontakt, wechselseitige Gefühlsbeteiligung). Zurückzuführen ist die Erforschung der therapeutischen Beziehung übrigens auf die Konzeption von „notwendigen und hinreichenden Bedingungen“ durch Rogers (1957). Die Beiträge des Klienten/Patienten und des Behandlers/Therapeuten zur therapeutischen Bindung (Beziehung) werden durch normative Konzepte (die das Verhalten zueinander regeln) beeinflusst, was wiederum dem Kontrakt einen hohen Stellenwert für die Beziehung zuweist. Die solchen normativen Einflüssen gegenüber empfindlichsten Facetten der therapeutischen Bindung sind:

- *die Abstimmung der Interaktion*: Soll eine Person das Gespräch leiten und die andere Person folgen oder sollen beide gleichberechtigt zusammenarbeiten?
- *individuelle Umsetzung:* Wie viel Gefühl dürfen sie zeigen oder können sie einander zugestehen?

Interventionen: Sie umfassen die konkreten Handlungen des Beraters/ Behandlers/Therapeuten, die innerhalb der im Kontrakt vereinbarten Zeit durchgeführt werden. Diese Interventionen bestehen bei der sozialen Fallarbeit in Methoden der Gesprächsführung/Beratung und beziehen sich auf das zielgerichtete Vorgehen in Bezug auf die Ebenen bzw. Ansatzpunkte Erleben-Verhalten und Lebenssituation des Klienten (Person-in-Situation), unmittelbare soziale Beziehungen (z. B. Familie) und weiteres soziales Netzwerk (Arbeit, Nachbarschaft, Gemeinde, professionelle Dienste im Gesundheits- und Sozialwesen). Das heißt, es geht bei den Interventionen primär um den *technischen Aspekt.* Klinische Maßnahmen sind spezifische, technische Handlungsweisen, welche Klient/Patient *und* Behandler/Therapeut im Rahmen des Kontraktes/Vertrages *miteinander austauschen.* Generell beinhaltet dieses Vorgehen mehrere sich überlagernde therapeutische Handlungsweisen:

1. Die Problempräsentation des Klienten/Patienten: Er/Sie muss dem Behandler die Bedingungen und Probleme aufzeigen, die den Anlass für eine Beratung/Behandlung geben. Dazu gehören subjektive Beschwerden, bedeutsame Lebensprobleme, Kernbeziehungen (z. B. Herkunftsfamilie), das Lebensumfeld, das Hier-und-Jetzt sowie kognitive und verhaltensmäßige Prozesse der betroffenen Person(en).
2. Therapeutische Schlussfolgerungen: Die klinische Fachkraft bringt ihre professionellen Fähigkeiten und Kenntnisse ein, zur Beurteilung dessen, was der Klient/Patient präsentiert. Durch die oben genannten Vorgehensweisen wird es dem Therapeuten möglich, das klinische Erscheinungsbild des Patienten anhand eines relevanten Behandlungsmodells zu verstehen, z. B. durch eine diagnostische Bewertung oder vorläufige Fallbeurteilung.
3. Therapeutische Intervention: Geeignete Interventionsformen und -techniken werden auf der Grundlage der im Kontrakt vereinbarten Ziele und des spezifischen Behandlungsmodells ausgewählt.
4. Kooperation des Klienten/Patienten: Klinisch-sozialarbeiterisches (beratend-therapeutisches) Handeln benötigt ebenso die aktive Beteiligung und Mitarbeit des Betroffenen. Als produktive Prozessvariablen für die Beratung/Therapie werden bei Orlinsky die Selbstexploration, affektive Reaktionen oder die Identifizierung mit dem Therapeuten durch den Klienten/Patienten erachtet.

Die empirische Forschung zeigt, dass die Wirksamkeit der Interventionen (bzw. therapeutischen Maßnahmen) stark von der Kooperation des Klienten/Patienten (im Rahmen der therapeutischen Beziehung) und seiner inneren Offenheit (Selbstbezug) abhängt. Die Studien zeigen einen starken Zusammenhang zwischen Ergebnis und positiver Kooperation zwischen Klient und Behandler bzw. der innerer Offenheit des Klienten. Weniger stark sind die Zusammenhänge zwischen Ergebnissen und den Interventionen (therapeutischen Maßnahmen). Klienten, die kooperativer sind und sich mehr einbringen, können die Erfahrungen, welche durch die Interventionen ermöglicht und vermittelt werden, besser aufnehmen und haben größere Chancen, von einer Therapie zu profitieren (unmittelbare Auswirkung der Therapiesitzung).

Der Selbstbezug von Behandler und Klient: Die innere Selbstbezogenheit umfasst das Selbsterleben (Kognitionen, Affekte, Verhalten) der Beteiligten innerhalb ihrer jeweiligen Rolle. Die Prozessvariablen dieses Aspektes umfassen dabei Selbstkongruenz, die Selbstachtung der Betreffenden und die Selbstkontrolle. Diese Variablen lassen sich in unterschiedlichem Ausmaß in einem Kontinuum zwischen „Öffnung“ und „Abwehr“ operationalisieren. Dieser Aspekt unterscheidet zwischen der Selbstbezogenheit des Klienten/Patienten und der des Therapeuten.

a. Selbstbezug des Klienten; meint die Entwicklung einer internalen Perspektive: sich selbst wahrnehmen und einen Bezug zu sich selbst herstellen sowie die Fähigkeit, die Auswirkung der Interventionen und der helfenden Beziehung persönlich zu verarbeiten und in das Alltags- und Sozialleben zu integrieren.
b. Selbstbezug des Behandlers; er meint die Fähigkeit, sich selbst, d. h. seine eigenen emotionalen, körperlichen und kognitiven Reaktionen in der Beziehung zum Klienten und dessen sozialem Umfeld wahrzunehmen und mit dem eigenen professionellen Handeln abzustimmen.

Die empirischen Ergebnisse belegen die moderierende Wirkung, welche der Selbstbezug (Offenheit vs. Abwehr) des Klienten/Patienten gegenüber indirekt beeinflussenden Botschaften ausübt, die durch Beiträge des Therapeuten zur therapeutischen Beziehung entstehen. In dem Ausmaß, in dem Klienten/Patienten eine positive Anregung und eine unterstützende Bindung erleben, tendieren sie dazu, weniger defensiv gegenüber den Interventionen bzw. therapeutischen Maßnahmen und den Beziehungsbotschaften des Behandlers zu sein. Dies führt dazu, dass sie ihre therapeutischen Erfahrungen in höherem Ausmaß in positive unmittelbare Auswirkungen umsetzen. Über den Zeitverlauf hin beeinflusst so die Qualität der therapeutischen Bindung das Ausmaß der Öffnung bzw. der Abwehr. Der Selbstbezug des Klienten/Patienten arbeitet so betrachtet als eine Art psychologischer Filter für die interpersonalen Botschaften (therapeutische Beziehung) und die therapeutischen Maßnahmen bzw. Interventionen.

Fortschritte – Veränderungen: Sie ergeben sich zunächst innerhalb der Sitzungen (z. B. Kontakt- und Vertrauensaufbau, Entlastung, diskriminatives Lernen, Einsicht, Bedeutungen unterscheiden etc.) und sind hilfreich für

Veränderungen im Leben des Klienten und/oder in seiner Persönlichkeit (Erleben und Verhalten), die wir dann im Rahmen des zeitlichen Verlaufes zum Ende der Behandlung bewerten. Wir unterscheiden in der Klinischen Sozialarbeit Veränderungen der Person, der sozial-emotionalen Beziehungen und des sozialen Umfeldes bzw. Netzwerkes. Unmittelbare Auswirkungen der Therapie- bzw. Beratungssitzung (in-session impact) bezeichnen positive und negative Effekte auf die Beteiligten *im Verlauf einer Sitzung*. Auf Seiten des Klienten/Patienten geht es um positive Auswirkungen *während* der Sitzung, wie Einsicht und Selbstverständnis, emotionale Entlastung, Ermutigung, Kompetenzzuwachs, höheres Selbstwertgefühl aber auch negative Auswirkungen, wie Verwirrung, Ängstlichkeit oder Verlegenheit. Auf Seiten der Fachkraft geht es um ihr Erleben während der Interventionen, um die Erfahrung von Selbstwirksamkeit und Zufriedenheit bzw. Frustration und Entmutigung. Veränderungen bzw. Fortschritte stellen sich *im zeitlichen Verlauf* (sequenziell) ein. Zu unterscheiden sind

a. *der Ablauf einer Sitzung,* in dem Interaktionsfolgen über die Zeit *innerhalb* von Sitzungen entstehen,
b. *der (gesamte) Behandlungsverlauf,* in dem Ereignisse auftreten, die für den gesamten Behandlungszeitraum bzw. auch Phasen des Behandlungsprozesses charakteristisch sind.

In der empirischen Forschung zeigt sich, dass die unmittelbaren Auswirkungen/Veränderungen innerhalb einer Sitzung (*in-session impact*) auf den Klienten eine erhebliche Wirkung nach der Therapiesitzung (*postsession outcome*) ausüben Auf diesem Weg beeinflussen die einzelnen Interventionen (Gesprächsführungstechniken und beratend-therapeutische Maßnahmen) und die Qualität der therapeutischen Beziehung das Selbstkonzept (Selbstbezug) des Klienten/Patienten. Auf lange Sicht repräsentiert dies den wichtigsten Einfluss, den Psychotherapie auf das Leben des Klienten und dessen Persönlichkeit haben kann. Ein weiteres wichtiges Ergebnis der Psychotherapieforschung ist die Beziehung zwischen der Behandlungsdauer und der Wirksamkeit. Damit eine Langzeitwirkung im Sinne einer konstruktiven Veränderung erreicht wird, müssen die *innerhalb* der Sitzungen erzielten Wirkungen *nach* der Therapie- bzw. Beratungssitzung wiederkehrend über einen längeren Zeitraum hinweg erfahren werden. Die Ergebnisse zeigen, dass dies zwar nicht in jedem Fall notwendig sein muss, dass aber die Wirksamkeit von Therapie durch unterstützende Einflüsse wie die Erfahrung des psychischen Funktionierens und die Verbesserung der Lebenssituation erhöht wird.

3.3 Unspezifische Wirkfaktoren

Die empirische Untersuchung von unspezifischen Wirkfaktoren hat in der Psychotherapieforschung eine Reihe von auch für die Klinische Sozialarbeit wichtigen Ergebnissen gebracht.[3] Es handelt sich um eine Perspektive, die seit einigen Jahrzehnten die psychotherapeutische Forschung begleitet und immer wieder für Diskussionen in der Fachwelt gesorgt hat. Grundlage bildet die Annahme, dass die Wirkfaktoren in der Psychotherapie in spezifische und unspezifische Faktoren eingeteilt werden können. Diese unspezifischen Wirkfaktoren zeigen nicht nur einen Weg zur Integration der psychotherapeutischen Ansätze in eine allgemeine und schulenübergreifende Psychotherapie, sondern auch der Integration psychotherapeutischer Methodik in die psycho-soziale Behandlungsarbeit.

Spezifische Wirkfaktoren kennzeichnen besondere Vorgehensweisen der jeweiligen psychotherapeutischen Verfahren. Ihnen liegen explizite Annahmen (z. B. diagnostische Kategorien, Regeln für therapeutisches Vorgehen) zugrunde, aufgrund derer die Anwendung spezieller Techniken als kausal verantwortlich für die Veränderungswirkung am Klienten/Patienten betrachtet wird. Unter spezifischen Wirkfaktoren sind diesbezüglich „spezielle Techniken und Strategien, die von den jeweiligen therapeutischen Systemen explizit zur Behandlung von psychischen Störungen entwickelt wurden“ (Huf 1992, 45) zu verstehen. Weil beispielsweise die verhaltenstherapeutische Theorie bestimmte Symptome von Patienten als das Ergebnis erlernter Fehlanpassung erklärt, zielen die angewandten spezifischen verhaltenstherapeutischen Techniken darauf ab, diese Fehlanpassungen durch Lernprozesse aufzulösen. Weil die psychoanalytische Theorie die gleiche Symptomatik als Resultat eines unbewussten, intrapsychischen Konfliktes erklären würde, bestehen ihre spezifischen Interventionen in Bemühungen zur Bewusstmachung dieses Konflikts.

Die genauere Bestimmung der *unspezifischen Wirkfaktoren* ist schwierig. Folgt man Kazdin (1979), so beziehen sich unspezifische Wirkfaktoren

- in einer globalen Art auf einige Variablen, die für keine Therapieform spezifisch bzw. einzigartig sind, zum Beispiel korrigierende emotionale Erfahrungen, Einsicht, emotionale Entlastung, Verhaltensänderung;
- auf interpersonale und/oder soziale Faktoren, welche die Anwendung von Therapie erleichtern, sich aber von den instrumentellen Komponenten der Therapie unterscheiden (z. B. das Gespräch mit einem verständnisvollem Therapeuten);
- auf potentiell weitere aktive Bestandteile, deren therapeutische Effekte bislang noch nicht bestimmt wurden, wie die Erwartungen des Klienten.

3 Dieses Kapitel stützt sich z. T. auf Ausarbeitungen von Jürgen Wickles (2000).

Tscheulin (1992) schlägt mit Verweis auf u. a. Yalom, Garfield, Tschuschke vor, „bei jeder Art von Psychotherapie zwischen Therapeutischem Basisverhalten und Differentieller Psychotherapie zu unterscheiden und die Verschränkung (*Integration*) dieser beiden Bereiche als Definitionsgrundlage von Psychotherapie zu verwenden" (Tscheulin 1992, XI). *Therapeutisches Basisverhalten* bezeichnet diejenigen Aspekte von therapeutischer Intervention, die in verschiedenen klinischen Tätigkeitsfeldern und Aufgabenstellungen therapieschulenübergreifend von Bedeutung sind. Es geht also um solche *allgemeinen „Wirkfaktoren"*, die zur Heilung psychischer Störungen wesentlich beitragen und die allen psychotherapeutischen Ansätzen, trotz teils sehr unterschiedlicher Vorgehensweisen, zugrunde liegen.

Diese allgemeinen Wirkfaktoren beinhalten zu einem gewichtigen Teil Aspekte sozialer Unterstützung. Die bei den Theorien sozialer Unterstützung a. a. O. vorgestellte Differenzierung zwischen Haupt- und Pufferfaktoren erinnert an die Unterscheidung zwischen unspezifischen und spezifischen Wirkfaktoren in der Psychotherapie. Milne (1999) weist darauf hin, dass Psychotherapeuten häufig die Bedeutung der spezifischen therapeutischen Faktoren (gemeint sind hiermit etwa Trauminterpretation, Übertragungsdeutungen, Imagination, gelenkte Aufdeckung, systematische Desensibilisierung etc.) als die eigentlich wirkenden Komponenten ihres Vorgehens ansehen. Jedoch Analysen der relativen Bedeutsamkeit von unspezifischen oder allgemeinen Wirkfaktoren und spezifischen Interventionen unterstützen diese Ansicht nicht. Oei und Shuttlewood (1996, zn. Milne 1999) fanden in einer Metastudie heraus, dass beide Arten von Faktoren eine bedeutende Rolle spielen. Zu den unspezifischen Faktoren rechneten sie:

- die Aussicht auf eine Beziehung, die Hoffnung und Aussicht auf Hilfe bedeutet,
- warmherzige Annahme/Involvierung einschließlich Sorge und Freundlichkeit,
- die Gelegenheit zur Katharsis.

Eine als *therapeutische Allianz* bezeichnete unspezifische Dimension beinhaltet die emotionale Verbundenheit zwischen Klient und Therapeut und das gegenseitige Einverständnis mit dem Zweck und den Methoden der therapeutischen Arbeit. Dies stimmt überein mit den Anliegen sozialer Unterstützung: emotionaler, informationeller und praktischer Beistand. Der Therapeut ist in diesem allgemeinen Sinne das Verbindungsglied zwischen Klient/-in und seiner/ihrer sozialen Welt.

Frank (1961) war der Erste, der auf Gemeinsamkeiten im Sinne von unspezifischen Wirkfaktoren in allen Therapieformen aufmerksam machte. Er analysierte Parallelen zwischen Formen des unwissenschaftlichen Heilens, wie beispielsweise von Schamanen, und des wissenschaftlichen Heilens, wie in der heutigen Psychotherapie. Auf dieser Basis leitete Frank allgemeine Wirkfaktoren jeder positiven therapeutischen Einflussnahme ab:

- Vertrauen: eine intensive emotionale, vertrauensvolle Beziehung zu einer hilfreichen Person.
- Vermittlung von Orientierung: Ein Glaubenssystem oder Grundprinzip, das eine kausale Erklärung für das Leiden des Patienten liefert und gleichzeitig die Kompetenz des Helfers reflektiert.
- Problemlösung: Informationen über die Natur und den Ursprung der Probleme des Patienten und über daraus ableitbare Modelle für Alternativformen der Problemlösung.
- Sinnstiftung: Überwindung demoralisierender Entfremdung durch die Vermittlung von Hoffnung und Aufrichten der Moral des Patienten.
- Aktive Beteiligung des Patienten: Die Vermittlung von Erfolgserlebnissen, die das Bewusstsein der Lebenstüchtigkeit des Klienten fördern und ihm so Vertrauen und Hoffnung für die Lösung seiner Probleme geben.

Frank betont insbesondere den Aspekt der „*Demoralisierung*" des Klienten/Patienten: fast alle Individuen, die psychotherapeutische Hilfe aufsuchen, sind in erster Linie von Demoralisierung geprägt. Darum ist es eine primäre Aufgabe von Psychotherapie dieses Gefühl zu reduzieren (Frank 1981). Es ist charakterisiert durch geringe Selbstachtung, Hoffnungs- und Hilflosigkeit, Furcht, verworrenes Denken, Traurigkeit, Beklemmung und psychopathologische Symptome bis hin zur körperlichen Krankheit. In verschiedenen Studien zeigte sich, dass ca. zwei Drittel der Psychotherapiepatienten in der einen oder anderen Weise durch Anzeichen von Demoralisation gekennzeichnet sind und besonders von Psychotherapie profitieren.

In Anlehnung an Franks Modell entwarfen verschiedene Autoren (Garfield 1982, 136ff., Textor 1988, 1990, Petzold 1992) eigene bzw. integrative Modellvorstellungen unspezifischer Wirkfaktoren.[4] Bandura (1982) entwarf ein verhaltensorientiertes Modell unspezifischer Wirkfaktoren, nach dem die Wirksamkeit der unterschiedlichen psychotherapeutischen Methoden kognitiv begründet ist. Bandura führte dazu den Begriff der „self-efficacy" ein, der soviel wie Selbstwirksamkeit, Selbstvertrauen oder eigene Wirkungskraft bedeutet. Self-efficacy bedeutet die kognitive Attribution des Patienten hinsichtlich seiner eigenen Wirksamkeit gegenüber bestimmten Aufgabenstellungen (z. B. persönliche Probleme). Psychotherapie verschiedenster Art vermag die Self-efficacy-Einschätzung des Klienten/ Patienten zu verändern. In einer erfolgreichen Therapie verbessern therapeutische Erfahrungen die Beurteilung des Patienten hinsichtlich seiner eigenen Self-efficacy, wodurch wiederum

---

4 Diese Autoren unterscheiden sich lediglich hinsichtlich der inhaltlichen Ausführung unspezifischer Wirkfaktoren und bieten keine strukturellen Neuerungen des Konzeptes. *Garfield*: Katharsis, Modifikation der Selbst- und Sozialwahrnehmung des Klienten, Einsicht, die therapeutische Beziehung; *Textor*: Hoffnung, Motivation des Klienten, therapeutische Beziehung, Persönlichkeit des Therapeuten, Erklärung für Probleme; *Petzold*: Einfühlendes Verstehen, Förderung emotionalen Ausdrucks, Förderung von Einsicht, Sinnerleben, Evidenzerfahrungen, Förderung von Lernmöglichkeiten, Lernprozessen und Interessen u. a.

die Problemlösefähigkeit verbessert wird. Die Erfahrung, ein Problem bewältigt zu haben, wirkt sich rückkoppelnd wieder auf die Erwartung von Selbstwirksamkeit aus.

Karasu (1986, zn. Bozok & Bühler 1988) entwickelte ein Modell durch die umfassende Analyse von verschiedenen bedeutsamen Psychotherapieverfahren. Er benutzte dabei nicht den Begriff der unspezifischen Wirkfaktoren sondern führte den Begriff der „change agents" ein. Folgende change agents werden von ihm unterschieden:

- *Affektives Erleben*: Techniken des affektiven Erlebens rufen emotionale Erregung und in deren Folge Erschöpfung hervor. Durch diese Erschöpfung fällt dem Patienten die Explikation von Emotionen leichter und die Empfänglichkeit gegenüber Suggestionen des Therapeuten wird erhöht. Dieser Prozess bewirkt einen erleichterten Zugang zum Patienten, indem die Widerstände und Abwehrmechanismen reduziert werden. Zu diesem Zweck setzt man in den verschiedenen psychotherapeutischen Verfahren unterschiedliche Techniken zur Förderung des affektiven Erlebens ein. Evokative Techniken der Gestalttherapie sind beispielsweise der innere Dialog, oder die Wiederholung und Übersteigerung von bedeutsamen Gesprächsinhalten. Die Verhaltenstherapie kennt diesbezüglich die Technik des „flooding" (Reizüberflutung) und die Psychoanalyse verwendet hinsichtlich der Steigerung affektiven Erlebens die Technik des freien Assoziierens.

- *Kognitive Beherrschung (kognitive Fähigkeiten)*: Techniken der kognitiven Förderung von Fähigkeiten des Klienten/Patienten zielen darauf ab, dass sich der Patient neue Denkweisen und Einsichten aneignet bzw. diese in alte Konzepte integriert. Indem der Therapeut bewusst und durchdacht vorgeht, entsteht eine Atmosphäre, in der Veränderung durch rationale Faktoren begründet ist. Veränderungen beziehen sich hier auf ein emotionales Gleichgewicht, erweiterte Selbst-Kontrolle, Zugang zu kognitiven Coping-Strategien und in der Reflektion eigener Überzeugungen. Auf diese Art werden Selbstwahrnehmung und Selbstverständnis gefördert. Zu diesen Interventionen gehören nach Karasu Interpretationen in der Psychoanalyse und in der Gestalttherapie, paradoxe Interventionen in den kognitiv-behavioralen Ansätzen sowie das empathische Verstehen innerhalb der Gesprächspsychotherapie.

- *Verhaltensregulation*: Techniken der Verhaltensregulation zielen auf die Veränderung der Handlungskontrolle bzw. von Gewohnheiten ab. Der Lernprozess erfolgt dabei unter Anleitung des Therapeuten, indem positive Erfahrung Veränderungen verstärkt und diese Veränderungen durch weitere Übung/Wiederholung gefestigt werden. Verhaltensregulierende Interventionen sind besonders charakteristisch für die Verhaltenstherapie, z.B. das Lernen am Modell, sind aber nicht auf diese beschränkt. Unter verhaltensregulierenden Interventionen versteht Karasu außerdem die Identifikation in der Psychoanalyse oder das selektive „hmmm“ des Gesprächspsychotherapeuten.

Grawes Ansatz der Formulierung schulenübergreifender therapeutischer Wirkfaktoren (Grawe, 1995; 1998; 2000) basiert auf Ergebnissen der empirischen Psychotherapieforschung. Als ein Ergebnis der Meta-Analysen von Grawe, Donati & Bernauer (1994) zeichnet er die Umrisse einer allgemeinen Psychotherapie anhand von vier unspezifischen Wirkfaktoren, deren Bedeutung für die psycho-soziale Fallarbeit der Klinischen Sozialarbeit evident sind (vgl. auch Crefeld 2002):

Ressourcenaktivierung: Ressourcenaktivierung wird durch die Zuwendung des Therapeuten bzw. Beraters zu Stärken, Möglichkeiten, Fähigkeiten und Motivationen, also den positiven Seiten des Klienten/Patienten gefördert. Sie ermöglicht letzterem, sich nicht auf seine problematischen Seiten zu reduzieren, sondern sich auch in seinen anderen, positiven Seiten zu erfahren. Dies wertet das Selbst des Patienten auf und wirkt so der Demoralisierung (vgl. Frank 1961, 1981, 1992) entgegen. Darüber hinaus erleichtert das Anknüpfen an Fähigkeiten und Stärken dem Patienten neue Fähigkeiten der Problembewältigung (Coping) zu erwerben. Die Ressourcenperspektive zeigt dem Therapeuten, auf welche Weise er mit dem Patienten zusammen an dessen Probleme herangehen kann. So ergibt sich die Faustregel, die Problemperspektive für die inhaltliche Therapie- bzw. Beratungsplanung (Was soll geändert werden?) und die Ressourcenperspektive für die prozessuale Therapie- bzw. Beratungsplanung (wie kann das Problem am besten geändert werden?) heranzuziehen. Hierzu muss der Therapeut/Berater sein therapeutisches Angebot möglichst variabel ganz auf die Möglichkeiten und Eigenarten des Patienten einstellen. Unter Ressourcen versteht Grawe (1995) die Einbeziehung des sozialen Netzwerks (mitgebrachte Beziehungen z. B. zu Partnern oder Familienangehörigen), die Motivation des Patienten oder die Beratungs-/Therapie-Beziehung. Ressourcenaktivierung bezieht sich somit sowohl auf die innerpsychische Situation als auch auf die soziale Situation. Auch und gerade bei der sozialen Fallarbeit im Sinne sozialer Beratung und Therapie ist die Einbeziehung der Ressourcen ein zentraler Wirkfaktor. Wüsten (2009) und Wüsten, Schmid und Amann, M. (2009) haben hierzu sehr empfehlenswerte praxisorientierte Konzepte explizit auch für die Kinische Sozialarbeit vorgelegt.

Problemaktualisierung: Die Begrifflichkeit der Problemaktualisierung (oder auch Prinzip der *unmittelbaren Erfahrung* bzw. prozessuale Aktivierung) bezieht sich darauf, dass die für den Patienten das Leid begründende, problematische Bedeutung dann am wirksamsten verändert werden kann, wenn diese Bedeutung in der Therapie real zum Erleben gebracht wird. Grawe nennt beispielsweise die Reizkonfrontationstechnik: ein Klient mit Platzangst wird in einem Kaufhaus einem Gedränge ausgesetzt; ein Klient mit Höhenangst wird auf eine hohe Brücke geführt. Vom unmittelbaren Erleben veränderter Bedeutungen erwarten die meisten Therapiemodelle das Eintreten therapeutischer Wirkung. In der psychoanalytischen Therapie soll beispielsweise der Patient eine Übertragungsneurose entwickeln und aufarbeiten, das Psychodrama ist darauf ausgerichtet, problematische Beziehungskonstellationen erlebnismäßig im dramatischen Rollenspiel wiederzubeleben und das Experiencing-Konzept von Gendlin beurteilt die therapeutische Wirksamkeit eines Dialogs nach dem Ausmaß unmittelbaren gefühlsmäßigem Erlebens des Patienten. Auch „ein suchttherapeutisch erfahrener Sozialarbeiter würde als analoges Beispiel auf die gegenüber der reinen Klinikbehandlung in vielen Fällen größeren Erfolgschancen einer ambulanten Suchttherapie hinweisen, wenn sie im realen Lebensfeld, in der Auseinandersetzung mit den beruflichen und familiären Gegebenheiten geschieht" (Crefeld a. a. O., 34).

Aktive Hilfe zur Problembewältigung: Aktive Hilfe zur Problembewältigung fokussiert problemadäquate Maßnahmen, mit denen der Therapeut den Patienten aktiv bei der Bewältigung seiner Probleme unterstützt. Im Mittelpunkt steht die Perspektive von „Können" versus „Nicht-Können" eines Klienten. Der Therapeut betrachtet aus dieser Perspektive den Zustand oder das Problem des Klienten als ein Nicht-anders-Können, das als solches ernst genommen wird und an dessen Bewältigung methodenzentriert gearbeitet wird. Nach Grawe (ebd.) bringt der Therapeut hierfür ein problemspezifisches Know-how zur Überwindung dieser Schwierigkeiten mit. Explizit nennt er beispielhaft Selbstsicherheitstraining für Patienten mit sozialen Hemmungen, Entspannungstraining für Patienten mit Einschlafproblemen, Kommunikationstraining für zerstrittene Paare, Ersetzen „irrationaler" Leitsätze durch „rationale" nach Ellis, u. a.

Klärung: Das Wirkprinzip dieses Faktors bezieht sich darauf, dass der Therapeut dem Klienten/Patienten hilft, sich selbst, sein eigenes Erleben und Verhalten im Hinblick auf seine bewussten und unbewussten Ziele, Motive und Werte besser zu verstehen. Sachse (1992) spricht in diesem Zusammenhang von der Explikation impliziter Bedeutungen oder „explizierender Therapie". Durch die Klärung der Frage nach dem „Warum" oder „Wozu" wird hier der motivationale Aspekt hinterfragt (im Gegensatz zum Können bzw. Unvermögen). Initiiert wird der Klärungsprozess durch therapeutische Interventionen wie gezielte Deutungen, Konfrontation mit bisher vermiedenen Wahrnehmungen, „Focusing"-Übungen, innere Dialoge, u. a.m. Grawe selbst nennt hier die Gesprächstherapie und Gesprächsführung nach Rogers, in der das Wahrnehmen und Verstehen des eigenen Erlebens des Klienten im Zentrum steht, mit dem Ziel, der Selbstakzeptanz.

„Während die Psychotherapieforschung gezeigt hat, dass die Probleme der Klientin oder des Klienten unterschiedlich betrachtet und behandelt werden, je nachdem, in welche Psychotherapie sie bzw. er sich begibt – also z. B. in einer tiefenpsychologisch fundierten Psychotherapie oder in der Gestalt-

Gestalttherapie vorwiegend oder ausschließlich unter dem motivationalen Aspekt, in der Verhaltenstherapie vorwiegend oder ausschließlich unter dem bewältigungsorientierten Aspekt –, plädiert Grawe für ein ‚Sowohl-als-Auch'. Dafür sprechen nach Grawe ‚nicht nur der gesunde Menschenverstand und der Stand der empirischen Psychotherapieforschung …, sondern auch der theoretische Entwicklungsstand der Psychologie' (Grawe 2000, 317) und die neurowissenschaftliche Grundlagenforschung." (Auckenthaler 2000) Orientiert man sich an diesem Modell, so wären Schwerpunkte der Wirksamkeit einer sozialen bzw. klinisch-sozialarbeiterischen Psychotherapie im Bereich der interpersonalen und sozialen Problembewältigung und Ressourcenaktivierung (psycho-soziale Unterstützung) anzusiedeln.

3.4 Therapeutische Grundrichtungen

Kriz (2001) stellt folgende Klassifikation der wissenschaftlich anerkannten Psychotherapieverfahren vor:

- tiefenpsychologisch orientierte Ansätze (Psychoanalyse, Individualpsychologie, Analytische Psychologie, Vegetotherapie, Bioenergetik, Transaktionsanalyse);
- verhaltensorientierte Therapieverfahren (Lerntheoretische Verhaltenstherapie, Kognitive Verhaltenstherapie, Rational-Emotive Therapie);
- Humanistische Verfahren (Personzentrierte Psychotherapie/Gesprächstherapie, Gestalttherapie, Logotherapie und Existenzanalyse, Psychodrama);
- Systemische Ansätze (Paartherapie, Familientherapie).

Trotz aller Bemühungen um eine Integration der Therapierichtungen bzw. um die Entwicklung einer „Allgemeinen Psychotherapie" (Grawe et al. 1994) muss eine Bezugnahme auf psychotherapeutische Grundlagen und Methoden auch in der Klinischen Sozialarbeit eine Würdigung der zentralen Perspektiven der psychotherapeutischen Grundrichtungen vornehmen. Was sind nun die spezifischen Perspektiven der Grundrichtungen?[5]

3.4.1 Die tiefenpsychologische Perspektive

Das klassische *Triebmodell* Freuds (1994) betont als Ursache von psychischen Erkrankungen die Konflikte zwischen instinktgebundenen Trieben und Abwehrmechanismen und zwischen den grundlegenden Strukturen der Persönlichkeit: Es, Ich und Über-Ich. Individuen werden vorwärtsgetrieben durch biologische Triebkräfte, die sich in konflikthafter Auseinandersetzung zwischen dem Es und dem Ich unter dem Einfluss biographischer Er-

---

5 Die systemischen Ansätze werden im folgenden Kapitel nicht näher behandelt, sondern siehe hierzu 4.3.4 „Die systemisch-familientherapeutische Beratung"

fahrungen in der sozialen Umgebung verwirklichen. Im Rahmen sozialisatorischer Prozesse frustrierte Bedürfnisse des Individuums werden unterdrückt in ein geschlossenes Energie-System von Triebforderungen und Abwehrmechanismen (vgl. Mitchell 1988, 283). Haben in der Entwicklung eines Kindes traumatische Erlebnisse stattgefunden, so werden diese aus dem Bewusstsein „verdrängt". Sie können aber später in Belastungssituationen in anderer Form wieder auftauchen – als Symptome psychischer oder psychosomatischer Erkrankungen. Die eigentliche Krankheitsursache, nämlich die ursprüngliche Verletzung und die ungelösten Konflikte, ist dabei nicht bewusst. Bewusst ist nur die Belastung durch das entstandene Symptom, beispielsweise Angst oder andere Affekte.

Für die klassische Psychoanalyse ist ein Symptom ein Versuch des Ichs, den verschiedenen auf das Individuum einwirkenden Kräften gerecht zu werden. Die Neurose besteht ja aus Kompromissbildungen und Lösungsversuchen, mit den Folgezuständen von reaktivierten, unbewussten infantilen Konflikten fertig zu werden. Die jeweils aktuelle Situation, innerhalb derer eine Symptomatik entsteht, ist gekennzeichnet durch Ansprüche des Gewissens (Über-Ich), Triebimpulse (Es), Ich-Möglichkeiten und die äußere soziale Realität. Das Symptom ist ein Kompromiss zwischen diesen verschiedenen Faktoren und ein misslungener Heilungs- und Rekonstruktionsversuch. Die neuere Psychoanalyse betont – wie schon von Alfred Adler (1975) vorgezeichnet – in der Symptombildung den finalen (zielgerichteten) Versuch, eine positivere – erträgliche – Selbstwahrnehmung herzustellen. Die „Lösung" im Symptom bleibt zwar letztlich unzureichend, doch ist sie die jeweils derzeit beste Bewältigungsform eines psychischen Konfliktes. D.h. die neurotische Reaktion und die neurotische Abwehr sind als Bewältigungsversuche und -möglichkeiten des Ich und nicht nur als pathologische Aspekte zu betrachten: sie sind Problemlöseverhalten bei inneren Konflikten.

Der in seiner Triebentwicklung gestörte Mensch, der frühkindliche Konflikte nur unzureichend bewältigen konnte und diese als Schwachstellen in seiner Persönlichkeitsstruktur aufbewahrt hat, wird im Laufe seines Lebens durch Herausforderungen, Belastungen, Gefährdungen oder Traumatisierungen aus seinem fragilen Gleichgewicht gebracht und regrediert auf frühere – unreife – Weisen der Lösung seiner Konflikte. Erst durch eine tragende therapeutische Beziehung entsteht die Chance, dass die früheren Erlebnisse bewusst gemacht, in ihrer Bedeutung erkannt und verarbeitet werden können (Erinnern, Wiederholen, Durcharbeiten). Die Symptome, die vermeintlich Schutz geboten haben vor den früheren negativen Erfahrungen, verlieren so ihren ursprünglichen Sinn. In der Regel schwächen sie sich ab oder verschwinden völlig und es werden reifere Bewältigungsmöglichkeiten entwickelt.

Der psychoanalytische Therapeut versucht durch die Förderung und Interpretation einer Übertragungs-Neurose das verdrängte Material aufzudecken, die unbewussten Bedürfnisse bewusst und für das Ich handhabbar zu machen und auf diesem Weg die Störungen des Individuums zu beseitigen. Während sich der Analytiker in der Therapie der *neurotischen* Störungen passiv verhält, greift er bei der Therapie von *Persönlichkeitsgestörten* und *Psychotikern* aktiver ein und strukturiert die Sitzung, um den Pegel der Anspannung nicht zu groß werden zu lassen, vor allem auch dann, wenn der Patient selbst schweigt. In der psychoanalytischen Theorie wird davon ausgegangen, dass Persönlichkeitsstörungen und Psychosen bei Menschen auftreten, die eine zu geringe eigene innere Strukturierung, Abgegrenztheit und Stabilität (des Ich) aufweisen; also wird zwecks Kompensation von außen die therapeutische Situation vom Therapeuten aktiv gestaltet.

Menschen mit einer Borderline-Störung reagieren im Kontakt häufig mit konfluentem Verhalten als Ausdruck von zu viel sozialem Anpassungsdruck und einer gestörten Identitätsentwicklung, rigiden Rollenerwartungen oder Delegationen der Eltern oder der Familie. Sie vermeiden damit eine Abgrenzung zum Gegenüber, aber auch sich zu zeigen. Parallel reagieren sie mit dem Abwehrmechanismus der Spaltung. Diese Form der Abwehr entspricht den kindlichen Möglichkeiten, mit Anpassungsanforderungen umzugehen. Wenn man unvereinbare Bewusstseinsinhalte auseinander hält und die Welt in Gut und Böse einteilt, schafft man sich Halt gebende Interpretationsstrukturen, die Angst reduzieren. Damit dies aufrechterhalten werden kann, wird häufig die Prüfung an der gegenwärtigen Realität vermieden, z.B. durch aktive Verhinderung, Uminterpretation, Zurückweisung. Solche Verleugnungen helfen, die Spaltung aufrecht zu erhalten und zu bestätigen. Dies ist der Person im Falle der Verleugnung aber nicht bewusst, so dass sie in voller subjektiver Überzeugung ihr Bild der Welt und ihrer Beziehungen erhalten kann.

Grundbausteine der psychoanalytischen Krankheitskonzeption (Mertens 2000, 131)

Unbewusster Konflikt: Er ist derjenige Konflikt, der aufgrund der Unvereinbarkeit von kindlichen Impulsen, Wünschen, Handlungsintegrationen und elterlichen Anforderungen entsteht und zumeist zu Kompromissleistungen führt, die symptomatischen Charakter annehmen. Der unbewusste Konflikt ist die Grundlage des bewussten Konflikts in der Gegenwart. (Beispiel: Bewusster Konflikt: Soll ich meine Arbeitsstelle wechseln? Ich bin hin- und hergerissen. Unbewusster Konflikt: Darf ich mich ablösen oder macht das meine Eltern übermäßig traurig?)

Unbewusste Phantasie: Sie entsteht als kindlicher Lösungsversuch eines unbewussten Konflikts (z.B. ‚Wenn mir mein Geschwister ungerechtfertigter Weise vorgezogen wird und ich auf die Äußerungen meiner Wut verzichten muss, weil ich sonst alle Liebe meiner Eltern verliere, werde ich zumindest in der Phantasie mir ausmalen, wie ich andere Menschen bestrafen kann'.)

Pathogene Überzeugung: Sie entsteht als erlebte Reaktion auf die elterlichen Handlungen und Einstellungen in Bezug auf die Handlungen des Kindes (z. B. ‚Wenn ich es wage, auch nur die geringste Kritik an meinem Vater zu äußern, werde ich fürchterlich verprügelt.‘)

Traumatisierung: Es ist das subjektive Erleben von belastenden Ereignissen, die die Bewältigungs- und Abwehrkompetenz eines Menschen überfordert haben. Unterschieden werden können die Auswirkungen von einmaligen Traumatisierungen (Schocktrauma) und von häufigen oder gar permanenten Traumatisierungen (kumulatives Trauma). Permanente Traumatisierungen können auch durch das sog. Entwicklungstrauma ausgelöst sein, bei dem sich die Eltern zu wenig auf die altersangemessenen Bedürfnisse ihres Kindes einstellen können.

Entwicklungshemmung: Unbewusste Konflikte, Traumatisierungen, unbewusste Phantasien und pathogene Überzeugungen führen zu Entwicklungshemmungen in bestimmten Entwicklungslinien und -bereichen (so traut sich z. B. ein in seiner Neugierde frühzeitig eingeschüchtertes Kind nicht mehr, neugierig und unternehmungslustig seine kindliche Welt zu erforschen).

Entwicklungsdefizit: Unbewusste Konflikte, Traumatisierungen, unbewusste Phantasien und pathogene Überzeugungen, die Entwicklungshemmungen nach sich ziehen, können zu Entwicklungsdefiziten führen. Dies ist immer dann der Fall, wenn brachliegende Entwicklungskompetenzen wegen Mangel an Übung defizitär werden. Die Diagnose des Entwicklungsdefizits sollte aber wegen ihrer pejorativen Konnotationen nur selten benützt werden; vor allem weil sich viele sog. Defizite bei genauer Betrachtung doch lediglich als konfliktbedingte Entwicklungshemmungen herausstellen.

Selbstwertstörung: Die sich aufgrund von unbewussten Konflikten, Traumatisierungen, unbewussten Phantasien, pathogenen Überzeugungen und Entwicklungshemmungen einstellende Reduzierung und Beeinträchtigung eines angemessenen Selbstwertgefühls; im extremen Fall entsteht als Folge von selbstwertregulierenden Gegenmaßnahmen eine narzisstische Persönlichkeitsstörung; im durchschnittlichen Fall entsteht ein beeinträchtigtes Selbstwerterleben, das bei vielen neurotischen Konflikten und Persönlichkeitsstörungen anzutreffen ist.

Persönlichkeitsstörung: Die sich aufgrund der Konflikte und Traumatisierungen einstellenden Hemmungen und Einschränkungen gesunder Erfahrungsmöglichkeiten, die sich daraus ergebenden neurotischen Phantasie- und Kompromissbildungen sowie die gestörte Selbstwertregulation führen beim neurotischen Menschen zur Ausbildung bestimmter persönlichkeitsstruktureller Eigentümlichkeiten und Persönlichkeitszüge (wie z. B. Misstrauen, Rechthaberei, Eigenwilligkeit, übertriebenes Geltungsstreben und Rivalisieren) und neurotische Idealbildungen (wie z. B. übertriebene Friedfertigkeit, asketische Lebensführung) und zu bestimmten neurotischen Arten des Denkens und des Erlebens (z. B. starke Betonung des Sachlichen und Intellektuellen). Das Insgesamt dieser Haltungen lässt sich als Persönlichkeitsstörung beschreiben.

Was bedeutet die Psychoanalyse nun für die Klinische Sozialarbeit? Freud vertrat die Ansicht, „dass die Psychoanalyse nicht ein Teil der Medizin sei, sondern eine Wissenschaft zum Verständnis des Menschen mit dem Ziel, gewissermaßen einer Verbesserung der Menschheit, zumindest eine Bewältigung zwischenmenschlicher Probleme und Auseinandersetzungen zu erreichen. Er hat sich daher, gemeinsam mit Federn, für die Laienanalyse eingesetzt und … war darüber hinaus der Meinung, dass auch und gerade für die Pädagogik die Psychoanalyse von großer Wichtigkeit sei, wie dies ja dann auch für August Aichhorn und andere maßgebend wurde.“ (Lempp 1995, 14) Alfred Adler (1975) und die Individualpsychologische Schule waren sozialpädagogisch ausgerichtet, begründeten erste Erziehungsberatungsstellen, führten Beratungsgruppen in der Arbeiterschaft durch und betonten die Bedeutung der sozialen Gemeinschaft und des „Gemeinschaftsgefühls“ im Sinne der Solidaritätserfahrung als Grundbedingung für psychische Gesundheit. In der clinical social work in den USA dominierte der psychoanalytische Ansatz lange Zeit, wobei auch der Adler’sche Ansatz eine wichtige Rolle spielte. Für Deutschland gibt es wichtige Bezüge der Psychoanalyse zur Sozialpädagogik bzw. Sozialarbeit, die sich vor allem in der Beratung (Junker 1973) und in der Sozial- und Familientherapie (Richter 1970) niederschlugen. Auch die Untersuchungen Mitscherlichs (1966, 1967, siehe auch Kap. 2.7 „Überlegungen zu einer Sozial-Pathologie) zur Soziogenese von Erkrankungen bzw. zur Sozialpathologie sind hier zu nennen, ebenso die Arbeiten von Fürstenau (1992). Richter (1978) entfernte sich von der klassisch-individualistischen Perspektive der orthodoxen Psychoanalyse und orientierte den Schwerpunkt in Richtung der Beachtung der gesamten Lebenssituation und ihrer sozialen Komponenten: „Psycho-soziale Beratung sieht den Menschen in seinem gesamten psychosozialen Zusammenhang, verstrickt in innere Konflikte wie in soziale Schwierigkeiten mit Partnern und Bezugsgruppen im privaten Bereich und in der Arbeitswelt.“

Junker stellt als Beitrag der Psychoanalyse für die Sozialarbeit einerseits ihr Reflexionspotenzial heraus: „Der spezifischen Berufsbelastung des Sozialarbeiters liegt, so kann zusammengefasst werden, ein Bedingungsgefüge zugrunde, das durch Praxis und Reflexion weitgehend positiv verändert werden kann.“ (ebd., 23) Es besteht durch psychoanalytische Sozialarbeit die „Chance zu interpersonaler Beziehung“, indem sie helfen kann, „positive soziale Situationen“ herzustellen. „Die positive soziale Situation stellt sich zunächst in einem Phänomen dar, in dem ein personaler Kontakt nicht nur möglich ist, sondern auch zugunsten aller Beteiligten realisiert wird. Auch ein Außenstehender müsste feststellen können, dass sich im Verlauf des Kontaktes eine positive Veränderung im Wohlbefinden aller Interaktionspartner abzeichnet.“ (Junker ebd., 13)

In jüngerer Zeit hat Rauchfleisch (1996) für „Menschen in psycho-sozialer Not“ ein psychoanalytisch fundiertes bifokales Behandlungsmodell entwickelt, das gerade auch für die Praxis Klinischer Sozialarbeit von Bedeutung ist und deshalb hier ausführlicher dargestellt wird. Unter Menschen in psycho-sozialer Not versteht Rauchfleisch Klienten, die trotz vielfältiger Beratungseinrichtungen und sozialer und medizinischer Dienstleistungen durch das Netz sozialer Hilfen und Absicherungen allzu oft hindurchfallen. Die Lebenswelt dieser Menschen sei auf der einen Seite gekennzeichnet durch massive psychische Störungen (wie beispielsweise Depressionen, Angstzustände, narzisstische Störungen, Persönlichkeitsstörungen) und andererseits durch Unterversorgungslagen in Bereichen wie Finanzen, Arbeit und Wohnung. Psychische Störungen und soziale Probleme sind häufig in einer Dynamik gegenseitigen Aufschaukelns gefangen und führen schließlich zu Überforderung und totaler Resignation der Betroffenen. Demzufolge wäre es dringend erforderlich und ratsam, dass diesen Menschen im psychosozialen Feld konkrete Hilfe und Unterstützung unter Beachtung ihrer innerpsychischen Dynamik gewährt wird. Die Realität sieht nach Rauchfleisch jedoch oft anders aus: „Von Sozialberaterinnen wird eingewendet, die psychische Störung sei so gravierend, dass die Klientinnen und Klienten zunächst einer Psychotherapie bedürften, ehe sie von den sozialen Angeboten zu profitieren vermöchten. Von psychotherapeutischer Seite hingegen ist der Einwand zu hören, zunächst müssten die sozialen Probleme gelöst werden". (2001, 89) Die Betroffenen werden so – aufgrund methodischer Unsicherheit oder Bestürzung der Fachkräfte – von einer Einrichtung zur nächsten verwiesen und finden weder adäquate Hilfe noch Verbindlichkeit in der Arbeit bei den Professionellen. Rauchfleisch schlägt ein bifokales Behandlungsmodell vor, in dem die soziale und die psychische Dimension der Notsituation gleichermaßen bearbeitet werden. Dies setzt sowohl eine angemessene therapeutische Orientierung und Ausbildung bei den Fachkräften als auch eine Fähigkeit und Bereitschaft zu enger Zusammenarbeit im Rahmen eines interdisziplinären Problembearbeitungsprozesses voraus. Gerade klinische qualifizierte Sozialarbeiterinnen und Sozialarbeiter sind für dieses Klientel eine der prädestinierten Professionen.

Rauchfleisch widmet seine Ausführungen insbesondere dem Verständnis der seelischen Lage dieser Klienten. Er untersucht ihre Verlust- und Mangelerfahrungen (auch im Kontext struktureller Gewalt seitens der Gesellschaft und ihrer Institutionen), ihre Wünsche und Ansprüche, die Folgen für die Autonomieentwicklung, ihre Beziehungsgestaltungen, die Störungen des Ich und ihre Abwehrmechanismen, die Angst- und Spannungstoleranz, die Gewissensbildung (Über-Ich-Problematik), die Störungen des Selbstwerterlebens (narzisstische Störung) und die sozialen Beeinträchtigungen.

Verlust und Mangelerfahrungen und strukturelle Gewalt: Die Menschen haben in früher Kindheit ebenso wie im weiteren Verlauf ihres Lebens teils schwere Verlust- und Mangelerfahrungen durchgemacht, die von Kindern oft als existenzielle Bedrohung erlebt worden sind. Den frühkindlichen Traumatisierungen entsprechen schwerwiegende Beeinträchtigungen, die aus der sozialen Instabilität der Herkunftsfamilie (mit zum Teil gravierenden ökonomischen Problemen und innerfamiliären Spannungen) und aus vielfältigen Beziehungsabbrüchen resultieren. Psychische Verletzungen haben tiefe Spuren in der Persönlichkeit hinterlassen, vor allem in Form eines tiefen Misstrauens: die Betroffenen haben kein Urvertrauen aufbauen können, sondern sind von Ur-Misstrauen erfüllt, das ihren gesamten Bezug zur Umwelt kennzeichnet. Sie empfinden Angst nicht als Signal einer drohenden Gefahr, sondern als Vernichtungsangst, was oft panikartige Reaktionen zur Folge hat. Auch als Erwachsene sind solche Klienten oft Opfer unserer Gesellschaft innewohnender struktureller Gewalt: sie sind oft hilflos den Zwängen und Regeln der sozialen Institutionen ausgeliefert und treffen nicht selten auf Fachkräfte, die im Sinne Junkers (a. a. O.) in äußerem Verwaltungshandeln und Kontrollfunktionen stecken bleiben und unfähig sind, die dramatische Situation angemessen zu beantworten.

Wünsche und Ansprüche: Aufgrund dieser frühen und oft andauernden Mangelerfahrungen haben die Betroffenen im Laufe der Zeit oft ungeheuere Wünsche und Ansprüche angestaut, erfüllt mit einem scheinbar unstillbaren Hunger nach Zuwendung und Bestätigung. Doch zugleich bestehen große Ängste vor jeder intensiveren mitmenschlichen Nähe und Verbindlichkeit, so dass gerade das gefürchtet und vermieden wird, was sie am stärksten ersehnen.

Autonomieentwicklung: Die Entwicklung der Autonomie ist bei vielen Menschen mit diesem Schicksal gestört. Sie haben in der Kindheit keine konstruktiven Formen von Abgrenzungs- und Unabhängigkeitsbestrebungen entwickeln können und bleiben oft auch im Erwachsenenalter noch in hochambivalenter Weise an Bezugspersonen gebunden. Folge dieser Fehlentwicklung ist eine aggressive Aufladung der Selbst- und Objektbilder, wodurch in diesen Persönlichkeiten ein hohes Gewaltpotenzial entsteht. Beim Umgang mit ihnen im Rahmen der psycho-sozialen Behandlung ist es wichtig, sich der Tatsache bewusst zu sein, dass diese Personen Gewalt nicht nur innerpsychisch erleben bzw. erlebt haben, sondern auch in der äußeren Realität sowohl Opfer als auch Täter waren und oft noch sind.

Funktionalisierte Beziehungen: Die Beziehungen, die diese Menschen zu anderen aufnehmen, sind oft überladen mit unrealistischen Erwartungen. Und andere Menschen sind häufig nur Mittel zum Zweck, sie werden nicht als Individuen mit eigenen Wünschen und Erfahrungen wahrgenommen und respektiert, sondern sind nur insofern von Interesse, als sie für die Betroffenen eine Funktion erfüllen. Wird die Funktion nicht erfüllt, wird die Bezugsperson „ausgewechselt“. Dieser Umgang bzw. Beziehungsstil entspricht ihrer Lebenserfahrung: sie haben nichts anderes kennen gelernt und haben so gar nicht die psychische Möglichkeit, andersartige Beziehungen zu pflegen. Sie haben gelernt, dass andere Menschen nur so lange wichtig sind, wie sie die Erfüllung ihrer Wünsche nach Zuwendung, Unterstützung und Ansehen garantieren. Diese Zufuhr wird aufgrund des „zerbrechlichen Selbstwertsystems“ von den anderen permanent benötigt. Werden diese Erwartungen enttäuscht, wird der andere entweder uninteressant oder es richtet sich die ganze aufgestaute Wut und der Hass gegen ihn.

Ich-strukturelle Störung: Die frühkindlichen Entwicklungsbedingungen führen bei diesen Klienten zu spezifischen Ich-strukturellen Störungen in der Wahrnehmung und Steuerung ihrer Gefühle sowie zu Beeinträchtigungen in den Funktionen, die sie benötigen, um sich in der Gesellschaft bewegen zu können. Vieles von der eigenen inneren Befindlichkeit und auch von der sozialen Realität wird entweder gar nicht, oder durch Ängste und Hoffnungen verzerrt wahrgenommen. So fehlt die Fähigkeit, die Realität wirklich zu prüfen und realistische Zukunftsperspektiven zu entwickeln und sich vor Reizüberflutung zu schützen.

Archaische Abwehrmechanismen: Abwehrmechanismen dienen ursprünglich dem Schutz der Persönlichkeit vor dem Gewahrwerden zu bedrohlicher innerer Konflikte. Sie schützen vor der daran gebundenen unerträglichen Angst und vor dem Überflutet-Werden durch Aggressionen. Sie wirken sich aber negativ aus, wenn sie die weitere Entwicklung der Persönlichkeit beeinträchtigen und Reifungsschritte stören. Sie behindern dann den Realitätsbezug, so dass viele für die soziale Integration wichtige Erfahrungen nicht oder nur ungenügend gemacht werden (mangelhafte oder fehlende soziale Kompetenzen). Die Abwehmechanismen bleiben archaisch: Spaltung, Projektion, Verleugnung, Idealisierung und Entwertung.

Beeinträchtigte Angst- und Spannungstoleranz: Diese Störungen in den Abwehrmechanismen haben charakteristische Beeinträchtigungen der Angst- und Spannungstoleranz zur Folge. Angst kann nur in geringem Maße verarbeitet werden. Jede Angststeigerung über dieses Maß hinaus führt in der Regel zu panikartigen Reaktionen und zu erheblichen Ich-Regressionen. So kommt es häufig zu Impulsdurchbrüchen der verschiedensten Art (z.B. Alkohol- oder Drogenexzesse, aggressive Durchbrüche, promiskuitives Verhalten etc.).

Störung in der Gewissensbildung: Rauchfleisch hebt hervor, dass diese Klienten sehr wohl eine Gewissensinstanz (Über-Ich) aufgebaut haben, dass diese allerdings in ihrer Entwicklung und Struktur häufig spezifische Störungen aufweist. Teile ihres Über-Ich sind oft geradezu grausam und sie stets entwertend. Die Vorstellungen über ihre Ideale und Leitlinien (das Ich-Ideal) ist zugleich enorm überhöht und nie erreichbar, so dass sie nur scheitern können. Diese Vorgänge leiten sich von frühkindlichen traumatischen Beziehungserfahrungen her. Gegen die Selbstentwertungen versuchen sich die Menschen zu schützen, indem sie ihre selbstquälerischen Impulse auf Menschen in ihrer Umgebung projizieren. Dann führen sie genau gegen diese Menschen (die ihnen nun als „Über-Ich-Träger“ erscheinen) einen verzweifelten Kampf, letztlich um die verurteilenden Stimmen im eigenen Inneren zum Schweigen zu bringen. Die Folgen dieser Über-Ich Störungen sind extreme Selbstentwertung und Selbstverurteilung angesichts so hoch gesteckter Ziele, dass ein Versagen vorprogrammiert ist. Nicht selten schlagen die zentralen Selbstunwertgefühle abrupt in völlig unrealistische

Größenvorstellungen um. Es liegt auf der Hand, dass hieraus vielfältige soziale Konflikte entstehen.

Störungen im Selbstwerterleben (narzisstische Störungen): Zentrale Ohnmachts- und Selbstunwertgefühle stehen unvermittelt neben grandiosen, völlig irrealen Vorstellungen von den eigenen Möglichkeiten – beide Erlebenszustände sind gleichermaßen extrem und unrealistisch, prägen aber wesentlich die Beziehungen dieser Menschen zu anderen: Partner sind dann von Bedeutung, wenn sie ihnen Befriedigung ihre Wünsche und Bedürfnisse nach Anerkennung und Geltung garantieren und als idealisierte Menschen zur Aufwertung der eigenen, sich insuffizient fühlenden Person benutzt werden können. Weitere Merkmale dieser Selbstwertstörung sind die Neigung, sich durch Manipulation anderer das Gefühl der eigenen Macht und Größe zu verschaffen, erhöhte Kränkbarkeit und geringe Frustrationstoleranz. Insgesamt, betont Rauchfleisch, sind diese Probleme verhängnisvoll, weil sie den ohnehin geringen Realitätsbezug immer weiter lockern und Schritt für Schritt zum Ausweichen vor jeglicher Konfrontation mit unangenehmen, belastenden Situationen führen.

Gravierende soziale Beeinträchtigungen: Die gravierenden sozialen Beeinträchtigungen sind meist sowohl schon in der frühen Lebenserfahrung dieser Menschen auffindbar (Traumatisierungen, Vernachlässigungen) als auch charakteristisch für ihre aktuelle Lebenssituation. Sie sind oft völlig hilflos den Zwängen und Regeln der sozialen Institutionen ausgeliefert und werden nicht selten wieder Opfer unverständiger und grausam reagierender frustrierter Helfer. Seit frühester Kindheit traumatisiert, werden sie so zu Opfern der der Gesellschaft innewohnenden strukturellen Gewalt. Das Erkennen, Ernstnehmen und Behandeln der sozialen Notlagen und Beeinträchtigungen, das viel Fachkenntnis und Zeit benötigt, ist von entscheidender Bedeutung für die psycho-soziale therapeutische Behandlung und Betreuung und für die Prognose der weiteren Entwicklung.

Klinische Sozialarbeit muss im Rahmen der Therapien und Betreuungen mit diesen Menschen in psycho-sozialer Not oft etliche Jahre und intensiv arbeiten. Viele dieser Menschen erleben, wenn sie von einer kompetenten Fachkraft betreut werden, zum ersten Mal eine Beziehung, die von Dauer und Verlässlichkeit gekennzeichnet ist. Die psychoanalytische Perspektive hilft hier in bedeutsamer Weise, die inneren Nöte, Konflikte und Defizite zu verstehen ebenso wie deren Verschränkung als „seelisches Bedingungsgefüge“ mit der „äußeren sozialen Realität“ (Junker a.a.O.). Rauchfleisch (a.a.O.) entwirft ein *psychoanalytisch geprägtes psycho-soziales Behandlungskonzept*:

1. Die Professionellen müssen die sozialen Rahmenbedingungen der Klienten genau abklären. Erst wenn alle Aspekte der Lebenssituation der Betroffenen erfasst sind, kann die Art und Weise der konkreten Interventionen beurteilt werden. Wichtig ist dabei vernetztes und interdisziplinäres

Zusammenarbeiten mit den für die Klienten wichtigen Bezugspersonen, um gemeinsame (Be-)Handlungsstrategien situationsspezifisch entwickeln zu können.

2. Damit einhergehend bzw. daran anschließend ist eine Analyse der innerseelischen Dynamik der Klienten/-innen notwendig. Die Professionellen müssen sich ein anschauliches Bild von der inneren Befindlichkeit verschaffen: den Ängsten, Hoffnungen, Persönlichkeitsstörungen, aber genauso auch von den individuellen und sozialen Ressourcen. Dies kann aber nur gelingen, wenn sie bereit und in der Lage sind, sich auf die Menschen in psycho-sozialer Not einzulassen.
3. Von großer Bedeutung ist die direkte Einbeziehung der Klienten/-innen in den Problemlösungsprozess, indem im Rahmen des Arbeitsbündnisses die Arbeitsaufträge geklärt, eine gemeinsame Zielfindung erarbeitet und transparent gehandelt und behandelt wird.
4. Es dürfen keine voreiligen Zusicherungen gegeben werden, die die Professionellen dann nicht einhalten können. D.h. es ist ein adäquater Umgang mit den eigenen Grenzen und denen der Betroffenen wichtig. Klar und gemeinsam ausgehandelte Grenzen dienen dann den Klienten als Richtlinie und Struktur.
5. Unverzichtbar ist eine flexible Anpassung und Respektierung des Rhythmus der Klienten und die Vermeidung von Überforderung und einer zu großen Nähe. Rauchfleisch betont, die Professionellen sollten sensibel mit Hilfe kritischer Selbstreflexion auf das für den Klienten förderliche Ausmaß von Nähe und Distanz achten. Basis hierfür ist eine vertrauensvolle Beziehung, in der die Betroffenen ihre Bedürfnisse und Grenzen offen signalisieren können. Bedingung hierfür ist natürlich das Angebot einer konstanten Beziehung überhaupt („Beziehungskonstanz“, Rauchfleisch ebd., 76), damit entgegen den bisherigen negativ geprägten Beziehungserfahrungen den Betroffenen ein intensives und stabiles Arbeitsbündnis geboten wird, das Sicherheit und Verbindlichkeit vermittelt.
6. Schließlich benötigen die Professionellen die Fähigkeit zur Selbstreflexion und ausreichende Selbstdifferenzierung. Im Umgang mit den Klientinnen werden sie immer wieder mit Verhaltensweisen und Gefühlen konfrontiert werden, mit denen sie in Konflikt geraten. Unreflektiert kann dies im Hilfeprozess zu Reaktionen gegenseitiger Ablehnung, Projektion und destruktiven Übertragungen führen.

Es ist das Verdienst der psychoanalytisch geprägten Sozialarbeit[6], die zwingend notwendige Einbeziehung der Motive und der Beziehung (des „seelischen Bedingungsgefüges“) in die Soziale Arbeit zu fundieren und praktikable Behandlungskonzepte beizutragen. Dies beugt der Gefahr vor, dass das anspruchsberechtigte und leistungsempfangende Individuum nur

---

6 Die in den USA ganz wesentlich die *clinical social work* mitentwickelt hat (vgl. Turner a. a. O., Goldstein a. a. O.).

mittelbar berücksichtigt wird, und „seine Motive und Gesinnungen … peinlich außerhalb der Betrachtung“ bleiben (von Ferber, zn. Junker, ebd., 15). Im Sinne der psychoanalytischen Perspektive müssten „Vertreter der helfenden Berufe … in der Lage sein, sich in frühe Kommunikationsformen rückversetzen und angemessen wieder aus ihnen trennen zu können. Sie müssten sowohl den kindlichen wie auch den elterlichen Part übernehmen und je nach ‚sachlicher Anforderung‘ leben können.“ (Junker ebd., 19) Nimmt man diese psychoanalytische Perspektive auf, so wird Soziale Arbeit genau dadurch „klinisch“, dass Sozialverhältnisse und soziale Hilfen nicht nur als äußere Akte im Rahmen eines Systems von Rechtsbeziehungen objektiviert verstanden werden, sondern als komplexe psycho-soziale therapeutische Hilfe, die das Individuum, seine Motive und Gesinnungen, seine Wünsche und Nöte und seine zwischenmenschlichen Beziehungen berücksichtigt. Klein (2010) spricht von „pluralen Verknüpfungen zwischen Psychoanalyse, Sozialer Arbeit und Pädagogik“ (11 f.) und schlägt mit Tuckett (2007) folgende übergeordnete Definition psychoanalytischer Kompetenz vor: „sie umfasst die Fähigkeit, sich innerhalb dreier miteinander verbundener (und spezifisch psychoanalytischer) Rahmen zu bewähren und zu arbeiten, die ich den teilnehmend-beobachtenden, den konzeptionellen und den Interventionsrahmen nenne“ (ebd. 12).

Last but not least ist auch der psychoanalytische Beitrag mit einem international umfassend vorhandenen theoretisch-methodischen Know-how zur Paar- und Familientherapie, Gruppenarbeit und auch zur Analyse von institutionellen Dynamiken in Organisationen und Einrichtungen zu würdigen.

3.4.2 Die verhaltenstherapeutische Perspektive

Das große Anliegen vieler Klienten und Patienten Klinischer Sozialarbeit ist es, sich in bestimmten belastenden Situationen anders *verhalten* zu können. Gerade bei diesem Klientel kommt es darauf an, dass rasch ein konkreter Zugang zur Bewältigung der Problematik über das Verhalten gefunden wird. Psychotherapeutisch orientierte Klärungs- und Verstehensarbeit ist hier oft nicht oder zumindest nicht primär angezeigt (zu einer „Versprachlichung“ kommt es oft erst viel später), sondern die konkrete Bewältigungshilfe. Natürlich ist Verhalten immer mit Erleben verbunden, so dass Hilfen zu verändertem Verhalten auch direkte oder indirekte Rückwirkungen auf das Erleben der Klienten haben.

Ohne einen ausdrücklichen Bezug klinisch-sozialer Interventionen zu Verhaltensabläufen und deren Regeln ließe sich in vielen Arbeitsfeldern mit klinischen Aufgabenstellungen gar nicht sinnvoll sozialarbeiterisch intervenieren. Neben Klärung und Orientierung ist Beratung und psycho-soziale Intervention in der Klinischen Sozialarbeit wesentlich auch Planungs-, Strukturierungs- und Handlungshilfe. Deshalb benötigt Klinische Sozialarbeit eine Expertise in Verhaltensanalyse und Verhaltensmodifikation. Im engeren Sinne geht es beim Verhalten um die objektiv beobachtbaren und registrierbaren Äußerungen. Dazu gehören nichtbewusste Automatismen, Reflexketten, Instinktverhalten ebenso wie „motiviertes“, „bewusstes“ Handeln. Im weiteren Sinne geht es auch um „inneres Verhalten“, das sich in inneren Abläufen manifestiert, die auch unterhalb der Schwelle bewusster Wahrnehmung ablaufen, wie unzugängliche Vorgänge der Informationsverarbeitung.[7] Beispiele sind Wahrnehmungs- und Gedächtnisprozesse, die obwohl nicht bewusst, dennoch auf unser Erleben und Verhalten maßgeblich Einfluss nehmen.

Anders als andere Psychotherapierichtungen hat die Verhaltenstherapie keinen „Gründer“ (wobei sie sicherlich ganz zentral mit den Namen Skinner und Wolpe verbunden ist). Ihre Vertreter fühlen sich den empirisch-wissenschaftlichen Erkenntnissen der Psychologie, der Soziologie, Biologie und Medizin verpflichtet. Ein medizinisches Krankheitsmodell im Sinne der Suche nach grundlegenden Krankheitsursachen hinter den beobachtbaren Symptomen wurde ursprünglich abgelehnt. Grundsätzlich wird psychische oder seelische Störung als Fehllernen definiert: es handelt sich um fehlangepasste Verhaltensweisen, die gemäß der Kontinuitätsannahme nach den gleichen Gesetzmäßigkeiten erlernt wurden wie normales Verhalten (vgl. Reinecker & Lakatos 1998). Auch die Therapie ist nichts anderes als „therapeutisches Lernen“ und unterscheidet sich nicht von anderen Lernprozessen. In den letzten Jahrzehnten hat diese Sicht in verschiedensten therapeutischen Richtung Boden gewonnen: der therapeutische Prozess ist ein Lernprozess im Hier und Jetzt. Symptomverhalten ist im Wesentlichen erfolgreiches Verhalten zu Erreichung oder Vermeidung bestimmter innerer oder äußerer Zustände.

Die Persönlichkeit wird als Ergebnis der individuellen Lebenserfahrung im Zusammenspiel von Anlage und Umwelt gesehen. Die moderne Entwicklungspsychologie geht von fünf Merkmalen der Persönlichkeit aus, die auf genetischer Basis beruhen:

- Extraversion/Introversion,
- emotionale Stabilität/Instabilität,
- Grad der Offenheit für neue Erfahrungen,
- Grad der Gewissenhaftigkeit,
- Grad der Verträglichkeit.

Die Symptome psychischer Störungen, wie z. B. Phobien, Angst- und Furchtreaktionen, Zwangsgedanken und -verhalten, Suchtverhalten, aggressives und destruktives Verhalten sowie Delinquenz, lassen sich durch ver-

7 „Wer seinen Zugang zum Psychischen und zu psychischen Störungen auf das bewusste Erleben beschränkt, wie es in der introspektiven und der phänomenologischen Psychologie der Fall war, klammert damit alle psychisch relevanten Vorgänge aus, die sich nicht im Erleben widerspiegeln.“ (Grawe 2000, 175)

haltenstherapeutische Lernprozesse, in der neue Verhaltensweisen gelernt und dysfunktionales Verhalten verlernt wird, beseitigen. Dabei fanden ursprünglich vor allem die lerntheoretischen Methoden der klassischen und der operanten Konditionierung Anwendung, sowie das Lernen am Modell. Das „Verhaltensinventar" (Verhalten hier im Sinne des beobachtbaren Verhaltens) eines Menschen besteht aus der Perspektive der klassischen Verhaltenspsychologie aus

- Kompetenzen,
- Defiziten und
- Exzessen.

Es geht um die Frage, welche Verhaltensweisen einem Menschen tatsächlich zur Verfügung stehen. Nach Zarbock (1996, 39) ist der wichtigste Bereich des Verhaltens der der sozialen Verhaltensmöglichkeiten, also der *sozialen Kompetenzen.* Stehen einer Person erfolgreiche Verhaltensmöglichkeiten in interpersonalen Situationen zur Verfügung, so verfügt sie über soziale Kompetenzen, wohingegen fehlende oder unzureichende Verhaltensmöglichkeiten als *Verhaltensdefizite* bezeichnet werden. Verhaltensdefizite bezeichnen fehlendes oder zu schwach auftretendes Verhalten – z.B. Personen, die in bestimmten sozialen Interaktionssituationen keine oder nur unzureichende Verhaltensmöglichkeiten haben: z.B. Ärger oder „Nein" nicht äußern können. Verhaltensdefizite führen dann nicht selten zu weiteren Problemen wie Rückzug, Vermeidung, Hilflosigkeit, Resignation und Selbstabwertung oder auch im plötzlichen Umschlagen zu überkompensatorischen Verhaltensexzessen wie unangemessenen Wutausbrüchen. Neben den sozialen Kompetenzen ist *Genuss und Entspannungsfähigkeit* ein wichtiger Verhaltensbereich, den Zarbock als „ein gutes und freundschaftliches Verhältnis zur eigenen Person (‚auch mir darf es gut gehen')" beschreibt. Als *Verhaltensexzess* wird ein Verhalten verstanden, das übermäßig häufig und intensiv auftritt und daher problematisch erscheint – z.B. bei einem „cholerischen" Menschen, der beim kleinsten Anlass massive Wutausbrüche zeigt. Das heißt, eine an sich sinnvolle Verhaltensweise, die in das Verhaltensrepertoire eines jeden gesunden Menschen gehört, wird durch übermäßig häufiges und/oder intensives Auftreten zum Problem.

Reinecker (2000, 191 f.) stellt die „klassischen" und „modernen" Lerntheorien" als eine der Säulen der VT dar: „Menschliches Verhalten ist unter anderem dadurch gekennzeichnet, dass es nicht ausschließlich genetisch bzw. Instinkt determiniert, sondern in hohem Maße flexibel gegenüber der Umwelt ist. Diese Flexibilität des Verhaltens wird allgemein als die Fähigkeit zum Lernen bezeichnet (Kimble 1961, Hilgard & Bower 1975). Gerade Therapietheorien müssen dieser Flexibilität im menschlichen Verhalten Rechnung tragen. Verhaltenstherapie hat sich von Beginn an an den verschiedenen Modellen des Lernens orientiert. Aus heutiger Sicht erscheint klar, dass man für menschliches Lernen unterschiedliche *Ebenen* in Rechnung stellen muss; für die Entstehung psychischer Störungen ebenso wie für die Behandlung spielen Lernprozesse eine Rolle, die man folgenden Bereichen zuordnen kann:

- *Assoziationstheoretische Modelle* (Pawlov 1927, Guthrie 1935). Diese Modelle dienen zur Erklärung der Stimulussubstitution, beispielsweise bei der Entstehung von Angststörungen, aber auch zur Erklärung von Prozessen des interozeptiven Lernens usw.
- *Modelle des Lernens durch Konsequenzen* (Skinner 1953). Verhalten wird in hohem Maße durch diejenigen Konsequenzen gesteuert, die dem Verhalten in der Umwelt unmittelbar folgen; besondere Bedeutung besitzen operante/instrumentelle Lernbedingungen, z.B. bei sog. Krankheitsverhalten (Broda u. Muthny 1990).
- *Prozesse des Modell-Lernens* (Bandura 1969). Durch Beobachtung können Prozesse des Lernens – insbesondere bei komplexen Verhaltensmustern – sehr rasch und effizient ablaufen. Ein typisches Beispiel im therapeutischen Kontext ist der Nutzen, der in Therapiegruppen (Selbstsicherheitstrainings) aus den Modelllerneffekten gezogen wird (Grawe 1980, Fiedler 1995). In diesem Bereich sind auch die sog. Sozialen Lerntheorien (Bandura 1977) zu erwähnen.
- *Kognitive Lerntheorien* (Tolman 1932). Diese Theorien beschreiben Prozesse des Lernens, die als ganz spezifisch und typisch für menschliches Lernen gelten; Prozesse der Erwartung, der Bildung von Symbolen, des Gedächtnisses und der Bildung von Regeln spielen hier eine entscheidende Rolle. Darunter ist auch das Lernen durch die Bereitstellung und Vermittlung von Informationen zu zählen (Rachman 1990).

Die einzelnen Modelle des Lernens bauen teilweise aufeinander auf und sollten nicht streng voneinander abgegrenzt werden. Die Entwicklung von Lernmodellen hat inzwischen einen Grad an Differenziertheit und Komplexität erreicht, der kaum noch zu überblicken ist. Aus heutiger Sicht sollte sich deshalb verbieten, von ‚simplen Lerntheorien' zu sprechen."

Die Integration von äußeren Verhaltensabläufen mit inneren Erlebensprozessen wurde bereits vor Jahrzehnten als *kognitive Wende* des Behaviorismus bezeichnet. Der Begriff „kognitiv" wurde allerdings von den „erfahrungsorientierten" Ansätzen der Humanistischen Psychologie (Gesprächstherapie, Gestalttherapie) und tiefenpsychologischen Ansätzen immer schon als zu eng für den Erlebensprozess angesehen. Grawe (2000, 178) erweitert folgerichtig dieses Verständnis: „Als irreführend und unnötig einschränkend empfinde ich den Begriff ‚kognitiv', sowohl bei kognitiver Therapie als auch bei kognitiver Psychologie. Als Abhebung vom Behaviorismus war dieser Begriff einmal historisch sinnvoll. Aber der Begriff suggeriert, dass sich diese Psychologie nur oder hauptsächlich mit den Kognitionen, nicht aber mit den Emotionen, Motivationen, dem Verhalten, zwischenmenschlichen Interaktionen usw. befasst. Das ist alles nicht zutreffend. … Was mit der ‚kognitiven Wende' hinzugekommen ist, ist die Beschäftigung mit inneren Prozessen, die dem beobachtbaren Verhalten und dem subjektiven Erleben zugrunde liegen und erschlossen werden müssen. Diese Prozesse haben immer mit neuronaler Aktivität zu tun, aber das haben die Emotionen ebenso wie die Kognitionen."

Heute haben die kognitiv-verhaltensorientierten Modifikationsansätze die Ausklammerung des Erlebens überwunden: „Der Prozesszugang Erleben regt zunächst ein verändertes Erleben (Denken und Fühlen) an, das sich dann auch in verändertes Handeln umsetzen lässt. Der Prozesszugang Verhalten beschreitet einen anderen Weg: Zuerst lerne ich, anders als bisher zu handeln. Dieses veränderte Verhalten führt dann zwangsläufig zu Erfahrungen, die auch mein Erleben, meine Gedanken über mich selbst und die Welt und natürlich auch meine Gefühle dazu verändert. Es soll an dieser Stelle nochmals daran erinnert werden, dass der Weg vom Verhalten zum Selbst-Erleben ein Weg ist, auf dem uns auch das Leben ‚lehrt'. Ein Schulkind, das gut im Sport abschneidet, sich selbstsicher unter Gleichaltrigen bewegen kann, das weiß, wie man Freundschaften schließt, wird auch ein positives Selbsterleben, ein gutes Selbstwertgefühl aufweisen. Das Selbstwertgefühl ängstlicher oder unsicherer Kinder lässt sich in vielen Fällen durch Sportarten wie Judo oder Reiten steigern: Das Kind erlebt, dass es etwas kann. Gute Lehrer oder Pädagogen in diesen und anderen Sportarten zeichnen sich dadurch aus, dass sie auch anfänglich unsicheren und ängstlichen Kindern Erfolgserlebnisse ermöglichen, indem sie Schritte zum Erfolg so klein wählen, dass das Kind sie trotz seiner Angst bewältigen kann." (Zarbock 1996, 78 f.).

Auch Verhalten im Sinne expressiv-motorischer Abläufe ist „nicht darauf ausgerichtet, einen bestimmten, objektiv definierten Umgebungszustand zu erzeugen, sondern darauf, eine subjektive Wahrnehmung ganz bestimmter Art herzustellen"(Grawe ebd., 186). Es dient dazu, bestimmte vorgegebene Wahrnehmungen oder Wahrnehmungserwartungen zu erfüllen. Zentrale Überzeugungen und die Bedeutungsgenerierung sind wichtige Momente der Steuerung menschlichen Verhaltens. Menschen konstruieren internale Repräsentationen („Bilder" von sich selbst und anderen) und Erwartungen (an das eigene Verhalten, seine Folgen und die Reaktionen anderer) und auf der Basis gefühlsmäßig getönter Interaktionen mit anderen Bezugspersonen in jeweils konkreten Situationen. In dem Modell von Powers (1973, zn. Grawe 2000, 179 f.) wurde dieser Perspektivenwechsel sehr deutlich: „Behavior: The Control of Perception". Nun wurde die Wahrnehmung und die inneren Informationsverarbeitung nicht mehr stillschweigend vorausgesetzt, sondern die Wahrnehmung stand als Grundlage des subjektiven *Erlebens* im Mittelpunkt. Der Verhaltensbegriff der modernen VT umfasst folglich viel mehr als nur das beobachtbare Verhalten, nämlich:

- Kognitionen: Gedanken, innere Bilder, Leitsätze, Selbstgespräche;
- Emotionen (Gefühle): Angst, Wut/Ärger, Freude, Überraschung, Ekel;

- Stimmungen: anhaltende Gefühlszustände (z. B. Niedergeschlagenheit);
- Triebe bzw. Motivationen: Hunger, Durst, Schlaf, Sexualtrieb, Bindungsbedürfnis, Explorationstrieb (Neugier);
- Körperreaktionen (Physiologie): Herzrasen, Blutdruckanstieg, Schmerzen, muskuläre Anspannung;
- beobachtbares Verhalten (vgl. Zarbock ebd.).

„Die Festlegung, wann ein Verhalten als ‚gestört', als ‚pathologisch' oder als ‚krankhaft' gesehen werden muss, hängt von Merkmalen ab, die nicht allein das *Verhalten* betreffen, sondern von Aspekten der *Beurteilung* der Person selbst bzw. von der Einschätzung anderer Personen und ist damit auch abhängig von *normativen* Gesichtspunkten." (Reinecker 2000, 186)

Der Königsweg des verhaltenstherapeutischen Zugangs zu Störungen ist die „funktionale Analyse", „bei der es darum geht, die von der Person vorgebrachten *Beschwerden* im Sinne psychologischer *Probleme* präzise zu beschreiben (Problemanalyse) und die *zentralen Bedingungen* zu eruieren, deren Veränderung auch zu einer Veränderung des Problems führen" (Reinecker & Lakatos 1998, 448). Die funktionale Analyse des verhaltenstherapeutischen Störungsmodells dient zur Klärung folgender Fragen:

1. Auftreten der Störung (Mikroanalyse): wann und unter welchen Umständen treten die Symptome bzw. das Problemverhalten auf?
2. Entstehungsbedingungen: welche lebensgeschichtlichen Erfahrungen haben zur Störung geführt?
3. Erstauftrittsbedingungen: wann trat das Problemverhalten zum ersten Mal auf, unter welchen Umständen? (Was ging voraus? Was folgte? Und: Warum?)
4. Störungsverlauf: wie hat sich die Störung seit dem ersten Auftreten entwickelt? Haben sich die Symptome verstärkt? Sind weitere Verhaltensebenen und/oder Situationen hinzugekommen (Generalisierung)? Wie hat der Klient/Patient gelernt damit umzugehen?
5. Aufrechterhaltende Bedingungen: warum besteht die Störung fort? Welche Funktion, welchen „Sinn und Zweck" erfüllt sie im Leben des Klienten? Welche Zusammenhänge im partnerschaftlichen, familiären und sozialen Bereich (Makroperspektive) bestehen?
6. Krankheitsverluste: welche Beeinträchtigungen ergeben sich für den Klienten in seinem Leben (Mikro- und Makroperspektive)?
7. Verhaltensaktiva: Wo liegen Stärken des Klienten, was kann er gut? Wo sind Ressourcen (psychische Kompetenzen, soziale Unterstützung)?

Der funktionalen Analyse liegt die biographische Analyse zugrunde: die persönliche Lebensgeschichte wird unter verschiedenen Blickwinkeln untersucht: es geht um die Vielschichtigkeit des Lebensschicksals unter verschiedenen Fragestellungen, um so die Grundmuster des Erlebens und Verhaltens des Klienten zu eruieren. Hilfreich ist hier die Betrachtung unter verschiedenen Gesichtspunkten, z. B. welche Verhaltensweisen nicht genügend gelernt wurden (z. B. Selbstbehauptung, Genießen) oder die Herausarbeitung des Selbstbildes (z. B. abhängig, hilflos). Nach Zarbock (1996) sind folgende Fragestellungen sinnvoll:

- *Selbstbild*: Welches Selbstbild hat die Person von sich? Das Selbstbild enthält bewusste und nicht bewusste Anteile. Ein etabliertes Selbstbild stellt ein Raster dar, das alles weitere (andere Menschen, die Welt) beurteilt. Die Aufgabe besteht darin, gemeinsam mit dem Klienten aus seinen aktuellen Verhaltensschilderungen das Selbstbild, welches diesen zugrunde liegt, sowie die zur Verfügung stehenden Verhaltensweisen zu erfassen. Weiter werden die Stärken und Schwächen des Klienten herausgearbeitet.
- *Schwellensituationen*: Unter Schwellensituation versteht Zarbock die Entwicklungsaufgaben, die der Mensch im Laufe seines Lebens zu bewältigen hat (wie z. B. die Trennung von der Mutter bei der Einschulung oder die Integration in die Gleichaltrigengruppe). Deren Bewältigung liefert für die biographische Analyse wichtige Aufschlüsse über die Bewältigungsfähigkeiten, das Verhalten und die Einstellungen des Klienten. Es wird davon ausgegangen, dass das Subjekt selbstbezogene Einstellungen (z. B. ich bin nicht liebenswert) oder bestimmte Verhaltensweisen (z. B. Ablehnungsverhalten) aufgrund vorangegangener Lernerfahrungen entwickelt hat.
- *Traumatische Erfahrungen*: Gibt es traumatische Erfahrungen: z. B. körperliche Misshandlung?
- *Verhaltensinventar eines Menschen*: Das Verhaltensinventar eines Menschen besteht aus *Kompetenzen* (insbesondere sind im Umgang mit anderen Menschen soziale Kompetenzen wichtig, im Umgang mit sich selbst Genuss- und Entspannungsfähigkeit), *Defiziten* (z. B. fehlende Genuss- und Entspannungsfähigkeit ist ein hoher Risikofaktor für die Entwicklung psychosomatischer und depressiver Störungen) und *Exzessen* (übermäßiges, häufig auftretendes und intensives Verhalten, welches problematisch erscheint, z. B. wenn ein „Choleriker" bei kleinsten Anlässen wütend explodiert). Verhaltensdefizite und Verhaltensexzesse sowie auch Verhaltenslücken bilden die zentralen Kennzeichnungen zur Beschreibung abweichenden Verhaltens. Der Erwerb dieser Faktoren wird meist durch die Lern- und Lebensgeschichte des Klienten deutlich. Defizite wurden häufig am Modell der Eltern gelernt oder es bleiben den Kindern durch bestimmte familiäre oder schulische Konfliktsituationen bestimmte Lern- und Erfahrungsmöglichkeiten verschlossen, z. B. Tod eines Elternteils.

Das verhaltenstherapeutische Therapiemodell sieht folgende Behandlungselemente vor:

- Veränderung der Erstauftritts- oder Entstehungsbedingungen falls sie immer noch fortbestehen,
- Unterbrechung von Teufelskreisen und Gewohnheitsbildungen (z. B. wenn jemand auf Unsicherheit gewohnheitsmäßig mit muskulärer Anspannung und Zähnezusammenbeißen reagiert, was dann zu migräneartigen Spannungskopfschmerzen führt),
- Bearbeitung der Funktionalität und der „positiven" Konsequenzen der Störung (z. B. in welcher Weise beeinflusst das Symptom nahe Bezugspersonen: z. B. der extrem eifersüchtige Ehemann wird durch die Platzangst seiner Frau beruhigt, da sie nun ohne ihn das Haus nicht mehr verlassen kann),
- Symptome als Signal erkennen lernen (Signalfunktion) (z. B. für Belastungs- und Konfliktsituationen für die der Klient zu wenig adäquate Bewältigungsmöglichkeiten hat),
- Bearbeitung von Krankheitsverlusten (z. B. bei Störungsfolgen des Kontaktverlustes: soziale Unterstützung bei der Bewältigung der sozialen Situation).

Die Interventionen der verhaltenstherapeutisch arbeitenden Fachkraft zielen darauf, dass der Klient seine Wahrnehmung und Interpretation von Äußerungen oder Verhaltensweisen des Therapeuten und anderer Personen einer Realitätsprüfung unterziehen kann. Der Therapeut bezieht hierfür das aktuelle Verhalten und Fühlen des Klienten auf die Erfahrungen aus seiner Lebensgeschichte ein und stellt so eine Verbindung her. Die Fehlwahrnehmungen und Fehldeutungen werden so für den Klienten als Resultate der früheren Lebenserfahrung begreiflich. Im Anschluss hieran werden die Denkfehler und selbstbehindernden Grundannahmen genauer analysiert und schrittweise verändert.

Verhaltenstherapeutische Behandlungsmethoden (die hier nicht ausführlicher dargestellt werden können) sind:

- operante Methoden,
- Klassische Konditionierung,
- Entspannungsverfahren (z. B. progressive Muskelentspannung, Autogenes Training),
- Imagination,
- Reizkonfrontationsverfahren,
- Kognitive Methoden,
- Hypnose.

Die Bedeutung der verhaltenstherapeutischen Perspektive für die Klinische Sozialarbeit ist weitreichend: Mattaini (1997) implementiert verhaltenstherapeutische Methoden in die clinical social work im Rahmen eines „ecobehavioral approach" mit dem Ziel, sozialarbeiterische Verhaltensmodifikation zu fundieren: „... social workers are not interested in simply changing behavior but in changing behavior-environment relations or more precisely in changing patterns of events embedded indivisibly in person and world ... This model often involves linking the client to new cultures and modifying those that exist, for example, in the family or the peer group, to support positive change, and doing so requires a deeply contextualized perspective." (xii)[8] Eine Reihe weiterer, wesentlich im verhaltensorientierten Paradigma wurzelnden Ansätze sind von großer Bedeutung (sie sind in diesem Band in verschiedenen Kapiteln ausführlich behandelt):

- Stressbewältigung,
- soziale Unterstützung,
- Situationsorientierung,
- Kontrakt und Zielereichungsanalyse,
- verhaltenstherapeutische Soziotherapie.

Die verhaltentherapeutischen Methoden sind in herausragender Weise empirisch überprüft (vgl. Grawe, Donati & Bernauer a. a. O.). Sie stellen dem Klinischen Sozialarbeiter in vielen Situationen praktische Vorgehensmöglichkeiten bereit, wo es um sorgfältige verhaltens- und situationsdiagnostische Abklärungen und Analysen geht, wo es um direkte und zielorientierte handlungs- und situationsorientierte Unterstützung, um das Training von Fertigkeiten, den Aufbau von alternativen Verhaltensmöglichkeiten (z. B. auch bei behinderten Menschen), die Arbeit mit Reizkonfrontation oder auch den Abbau kognitiver Verzerrungen und den Aufbau problemlösender kognitiver Schemata geht. Insofern leistet die Verhaltensperspektive einen wichtigen Beitrag auch zu einem integrativen erfahrungsorientierten Ansatz, insbesondere im Sinne aktiver Hilfen und Methoden zur Problembewältigung. Für nicht wenige der Klienten Klinischer Sozialarbeit, die aufgrund ihrer Störungen mit introspektiven und erlebensorientierten Verfahren nicht oder nicht allein behandelt werden können (z. B. chronisch psychisch Kranke, schizophrene Menschen, eine Reihe von Persönlichkeitsstörungen, geistig behinderte Menschen), sind verhaltensorientierte Vorgehensweisen unerlässlich. Die Grenzen des verhaltensorientierten Ansatzes liegen dort, wo es um intensive Beziehungsarbeit, unbewusste Motive und das dialogische Sich-Einlassen auf das Erleben des Klienten geht.

3.4.3 Die erfahrungsorientierte (humanistische) Perspektive

Die erfahrungsorientierte Perspektive respektive der Humanistische Ansatz hat nicht wenig zur historischen Identität der Clinical Social Work in den USA wie auch in Deutschland beigetragen. In den USA war es die „funkti-

---

8 Das Buch gibt sehr anschauliche Anleitungen für das diagnostische und verhaltensmodifikatorische Vorgehen (basic principles; assessment; interventive strategies: exposure to new experiences; interventive strategies: work with cognitive and other private events; interventive strategies: skills training) und stellt Strategien zur Behandlung von Depression und Demoralisation, Beziehungsproblemen, Suchtproblemen und schweren geistigen und Verhaltensstörungen vor.

onale“ Schule des Social Casework mit ihren Begründerinnen Virginia Robinson und Jessie Taft sowie deren Mentor Otto Rank, die einflussreiche Weichenstellungen vornahmen. Geissler-Piltz, Mühlum und Pauls (2005) beschreiben die Bedeutung Otto Ranks, der die „Functional School“ der Social Work maßgeblich beeinflusste und auch die Entwicklung des Therapeut – Klient Verhältnisses in der Humanistischen Psychologie, insbesondere bei Carl Rogers. Jessie Taft und Virginia Robinson (Robinson veröffentliche 1930 „A Changing Psychology of Social Work“) wirkten bei der Formulierung eines humanistischen Menschenbildes in der Sozialen Arbeit mit, in dem die Klienten mit freiem Willen und Verantwortung für ihr Tun im Hier und Jetzt gesehen werden. Otto Rank sieht den Menschen als einzigartig in der Schöpfung und betont das Bezogensein des Individuums auf die Umwelt (das „Feld“). Durch ihre Fähigkeit zur Symbolbildung kann die Person unendlich kreativ werden und durch schöpferische Gestaltung auf das Feld zurückwirken. Das Individuum ist Teil des Ganzen, löst sich allerdings von ihm. Die von Rank beeinflusste „Ausrichtung der Case Work verzichtete explizit auf die Exploration der Vergangenheit bzw. sah sie nur dann indiziert, wenn sie den laufenden Hilfeprozess unterstützen konnte (Cooper/Granucci 2002, S. 3). Da die Methode von der Annahme ausgeht, dass Menschen in einer helfenden Beziehung, die als Widerspiegelung des Alltags begriffen wurde, sich verändern und ‚wachsen‘ können, ist der Fokus auf diese Interaktion gerichtet. In einem von gegenseitigem Respekt und gemeinsamen Lernen geprägten Prozess des Helfens hat der Klient die Chance, sein Leben zu reflektieren und ‚die aus seiner Vulnerabilität erwachsenen Stärken zu entdecken und anzuwenden‘ (Dunlap 1974/1996, S. 323). Leitend für diese therapeutische Ausrichtung der Case Work waren Theorien von G. H. Mead, K. Lewin, J. Dewey und W. I. Thomas, die die menschliche Entwicklung als zielgerichteten Prozess betrachten (Dunlap 1974/1996, S. 326) … Nach Taft, die das funktionale Konzept entwarf, bestimmen Art und Kontext der Organisation der Sozialen Arbeit die Zieldefinition, den Inhalt, die Dauer und die Qualität der therapeutischen Beziehung (ebd., S. 331). Unter dem Zwang der Rechtfertigung führte die Functional School eine Begrenzung der Dauer von Hilfeprozessen ein und verlangte eine Qualitätssicherung durch Supervision. Dieser Methode, die von Smaley weiter entwickelt wurde, hat die Klinische Sozialarbeit viele Impulse zu verdanken. Sie erscheint aktuell in der Betonung der ‚Prozessqualität von Kurzzeit-Hilfeleistungen, die durch Reflexion und Supervision gesichert werden soll‘ (Pantucek 1998, S. 36). Es verwundert deshalb nicht, dass Rank zur Zeit wiederentdeckt wird.“ (Geissler-Piltz, Mühlum & Pauls 2005, 137 f.)

Ohling und Heekerens (2004) zeigen die Bedeutung Otto Ranks für die Soziale Arbeit auch im Hinblick auf die systemische Perspektive auf. Heekerens (2006) schreibt dazu: „Längst bevor die Familientherapie und Systemische Therapie (zu Differenz und Überschneidung: Heekerens, 2005) ‚erfunden‘

wurden, war Angehörigen helfender Berufe bewusst, dass es eine enge Wechselbeziehung gibt zwischen dem Klienten/Patienten in Beratung/Therapie einerseits und seinem familiären Bezugssystem andererseits. So hat etwa Otto Rank, der ausschließlich mit erwachsenen Einzelklienten/-patienten gearbeitet hat, schon in den 30er Jahren des letzten Jahrhunderts die Ansicht geäußert, dass man dann, wenn man einen einzelnen Klienten/Patienten behandelt, auch das Leben anderer Familienmitglieder zu beeinflussen vermag und der Berater/Therapeut Personen, die er nie zu Gesicht bekam, helfen oder schaden kann (Ohling und Heekerens, 2004). Für diese Ansicht gibt es gute empirische Belege (Heekerens und Ohling, 2004)."

In Deutschland gehört der von Otto Rank beeinflusste und von Carl Rogers begründete *Klientenzentrierte bzw. Personorientierte Ansatz* seit Jahrzehnten zum grundlegenden Repertoire der Sozialarbeit, sofern sie sich der Beratung und klinischen Aufgabenstellungen widmet (weitere Ausführungen siehe Kapitel 4.3.1). *Zusammen mit dem Gestalttherapeutischen Ansatz* nach Fritz Perls bildet er den Kern der Humanistischen Schule in der Sozialen Arbeit. Die Gestalttherapie ist in der Bundesrepublik Deutschland seit Jahrzehnten eines jener Therapie- und Beratungsverfahren, die im Bereich von Psychotherapie, Beratung und speziellen Feldern der Sozialarbeit mit klinischen Aufgabenstellungen (z.B. in der Suchtarbeit, in sozialpsychiatrischen Diensten, in der Kinder- und Jugendhilfe, vgl. Pauls 2008a) von einer beachtlichen Zahl von Fachkräften praktiziert werden (Hartmann-Kottek 2008; Pauls 2008; Fuhr, Sreckovic & Gremmler-Fuhr 1999, vgl. die Arbeiten von Petzold & Schobert, 1982; Bretz, Heekerens & Schmitz, 1994; Grawe et al., 1994; Strümpfl, 1991; Fliegener 1991, Butollo & Maragkos 1999, Greenberg & Watson 1999, Pauls & Reicherts 1999, Baulig & Baulig 2002). In neuerer Zeit haben Greenberg und Elliott wesentliche Erweiterungen vorgenommen und die Methoden des von ihnen als „erfahrungsprozessorientiert" (vgl. Sachse 1999), „experientiell" (z.B. Tscheulin 1992) bzw. „emotionsfokussiert" (Elliott, Watson, Goldman & Greenberg 2004) bezeichneten Ansatzes auch durch umfangreiche empirische Forschung fundiert (siehe hierzu Kap. 4.3.2.1).

Was sind die gemeinsamen Merkmale? Rogers teilt mit anderen Vertretern der Humanistischen Psychologie (Perls, Gendlin, Greenberg, May) die Auffassung, dass die Beziehungserfahrung zwischen Klient/-in und Berater/Therapeuten den Klienten neues und emotional bedeutsames Erleben ermöglicht und eine Gelegenheit bietet, zwischen Vergangenheit und Gegenwart zu unterscheiden und das eigene genuine und aktuelle Erleben (Fühlen, Denken, Bewerten, Planen) zu entdecken. Unter dem „Ansatzpunkt Therapeut-Klient-Beziehung" (Reicherts 2005) wird das Potential zu Wachstum, Selbstbestimmung und verantwortlicher Wahl betont. Nach Greenberg, Elliott und Lietaer (1994) gilt die je momentane Bewusstheit (awareness) der Klienten/-innen für das eigene Erleben als Hauptansatzpunkt[9] von Beratung und Therapie. Schlüssel zur Veränderung ist die Erfahrung im Rahmen der therapeutischen Beziehung. Das „Mit-Sein“ mit dem Klienten umfasst insbesondere wichtige Qualitäten und Aktivitäten des Helfers, um eine empathische Beziehung aufzubauen. Es zielt nicht primär und unmittelbar auf eine durch rasches Handeln besorgte pragmatische Veränderung und Anpassung, auch wenn es angesichts der multiplen und komplexen Lebenskontexte von Sozialarbeitsklienten ggf. ein „Mit-Tun“ (doing with) und sogar ein „Tun-Für“ einschließen kann. Insofern hier auch handlungsbezogene, direktive und übende Aktivitäten eingeschlossen sind, geht der moderne erfahrungsorientiert-emotionsfokussierte Ansatz somit über die klassischen Merkmale des Rogerianischen Ansatzes deutlich hinaus. Allerdings bleibt gerade die Beziehungsorientierung zusammen mit wesentlichen Merkmalen der Grundhaltung und Methodik mit dem klassischen Ansatz von Carl Rogers verbunden.

Der moderne Humanistische Ansatz stützt sich sowohl auf ein existenzphilosophisch geprägtes Menschenbild (Heekerens & Ohling 2005; Yalom 2000; Swildens 1991) als auch auf moderne empirische Therapie-, Emotions- und neuropsychologische Forschung (Sachse 1999; Paivio & Pascual-Leone 2010; Elliott et al., ebd.) und systemisches Denken (Heekerens & Ohling 2004). Im Unterschied zur klassischen Psychoanalyse werden hier Verhalten und Erleben nicht durch „Triebenergie“ und „Triebschicksal“, im Unterschied zur Verhaltenstherapie nicht durch „Stimulus – Response – Consequence“ Kontingenzen erklärt, sondern durch Prozesse des „Erlebens“, die auf Informationsverarbeitung und Rückkoppelungsprozessen in Beziehungssystemen (zwischen Klient und Berater oder Therapeut) beruhen. Veränderung der Person bedeutet Aktivierung und Förderung des Flusses des Erlebens zur Schaffung neuer Bedeutungen im Kontext der je gegenwärtigen Erfahrungen des Selbst mit der Umwelt. Erfahrungen umfassen Erleben-Verhalten-Beziehung-in-Situationen.

Der Erfahrungsorientierte bzw. Humanistische Ansatz eröffnet eine Reihe wichtiger Leitlinien für das Vorgehen in der Klinischen Sozialarbeit. Psycho-soziale Fallarbeit, die auf der erfahrungsorientierten Perspektive fußt, definiert ihre auf geteilte Lebenspraxis und dialogische Begegnung ausgerichtete Arbeit auf zwei verschiedenen, sich ergänzenden und einander bedingenden Ebenen:

1. Wertentscheidungen und Menschenbild,
2. praktisch-methodische Arbeit.

Zu 1. *Wertentscheidungen und Menschenbild*: Praktisches Handeln ist immer von Wertentscheidungen bestimmt. Sowohl Therapieverfahren als auch jede Form von Programmen der psycho-sozialen Versorgung enthalten

9 Das Erleben ist Hauptansatzpunkt, jedoch werden auch das Verhalten, interpersonale Beziehungen und Körperprozesse einbezogen.

Grundannahmen zum Menschenbild, Wertorientierungen und sozialpolitische Zielsetzungen (Orlinsky & Howard a. a. O.). Das Menschenbild erfahrungsorientierter psycho-sozialer Behandlung bestimmt den Menschen als aktives, sozial konstruktives, leibliches und sozial bezogenes Wesen. Zentral ist die offene, wertschätzende und das humane Potential in jedem Menschen unterstützende Helfer-Klient-Beziehung. Die Überzeugung, dass alle menschlichen Prozesse lebbar sind, wenn sie verantwortlich und mit Bewusstheit (awareness) in die soziale Begegnung eingebracht werden, führt zu einer bestimmten ethischen Haltung. Sie verbietet Instrumentalisierung und Manipulation der hilfebedürftigen Menschen. Nicht Anpassung ist das Ziel, sondern Selbstentfaltung in sozialer Bezogenheit. Soziale Strukturen sind daran zu beurteilen, inwieweit sie die selbstverantwortete Entwicklung von Menschen in sozialer Bezogenheit und wertschätzender Gemeinschaft ermöglichen und fördern oder verhindern. Dies führt auch zu konkreten Konzepten gesellschafts- und organisationsbezogener Wertsetzungen und Veränderungen: Erweiterung der Räume für Selbstbestimmung und Selbstorganisation, Förderung von Partizipation und Verantwortlichkeit, Entwicklung des Dialoges und gleichberechtigter Kooperation, Entwicklung von Normen, die auf selbstbestimmter, reflektierter Setzung beruhen (Burow 1987, 214 f.). Dies berührt auch den Selbstbezug der Fachkraft.

Die Werthaltung des Respekts und der Akzeptanz lässt sich auch auf die Institutionen übertragen, insbesondere auch diejenigen, in denen klinische Arbeit stattfindet: „Eine anständige Gesellschaft hat anständige Institutionen: Bildung, Finanzamt, Gesundheit, Wissenschaft. Eine anständige Institution ist eine solche, die den Menschen nicht demütigt. Hier wird also der Begriff der decency, der Anständigkeit, mit dem Begriff der Demütigung, humiliation, verbunden. Eine anständige Institution ist eine solche, die den Menschen nicht demütigt. Ein Mensch wird gedemütigt, wenn er einen rationalen Grund hat, sich in seiner Selbstachtung verletzt zu sehen. Rationaler Grund heißt, dass ist keine Überempfindlichkeit, sondern, ein anderer in meiner Position würde das auch so unterschreiben, und Selbstachtung ist die Achtung, die ich mir aufgrund meines Menschseins entgegen bringe und nicht aufgrund meiner Errungenschaften, meiner Herkunft oder meines Bankkontos. Würde heißen: Ein anständiges Gesundheitssystem ist sensibel in Bezug auf Eintrittsstellen für Demütigung von Menschen. Eintrittsstellen für Demütigung sind immer dort gegeben, wo Menschen aus der Menschheitsfamilie explizit oder implizit ausgeschlossen werden und nicht mehr wie Menschen, sondern, wie Dinge behandelt werden.“ (Sedmak 2009, 10)

Zu 2. *Praktisch-methodische Arbeit*: Praktisch-methodisch werden emotionale Offenheit, Selbstwertschätzung, Fähigkeit zur Problem- bzw. Belastungsbewältigung, soziale Kompetenz (realitätsbezogenes Interaktionsverhalten) sowie Einsicht und Verantwortungsübernahme gefördert. Im Felde der klinisch-sozialarbeiterisch orientierten Fallarbeit bieten erfahrungsorientierte Methoden viele Anregungen und Regeln, wie man Lernsituationen schaffen kann, die nachholende und übende Erfahrungen in verschiedensten psychischen und sozialen Funktionsbereichen fördern. Als Beispiele vor allem aus der gestalttherapeutischen Tradition seien genannt: Arbeit mit Bewegung, Übungen zur Entwicklung der Sinne, kreatives Spielen, Malen, Übungen zum Empfinden und Ausdrücken von Gefühlen, Übungen und Spiele zu Kontakt und Begegnung mit anderen etc. (vgl. z. B. Oaklander 1988; auch die Konzepte zur Gestaltpädagogik von Petzold & Brown 1977; Burow 1987). Methodische Prinzipien erfahrungsorientierter Arbeit gewährleisten,

- dass Klienten ein selbst gestaltbarer Raum zu lassen ist,
- dass ihre Eigenintention und Selbstbestimmung beachtet wird,
- dass Vernetzung herzustellen ist (z. B. Fachkräfte aus Beratungsstellen in eine Jugendeinrichtung holen, damit die Jugendlichen sie kennen lernen),
- dass Respekt vor dem Zeitelement beachtet wird und nicht opportunistisch dem Drängen nach immer schnellerer kurzfristiger Lösung von Störungen nachgegeben wird (Entwicklung braucht angemessene Zeiträume),
- dass Grenzen aller Beteiligten reflektiert und beachtet werden.

Klinische Sozialarbeiter sind Handelnde innerhalb eines komplexen psycho-sozialen Behandlungs-Systems. Der Bezug zur alltäglichen Lebenswelt erfordert Kompetenzen in Organisations-, Koordinations- und Leitungsfunktionen. Dabei sind entsprechende Schlüsselqualifikationen der Kommunikations-, Kooperations- und Selbstorganisationsfähigkeiten anzuwenden (vgl. Paulus 1992). Die Entwicklung erfahrungsorientierter beraterischer Systemkompetenz ist daher eine zentrale Aufgabenstellung klinisch-sozialarbeiterischer Beratungsarbeit. Was ist beispielsweise für eine kompetente interdisziplinäre Zusammenarbeit nötig? Neben der Aneignung „fachfremden“ Wissens sind es vor allem Kompetenzen wie:

- gegenseitige Motivation (z. B. durch die Erarbeitung gemeinsamer Ziele),
- eigene Verständlichkeit (verständliche Erklärungen),
- verbindende Sprache, d. h. auch die Fähigkeit, sich in den Bezugsrahmen der Kooperationspartner hineinzuversetzen,
- eigenes Selbstbewusstsein, gegenseitige Toleranz, Respekt und Wertschätzung.

4. Psycho-soziale Behandlung

Die Soziale Arbeit ist traditionell eine beratende, unterstützende *und* sozial „behandelnde" Profession, auch wenn letzterer Sprachgebrauch in Deutschland unüblich ist. Jane Adams, Mary Richmond, Alice Salomon haben in selbstverständlicher Weise sozialarbeiterisches Vorgehen in Bezug auf die Gesundheit der Menschen beschrieben und methodisch-theoretisch fundiert (vgl. „Soziale Diagnose" von Alice Salomon 1926). „Behandeln" bedeutet zielgerichtetes, planmäßiges und methodisches Handeln (treatment). Im wissenschaftlichen Sprachgebrauch wird der Begriff der „Intervention" in der Regel synonym gebraucht. Stimmer (1996, 257) definiert: „In der Sozialen Arbeit bedeutet Intervention ein bewusstes, zielgerichtetes Eingreifen in ein aktuelles Geschehen. Die Einmischung soll Kräfte und Fähigkeiten der Beteiligten für ein alternatives Verhalten mobilisieren und neue Erfahrungen als Voraussetzung für eine Problemlösung ermöglichen. Sozialpädagogische Intervention geschieht im Kontext des beruflichen Selbstverständnisses und der institutionellen Rahmenbedingungen. Als Technik der Sozialen Arbeit lässt sich Intervention in fünf Phasen darstellen: Problemerfassung, Informationssammlung, Methodenwahl, Methodenanwendung, Auswertung. Neben der Weiterentwicklung und Verfeinerung des Instrumentariums ist vor allem die Legitimation sozialpädagogischer Intervention Gegenstand der Fachdiskussion."

4.1 Bestimmungsstücke psycho-sozialer Beratung und Intervention

In seiner Bedeutung für die Klinische Sozialarbeit ist die Verwendung des Begriffs *Behandlung* in Deutschland brisant, deutet er doch im gesellschaftlich relevanten alltäglichen Sprachgebrauch auf die Krankenbehandlung, also „Therapie". Der Therapiebegriff ist einerseits ein rechtlich im Sinne der Heilkunde definierter Begriff, andererseits ist er offen und unspezifisch bei seiner Verwendung im Zusammenhang mit bestimmten heilsam-sorgenden Behandlungen. Menschen werden in Musiktherapie, Kunsttherapie, Reittherapie, Gestaltungstherapie, Arbeitstherapie, Ergotherapie und sozialer Therapie bzw. Soziotherapie „behandelt". Diese Vielfalt spezifischer psychosozialer Diagnose-, Beratungs-, Therapie-, Hilfs- und Unterstützungsmaßnahmen lässt sich nur schwer auf einen gemeinsamen Nenner bringen. Insbesondere lässt sie sich nicht auf die psycho-soziale Beratung mit psychotherapeutischen oder zumindest psychotherapienahen Aufgabenstellungen reduzieren. An der Komplexität und Heterogenität der „Methoden" mag es (neben vielen anderen, u.a. berufspolitischen und gesellschaftlichen Ursachen) auch liegen, dass es bisher keine professionsspezifische Profilbildungen für „soziale Behandler“ und auch keine realitätsgemäßen sozialrechtlichen Regelungen für die „Versorgungsaufgaben“ der Bevölkerung mittels psycho-sozialer Behandlung und sozialer Therapie im Gesundheitswesen gibt. Eine Fülle von Maßnahmen, die *nicht* unmittelbar unter den Begriff der kassenpsychotherapeutischen Krankenbehandlung fallen, gehören zu Aufgabenstellungen klinisch sozialarbeiterischer Tätigkeit:

- Mitwirkung bei der Behandlung von Krankheiten in allen Bereichen der Psychiatrie sowie in Fach- und Akutkrankenhäusern: auch bei einer schweren oder chronischen Krankheit wie bspw. einer Krebserkrankung ist häufig sozialtherapeutische Beratung und Behandlung der Patienten und ihrer Angehörigen (bspw. im Rahmen palliativ-medizinischer Behandlungskonzepte) indiziert.
- Maßnahmen zur beruflichen Anpassung und Förderung im Rahmen der Rehabilitation von psychisch Kranken, Behinderten oder Personen mit chronischen Erkrankungen oder nach schweren Erkrankungen.
- Schwere Erziehungs-, Familien- und Partnerschaftsprobleme mit klinisch relevanten Auffälligkeiten; diese können auch eine Folge von seelischen oder körperlichen Erkrankungen sein oder damit einhergehen: hier wäre dann ein Beispiel für die notwendige enge Kooperation zwischen Arzt, Psychotherapeuten und Klinischem Sozialarbeiter.
- Vorbeugende Maßnahmen im Sinne der Beratung oder von Trainingsmaßnahmen im Sinne von Gesundheits-Vorsorgeprogrammen bzw. Präventionsprogrammen.
- Lebensprobleme und Reifungskrisen, die nicht als psychische Erkrankung im Sinne des Gesetzes zu bewerten sind, deren Beratung jedoch vertiefte therapeutische Behandlungskompetenzen erfordern. Hier sind „therapeutische“ Hilfen als Beratung einzustufen, nicht aber als Psychotherapie im gesetzlichen Sinne.
- Beratung und Interventionen bzw. professionellen Hilfen bei psychosozialen Faktoren im engeren Sinne, z.B. soziale Belastungen, Multiproblem-Situationen, Verschränkungen zwischen individuellen ökonomischen und sozialen Benachteiligungen sowie defizitären psycho-sozialen Kompetenzen, abweichenden Lebensbedingungen und Verhaltensweisen.
- Sozialtherapeutische Vorgehensweisen im Sinne gemeindebezogener, aufsuchender Behandlungskonzepte, die auch ökosoziale Lebensbedingungen mit einbeziehen und Netzwerk bezogene Arbeit, fallen nun eindeutig in den Zuständigkeitsbereich der Sozialen Arbeit bzw. bei klinischen Aufgabenstellungen im engeren Sinne in den der Klinischen Sozialarbeit.

Diese Aufgabenstellungen gehören mitten hinein in ein psycho-sozial fundiertes Gesundheits-, Sozial- und Erziehungswesen, die in erheblichem Umfang auch gesundheitsbezogene Funktionen mit übernehmen, insbesondere in präventiver Hinsicht. Psycho-soziale Beratung und Behandlung im Rahmen Klinischer Sozialarbeit darf sich nicht auf die Folge- und Begleitprobleme von psychischen Krankheiten beschränken lassen. Sie will und kann natürlich somatische Behandlungskonzepte nicht durch psycho-soziale ersetzen, doch sie bearbeitet psycho-soziale Faktoren als primär zuständige Disziplin dort, wo ein Krankheitsgeschehen als ein ursächlich durch soziale und psycho-soziale Faktoren (mit-)bedingter Prozess verstanden werden kann. In der beruflichen Realität ist diese Situation vielfältig vorzufinden. Sie ist in unterschiedlichen (auch widersprüchlichen) gesetzlichen Regelungen und Verordnungen dem Bereich Sozialer Arbeit zugewiesen. Doch den sozialen Aufgabenstellungen wird derzeit im Rahmen der Krankenversorgung aus strukturellen Gründen nicht entsprochen (Crefeld 2000).

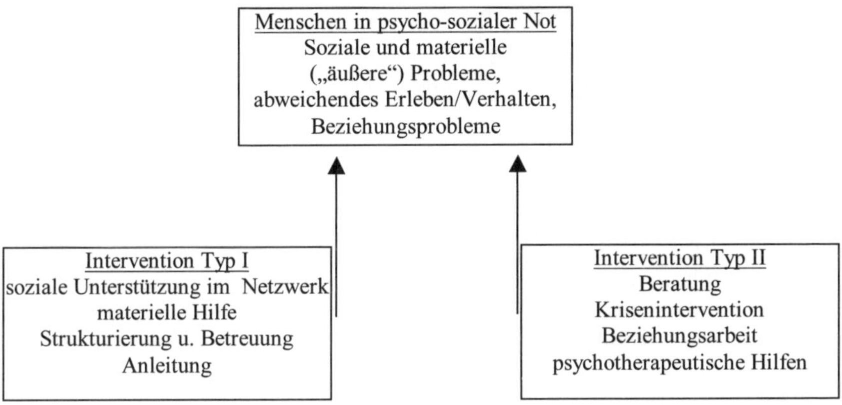

zweispuriger Ansatz
klinisch sozialarbeiterischer Hilfen

Die Interventionen Klinischer Sozialarbeit sollen prinzipiell durch Normalisierung und soziale (Re-)Integration zu positiv veränderten Situationen der Betroffenen führen. Das bedeutet, der Hilfeprozess, gleichgültig ob er in Beratung, Sozialtherapie oder Begleitung und Betreuung besteht, zielt auf Merkmale des „Erleben-Verhaltens-in-Situation“ mit den handlungsleitenden Merkmalen sozialarbeiterischen Vorgehens:

- Unmittelbarkeit der Angebote im Erfahrungsraum,
- Erreichbarkeit,
- Situationsbezogenheit
- Ganzheitlichkeit.[1]

1 Diese Aspekte sind mit den Prinzipien Thierschs (1992) verwandt.

Psycho-soziale Behandlung als Gesamtheit beinhaltet verschiedenartige Arbeitsformen und darin im Einzelfall anzupassende Methoden. *Arbeitsformen* sind diejenigen übergreifenden Rahmenbedingungen, innerhalb derer Methoden der Sozialarbeit praktiziert werden. *Methoden* beinhalten die psycho-sozialen Interventionen als die konkreten Handlungen, die innerhalb der vereinbarten Zeit mit einem Klienten oder Klientensystem durchgeführt werden. Klassische Arbeitsformen der Sozialarbeit sind die „Soziale Einzelhilfe“ (Casework), die „soziale Gruppenarbeit“ und die „Gemeinwesenarbeit“. Die Methoden werden definiert durch die jeweiligen konkreten Beratungs- bzw. Interventionsverfahren (die in diesem Buch u. a. in den Kapiteln „Therapeutische Grundrichtungen“, „Psycho-soziale Beratung“, „Soziale Therapie“ behandelt werden). Diese Grundrichtungen sind der theoretische Rahmen für die spezifischen methodischen Regeln, nach denen dann die einzelnen Interventionen durchgeführt werden. (vgl. Geißler & Hege 1999, Kleve 1999).

Klinisch-sozialarbeiterische Behandlung lässt sich grundsätzlich in dreifacher Hinsicht differenzieren:

1. person- bzw. individuenbezogen,
2. beziehungsbezogen (Familie und Gruppe),
3. umgebungsbezogen (Gemeinwesen).

Zu 1: Die unmittelbar auf die Person bezogenen Interventionen sind Handlungen, die insbesondere differentielle Gesprächsführungstechniken und beratend-therapeutische Methoden beinhalten. Es sind die speziellen Aufgaben und Prozeduren, die von der Fachkraft als Antwort auf die vom Klienten präsentierten manifesten Probleme angeboten und durchgeführt werden. Der Gebrauch von unterschiedlichen therapeutischen Techniken in Bezug auf unterschiedliche Formen von Klientenproblemen ist wohl das bedeutsamste Unterscheidungsmerkmal zwischen Therapie-Schulen und Ansätzen. Auf jeden Fall umfassen diese Aufgaben in allen Ansätzen den größten Teil der Zeit, die Betroffene und Helfer miteinander verbringen. Es geht bei den *unmittelbar auf die Person bezogenen (proximalen) Interventionen* um Wahrnehmung, Erlebnisverarbeitung und Handeln in der ökosozialen Lebenssituation (bewältigungs- bzw. aufgabenbezogene Interventionen), verbunden mit Einfühlung und Nachvollziehen der existenziellen Dimension der Problemlagen der Klienten, Sorge für den benötigten Schonraum und aktive Förderung der Entwicklung des Selbst-Bezuges. Klienten die durch *umschriebene Verhaltensprobleme* oder Symptome mit Leidensdruck belastet sind, wollen in der Regel eine möglichst schnelle Entlastung. Sie haben – zumindest zunächst – kein Interesse an Zielsetzungen, die die von ihnen wahrgenommene Problemzone ausweiten, z. B. durch die Wahrnehmung, wie ihr spezielles Symptom mit ihrem gegenwärtigen oder vergangenen Lebensstil oder Beziehungen in Zusammenhang steht. Die Motivation dieser Klienten ist zumindest anfänglich auf die Symptombeseitigung beschränkt. *Unterstützung zu Klärung und Neuorientierung* wird gesucht von Klienten, die eine Identitätskrise erleben, deren bisherige Werte infrage gestellt sind oder die die Richtung und den Sinn ihrer persönlichen Lebensentwicklung vermissen. Sie haben Schwierigkeiten sich zu entscheiden und fühlen sich machtlos, die eigene Zukunft zu gestalten. Der Konflikt wird eher innerpsychisch erlebt.

Zu 2: Die auf interpersonale Zusammenhänge bezogenen Methoden sind Handlungskonzepte, die insbesondere im Bereich familienbezogener Arbeit und (in faktisch geringerem Ausmaß) in sozialtherapeutischer Gruppenarbeit durchgeführt werden (systemische Perspektive). Auch hier werden unterschiedliche Konzeptionen vor dem Hintergrund der o.g. theoretischen Grundrichtungen angewandt. Die spezifische Interventionsaufgabe liegt hier in der *Veränderung von Beziehungen und Interaktions- sowie Kommunikationsmustern,* d.h. es geht um interpersonale *(distale)* Maßnahmen in Bezug auf Familie, Angehörige, Nachbarschaft, Arbeitskollegen und Vorgesetzte. Interventionen beziehen sich auf die unmittelbaren interpersonalen Beziehungen in face-to-face-Interaktionen. Diese Ansatzpunkte werden relevant bei Klienten, die Schwierigkeiten in Beziehungen mit bedeutsamen anderen Menschen in ihrem Leben erleben: mit dem Lebenspartner, den Kindern, Eltern, Verwandten oder Freunden und Arbeitskollegen. Sie erkennen in der Regel ihre eigene Beteiligung und wollen die Beziehungsmuster verändern. Hier stellt sich in der Klinischen Sozialarbeit die Frage der Art der Einbeziehung, des Setting und des Ortes etc.

Zu 3: Die umgebungs- bzw. gemeinwesenbezogenen Arbeitsformen beinhalten *Interventionsaufgaben zur Veränderung der Umgebung bzw. der Situation.* Es geht um Beeinflussung der Lebenslage und Lebenssituation der Subjekte durch intersystemische und netzwerkbezogene funktionale und *strukturale* Maßnahmen. Dazu gehört das soziale Netzwerk und die Gemeinde mit ihren ökosozialen und gesundheitsstrukturellen Ansatzpunkten. Hierher gehört auch das Case-Management. „Gemeinwesenarbeit ist … eine Arbeitsform, die nicht zwangsläufig mit dem Herstellen von Klient-/Hilfesystemen-Beziehungen, von Interaktionssystemen einher gehen muss. Denn sie kann sich explizit auf die Veränderung sozialstruktureller Bedingungen beziehen – z.B. auf die Vernetzung von sozialen Einrichtungen, auf die Erweiterung von politischen Mitbestimmungsmöglichkeiten für Betroffene von sozialen Problemen bezüglich dieser Probleme, auf das Einrichten von Verhandlungssystemen, sozusagen ‚runden Tischen‘ zur Bearbeitung sozialer Probleme, auf die Verbesserung regionaler sozialer Infrastrukturen etc. Die Gemeinwesenarbeit, welche sich ausgesprochen passend auch als sozialökologische oder ökosoziale Methodenorientierung der Sozialarbeit verstehen lässt (vgl. Wendt 1990, insb. S. 141 ff.), bezieht Betroffene von sozialen Problemen also nicht zwangsläufig in eine interaktive Beratungssituation ein; vielmehr wird Personen indirekt geholfen, nämlich über sozialstrukturelle Veränderungen.“ (Kleve a.a.O., 115 f.) Angesprochen sind Probleme mit der regionalen sozialen Chancenstruktur (z.B. Arbeits- und

Ausbildungsplätze, Schulstruktur oder sonstigen Einflüssen von Institutionen in der Gemeinde/Gesellschaft). Zwar ist diese Ebene nicht primär den klinischen Arbeitsformen zuzurechnen, doch wird die sozialklinische Fachkraft nicht selten im Rahmen ihrer Fallarbeit mit Problemen auf dieser Ebene konfrontiert. Ihre Klienten suchen z.B. Hilfe bei ihrem Umgang mit Institutionen. Die spezielle psycho-soziale Kompetenz der Klinischen Sozialarbeit erlaubt mit dieser Perspektive die Vermeidung unangebrachter bzw. einseitiger Individualisierung und „Psychologisierung" von Problemen: der Klinische Sozialarbeiter sollte bei individualisierten Problemen, die in Wirklichkeit mit strukturell-systemischen Bedingungen zusammenhängen, diese Zielsetzungen von sich aus in das sozialarbeiterische Gesamtkonzept einfügen, also beispielweise auch im Rahmen von Gremienarbeit (z.B. Jugendhilfeausschuss) politisch wirken.

4.1.1 Allgemeine Definition klinisch-sozialarbeiterischer Beratung und Behandlung

Klinisch-sozialarbeiterische Beratung und Behandlung besteht aus zielgerichteten (a) beratenden, (b) unterstützenden und (c) sozialtherapeutischen Maßnahmen bzw. Interventionen im Rahmen eines geplanten interaktionellen Prozesses zwischen Betroffenen, sozialem Umfeld und Fachkraft, getragen durch eine *professionelle helfende Beziehung*. Im Mittelpunkt stehen schwer belastete, beeinträchtigte, sozial-kommunikativ gestörte, gefährdete und/oder psychisch und somatisch – meist chronisch – kranke, behinderte und leidende Menschen. Durch entlastende, klärende, anregende und fördernde Maßnahmen soll die größere Unabhängigkeit und Integration des Individuums hinsichtlich seiner *Lebenslage* (Person-Umwelt-Bezüge, soziale Unterstützung, Lebens-Situation und Ressourcen) und seiner individuellen *Lebensweise* (Erlebnisverarbeitung, Selbst-Bezug, interpersonale Beziehungen, Belastungs- und Krankheitsbewältigung) gefördert werden.

Die psycho-soziale Behandlungsmethodik basiert auf Interventionstechniken, die in human- und sozialwissenschaftlichen Theorien und Modellen normalen und gestörten Erlebens und Verhaltens-in-Situationen, Beziehungen und sozialen Systemen verankert sind. Hintergrund bildet Bedingungs- und Handlungswissen der Sozialen Arbeit und ihrer Bezugswissenschaften.

Psycho-soziale Beratung und Behandlung findet mit folgenden Mitteln statt:

- verbale und nonverbale Kommunikation (Beratung, Sozialtherapie, soziale Psychotherapie, Anleitung),
- Übung, lebenspraktische Hilfen, direkte soziale Unterstützung und handelnde Auseinandersetzung mit der sozialen Umgebung (aktive Hilfen, Umwelt-Sorge einschließlich aufsuchender Arbeitsweisen),
- Umfeldbezogene Intervention und Kooperation (soziale Netzwerkarbeit, social support interventions).

Dabei sind Methoden der professionellen Beziehungserfahrung (therapeutische Bindung, soziales Beziehungslernen), der Motivierung und Klärung, der Ressourcenaktivierung, der Problem- und Belastungsbewältigung und der Konfliktbearbeitung beteiligt. Der konstruktive Verlauf eines Prozesses psycho-sozialer Behandlung zeigt sich an Veränderungen der Lebenslage und der Lebensweise.

Ziele der Veränderung der *Lebenslage* sind:

- die Verbesserung von Merkmalen der sozialen Integration wie Arbeit, soziales Netzwerk, Gesundheitsstatus,
- die Bewältigung/Lösung, Milderung objektiver Belastungsmerkmale der Lebenssituation und Stärkung der sozialen Unterstützung,
- die Schaffung, Aktivierung bzw. Verbesserung sozialer Ressourcen,
- die Verbesserung der sozial-emotionalen Beziehungen, speziell im Hinblick auf Partnerschaft, Familie und enge Bezugspersonen.

Ziele der Veränderung der *Lebensweise* sind:

- die Entwicklung eines positiven und mit den eigenen Erfahrungen kongruenten Selbstbildes der Handlungs- und Selbststeuerungsfähigkeit,
- die Übernahme von Verantwortung für die Verbesserung der psychosozialen Kompetenzen zur Gestaltung der eigenen Lebensbedingungen,
- das Förderung des Bestrebens, dem eigenen Leben einen Sinn zu geben und die eigenen Lebensbedingungen mit den eigenen Wünschen und Bedürfnissen in Einklang zu bringen (vgl. Antonovsky 1997),
- die Schaffung, Wahrnehmung und Annahme innerer (psychischer) und äußerer (z. B. soziale Unterstützung, materielle Hilfen) Ressourcen,
- die Bewältigung von externen und internen Belastungen durch den Abbau dysfunktionaler und den Aufbau konstruktiver Wege der Konflikt- und Belastungsbewältigung, der Problemlösung, des Gesundheitsverhaltens (z. B. Compliance im Rahmen von Behandlungsprozessen),
- die Bewältigung von externen und internen Belastungen durch den Abbau problematischer Interaktionsmuster, die Erhöhung der Offenheit und Stimmigkeit in Beziehungen.

4.1.2 Setting, Beziehung und Aufgabenbearbeitung

Da man auf Sozialarbeiter/ Sozialpädagogen zurückgreift, „um eine widersprüchliche, überfordernde, eben konflikthafte Situation anzugehen" (Klüsche 1994, 81), müssen insbesondere die klinisch arbeitenden Kolleginnen und Kollegen eine mehrdimensionale und interdisziplinäre Herangehensweise in Diagnostik und Intervention ausüben (Gahleitner & Borg-Laufs 2007). Vielfältige Abstufungen und Kombinationen klassischer Kommstrukturen, aufsuchender und (teil-)institutionalisierender Hilfeformen erfordern ganz spezielle Rahmenbedingungen und Beziehungsformen. „Methodisches Handeln ist kontextabhängig, institutionell und situativ. Der institutionelle Kontext beruflichen Handelns bestimmt die Rahmenbedingungen der Intervention, ihre Zeitdauer und Ziele (zumindest Rahmenziele), den Ort der Intervention und die Art der Aktivitäten." (Heiner 2010, 611) Die spezifischen Interventionen Klinischer Sozialarbeit können nur dann erfolgreich wirken, wenn sie neben diesen Kontextfaktoren den Rückhalt und die Förderung einer hilfreichen, wertschätzenden und verlässlichen Beziehung haben. Die professionelle Bindungsbeziehung ist der Schlüssel zur erfolgreichen Intervention. Allerdings funktioniert diese professionelle Bindungsbeziehung immer nur im Rahmen eines für die jeweilige Klientel, Problematik und Interventionsart geeigneten *Settings*. „Settings sind Organisationen, die eine durch ihre Struktur und Aufgabe anerkannte soziale Einheit darstellen." (Baric, Conrad 2000, 18)

Das Setting verweist auf die Eigenständigkeit des psycho-sozialen Behandlungszuganges, die sich besonders bei der Gestaltung eines emotional, sozial und ggf. materiell Halt und Orientierung gebenden (fürsorgenden) professionellen Kontraktes und Beziehungsprozesses mit der Person und ihrem Umfeld zeigt. Planung, Abstimmung und Durchführung von Hilfe- und Bewältigungsmaßnahmen ist „multiperspektivisch".

Häufige Settings in der Klinischen Sozialarbeit

Art des Settings	Funktion/Beispiel	Mögliche Vorteile	Mögliche Nachteile
offene, teilnehmende Settings, aufsuchende Settings örtlich variable Settings	Sozialarbeiter sucht seine Adressaten auf; teilnehmende Begleitung im Alltag; ggf. angeordneter Kontakt; Nutzung sozialer Räume der Klienten außerhalb der eigenen institutionellen Räumlichkeiten Beispiel: Sozialpädagogische Familienhilfe: Hausbesuche; Streetwork	Klient ist in seiner gewohnten Umgebung Sozialarbeiter lernt den Klienten in seiner Umwelt kennen Direkte Einbeziehung von Bezugspersonen; Organisation soz. Unterstützung, Förderung einer mitwirkenden sozialen Umgebung; Sozialarbeiter kann eingreifen	Klient will keine Hilfe; Klient fühlt sich kontrolliert, ggf. „überrumpelt" Klient fühlt sich in seiner Privatsphäre verletzt geringe Motivation durch Zwangskontext
räumlich abgegrenzte Settings mit Kommstruktur	festgelegter Ort i.d. Regel in einer Institution; festgelegter Termin; festgelegter Zeitrahmen. Adressaten mit ausreichendem Leidensdruck bzw. Problembewusstsein suchen Einrichtung auf; Sozialarbeiter hat	Geschützter und meist eher freiwilliger Rahmen; Vertrauensaufbau gestaltet sich ggf. leichter; Berater kann auf Unterlagen zurückgreifen; Klient kann sich gemäß seiner Problemeinsicht vorbereiten; klarere	Hemmschwelle ist hoch – Ängste des Klienten vor der Institution, ungewohnte Umgebung; Klient kann sich evtl. nicht rechtzeitig lösen; Störungen durch andere Mitarbeiter oder Vorgänge

	festen Platz. Beispiel: z. B. Beratungsstelle; Beratungsgespräch in Soz. Einzelhilfe oder Erziehungsberatung	Grenzen: Klient u. Berater kennen den Zeitrahmen	
zeitdefinierte Settings (Dauer)	Kurzzeitintervention bis zu 6 Wochen; Mittelfristige Beratung: 6-12 Wochen; Langzeitintervention: mehr als 6 Monate	Vorteile bei kurzer Dauer: Klient hat evtl. mehr Motivation; Vorteile bei längerer Dauer: tiefgreifendere Problembehandlung; mehr Zeit für Vertrauensaufbau	Nachteile bei kurzer Dauer: Oberflächlichkeit, zu geringe Festigung, zu wenig Zeit für Bindungsaufbau Nachteile bei langer Dauer: Entstehung von Abhängigkeit; Überbetreuung mit der Folge der Schwächung des Klienten
zeitlich variable Settings (regelmäßig/ unregelmäßig)	Variable Frequenz von Gesprächen/Interventionen; auch in Abhängigkeit von Zeitpunkt, Ort, Häufigkeit und Dauer problematischen Verhaltens	Vermeidung von Über- oder Unterforderung; angepasster Aufwand (Effizienz); Mitsprache des Klienten	

Die person-in-environment Perspektive überschreitet die „Sesselarbeit“ (chair work) klassischer Beratung und Psychotherapie und erfordert das Einbeziehen der und das Eintauchen in die Lebenswelt der Klienten, d.h. in konkrete Lebenssituationen. Um hier „Aufgaben“ bearbeiten zu können, muss eine spezifische Arbeitssituation, also ein Setting, hergestellt werden (vgl. auch Großmaß 2004 und unter http://www.ash-berlin.eu/hsl/freedocs/ 197/beratungssettings.pdf). Insbesondere in den aufsuchenden bzw. „teilnehmenden“ Settings ist dies immer wieder eine Herausforderung für die Fachkräfte. Einfacher ist es, wenn – wie in der klassischen Beratungsstelle – ein Setting sozusagen „fertig von der Stange“ angeboten wird, z.B. im Rahmen eines klassischen Beratungsgespräches in einem Büro. Allerdings muss auch dieses von den Beteiligten „an- und eingenommen“ werden. Dieses Vorbereitet- und Eingestelltsein auf jeweils passgenaue, die jeweiligen Möglichkeiten des Klientels konkret berücksichtigende Arbeitssituationen (z.B. Niederschwelligkeit), ist eine Stärke, ja weitgehend ein „Alleinstellungsmerkmal“ der Sozialen Arbeit im Vergleich mit anderen Professionen.

Ein weiteres wichtiges Merkmal des Settingaspektes im Verlaufe von Interventionen ist die *prozessorientierte Anpassung* des Settings an veränderte Bedingungen bei der betroffenen Person und/oder ihrem Umfeld. Häufig ist dies eine Folge von erfolgreicher Arbeit: so muss zunächst mit einer Familie im Rahmen einer Erziehungsbeistandschaft aufsuchend gearbeitet werden. Gelingt ein konstruktiver Beziehungsaufbau, kommt es zu Veränderungen im Erziehungsverhalten der Eltern, erfolgen Verhaltensänderungen bei den Kindern, so kann die Maßnahme nach einiger Zeit schrittweise in ihrer Frequenz reduziert werden. Oft sind die Eltern schließlich motiviert, zu Beratungsgesprächen auch die Beratungseinrichtung aufzusuchen oder es kann das Kind in eine bestehende heilpädagogische Nachmittagsgruppe integriert werden. Alles dies sind prozessbezogene Anpassungen des Settings der psycho-sozialen Fallarbeit. Ein anderes Beispiel ist der Wechsel von stationären, teilstationären und ambulanten Stettings im Verlauf einer sozialtherapeutischen Hilfemaßnahme. So ist es in der Kinder- und Jugendhilfe an der Schnittstelle zur Kinder- und Jugendpsychiatrie immer wieder notwendig, von einem zunächst ambulanten Ansatz zu einer stationären kinderpsychiatrischen Behandlungsphase überzugehen, um dann nach dieser Phase das Kind in eine stationäre oder teilstationäre heilpädagogische Einrichtung zu integrieren, die nach einiger Zeit in eine ambulante Begleitung und Beratung in einer Beratungsstelle mit gelegentlichen aufsuchenden Gesprächen im Elternhaus überführt werden kann. Die jeweiligen Veränderungen müssen begründet sein in Veränderungen der Problematik bzw. der Aufgabenstellung und erfordern somit auch eine prozessbezogene psycho-soziale Diagnostik. Ein solches Setting, das im Verlaufe den jeweiligen Veränderungen und damit veränderten Bedürfnissen der Klienten angepasst wird, fungiert als haltgebende Umgebung, als „holding environment".

Entscheidend ist: erst in dem für die jeweilige Problematik geeigneten Setting können konkrete zu bearbeitende Aufgaben definiert werden. Sie „entstehen" in der Regel im Rahmen eines kooperativen Prozesses zwischen Klient, Fachkraft und weiteren Beteiligten. Hier sind wir unvermittelt mit der *Arbeitsbeziehung* konfrontiert, denn schon die konkrete „Einnahme" und Akzeptanz des Settings als Rahmen für die Aufgabenbestimmung und -bearbeitung kann nur gelingen, wenn eine zumindest in Ansätzen förderliche Arbeitsbeziehung etabliert werden kann.

Die Arbeitsbeziehung ist somit Grundlage und wesentliches Agens für das konkrete methodische Handeln im face-to-face-Kontakt. Im Rahmen der Beziehungsarbeit werden die Inhalte – d. h. eben: die Aufgabenstellungen – der Sozialen Arbeit gestaltet, vermittelt und umgesetzt (vgl. Stockmann 2010; Böhme 2010; Arnold 2003). Auch Heiner (2007) sieht die förderliche Beziehung zwischen Sozialarbeiter und Klient als entscheidende Voraussetzung für einen gelingenden Hilfeprozess – eine notwendige Voraussetzung, die sie allerdings als nicht planbares Element eines methodisch reflektierten Handlungskonzeptes Sozialer Arbeit betrachtet (vgl. Heiner 2007, 459). Es ist ihr zwar Recht zu geben, dass im Rahmen der Sozialen Arbeit Beziehungsgestaltung sehr häufig als rein intuitiv erlebt und verstanden wird, so dass es kaum fachliche Standards, Arbeitsprinzipien und Regeln gebe, die über ethische Prinzipien oder grundlegende Haltungen hinausgehen. Allerdings kann sich die Klinische Sozialarbeit damit nicht zufrieden geben.

Ein wichtiger theoretischer Bezugspunkt ist die Bindungstheorie (s. a.a.O. in diesem Buch; Gahleitner 2007). In Verbindung mit der Bindungstheorie bietet der biopsycho-soziale Ansatz einen forschungsbasierten Rahmen für ein präziseres Verständnis für das Funktionieren klinischer Arbeitsbeziehungen und notwendiger Elementen einer erfolgreichen Beziehungsarbeit (Applegate & Shapiro 2005, 157). Eine tragfähige Beziehungsgestaltung erlaubt einen ruhigen, nachhaltigen und unterstützenden Zugriff auf eine Reihe von zentralen Interventionen: von der Beratung von Klienten mit emotionalen, Beziehungs- und Verhaltensproblemen über advokatorische Unterstützung bei Konflikten mit anderen bis hin zur gemeinsamen kooperativen Veränderungen von externen Kontextbedingungen.

Klinisch-sozialarbeiterische Hilfen sollten in aller Regel nicht die Eigenaktivitäten des Klienten ersetzen (was durch ein „Tun-Für" riskiert wird). Sondern sie sollten auf der Basis der haltgebenden professionellen Beziehung (Mit-Sein und „holding environment") zu einer Aktivierung der Klienten und einer kooperativen Ressourcenerschließung und Befähigung zur Ressourcennutzung führen (gemeinsam Handeln: Mit-Tun).

Nicht vergessen werden sollte im Zusammenhang des Nachdenkens über Beziehungsfaktoren in der psycho-sozialen Fallarbeit die Rolle der Übertragung. Rauchfleisch hat dic Bedeutung von Übertragungsprozessen in der Arbeit mit Menschen in psycho-sozialer Not deutlich gemacht. Er weist darauf hin (2001, 98ff.), dass die Funktionalisierung (d.h. der Helfer wird nicht als Person gesehen und behandelt, sondern nur in seiner Funktion „benutzt") von Beziehungen durch Menschen in psycho-sozialer Not oft eine Überlebensstrategie darstellt, die bei den Professionellen zu heftigen gefühlsmäßigen Reaktionen der Gekränktheit, Enttäuschung, Wut und/oder Resignation führen. Gerade in der Klinischen Sozialarbeit finden wir extrem häufig Menschen mit schweren Persönlichkeitsstörungen, die sich in sozialen Notlagen befinden (siehe auch Kapitel „Die tiefenpsychologische Perspektive"). „Für die beraterische, seelsorgerische und therapeutische Arbeit mit Menschen, die sich in psycho-sozialen Notsituationen befinden, heißt dies, wir müssen bei ihnen – vor allem wenn sie in ihrer Persönlichkeit ausgeprägte narzisstische Störungsanteile aufweisen – mit ‚ausbeuterischen', funktionalisierten Kommunikationsformen rechnen und diese Probleme bei der Gegenübertragungsanalyse beachten, um uns vor illusionären Erwartungen und darauf folgenden massiven Enttäuschungen zu schützen. ... Die beiden häufigsten Gegenübertragungsreaktionen sind:

- zum einen eigene Resignation der Professionellen und Verlust jeglicher Hoffnung auf irgendeine positive Veränderung,
- zum anderen Ärger, bis hin zur Wut den Klienten gegenüber, die durch ihre Passivität das professionelle Handeln derart behindern. ...

In der Gegenübertragung erleben wir etwas von dem Kampf, der im Innern der Klienten tobt, auch wenn sie selbst häufig nur eine Seite, nämlich die der Resignation, erleben und erkennen lassen.“ Eine solche innere Arbeit können die klinisch-sozialen Fachkräfte nur bei hinreichender Unterstützung dauerhaft leisten. Deshalb ist Selbsterfahrung (vor allem in der Ausbildung) und die Arbeit am Selbstbezug (berufsbegleitend insbesondere im Rahmen der Supervision) eine permanente Komponente für die Beziehungsarbeit und die therapeutische Bindung. Eigene Ambitionen und zu hohe Erwartungen, die oft auch bei den Helfern aus narzisstischen Quellen stammen, müssen auch auf Seiten der Professionellen abgebaut werden, damit die innere und äußere Situation der Ratsuchenden in realitätsgerechter Weise eingeschätzt werden kann.

Heiner (2010, 619) unterteilt das Aufgabenspektrum Sozialer Arbeit grundsätzlich in zwei „große Aufgabenbereiche“: „(1) Arbeit mit dem KlientInnensystem (KlientIn und ihr soziales und institutionelles Umfeld) und (2) Arbeit mit dem Leistungssystem (z. B. mit kooperierenden Einrichtungen, den Organisationen des Wohlfahrtsstaates und der Politik).“ Die Arbeit mit dem „KlientInnensystem“ im Sinne Heiners erfordert in der Praxis der Klinischen Sozialarbeit die Identifizierung von *konkreten Aufgabenstellungen (tasks)* als wesentliche Voraussetzung. Nur sie ermöglicht eine problem- und ggf. störungsspezifische sozialtherapeutische Intervention. Hierzu müssen die Fachkräfte in der Lage sein, konkrete und spezifische *Hinweise (marker)* für die jeweilige Interventionsaufgabe zu identifizieren. Das Vorgehen dabei ist prinzipiell partizipativ. Es handelt sich um die Erfassung von prozessdiagnostischen Informationen, durch die die Fachkraft Hinweise zur Wirkungskontrolle, zur Steuerung und Anpassung ihrer Interventionen und der Klient eine explizite Mitwirkungsmöglichkeit bei der Planung, Durchführung und Bewertung der Hilfen erhält.

Sozialtherapeutische Tasks umfassen Aufgaben in Bezug auf intra- und interpersonale Faktoren sowie in Bezug auf die soziale Umgebung des Klienten, ggf. auch in Bezug auf die materielle Umgebung (z. B. Ausstattung der Wohnung bei behinderten Menschen). In der folgenden Übersicht, die inspiriert wurde vom „task analysis model“ von Elliott et al. (2009, 97 ff.) und Stockmann (2010)[2], wird eine Zusammenstellung wichtiger Aufgabenmarker *(task marker)*, Interventionsaufgaben *(sociotherapeutic tasks)* und Ziele *(end state)* vorgestellt.

---

2 In ihrer Masterthesis unter Betreuung des Autors entwickelte Frau Stockmann im Rahmen eines Forschungsprojektes ein hochinteressantes Konzept zur task- und situationsorientierten sozialtherapeutischen Klinischen Sozialarbeit bei Kindern mit Asperger-Syndrom.

Aufgabenmarker (task marker)	Sozialtherapeutische Interventionsaufgabe (sociotherapeutic task)	Ziel (end state)
Klientenorientierte Aufgabe: Beziehung aufbauen		
Arbeitsbeginn und Fortsetzung im Verlauf Umgang mit Vermeidung und Widerstand, Motivierung	Aufbau und Aufrechterhaltung einer vertrauensvollen Arbeitsbeziehung Angstreduktion, Förderung des Selbstwertes, erste Erfolge ermöglichen	Produktive Arbeitssituation Sich-Einlassen, Commitment und Motivation des Klienten
Personorientierte Aufgabe: Angstreduktion und (Selbst-)Akzeptanz fördern		
Klient zeigt ängstliches/vermeidendes Verhalten und/oder geringe Selbstwertschätzung/die soziale Umgebung zeigt gegenüber Klient Geringschätzung und mangelnden Respekt/Klient vermeidet über eigene Problematik (ggf. Diagnose) zu sprechen	Akzeptanz und Empathie realisieren, Angst ansprechen, an Selbstwert arbeiten, auf Stärken und auf personale Ressourcen bezogenes Arbeiten, lösungsorientierte Interventionen, emotionsfokussierte Beratung, Psychoedukation, Kontakt mit anderen Betroffenen	Verringertes Angstniveau, erhöhte Selbstwertschätzung, Selbstakzeptanz, Akzeptanz der eigenen Problematik (ggf. Diagnose)
Personorientierte Aufgabe: Zielfindung und Zielformulierung		
Suche nach konkreten Zielsetzungen und Ansatzpunkten Unfähigkeit oder Vermeidung Probleme zu konkretisieren und Bedürfnisse/Ziele anzusprechen	Ressourcen und Defizite ansprechen (letztere als „Bedürfnis") Kompetenzen ansprechen und dort ansetzen Zusammenhänge zwischen Problemen, Bedürfnissen und Zielen der Zusammenarbeit thematisieren Ziele entwickeln und konkret formulieren (z. B. Zielerreichungsanalyse)	Zielformulierung und Kontrakt; Zielerreichungskontrolle
Personorientierte Aufgabe: Copingstrategien und Soziale Kompetenzen entwickeln		
Klient zeigt persönliches Leiden, Überlastung, herausforderndes/provozierendes Verhalten, Vermeidungsverhalten, Hilflosigkeit o. Ä., Klient äußert Bedürfnis Fertigkeiten zur Problembewältigung bzw.	Copingbezogene Interventionen (z. B. Regel- und Situationsbezogen – siehe Kap. 4.4.1 Situations- und regelorientierte sozialtherapeutische Intervention) , Kompetenz-Training, Beratungsgespräche in Bezug	Klient kennt und kann erfolgreich Bewältigungsverhalten zeigen (in Bezug auf task-Dimension), verbesserte soziale Fertigkeiten und Kompetenzen

soziale Kompetenzen zu erlernen	auf Bewältigung bzw. Umgang mit: • Problemlösungs-strategien • Kommunikations-verhalten • Emotionsregulation • Stress • Ärger- und Wut • Angst • Zurückweisung • Mobbing etc.	
Umgebungsorientierte Aufgabe: Beziehungsaufbau		
Arbeitsbeginn und Fortsetzung im Verlauf Umgang mit Vermeidung und Widerstand, Motivierung im Umfeld des Klienten	Anbahnung, Aufbau und Förderung/Aufrecht-erhaltung vertrauensvoller Beziehungen zu Mitgliedern der Sozialen Umgebung des Klienten	produktive, haltgebende Arbeitsumgebung/Setting, Mitwirkungsbereitschaft
Umgebungsorientierte Aufgabe: Problemakzeptanz („Diagnose")		
Kient oder/und Bezugspersonen/Umfeld zeigt mangelnde Akzeptanz und/oder stark negative bzw. stigmatisierende Bewertung der Problematik/Diagnose (z. B. Verheimlichen)	Sprechen über die Ängste, Umdeutung und Betonung der Stärken, Hilfe für Bezugspersonen zur Perspektivübernahme in Bezug auf Klienten, Psychoedukation, Beratung über Möglichkeiten der Unterstützung	Akzeptanz und Offenheit in Bezug auf Problematik/ Diagnose
Umgebungsorientierte Aufgabe: nahe Bezugspersonen		
Bezugspersonen zeigen Verhalten, • das Mangel an Wissen über Problematik/ Störung/Erkrankung anzeigt, • das negative Konsequenzen für den Klienten nach sich zieht • das eigenen Bedarf an Unterstützung/Begleitung und Beratung anzeigt	Familienberatung, Personorientierte Beratung, Perspektivübernahme, Information, Psychoedukation, positive Rollenmodelle, Selbsthilfegruppe	Verbessertes Verständnis der spezifischen Probleme; verbesserte soziale Unterstützung; verbesserte emotionale Selbstregulation und spezifische soziale Kompetenzen der Bezugspersonen

Umgebungsorientierte Aufgabe: Peer-Unterstützung		
Klient hat kaum oder keine Freunde, äußert Bedürfnis nach verbesserten Sozialkontakten; Klient ist Opfer von Mobbing o. Ä.	Initiierung und Unterstützung von Kontakten zu Peers (z. B. im Kontext von Projekten, Vereinen), Verbesserung des Verständnisses und der Akzeptanz für den Klienten bei einem Teil der Peers, Sorge für Schutz des Klienten (z. B. gegen Mobbing in einer Schulklasse)	Klient hat mehr und verbesserte Kontakte zu Peers/zu einem Freund; Klient ist sicher vor Mobbing und Nachstellungen
Umgebungsorientierte Aufgabe: spezielle professionelle Unterstützung		
Bezugspersonen (Eltern, Lehrer) oder Fachkraft erkennen speziellen Unterstützungsbedarf (z. B. spezielle Förderungen, Therapien wie: Lernförderung, Psychotherapie, Ergotherapie, Physiotherapie, Logopädie)	Hilfe für Klient bzw. Bezugspersonen, die angemessene Hilfe und deren Finanzierung zu erhalten; Unterstützung zur Akzeptanz, Annahme der Compliance bei der Hilfe; ggf. Hilfe für Bezugspersonen eine Selbsthilfegruppe zu finden	Den spezifischen Bedürfnissen und dem spezifischen Bedarf an therapeutischer, medizinischer, heilpädagigischer oder sozialer Hilfe des Klienten wird entsprochen. Bezugspersonen erhalten Unterstützung

In Verbindung mit einer sorgfältigen Situations-, Verhaltens- und Kontextanalyse lässt sich diese Zusammenstellung auch Problem- bzw. Klientelspezifisch erheblich konkretisieren (z. B. Stockmann ebd.) .

4.1.3 Grundformen psycho-sozialer Intervention

Die Klinische Sozialarbeit teilt mit der grundständigen Sozialarbeit zwei Hauptorientierungen: die Individualorientierung und die Sozialsystemorientierung (vgl. Kleve a. a. O.). In der Klinischen Sozialarbeit gilt es, die *Klientenzentrierung* als grundsätzliche Perspektive zentral zu stellen, ohne die Sozialsystemorientierung aus dem Blick zu verlieren: psycho-soziale Behandlung bedeutet die Ausrichtung auf die Bedürfnisse, Probleme *und* die Lebenssituation des je konkreten Individuums. Klientenzentrierung in diesem Sinne schließt die systemische Perspektive ausdrücklich ein, bedeutet aber wesentlich die Fokussierung auf die Begegnungssituation, die gekennzeichnet ist durch:

- die grundsätzliche wertschätzende Haltung des Klinischen Sozialarbeiters in der Beziehung zum Klienten,
- das psycho-soziale Problem-, Störungs- und Krankheitsverständnis,

- das kooperative Vorgehen in der psycho-sozialen Diagnostik,
- die dialogische Zielformulierung,
- den Einsatz von Beratungs- und Interventions-Methoden und Techniken auf der Basis der informierten Zustimmung (informed consent) der Klienten und ihrer Angehörigen.

Der Zugang der Klinischen Sozialarbeit zu bio-psycho-sozialen Problemlagen wird durch verschiedene Grundformen der Fallarbeit differenziert. Brandell (a. a. O., xv) verweist darauf, dass „good clinical practice has always required the provision of a spectrum of psychosocial, psychotherapeutic, psycheducational, and development services …“

Übergreifende Behandlungsformen Klinischer Sozialarbeit

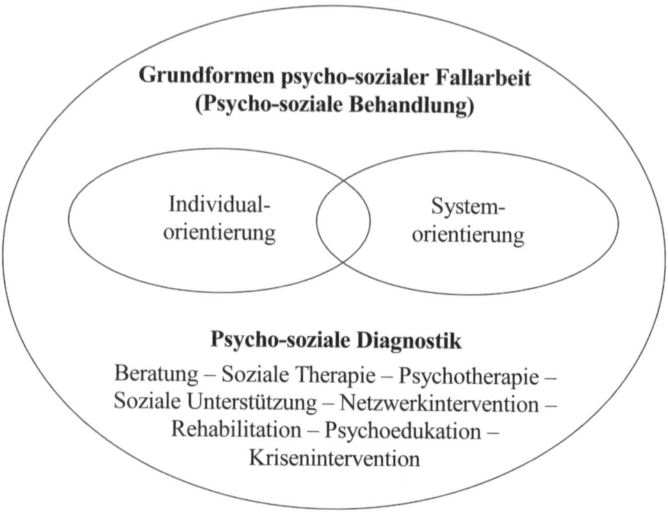

Psycho-soziale Behandlung umfasst verschiedene Strategien und Methoden zur Förderung heilsamer Veränderung der Lebensweise und der Lebenslage von Subjekten. Unter dem Sorgeaspekt ist sie oft auch eine Art Wiedergutmachung für das Versagen der Umweltversorgung (vgl. Winnicott a. a. O.). Ihre Behandlungsformen dienen der Kompensation von Defiziten, dem Wieder- und/oder Neuaufbau von psycho-sozialen Kompetenzen, sozialen Netzwerken und Unterstützungen, unter Nutzung von Stärken und Ressourcen des Subjektes und seiner Umgebung.

- *Psycho-soziale Beratung* in der Klinischen Sozialarbeit hat Orientierungs- und soziale Haltefunktion, oft sozial- und psychotherapeutische Anteile, zielt auf Klärung von Konflikten, auf Ressourcenaktivierung sowie Problemlösungs- und Handlungshilfe. Der klinisch sozialarbeiterische Beratungsansatz grenzt sich tendenziell gegenüber zwei Aufgabenstellungen von Beratung ab: (a) von sozialer Beratung *ohne* spezifische klinische Aufgabenstellungen (b) von rein psychologischer Beratung und der psychologischen Psychotherapie.

- *Psychotherapie* als weitere zentrale Grundform psycho-sozialer Behandlung ist nach den bundesdeutschen Regelungen bisher primär der ärztlichen und psychologischen Psychotherapie vorbehalten, allerdings ist sie sowohl international (insbesondere USA und Kanada) als auch de facto in der beruflichen Wirklichkeit in Deutschland auch Bestandteil der (Klinischen) Sozialarbeit. Hier wird sie in der Regel in stärker sozial akzentuierten Konzeptionen und im Sinne psychotherapeutischer Beratung verwirklicht.
- Der Begriff der *Sozialen Therapie* (bzw. Soziotherapie) ist bisher merkwürdig ungenau geblieben und vor allem in der Regel a-theoretisch und wenig methodisch fundiert (insbesondere in Lehrbüchern der Psychiatrie). Aus wissenschaftlicher *und* berufspolitischer Perspektive gilt für die Sozialtherapie: sie ist nicht ausschließlich, aber primär ein Teilgebiet der Klinischen Sozialarbeit und in ihre Methodologie zu integrieren. Dazu gehören auch *Förderung und Training* psycho-sozialer Kompetenzen und von Grundfunktionen der Selbstständigkeit sowie *Begleitung*, die eine Reihe von Interventionen und Handlungen umfasst, wie z.B. Unterstützen und Motivieren, in Alltagsfragen zur Seite stehen, bei persönlichen Problemen helfen, bei Auseinandersetzungen mit Familienmitgliedern oder Mitbewohnern helfen.
- Die zur Sozialen Therapie und Beratung in besonderem Maße gehörenden *Netzwerkwerkinterventionen und sozialen Unterstützungsinterventionen* klinisch-sozialarbeiterischer Behandlung und klinisches Case-Management sind besonders gekennzeichnet durch ihre aufsuchenden psycho-sozialen Interventionen im Lebensfeld. Es handelt sich hier um Interventionsansätze, die im Falle Klinischer Sozialarbeit spezifische Weiterungen und Präzisierungen erfahren.
- *Krisenintervention* umfasst im Rahmen Klinischer Sozialarbeit sowohl personbezogene (proximale) als auch umfeldbezogene (distale) Hilfen, die sich methodisch größtenteils der Mittel der Beratung, Psychotherapie, sozialen Unterstützung und Netzwerkarbeit bedient.
- *Soziale Prävention/Rehabilitation:* In Anlehnung an die Ottawa-Charta zielt Prävention auf die Schaffung von förderlichen Lebenswelten, die Unterstützung von Gemeinschaftsaktivitäten zur Stärkung der Autonomie und Kontrolle über die eigenen (Gesundheits-)Belange und die Förderung und Entwicklung persönlicher Kompetenzen und lebenspraktischer Fertigkeiten durch Information, Bildung, Verbesserung sozialer Kompetenzen (vgl. Weil 1994, zn. Schwendter 2000, 237). Im Anschluss an Waller (a.a.O.) kann zwischen *kommunikativen* (Problematisierung von gefährdenden Verhaltensweisen, Information und Wissensvermittlung, Verhaltenshilfen als Einüben neuer, psycho-sozial weniger bedenklicher Verhaltensweisen) und *strukturellen* Maßnahmen (Interventionen im sozialen Nahraum, Beeinflussung allgemeiner, kultureller, politischer,

wirtschaftlicher und ökologischer Bedingungen) unterschieden werden. Im Sinne der Caplan/WHO Differenzierungen (a. a. O.) zwischen primärer, sekundärer und tertiärer Prävention, ist die Rehabilitation als tertiäre Prävention aufzufassen.
- Ohne *psycho-soziale Diagnostik* ist eine verantwortliche psycho-soziale Behandlung nicht möglich. Sie durchwirkt gewissermaßen alle Interventionsformen. Im Rahmen Klinischer Sozialarbeit gibt es einen weiteren Entwicklungsbedarf sozialarbeiterischer Diagnostik.

In der folgenden Gegenüberstellung wird psycho-soziale Behandlung (den Differenzierungsverlust im Hinblick auf die verschiedenen Grundformen in Kauf nehmend) im Rahmen Klinischer Sozialarbeit mit der ärztlichen und psychologischen Psychotherapie im engeren Sinne verglichen.

Abgrenzungsmerkmale psycho-sozialer Behandlung von Psychotherapie

Psycho-soziale Behandlung	Psychotherapie
Problemstellung	
Aktuelle soziale Konflikte, problemorientiert, präventiv, alltagsbezogene Belastungsbewältigung; krankheitsbezogene Belastungsbewältigung; Krisenintervention; mittel- und langfristige Begleitung bei schweren chronischen psychischen Erkrankungen und Behinderungen.	Andauernde innerpsychische Konflikte und oder Defizite; Symptome mit Krankheitswert; chronifizierte Störungen der Erlebnisverarbeitung und des Verhaltens; psychosomatische und somato-psychische Erkrankungen.
Ziele	
Entlastung und Belastungsbewältigung, alltags- und beziehungsbezogene Konfliktlösung; soziale Hilfen und Unterstützungen persönlich-informeller und professionell-institutioneller Art wahrnehmen und nutzen; Orientierungs-, Entscheidungs- und Handlungsfähigkeit; Verantwortungsübernahme und Förderung der Selbsthilfe.	Intra- und interpersonale Konfliktlösung; Symptomreduktion, Verhaltens-, Erlebens- und Persönlichkeitsänderung; Auflösung fehlgeleiteter Motive und Strebungen.
Methoden *Die Tätigkeitsfeld- und Aufgabenabhängigkeit von psycho-sozialer Behandlung im Rahmen Klinischer Sozialarbeit erlaubt keine durchgehend klare Differenzierung zwischen psycho-sozialer Behandlung und Psychotherapie anhand der einzelnen eingesetzten methodischen Elemente, d. h. wir finden bei beiden Interventionsformen oft identische methodische Vorgehensweisen.*	
Interventionen möglichst im Zusammenhang der Problementstehung; Konzentration auf gegenwärtige Lebenssituation; Akzeptanz der Person und empathisches	Therapeutische Reduktion von verursachenden und begleitenden Bedingungen, insbesondere sozialen Bedingungen des gegenwärtigen Lebens auf die individuelle

Eingehen auf die subjektive Wahrnehmung im Rahmen einer helfenden und sorgenden Beziehung; Erfassung und Objektivierung der aktuellen sozialen Situation; Maßnahmen zur Angstreduktion; gezielte Konfrontation des Klienten mit seiner individuellen Situation; aktive Hilfen; Anregung zu realitätsbezogenem Planen, Denken und Handeln; soziale und ggf. materielle Unterstützung; Überprüfung der eigenen Grenzen; Begrenzung von emotionaler Intensität und Tiefung – starke Begrenzung von Regression; Information und ggf. aufsuchende Elemente, Begleitung.	Psychodynamik bzw. idiosynkratisch funktionale Zusammenhänge des Erlebens-Verhaltens; Abstinenz; im Unterschied zur Beratung stärkere Restriktionen bei der Beantwortung von Fragen, bei Eingriffen in die aktuelle Lebensgestaltung, beim Ratgeben; Durcharbeitung von Übertragung und Gegenübertragung; Regression zulassen.
Setting	
Dauer kurz bis lang (wenige Sitzungen bis jahrelange Begleitung): im Gegensatz zu psychologischer Beratung hat psychosoziale Behandlung in klinisch-sozialarbeiterischen Zusammenhängen oft langfristige Stützungs- und Hilfefunktion, z. B. in der mehrjährig angelegten Familienhilfe, in sozialpsychiatrischen Einrichtungen und Betreuungsinstitutionen mit chronisch psychisch Kranken etc.); auch unregelmäßig und an verschiedenen Orten; Offenheit gegenüber Umfeld und weiteren Hilfen (soziale Unterstützung, Vernetzung), Kommstruktur wird mit aufsuchenden Maßnahmen ergänzt oder ersetzt.	Mittlere bis lange Gesamtdauer (einige Monate bis Jahre); Regelmäßigkeit; tendenziell eher Geschlossenheit gegenüber Umfeld und weiteren Hilfen; Komm-Struktur.
Fachliche Qualifikation	
Psycho-soziale BeraterInnen und SozialtherapeutInnen werden bisher in der Regel weniger qualifiziert als PsychotherapeutInnen. Dies ist historisch gewachsen und berufspolitisch, keinesfalls sachlich begründet.	
Selbstverständnis der Klienten	
Oft primär Suche nach Hilfe zur Krisenbewältigung, zur Entlastung und Belastungsbewältigung; Probleme werden stärker sozial bedingt wahrgenommen, als Leiden an der Umwelt und der Lebenssituation bzw. Lebenslage; insbesondere bei schwer belastetem Klientel (psychisch Kranke; chronisch kranke und dadurch soziale abhängige Menschen; desintegrierte Klienten/Patienten) besteht häufig ein gestörter oder fehlender Selbst-Bezug: eingeschränkte internale Perspektive der	Internaler Leidensdruck; höhere selbstbezügliche Veränderungsmotivation; i.d.R. Freiwilligkeit.

Selbstreflexion geht dann einher mit Unfreiwilligkeit und geringerer Motivation; oft auch Resignation bzw. Demoralisierung aufgrund misslungener Behandlungsversuche (Fehlbehandlungen) und sozialer Stigmatisierung.	
Zielgruppe	
Bei psycho-sozialer Beratung „Klienten", d. h. Orientierungsgrundlage und umfassende Selbsthilfefähigkeit ist vorhanden; eher geringeres Störungsausmaß. Dies trifft für die erweiterte psycho-soziale Behandlung nur bedingt zu, da in manchen Arbeitsfeldern (insbesondere in den psychiatrischen) klinische psycho-soziale Hilfen und Soziale Therapie auch bei schwerst gestörten und schwer chronisch kranken Patienten und ihren Angehörigen erfolgt; Psycho-soziale Behandlung wird auch bei Zielgruppen ausgeübt, die nicht oder nicht allein hinreichend mit Psychotherapie behandelt werden können (Umweltfürsorge).	„Patienten": schwerer psychisch gestörte Patienten, bei denen der persönlich-soziale und materielle Hintergrund in der Regel genug Stützung bietet, ohne aktive Umweltfürsorge rein psychotherapeutisch behandelt zu werden; Störungen haben „Krankheitswert" im Sinne der juristischen Definition der Sozialgesetzbuches V.

Die psycho-soziale Behandlungsperspektive, die Interventionen der „Umweltunterstützung" als professionelle Behandlungsform einführt, ist bei vielen Störungen und Erkrankungen weder ein aus Mangel an psychotherapeutischer Kapazität erwachsender Ersatz noch ein Anhängsel an eine eigentlich medizinische oder psychologische Behandlung, sondern die oft „eigentliche" Therapie. Klassische psychotherapeutische Handlungskonzepte und klassische psychologische Beratung werden den heute sehr häufig anzutreffenden schweren Persönlichkeits- und Entwicklungsstörungen in Multiproblemkontexten nicht gerecht. Ein sozialtherapeutisches Konzept im Rahmen Klinischer Sozialarbeit integriert elementare Funktionen der Umweltversorgung, die in weiterem Sinne auch dem Bindungskonzept (vgl. Bowlby a. a. O.) und der Sozialen Unterstützung zugerechnet werden können, in das methodische Handeln: Halt, Schutz, Wärme, Unterstützung und Ermutigung, Grenzen. Ein ganz wesentliches Element dieses Ansatzes ist die Einleitung eines Neubeginns der seelischen Reifung unter dem Schutz neuer nährender, schützender, unterstützender oder begrenzender interpersonaler Erfahrungen (vgl. Pesso 1986; oft zunächst im Rahmen der therapeutisch fördernden Beziehungserfahrung personifiziert durch die klinische Fachkraft). Die Funktion des psycho-sozialen Therapeuten/Beraters als Begleiter mit unterstützender Funktion (support) schließt ein, Hilfs-Ich Funktionen zu übernehmen. Dem Klienten wird Halt geboten, emotionaler, sozialer, materieller und auch körperlicher Beistand. Dies wird verschiedentlich (z.B. Petzold a.a.O.) durch den Begriff des „re-parenting" (nochmalige „Beelterung") gefasst: die heilsame Verinnerlichung der neuen Erfahrungen in der Begegnung mit dem Helfer bzw. Therapeuten.

Der Psychoanalytiker Winnicott über „Umweltversorgung" (1984, 299 f.)

„Ich sehe in jedem (psychiatrischen) Sozialarbeiter einen Therapeuten, aber nicht einen Therapeuten von der Art, der die richtige und zum richtigen Zeitpunkt gegebene Deutung bringt, die die Übertragungsneurose erhellt. Tun Sie dies, wenn Sie mögen, aber Ihre wichtigere Funktion ist eine Therapie von der Art, wie sie immer von Eltern geübt wird, wenn sie ein relatives Versagen der Umweltversorgung wiedergutmachen. Was tun solche Eltern? Sie übertreiben irgendeine elterliche Funktion, und zwar über einen gewissen Zeitraum, tatsächlich bis das Kind sie verbraucht hat und so weit ist, dass man es aus der besonderen Fürsorge entlassen kann. Besondere Fürsorge wird lästig, wenn das Bedürfnis danach vorbei ist ... Mit anderen Worten, die Sozialarbeit beruht auf der Umweltversorgung, die den Reifungsprozess des Individuums fördert. Sie ist einfach und zugleich ebenso komplex wie diese Umweltversorgung ..." (1984, 299 f.)

Arbeit mit und in Gruppen

In gewisser Weise quer zu den Grundformen psycho-sozialer Fallarbeit liegt die *Arbeit mit Gruppen*, die in allen Bereichen eine Rolle spielen kann und je nach Konzeption – nicht selten als Mittel primärer Wahl – eingesetzt wird. Der Mensch wird in Gruppen zur Person. Identität braucht neben der Selbsterkenntnis das Erkannt-werden durch andere. Die Identität des Einzelnen in der Gemeinschaft wird durch seine Konflikte mit anderen geformt. Pädagogische Gruppenarbeit, Gruppentherapie, Gruppentrainings, Psychoedukation in Gruppen sind einige bezeichnende Stichworte für die Formen der Gruppenarbeit. Gruppenbezogene Methoden sind von den verschiedenen Therapie- und Beratungsansätzen entwickelt worden: Tiefenpsychologische Verfahren (dazu wird hier auch das Psychodrama gezählt), Humanistische Psychologie (Encounter- und Gestaltgruppen), Verhaltenstherapie, Gruppendynamik und weiteren. Eine Gruppe ist eine Einheit, die in einem gestaffelten Kontext existiert. Sie ist gekennzeichnet durch den Systemzusammenhang der Teile, ihre Einheit bzw. ihre Abgrenzung gegenüber dem Umfeld als „Gesamtgruppe", die Interaktionsprozesse zwischen den Mitgliedern und zwischen Gruppe und Umfeld sowie die Normen, Ziele, und Interessen, die den Mitgliedern gemeinsam sind. Eine therapeutische oder pädagogische Gruppe entwickelt sich aus einer Anzahl von Menschen zu einem Boden, wo im Schnittpunkt von Kontext und Zeitkontinuum Begegnung stattfindet, Beziehungen wachsen und Identität sich bildet. Man unterscheidet Gruppenprozesse, die sich auf ein Thema beziehen, Gruppenprozesse, die mehr die Gruppe selbst betreffen, Gruppenaspekte, die die Gruppenleitung und die Person des Leiters betreffen und Gruppenprozesse, die sich außerhalb der Gruppe abspielen, die aber durch die Gruppe in Gang gesetzt werden/worden sind. Zinker (1983) hat folgende Ziele für die Gruppe beschrieben: – mit Nähe und Abgrenzung umgehen, – Bedürfnisse miteinander regulieren lernen, – kreativ mit interpersonalen Konflikten fertig werden, – ein Gefühl der Gemeinschaft, der gegenseitigen Unterstützung und Achtung aufbauen, – miteinander arbeiten lernen, – sich gegenseitig helfen, – wechselseitig zur Klärung der eigenen Identität beitragen. Wesentliche Faktoren für das System Gruppe sind Autorität, Kontrolle, Normen, Konflikte und Rollen. Aufgaben des Gruppenleiters lassen sich in Zuständigkeiten grundsätzlicher Art und Aufgaben im Gruppenprozess einteilen. Grundsätzlich ist er zuständig für den äußeren Rahmen der Veranstaltungen, für die Zusammenstellung der Gruppe, Terminabsprachen, Einhaltung der Zeiten und Regeln, ggf. finanzielle Regelungen. Er sollte natürlich qualifizierter Experte auf dem Gebiet der Beziehungsdiagnostik und -gestaltung und geübt im Umgang mit Gruppen sein, also auch entsprechende Fortbildungen absolviert haben. Die Zuständigkeiten und Aufgaben der Gruppenleitung im Gruppenprozess beinhalten darauf zu achten, dass die Gruppe das Gebiet ihres Arbeitsfeldes nicht verlässt und dass sie im Sinne des Arbeitsbündnisses bzw. Kontraktes arbeitet. Die Leitung übernimmt ebenso eine Schutzfunktion für alle Gruppenmitglieder (Schutz vor Kränkungen, übermäßiger Aggression, Traumatisierungen etc.). Wichtig ist die Beachtung von Über- und Unterforderung der Gruppe als Ganzer und einzelner Teilnehmer. Dabei geht es insbesondere darum, dass die affektive Beteiligung der Teilnehmer in den Grenzen von deren seelischer Belastbarkeit bleibt, einschließlich der Beachtung des kollektiven und individuellen Tempos. Mit Hilfe von gruppenbezogenen Methoden verbaler und nonverbaler Art (die jeweils abhängig sind von der Grundausrichtung des vertretenen Gruppenarbeitskonzeptes) lassen sich vier „Arbeitsrichtungen" unterscheiden: Konfliktzentrierung, Erlebniszentrierung, Übungszentrierung, Themenzentrierung. Häufig sind die Interventionen gleichzeitig in verschiedenen Kombinationen auszurichten. Dabei kann wechselnd mit und in der Gesamtgruppe, Partnerarbeit in Dyaden, Triaden und größeren Untergruppen gearbeitet werden.

4.2 Psycho-soziale Diagnostik

Psycho-soziale Diagnostik hat zum Ziel, Lebenslagen, Lebensweisen und Lebenskrisen und deren Veränderungen unter den jeweils gegebenen Kontextbedingungen zu analysieren, Zusammenhänge zu verstehen und psycho-soziale Intervention fachlich zu begründen. Im Rahmen kommunikativer Prozesse zwischen Fachkraft und Klient werden die zu bearbeitenden Aufgaben (*tasks*) geklärt und die Interventionen bestimmt, um die Veränderungsziele zu erreichen. In anderen Worten, psycho-soziale Diagnostik muss die fallspezifische Komplexität erfassen, strukturieren und der Bearbeitung sowie der Evaluation zugänglich machen. Mit der Entwicklung diagnostischer Konzepte in der Sozialen Arbeit wurde im vergangenen Jahrzehnt an historische Überlegungen von Salomon, Richmond etc. angeknüpft. Dekaden pauschaler Ablehnung einerseits und unreflektierter Übernahme psychiatrischer Modelle andererseits wurden beendet – mit dem Ziel einer eigenständigen und fruchtbaren Verknüpfung der bei diagnostischen Prozessen unauflöslichen Ambivalenz von Einzelfallspezifität und Komplexitätsreduktion (z.B. Hahn 2010, Höllmüller 2009, Gahleitner, Schulze & Pauls 2009, Pantucek & Röh 2009, Geissler-Piltz et al. 2005, Priller 1996, Brandell 1997, Frank 1997, Mishne 1997, Meyer 1992, Turner 1979, Richmond 1917). Kling-Kirchner (2003, 325) verweist darauf, dass auch in Deutschland wichtige „Autoren ... diagnostische Tätigkeit für unverzichtbar (halten) (Mollenhauer & Uhlendorff 1992, Kleber 1992, Müller 1993, Petermann & Schmidt 1995, Franke & Franke-Sander 1998, Hering u.a. 1998, Peters 1999, Harnach-Beck 2000, Schreiber 2000, Seithe 2001). Aus dieser Sicht geht jedem qualifizierten sozialarbeiterischen Handeln ein fachlich versierter Diagnoseprozess voraus. Auch für die Qualitätsentwicklung nach den Entgeldregelungen des Sozialgesetzbuches VIII (SGB VIII) wird Diagnostik als maßgebend betrachtet."

Dorfman (1996), Germain & Gitterman (1999), Garvin (1997) und Kayser (1997) verwenden den Begriff „Assessment", ohne aber die grundsätzliche Bedeutung der „Abklärung" infrage zu stellen, im Gegenteil: „Assessment is the sine qua non of clinical social work. Whereas members of other disciplines may focus on the biomedical or the psychological, clinical social work considers *every* aspect of individual functioning and its relationship to understanding and resolving human problems. Clinical social work has long since expanded from a sociological focus to a holistic assessment focus in which every relevant aspect of a client's life is considered. This entails a review of the client's past history as well as current functioning and includes affective, behavioral, and cognitive components. It also includes an evaluation of the client's internal and external strengths, resources, and coping abilities that can be harnessed in the service of problem solving and growth. This broad-sweeping approach, which examines a multitude of variables that might impact a client's problem, allows the practitioner to view the complexity of the client's situation." (Dorfman ebd., 73 f.)

Gegen eine soziale Diagnostik wurde häufig vorgebracht, eine expertenbestimmte Bevormundung der Klienten gehe einher mit einem Außer-Acht-Lassen der Selbstwahrnehmungen der Klienten. Statt dessen wird häufig ein reines ‚Aushandeln' der zu bearbeitenden Problematik mit den Klienten gefordert. Diese Argumentation erscheint angesichts der unterschiedlichen und vielfältigen Formen und Möglichkeiten psycho-sozialer Diagnostik geradezu abenteuerlich. Die alltägliche Praxis zeigt in diesem Zusammenhang vor allem eines deutlich: je weniger Soziale Arbeit in der Lage ist, mit explizit diagnostisch fundierten sozialtherapeutischen Behandlungskonzepten für den Einzelfall an die Kostenträger heranzutreten, um so mehr wird die Diagnostik in fachfremde Hände gelegt. So kommt es dazu, dass im Kinder- und Jugendhilfebereich in nicht wenigen Gemeinden statt psychosozialer Diagnostik durch die Sozialarbeiter/-innen der Kinder- und Jugendpsychiater eingeschaltet wird. Klienten müssen sich dann „psychiatrisieren" lassen, um psycho-soziale Hilfen für die Familie bzw. ihr Kind zu erhalten. Je weniger also die Soziale Arbeit eine eigene klinische Diagnostik entwickelt und praktizieren kann, um so mehr verstellt der Rückgriff auf psychiatrische Diagnosen „den Blick für die sozialen Zusammenhänge von Verhalten, psychische Devianz als soziales Problem erkennbar zu machen (Köttgen 1999)" (Kling-Kirchner 2003, 325).

Nochmals: Diagnostik ist ein zentrales und unverzichtbares Element jeder psycho-sozialen Intervention (vgl. Pantucek & Röh 2009), als permanenter Bestandteil jeder Phase des Arbeitsprozesses. Priller (1996, 23) stellt heraus, dass der Begriff der psycho-sozialen Diagnose zunächst sehr umfassend zu verwenden ist: „Kemmler & Schelp definieren psycho-soziale Diagnose ‚als den Prozess und als Produkt der Erhebung …'. Damit ist unter dem einen Begriff sowohl Anamnese und Exploration (‚Prozess … der Erhebung'), als auch psycho-sozialer Befund und psycho-soziale Diagnose (‚Produkt … der Erhebung') … zusammengefasst."

Psycho-soziale Diagnostik untersucht sowohl zu Beginn, als auch im Verlauf und am Ende von Maßnahmen „was der Fall ist". Klinische Sozialarbeit braucht dazu eine spezifische Diagnostik, die sich aufgrund ihres Schnittstellencharakters zwischen psychischen, sozialen und alltagssituativen Dimensionen profilieren und multidimensional und prozessual angelegt werden muss. Sie hat die Aufgabe, ein Arbeitsmodell im Einzelfall entwickeln zu helfen und ist aus einer Reihe von Gründen unverzichtbar:

- Die Notwendigkeit psycho-sozialer Beratungs- und Behandlungsmaßnahmen muss gegenüber Klienten und Kostenträgern begründet werden.
- Das Vorgehen muss über den gesamten Verlauf hin nachvollziehbar gegenüber Fachkollegen (Evaluation), Betroffenen und Kostenträgern (Nachweis von Effektivität und Effizienz) gemacht werden.
- Das Vorgehen und seine Effekte im Verlauf müssen dokumentiert werden.
- Sie hat nicht zuletzt auch für die Klienten und Patienten eine bedeutsame Funktion, nämlich durch die Herausarbeitung und Benennung dessen, um was es in der psycho-sozialen Hilfe gehen soll, erhalten auch sie Einsicht in Zusammenhänge zwischen ihren Problemen, ihrer Lebenslage bzw. -situation, ihren Beziehungen und ihrem Verhalten und Erleben. Insofern gilt auch für die Klinische Sozialarbeit, dass „Diagnostik als eine Komponente des ‚informed consent' angesehen werden kann" (Laireiter 2003, 27).

Sequenzen des diagnostischen Abklärungsprozesses (modifiziert nach Hepworth et al. 1997, 195)

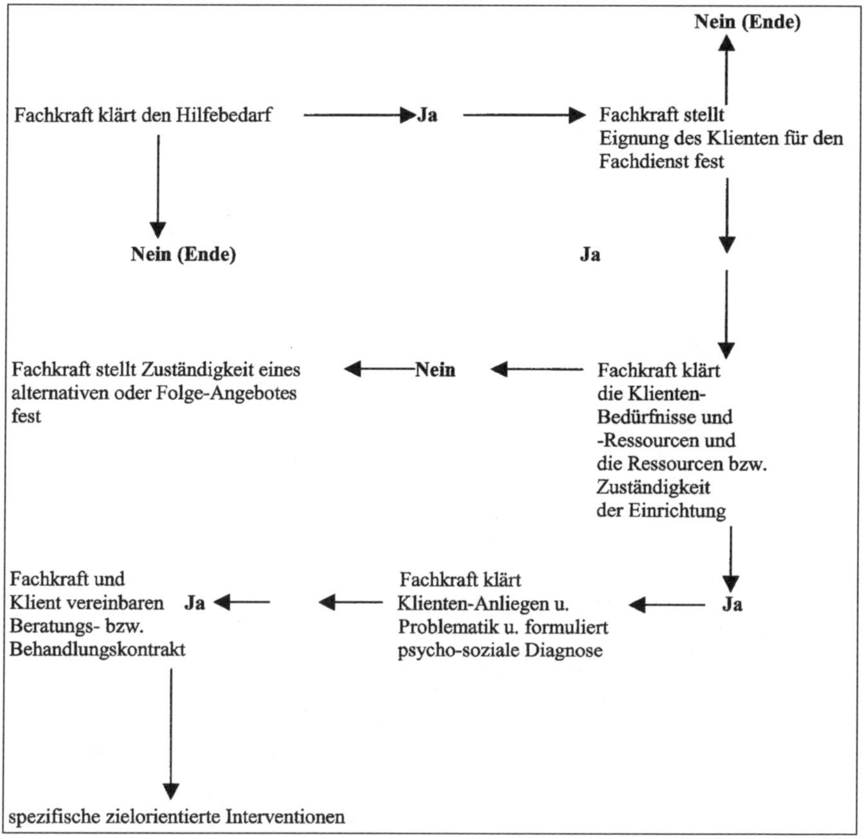

In Deutschland hat die soziale Diagnose eine sehr lange Tradition. So schrieb Alice Salomon im Anschluss an Mary Richmond in ihrem Text „Soziale Diagnose“ im Jahre 1926: „Es ist bereits darauf hingewiesen worden, dass es sich empfiehlt, an Stelle des Wortes ‚Ermittlung‘ den Begriff der sozialen ‚Diagnose‘ einzuführen, weil darin schon eine methodische Anweisung liegt. Bringt sie doch zum Ausdruck, dass diese erste Tätigkeit des Fürsorgers in jedem einzelnen Fall eine selbständige und vielfältige geistige Leistung erfordert. Diese Leistung besteht darin, das beschaffte Material (eigene Beobachtungen und Aussagen anderer) zu prüfen und zu vergleichen, es zu bewerten, Schlüsse daraus zu ziehen – schließlich ein Gesamtbild herzustellen, das erlaubt, einen Plan für die Abhilfe (Behandlung) zu fassen. Der Ausdruck ‚Diagnose‘ ist bisher hauptsächlich in den Naturwissenschaften – in Medizin, Zoologie, Botanik – angewendet worden… Die soziale Diagnose … bezweckt … den Versuch, eine möglichst genaue Darstellung der sozialen Schwierigkeiten und ein möglichst genaues, zutreffendes Bild von der Person eines Hilfsbedürftigen zu geben. Wie bei der Heilkunde ist auch hier das Ermitteln, das Untersuchen nur ein Teilvorgang der Diagnostik. … Das Wesentliche ist die richtige Bewertung der Einzelheiten, ihr Vergleich, ihre Deutung. … Zum Material der Ermittlung gehören daher alle Tatsachen aus dem Leben des Bedürftigen und seiner Familie, die dazu helfen können, die besondere soziale Not oder das soziale Bedürfnis des Betreffenden zu erklären und die Mittel zur Lösung der Schwierigkeit aufzuzeigen." (Salomon 1926, 261) Mehr als 70 Jahre später formulieren Germain und Gitterman: „Die soziale Abklärung (ist) ein grundlegender Bestandteil aller Ansätze der praktischen Arbeit. SozialarbeiterInnen müssen zu Beginn des Hilfeprozesses einvernehmlich bestimmen, an welchen Punkten und wie sie auf die Situation eines Individuums, einer Familie oder einer Gruppe eingehen, welche Modalität von Hilfe und welchen zeitlichen Rahmen sie ansetzen wollen, welche Mitteilungen des Klienten sie explorieren und ob sie an objektiven Gegebenheiten oder auf der Gefühlsebene oder mit verbalem oder nonverbalem Material oder an den Zielsetzungen oder daran arbeiten wollen, was die nächsten Schritte sind." (1999, 61)

Prinzipiell geht es um die *multidimensionale* Erfassung von problem- bzw. störungsrelevanten Merkmalen von konkreten Situationen und Ereignissen beziehungsweise um Belastungen und Ressourcen der in konkreten situativen Kontexten lebenden und handelnden Personen. Dazu gehören psychische ebenso wie soziale Bedingungen: Defizite, Verluste, Störungen, Konflikte und Traumatisierungen, psycho-soziale und materielle Ressourcen, förderliche Umweltbedingungen und psychische Kompetenzen, die mildernd, korrigierend und kompensierend wirken (vgl. auch Rahm 1986). Erleben, Verhalten, Situation und Ereignis, Beziehung und systemischer Kontext werden in der klinisch-sozialen Diagnostik als Anteile der Person-Umwelt-Transaktionen herausgearbeitet.

Diagnostik in der Klinischen Sozialarbeit hat auch einen oganisationsbezogenen Aspekt. Meist ist die klinisch-sozialarbeiterische Fachkraft Mitglied eines interdisziplinären Teams (z.B. in einer Beratungsstelle, einer sozialpsychiatrischen Einrichtung, einer Klinik) und ihre diagnostischen Bemühungen sind Teil eines gemeinschaftlichen Konzepts von Ärzten, Psychotherapeuten, Psychologen, Pädagogen, Pflegekräften. In diesem Fall ist die Beherrschung interdisziplinärer Terminologie und diagnostischer Klassifikation sehr wichtig. Klinische Psychologen, Ärztliche und Psychologische Psychotherapeuten, Fachärzte für Psychiatrie beispielsweise beziehen sich auf international standardisierte diagnostische Klassifikationssysteme (in Deutschland das ICD – International Classification of Diseases, herausgegeben von der WHO). Auch andere Berufsgruppen müssen definierte ‚Diagnosen' stellen, z.B. Logopäden, Krankengymnasten, Ergotherapeuten. Klinisch orientierte psycho-soziale Diagnostik in der Sozialen Arbeit sollte sich auch in diese fächerübergreifende Begrifflichkeit integrieren können.

Der Zeitrahmen für die psycho-soziale Diagnostik ist in der Praxis klar begrenzt (z. B. auf eine oder wenige Sitzungen), deshalb muss die klinisch-sozialarbeiterische Diagnostik zielführend und ökonomisch sein.

4.2.1 Formen klinischer Diagnostik

Es lassen sich verschiedene Formen der Diagnostik unterscheiden:

Formen der Diagnostik (nach Reicherts 1999)

Intuitive Diagnostik	Methodenbasierte Diagnostik
Statusdiagnostik	Prozessdiagnostik
Eingangsdiagnostik	Interventionsorientierte Diagnostik
Normorientierte Diagnostik	Kriteriumsorientierte Diagnostik
Individuumorientierte Diagnostik	Systemorientierte Diagnostik

- *Intuitive versus methodenbasierte und rational fundierte Diagnostik:* Soziale bzw. psycho-soziale Diagnostik kann sehr unterschiedlich fundiert sein. In der sozialen Praxis finden wir häufig mehr oder weniger *intuitive* Formen diagnostischer Vorgehensweisen und Schlussfolgerungen. Demgegenüber ist in wissenschaftlich fundierter Klinischer Sozialarbeit eine *rational fundierte und methodenbasierte* Diagnostik notwendig. Einzubeziehen ist, dass auf die erfahrungs- und wissensbasierte *Intuition* des Praktikers angesichts der enormen Komplexität klinisch-sozialer Aufgabenstellungen nicht verzichtet werden kann. Allerdings muss sie sich methodisch auch hinterfragen lassen.
- Eine weitere begriffliche Unterscheidung finden wir in der *Statusdiagnostik* und *Prozessdiagnostik.* Statusdiagnostik zielt auf die Abklärung der je gegenwärtigen relevanten Dimensionen (Ereignisse, Umfeldbedingungen, psychische Dimensionen, Beziehungsverhältnisse etc.). Prozessdiagnostik versucht Veränderungsprozesse zu erfassen und zu bewerten, die sich beispielsweise *im Verlauf* einer Maßnahme zeigen (oder zeigen sollten).
- *Eingangsdiagnostik* erfasst relevante Merkmale zu Beginn einer Maßnahme. In vielen klinischen Arbeitsfeldern ist eine Diagnose Voraussetzung für die Kostenübernahme durch Kostenträger (bspw. Rentenversicherungen, Krankenkassen, aber auch in der Jugendhilfe, Suchtbehandlung) und in der interdisziplinären Kooperation notwendig. Der Abklärungsprozess zu Interventionsbeginn dient dem Ziel herauszufinden, ob und wie die Problematik der Klienten/Patienten in der Einrichtung angemessen bearbeitet bzw. behandelt werden kann. *Interventionsorientier-*

te Diagnostik soll Informationen erarbeiten, die für die Zielbestimmung, die Strategie des Vorgehens und die einzusetzenden Interventionsmethoden und -Techniken in ihrer Wirkung auf den Klienten bzw. das Klientensystem brauchbar sind. Die Grundfrage der Eingangsdiagnostik lautet: Was ist der Fall? Die Frage einer interventionsbezogenen Diagnostik lautet: Was ist zu tun? Hier werden in einem Interaktionsprozess zwischen Klient, Umgebung und Praktiker problemrelevante Informationen gesammelt, analysiert und in eine interventionsrelevante Formulierung der Problematik in Form eines Befundes und einer Diagnose gebracht.

- Ein weitere Unterschied liegt zwischen *normorientierter* und *kriteriumsorientierter Diagnostik.* Normorientierte Diagnostik ordnet die Merkmale eines Individuums ihrer Position in Bezug auf statistische Normen einer Vergleichspopulation zu: in welchem Ausmaß weicht die Person, Situation, das Ereignis bspw. von der alters-, geschlechts- oder schichtspezifischen Durchschnittsnorm ab? *Klassifikatorische Diagnostik* (z. B. nach dem DSM oder ICD-10) ermöglicht es, die Symptome von Patienten einer Diagnose zuzuordnen (z. B. Störung des Sozialverhaltens; Borderline-Störung) und damit eine Suchrichtung für wichtige störungsspezifische Entscheidungen und Vorgehensweisen zu erhalten. *Kriteriumsorientierte Diagnostik* vergleicht die Merkmale der Probanden mit bestimmten gesetzten Kriterien, die erreicht werden (sollen). Beispielsweise könnte die Frage sein, ob und wann im Verlaufe einer sozialtherapeutischen Maßnahme ein Klient bestimmte vorher festgelegte Funktionen der Selbstständigkeit erreicht, die durch definierte „messbare" Kriterien bestimmt sind (z. B. regelmäßig rechtzeitig allein morgens aufstehen und pünktlich zur Arbeit gehen).
- Eine letzte Unterscheidung liegt in *individuumorientierter* und *systemorientierter Diagnostik.* Während individuumorientierte Diagnostik die Person in den Mittelpunkt stellt, befasst sich systemorientierte Diagnostik mit den *Beziehungen zwischen* Person und Umgebung. Beide Formen haben in der Klinischen Sozialarbeit eine wechselseitig ergänzende Funktion. *Störungsorientierte Diagnostik* basiert auf theoretischen Annahmen und Befunden zu einer spezifischen psychischen bzw. sozialen Störung oder Behinderung (z. B. bei Suchterkrankung, Schizophrenie, Depression, Persönlichkeitsstörung – wie dissoziale Störung, Borderline etc.).

Diagnostik in der Klinischen Sozialarbeit versteht ihre Aufgabe (beim derzeitigen Stand ihrer Entwicklung) pragmatisch. Dorfman betont den eklektischen Charakter, den klinisch-sozialarbeiterische Diagnostik (und Intervention) vorerst noch hat und verteidigt dies gegen wissenschaftlichen Forschungsrigorismus mit den Notwendigkeiten der Sozialen Hilfe unter komplexesten und verschiedenartigsten Praxisbedingungen. Denn soziale Diagnostik legt den Fokus auf sozialpathologische Risikofaktoren, die innerhalb psychologischer und psychiatrischer Diagnostik häufig ausgeblendet werden: auf ökonomische Deprivation/Armut, soziale Diskriminierungen aller Art, die Soziogenese von Krankheit und Gesundheit im Rahmen eines erweiterten in der Lebenswelt verankerten Persönlichkeitsverständnisses einer person-in-environment.

4.2.2 Koordinaten psycho-sozialer Diagnostik

Psycho-soziale Probleme gehören zu den komplexesten Angelegenheiten, da zu ihrer Entstehung und Aufrechterhaltung vielfältige Faktoren eine Rolle spielen. Die „Ursache" für ein Problem liegt nie in einfacher Weise in einer einzelnen Person oder in einem einzigen Merkmal der Umgebung begründet. In einem Ansatz der Person-in-der-Situation geht es um reziproke (rückbezügliche) Interaktions- und Transaktionsprozesse zwischen dem Individuum und seiner Umgebung. Man handelt antwortend in Bezug auf die Umgebung, und die Art wie man reagiert und handelt beeinflusst die Reaktionen der Umgebung und umgekehrt. Ziel der klinisch-sozialarbeiterischen Diagnostik ist eine *Mehrebenen-Diagnostik*, die grundsätzlich interventionsorientiert ist, d.h. wichtige Grundlagen liefert für die Veränderungsarbeit, einschließlich der Indikationsstellung (*Was* ist bei gegebener Problematik und Situation *wann* und *wie* von *wem* zu *tun*?). Zugleich soll sie die Möglichkeit der Erfolgskontrolle der Maßnahmen (Evaluation) sichern.

Als Mehrebenen-Diagnostik muss sie auf unterschiedliche *Informationsquellen* für diagnostische Daten zurückgreifen, insbesondere:

- direkte Beobachtungen von Verhalten, insbesondere auch nonverbales Verhalten (nonverbales Verhalten liefert wichtige Hinweise auf emotionale Zustände wie Wut, Verletztheit, Verlegenheit und Angst);
- Beobachtung des Interaktionsverhaltens (direkte Beobachtung der Interaktion zwischen Partnern, Familienmitgliedern, Gruppenmitgliedern u.a.);
- Selbstbeobachtungen und Selbstberichte des Klienten;
- Fremdbeobachtungen durch Familienmitglieder, Freunde, Ärzte, andere Fachkräfte;
- psychologische Testverfahren: Fragebogenverfahren (z.B. Fragebogen zur Sozialen Unterstützung); Persönlichkeitsfragebögen; Angst-, Depressions-, Befindlichkeitsinventare; Symptomlisten, etc.;
- Computerbasierte Diagnostik;
- Erfahrungen und Beobachtungen in der persönlichen Arbeitsbeziehung zwischen Fachkraft und Klient (einschließlich „Gegenübertragungsreaktionen");
- Akten.

Die Multidimensionalität der Problematik schließt folgende Dimensionen ein:

- Hinweise auf das bzw. Manifestationen des Problems,
- Personen und Systeme, die in die Problematik involviert sind,
- Faktoren, die das Problem hervorrufen und aufrechterhalten,
- unerfüllte Bedürfnisse, die mit dem Problem zusammenhängen,
- Entwicklungsstand bzw. Lebens-Übergangs-Situation in dem die Problematik sich manifestiert,
- die Schwere des Problems und ihr Effekt auf das Klientensystem,
- Bedeutung, die dem Problem zugeschrieben wird,
- Auftreten des Problems, (wo),
- Zeit des Auftretens,
- Häufigkeit,
- Dauer,
- Abklärung von Alkohol oder Drogengebrauch,
- Abklärung von körperlicher oder sexueller Misshandlung und der Auswirkung auf die Problematik,
- die emotionalen Reaktionen im Klientensystem (z.B. Familie) auf die Problematik,
- Versuche des Klientensystems, die Problematik zu bewältigen,
- Fertigkeiten und Stärken des Klienten,
- ethnokulturelle, gesellschaftliche, soziale Statusfaktoren, die mit der Problematik zusammenhängen,
- externe Ressourcen, die vom Klientensystem benötigt werden,
- individuelle psycho-soziale Funktionsfähigkeit des Klienten,
- Motivation des Klienten und im Klientensystem,
- die Paar- und Familiendynamik.

Angesichts dieser Multiperspektivität bei der praktischen Arbeit in den verschiedenen Kontexten und bei den unterschiedlichsten Aufgabenstellungen ist ein klar *strukturierendes und ordnendes Orientierungsmodell* sehr hilfreich. Als Kennzeichen der psycho-sozialen Fallarbeit wurde immer wieder die Arbeit mit und an den Schnittstellen

- Defizite/Belastungen/Vulnerabilität (Konflikte, kritische Lebensereignisse, Entwicklungsstörungen, Traumatisierungen, chronische Erkrankungen, Armut) versus
- Ressourcen/Kompetenzen/förderliche Umweltbedingungen (psychische Ressourcen und Begabungen, positive soziale Unterstützung, soziale Integration in einem tragfähigen ökosozialen Netzwerk, ausreichende materielle Lebensbedingungen)

hervorgehoben. Schädigende, pathogene Bedingungen einerseits und schützende innere (biologische, psychologische und psycho-soziale) und äußere (soziale) Bedingungen andererseits entscheiden über die relativen Anpassungserfolge im lebenslangen Entwicklungsprozess eines Menschen. Unter

Bezugnahme auf Becker (1992, 1997) lassen sich diese Dimensionen in einer Inzidenzformel[3] darstellen (vgl. Abbildung).

Inzidenzformel psycho-sozialer Störungen

		Belastungen, Defizite, schädigende Einflüsse		
Inzidenz psycho-sozialer Störungen	=	**angeborene/erworbene Vulnerabilität**	*	**Belastende Lebensereignisse, chronisch negative soziale Einflüsse**
		psycho-soziale Kompetenzen und individuelle Resilienz	*	**Förderliche Umweltbedingungen, soziale Integration**
		Stärken, Ressourcen, protektive Faktoren		

Risikofaktoren, die die Auftretenswahrscheinlichkeit von psycho-sozialen Störungen erhöhen, bestehen in sozialen Belastungen und Defiziten und schädigenden Einflüssen (personintern und personextern). Dazu gehören: niedriger sozioökonomischer Status, schlechte Schulbildung der Eltern, große Familie und wenig Wohnraum, Kontakte mit Einrichtungen der „sozialen Kontrolle", Dissozialität/Kriminalität eines Elternteils, chronische Disharmonie bzw. Beziehungspathologie in der Familie, psychische Störungen von Mutter oder Vater, schwere Erkrankungen von Mutter oder Vater, alleinerziehend (nur in Kombination mit weiteren Risikofaktoren), Verlust der Mutter, sofern es keinen guten Ersatz gibt, häufig wechselnde frühe Bezugspersonen, schlechter Kontakt zu Peers, sexueller und aggressiver Missbrauch (beachte hierzu auch Ergebnisse der Bindungsforschung: 80% der misshandelten Kinder können zu ihrer Beziehungsperson keine sichere Bindung entwickeln), genetische Disposition.

Vulnerabilität ist das Ausmaß der individuellen Wirksamkeit von Risikofaktoren und ihren Wechselwirkungen. Zu den Vulnerabilität erhöhenden Merkmalen gehören biologische Faktoren (genetische und konstitutionelle Prädispositionen, Gesundheits- bzw. Krankheitsgeschichte, neurologische Dysfunktionen), psychologische Faktoren (biographische Erfahrungen, prädisponierende Persönlichkeitstendenzen, emotionale Dysfunktionen, kognitive Dysfunktionen, sozial-behaviorale Dysfunktionen) und soziale Faktoren (mangelnde soziale Integration, negative soziale Chancenstruktur). Auch hier müssen sowohl personinterne als auch externe Quellen der Vulnerabilität unterschieden werden. Angeborene und durch die Lebensgeschichte erworbene Unterschiede in der Vulnerabilität machen Menschen

3 Inzidenz: Häufigkeit des Neuauftretens von Erkrankungen zwischen vorgegebenen Zeiten.

interindividuell in unterschiedlichem Maße anfällig und empfänglich für schädigende Einflüsse (Perrez 1998, 2005). Das zweite pathogene Bündel von Belastungsfaktoren und Defiziten sind *kritische Lebensereignisse und chronische Belastungen sowie negative soziale Einflüsse.* Neben traumatischen Erfahrungen und pathogenen Sozialverhältnissen in der Familie, gehören hierzu belastende und störungsfördernde kulturelle Bedingungen.

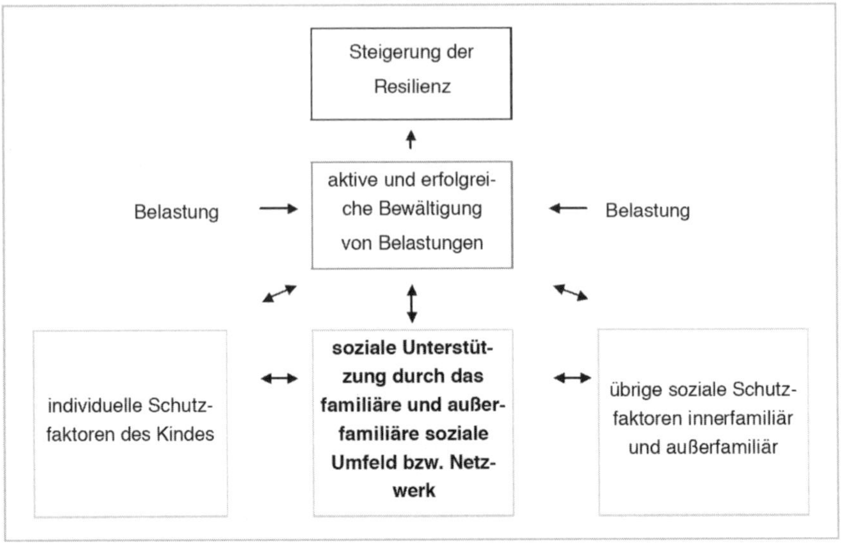

Die Auftretenswahrscheinlichkeit von psycho-sozialen Störungen und Erkrankungen wird zugleich in bedeutsamer Weise moderiert durch *protektive Faktoren*, Stärken und Ressourcen, ebenfalls sowohl personinterner als auch externer Art. *Soziale Kompetenzen* bestehen im Wesentlichen aus Merkmalen wie Selbstwahrnehmung, interpersonale Wahrnehmung, Kontakt-, Beziehungs- und Kommunikationsfähigkeit, emotionale Selbststeuerung, Selbstakzeptanz, Belastungsregulation, Problemlösungsfähigkeit, Aktivierung und Nutzung von Bewältigungsressourcen, Annahme von Sozialer Unterstützung. *Resilienz* bedeutet Widerstandsfähigkeit bzw. Widerstandkraft und ist somit als Gegenpol zur Vulnerabilität zu sehen. Die Resilienzforschung untersucht Faktoren, die die Wirkung von schädigenden Belastungen vermindern können. Zu solchen Schutzfaktoren gehören u. a. ein positives Selbstbild und Kohärenzgefühl, ein aktives, kontaktfreudiges Temperament, mindestens durchschnittliche Intelligenz, dauerhafte, gute Beziehung zu einer Bindungsperson, guter Ersatz bei Verlust von Bezugspersonen, kompensationsfähige Großfamilie, soziale Förderung, gute Beziehung zu Peers, hohe Qualität der Schule, Copingfähigkeit der Eltern in Belastungssituationen und Fähigkeit der Eltern zu Selbstreflexion. Die Auflistung zeigt, dass die Soziale Unterstützung bei der Resilienzförderung eine hervorragende Rolle spielt.

Einige der Faktoren haben nur in *Kombination* mit anderen Auswirkungen, andere gelten für sich als Prädiktorvariablen (Vorhersage-Variablen). Alle Faktoren beeinflussen einander gegenseitig. Die Gesamtzahl und die spezifische Dynamik in der Kombination von sowohl Risiko- als auch Schutzfaktoren scheint eine wesentlich größere Rolle für die Entwicklung eines Menschen zu spielen als einzelne Faktoren. Die notwendige Differenzierung zwischen personseitigen und umgebungsseitigen Faktoren kann durch eine Vier-Felder-Matrix zu einer übersichtlichen Systematik als *Koordinaten psycho-sozialer Diagnostik und Intervention* geformt werden (vgl. Hepworth et al. 1997, 212). Die beiden Achsen sind:

1. *Personorientierung* versus *Umgebungsorientierung* auf der horizontalen Achse und
2. *Stärken/Ressourcen* versus *Defizite/Belastungen* auf der vertikalen Achse.

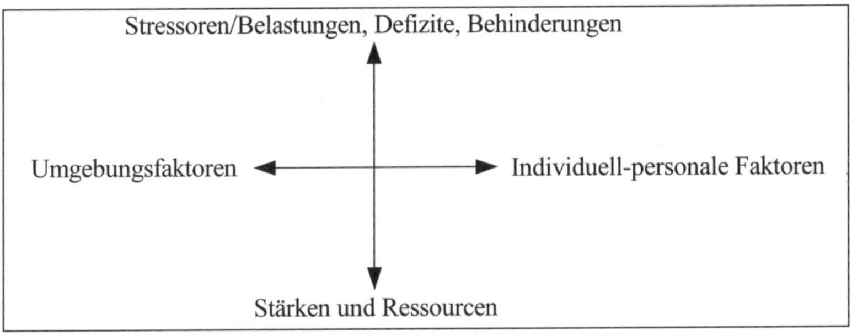

Quadrant 1: ökosoziale Defizite, umgebungsbedingte, „äußere" Belastungen
Quadrant 2: individuelle Belastungen und Defizite, angeborene und erworbene Vulnerabilitäten und körperliche, geistige und psychische Behinderungen.
Quadrant 3: förderliche Umweltbedingungen: fördernde soziale und sozial-emotionale, und ökosoziale Faktoren
Quadrant 4: individuell-personale Stärken, soziale Kompetenzen und psychische Ressourcen

Die individuell-personalen Faktoren (Quadrant 2 und 4) betreffen primär biologisch-medizinische, psychologische und psycho-soziale Faktoren. Die ökosozialen bzw. Umgebungsfaktoren (Quadranten 1 und 3) betreffen primär soziale und sozial-emotionale Dimensionen wie äußere Stressoren, soziale Unterstützung, interpersonale Beziehungen, förderliche Umweltbedingungen (wie Wohnbedingungen, Erreichbarkeit und Nutzbarkeit kultureller und sozialer Einrichtungen, soziale Förderung, Qualität der Schule, Arbeit bzw. Arbeitslosigkeit etc.). Die Koordinaten erlauben die Integration einer Vielfalt diagnostischer Verfahrensweisen zur weitest möglichen Verknüpfung der relevanten Daten. So ergeben sich für eine multidimensionale klinisch-sozialarbeiterische Diagnostik beispielsweise im Bereich der Familienarbeit Konkretisierungsmöglichkeiten, die sowohl über die psychologische Diagnostik als auch die klassische familientherapeutische Diagnostik hinausgehen. Jede psycho-soziale Einrichtung kann für spezifische klinische Aufgabenstellungen anhand der Koordinaten grundsätzliche Dimensionen und Verfahren für die vier Bereiche formulieren.

Beispiel für strategisch konkretisierte Koordinaten der psycho-sozialen Diagnostik in der ambulanten Klinischen Sozialarbeit in der Kinder-, Jugend- und Familienhilfe

Stressoren, Belastungen, Defizite

Abklärung bei ökosozialen Defiziten, Belastungen, sozialer Vulnerabilität

- Belastende/defizitäre Faktoren der Familie (ökonomisch, materiell)
  - Was fehlt?
  - Was ist zu viel?
  - Was ist von ungenügender Qualität? Was funktioniert schlecht oder gar nicht?
- Kongruenzanalyse: Vergleich von Klientenangaben, weiteren Bezugspersonen, eigenem Augenschein
- Soziale Belastungsfaktoren, Vernachlässigung/ Ablehnung / Stigmatisierung / Marginalisierung
- Belastende Situationsfaktoren

Abklärung bei personalen Belastungen, Konflikten, Defiziten, Risikofaktoren

- Bindungsqualität: Unsichere Bindung
- Emotionale Belastung, Labilität
- Geringes Selbstwertgefühl, Belastungen, Konflikte, Entwicklungsdefizite, Traumen
- Verhaltensauffälligkeiten
- Intelligenz- und Leistungsprobleme, Lern- und Arbeitsstörungen
- Mangelnde Problemlösungs- und Copingfähigkeiten, fehlende soziale Kompetenzen
- Psychische Belastungsfaktoren, niedriges psychisches Funktionsniveau
- Somatische und psychopathologische Störungen/Erkrankungen

FAMILY MAP
ECO MAP

Umgebung — **Person**

Abklärungen bei förderlichen Umweltbedingungen

- unterstützende Faktoren der Umgebung (Sozialraum), äußeres Wohnumfeld
- Haus/Wohnung/Zimmer, u.a. Aufteilung, Ausstattung, Spielmöglichkeiten, Hygiene
- Großfamilie, familiäre Einbindung, Unterstützung
- Soziales Netz: Nachbarn, Freunde, Kirche, Vereine, Treffpunkte u.ä.
- Verantwortungsbereitschaft von Bezugspersonen
- Förderliche Schul- bzw. Arbeitsbedingungen

Abklärung bei personalen Kompetenzen, Ressourcen, Schutzfaktoren

- Sichere Bindung
- Emotionale Stabilität, Persönlichkeitsstärken
- Positive Aspekte beim Selbstbild
- Leistungs- und Lernpotenziale, Stärken
- Intelligenzstruktur und Kreativität
- Soziale Aktivitäten und soziale Kompetenzen
- Verhaltensaktiva

Stärken und Ressourcen

Familien- und Umfelddiagnostik (u.a. family map/eco map) stehen im Zentrum der Koordinaten: die Familie gilt als Schnittstelle zwischen Person, sozialemotionalen Beziehungen und äußerer Umgebung mit den jeweiligen Rückwirkungen. Hier wirken sowohl förderliche Bedingungen und personinterne wie externe Ressourcen und Schutzfaktoren als auch Defizite, Belastungen und Konflikte. Im konkreten Einzelfall sind die Quadranten sodann in mehreren Schritten mit den individuellen diagnostischen Daten, Zielvorgaben und den sich durch die Interventionen zeigenden Ergebnissen zu füllen.

4.2.3 Ebenen der Abklärung und diagnostische Schlüsselfragen

Schlüsselfragen psycho-sozialer Diagnostik sind über den gesamten Hilfeprozess zu untersuchen, und zwar

- zu Beginn der Maßnahme,
- im Verlauf der Maßnahme,
- zum Abschluss der Maßnahme.

Zentrale Methoden sind a) soziale Anamnese und b) die Exploration. „*Anamnese* ist ein Verfahren a) zur Erhebung von Daten, Fakten und Ereignissen, die im Lebenslauf den Rahmen bilden für die individuelle Entwicklung, b) zur Beschreibung der Problemgeschichte von Menschen und aktuellen Problemstellungen." Bei der *Exploration* geht es „um die Bedeutung dieser Daten für das Individuum im Laufe seiner Biographie. Es geht um Aussagen über vergangenes und gegenwärtiges Erleben, um Verhalten im sozialen Umfeld, um körperliche Zustände und deren psychosoziale Auswirkungen." (Priller 1996, 17f.) „Entscheidend ist, dass uns aus der Anamnese Hinweise für die genaue Analyse dessen gegeben werden, was Daten und Fakten für die Person und ihre Umgebung *bedeuten*." (ebd., 21)[4]

Mit Hepworth, Rooney & Larsen (1997, 195ff.) kann eine *primäre Ebene* unmittelbarer Abklärungen, die *vor* allen weiteren Schritten zu beantworten sind und eine *sekundäre Ebene*, die weitere Bereiche untersucht, unterschieden werden.

Primäre Ebene: unmittelbar notwendige Abklärungen zu Beginn einer Maßnahme

1. *Was sind die Sorgen und Probleme der Klienten aus deren eigener Sicht?* Klinische Sozialarbeit beachtet die Selbstständigkeit in höchst möglichem Ausmaß und ist bestrebt, wann immer möglich die Klienten darin zu fördern, ihre eigenen Ziele für die von ihnen selbst als am bedeutsamsten eingeschätzten Probleme zu entwickeln.
2. *Unter welchen rechtlichen Bedingungen findet die Intervention statt?* Manche Klienten sind nicht freiwillig in der Behandlung oder Betreuung

4 Das Lehrbuch von Priller gibt exzellente praktische Anleitung für die Durchführung von Anamnesen und exploratives Vorgehen.

durch Klinische SozialarbeiterInnen, so dass spezielle rechtliche Aspekte zu beachten sind. Z.B. muss bei Fällen der Vernachlässigung oder Misshandlung von Kindern die Gefahr für die Kinder erfasst und rasch abgeklärt werden, insbesondere wenn unmittelbar Gefahr im Verzug sein könnte. Eine besondere Schwierigkeit kann hier dadurch auftreten, dass die Klienten und die beteiligten Familienangehörigen genau dieses Problem verleugnen.

3. *Gibt es unmittelbar zu beachtende gesundheitliche oder sicherheitsrelevante Aspekte, die die Aufmerksamkeit von Klienten und PraktikerIn sofort erfordern?* Es ist in der Sozialarbeit ganz allgemein eine ethische Grundforderung, dass ernsthafte Gefahren für die Gesundheit und die Sicherheit von Klienten sorgfältig zu erfassen sind. In manchen Fällen – wie z.B. bei der Kindsmisshandlung – kann es notwendig sein, unmittelbar einzugreifen und Maßnahmen zum Schutz der Klienten durchzuführen.

Sekundäre Ebene: multidimensionale Abklärungen

Diese Ebene betrifft nun die „üblichen" Untersuchungen der Probleme und Belastungen, die Exploration der (realen und potentiellen) Stärken, Ressourcen und förderlichen Umweltbedingungen, die Untersuchung von entwicklungsbedingten Bedürfnissen und veränderten Entwicklungsaufgaben und -übergängen (life transitions), die Untersuchung von systemischen Bedingungen, die die Klienten und ihre Lebenssituation beeinflussen. Dies gilt sowohl für den Beginn einer klinisch-sozialarbeiterischen Beratungs- oder Behandlungsmaßnahme als auch für den Verlauf und den Abschluss.

Rahm et al. (1999) und Nitsch-Berg & Kühn (2000, 168 f.) stellen folgende Kernfragen ins Zentrum des diagnostischen Vorgehens:

- Die Frage nach dem gesunden und funktionsfähigen Bestand: Was ist gesund bzw. intakt und muss erhalten werden?
- Die Frage nach den Störungen: Was ist gestört und muss wieder hergestellt werden?
- Die Frage nach den Defiziten: Was fehlt und muss bereitgestellt/neu gelernt oder wieder gelernt werden?
- Die Frage nach den ungenutzten Potentialen: Welche Ressourcen/Möglichkeiten sind vorhanden und müssten erschlossen und/oder gefördert werden? Die Ressourcen-Analyse bezieht sich dabei sowohl auf die Person als auch die soziale, materielle, körperlich-leibliche und ethisch-religiöse Dimension: Welche eigenen oder fremden Ressourcen findet der Klient in seinem sozialen Beziehungsnetz, in seiner körperlichen Konstitution und Befindlichkeit (Vitalität und Gesundheit), in seiner ökonomischen bzw. materiellen Situation, in seinen psychischen Kompetenzen, in seinen Normen, Werten und Einstellungen? Welche konstruktiven Bewältigungsmuster (Coping-Strategien) konnten im bisherigen

Leben entwickelt werden? Welche förderlichen und Halt gebenden Faktoren/Erfahrungen gab es in der Lebensgeschichte?

Die Auseinandersetzung mit Bereichen der Umwelt ist gerade in der Klinischen Sozialarbeit als *Diagnostik personbeeinflussender Umweltfaktoren* bedeutsam. Dazu gehört vor allem auch eine fundierte

- *Situationsdiagnostik* (z. B. akute oder chronische kritische Ereignisse und Belastungen, Verluste, Bedrohungen, Ungewissheit und Ambiguität – vgl. Reicherts 1988, s. nächstes Kapitel) sowie die
- *Abklärung des Kontextes* (z. B. Familiensystem, soziale Unterstützung, Defizite, Ressourcen, materielle Situation, rechtliche Bedingungen und Möglichkeiten) und die
- *Einschätzung der Beziehung zu dem oder den Helfer(n)* (z. B. Freiwilligkeit, Kontaktfähigkeit, Hilfewunsch, Übertragung).

Auch *psychopathologisch* relevante Merkmale der Person und/oder ihrer Bezugspersonen sind in die diagnostischen Grundfragestellungen einzubeziehen (auch wenn sie zur spezifischen Abklärung an die fachärztliche oder psychologische Diagnostik zu verweisen sind), deshalb sind in der Klinischen Sozialarbeit hinreichend fundierte Kenntnisse in der Deskription und Klassifikation psychischer Störungen wichtig (siehe auch Kapitel „Befund, Diagnose und Klassifikation“).

Weiterhin brauchen Klinische Sozialarbeiterinnen ein Repertoire an diagnostischen Fertigkeiten, um ein Verständnis der *Bedeutung und der Funktion von psychischen und interaktionellen* Auffälligkeiten zu erlangen: die Ausdrucks- und Vermeidungsfunktion psychisch auffälligen (symptomatischen) „Erlebens-Verhaltens“ ist von Bedeutung, damit die *innere Situation* der Klienten besser verstanden und in die psycho-soziale Behandlung einbezogen werden kann. Folgende Fragen können zu einem vertieften Verständnis beitragen:

- Welche *Bedürfnisse* einer Person kommen in der Symptomatik zu Ausdruck (Bereich und Thema)? Welche Bedürfnisbefriedigungen werden ggf. durch das Symptomverhalten oder seine Konsequenzen ermöglicht? Welche Mängel lägen ohne das Symptom vor? Womit wäre der Klient ohne dieses Verhalten innerlich und/oder äußerlich (sozial) konfrontiert?
- Im Hinblick auf welche person- oder umweltseitigen Ansprüche, Konflikte oder Belastungen könnte das Problem-Verhalten bzw. Symptom zumindest als Teil einer versuchten Problemlösung sinnvoll (gewesen) sein?
- Welche Handlungen und Äußerungen vermeidet der Klient und welche Reaktionen (auch des Klinischen Sozialarbeiters/Beraters/Therapeuten) antizipiert er vermutlich als aversiv? (Vermeidet er z. B. Bedürfnisse zu äußern? Vermeidet er Nähe oder Distanz? Befindet er sich in chronischer Angst-Fluchtbereitschaft oder Angst-Angriffsbereitschaft?)

Problemverhalten und Symptome haben in der Regel eine *interaktionelle Funktion.* Nach der Untersuchung der möglichen Vermeidungsfunktionen der Symptomatik bezieht sich der nächste Fragekomplex auf Aspekte der Beeinflussung der Umwelt. Verhalten, gerade auch dysfunktionales, gestörtes Verhalten ist oft auch ein (verzweifelter) Versuch, die Mitwelt zielgerichtet zu beeinflussen:

- Welche Gefühle und Verhaltensweisen werden vom Klienten in der Umwelt hervorgerufen? (ein Königsweg hierzu sind die eigenen emotionalen Reaktionen und Handlungsimpulse des Helfers auf den Klienten)
- Welches wären wünschenswerte, konstruktive bzw. nicht-schädigende Wege, die zugrunde liegenden Bedürfnisse in direkter, offener Kommunikation und angemessenem Verhalten an die Umwelt heranzutragen? Was muss der Klient dazu vermutlich lernen bzw. in der Beziehung zum Berater/Therapeuten und/oder seiner Lebenswelt erfahren?

Zusammenfassung: Durch psycho-soziale Diagnostik zu beantwortende Kernfragen

1. Was sind die Sorgen und Probleme der Klienten aus deren eigener Sicht?
2. Unter welchen rechtlichen Bedingungen oder ggf. Verfahren findet die klinische Intervention statt?
3. Gibt es unmittelbar zu beachtende gesundheitliche oder sicherheitsrelevante Aspekte, die die Aufmerksamkeit von Klienten und PraktikerIn sofort erfordern?
4. Durch welche spezifischen Merkmale, Symptome oder Manifestationen zeigt sich die Problematik?
5. Welche Personen und Systeme sind in die Problematik involviert?
6. Wo treten die problematischen Verhaltensweisen/Ereignisse auf?
7. Wann treten die problematischen Verhaltensweisen/Ereignisse auf?
8. Wie häufig treten die problematischen Verhaltensweisen/Ereignisse auf?
9. Wie lange besteht das Problem?
10. Was sind die Konsequenzen des Problems?
11. Welche Bedeutung bzw. welchen Sinn schreiben die Beteiligten der Problematik zu?
12. Was sind die emotionalen Reaktionen der Klienten auf ihre Probleme? In welcher Weise halten die Beteiligten und/oder die Systeme durch ihre Interaktion die bestehende Problematik aufrecht?
13. Wie schwerwiegend ist die Problematik und in welchem Ausmaß belastet sie die Beteiligten?
14. Haben andere Aspekte auf die Funktionsfähigkeit der Klienten oder der Familienmitglieder eingewirkt, wie z. B. Alkoholmissbrauch oder Drogen- bzw. Medikamentenmissbrauch, körperliche oder sexuelle Misshandlung?

15. Wie haben die Klienten bisher versucht, die Problematik zu bewältigen und was sind die zur Problemlösung erforderlichen Fähigkeiten und Fertigkeiten?
16. Über welche Stärken und Fertigkeiten verfügt der Klient?
17. In welcher Weise beeinflussen ethnische Zugehörigkeit und soziale Schicht die Problematik?
18. Welche Unterstützungssysteme existieren und können aktiviert werden und/oder welche müssen geschaffen werden? Welche müssen ggf. begrenzt oder beendet werden?
19. Welche externen Ressourcen werden von den Klienten gebraucht?
20. Welche unbeantworteten Anliegen/unbefriedigten Bedürfnisse sind in der Problematik enthalten?
21. Welche Veränderungen/Übergänge/Entwicklungsaufgaben sind mit der Problematik angesprochen?
22. Welche professionellen Institutionen/Netzwerke/Helfer (auch aus anderen Disziplinen) sollen/müssen hinzugezogen werden?

4.2.4 Situationsorientierte Belastungsdiagnostik

Es geht bei der Person-in-Environment bezogenen Intervention um die Kernkompetenz der *Kontextualisierung* sozialarbeiterischer Interventionsmethoden. Diese beinhaltet kontextsensibles Handeln um Interventionsempfehlungen zur Belastungsbewältigung unter Beachtung der situativen Ereignis-Bedingungen, der individuellen Situationseinschätzung des Klienten, der emotionalen Verarbeitung und Wahrnehmungen, sowie der Verhaltensweisen und bisherigen Bewältigungsversuche des Individuums zu entwickeln und umzusetzen. Damit ist die situationsbezogene Diagnostik eine bedeutsame Herausforderung für die Klinische Sozialarbeit.

Konkretes Verhalten und Erleben ereignet sich immer in einer jeweiligen „objektiv“ (jedenfalls auch unabhängig von der individuellen Wahrnehmung bzw. inneren Repräsentation) definierten Situation. Wir sind hier mit den *Wechselwirkungen* der subjektiven, *inneren* Wirklichkeit mit der objektiven, *äußeren* Wirklichkeit befasst. Die Kernfrage ist die Passung (der „Fit“) zwischen subjektiver Repräsentation und Verarbeitung von Belastungen und objektiven Bedingungen der Situation und der Ereignisstruktur. Wenn Klinische Sozialarbeit weder soziale noch individuelle Faktoren vernachlässigen soll, muss sie auch die objektive Situation einbeziehen, denn ihre Interventionen finden in der Regel in Bezug auf äußerst schwierige, komplexe und belastende Alltagssituationen statt. Die *objektiven Komponenten* beinhalten nicht unmittelbar an die Person geknüpfte Merkmale. Deshalb werden Instrumente benötigt, die es erlauben, die „objektiven“ Aspekte der sozialen Realität (Ereignis und Situation) zu analysieren und zu bearbeiten: *Situationsdiagnostik*.

Situative und subjektseitige Merkmale der Belastungsverarbeitung nach Reicherts (1988, 1999)

Situationskomponenten der Belastungsverarbeitung	Subjektseitige Merkmale der Belastungsverarbeitung
• *Strukturmerkmale* der Situation (Ereignisstruktur, Zeitstruktur) • *Transformationsmerkmale* als bedeutsame objektive Veränderungsmerkmale der Situation (Kontrollierbarkeit, Ungewissheit, Realitätsstatus, Mehrdeutigkeit) • *Inhaltsmerkmale* (Belastungsquelle und -bereich: systemintern oder -extern; Belastungsart und -thema: wesentlich alltägliche Belastungen und ihre Verarbeitung in denen sich sowohl Folgen kritischer Lebensereignisse als auch Störungen der Handlungsregulation zeigen)	• Merkmale der Wahrnehmung und Bewertung (die sich aus genannten objektiven Ereignismerkmalen ergeben als subjektive Repräsentation und Übereinstimmung bzw. Diskrepanz zwischen subjektiven und objektiven Merkmalen: Valenz, Relevanz, Wandelbarkeits- und Regulierbarkeitserwartung, wahrgenommene Mehrdeutigkeit, wahrgenommene Wiederauftretenswahrscheinlichkeit, Vertrautheit) • Emotionale Belastungsreaktionen (aufgrund internaler Prozesse der Situations- und Selbstbewertung wie Angst, Wut, Trauer etc.) • Bewältigungsziele und –absichten: 1. assimilative und akkomodative Anpassungsziele in der Person-Umwelt-Beziehung 2. emotionaler Ausgleich – Wiederherstellung eines emotionalen Gleichgewichtes 3. Verbesserung des Selbstwertes • Bewältigungsverhalten: (a) situationsbezogen (b) repräsentations-bezogen (Abbildung der Situationsbedingungen) (c) evaluations-bezogen auf der Grundlage von Werten, Zielen und Absichten

Belastende Situationen bewältigen Individuen häufig recht routiniert, indem sie unbewusst nach bewährten Regeln handeln. Menschen in Krisen, mit psychischen Störungen, schweren psycho-sozialen Belastungen und Erkrankungen haben hier häufig Defizite und tragen zur Verschlimmerung ihrer Situation bei, weil sie dysfunktionale Regeln zur Einschätzung und Bewältigung von Ereignis-Situationen gelernt haben. Sprechen wir von *dysfunktionalen* Regeln, unterstellen wir, dass es ereignis- und situationsangemessene bzw. funktionale (oder „richtige“ bzw. zumindest „richtigere“) Regeln gibt. Lassen sich für eine angemessene Belastungsbewältigung *Regeln angemessener Belastungsverarbeitung und angemessenen Bewältigungsverhaltens in Belastungssituationen* formulieren (siehe weitere Ausführungen hierzu im Kapitel 4.4.1 Situations- und regelorientierte sozialtherapeutische Intervention) – und entsprechend den Klienten leitende dysfunktionale Regeln diagnostisch erfassen? Reicherts (1988, 1999) hat in empirisch fundierten theoretischen Analysen einen entsprechenden Ansatz vorgelegt. Die von ihm entwickelten Bewältigungsregeln verknüpfen Merkmale der jeweils konkreten *Belastungssituation* mit *Handlungsempfehlungen* unter dem Aspekt von *Bewältigungszielen.* Die entsprechende

Frage ist: was sollte man unter den Aspekten der Wirksamkeit und der Angemessenheit tun, wenn die (objektive) Belastungssituation diese oder jene Merkmale aufweist? Bei einem solchen Ansatz geht es in der Praxis zunächst um die diagnostische Abklärung der Ereignisstruktur und der Situationsmerkmale einer akuten oder chronischen Belastung. Die Struktur von Belastungsereignissen und Situationsmerkmalen kann hinsichtlich definierter Merkmale diagnostisch näher bestimmt werden. Reicherts unterscheidet Strukturmerkmale (Ereignisstruktur, Zeitstruktur), Transformationsmerkmale von Situationen (Kontrollierbarkeit, Ungewissheit, Realitätsstatus und Ambiguität) sowie Inhaltsmerkmale (Belastungsquelle und -bereich, Belastungsart und Thema). Diese Dimensionen (aus Reicherts 1988) werden hier nun in eine vereinfachte Form gebracht, die sie zugleich erläutert und es erlaubt, sie als eine Art „Checkliste" in der praktischen Alltagdiagnostik Klinischer Sozialarbeit zu verwenden.

Checkliste:
Situationsorientierte Abklärung von Belastungsereignissen

Erfassung von Belastungsmerkmalen

Ereignisstruktur:
Wie ist der Charakter der Ereignisse? Handelt es sich um
- elementare Ereignisse (Waschmaschine kaputt, Hexenschuss …)?
- komplexe Ereignisse (Scheidung, Führerscheinverlust durch Alkohol, Arbeitslosigkeit …)?

Zeitstruktur:
Wie sind die zentralen Zeitdimensionen zu beschreiben?
- zeitliche Erstreckung und Verlauf (ferne Vergangenheit – unmittelbare Vergangenheit – Gegenwart – unmittelbare Zukunft – ferne Zukunft)
- Zeitperspektive (prospektiv versus retrospektiv)
- Zeithorizont (Ausdehnung der Projektion von Ereignissen)
- Zeitraster (Dichte des Ereignisnetzes; Beispiel: Geht der Blick für Naheliegendes verloren, wie bspw. bei Depression)?

Wandelbarkeit:
Wie ist die Wandelbarkeit der Situation (Veränderung ohne Zutun der Person, kraft Eigendynamik der Situation oder aufgrund von Einflüssen durch andere?)
- Kann man von einer positiven, entlastenden Eigendynamik ausgehen?
- Wie ist die Wahrscheinlichkeit einer ungünstigen Eigendynamik der Situation?

Kontrollierbarkeit:
In welchem Ausmaß ist die Veränderung der Situation abhängig von Aktivitäten der Person?
- Gibt es überhaupt eine durch eigene Aktivitäten mögliche Kontrolle?

Wie sieht die Kontrollierbarkeit durch die betroffene(n) Person(en) selbst aus? Schätzen Sie ein die

- individuellen Kontrollfähigkeiten
- Machtausübung
- individuelle Kapazität zur Steuerung/Regulation
  Worauf können sich in konkreter Weise Regulationshandlungen der Betroffenen beziehen?
  Welche Ansatzpunkte erscheinen in welcher Reihenfolge sinnvoll?
- die Umgebung (personelle, physische, soziale)
- die Person selbst (Gefühle, Körperprozesse, Gedanken, Wahrnehmungen)

Ungewissheit:
auch Unvorhersagbarkeit: die Wahrscheinlichkeit, mit der ein bestimmtes Belastungsereignis oder dessen Folge in einem bestimmten Zeitraum eintritt bzw. erwartet wird. Wie ist die

- zeitliche Ungewissheit
- Ungewissheit des Eintretens (ob überhaupt)

Realitätsstatus:
Wie real ist das gegenwärtige, erwartete oder vergangene Ereignis?

- Handelt es sich um ein bereits eingetretenes faktisches Ereignis?
- Oder um ein potentielles Ereignis?
- Wird es (angemessener oder unangemessener Weise) erwartet?
- Wird ein eingetretenes Ereignis (z. B. Symptome, die möglicherweise auf eine schwere Krankheit deuten) verleugnet? Oder überbewertet?

Mehrdeutigkeit:
Hier gilt es wieder, objektive Situationsseite und subjektive Personseite zu unterscheiden. Einzuschätzen ist die objektive Ambiguität[5]!

- Handelt es sich überhaupt objektiv um eine Belastung (auch wenn die Person dies subjektiv auf jeden Fall so empfinden mag)?

Erfassung von Inhaltsmerkmalen von Belastungen

Belastungsquelle/Bereich:
Woher stammen die Belastungen?

- Komponenten der Umgebung (andere Personen, Institutionen, ökologische Bedingungen, soziale Beziehungen – Beruf, Kinder, Familie)
- Komponenten des Selbst (Vorstellungen, Erinnerungen, Körperfunktionen, Emotionen etc.)

Belastungsarten und Themen:
Durch welche thematischen und inhaltlichen Merkmale sind die Belastungen zu kennzeichnen? Welcher Art sind sie?

---

5 Ambiguität (aus dem Lateinischen): Doppelsinnigkeit, Zweideutigkeit, Mehrdeutigkeit.

- Widrigkeiten des täglichen Lebens, Alltagsbelastungen (zu viel Verantwortung auf einmal, Streitigkeiten mit dem Partner, Ärger mit Kollegen etc.)
- tiefgreifende kritische Lebensereignisse, die unkontrolliert (z.B. Tod einer nahe stehenden Person) oder „willentlich" herbeigeführt sein können (Prüfung, Scheidung)
  a) einmalige, massive und folgenreiche Ereignisse
  b) chronifizierte Belastungen (z.B. Behinderung)
  c) „schicksalhafte" bzw. epochale Ereignisse – der individuellen Kontrolle entzogen (Krieg, Naturkatastrophen, Wirtschaftskrise)
- psychische Entwicklungsprozesse mit krisenhafter Zuspitzung bei hoher Vulnerabilität (Verletzlichkeit) durch objektiv eher leichtes Belastungsereignis.

Anhand der erhobenen Daten lässt sich eine Situations- und Ereignisstruktur der Belastungen erarbeiten, indem der/die Berater/-in bzw. Behandler/-in das Merkmalsprofil der Situation und des Ereignisses bestimmt:

Merkmalsprofil von Belastungssituationen

Fragen zur objektiven Bestimmung des Merkmalsprofils von Ereignissen-in-Situationen
• Ist es ein elementares oder komplexes Ereignis? • Ist es vergangen, gegenwärtig oder in der Zukunft (akut oder chronisch)? • Ist die Situation überhaupt (prinzipiell und potenziell) durch personale Aktivitäten beeinflussbar/kontrollierbar? • Kann *diese* Person (bei prinzipiell gegebener Beeinflussbarkeit von Ereignis/Situation) entsprechende Aktivitäten entfalten? • Welche Ansatzpunkte sind für Beeinflussungsaktivitäten sinnvoll? • Wie ist das Ausmaß an objektiver Ungewissheit einzuschätzen? • Wie realistisch ist die Einschätzung der Belastung durch die Person? • Wie ist der Grad der objektiv gegebenen Ambiguität? • Wie sind die Chancen bzw. Gefahren von Nichthandeln, Warten, Unterlassen von Kontroll- bzw. Einflussbemühungen?

Es lassen sich nun grundlegende Merkmalskonfigurationen darstellen, mit denen eine große Zahl von Belastungssituationen charakterisiert werden kann:

Häufige Merkmalkonfigurationen und
Typen von Belastungssituationen

• Situationen, die kontrollierbar und wenig wandelbar sind (d.h. sie ändern sich kaum „von selbst") (Kontrollierbarkeit + ; Wandelbarkeit –) • Verlustsituationen, die nicht (oder nur wenig) kontrollierbar und/aber wandelbar sind (Kontrollierbarkeit – ; Wandelbarkeit +) • Situationen, die unkontrollierbar und kaum oder nicht wandelbar sind (Kontrollierbarkeit – ; Wandelbarkeit –) • Situationen, die unbekannt oder intransparent oder mehrdeutig sind • Situationen, die emotional stark beeinträchtigend sind

- Situationen mit Belastungsereignissen, die intermittierend oder chronisch wieder auftreten oder andauern (z. B. schwere Krankheit, behindertes Kind etc.) und nicht geändert oder vermieden werden können.

4.2.5 Netzwerk- und familienorientierte Diagnostik

Netzwerkdiagnostik

Schlittmaier (1999) stellt einen Wechsel der Blickrichtung fest, wenn der Diagnostik die theoretische Perspektive der Sozialen-Unterstützungs-Theorien zugrunde gelegt wird. Die Ursachen für Störungen werden dann nicht oder nicht allein *im* Individuum gesucht, sondern fokussiert werden die sozialen Ressourcen, die dem Klienten zur Verfügung stehen. Um eine Intervention in Bezug auf das soziale Netzwerk des Klienten planen zu können, ist es erforderlich, dass wir über Wissen in Bezug auf die genannten Zusammenhänge verfügen.

- Erhält der Klient genügend soziale Unterstützung?
- Was genau fehlt ihm: emotionale Zuwendung, Informationen, materielle Hilfe? Was blockiert das Unterstützungsgeschehen?
- Ist der Klient aufgrund bestimmter sozialer Einstellungen nicht in der Lage informelle Hilfe anzunehmen? Wie kann er in die Lage versetzt werden, informelle Hilfe anzunehmen?
- Welche Merkmale weist das soziale Netzwerk auf? Wie gut ist der Klient in das soziale Netzwerk integriert? Verfügt er über mehrere soziale Netzwerke? Wie häufig finden Kontakte statt? Ist Reziprozität möglich? Sind die zum sozialen Netz gehörigen Personen erreichbar? Oder ist sein soziales Netzwerk aufgrund bestimmter Merkmale nicht in der Lage, den Klienten in einem ausreichenden Maße zu unterstützen? Was hindert die Bezugspersonen daran, soziale Unterstützung zu gewähren? Wie können sie zu kompetenten Unterstützern qualifiziert werden?

Priller (1999, 70 ff.) nennt sechs Dimensionen eines sozialen Netzwerkes, die wesentlich dessen Qualität bestimmen:

Erreichbarkeit	Wie gut bzw. wie schlecht sind Angehörige des Netzwerkes zu erreichen (einschließlich räumliche Distanz)? Wie viele Zwischenstationen sind notwendig, um eine bestimmte andere „Einheit“ zu erreichen?
Haltbarkeit	Wie ist der zeitliche Bestand der Beziehungen?
Häufigkeit	Wie häufig sind die Kontakte (als Maß für die soziale Aktivität)?
Reichweite	Wie umfangreich ist das Netzwerk (wie viele Personen bzw. „Einheiten“) und wie ist es zusammengesetzt? Eine eher heterogene Zusammensetzung (Alter, Geschlecht, soziale Lage) dürfte in der Regel eine größere Tragfähigkeit bedeuten.

Inhalt	Wie ist sind Qualität und Inhalt der Beziehungen (z. B. verwandtschaftlich, freundschaftlich, nachbarschaftlich; feindselig, abhängig, warm, unterstützend etc.)?
Zugänglichkeit	Sind Personen des aktuellen Netzwerkes für einen konkreten Kontakt erreichbar und ansprechbar? Zwei Aspekte wirken auf die Erreichbarkeit ein: die persönliche Bereitschaft des Einzelnen und die Auswirkung von Arbeits- und anderen Belastungen auf die Bezugsperson.

Die diagnostische Untersuchung der personalen Netzwerke des Klienten ist eine Voraussetzung für die Netzwerkintervention bzw. -förderung. Diese Analyse kann sowohl im Rahmen der Anamnese erfolgen, aber auch andere Methoden und Datenquellen nutzen: Fragebogen, Exploration von Bezugspersonen (involvierte Angehörige, Lebenspartner, Freunde), Verhaltensbeobachtungen und Explorationen im Lebensfeld. Vor der Erfassung der vorhandenen sozialen Unterstützung sind grundlegende Fragen zu klären. Es stehen sich jeweils alternative Optionen gegenüber:

- globale und situationsspezifische Untersuchungsansätze (generelle Maße vs. spezielle Unterstützungsarten bestimmter Personen für spezifische Problemstellungen);
- subjektive und objektive Maße (erlebte Unterstützung vs. strukturelle [z. B. Größe des sozialen Netzwerkes] und interaktive Maße [z. B. Dichte des sozialen Netzwerkes]);
- strukturierte (Fragebogen)[6] und unstrukturierte Ermittlung (offenes Gespräch) sozialer Unterstützung.

6 Der *„Personal Support System Survey" (P 3 S) (Fragebogen zum persönlichen Unterstützungssystem)* (Pearson 1997, 261–271) ist ein standardisierter Fragebogen zur systematischen Erfassung des persönlichen Unterstützungssystems. Hier finden sich dreizehn verschiedene Unterstützungsarten. Diese lassen sich in vier Kategorien einordnen:
- emotionale Unterstützung,
- informatorische Unterstützung,
- rückmeldende/bewertende Unterstützung,
- materielle Unterstützung.

Im Fragebogen wird jeweils erhoben, (a) in welchem *Ausmaß* (Ratingskalen) eine bestimmte Unterstützungsart vorliegt und (b) welche *Bedeutung* diese Unterstützungsart für den Klienten hat. Weiter werden verschiedene Maße zur Struktur und Dynamik des Unterstützungssystems erhoben:
- Aus welchem Personenkreis setzt sich das Unterstützungssystem zusammen?
- Wie häufig kommt es zu Kontakten?
- Welche Unterstützungsbedürfnisse werden von den verschiedenen Personen befriedigt?
- Gibt es Defizite im Unterstützungssystem?

Der Fragebogen kann eine gute Grundlage für weiterführende Beratung bilden. Insbesondere die differenzierte Befragung in Bezug auf vorhandene Bedürfnisse und Ressourcen kann beim Klienten Prozesse der Einsicht und Reflexion in Gang setzen: Be-

Es empfiehlt sich, die verschiedenen Ansätze zu kombinieren. Objektive Maße, die mittels strukturierter Verfahren gewonnen wurden, beinhalten noch keine Information über deren *subjektive Bedeutung* (z.B. Was *bedeutet* es für Sie, dass Ihr Unterstützungsnetzwerk ausschließlich aus Verwandten/gleichgeschlechtlichen Personen besteht? Oder: Was bedeutet es, dass alle Personen Ihres Netzwerkes sehr engen Kontakt untereinander haben?). Die Messung *objektiver Daten* gestattet noch keine Aussage darüber, wie ein Klient diese Faktoren wahrnimmt. Es gilt deshalb der Grundsatz, dass das, was allgemein als unterstützend bzw. schädigend angenommen wird, in der spezifischen Situation für dieses Subjekt nicht zwangsläufig unterstützend oder schädigend sein muss. Der Schwerpunkt des psycho-sozialen Behandlungs- bzw. Beratungsprozesses liegt somit darin, *zusammen mit dem Klienten* Einsicht in seine Ressourcen und Bedürfnisse zu gewinnen. Objektive Maße können hier helfen, Ressourcen zu erfassen, die dem Klienten bisher nicht bewusst waren; sie können weiter zur Hypothesenbildung über Defizite im Unterstützungssystem dienen. Diese müssen jedoch anhand der subjektiven Einschätzung der Klienten überprüft werden. Pantucek (2010, siehe http://www.pantucek.com/soziale-diagnostik/verfah ren.html) hat eine „digitale Netzwerkkarte" entwickelt, mittels derer man komplexe auf Klienten zentrierte Netzwerkkarten erstellen kann.

Folgende Fragen dienen einer diagnostischen Analyse von Netzwerken und zur Zielbestimmung von Netzwerkinterventionen:

- Wie wird die Tragfähigkeit des Netzwerkes subjektiv bewertet – von Klient und Klinischem Sozialarbeiter?
- Wie hoch ist der Anteil von Verwandtschaftsbeziehungen im Vergleich zu außerfamilialen Kontaktpersonen?
- Wie groß ist die Anzahl der vorhandenen Personen überhaupt?
- Wie groß ist die Anzahl der Situationen, für die man Hilfsperson(en) kennt und für die man Hilfspersonen sucht?
- Wie hoch ist der Anteil älterer Kontakte im Verhältnis zu neuen?
- Wie genau kennen sich die Personen untereinander – sind sie sich fremd?
- Wie ist die Zusammensetzung der Personen nach Geschlecht und Alter?
- Woher stammen die Kontakte (Nachbarschaft, Verein, Verwandte, Arbeitsplatz, Professionelle)?
- Zur Multikomplexität der Kontakte: Gibt es pro Problemsituation *eine* Person oder *eine* Person für *verschiedene* Situationen?

Pearson (1997) nennt folgende Leitfragen, durch die im Rahmen einer professionellen Beratung grundlegende Daten zum Unterstützungssystem erfasst werden können:

1. Was sind die Sichtweisen des Betroffenen zu sozialer Unterstützung?

---

stehende Defizite und bisher ungenutzte Ressourcen können sichtbar werden (Schlittmayer 1999, 52).

2. Wer sind die UnterstützerInnen?
3. Welche Arten von Unterstützung werden bereitgestellt?
4. Wie funktioniert das Unterstützungssystem?

Auch bei der Evaluation richtet sich die diagnostische Abklärung auf das soziale Netzwerk des/der Klienten. Untersucht wird, ob die Interventionen in Bezug auf die dem Klienten zur Verfügung stehenden Ressourcen erfolgreich waren. Wir fragen, ob der Klient in der Lage ist, die initiierte informelle Hilfe anzunehmen, wie sich soziale Unterstützung auf ihn auswirkt. Verbessert sich sein Zustand oder behält er sein ihn und/oder die Gesellschaft schädigendes Erleben und Verhalten trotz der Verbreiterung seiner Ressourcen bei? Nur wenn wir wissen, welche Ressourcen Klienten zur Verfügung stehen, wie diese Ressourcen auf sie wirken, welche Faktoren dafür verantwortlich sind, dass zu wenig Ressourcen vorhanden sind und welche Faktoren unsere Klienten hindern, vorhandene Ressourcen zu nutzen, können wir ihre Lebenswelt oder ihren sozialen Raum in einer ausreichenden Differenzierung erfassen.

Ökosoziale und familienbezogene Kontextanalyse – die „ECO-MAP"

Eine sehr brauchbare diagnostische Methode zur Erfassung und graphischen Vergegenwärtigung des sozialen Kontextes einer Person ist die Öko-sozial-Karte (*eco-map*) (Cournoyer 1996). Die *eco-map* ist ein Diagramm, das die umgebende soziale Welt einer Person repräsentiert. Sie erlaubt einen Überblick über den Kontext einer Person, einer Familie oder eines Haushaltes (kann auch auf andere soziale Institutionen bzw. Systeme übertragen werden). Zusätzlich ermöglicht sie in einfacher Weise Energie-bereichernde und Energie-abziehende Beziehungen zwischen Mitgliedern eines primären sozialen Systems (z.B. Familie oder Haushalt) und dessen äußerer, umgebenden Welt zu erfassen. Die *eco-map* zeigt Bereiche an, in denen Veränderungsbedarf besteht. Sie ist eine folgerichtige Ergänzung zum Genogramm. Wie wird sie erstellt?

Wie bei einem Genogramm (siehe unten) werden Quadrate und Kreise zur Repräsentation der Mitglieder eines primären sozialen Systems (z.B. Haushalt) benutzt (Quadrate für männliche, Kreise für weibliche Personen). Die Repräsentationssymbole der Mitglieder des primären sozialen Systems, das bearbeitet werden soll, werden auf die Mitte einer Seite platziert und mit einem großen Kreis umrahmt. Andere bedeutsame soziale Systeme mit denen die Person, die Familie oder Haushaltsmitglieder interagieren, werden ebenfalls erfasst und in kleineren Kreisen um den großen Kreis herum platziert. Die Natur der Beziehungen zwischen den identifizierten sozialen Systemen wird durch Linien charakterisiert. Eine durchgezogene Linie (—) zeigt immer eine starke, generell positive Beziehung an; eine unterbrochene Linie (----) bedeutet eine eher schwierige und dürftige Beziehung und eine Mehrfachlinie (===) zeigt eine konflikthafte und stressbelastete Beziehung an. Pfeile (➔) werden dazu eingesetzt, die Richtung des Flusses der „Energie“ oder der Ressourcen zwischen Systemen und Personen darzustellen. Diese Beziehungs-Linien können und sollen natürlich auch benutzt werden, um den Austausch von Energie und Ressourcen zwischen Familienmitgliedern darzustellen. Eingeklammerte Pluszeichen (+), Minuszeichen (–) und Plus-Minuszeichen (±) werden ergänzend neben die Linien gesetzt um anzuzeigen, ob die Beziehung Energie-bereichernd, Energie-kostend oder gleichgewichtig ausbalanciert ist.

Beispiel einer familien- und umfeldbezogenen *eco-map*

In Anlehnung an Hepworth, Rooney & Larsen (1997) hat Pantucek (2005, siehe http://www.pantucek.com/diagnose/mat/ecomap/ecomap.pdf) eine Formular zur Erstellung einer *eco-map* entwickelt.

Im der familientherapeutischen Arbeit sind Intervention und Diagnostik in vielfältiger Weise eng verzahnt (siehe Kapitel 4.3.4 „Die systemisch-familientherapeutische Perspektive“). Viele familientherapeutische Methoden der Gesprächsführung beinhalten klärungsorientierte Fragen, die Fachkräften wie Familienmitgliedern eröffnen, „was der Fall ist“, wobei hier die individuellen, subjektiven Deutungs- und Verstehensmuster der Familienmitglieder eine zentrale Rolle spielen. Hilfreich kann die *Visualisierung* z.B. von Beziehungsgeflechten sein: nach ausreichender Einarbeitung in die Zeichensymbolik beispielsweise der „family map" sind Konstellationen wie etwa „verdeckte Koalition" oder „umgeleiteter Konflikt" in Wirkzusammenhang und Tragweite für das ganze System schneller und besser erkennbar (vgl. z.B. von Schlippe 1984, 1997, Scheib & Wirsching 2000, Bodenmann 1998).

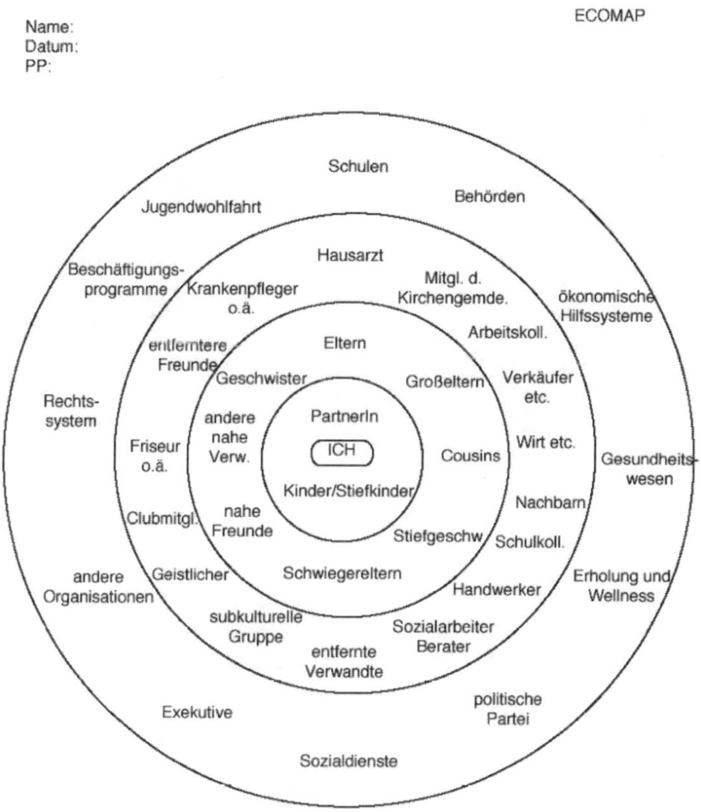

Ein Verfahren zur *generationsübergreifenden Familiendiagnostik* ist das sog. *Genogramm* (vgl. von Schlippe ebd., 1997; Bodenmann ebd., Scheib & Wirsching ebd.). Es handelt sich um die sorgfältige Exploration und skizzenhafte Visualisierung von wichtigen Familienereignissen und -daten. Erfasst werden:

- Namen und Alter der Eltern
- Heiratsdatum der Eltern, Namen und Alter der Kinder

- *Befragung der Partner:*
  - Wie sahen sie jeweils ihre eigenen Eltern, Geschwister, das Familienleben?
  - Wie war die Zeit, als sie ihren Partner kennen lernten?
  - Welche Erwartungen/Hoffnungen haben sie an Ihre Heirat/Partnerschaft geknüpft?
  - Wie war die erste Zeit der Ehe?
  - Welche Erwartungen hatten sie an Ihre Elternschaft?
- *Befragung der Kinder:*
  - Wie sehen sie die Eltern?
  - Sind die Eltern glücklich und froh?
  - Verstehen sich die Eltern?
- Weiter erfasst und bearbeitet werden wichtige Ereignisse wie: Tod eines Familienmitgliedes, Scheidung, Fehlgeburten, evtl. Wiederverheiratung/neue Partnerschaften der Eltern, Adoption, Umzüge, Unfälle, schwere Krankheiten, Arbeitslosigkeit etc.

In der Klinischen Sozialarbeit geht die familienorientierte Diagnostik über die Prozessdiagnostik im Familiengespräch hinaus, um eine orientierende Struktur zum Verständnis des Ineinandergreifens von individueller und familiärer Entwicklung (auch über mehrere Generationen hin), sozial-emotionalen Beziehungen und sozialer Situation im Einzelfall zu entwickeln. So findet sie Ansatzpunkte und Ziele für auf das familiäre Umfeld bezogene Interventionen. Hilfreich hierfür ist die oben dargestellte Öko-Map. Darüber hinaus stellt die Familientherapeutische Beratung und Intervention eine wichtige Brücke zur insgesamt systemischen Hilfe mit klinisch-sozialarbeiterischem Ansatz dar (Heekerens 2006; Näheres hierzu sie s. u. am Beispiel der Funktionalen Familientherapie in Kapitel 4.3.4).

Gut eignet sich auch das Verfahren der *Zielerreichungsanalyse* und ein sorgfältiges „Contracting" zur kooperativen diagnostischen Abklärung der Ziele, der Fortschritte und der Ergebnisse in Kooperation mit den Familienmitgliedern (siehe folgendes Kapitel).

4.2.6 Zielbestimmung und Zielerreichung: die Zielerreichungsanalyse

Initiierung, Stabilisierung und Integration von Veränderungen und Fortschritten der Person, Veränderungen in der psycho-sozialen Umgebung und der Situation sowie Rückfallprophylaxe gehören zentral zum Prozess klinisch-sozialarbeiterischer Intervention. Die Ergebnisse psycho-sozialer Veränderung beziehen sich *einerseits* auf die Effekte der beraterisch-therapeutischen Interventionen und der helfenden Beziehung *innerhalb* einer Sitzung oder eines Treffens (z. B. Infragestellen/Hinterfragen problematischer Annahmen und Überzeugungen, Einsicht gewinnen, sich besser fühlen, Angst bewältigen etc.). *Andererseits* soll die Verwirklichung von Zielsetzungen natürlich auch im Lebensalltag der Klienten, also *außerhalb* der Treffen/Sitzung/Gespräche mit der Fachkraft eintreten. Veränderungsergebnisse wie Einsicht und Verbesserung der Stimmung oder die Erweiterung des sozialen Beziehungsnetzes sollten erst dann als wirkliche Erfolge gewertet werden, wenn sie fest in der Funktionsweise des Klienten verankert sind und vom Klienten in seinem Leben außerhalb der Beratungsbeziehung in verschiedenen Rollen und Situationen zuverlässig umgesetzt werden. Wichtig ist der in vielen empirischen Studien bestätigte Befund, dass die Veränderungsergebnisse im Sinne kleiner einzelner Fortschritte innerhalb der Beratungs- bzw. Therapiesituation ein guter Prädiktor für den Behandlungserfolg insgesamt sind. Da die Lebensumfelder von Klienten nicht selten eher abwehrend gegenüber Veränderungen sind, ist es wichtig zu wissen, dass die kleinen Fortschritte, die Klienten/Patienten im Rahmen der helfenden Beziehung und der Beratungssituation erreichen, häufig durchaus robust sind (vgl. Orlinsky & Howard 1986, 1987).

Eine bekannte Methode der einen Interventionsprozess begleitenden Evaluation ist die Zielerreichungsanalyse (Goal Attainment Scaling, GAS) nach Kiresuk & Sherman (1968). Nach Green und Herget (1989) wurde GAS in mehr als 800 Einsatzgebieten psychologischer Forschung eingesetzt. Zu der ursprünglichen Methode wurden Varianten vorgeschlagen. Die hier vorgestellte Methode orientiert sich an der vereinfachten Vorgehensweise des GAS nach Romney (1976). Die von Pauls und Reicherts (1996/2010) adaptierte systematische und im Behandlungs- und Beratungsprozess mit Patienten bzw. Klienten kooperativ zu erarbeitende ZEA eignet sich auch zur (aggregierbaren Einzelfall-)Evaluation und als Instrument in der Qualitätssicherung in verschiedenen Einsatzbereichen: ambulante und stationäre Psychotherapie, psycho-soziale Beratung und Krisenintervention.[7] Zu Beginn der Maßnahme kann eine Zielerreichungsanalyse nicht nur im Sinne der interventionsrelevanten Eingangsdiagnostik eingesetzt werden, sondern ist auch ein gerade für die Klienten/Patienten bedeutsamer Faktor in der Klärung und Konkretisierung des Arbeitskontraktes. Neuere Forschungen weisen darauf hin, dass eine Investition in diese für Klienten und Patienten wichtige Fragen einen positiven Effekt auf den Erfolg hat, aber dass dieser Effekt von Beratern und Therapeuten unterschätzt wird (Orlinsky et al. 1994). Dabei gibt die ZEA eine Struktur und einen Bezugsrahmen für die Veränderungsarbeit vor, ohne die Wahl bestimmter Interventionsformen von vornherein einzuschränken und festzulegen. Die in der ZEA festgelegten Ziele stellen auch ein *Korrektiv* für beide Seiten – Klientin und Klini-

7 Dieses Verfahren ist in Form des kompletten Manuals von Helmut Pauls und Michael Reicherts (Fassung 2010): „Zielorientierung und Zielerreichungsanalyse in der psycho-sozialen Fallarbeit. Eine Arbeitshilfe für Beratung, Soziale Arbeit, Sozio- und Psychotherapie“ kostenlos als Download erhältlich unter: http://www.klinische-sozialarbeit.de auf der Homepage der Zentralstelle für Klinische Sozialarbeit (ZKS) unter dem Stichwort „Schriftenreihe für psycho-soziale Gesundheit“.

scher Sozialarbeiterin – dar. Insgesamt liefern sie so ein Verständnis vom Vorgehen, das den meisten Klienten unmittelbar einleuchtet (vgl. auch Compton & Galway 1994).

Die psycho-soziale Beratung und Sozialtherapie haben es mit weiten Spektrum an Problemtypen und damit auch potenziellen Zielsetzungen zu tun, sich beziehen können auf

a. Probleme,
b. Ressourcen,
c. Individualziele,
d. Beziehungsziele,
e. Netzwerkziele.

Die Dimensionen der Zielerreichung und Evaluation werden nicht vorgegeben, sondern in der Regel kooperativ mit den Klienten erarbeitet und vereinbart. Die unten vorgestellte vereinfachte Version nach Compton & Galway (1994) gibt folgende Vorgehensweise an: Es werden bis zu fünf Zielsetzungen konkretisiert, indem die möglichen Ergebnisse in Bezug auf jedes Ziel beschrieben werden. Diese Vorhersagen stellen der Fachkraft und dem Klienten Marker zur Verfügung, anhand derer die Fortschritte bewertet werden können. Die möglichen Ergebnisse reichen von „bestes Resultat" bis „ungünstigstes Resultat" und werden klassifiziert.

Es sollten in der Regel mindestens zwei, maximal fünf Ziele erarbeitet werden. Das Ausmaß der Veränderung sollte in sinnvollen Abständen bezogen auf den Zustand zu Interventions-, Beratungs- oder Therapie*beginn* gemeinsam mit dem bzw. den Klienten eingeschätzt werden. Jedes Ziel sollte konkret auf den Klienten/Patienten bezogen und relevant sein, es sollte Situationen, Verhaltens- und Erlebensweisen konkretisieren, es sollte durch Kriterien seiner Erreichung (möglichst qualitativ und quantitativ) beschrieben sein.

Schema einer Zielerreichungsanalyse nach Compton & Galway (1994)

	Ziel 1	Ziel 2	Ziel 3	Ziel 4	Ziel 5
1. ungünstigstes Resultat, aber u. U. möglich					
2. geringerer Erfolg als erwartet					
3. erwartetes Erfolgsniveau					
4. besserer Erfolg als erwartet					
5. denkbar bestes Resultat, deutlich mehr als erwartet, aber möglich					

Ein weiteres bewährtes Verfahren einer Evaluation und Verlaufskontrolle ist der STRUPP-Fragebogen (nach Strupp, Wallach & Wogan 1964, zn.

Auckenthaler 1983) Es ist ein Verfahren zur Selbsteinschätzung und erfasst wesentliche Erfahrungen der Klienten in und mit der Maßnahme. Neben der globalen Erfolgsbeurteilung wird die allgemeine Zufriedenheit, die Zufriedenheit mit der Behandlung und die Veränderung zentraler Symptombereiche erfragt. Die hier vorgestellte ist eine modifizierte und erweiterte Version (Pauls & Reicherts 1999) der von Auckenthaler (1983) dargestellten Fassung. Die Ergänzungen betreffen (1) die Frage nach wichtigen „äußeren" Veränderungen im Verlauf der Maßnahme (bspw. Arbeitsplatzwechsel, Trennung, Eingehen einer Partnerschaft, Krankheit, Umzug) und (2) die Frage nach den Anzahl der krankheitsbedingten Arbeitsunfähigkeitstage der letzten 3 Monate.

Bitte beantworten Sie die folgenden Fragen so gründlich und offen wie möglich. Kreuzen Sie bitte das jeweils Zutreffende an:

1. Wenn Sie alles erwägen, wie zufrieden sind Sie mit dem Ergebnis Ihrer bisherigen Sitzungen/Gespräche?
   ❐ sehr unzufrieden ❐ unzufrieden ❐ etwas unzufrieden
   ❐ zufrieden ❐ sehr zufrieden

2. Hatten Sie das Bedürfnis nach weiteren Gesprächen/Hilfestellungen bei einem anderen Berater/Therapeuten bzw. einer anderen Beraterin/Therapeutin?
   ❐ überhaupt nicht ❐ sehr wenig ❐ etwas
   ❐ stark ❐ sehr stark

3. Wie haben Sie sich Ihrer Meinung nach durch die Hilfen bzw. die Beratung verändert?
   ❐ überhaupt nicht ❐ sehr wenig ❐ etwas
   ❐ stark ❐ sehr stark

4. Bitte schreiben Sie im Folgenden die 3 bis 5 wichtigsten Ihrer Schwierigkeiten/Probleme auf, und beurteilen Sie für jede Schwierigkeit, inwieweit eine Verbesserung oder Verschlechterung durch die Sitzungen/ Gespräche aufgetreten ist.

Schwierigkeit	stark gebessert	gebessert	leicht gebessert	weder noch	leicht verschlechtert	verschlechtert	deutlich verschlechtert
Problem 1							
Problem 2							
Problem 3							
Problem 4							
Problem 5							

5. Welche Veränderungen, die durch die Sitzungen/Gespräche/Maßnahmen bisher eingetreten sind, haben Sie sonst an sich feststellen können? (bitte in freier Form beantworten.)
6. Was hat Ihnen bisher gut gefallen bei den Gesprächen/Treffen mit Herrn/Frau ____?
7. Was hat Ihnen bisher nicht gefallen bei den Gesprächen/Treffen mit Herrn/Frau ____?
8. Halten Sie Gespräche bzw. Hilfen dieser Art für sich und andere für wichtig und hilfreich?
   ❒ auf jeden Fall ❒ sehr ❒ ja
   ❒ ja etwas ❒ nein
   Warum? (Bitte begründen Sie Ihre Antwort.)
9. Bitte führen Sie alles auf, was Sie deutlich gestört hat oder stört oder beeinträchtigt (z.B. Einrichtung, Räume, Testsitzung usw.) – Welche Verbesserungsvorschläge würden Sie uns machen?
10. Haben außer den hier stattfindenden Gesprächen und Maßnahmen noch andere Hilfen oder Ereignisse wesentlich zur Verminderung Ihrer Schwierigkeiten beigetragen?
   ❒ ja: ____________ ❒ nein: ____________
   Falls „Ja", könnten Sie diese Ereignisse oder Hilfen bitte kurz benennen?
11. Hat es im bisherigen Verlauf der Gespräche/Sitzungen wichtige „äußere" Veränderungen in Ihrem Leben gegeben? (z.B. Arbeitsplatzwechsel, Trennung, Eingehen einer Partnerschaft, Krankheit, Umzug usw.) Welche?
12. Wie viele Arbeitstage waren Sie in den letzen 3 Monaten krankgemeldet und konnten nicht zur Arbeit gehen?

4.2.7 Klassifikation von Störungen

Klassifikationssysteme sind als verdichtetes Fachwissen für viele Bereiche psycho-sozialer Arbeit verbindlich, da sie als Grundlage für Behandlungsentscheidungen Voraussetzung sind, auch wenn sie kritisch betrachtet immer auch zu hinterfragende Normalitätskonstruktionen transportieren. Inzwischen wurden neben den ausschließlich medizinisch geprägten Systemen wie dem International Classification of Diseases (ICD-10) der WHO auch Klassifikationssysteme für den stärkeren Einbezug sozialer Dimensionen entwickelt (ICF; PIE; MAD-J – Multiaxiales Diagnosesystem Jugendhilfe). Damit der gesamtbiografische Prozess und dessen Bewältigungsanforderungen oder -möglichkeiten nicht aus dem Blick geraten, ist in der Verknüpfung wissenschaftlich-theoriegeleiteter und Einzelfall verstehender Kompetenz subjekt-, lebenswelt- und biographierorientiert in der Praxis an den Selbstdeutungen der Klientel möglichst anzuknüpfen.

Der Umgang mit klassifikatorischen Einordnungen in der Praxis des Gesundheitswesens ist für klinisch arbeitende Sozialarbeiter/-innen faktisch notwendig. In Deutschland gibt es bisher kaum Klassifikationen im Rahmen der Diagnostik Klinischer Sozialarbeit, weil es soziale Klassifikationssysteme erst in Ansätzen gibt und es auch keinen annähernden Konsens über deren Verwendung in der Berufsgruppe gibt. Doch sind die Fachkräfte in der multi- und interdisziplinären Berufspraxis in hohem Ausmaß mit Störungs- und Krankheitsklassifikationen konfrontiert, mit denen sie umgehen müssen und die auch für das weitere klinisch-sozialarbeiterische (Be-) Handeln von Bedeutung sind – und zwar sowohl in sozialrechtlicher Hinsicht (liegt eine Krankheit vor – mit Konsequenzen für die Kostenübernahme?) als auch in fachlicher Hinsicht (welche besonderen Maßnahmen und spezifischen Interventionsstrategien und begleitenden Rahmenbedingungen müssen bei Vorliegen einer klassifizierten Störung bzw. Erkrankung geschaffen bzw. berücksichtigt werden?).

Die „International Classification of Diseases" (ICD-10) der WHO

Die Verwendung dieses Klassifikationssystems für psychische Störungen muss der Klinischen Sozialarbeit in Deutschland geläufig sein, weil sie sonst in der interdisziplinären Kooperation nur sehr eingeschränkt mitwirken kann und eine fundierte Diagnostik in einem bio-psycho-*sozialen* Rahmenverständnis nicht hinreichend möglich ist. Das ICD-Klassifikationssystem ist zuständig für Fragen der Pathologie und ist insofern der kurativen Perspektive zugeordnet, wenn eine somatische oder psychopathologisch/psychiatrische Diagnostik zur Feststellung von Störungen mit Krankheitswert durchzuführen ist, die die Grundlage für die Behandlung bildet. Die evtl. vorliegende Psychopathologie mit entsprechender Klassifikation bildet durchaus eine bedeutsame Dimension auch einer klinisch-sozialarbeiterischen Abklärung und Diagnosestellung (s. u. das „PIE-System"). Die Klinische Sozialarbeit stellt den psychischen Befund jedoch konsequent in einen sozialen Zusammenhang – übrigens ebenso wie somatische Erkrankungen mit dem Ziel der sozialen bzw. psycho-sozialen und erzieherisch-therapeutischen Intervention. So verwenden beispielsweise Schmidt et al. (1995) in ihrem Buch über die Arbeit gemäß § 35 a in der Kinder- und Jugendhilfe selbstverständlich die ICD-Label (vgl. auch Fegert 1995).

Die ICD-10 ist ein multiaxiales[8] System, d. h. es werden Symptome zu Syndromen zusammengefasst und verschiedenen Ebenen („Achsen") zuge-

8 „Multiaxialität. Darunter versteht man die Beschreibung einer Person mittels mehrerer Achsen, wobei jede Achse durch spezifische Inhalte charakterisiert ist. Während bei den mehrdimensionalen – faktorenanalytisch gewonnenen – Persönlichkeitsmodellen (z. B. Eysenck) die einzelnen Dimensionen ein inhaltlich geschlossenes System darstellen, beinhalten die multiaxialen Systeme meist eine Sammlung unterschiedlicher Aspekte, die teilweise additiv und theoretisch nicht begründet zusammengefügt worden sind … Positiv ist anzumerken, dass die multiaxiale Betrachtungsweise eine differenziertere Personen-Beschreibung als eindimensionale Betrachtung zulässt; dies trifft dann zu,

ordnet. Auf den Achsen I a und I b werden die psychischen und die somatischen Erkrankungen abgebildet. Die Achse II erfasst mit verschiedenen Skalen psycho-soziale Funktionseinschränkungen bzw. Dimensionen der Funktionsfähigkeit. Auf Achse III werden in Anlehnung an Konzepte der Forschung zu kritischen Lebensereignissen (life event) Umgebungs- und situationsabhängige Einflüsse bzw. Probleme der Lebensführung und Lebensbewältigung abgebildet, die in Zusammenhang mit der Entstehung und Aufrechterhaltung der Symptomatik stehen. Sie sind aus dem Kapitel XXI (Z) der ICD-10 zusammengestellt („Faktoren, die den Gesundheitszustand beeinflussen und zur Inanspruchnahme von Gesundheitsdiensten führen").

Achsen des ICD-10, nach Baumann & Stieglitz (1998)

Achse I a	Diagnosen der psychischen Störungen (inklusive Persönlichkeitsstörungen) nach ICD-10 (Kapitel V)
Achse I b	Somatische Diagnosen nach ICD-10 (andere Kapitel)
Achse II	Ausmaß der psycho-sozialen Funktionsfähigkeit gemäß der WHO Disability Diagnostic Scale: • Globaleinschätzung der psychischen Funktionsfähigkeit • Selbstfürsorge und Alltagsbewältigung • berufliche Funktionsfähigkeit • familiäre Funktionsfähigkeit • andere soziale Rollen und Aktivitäten
Achse III	Faktoren der sozialen Umgebung und der individuellen Lebensbewältigung gemäß dem Kapitel XXI (Z) „Faktoren, die den Gesundheitszustand beeinflussen und zur Inanspruchnahme des Gesundheitswesens führen"; z. B. Probleme in Verbindung mit Erziehung und Bildung, Berufstätigkeit und Arbeitslosigkeit

Die Hauptkategorien der ICD-10 (Kap. V) sind folgende:

Hauptkategorien ICD-10, nach Baumann & Stieglitz (1998)

Code	Kategorie
F0	Organische, einschließlich symptomatischer psychischer Störungen
F1	Psychische und Verhaltensstörungen durch psychotrope Substanzen
F2	Schizophrenie, schizotype und wahnhafte Störungen
F3	Affektive Störungen
F4	Neurotische-, Belastungs- und somatoforme Störungen
F5	Verhaltensauffälligkeiten mit körperlichen Störungen und Faktoren
F6	Persönlichkeits- und Verhaltensstörungen
F7	Intelligenzminderung
F8	Entwicklungsstörungen
F9	Verhaltens und emotionale Störungen mit Beginn in der Kindheit und Jugend

wenn Person X z. B. nur durch *eine Diagnose im klassischen Sinne beschrieben wird."* (Baumann & Stieglitz 1998, 84)

Ausgewählte belastende psycho-soziale Einflussfaktoren (aus der Z-Skala ICD-10)

Probleme in Verbindung mit Wohnbedingungen und ökonomischen Verhältnissen

Probleme in Verbindung mit der sozialen Umgebung

- Anpassungsprobleme bei Veränderungen der Lebensumstände
- atypische familiäre Situation
- Schwierigkeiten bei der kulturellen Eingewöhnung
- soziale Zurückweisung und Ablehnung
- Zielscheibe feindlicher Diskriminierung und Verfolgung
- sonstige näher bezeichnete Probleme verbunden mit der sozialen Umgebung

Traumatisierende negative Erlebnisse

- Ereignisse, die den Verlust des Selbstwertgefühls zur Folge haben
- Probleme bei oder nach sexuellem Missbrauch durch eine Person innerhalb der eigenen Familie
- Probleme bei sexuellem Missbrauch durch eine Person außerhalb der engeren Familie
- Probleme bei körperlicher Misshandlung
- sonstige näher bezeichnete negative Kindheitserlebnisse

Probleme bei der Erziehung

- ungenügende elterliche Überwachung und Kontrolle
- elterliche Überfürsorglichkeit
- Heimerziehung
- Feindseligkeit gegenüber einem Kind und ständige Schuldzuweisung
- emotionale Vernachlässigung eines Kindes
- sonstige Probleme im Zusammenhang mit Vernachlässigung der Erziehung
- unangebrachter elterlicher Druck und sonstige abnorme Erziehungsmerkmale
- sonstige näher bezeichnete Probleme bei der Erziehung

Probleme in der primären Bezugsgruppe, einschließlich familiärer Umstände

- Probleme in der Beziehung zum (Ehe-)Partner
- Probleme in der Beziehung zu den Eltern oder zu angeheirateten Verwandten
- ungenügende familiäre Unterstützung
- Abwesenheit eines Familienangehörigen
- Verschwinden oder Tod eines Familienangehörigen
- Familienzerrüttung durch Trennung oder Scheidung
- Verwandter, der häusliche Betreuung benötigt
- sonstige belastende Lebensumstände, die Familie und Haushalt negativ beeinflussen
- sonstige näher bezeichnete Probleme in der primären Bezugsgruppe

Probleme bei sonstigen psycho-sozialen Umständen
- Zivil- oder strafrechtliche Verurteilung oder Haftstrafe
- Haftstrafe oder Gefängnis
- Entlassung aus dem Gefängnis
- sonstige gesetzliche Maßnahmen, einschließlich Verhaftung, Sorgerechts- und Unterhaltsverfahren, Strafverfolgung

Probleme verbunden mit Schwierigkeiten bei der Lebensbewältigung
- Erschöpfungssyndrom (Burnout-Syndrom)
- Mangel an Entspannung oder Freizeit
- Belastung, nicht andernorts klassifizierbar
- unzulängliche soziale Fähigkeiten, nicht andernorts klassifizierbar
- sozialer Rollenkonflikt, nicht andernorts klassifizierbar

Hinweise auf psychische und Verhaltensstörungen in der Familienanamnese
- Hinweise auf Intelligenzminderung
- Hinweise auf schädlichen Gebrauch von Alkohol
- Hinweise auf schädlichen Gebrauch psychotroper Substanzen
- Hinweise auf andere psychische und Verhaltensstörungen

Das ICIDH-2 („International Classification of Impairments, Disabilities, and Handicaps")

Dieses Klassifikationssystem ist besonders für den Bereich der psychosozialen Rehabilitation (siehe auch Kapitel „Psycho-soziale Rehabilitation") wichtig. Die ICIDH-2 der WHO (als Nachfolge der ICIDH-1 von 1980) leitete eine fundamentale Umorientierung der Klassifikation von der Einordnung von Behinderungen hin zu einem Ordnungssystem für die *Folgen von Gesundheitsstörungen mit ihren körperlichen, personalen und sozialen Auswirkungen* ein. Besonders bedeutsam ist, dass sich dieses Klassifikationssystem nicht nur an den Defiziten einer Person orientiert, sondern auch die soziale Dimension erfasst. Heinz (1998, 8) stellt fest: „Falls konsequent weitergeführt und angewendet, könnte diese Klassifikation ein Schritt hin zur Selbstbestimmung, Chancengleichheit und Teilnahme an allen Lebensbereichen sein." An die 80% der Menschen, die eine medizinische Behandlung aufsuchen, leiden heute an chronischen Erkrankungen, die nicht kausal zu beseitigen sind. Sie müssen damit leben lernen. „Dabei tritt die Ursache in den Hintergrund. Gefragt wird nach dem Menschen, welcher mit den Folgen seiner Gesundheitsstörung nicht nur Linderung, sondern auch eine neue Lebensharmonie finden will." (Heinz ebd.) Dies bedeutet einen fundamentalen Wandel von der Defizit- hin zur Aktivitäts- und Partizipationsorientierung. Die angemessene mehrdimensionale Erfassung und Ordnung dieser Krankheitsfolgen unterstützt eine bio-psycho-soziale Hilfeplanung, die den behinderten Menschen-in-seiner-Situation weit über das übliche Maß des an ICD-Diagnosen orientierten medizinischen Vorgehens ins Zentrum stellt.

Erfasst werden mit der ICIDH-2 Behinderungen und Beeinträchtigungen der Person, ihrer Aktivitäten und gesellschaftlichen Situation im Alltag. Eingeschlossen sind alle funktionalen Aspekte der Gesundheit (*Funktionsfähigkeit*) und der Behinderung einer Person, die mit körperlichen und geistig/seelischen *Aktivitäten* der Person (health condition) in ihrer unmittelbaren sozialen Umwelt (*Partizipation*) und dem gesellschaftlich-normativen *Kontext* im Zusammenhang stehen (vgl. Schuntermannn (2000). Die ICIDH-2 sieht Behinderung als jedwede Beeinträchtigung der Funktionsfähigkeit einer Person (dem entspricht nicht die deutsche sozialrechtliche Auffassung, die eine Beeinträchtigung der sozialen Partizipation mit beinhaltet). Dabei geht das mehrdimensionale Klassifikationssystem von einem bio-psycho-sozialen Ansatz aus. Die ICIDH-2 unterscheidet drei Dimensionen der Funktionsfähigkeit:

1. Die Dimension des *Körpers* (Körperfunktionen, einschließlich anatomische Strukturen, psychische und physiologische Funktionen): mögliche Beeinträchtigungen auf dieser Dimension sind *Schädigungen (impairments),* wobei zwischen *Funktionsstörungen* und *Strukturschäden* unterschieden wird. Die ICIDH-2 Klassifikationen erlauben die Beschreibung des positiven und negativen Funktions-/Strukturbildes einer Person (*nicht* aber die Beantwortung nach dem *Warum* einer bestimmten Funktionsstörung oder Strukturschädigung – dies ist im Rahmen der Funktions- bzw. Strukturdiagnostik zu beantworten). Das heißt, erfasst wird „der körperliche Schaden, welcher durch eine Gesundheitsstörung verursacht ist. Die Schadensebene wird aufgeteilt in Körperfunktionen und -strukturen. Ein körperlicher Schaden muss beobachtbar sein. Er bezieht sich auf einen bestimmten Körperteil oder auf ein bestimmtes Organ und wird unabhängig von dieser Ursache erfasst. Ein Beispiel: Versteifung der Schultergelenke (Schaden, Funktion, i80200). Diese Einschränkung der Gelenkbeweglichkeit kann beobachtet und in Winkelgraden als Abweichungen von der Norm gemessen werden.“ (Heinz ebd.)

2. Die Dimension der *Aktivität* (Aktivitäten, der Mensch als handelndes Subjekt): Zentrale Merkmale des menschlichen Lebens sind zu handeln, zu arbeiten, zu spielen, kurz, die Aufgaben und Arbeiten des Alltags zu erfüllen. *Aktivitätsstörungen* oder *Leistungsstörungen (activity limitations)* sind Beeinträchtigungen auf dieser Dimension. Auf Basis dieser Dimension kann das positive und negative Aktivitäts- oder Leistungsbild einer Person beschrieben werden (*nicht* aber die Frage beantwortet werden, *warum* eine bestimmte Aktivitätsstörung vorliegt – dies ist im Rahmen der Leistungsdiagnostik zu beantworten). Es werden „komplexe, zielgerichtete Fähigkeiten und Handlungen erfasst, welche dem einzelnen Menschen ein unabhängiges, selbstbestimmtes Leben, ein Erfüllen seiner Wünsche und ein Erreichen seiner Ziele im Rahmen gegebener Möglichkeiten erlauben. Auch auf dieser Ebene von Folgen gesundheitlicher Störungen können nur Aktivitäten kodiert werden, welche wirklich

festgestellt worden sind. Bleiben wir beim Beispiel das ‚Impairments' einer Versteifung der Schultergelenke, so stellt man auf der Ebene der Aktivitäten fest, dass der Betroffene bei der Nahrungsaufnahme (Aktivität, a50500) gestört ist, indem er die Speisen nicht mehr zu Mund führen kann." (Heinz ebd.)

3. Die Dimension der *Partizipation* (vormals handicap) (der Mensch als Subjekt in Gesellschaft und Umwelt): Die Lebensentfaltung einer Person geschieht stets im Rahmen einer bestimmten Umwelt, die durch soziale und physikalische Faktoren charakterisiert ist. Umweltfaktoren in diesem Sinne sind Einstellungen, Werte und Überzeugungen der Menschen in einer Gesellschaft, das politische und rechtliche System eines Landes mit Vorschriften, Verfahrensweisen und Standards, die Art des Gesundheits- und Bildungswesens sowie des Wirtschafts- und Verkehrswesens und die Art der zur Verfügung stehenden Güter und Technologien. „Die Daseinsentfaltung einer Person manifestiert sich in ihrer aktiven Partizipation, Teilhabe, Teilnahme, Beteiligung oder Integration hinsichtlich der Lebensbereiche, die für die Person wichtig sind, zu diesen Zugang zu haben und in ihnen Wertschätzung und Anerkennung zu finden" (Schuntermann a. a. O.). Partizipation bedeutet, dass eine Person ggf. mit Unterstützung der Umwelt imstande ist, ihre alltäglichen Lebenssituationen zu meistern. Dies kann dann auch im Rahmen von Rehabilitationsmaßnahmen trainiert werden. Mit Hilfe der Klassifikationsdimension der Partizipation kann das positive und negative Partizipationsbild einer Person beschrieben werden, einschließlich positiver oder negativer Art und Einfluss der Umweltfaktoren (*nicht* aber das *Warum* der Einschränkungen der Partizipation). Die Frage ist hier also, „in welchem Ausmaß sich Gesundheitsstörungen, körperliche Schäden oder Aktivitätseinschränkungen auf die Teilnahme an öffentlichen, gesellschaftlichen, kulturellen Aufgaben, Angeboten oder Errungenschaften auswirken. Die Dimension der Partizipation behandelt gesellschaftsbezogene Phänomene. Zurück zum Beispiel: Ein Mensch mit versteiften Schultergelenken kann bei der Partizipation in der Arbeitswelt (p40200) eingeschränkt sein, indem er Tätigkeiten, welche einen großen Aktionsradius der Arme verlangen, nicht mehr ausführen kann. Das führt zur Frage, ob die Partizipation im Bereich der Arbeitswelt mit dem Einsatz von Hilfsmitteln oder durch Anpassungen des Arbeitsablaufes verbessert werden kann. Die ICIDH-2 erweist sich als Werkzeug für die Rehabilitationsplanung. … Die Partizipation oder deren Einschränkung ist stark von gesellschaftlichen Normen und Umweltfaktoren abhängig … Menschen, von denen bekannt ist, dass ihr Serum HIV-positiv ist, können ebenfalls, je nach gesellschaftlichen Normen und Vorurteilen (Kontextfaktor), in der Partizipation in den verschiedensten öffentlichen und gesellschaftlichen Bereichen eingeschränkt werden, obschon sie weder einen Schaden noch eine Aktivitätsstörung aufweisen und keinerlei beobachtbare gesundheitliche

Störungen vorliegen. Diese Beispiele zeigen einerseits, dass die verschiedenen Ebenen nicht kausal verkettet sind und gesondert beurteilt werden müssen. Andererseits weisen die Beispiele auch auf den bedeutenden Einfluss von Umweltfaktoren beim Prozess der Behinderung hin.“ (Heinz ebd.)[9]

4. Als vierte Dimension können physikalische und gesellschaftliche *Kontextbedingungen* einen bedeutsamen Einfluss auf die Partizipation ausüben. Sie können Partizipation fördern, herstellen und sichern, aber auch einschränken und aufheben. Gemeint sind Lebensumstände, Lebenshintergrund und die Umweltfaktoren, mit denen der Mensch interagiert. Hier wieder Beispiele von Schuntermann (ebd.): „(1) In Kanada ist es gesetzlich nicht erlaubt, dass eine Person, die ein Auge verloren hat (also nur noch mit einem Auge sehen kann), Auto fährt. Ihr Führerschein wird eingezogen. Ein Angestellter sei auf die Benutzung seines Autos angewiesen, um zu seinem Arbeitsplatz zu kommen. Bei einem Unfall verliert er ein Auge. Da er nunmehr seinen Arbeitsplatz nicht mehr erreichen kann, verliert er ihn. Die Desintegration aus dem Lebensbereich Erwerbsleben ist weder durch den Verlust des Auges (Schädigung) noch auf eine Minderung der Leistungsfähigkeit in seinem Beruf, da er auch mit einem Auge alle Tätigkeiten an seinem Arbeitsplatz hätte ausführen können, noch auf eine wesentliche Einschränkung seiner Fahrfähigkeit (in anderen Ländern dürfen Personen mit dieser Schädigung Auto fahren) zurückzuführen, sondern ausschließlich auf die genannte Rechtsvorschrift (Umweltfaktor). (2) Eine Person mit einer schweren Rückenmarksverletzung konnte in ihrem Amt bleiben und ihren Aufgabenbereich sogar noch erheblich erweitern, weil ihr Wirken als unverzichtbar angesehen und ihr deshalb alle erdenkliche Unterstützung gewährt wurde.“ Es wird deutlich, dass *Partizipation* an den sozialen Lebensbereichen als *Wechselwirkung zwischen Gesundheitsstatus* (physische und geistig/seelische Verfassung, Funktions-, Struktur- und Aktivitätsstatus) *und Kontextfaktoren (Umweltfaktoren)* anzusehen ist. Heinz (ebd.) stellt fest: „So können auch Normen der Sozialgesetzgebung die Partizipation positiv oder negativ beeinflussen. Beispielsweise kann ein Saisonnier (ausländischer Saisonarbeiter, d. Verf.) mit bleibenden Unfallfolgen einzig und allein deshalb nicht einer neuen, behinderungsgerechten Arbeit zugeführt werden, weil fremdenpolizeiliche Verordnungen (e20600) ei-

9 Schuntermann (ebd.) gibt folgendes Beispiel für den Zusammenhang der drei Dimensionen: „Eine Person mit einer ausgeprägten Lernstörung (Aspekt 1) wird in einer Testsituation, bei der komplexere Aktivitäten verlangt werden, welche die Anwendung gelernten Wissens erfordern (Aspekt 2), erhebliche Schwierigkeiten haben. Darüber hinaus wird sie in allen Lebensbereichen, die das Lernen und die Wissensanwendung verlangen wie z. B. im Bildungs-/Ausbildungsbereich oder beim Informationsaustausch (Aspekt 3), beeinträchtigt sein, es sei denn, ihr stehen Hilfen (z. B. persönliche Assistenz) zur Verfügung, die diese Beeinträchtigung mildern.“

nen Berufswechsel verbieten, selbst wenn weder der Schaden noch seine Einschränkung von Aktivitäten eine erfolgreiche berufliche Rehabilitation behindern würden."

Die ICIDH-2 bietet ein hilfreiches Instrumentarium gerade auch für klinisch-sozialarbeiterische bzw. psycho-soziale Rehabilitation. Hier wird auch deutlich, dass ein Klassifikationssystem, das belastete und diskriminierende Begriffe (handicap, disability – ganz zu schweigen vom deutschen Gebrauch des Begriffs Invalidität) ersetzt durch positive Faktoren, mit denen neue, gesundheitsfördernde Fähigkeiten aufgebaut werden können, gegen Stigmatisierung wirken kann. Mühlum & Gödecker-Geenen (2003, 16f.) betonen, dass sich durch die jüngsten Weiterentwicklungen durch die WHO, die *International Classification of Functioning, Disability and Health (ICF)* die Neuausrichtung noch weiter verschiebt: „Der Fokus verschiebt sich von der Fähigkeitsstörung zur Aktivität und von der Beeinträchtigung oder Benachteiligung zur sozialen Teilhabe. Außerdem werden Kontextfaktoren und der Lebenshintergrund der Betroffenen mit einbezogen, die für die Entstehung gesundheitlicher Probleme bedeutsam sind." Orientiert an der ICIDH-2 Terminologie hat das Hochrhein-Institut ein Modell entwickelt, das die Zusammenhänge der Rehabilitation beschreibt und in dem „der Rehabilitation – und zwar auch der medizinischen Rehabilitation – im Kern eine soziale Zielrichtung zugeschrieben" wird (Gerdes & Weis 2000, 48, zn. Mühlum & Gödecker-Geenen 2003, 19). Aus diesem System „lassen sich ‚Leitfragen' für die Behindertenarbeit ableiten:

1. Wer wird in welcher Hinsicht behindert und um welche Hindernisse handelt es sich?
2. Wieweit kann umgekehrt der Abbau von – inneren und äußeren – Barrieren zur *Enthinderung* beitragen?
3. Welche Aktivitätspotenziale und Partizipationsmöglichkeiten sind vorhanden?
4. Wie können diese i.S. einer Ressourcenorientierung geweckt und gefördert werden?" (Mühlum & Gödecker-Geenen ebd., 17)

Das Person-in-Environment-System (PIE)

Ein Versuch eines klassifikatorischen Vorgehens in der psycho-sozialen Fallarbeit stellt das person-in-environment System (PIE) dar (vgl. Hahn, 2006, Adler 1998, Hey 2000). Es handelt sich beim PIE um ein bio-psychosoziales Assessmentsystem für die Einzelfallarbeit und -analyse, das erstmals ein Modell für die spezifische Klassifikation in der Sozialarbeit formuliert. Gehrmann & Müller (1993) betonen, dass auch seine bio-psychosoziale Theorieperspektive für die Soziale Arbeit bedeutsam ist. (vgl. auch Northen, 1982). Hier hat die Klinische Sozialarbeit einen engen Bezug zu anderen Disziplinen, wie Klinische Psychologie und Verhaltensmedizin, wo die bio-psycho-soziale Perspektive im Rahmen multifaktorieller Erklärungs- und Behandlungsansätze eine zentrale Rolle spielt (vgl. Hautzinger & Wahl, 1989).

Die Einschätzung der Situation, der Ressourcen und der Probleme des Klienten bildet die Grundlage für die Planung der gesamten Hilfe. Die PIE soll die systematische Identifizierung und Codierung von psycho-sozialen Problemen in der Praxis erlauben – also die Diagnostik und Klassifikation sozialer Funktionsstörungen (Karls & Wandrei, 1994a) –, um darauf basierend eine Systematik sozialarbeiterischer Interventionen zu ermöglichen. Theoretische Grundlage ist das Konstrukt der sozialen Rolle, um Probleme der sozialen Funktionen bzw. der sozialen Probleme der Klienten zu erfassen (Karls & Wandrei, 1992b). Ähnlich wie etablierte Klassifikationssysteme für körperliche und psychische Erkrankungen (DSM-IV und ICD-10) beschränkt sich die PIE-Klassifikation aber auf einen deskriptiven Ansatz und vermeidet ätiologische/genetische Annahmen und theoretische Erklärungsmodelle um so theorieunabhängig wie möglich eine allgemein und schulenunabhängig brauchbare Deskription und Klassifikation zu ermöglichen. Das PIE-Klassifikationssystem von Karls & Wandrei (1994a) enthält vier Faktoren, denen die Ergebnisse des Assessment zugeordnet werden können (vgl. Adler 1998):

Faktor I: Probleme in sozialen Rollen

Der PIE-Faktor I beschreibt die sozialen Funktionen („social functioning") einer Person im Rahmen ihrer sozialen Rollen (z.B. als Ehepartner, Elternteil, Student oder Beamter). Es werden vier Rollentypen unterschieden:

1. *Familiäre Rollen* (bspw. Elternteil, Kind, Geschwister, weitere familiäre Bezugspersonen)
2. *Berufliche Rollen* (bspw. Arbeiter, Student)
3. *Andere interpersonale Rollen* (bspw. sexueller Partner, Freund, Nachbar, Mitglied und andere näher zu beschreibende Rolle).
4. *Rollen in spezifischen Lebenssituationen* (bspw. Verbraucher, stationärer Patient, ambulanter Patient, Prüfungskandidat, Immigrant -legal, Immigrant – ohne Dokumente, Immigrant – als Flüchtling und andere näher zu beschreibende Rolle).

Faktor II: Umgebungs-Probleme im Gemeinwesen

Die Umgebung wird begriffen als Summe aller natürlichen (physikalischen) und durch Menschen (sozial) geschaffenen Umstände außerhalb der Person. Dieser Faktor enthält Umgebungsprobleme, die sowohl für Erkrankungen oder Probleme in sozialen Rollen als auch für die Entstehung und Aufrechterhaltung psychischer und körperlicher Erkrankungen eine Bedeutung haben können. Er repräsentiert Versorgungs- und soziale Stützsysteme im Gemeinwesen mit unterschiedlich hohem gesellschaftlichen Strukturierungsgrad und erfasst Probleme im Zusammenhang mit der Umwelt und in

Systemen des Gemeinwesens und sozialen Netzwerken. Da die soziale Umwelt auch Versorgungs-, Behandlungs- und Therapieressourcen zur Verfügung stellt, sind die hier unterschiedenen Umweltsysteme für das Assessment insbesondere auch im Rahmen des klinisch-sozialarbeiterischen Fallmanagement und der Begleitung von besonderer Bedeutung. Dieser Faktor verbindet die Analyse einer einzelnen Person mit ökologisch orientierten Ansätzen innerhalb der Sozialarbeit und Sozialpädagogik und mit Theorien Sozialer Netzwerke. Karls & Wandrei (1994a) treffen folgende Unterscheidungen von Umweltsystemen:

- *Das System der ökonomischen und basalen Bedürfnisse* mit den Versorgungsbereichen Ernährung, Unterkunft und Beschäftigung, Probleme bei den ökonomischen Ressourcen, im Transportsystem und die Diskriminierung bezüglich ökonomischer und basaler Bedürfnisse.
- *Das Erziehungs- und Bildungssystem* bezieht sich auf Ressourcen in Erziehung und Bildung sowie auf Diskriminierungen im Erziehungs- und Bildungssystem.
- *Das Juristische System* erfasst Rechtsprechung und Soziale Sicherheit sowie Diskriminierung in diesem System.
- *Das System Gesundheit, Sicherheit und Soziale Dienste* mit den Bereichen Gesundheit und psychische Gesundheit, Sicherheit und Soziale Dienste sowie Diskriminierung in diesen Bereichen.
- *Das System freiwilliger Zusammenschlüsse* erfasst Religion und Gemeindegruppierungen und etwaige Diskriminierung.
- *Das System der affektiven Unterstützung* erfasst sozial-emotionale bzw. affektive Unterstützung und Diskriminierung in diesem Bereich. Affektive Unterstützung findet teilweise in der Familie, teilweise in sozialen Netzwerken statt, deren Funktionsfähigkeit wiederum von sozialer Funktionsfähigkeit bei der Rollenausübung durch eine Person abhängig ist. „Goodmann, Sewell, Cooley & Leavitt (1993) messen auf zwei von vier Skalen einer Rollenfunktionsskala die Funktionsweisen in unmittelbaren und erweiterten sozialen Netzen. Hier schließen sich die sozialen Funktionen in Rollen (PIE-Faktor I) an die Ebene der persönlichen sozialen Netzwerke (PIE-Faktor II) an." (Adler 1998)

Faktor III: Psychische Probleme und Verhaltensauffälligkeiten

Dieser Faktor repräsentiert die Klassifikation psychischer Probleme und Erkrankungen durch das DSM-IV[10], in dem psychische Erkrankungen, Entwicklungsrückstände und Verhaltensauffälligkeiten von Klienten (Kindern, Jugendlichen und Erwachsenen) erfasst werden. In Deutschland ist in der Berufspraxis in der Regel das Klassifikationssystem der WHO, das ICD-10 (s. o.) gebräuchlich. Beide Systeme haben sich weitgehend angenä-

---

10 DSM-IV: Diagnostic and Statistical Manual of Mental Disorders – Klassifikationssystem der American Psychiatric Association (APA)

hert, wenngleich auch einige Unterschiede bestehen, auf die hier aber nicht eingegangen werden kann. Im DSM IV werden folgende Störungsgruppen unterschieden:

- Störungen, die gewöhnlich zuerst im Kleinkindalter, in der Kindheit oder Adoleszenz diagnostiziert werden.
- Delir, Demenz, Amnestische und andere Kognitive Störungen.
- Psychische Störungen aufgrund eines Medizinischen Krankheitsfaktors.
- Störungen im Zusammenhang mit psychotropen Substanzen.
- Schizophrenie und andere psychotische Störungen.
- Affektive Störungen.
- Angststörungen.
- Somatoforme Störungen.
- Vorgetäuschte Störungen.
- Dissoziative Störungen.
- Sexuelle und Geschlechtsidentitätsstörungen.
- Essstörungen.
- Schlafstörungen.
- Störungen der Impulskontrolle.
- Anpassungsstörungen.
- Persönlichkeitsstörungen.
- Andere klinisch relevante Probleme.

Insbesondere in der Klinischen Sozialarbeit liegen in vielen Fällen auch schwere psychische Störungen und Verhaltensauffälligkeiten vor, die parallel zu den Faktoren I und II gesondert erfasst werden müssen bzw. durch psychologische oder ärztliche/psychiatrische Diagnostik festgestellt sind. Dies bedarf dann auch in der klinisch-sozialarbeiterischen Intervention der spezifischen Berücksichtigung (vgl. z.B. Brandell 1997, Cooper & Granucci Lesser 2002, Fegert 1995, Maguire 2002, Raffoul & McNeece 1996, Rauchfleisch 2001).

Faktor IV: Körperliche Erkrankungen

Dieser Faktor repräsentiert die körperlichen Erkrankungen, die im ICD-10 (WHO) beschrieben sind. Die Berücksichtigung körperlicher Erkrankungen ist in der Klinischen Sozialarbeit von Bedeutung, auch wenn deren Feststellung und primäre Behandlung natürlich der Medizin obliegt. Doch gerade im Bereich chronischer psychischer und körperlicher Erkrankungen wird die soziale Mitbehandlung, aber auch die soziale und psycho-soziale Mitbedingtheit neu gewichtet (vgl. Rutz a.a.O.; World Health Report der WHO 2001). Der klinisch orientierte Ansatz der Verhaltensmedizin (Miltner, Birbaumer & Gerber, 1986; Wahl & Hautzinger, 1989) betont neben rein organischen Faktoren somatischer Erkrankung insbesondere Verhaltensaspekte von Patienten, die auch bei der Behandlung zu berücksichtigen sind.

Die Faktoren I, III und IV beziehen sich also auf die Person und ihre sozialen, psychischen und somatischen Funktionen beziehungsweise deren Probleme, Defizite oder Erkrankungen, während der Faktor II die Umstände außerhalb der Person und Probleme im Gemeinwesen beinhaltet. In aller Regel treffen wir bei dem klinisch-sozialarbeiterischen „Multiproblem-Klientel" auf Probleme bei mehreren Faktoren, also z. B. in sozialen Rollen, mit der Umgebung, in Verbindung mit psychischen Belastungen und Auffälligkeiten und nicht selten auch somatischen Erkrankungen. Nun wird der Klinische Sozialarbeiter nicht somatisch bzw. medizinisch behandeln, aber er muss über wesentliche Krankheitsaspekte seiner Klienten Bescheid wissen. Es lässt sich keine Beratung oder Soziale Therapie betreiben, ohne auf psychische Belastungen, Krisen, emotionale und Verhaltensstörungen einzugehen. Zu entscheiden ist in jedem Einzelfall auf der Basis der fallspezifischen Diagnostik, zu welchem der ersten drei Faktoren welche psychosoziale bzw. klinisch sozialarbeiterische Intervention angezeigt ist oder ob auf einer, zwei oder drei Ebenen in welcher Form interveniert werden sollte.

4.2.8 Befund und Diagnose im Rahmen des „Contracting"

Wie kann man einen Menschen mit seiner Lebenssituation in das Korsett einer „Diagnose" – gar einer diagnostischen Klassifikation – zwängen? Kann man ihm damit je gerecht werden? Endet ein solcher Versuch nicht zwangsläufig in einer Etikettierung, die vielleicht den Interessen der Umwelt, z. B. der Sozialversicherung oder dem Sozialamt entspricht, aber nicht der Komplexität seiner individuellen Lebenssituation? Andererseits benötigt auch die Klinische Sozialarbeit Instrumente zur zielorientierten Planung von angemessenen Interventionen und zur Erfolgsbeurteilung, insbesondere in der Rehabilitation oder in den Kontexten von Sozialpsychiatrie und Jugendhilfe. Nicht außer Acht gelassen werden darf dabei aber der Kontext, der Auftraggeber und die Zielrichtung sozialdiagnostischer Tätigkeit. Nach Mitzlaff (zn. Schwendter 2000, 180 f.) ist u. a. immer zu fragen: – wer feststellt, – mit welcher Institution in welchen Zusammenhängen, – wer die erforderlichen Maßnahmen beurteilt und legitimiert.

Der Formulierung einer psycho-sozialen Diagnose geht immer das Auswerten und Ordnen der Daten und die *Befunderstellung* auf der Basis einer mehrdimensionalen Problem- und Bedingungsanalyse voraus: wie hängen die verschiedenen problem- bzw. störungsrelevanten Sachverhalte auf verschiedenen Ebenen zusammen (Person, Situation und Ereignis, interpersonale Beziehungen und soziale Integration, System und Kontext); wie sind sie entstanden, wie und wodurch werden sie aufrecht erhalten? Es geht um die typischen Weisen des Erlebens und Verhaltens der Klienten, ihre charakteristischen sozialen Bezüge sowie ihre typischen Formen der Auseinan-

Beispiel für die individuelle Bestimmung von grundsätzlichen Interventionsmöglichkeiten (in Klammern) auf der Basis diagnostischer Befunde in einem konkreten Einzelfall anhand der „Koordinaten psycho-sozialer Intervention“ (Pauls & Hüttinger, 2003)

Stressoren, Belastungen, Defizite

Umgebung

- niedriger sozioökonomischer Status Arbeitslosigkeit – Unterstützung bei Arbeitsfindung der Eltern
- schlechte Schulbildung/Ausbildung der Eltern (ungelernt) – Qualifizierungsmaßnahme, Kooperation mit Arbeitsamt
- atypische familiäre Situation (Scheidungsfamilie)
- chronische Disharmonie/Beziehungspathologie – Partnerberatung
- inkonsistente Erziehung – Erziehungsberatung
- ungenügende familiäre Unterstützung - Familienberatung
- mangelnde Schulleistungen, soziale Zurückweisung und Ablehnung im Klassenverband – Schule- und Lernförderung, Fördergruppe
- keine bzw. problematische Peers – Unterstützung bei Integration in Schule und Nachbarschaft, aufsuchende Arbeit

Person

- Diabetes mellitus – ärztliche Behandlung und Compliance sichern
- Enuresis - Spieltherapie
- Störungen des Sozialverhaltens: Stehlen häufiges Lügen – Spieltherapie, Familienarbeit, Lehrerberatung – aufsuchend in der Schule
- Probleme durch negative Kindheitserlebnisse: Abbruch von Beziehungen, Anpassung an neue Bezugspersonen, persönlich ängstigende Erlebnisse – Spieltherapie, Lehrerberatung
- Ereignisse in der Kindheit, die den Verlust des Selbstwertgefühls zur Folge haben – Spieltherapie, Schul- und Lernförderung, Förderung der sozialen Integration. Fördergruppe

Sabrina, 11 Jahre, 6. Klasse Hauptschule
Mutter zum dritten Mal verheiratet,
Stiefvater
ein Bruder (13J.), eine Schwester (15J.)
Family Map & Öko-Map

Umgebung

- Situativ kontrollierende Erziehung (d.h. situationsabhängig waren Mutter und Stiefvater in der Lage, angemessene Kontrolle auszuüben) – Aufgreifen im Rahmen der Erziehungs- und Partnerberatung
- lose Bindung an Gleichaltrigengruppe (Besuch eines Freizeitheimes) – Integration fördern, aufsuchende Arbeit
- prosoziale Erfahrung der Selbstwirksamkeit (Kontakt und sporadische Hilfemöglichkeiten bei einem behinderten Kind im Freizeitheim) – Unterstützung bei sozialem Engagement

Person

- überdurchschnittliche Intelligenz - Anknüpfung bei Schul- und Lernförderung
- robustes, aktives, kontaktfreudiges Temperament – Förderung in Peergruppe
- ausreichende Selbstwirksamkeitsüberzeugung – Anknüpfung bei Schul- und Lernförderung und Förderung sozialer Integration
- Reflexionsfähigkeit – Ansatz in Spieltherapie
- Fähigkeit zur Verbalisierung von Bedürfnissen – Anknüpfung beim Training sozialer Kompetenzen

Stärken und Ressourcen

dersetzung mit dem zu beurteilenden Problem. Bei einer gutachterlichen Stellungnahme ist es sinnvoll, eine Gliederung des Befundes in einzelne Themenbereiche, z.B. Geschichte der Herkunftsfamilie, Kindheit, Jugend, Arbeit und Leistung, soziale Beziehungen/Unterstützung/Integration, ökonomische Situation etc. vorzunehmen. Grundsätzlich wird empfohlen, das Schema der „Koordinaten psycho-sozialer Diagnostik und Intervention“ zu benutzen und für den Klienten inhaltlich zu füllen, wie es in folgendem Beispiel kurz veranschaulicht wird.

Das Amt für Jugend und Familie beauftragte die Klinische Sozialarbeiterin, eine psycho-soziale Diagnose für die elfjährige Sabrina[11] *und eine Empfehlung für eine geeignete klinisch sozialarbeiterische Maßnahme zur Unterstützung des Mädchens und der Familie zu erstellen. Anlass für den Auftrag waren massive Verhaltensauffälligkeiten, wie häufiges Stehlen zu Hause und in der Schule, Einnässen tagsüber und nachts, unkontrollierte Wutausbrüche, sehr schlechte Leistungen und inakzeptable Arbeitshaltung in der Schule. Die Lehrerin des Mädchens hatte sich an das Amt für Jugend und Familie gewandt, da ihre Gespräche mit den Eltern keine Veränderung bewirkt hatten und Sabrina aufgrund ihres Uringeruchs und der häufigen Diebstähle in der Klassengemeinschaft nicht mehr tragbar war. Im Rahmen der diagnostischen Sitzungen wurde anhand von Fragebögen (Anamnese-, Eltern-, Lehrerfragebogen), Einschätzskalen, projektiven Tests, Leistungstest und Spiel- und Verhaltensbeobachtung ein Befund erstellt und supervisorisch evaluiert. Im Rahmen der psycho-sozialen Diagnostik von Sabrina und der grundsätzlichen Interventionsplanung wurde der Befund mittels der „Koordinaten psycho-sozialer Diagnostik und Intervention" dargestellt (vereinfacht und schematisiert).*

Der Weg vom Befund zur psycho-sozialen Diagnose im engeren Sinne wird von Priller (1996, 253 f.) beschrieben: „Aus den vielen Ergebnissen des Befundes werden abstrahierend neue Erkenntnisse gewonnen. Es wird versucht, *Erklärungen* zu finden, wobei als Basis das Fachwissen über Theorien aus unterschiedlichen Disziplinen angewandt wird. … Es geht zusätzlich (nach Arndt/Oberloskamp) um Erklärungen, wie sie vor allem psychologische und medizinische Sachverständige sehen, z. B. Defizite in der Sozialisation; neurotische Entwicklungsstörungen; psychische und intellektuelle Retardierung; Störungen der Persönlichkeitsentwicklung; Einfluss von Erbfaktoren; Phobie, Vorliegen organischer Besonderheiten, Schizophrenie usw." Bei der „eigentlichen" psycho-sozialen Diagnose soll auf Basis fundierter Antworten auf die Frage „Was ist der Fall?", die im Befund zusammengefasst werden, auch eine praxistaugliche Antwort gegeben werden auf die Frage „Was ist zu tun?" Das heißt, eine psycho-soziale Diagnose sollte immer für die Veränderungsarbeit geeignet sein und die Reziprozität, Vernetztheit und Komplexität sozialer Problematiken reflektieren. Die Formulierung einer handlungsrelevanten psycho-sozialen Diagnose besteht in der knappen Benennung von Defiziten, Traumatisierungen, Verlusten, Konflikten, psycho- und soziosomatischen Aspekten, dem Ausmaß belastender Lebensereignisse, Ressourcen, dem Ausmaß der psychischen bzw. psycho-sozialen Funktionsfähigkeit, gegebenenfalls auch nach ICD-10 oder DSM-IV[12]. Eine klassifikatorische Diagnose gehört in vielen Bereichen nicht zur Aufgabenstellung Klinischer Sozialarbeit, kann aber durchaus auch gefordert sein.

---

11 Name geändert.

12 DSM-IV: Diagnostic and Statistical Manual of Mental Disorders – Klassifikationssystem der American Psychiatric Association (APA)

Nächster Bestandteil der Diagnose ist die Interventionsplanung und Prognose. Voraussetzung dafür ist die Entwicklung von realistischen Veränderungs- bzw. Entwicklungszielen und einer darauf bezogenen Interventionsstrategie, möglichst gemeinsam mit dem/den Klienten. Ein Teil davon gehört zur Aufgabe einer expliziten Formulierung eines Behandlungskontraktes, unter Beachtung der Zeitskala (welche Maßnahmen müssen für unmittelbare Veränderungen ergriffen werden, z.B. bei zugespitzten Krisen) sowie der individuellen Ressourcen. Welche Zielsetzungen sind auf welchen Ebenen der Intervention anzustreben? Wozu ist der Klient-in-seiner-Situation bereit und in der Lage? Welche Interventionsformen sollen/können in welchem Setting durchgeführt werden? Infrage kommen Einzelberatung, Arbeit mit Bezugspersonen, aufsuchende Hilfen, Koordination mit anderen Diensten, Einrichtungen, Bezugspersonen oder Bezugsgruppen, Sozialtherapie, Paar-, Familien- oder Gruppentherapie, Motivierungs-, Einsichts- und/oder Handlungsförderung, person- u. familienbezogene Bewältigungshilfen (*coping*), Interventionen im Feld (z.B. Schule, Arbeitsplatz, Nachbarschaft). Welche Aussichten bestehen für die Erreichung welcher Ziele? Die Zielformulierung und kooperative Kontrakterarbeitung ist wegen der notwendigen aktiven Mitwirkung der Klienten in der Klinischen Sozialarbeit ein zentraler Punkt. Deshalb ist dieser Thematik das folgende Kapitel explizit gewidmet (s.u.).

- spezifische Ziele für die gemeinsame Arbeit,
- ein Konzept für die Arbeitsschritte bzw. einen Veränderungsplan,
- eine Vereinbarung mit dem Klienten über die Art der Zielerreichungskontrolle.
- Zentrales Prinzip ist die maximal mögliche Einbeziehung des Klienten:
- Wie erlebt der Klient sein(e) Problem(e)?
- Was will er verändern?
- Welche Art von Hilfe sucht er?
- Aber auch: Welche Art von Hilfe braucht er (unabhängig davon, ob dies in der Selbstwahrnehmung des Klienten repräsentiert ist)?

Die Vereinbarung eines tragfähigen Beratungs- bzw. Behandlungskontraktes setzt – wie in den vorhergehenden Kapiteln dargestellt – diagnostische Abklärungen und Entscheidungen voraus. Wenn Klienten von sich aus weder Veränderung noch Hilfe suchen, ist die Klinische Sozialarbeiterin oft vor die Aufgabe gestellt, einen Kontakt und einen Veränderungswunsch zu *provozieren,* um überhaupt eine Basis für die Vereinbarung eines Kontraktes zu schaffen. Dies tritt häufig auf in Behandlungsinstitutionen für Kinder und Jugendliche, in beschützenden Einrichtungen, in psychiatrischen Kliniken und Institutionen für geistig behinderte und retardierte Menschen. Es ist ebenfalls eine häufige Erfahrung mit schwer zu motivierenden Familien („hard-to-reach families"), die immer wieder verschiedenartige Probleme präsentieren, z.B. in der Schule oder bei der Polizei. Wie weit ein Klinischer Sozialarbeiter gehen soll in seinen aufsuchenden und Kontakt provozierenden Bemühungen ist ein vielschichtiges Problem, denn die Frage impliziert ethische, störungs- und beziehungstheoretische und methodische Gesichtspunkte. Die ethische Entscheidung steht in einem Bezug zum Recht des Klienten auf seinen eigenen individuellen Lebensstil. Dennoch sind proaktive und nachgehend-aufsuchende Bemühungen oft insofern gerechtfertigt, als sie weiterreichende Möglichkeiten der Hilfe und Chancen eröffnen, die ein Klient ansonsten gar nicht in Betracht ziehen könnte. Allerdings darf darüber dann eben nicht die explizite Besprechung der möglichen, notwendigen und gewünschten Ziele und Vorgehensweisen, einschließlich der damit verbundenen Verpflichtungen seitens der Helfer und der Klienten, vernachlässigt werden. Hierzu gehört auch die ausdrückliche Regelung von Schweigepflicht und Schweigepflichtentbindungen.

Cournoyer (1996, 247 ff.) stellt für das „Contracting" notwendige Fertigkeiten ausführlich dar (seinen Ausführungen wird hier nun weitgehend gefolgt). Er geht von folgenden Schritten aus:

- Reflexion des Problems aus der Sicht des Klienten;
- Mitteilung der Sicht der Problematik von Seiten der Fachkraft;
- Spezifizierung der Probleme für die Veränderungsarbeit;
- Erarbeitung von Zielen;
- Entwicklung eines Arbeits- bzw. Interventions-/ Behandlungsplanes;
- Festlegung von Handlungsschritten;
- Planung der Evaluation der Zielerreichung;
- Zusammenfassung des Kontraktes.

(1) *Reflexion des Problems aus der Sicht des Klienten*

Die Reflexion von Problemen aus der Sicht der Klienten ist eine Basisfertigkeit der Gesprächsführung. Kommuniziert wird, dass man ihn/sie und sein/ihr Anliegen ernst nimmt und versteht. Es ist somit eine Form des aktiven Zuhörens. Als Grundformat wird eine entsprechende Intervention empfohlen: *„Aus Ihrer Sicht ist eines der Probleme, die Sie in unserer Zusammenarbeit angehen wollen __________________.“*

(2) *Mitteilung der Sicht der Problematik von Seiten der Fachkraft*

Neben der Sicht des Klienten ist es gut möglich, dass – *basierend auf den differenzierten diagnostischen Abklärungen zur „Person-in-der-Situation“* – die Fachkraft Problembereiche identifiziert, die der Klient selbst *nicht* formuliert. Manchmal ist es wichtig, dass sie sogar eine primäre Verantwortung für die Problem- und Zieldefinition übernehmen muss, z.B. wenn es sich um eine lebensbedrohliche Situation handelt (bei Suizidalität, psychotischen Anzeichen, schwerer Intoxikation) oder wenn Klienten unfreiwillig da sind (z.B. bei gerichtlichen Auflagen, Konfrontation mit Kindesmissbrauch). Aber auch wenn die Situation weder lebensbedrohlich noch unfreiwillig ist, ist es legitim und wichtig, ggf. die eigene Sicht der Problematik zu formulieren, die ja auch in der professionellen Kenntnis von Zusammenhängen und Ursachen gründet. Ist beispielsweise ein Klient häufig müde, hat er Schwierigkeiten ein- oder auch durchzuschlafen, leidet er unter Appetitverlust, verliert er das Interesse an eigentlich erfreulichen Aktivitäten und reduziert er sein soziales Engagement, würde die klinische Fachkraft wohl Fragen einbringen, ob der Klient evtl. einen Verlust betrauert, körperlich krank ist oder möglicherweise klinisch depressiv. Das vorgeschlagene Format lautet: *„Als wir über Sie und Ihre Situation gesprochen haben, habe ich mich gefragt, ob evtl. ________________________. Was denken Sie? Ist das ein Problem, dass wir ebenfalls beachten sollten?"*

(3) *Spezifizierung der Probleme für die Veränderungsarbeit*

Hier handelt es sich um eine weitere grundlegende Komponente des Kontraktes und die erste definitive Indikationsstellung über die die Klinische Sozialarbeiterin und der Klient eine ausgehandelte *Übereinkunft* treffen. Die spezifizierten Probleme werden entwickelt aus den Problemangaben des Klienten, denjenigen der Fachkraft bzw. einem Kompromiss aus beiden. Sie bilden einen Leitfaden für die folgenden Maßnahmen und Aktivitäten. Deshalb sollten die spezifischen Problembeschreibungen klar und konkret formuliert werden. Denn hierauf beruht letztlich der Kontrakt, die Übereinkunft mit dem Klienten, dass diese konkreten Problembereiche den primären Fokus der gemeinsamen Bemühungen ausmachen. Format: *„Ich denke wir stimmen jetzt überein über die Probleme, die wir in unserer Zusammenarbeit angehen wollen. Lassen Sie uns sie nochmals anschauen und ich werde sie aufschreiben, so dass wir auch später darauf zurückkommen können.*

- An erster Stelle gibt es das Problem ____________________________,
- zweitens das Problem ____________________________________,
- Drittens das Problem_______________________________________.

Erscheint Ihnen das als korrekte Zusammenstellung der Probleme, um die es geht?"

(4) *Erarbeitung von Zielen*

Die Bestimmung von persönlich bedeutsamen Zielen stimuliert die Motivation des Klienten für die Intervention, seine Selbstverantwortung und Mitarbeit. Wenn die Ziele in alltagsrelevanten Begriffen erarbeitet werden, bieten sie eine gewisse Gewähr für erfolgreichen Transfer therapeutischer Effekte in das Alltagsleben. Die Erarbeitung von persönlich relevanten Zielen bildet den Bezugspunkt für den Entwurf von speziellen Vorgehensweisen. Dieser Prozess beeinflusst den Beziehungsaufbau in der Regel positiv, da dem Klienten Transparenz, Partizipation und Wertschätzung signalisiert werden. Bereits die Übereinkunft über spezifisch zu bearbeitende Problembereiche ist ein Teil des Prozesses, Ziele zu entwickeln.

Egen (1982, 212ff.) charakterisiert effektive Zielformulierungen folgendermaßen:

- Ziele sollten in Form von positiven Fertigkeiten formuliert und in klaren und spezifischen Begriffen definiert werden; z.B. *Gewicht loswerden* ist ein vager Prozess, ein *Gewicht von 70 Kilogramm erreichen und dieses Gewicht über sechs Monate hinweg aufrechterhalten* ist eine positive Definition, die zugleich klar und spezifisch ist.
- Ziele sollten mit überprüfbaren Begriffen versehen werden, so dass die Kriterien für Erfolg und Misserfolg sowohl vom Klinischen Sozialarbeiter als auch vom Klienten verstanden werden. *Sich besser fühlen* ist in dieser Hinsicht zu unklar, *sich besser fühlen im Sinne von mindestens 7 Stunden pro Nacht durchschlafen an mindesten 5 Nächten pro Woche, drei Mahlzeiten pro Tag einnehmen und in der Zielerreichungsanalyse einen um 50% besseren Wert erreichen,* ist dagegen überprüfbar.

Cournoyer (ebd. 258f.) unterteilt den Prozess der Zielformulierung in drei Unterschritte:

- Ermutigung zur Zielformulierung. „In spezifischen Begriffen: wie oder wodurch oder woran werden Sie erkennen, wenn das Problem ____________________ wirklich gelöst ist?" Oder „Was würde Ihnen zeigen, dass das Problem ____________________ wirklich eine Sache der Vergangenheit ist?"
- Reflexion eines Zieles. „In Ihrer Sicht ist ein Ziel unserer Arbeit ____________________."
- Mitteilen der eigenen Sichtweise des Zieles. „Ich frage mich, würde es für Sie Sinn machen als ein Ziel unserer Arbeit ____________________ zu bezeichnen?"

Wichtig ist die *Unterscheidung von personbezogenen und situationsbezogenen Zielen.* In der Klinischen Sozialarbeit haben wir es häufig mit Zielen aus beiden Bereichen zu tun und können uns nicht auf eine Kategorie beschränken. Beispielsweise ist es für einen alkoholgefährdeten Langzeitarbeitslosen im Rahmen einer beruflichen Rehabilitationsmaßnahme wichtig, personbezogene Beratungsgespräche zu erhalten *und* aktive Unterstützung bei der Vermittlung einer Praktikumstelle bzw. eines neuen Arbeitsplatzes einschließlich Qualifizierungshilfe. Diese Aspekte werden auch unter Punkt (6) Entwicklung konkreter Handlungsschritte und Unterziele zentral. Viele Zielsetzungen der Fachkraft, die *personbezogene Fortschritte* betreffen (wie z.B. Einsicht, Entlastung, diskriminatives Lernen, Bedeutungen unterscheiden etc.), ergeben sich *zunächst innerhalb* der Beratungssitzungen und sind erst mittelbar hilfreich für Veränderungen in der konkreten Lebenssituation des Klienten und/oder in seinem dortigen Erleben und Verhalten, was dann im Rahmen der Evaluation des Maßnahmeerfolges bewertet wird.

(5) *Entwicklung eines Arbeits- bzw. Interventionsplans*

Wenn Ziele konkretisiert sind, geht es um die Aktivierung des Klienten im Hinblick auf einen Weg, sie tatsächlich zu erreichen. Dazu müssen Fachkraft und Klient besprechen, wer einbezogen wird und wer oder was Ansatzpunkte für die Veränderung sein sollen. Auch muss dazu besprochen werden, inwiefern evtl. andere Personen durch die Aktivitäten mitbetroffen sein könnten bzw. sein werden. Cournoyer (ebd., 266) zeigt die vielfältigen Aspekte eines solchen expliziten Behandlungsplanes anhand des Beispiels einer Mutter mit einem achtjährigen aggressiv verhaltensauffälligen Jungen. In dem mit Mutter und Sohn zu vereinbarenden Behandlungsplan sollte enthalten sein:

- Wer wird sich mit der Fachkraft in welchem Kontext treffen?
- Werden es Mutter und Sohn gemeinsam sein? – Die Mutter separat, der Sohn separat?
- Abwechselnd?
- Einzelkontakte oder Gruppenkontakte (bspw. Kind mit anderen Jungen, Mutter mit anderen Müttern)?
- Welche Rollen und Funktionen wird die Fachkraft einnehmen? Advokat, Mediator, Erzieher, Berater, Therapeut?
- Mit welcher Methode soll gearbeitet werden? Soll die Fachkraft z.B. als Berater helfen, so ist zu entscheiden, ob familiensystemisch gearbeitet wird, aufgabenorientiert, erlebens- und erfahrungsorientiert, verhaltensmodifikatorisch oder in Form einer Integration verschiedener Perspektiven.
- Wie werden die Veränderungsbemühungen in die Alltagswelt integriert?
- Wie rasch soll gearbeitet werden? – Welche Frequenz der Treffen, wie lang sollen sie sein, welcher Zeitraum wird insgesamt vereinbart und wie viele Treffen/Sitzungen insgesamt?
- Wie direktiv und leitend soll die Fachkraft sein, in welchem Ausmaß kann und soll Initiative den Klienten überlassen bleiben?
- Wo sollen Treffen und Gespräche stattfinden?
- Welche Hindernisse treten möglicherweise auf, die von vornherein in Betracht gezogen werden sollten?[13]

---

13 Beispiel eines ausformulierten Arbeitsplanes: „Wir, Carola Johnson und Susanne Holder stimmen zu, uns in den nächsten acht Wochen einmal wöchentlich für eine Stunde zur Beratung zu treffen. Unsere Absicht ist es, die oben formulierten Ziele zu erreichen. Wir wollen uns bemühen diese Probleme gemeinsam zu lösen, indem jede von uns Ideen und Vorschläge beiträgt und jede Schritte zur Erreichung der Ziele tut. Manche Treffen finden in der Beratungsstelle statt, manche zu Hause bei Frau Johnson. Wenn Frau Johnson zustimmt, werden wir ihren Ehemann für ein oder zwei Gespräche hinzubitten. Während der achtwöchigen Frist werden wir Anzahl und Ausmaß der Fortschritte in Richtung der Ziele abklären. Am Ende dieser Zeit werden wir entscheiden, ob wir unsere Zusammenarbeit abschließen, oder jemand anderen kontaktieren oder zu jemand anderem wechseln, oder ob wir die Arbeit gemeinsam fortsetzen." (Cournoyer ebd., 267, Übersetzung durch den Autor)

(6) *Festlegung von Handlungsschritten*

Die Definition und Vereinbarung von Handlungsschritten erfordert die Entwicklung von untergeordneten Zielen bzw. Zwischenzielen, die konkretes Handeln einschließen. Dabei sind immer personorientierte Ziele und situationsorientierte Ziele zu unterscheiden. Weiterhin ist zu differenzieren zwischen den Aufgaben des Klienten und den Aufgaben der Fachkraft. Klientenaufgaben sind Handlungsschritte, die Klienten in den Zwischenzeiten zwischen den Treffen bzw. Sitzungen und innerhalb der Beratungsgespräche ausführen müssen. Berateraufgaben bestehen in den Handlungen und Aktivitäten, die der Klinische Sozialarbeiter innerhalb der Sitzungen und in den Intervallen dazwischen auszuführen hat. Zur Identifizierung von Ansatzpunkten für konkrete Handlungsschritte schlägt Cournoyer folgende Fragen vor (ebd., 271):

- *Was wird ein Anzeichen dafür sein, dass Sie einen ersten Schritt in Richtung der Zielerreichung in Bezug auf dieses Ziel gemacht haben? Oder: Was wird der allererste Hinweis für Sie sein, dass es in dieser Angelegenheit einen Fortschritt gibt?*

Es geht also darum, die nahe und unmittelbare Zukunft in den Fokus der Aufmerksamkeit des Klienten zu bringen. Möglich ist auch der Einsatz von Vorstellungen oder Imagination einer Situation, in der der Klient erste Fortschritte gemacht hat. Diese Zeichen geben oft wertvolle Hinweise auf spezifische Handlungsschritte die auf dem Weg zur Zielerreichung durchlaufen werden müssen. Wichtig ist die Betonung von konkreten Handlungen. Vorgeschlagene Formate: *„So, der erste (oder der nächste) Schritt, den Sie (oder ich oder wir) tun wollen ist ___________________. Sie (oder ich oder wir) werden diese Aufgabe bis zum ______________ (Eintrag des Datums) erfüllen und darüber bei unserer nächsten Sitzung sprechen."* oder *„Was halten Sie davon, dass Sie (oder ich oder wir) als ersten (nächsten) Schritt auf dem Weg zur Erreichung des Zieles folgendes ___________________ tun?"* (Cournoyer ebd., 272 f.)

(7) *Analyse der Zielerreichung*

(siehe oben Kap. 4.2.6)

(8) *Zusammenfassung des Kontraktes*

Die zusammenfassende Formulierung des Kontraktes beinhaltet eine schlüssige Zusammenstellung aller bedeutsamen Elemente der Behandlungsvereinbarung, die die Fachkraft mit dem Klienten schließt. Sie beinhaltet die zu bearbeitenden Problematiken, die Ziele, die Herangehensweise mit den Aufgaben und Handlungsschritten und die Mittel bzw. Methoden mit welchen die Ergebnisse und Fortschritte evaluiert werden. Es empfiehlt sich, einen solchen Kontrakt schriftlich zu formulieren. Sinnvoll ist oft, ein allgemeines Kontraktformular mit ausfüllbaren Leerzeilen für den individuellen Fall vorzubereiten. Der individuelle Kontrakt repräsentiert dann die grundlegenden Vereinbarungen mit dem Klienten in Bezug auf Probleme, Ziele, Pläne und Aktivitäten. Natürlich muss dies für jede Einrichtung bzw. Aufgabenstellung grundsätzlich angepasst werden.

Eine zusammenfassende Kontraktformulierung kann folgendermaßen aussehen (in Anlehnung an Cournoyer ebd., 285 ff.):

Kontrakt

zwischen ______________________________ und ______________________________.

A. Probleme

1. Klienten-definierte Probleme: ______________________________
2. Berater-definierte Probleme: ______________________________
3. Zu bearbeitende Problematik (Konsens): ______________________________

B. Ergebnisziele

Hier werden die Ergebnisziele festgehalten, die Klient und Fachkraft gemeinsam erarbeitet haben. Idealerweise sind diese Ziele klar und konkret, mit eindeutigen, ggf. messbaren Kriterien formuliert, so dass auch graduelle Fortschritte der Zielerreichung erfasst werden können.

C. Pläne

1. Herangehensweise
Hier werden die vereinbarten konkreten Herangehensweisen festgehalten, z. B. wer involviert sein wird, wann, wo und wie oft Treffen bzw. Interventionen stattfinden, wie lange die Sitzungen und die gesamte Maßnahme sein sollen. Wenn möglich und sinnvoll kann hier auch die theoretische Grundperspektive des Behandlungsmodells, das eingesetzt werden soll, erwähnt werden (z. B. familientherapeutischer Ansatz, Verhaltensmodifikation, Erfahrungsorientierter Ansatz).

2. Die Aufgaben und Handlungsschritte bzw. Aktivitäten des Klienten
Hier werden die Aufgaben und Handlungen bzw. Aktivitäten des/der Klienten aufgeführt, denen er/sie zugestimmt hat/haben um die einvernehmlichen Ziele zu erreichen.

3. Die Aufgaben bzw. Handlungsschritte der Fachkraft
Hier werden die Aufgaben und Handlungen bzw. Aktivitäten beschrieben, die die Fachkraft durchführen wird, um die vereinbarten Ziele erreichen zu helfen.

4. Aufgaben und Vorgehensweisen innerhalb der Beratungsgespräche
Hier werden die gegenseitigen Aktivitäten und Vorgehensweisen formuliert, die Klient und Fachkraft innerhalb der Sitzungen durchführen wollen.

5. Beabsichtigte Vorgehensweisen zur Evaluation
Hier werden die Verfahren, Vorgehensweisen vereinbart und die Beteiligten benannt, die bei der Evaluation der Veränderungen in Richtung der vereinbarten Ziele eingesetzt bzw. hinzugezogen werden.

4.2.9 Zusammenfassung: Psycho-soziale Mehrebenen-Diagnostik im Überblick

Der Ablauf der psycho-sozialen Mehrebenen-Diagnostik ist gegründet im prozesshaften, kooperativen Herausarbeiten und Verstehen der Probleme und Anliegen des Klienten vor dem Hintergrund seiner Entwicklung und seiner Lebenssituation. Jeder diagnostische Schritt hat auch eine beeinflussende Funktion – so wie beratend-therapeutische Interventionen immer auch diagnostische Anteile haben. Es geht nicht nur um das Erfassen der vordergründigen Problematik, sondern darüber hinaus auch darum, „dahinterliegende" Strukturen aufzudecken, wie z.B. Beziehungsmuster, Bewältigungs- und Vermeidungsfunktionen, symbolische Bedeutungen etc. Eine möglichst klare Beschreibung (Deskription) der Symptomatik bzw. Problematik, einschließlich der Einschätzung relevanter Situationsdimensionen, Ereignisstrukturen, Risiko- und Schutzfaktoren, der Schwere von Belastungen und des Ausmaßes und der Struktur von Symptomen, sowohl mittels „subjektiver" als auch „objektiver" Verfahren (und ggf. auch der *Klassifikation* von Störungen) ist ein wichtiger Bestandteil einer wissenschaftlich fundierten Diagnostik in der Klinischen Sozialarbeit. Natürlich gehört immer auch eine gründliche Analyse vorhandener, aktivierbarer oder zu ersetzender bzw. aufzubauender Ressourcen dazu. Zur Verbesserung der Vergleichbarkeit, Objektivität und Effizienz sollte in jedem Arbeitsfeld mit klinisch-sozialarbeiterischen Aufgabenstellungen ein zuverlässiges, gültiges und praktikables Standard-Instrumentarium für die Diagnostik zusammengestellt werden. Ein solches Diagnostik-Paket sollte standardmäßig folgende diagnostische Instrumentarien nutzen:

- Anamnese/Exploration (sinnvoll ist ein Anamneseschema);
- Situationsanalyse;
- Einschätzung von Belastungen und Ressourcen (individuell und umfeldbezogen);
- Netzwerkanalyse, Familiendiagnostik
- Zielerreichungsanalyse;
- personbezogene standardisierte Fragebogen und ggf. Testverfahren;
- Einbeziehung des Umfeldes (Hausbesuche, Bezugspersonen, weitere Helfer und Institutionen).

In der Regel umfasst die Diagnostik sowohl eine Eingangs- und Abschlussdiagnostik, als auch eine Verlaufsdiagnostik, die die Veränderungen und die erreichten Schritte der Zielerreichung mit den angestrebten Zielen vergleicht und den Interventionsprozess mit steuern soll. Die Verlaufsdiagnostik muss die wesentlichen diagnostischen Parameter kontinuierlich erfassen und bewerten, ob die psycho-sozialen Ziele der beraterischen, therapeutischen oder unterstützenden Maßnahmen auch erreicht werden (Verlaufs- und Prozessevaluation). Sie muss auch die Daten liefern für mögliche Veränderungen und Anpassungen des Vorgehens an die sich ja ebenfalls weiterentwickelnden spezifischen Rahmenbedingungen des individuellen Hilfeprozesses (adaptive Indikation). Da hierbei *Supervision* insbesondere bei schwieriger klinischer Fallarbeit eine wichtige Rolle spielt, wurde in das folgende Ablaufschema auch die prozessbegleitende Fallsupervision aufgenommen. Nicht vergessen werden darf, dass die Erstellung eines psychosozialen Befundes und einer Diagnose in der Klinischen Sozialarbeit je nach Arbeitsfeld bzw. Aufgabenstellung mit verschiedenen Zielen verknüpft sein kann:

1. Erfassung und Erarbeitung interventionsrelevanter Informationen, die sowohl die Problematik und das Anliegen der Klienten abklären, eine Interventionsplanung und auch eine Einschätzung der Eignung, Angemessenheit und Prognose von Maßnahmen erlauben,
2. Leistung eines kooperativen Beitrages psycho-sozialer Diagnostik zu einer ganzheitlichen Abklärung und Behandlungsplanung mit psychologischem und medizinischem Vorgehen,
3. Fundierung gutachterlicher und sozialprognostischer Stellungnahmen (z. B. bei Sorgerechtsregelungen, Maßnahmen der Jugendhilfe, Jugendgerichtshilfe etc.).

Diagnostische Schritte in der Klinischen Sozialarbeit (Eingangs-, Verlaufs- und Abschlussdiagnostik)

I Ersteinschätzung, Anlass und Kernfragen; Was ist der Anlass des Kontaktes? Was sind die Sorgen und Probleme der Klienten aus deren eigener Sicht? Unter welchen rechtlichen Bedingungen oder ggf. Verfahren findet die klinische Intervention statt? Gibt es unmittelbar zu beachtende gesundheitliche oder sicherheitsrelevante Aspekte, die die sofortige Beachtung von Klienten und PraktikerIn (und ggf. eine Krisenintervention) erfordern?

II Fokussierung des Anliegens oder Problems, das durch oder über den Klienten oder das Klientensystem und/oder andere Instanzen an den Klinischen Sozialarbeiter herangetragen wird: Belastungsarten und Themen, Belastungsquelle und Bereich, zeitliche Erstreckung und Verlauf der Problematik (ferne und nahe Vergangenheit, Gegenwart, nahe und ferne Zukunft – z. B. bei drohendem Verlust); Zielerreichungsanalyse (ZEA); ggf. Krisendiagnostik und Krisenintervention.

III Erhebung diagnostischer Daten bei unterschiedlichen Quellen, bei der betroffenen Person selbst (Selbsteinschätzungen, Selbstbeobachtungen), bei Bezugspersonen (Befragung durch Exploration oder Anamnese, Fragebogen), durch eigene Verhaltensbeobachtungen – auch im Feld (z. B. Hausbesuche), mittels Fragebogen und Testverfahren sowie vorhandenen Unterlagen (Akten). Dabei zu beachtende Beobachtungsfelder:

- *Person-Umwelt-Bezüge* (Psycho-soziale Situation und Kontext, Kognitive Fähigkeiten, soziale Fähigkeiten, Werte, ökonomischer Kontext, institutionelle und systemische Bezüge, soziales Netzwerk, soziale Ressourcen)
- *Erlebnisverarbeitung und Problemlösungsstrategien:* Ausmaß und Qualität des Selbst-Bezuges und der Selbstexploration; kognitiv-emotionale und ver-

haltensmäßige Bewältigungsstrategien und Abwehrmuster, auch positive psychische Ressourcen

- *Beziehung, Kontakt, Interaktion (Beziehungsfähigkeit und Art der Beziehungsgestaltung mit Bezugspersonen, auch mit der Fachkraft; Intentionen; das emotionale Angebot des Klienten; Übertragung und Gegenübertragung etc.).*

IV Befunderstellung: Auswerten und Ordnen der Daten und mehrdimensionale Problem- und Bedingungsanalyse: wie hängen die verschiedenen problem- oder störungsrelevanten Sachverhalte auf verschiedenen Ebenen zusammen (Person, Situation und Ereignis, interpersonale Beziehungen und soziale Integration, System und Kontext); wie sind sie entstanden, wie und wodurch werden sie aufrecht erhalten? Welche Zielsetzungen sind auf welchen Ebenen anzustreben? (Nutzung der „Koordinaten psycho-sozialer Diagnostik und Intervention")

V Formulierung einer handlungsrelevanten psycho-sozialen Diagnose: knappe Benennung von Defiziten, Traumatisierungen, Verlusten, Konflikten, psycho- und soziosomatischen Aspekten, Ausmaß belastender Lebensereignisse, Ressourcen, Ausmaß der psychischen bzw. psycho-sozialen Funktionsfähigkeit, ggf. Klassifikation nach einem Klassifikationssystem.

VI kooperative Zielbestimmung und Kontrakt: Entwicklung von realistischen Veränderungs- bzw. Entwicklungszielen und einer darauf bezogenen Interventionsstrategie möglichst gemeinsam mit dem/den Klienten, explizite Formulierung eines Behandlungskontraktes, unter Beachtung der Zeitskala (welche Maßnahmen müssen für unmittelbare Veränderungen ergriffen werden, z. B. bei zugespitzten Krisen) sowie der individuellen und Umwelt-Ressourcen. „Indikationsstellung" einschließlich der Vereinbarungen zwischen Helfer und Klient, wer wann welche Aktivitäten und Verantwortlichkeiten übernimmt. Klärung welche Interventionsformen und Settings durchgeführt werden (z. B.):

- Einzelberatung
- Arbeit mit Bezugspersonen, aufsuchende Hilfen
- Koordination mit anderen Diensten, Einrichtungen, Bezugspersonen oder Bezugsgruppen
- Sozialtherapie
- Paar-, Familien- oder Gruppentherapie
- Motivierungs-, Einsichts- und/oder Handlungsförderung
- person- u. familienbezogene Bewältigungshilfen (coping)
- Interventionen im Feld (z. B. Schule, Arbeitsplatz, Nachbarschaft)
- Feldsubstitution/Institutionalisierung.

VII Dokumentation und Kontrolle der einzelnen Interventionsschritte (prozessbegleitende Zielerreichungskontrolle): Verwendung spezieller Instrumente zur Verlaufskontrolle wie Checklisten, Schätzskalen, Fragebögen, Zielerreichungsanalyse sowie fortlaufende Sitzungsprotokolle; Inhalte:

Themen und Hauptthema der Sitzung/Begegnung, „Hausaufgaben"

- Ansatzpunkte, Art und Zielsetzung der Interventionen
- besondere Vorkommnisse
- Interventionen nötig, geplant oder durchgeführt, die bezogen sind auf soziales Umfeld, Bezugspersonen? Änderungen des Settings?
- Veränderungen bei Klient/-in/Klientensystem/Umfeld/Lebenslage
- Komplikationen? Aufdeckung bisher unerkannter Zusammenhänge?

VIII Supervision: Vorbereitung, Durchführung, Ergebnisse, Umsetzung, Evaluation der Supervision

- Anliegen und Thema (was ist die Situation mit diesem Klienten? Fragen?)
- Situations- und Problemanalyse:
  (a) Problemverständnis: wie ist das Problem des Klienten zu verstehen? Wie ist vor diesem Hintergrund die Situation der Zusammenarbeit zu verstehen?
  (b) Gibt es diagnostische oder Indikationsfragen?
  (c) Wie ist die Beziehungssituation (Widerstände, Konflikte, besondere Ereignisse, Übertragung – Gegenübertragung)?
  (d) Gibt es methodische Fragen?
  (e) Gibt es Unklarheiten bezüglich der Ziele? Zielkonflikte? Zieländerungen?
  (f) Muss der weitere Kontext, müssen weitere Dienste einbezogen werden?
  (g) Gibt es krisenhafte Entwicklungen?
- Ergebnisse und Zielsetzungen aufgrund der Supervision:
  (a) Ergebnisse: welche konkreten Veränderungen nehme ich mir vor? auf welchen Ebenen?
  (b) Wie werde ich diese umsetzen?
  (c) Brauche ich dazu noch Übung, Unterstützung, Kenntnisse, Fachliteratur?
  (d) Wie werde ich die Ergebnisse der Supervision überprüfen?

IX Abschlussdiagnostik/Evaluation: Beschreibung der Veränderungen im Vergleich mit der Ausgangssituation zu Beginn der Maßnahmen und den aufgestellten Zielen/Prognosen und den jeweiligen Zwischenzielen, unter Einbezug der Supervisionsdokumentation und in Kooperation mit dem Klienten:

- Zielerreichungsanalyse
- Weitere Einschätzungen durch den/die Klienten (Befragung, auch schriftlich), ggf. auch Bezugspersonen oder professionelle Betreuer/-in
- Einschätzung durch Berater/-in
- Einsatz standardisierter Verfahren (Wiederholungsmessungen)
- Katamnese

4.3 Psycho-soziale Beratung

Psycho-soziale Beratung ist ein konstituierendes Element Klinischer Sozialarbeit und erfährt in dieser Disziplin spezifische Ausformungen (vgl. Kottler 2004). Als dialogischer Interaktionsprozess mit Orientierungs-, Planungs-, Entscheidungs- und Handlungshilfe fußt psycho-soziale Beratung in der Klinischen Sozialarbeit auf der Perspektive der Hilfe bei sozialen und psychischen Krisen, bei Orientierungs- und Handlungsdefiziten, Belastungen und Konflikten, oft im Zusammenhang mit schweren gesundheitlichen Problemen. Notwendige Veränderungen der Lebensbedingungen, der funktionalen und strukturellen Merkmale der Lebenssituation, werden explizit einbezogen.

Institutionalisierte psycho-soziale Beratung wird von föderalen, kommunalen, kirchlichen und anderen Trägern der freien Wohlfahrtspflege gefördert. Sie versteht sich meist als Problemlösekonzept im Vor- und Umfeld sozialer, medizinischer und therapeutischer Einrichtungen. Klinisch-sozialarbeiterisch orientierte Beratung beinhaltet auch die psycho-sozialen Aspekte psychischer und somatischer Krankheiten und Behinderungen, sozial- und suchttherapeutische Interventionen sowie Kriseninterventionshilfen verschiedenster Art. In weiterem Sinne zugehörig sind ebenfalls Konfliktberatung, Partner-, Familien-, Erziehungs- und Lebensberatung und Schuldnerberatung. Aufgrund ihrer in der Regel kostenfreien Inanspruchnahme kann sie auch ein Klientel erreichen, das von medizinischen Einrichtungen nicht angemessen versorgt wird. Die vertrauensvolle Beziehungsgestaltung zwischen Berater und Klient bildet die gesetzlich geschützte Grundlage verschiedener Beratungskonzeptionen. Es wird u.a. zwischen Einzel-, Paar-, Familien- und Gruppen-Setting, Teamberatung, Stadtteilberatung unterschieden, die je nach Bedarf und Kapazität einer Einrichtung eingesetzt werden. Wissenschaftlich qualifizierte Berater/-innen haben eine standardgesicherte Zusatzausbildung absolviert und ihr Vorgehen fußt auf einem wissenschaftlich fundierten Handlungskonzept.

Je nach Tätigkeitsfeld und Kontext sind Wissen und/oder Methoden aus der Sozialarbeit, Psychologie und Psychotherapie, Medizin und Psychiatrie, der Pädagogik und Soziologie, dem Rechtswesen oder der Ökonomie relevant (vgl. Straumann 1992b). Spezielle Angebote sind Beratung in Frauenhäusern (hier haben Frauen und Kinder für eine begrenzte Zeit ihren Lebensmittelpunkt) und die Telefonseelsorge. Beratungsstellen obliegt ausdrücklich auch die Arbeit in der Prävention (z.B. Suchtprävention), die Kooperation mit anderen psycho-sozialen Einrichtungen und die gemeindenahe Vernetzung, Öffentlichkeitsarbeit sowie Bildungsarbeit mit Angehörigen bestimmter Zielgruppen und Multiplikatoren (z.B. Beratungslehrer). Die fachliche Arbeit erfolgt grundsätzlich innerhalb multidisziplinärer Teams, wodurch unterschiedliche fachliche Ausbildungskompetenz, Supervisionsmöglichkeiten und Weiterbildungsangebote zum Tragen kommen. Diplom Sozialpädagogen/-innen und Sozialabeiter/-innen bilden eine wesentliche Berufsgruppe in diesem Bereich.

Bei Mayer et al. (1991) wird Beratung folgendermaßen definiert: „Beratung ist begrenzt auf konkrete Ratschläge und die psychologische Führung und Formung bei persönlichen Schwierigkeiten, Erziehungsfragen, wichtigen Entscheidungen mit dem Ziel dem Klienten zu helfen, unerwünschte, aber typische Variationen des Menschseins zu bewältigen. Methoden der Beratung sind das Beratungsgespräch, Anhören und Befragen, Veranschaulichen und Informieren. Beraten werden auch Firmen und Institutionen in Fragen der bestmöglichen Gestaltung der Arbeits- und Lebensbedingungen." Bei näherer Betrachtung der Begriffe zeigt sich, dass sie nicht ohne Weiteres abgrenzbar sind von vielen Themenstellungen im Rahmen einer Psychotherapie. „Persönliche Schwierigkeiten", „Erziehungsfragen", „wichtige Entscheidungen", „Variationen des Menschseins", „Gespräch", „Anhören", „Befragen", „Veranschaulichen", „Informieren", alles dies sind Sachverhalte und Aktivitäten, die in beiden Bereichen vorkommen. Wir haben es mit einem Übergangsfeld zu tun, wobei typischerweise Beratung als eher problemlösend und in der Thematik begrenzt angesetzt wird.

Grundlegende Methode ist das Beratungsgespräch. Die Gesprächsführung soll nach „wissenschaftlich erhärteten Prinzipien" (Bundesministerium für Familie und Senioren 1993, 7) erfolgen, so dass sie auch imstande ist, eine Veränderung der psychischen Situation beim Ratsuchenden zu bewirken. Insofern ist also das Beratungsgespräch eine Form psycho-sozialer Intervention, die dazu beiträgt, dass Klienten und Patienten (z. B. in sozialpsychiatrischen Diensten) fachkundige Unterstützung erfahren, um zu eigenen Lösungen ihrer Probleme fähig zu werden. Hieraus ergibt sich der Problemlösecharakter, auf den die Beratung in der Regel primär bezogen wird. Aber auch dies ist nicht in erschöpfender Weise trennscharf: es gibt wissenschaftlich fundierte Beratungskonzepte, die eine Festlegung auf die Problemlösung ablehnen. Verhaltenstherapeutische Beratungsansätze stehen in dieser Debatte natürlich auf der Seite der Problemlösung.

In der Diskussion um die Abgrenzung von Beratung und Therapie schlugen Hilke und Aschenbach (1985) vor, die Begriffe klassifikatorisch nicht als sich ausschließende zu verwenden, sondern zur Charakterisierung der Pole einer Dimension.

Beratung und Therapie als Pole einer Dimension nach Hilke & Aschenbach (1985)

Beratung ist für sie dann dadurch zu kennzeichnen, dass es um „Mittelprobleme ohne gefühlsmäßige Betroffenheiten" gehe, die durch das „Zurverfügungstellen von Mittelwissen zur Erreichung der vom Ratsuchenden verfolgten Orientierungen" gelöst werden sollen. Mittel sind konkret verfügbare (notwendige, wahrscheinliche oder hinreichende) Schritte zur Zielerreichung. *Therapie* sei eher zu verstehen als „Prozess der Selbstverständnisbildung und der persönlichkeitsangemessenen Orientierungsbildung", es gehe um „gefühlsmäßige Betroffenheiten, zu deren Überwindung wir keine konkreten, quasi verfahrensmäßig befolgbaren Handlungsregeln kennen (können)". Seien in der Beratung „konkrete Ziele gegeben, mit denen sich auch konkrete Handlungsvorschläge begründen lassen", so seien in der Therapie bestenfalls sehr „abstrakte Zielvorstellungen" vorhanden, „relativ zu denen sich Mittel nicht im strengen Sinne begründen lassen, weil wir die Vielfalt möglicher Konkretisierungen nicht überblicken". (ebd., 24)

Für die psycho-soziale Beratung sind diese Bestimmungen in einer Hinsicht wichtig, in einer anderen wenig realistisch: wichtig sind sie, weil die Bearbeitung von „Mittelproblemen“ und dazu notwendige Handlungsregeln, die man in der sozialarbeiterischen Beratung in Bezug auf die Lösung von sozialfunktionalen und strukturellen Problemen oft benötigt, betont wird. Wenig realistisch sind sie, weil wir es in der psycho-sozialen Fallarbeit mit Beratung bei klinischen Aufgabenstellungen in hohem Maße mit gefühlsmäßigen Betroffenheiten der Menschen zu tun haben, die *zugleich* Orientierung suchen *und* die Hilfe bei der Auffindung oder Aktualisierung von Mitteln zur Problemlösung in ihrer Lebenssituation benötigen. Auch Hilke und Aschenbach geben zu: „Erfahrungsgemäß können sich vorgetragene Mittelprobleme im Weiteren als Probleme der Orientierungsfindung erweisen.“ (ebd., 24) Gerade in der Klinischen Sozialarbeit geht es häufig um ganz grundlegende Lebensorientierungsfragen, die sich zunächst als Mittelprobleme (z.B. Schulden) präsentieren und die nicht rein argumentativ beratend angegangen werden können. Letzteres ist bei der psychologischen „Beratung für Gesunde“ noch am ehesten der Fall. Bei klinischen Aufgabenstellungen geht es darum, den Klienten/Patienten sowohl relativ konkrete Mittel anzugeben, als auch mit ihnen gemeinsam Orientierungs- und Handlungsmöglichkeiten in Bezug auf Merkmale ihrer sozialen Lebenssituation zu erarbeiten *und* mit dem emotionalen Geschehen umzugehen – und oft in umgekehrter Reihenfolge. Sauer und Retaiski (2007) z.B. betonen die häufig auszuübende Überleitungs- oder sogar Ersatzfunktion der Beratung für eine Therapie. „Das bedeutet, dass Sozialarbeiter und Therapeuten in einigen Fällen mit derselben Klientel arbeiten. Gerade innerhalb der Beratung erreichen Sozialarbeiter Menschen, denen die Schwelle zu einer psychotherapeutischen Praxis zu hoch ist (Schubert 1994b). In diesen Fällen handelt es sich nicht selten um KlientInnen, die aufgrund der Vielzahl sie belastender Probleme, die auch die eigene Strukturiertheit betreffen, für Psychotherapeuten aufgrund des üblichen starren Settings kaum behandelbar erscheinen.“ (Beck & Borg-Laufs 2010, 76f.; zur Überschneidung von Psychotherapie und Beratung vgl. auch Nestmann, 2002)

Beratung kann sich nicht einfach „nomothetischen“[14] Gesetzeswissens bedienen, weder bezüglich der Inhalte noch bezüglich der Vorgehensweisen. Praktische Beratungsarbeit lässt sich nicht allein aus deduktiv nutzbaren Theorieaussagen begreifen, sondern in einem konkreten Beratungsfall ist die Anwendung bestimmter Methoden der Gesprächsführung („nomopragmatisches Wissen“) eine Sache des Dialogs. Entsprechend kann eine Beratung auch nicht *schematisch* von universell formulierten Techniken Gebrauch machen. Universelle Rezepte können hier nur falsch sein. Beratung ist deshalb und wegen der großen Vielfalt und Kontextabhängigkeit von Sinn und Bedeutung des Miteinander-Redens ein *Verstehensprozess*. Manches ist in der Klinischen Sozialarbeit auch stark situationsbezogen und bedarf deshalb der per-

14 Nomothetische Aussagen = allgemeine, gesetzesartige wissenschaftliche Prinzipien bzw. Erkenntnisse werden formuliert; ideographische Aussagen = vom Einzelfall ausgehend, Beschreibung individueller Fälle.

sönlichen Lebenserfahrung des Beraters. Gleichwohl darf psycho-soziale Beratung nicht der subjektiven Beliebigkeit anheim fallen.

Dietrich (1983, zn. Sander 1999) hat folgende Definition von Beratung vorgelegt: „Beratung ist im Kern jene Form einer interventiven und präventiven helfenden Beziehung, in der ein Berater mittels sprachlicher Kommunikation und auf der Grundlage anregender und stützender Methoden und innerhalb eines vergleichsweise kurzen Zeitraumes versucht, bei einem desorientierten, inadäquat belasteten oder entlasteten Klienten einen auf kognitiv-emotionale Einsicht fundierten aktiven Lernprozess in Gang zu bringen, in dessen Verlauf seine Selbsthilfebereitschaft, seine Selbststeuerungsfähigkeit und seine Handlungskompetenz verbessert werden können." Hier ist der psychologische Aspekt ein bedeutsamer Teil: die fachlich qualifizierteste Information und institutionelle Unterstützung ist blockiert und nutzlos, wenn nicht die emotionale Bereitschaft und Motivation der Klienten geweckt werden kann, diese Angebote anzunehmen. Diese Motivations- und Emotions-Arbeit gehört dabei integral zur Beratung selbst, auch wenn dabei die Grenzen zur Psychotherapie fließend sind. Insofern erscheint das Beratungsverständnis von Großmaß (2004) als zu einseitig, psycho-soziale Beratung bezeichne „ein professionelles psycho-soziales Handeln, das Orientierungshilfe bei der Klärung individueller Probleme" biete, „die aus sozialen Anforderungen" entstünden „und den persönlichen, intimen Bereich der Person" beträfen und irritierten. Allerdings schließt auch Großmaß „unterschiedliche Ebenen der Kommunikation von der Information über Sachverhalte über die Bereitstellung von pragmatischen Tipps bis zu Selbstmodifikationsangeboten und psychotherapeutischen Interventionen" (S. 100) ein.

Der aktuelle Beratungs- bzw. Interventionsbedarf eines Individuums oder auch einer Familie tritt zu verschiedenen Zeitpunkten im Verlauf der Entwicklung und in konkreten Situationen auf. Beratung in der Klinischen Sozialarbeit hat somit stets auch unterschiedliche Problem- bzw. Lebenslagen zum Gegenstand (z. B. Schwangeren- und Schwangerschaftskonfliktberatung, Altenpflegeberatung). Es muss außerdem zwischen verschiedenen Lebensumständen unterschieden werden (z. B. Alleinerziehende, sozial schwache Familien, Klienten mit chronischer Erkrankung oder kranken Familienmitgliedern), wodurch ebenfalls unterschiedliche konkrete Lebenssituationen dominant werden. Es ist daher für eine sorgfältig arbeitende Klinische Sozialarbeit im beratenden Bereich wichtig, stets auch die Lebenslage des jeweiligen Klienten *in* seiner Umgebung mitzubedenken. Brandstätter (1985) unterscheidet Typen von Entwicklungsproblemen, die sich aus Diskrepanzen zwischen verschiedenen Anforderungsbereichen ergeben:

- intraindividuelle Konflikte zwischen widersprüchlichen persönlichen Entwicklungszielen (z. B. Elternschaft, Partnerschaft und berufliche Entwicklung);

- Diskrepanzen zwischen persönlichen Entwicklungszielen und institutionellen Entwicklungsanforderungen (z. B. Identitätsentwicklung und Leistungsanforderungen in der Schule);
- Unvereinbarkeiten zwischen sozialkulturellen Entwicklungsanforderungen und Entwicklungsangeboten (z. B. Berufsausbildung und Lehrstellenmangel in der Herkunftsregion).

Aus diesen Problemen der „Passung“ von individuellen Entwicklungszielen und Entwicklungspotentialen (z. B. Bildungszielen und Begabung) lassen sich verschiedene „bereichsspezifische“ Beratungsaufgaben ableiten:

- *Beratungsaufgaben in Bezug auf persönliche normative Entwicklungsorientierungen* des Individuums (Entwicklungsziele und -interessen, individualbiographische Leitvorstellungen, Lebensthemen);
- *Beratungsaufgaben in Bezug auf individuelle Entwicklungspotentiale und Entwicklungsmöglichkeiten* (Dispositionen, Kompetenzen, entwicklungsbezogene Handlungspotentiale);
- *Beratungsaufgaben in Bezug auf Entwicklungsanforderungen*, mit denen das Individuum in seiner jeweiligen sozialen und materiellen Entwicklungswelt konfrontiert wird (alters-, funktions- und bereichsspezifische Verhaltens- und Entwicklungsnormen, Entwicklungserwartungen, Entwicklungsaufgaben);
- *Beratungsaufgaben in Bezug auf Entwicklungsangebote in der Entwicklungsumwelt* des Individuums (Lernangebote, Hilfspotentiale, Ressourcen).

So hat sich klinisch sozialarbeiterische Lebensberatung in der Regel mit Problemsituationen zu befassen, die durch Diskrepanzen zwischen den Anforderungsgehalten einer gegebenen Lebens- und Entwicklungssituation sowie den subjektiven *und* objektiven Bewältigungsmöglichkeiten des Individuums gekennzeichnet sind. Beispiele hierfür sind

- Anforderungen und Ressourcen in Rollenübergangsperioden (z. B. berufliche Veränderungen und Elternschaft),
- biologisch-physiologische Veränderungen (Pubertät, Krankheit, Behinderung, Alterseinbußen),
- sozialkultureller Wandel (soziokulturelle Umbewertungen sexueller Präferenzen und sozialer Institutionen wie der Ehe, Migration, gesamtgesellschaftlicher Wandel wie z. B. deutsche Wiedervereinigung).

In schweren Fällen – und dies sind in der Klinischen Sozialarbeit nicht wenige – kommt es zur Zerstörung des Sinnzusammenhanges, d. h. zum Verlust der entwicklungs- und lebensthematischen Grundorientierungen der Subjekte, einhergehend mit dem Zerfall der Handlungs- und Lebensführung.

In der Regel ist davon auszugehen, dass das Beratung suchende Subjekt über Wahlmöglichkeiten in Bezug auf sein Handeln verfügt, d. h. dass es nicht um Probleme oder Symptome geht, die außerhalb der personalen

Kontrolle liegen. Aber wie a.a.O. dargestellt, sind die Grenzen in der Realität fließend. Sozialarbeiterische Beratung, die weniger klinisch ausgerichtet ist, ist durch einen relativ höheren Anteil an *„technischer Beratung"* gekennzeichnet, d.h. sie dient der Lösung von Realisations- und Ausführungsproblemen bei gegebenen Entwicklungszielen und Anforderungen. Die ebenfalls anteilsmäßig bedeutsame *„praktische Beratung"* betrifft die Beurteilung von Veränderungszielen selbst. Wichtige Themen praktischer Beratung sind Fragen der Realisierbarkeit und der Vereinbarkeit bzw. Konflikthaftigkeit von Zielen. Zielsetzungen, die nicht erreichbar sind oder deren Erreichung sich gegenseitig behindert, erscheinen fragwürdig und sind deshalb ein wichtiges Thema im Beratungsprozess.

Um die Notwendigkeit therapeutischer Kompetenz von Beraterinnen und Beratern bei klinischen Aufgabenstellungen aufzuzeigen, ist eine Unterscheidung zwischen präventiven und korrektiven Arbeitsformen in der psycho-sozialen Beratung hilfreich.

Zu den *präventiven* Arbeitsformen gehören informierende und aufklärende Tätigkeiten (z.B. Familienberatung in Form von spezialisierten Informationsangeboten wie über Säuglingspflege, Umgang mit Kleinkindern, Entwicklungsaufgaben bei Jugendlichen) durch Medien, Seminare, Vorträge. Weiterhin zählen zu den präventiven Tätigkeiten z.B. Eltern- oder Partnerschaftstrainings. Generelles Ziel solcher Verfahren ist die Stärkung der Selbstregulationskräfte des einzelnen im Hinblick auf seine/ihre Beziehungsfähigkeit.

Bei den *korrektiven* Arbeitsformen treffen wir auf oft sehr anforderungsreiche Spezialgebiete: Es ist zu Störungen gekommen, die durch eine Fachfrau bzw. einen Fachmann zu bearbeiten sind. Hier ist eine sorgfältige psychosoziale Diagnostik notwendig: Anamnese, Exploration und wissenschaftlich fundierte diagnostische Verfahren sind fachliche und berufsethische Voraussetzung für die Empfehlung einer bestimmten korrektiven Intervention. Im Einzelfall kann das auch bedeuten, dass die Ziele des Ratsuchenden nicht übernommen werden können, sondern selbst Gegenstand von korrektiven Interventionen sein müssen. Phasen realitätsbezogener Veränderungen stehen bei korrektiv-therapeutischer Beratung im Wechsel mit der Notwendigkeit, sich um ein Verständnis der Psychodynamik von Störungen und deren Ursachen zu bemühen. Die oftmals notwendige aktive psycho-soziale Hilfe belastet Beraterinnen und Berater im Rahmen Klinischer Sozialarbeit mit einem besonderen Ausmaß an Verantwortung. Sie müssen die therapeutische Abstinenz und die wissenschaftliche Objektivität verlassen, eingreifende Entscheidungen treffen und im Lebensalltag in Realität umsetzen helfen.

4.3.1 Spezielle Aspekte und Inhalte der Beratung

In der Einzelberatung ist die Fähigkeit zum *Selbstbezug* normalerweise Voraussetzung für einen erfolgversprechenden Beratungsprozess. Selbstbezug bedeutet das Ausmaß und die Fähigkeit, die vorliegende Problematik bzw. Problemsituation mit der eigenen Person zu verknüpfen. Erst wenn ein Klient in der Lage ist, die vorliegenden Probleme mit dem eigenen Handeln und Erleben in Verbindung zu bringen, sie also nicht nur zu externalisieren, ist Veränderung möglich. In der Klinischen Sozialarbeit muss ein solcher Selbstbezug oft erst in einem längeren Prozess hergestellt werden. Solche Klienten sind für die klassische psychologisch orientierte Beratung weniger geeignet, weil eine Arbeit am Selbstbezug (*zunächst*) nicht möglich ist. Es geht hier um einen bedeutsamen Teil des Klientels Klinischer Sozialarbeit. Initial müssen hier *rasch erste Bewältigungserfolge* erreicht werden durch Meisterung erster Veränderungsaufgaben durch die Klienten. Sie befinden sich in einer Situation subjektiv und objektiv stark eingeschränkter Kontrollierbarkeit des Geschehens (also unter starkem Situationsdruck). Sie waren und sind ungewollten und unerwünschten negativen Erfahrungen und Situationen ausgesetzt, die sie in der Regel zumindest im subjektiven Erleben wahl- und chancenlos über sich ergehen lassen mussten bzw. müssen. In der Folge haben sie kaum einen Sinn für eigene Bewältigungskompetenzen (*mastery*) und für eigene Einfluss- oder Einwirkungsmöglichkeiten (im Sinne eines internen „locus of control").

Deshalb ist gleich zu Beginn des Beratungsprozesses darauf hinzuarbeiten, dass die Klienten mit konkreten Bewältigungsschritten zu aktiven Partnern des Veränderungsprozesses werden. Interventionen müssen mit dem Klienten zusammen durchgeführt werden und dürfen ihn nicht zum passiven Objekt machen. Aufgaben/Hausaufgaben sind dafür sehr brauchbar (vgl. Wendtland 2002). Wenn Klienten nicht angemessen mit einbezogen werden in die notwendigen Aktivitäten, wenn sie keine eigene Verantwortung für das Geschehen übernehmen können, sind oft gerade zu Beginn von Interventionen erhebliche aufsuchende und nachgehende Aktivitäten in der Klinischen Sozialarbeit sinnvoll. Hier wird dann die Beratung Teil einer sozialtherapeutischen Maßnahme. In solchen Fällen ist sowohl auf der strategischen Ebene des Interventionskonzeptes als auch im jeweiligen Einzelfall große Sorgfalt und prozessbegleitende Überprüfung der Entwicklung (z. B. durch supervisorische Evaluation oder Zielerreichungsanalyse) wichtig. Die Gefahr ist, dass Klienten das Hilfsangebot als reine Versorgung auffassen. Dann wird der Sozialarbeiter zum schließlich frustrierten Erfüllungsgehilfen. Wenn zu viel übernommen wird, wenn der Klient möglicherweise immer wieder die Erfahrung macht, keine eigene Kontrolle zu haben, dann bildet sich ein Selbstkonzept eigener Inkompetenz (vgl. Beck et al., 1981). Wenn die Interventionen und das Beziehungsband sich in Übereinstimmung mit den Regeln eines guten beraterisch-therapeutischen Kontraktes entwickeln, wird der Klient aber bald entdecken (und selber dazu beigetragen haben), dass er im Rahmen der psycho-sozialen Beratungsbeziehung eine bereichernde interpersonale Umgebung erfährt. Es wird eine Erfahrung mit neuen Möglichkeiten des Selbstausdrucks sein, eine Erfahrung der Erleichterung von lange schweigsam ertragenen Belastungen, eine Erfahrung der Entdeckung neuer Wege des Verständnisses, eine Erfahrung der Aneignung neuer Fertigkeiten der Problemlösung. Die Frage ist jedoch immer, inwieweit der Klient diese neuen Erfahrungen auch aufnehmen kann.

Es gibt einige *inhaltliche* Schwerpunkte der Klientenberatung in der Klinischen Sozialarbeit, die mit den traumatischen Schwierigkeiten und Störungen des spezifischen Klientels zu tun haben:

Beschäftigung mit „begrabenen" Traumata und Affekten: Klinische Sozialarbeit hat es häufig mit Klienten zu tun, die massive Traumatisierungen erlitten haben, die abgewehrt oder verleugnet werden. Hier geht es darum, dass das, was verborgen ist, aufgedeckt wird und das, was an Gefühlen unterdrückt worden ist, abreagiert werden kann. Dieses Vorgehen bedarf spezifischer therapeutischer Beratungskompetenzen! Es ist allerdings in bestimmten Fällen indiziert, in einer Weise zu arbeiten, dass die Vergangenheit nicht in aufdeckender Weise einbezogen wird und *direkt eine bessere aktuelle Anpassung und Funktionsfähigkeit anzustreben*. In der Regel kann eine höhere Stufe persönlicher Integration jedoch nicht erreicht werden, ohne sich zumindest „ein Stück weit" mit dem Einfluss der Vergangenheit auf die Gegenwart beschäftigt zu haben. Es ist für die meisten Klienten eine wichtige Erfahrung, sich der eigenen Vergangenheit gestellt zu haben und die damit verbundenen Gefühle und Reaktionen meistern zu können.

Arbeit an kongruenter Wahrnehmung: Klinische Sozialarbeiter/-innen müssen darauf vorbereitet sein, die subjektiven Belastungen der Klienten und ihre Annahmen über die Zusammenhänge und Ursachen verstehend anzuhören. Sie dürfen sich aber nicht dazu hinreißen lassen, alles was der Klient sagt, als Wahrheit zu bestätigen. Wichtig ist zunächst die Annahme und Akzeptanz der Botschaft „mir geht es schlecht, etwas Schlimmes ist mir zugestoßen, ich brauche Hilfe". Klinische Sozialarbeiter sind oft konfrontiert mit in sehr problematischer Weise veränderter Realitätswahrnehmung. Hier müssen Klienten in sanfter, aber klarer Weise mit Unstimmigkeiten konfrontiert werden. In solchen Fällen sollten Klienten zur gemeinsamen Exploration der tatsächlichen Situation eingeladen werden. Gegebenenfalls sollte der Klient mit Aussagen bzw. Fakten konfrontiert werden, die der Sozialarbeiter erfahren hat. Nicht leicht ist es, die entstehende Spannung und den Druck auszuhalten, wenn die Fachkraft sich einer unangemessenen Parteinahme oder vorzeitigen Entscheidung für oder gegen eine Sichtweise verweigert. Mit dieser Haltung des Bestehens und Beharrens auf einer *Klärung der Wahrnehmung* des Klienten ist die Notwendigkeit verbunden, schnell, eindeutig und freundlich zu kommunizieren. Die Äußerungen sollten klar und eindeutig, „geradeheraus" sein. Lange und komplizierte Äußerungen, gleichgültig ob es sich dabei um Interpretationen, Rückmeldungen, Konfrontationen, Verbalisierungen, Instruktionen, Anweisungen o.ä. handelt, gehen zumeist am Klienten vorbei, auch wenn sie vielleicht äußerlich zustimmend reagieren (nicht selten wie ein gehorsames Kind, dass sich einer potentiell bedrohlichen Autoritätsperson anpasst).

Ansprechen und Korrigieren kognitiver Irrtümer und Fehler: dies ist ein weiteres, mit der Bearbeitung von Inkongruenzen eng verknüpftes Element der Beratungsarbeit. Es ist wichtig zu untersuchen, wie ein Klient denkt und schlussfolgert. Im klinisch-sozialarbeiterischen Beratungs- und Therapieprozess müssen kognitive Irrtümer und Fehler fortlaufend beachtet, angesprochen und bearbeitet werden! Es ist in der Regel nicht notwendig, formelle Kognitive Therapie zu betreiben, aber es ist wichtig darauf gefasst zu sein, dass ein Klient etwas völlig anderes unter einer Aussage versteht als der Helfer.

Gleiche und akzeptierende Behandlung aller Persönlichkeitsanteile: Psychische Abwehrmechanismen stehen in Zusammenhang mit erfahrenen und internalisierten inkonsistenten und stark bewertenden Reaktionen bedeutsamer Bezugspersonen. Die integere und konsistent-akzeptierende Haltung des Helfers auf verschiedene Seiten der Persönlichkeit des Klienten, die sich nicht verändert, je nach dem, welcher Anteil der Persönlichkeit gezeigt wird, ist eine große Hilfe in Richtung einer integrierenden Persönlichkeitsentwicklung. Wenn der Helfer sich je nach Äußerung des Klienten jeweils verändert (z.B. Anpassung positiv bewertet, Ärger negativ), wird dieser in seinen defensiven Selbstbewertungen gestärkt. Wenn er aber die Erfahrung macht, dass er jedes Mal, wenn er eine weitere Facette seiner Person zeigt, auf die gleiche Akzeptanz seines Helfers trifft, wird er zu Offenheit und zum Abbau der Inkongruenzen ermutigt. Damit ist aber nicht eine indifferente Haltung gegenüber konkreten nicht zu akzeptierenden *Verhaltensweisen* gemeint.

Wiederaufbau zerstörter Grundüberzeugungen: Es gibt eine Reihe von Grundüberzeugungen, die für eine gesunde psycho-soziale Integration von Individuen in unserer Gesellschaft zentral sind. Dazu gehören insbesondere:

- dass man relativ unverwundbar ist;
- dass das Leben sinnvoll ist;
- dass man sich selbst in einem positiven Licht sehen kann;
- dass man sein Leben und wichtige Lebensbedingungen beeinflussen kann.

Viele Klienten Klinischer Sozialarbeit fühlen sich impotent/machtlos, erleben sich psychisch besonders verletzlich und verwundet, sind überwältigt durch für sie nicht mehr durchschaubare Situationen und Ereignisse und bewerten sich selbst sehr negativ, so dass sie positive Rückmeldungen und Erfahrungen nicht annehmen können. Ihre gewöhnliche Reaktion auf Respekt und Wertschätzung von Helfern ist die Überzeugung, dass der Helfer sie entweder nicht wirklich versteht (ihre wahre Schlechtigkeit, Unfähigkeit, Wertlosigkeit) oder aber andersartige Motive und Interessen hat (sie z.B. auszubeuten; freundliche Worte sind für solche Klienten häufig nur das Vorspiel zu folgender Ausbeutung oder Verletzung). Deshalb besteht eine wichtige Aufgabe in der Wiederherstellung von Grundvertrauen, positiven moralischen Überzeugungen und realistischer Hoffnung. Die Aktivierung des Klienten, das Stellen einer Aufgabe und die nachfolgende Besprechung aller Schritte, selbst wenn es „nur" die Aufgabe war, über etwas nachzudenken, ist hierbei zentral. Klienten können häufig dann Bestärkungen annehmen und zerstörte Grundüberzeugungen wieder aufbauen, wenn sie daran erinnert oder darauf aufmerksam gemacht werden, dass sie das, was sie sich nicht zutrauen, tatsächlich bereits tun oder sogar erfolgreich getan haben. Es ist immer wieder überraschend wahrzunehmen, wie sich im Gegensatz zur zunächst starken Überzeugung der eigenen Machtlosigkeit diese angesichts konkreter Schritte als Irrtum erweist. Bei der Arbeit an den *gegenwärtigen* Herausforderungen sollte daran festgehalten werden, dass trotz der mit *vergangenen* Erfahrungen des Klienten zusammenhängenden Überzeugungen von Unmöglichkeit oder von Unfähigkeit zu Veränderungen eine Chance besteht, diese durch eigene Schritte mit Unterstützung des Beraters zu meistern.

Reduzierung innerpsychischer Konflikte: Klienten Klinischer Sozialarbeit leiden häufig unter massiven innerpsychischen Konflikten zwischen widerstreitenden Impulsen sowie Bewertungen und Selbstbewertungen. Sie stammen meist aus desolaten sozialen und familiären Verhältnissen. Innere Konflikte sind verinnerlichte (ehemalige) interpersonale Konflikte: das Kind das von den Eltern zugleich gebraucht, benutzt und emotional abgelehnt wird, oft in unmittelbarem Wechsel, entwickelt ein permanentes inneres Schlachtfeld von grandiosen Erwartungen, Enttäuschungen und Wut, Sehnsucht nach Nähe und Angst davor. Oft haben Klienten jahrelang oder gar lebenslang keine Möglichkeit erfahren, die verschiedenen Seiten der Konfliktanteile in einer geschützten Beziehung zu besprechen. So blieb ihnen als Überlebensstrategie nichts anderes übrig, als sich in ihrem Bewusstsein auf eine Seite zu schlagen, z.B. auf die Selbstabwertung mit folgender Resignation und Fatalismus. Die andere Seite des Fatalismus sind oft illusionäre Erwartungen, unrealistische Hoffnungen und Ansprüche an sich selbst und andere, auch und gerade an die Helfer. Therapeutisch kommt es dann darauf an, so Rauchfleisch (2001, 101) „diese hochgesteckten Ambitionen und die (auch aus narzisstischen Quellen gespeisten) grandiosen Erwartungen abzubauen. So kann es gelingen, die Diskrepanz zwischen Angestrebtem und Erreichbarem zu verringern und zu verhindern, dass der *circulus vitiosus* von hochgesteckten Forderungen und darauf zwangsläufig folgenden Enttäuschungen sich weiter fortsetzt. Parallel dazu müssen wir Professionellen unsere unangemessenen, überhöhten Erwartungen in Bezug auf die Therapieerfolge abbauen und die innere und äußere Situation der Ratsuchenden in realitätsgerechter Weise einschätzen." Der Kampf, der im Innern der Klienten tobt, wird oft nicht als solcher sichtbar, sondern nur eine Seite. Deshalb ist in der Klinischen Sozialarbeit mit schweren inneren Konflikten zu rechnen, gerade dort, wo äußerlich eine sehr einseitige Haltung an den Tag gelegt wird.

Minimierung vermeidbarer überwältigender oder überflutender Erfahrungen: Da die Klienten Klinischer Sozialarbeit in der Vergangenheit und Gegenwart häufig mit überwältigenden Erlebnissen/Erfahrungen konfrontiert waren bzw. sind, sollten in der Beratung weitere Überforderungen auf jeden Fall vermieden werden. Deshalb muss das Tempo der Hilfestellungen und der angestrebten Veränderungen verlangsamt werden. Der Klient sollte durch die therapeutischen Schritte nicht mehr Schmerz erleben, als er tolerieren kann, denn dies führt sonst nicht selten zu Rückschlägen. Wenn ein Klinischer Sozialarbeiter im Zweifel ist, ob eine bestimmte Beobachtung oder Information zu einem gegebenen Zeitpunkt der Beratung vom Klienten verarbeitet werden kann, ist es besser, diese zurück zu halten als zu viel Schmerz, Bedrohung oder Angst zu riskieren.

4.3.2 Der Personorientierte Ansatz nach Carl R. Rogers

Carl R. Rogers kann als die zentrale Figur der sogenannten Humanistischen Psychologie gelten, die neben Psychoanalyse und Verhaltenstherapie eine wesentliche Rolle in der Sozialen Arbeit, Beratung und Psychotherapie spielt (Rogers 1951, 1961, 1983; Tausch 1960). Der Ansatz wurde kontinuierlich weiterentwickelt und differenziert. Neben dem klassischen Vorgehen entstanden Ansätze, bei denen der Berater bzw. Therapeut stärker den Prozess steuert, um spezifische Beratungs- bzw. Therapieziele zu fördern (vgl. Reicherts 2005; Sachse 1999). Auch wurden dabei Besonderheiten einzelner Probleme und Störungen von Klienten und Patienten stärker berücksichtigt (vgl. z.B. Swildens 1991, Speirer 1994). Rogers hat theoretische Grundlagen für das erfahrungsorientierte Verständnis von interpersonaler Beziehung, der Entwicklung der Persönlichkeit sowie von Störung und Behandlung geschaffen. Die wichtigsten theoretischen Konzepte sind Organismus, Aktualisierungstendenz, phänomenologisches Feld, Selbst, positive Beachtung und Wertschätzung sowie Kongruenz/Inkongruenz.

Der *Organismus* ist psychologisch gesehen Träger und Zentrum aller Erfahrungen. Als ganzheitlich organisiertes System umfasst er körperliche, kognitive, affektive und behaviorale Anteile des Individuums. Der Organismus hat die Tendenz, alle seine Potenziale zu verwirklichen – eine ungeheuer mächtige Kraft des Lebens, die alles Verhalten motiviert und die Rogers als Aktualisierungstendenz bezeichnet hat. Diese Tendenz bewegt des Subjekt in Richtung Entwicklung und Wachstum: der Organismus hat somit die grundlegende Tendenz und das Bestreben, sich zu verwirklichen (aktualisieren), sich zu erhalten (sein Überleben zu sichern) und den erfahrenden/erlebenden Organismus zu erweitern. Würde diese nach Rogers natürliche schöpferisch-konstruktive Kraft sich in der individuellen Entwicklung unbeeinträchtigt entfalten können, dann würde sich eine Persönlichkeit entwickeln, die ständig im prozesshaften Austausch mit der Umwelt sich in voll funktionierender Weise selbst aktualisieren und weiterentwickeln würde (*fully functioning person*). Solche Personen sind gekennzeichnet durch Offenheit für neue Erfahrungen, sie besitzen Vertrauen in sich selbst, indem sie den eigenen Gefühlen und Erfahrungen trauen. Damit entwickeln sie die eigene Erfahrung zum inneren Bewertungsmaßstab (*internal locus of control*) für ihr Handeln und sind bereit, den lebendigen Prozess der Selbstaktualisierung zu leben. Damit sind sie nicht so abhängig von den Bewertungen anderer Menschen.

Die persönlich wahrgenommene Welt des Individuums ist das phänomenale Feld und beinhaltet alle Wahrnehmungen, die aktuell und zumindest potenziell der eigenen Bewusstheit zugänglich sind. Die Person, so Rogers, erlebt sich als Mittelpunkt ihrer wahrgenommenen Welt. Bereits das Kind lernt, einen Teil dieser Wahrnehmungen auf sich selbst zu beziehen: es entwickelt ein besonderes Bild von sich selbst, ein Selbstkonzept. Dieses *Bild vom Eigenen* (Swildens 1991) wird immer auch zugleich begleitet durch eine Selbst-Bewertung. Die sich entwickelnden Selbst-Bewertungen sind zunächst wesentlich abhängig von den bewertenden Reaktionen bedeutsamer Bezugspersonen, wie vor allem den Eltern. Um zu überleben braucht das Individuum die Zuwendung, positive Beachtung und Liebe (Wertschätzung) der Bezugspersonen, deshalb ist es angeborener Weise mit einem starken Bedürfnis nach positiver Beachtung und Wertschätzung bzw. Liebe ausgestattet. Organismische Bewertung und soziale Bewertung müssen integriert werden. Das heißt, das Individuum muss lernen, dass es sich nicht ausschließlich nach Maßgabe seiner *organismischen Aktualisierungstendenz* verhalten kann (also nach seinen organismisch gefühlten Bedürfnissen und Reaktionen), sondern dass es ebenso *soziale Wertmaßstäbe* berücksichtigen muss. Wenn dies in flexibler Weise gelingt, dann arbeiten organismische Bewertung und soziale Bewertung in gesunder Weise zusammen, Spannungen werden konstruktiv durch neue Verhaltensweisen aufgelöst und die Person lernt, sowohl sich selbst mit den eigenen organismischen Bedürfnissen gerecht zu werden als auch den sozialen Werten. Häufig ist aber der Widerspruch zwischen beiden Wertesystemen zu gravierend und führt zu mehr oder weniger starken inneren Konflikten und Inkongruenzen (Nichtübereinstimmungen) zwischen den gemachten Erfahrungen und dem Selbstbild bzw. Selbstkonzept. Können diese Inkongruenzen nicht aufgelöst werden, kommt es zu einer folgenreichen Trennung des Selbstkonzeptes von den aktuellen Erfahrungen des Organismus, die dann verzerrt oder abgewehrt werden und über Beschwerden, Symptome und negative Selbstbewertungen die Person aus ihrem Gleichgewicht bringen. Rogers postulierte drei zentrale therapeutische Grundhaltungen, die bei allen konstruktiven Gesprächsprozessen von zentraler Bedeutung sind:

1. Congruence/Genuinness – Kongruenz und Echtheit des Beraters/Therapeuten
2. Unconditional positive regard/warmth – nicht an Bedingungen geknüpfte positive Beachtung/Akzeptanz/Wärme
3. Empathie – Einfühlung/Empathie

Kongruenz und Echtheit

Für Rogers war die Person des Helfers das zentrale Element in jedem Hilfe- und Therapieprozess. Es ist im Sinne seines Ansatzes unumgänglich, dass Berater und Therapeuten über eine hinreichende Selbstkenntnis und persönliche Reife verfügen und für den Bereich der Arbeit mit Klienten und Patienten „kongruent" sind. Kongruenz bedeutet, dass der Berater Zugang zu seinen eigenen Gefühlen hat, diese nicht abwehrt, und sie für sein Verständnis des Klienten nutzen kann. Dies ist zunächst ein innerer kognitiv-emotionaler Prozess. In gewissen Situationen – nur wenn es für den Klienten hilfreich sein kann – ist der Berater bereit, „als Mensch in Erscheinung zu treten", den Klienten an seinen eigenen Erlebens-Reaktionen teilhaben zu lassen. Dies wurde oft missverstanden als Aufforderung zu ständiger Selbstoffenbarung, doch dieses Mittel ist sehr dosiert einzusetzen, eine Steigerung von Echtheit über einen gewissen Punkt hinaus erhöht die Effektivität nicht! Ein weiterer Aspekt der Kongruenz/Echtheit des Beraters ist die sogenannte Signalkongruenz: Es ist wesentlich, ob der Klient den Berater in dem, was er tut, als stimmig oder widersprüchlich wahrnimmt: gemeint sind also Kanaldiskrepanzen beim Berater, z. B. Diskrepanzen zwischen verbaler Äußerung und nonverbalen Signalen. Das Echtheitspostulat impliziert eine weitere Bedeutung, nämlich Transparenz: Der Berater verfolgt im Umgang mit dem Klienten keine „geheimen Pläne", der Klient wird am Vorgehen beteiligt, soll und darf Einblick in die beraterisch-therapeutischen Strategien und Vorgehensweisen erhalten. Dies ist eine deutliche Abgrenzung zu manchen Interventionsstrategien z. B. in der Familientherapie (paradoxe Interventionen).

Beachtung, Wertschätzung, Wärme

Ist der Berater oder Therapeut eine hinreichend kongruente Person, ist er zu offener, warmherziger und auch proaktiver Begegnung mit seinen Klienten fähig. Er ist fähig zu hören und wahrzunehmen was ist, ohne dies sogleich zu bewerten. Der Berater akzeptiert was ist, die Realität so unverzerrt wie möglich und schreibt dem Klienten nicht vor, wie dieser zu sein hat. Dabei geht es nicht um ein „Gut finden" oder „mit allem Einverstanden-Sein" was ein Klient tut, getan hat oder beabsichtigt, sondern um Zurückstellung und Heraushalten der eigenen Bewertungen des Beraters. Natürlich kann es nicht darum gehen, alles zu glauben, was ein Klient äußert. Doch Bedingung für eine emotionale Öffnung als Voraussetzung für Veränderung des Klienten ist Wärme, Zugewandtheit und nicht bewertende Achtung der Person. Nur so können sich Klienten relativ angstfrei öffnen und über belastende, ängstigende, bedrohliche oder peinliche Inhalte sprechen. Wärme, Akzeptanz und Wertschätzung werden sehr stark nonverbal vermittelt: d.h. hier ist die grundlegende Einstellung des Beraters (Selbsterfahrung ist nötig!) gefragt, denn eine dauernde bewusste Kontrolle einer abwertenden Haltung gegenüber einem Klienten ist kaum durchgehend aufrecht zu erhalten.

Empathisches Verstehen

Je besser ein Berater oder Therapeut sich in die Erlebenswelt seines Klienten hineinversetzen kann, desto eher kann er auch seine persönlichen Bewertungen zurückstellen und ein Höchstmaß an Unvoreingenommenheit verwirklichen. Empathie ist allerdings ein sehr komplexer Vorgang, der die Fähigkeit zur Perspektivübernahme erfordert. Es geht um das Verstehen des Klienten aus dessen eigenen Voraussetzungen heraus, d.h. es geht um den „inneren Bezugsrahmen" des Klienten. Rogers sprach zunächst vom „Reflektieren der Gefühle" später wurde Empathie mit dem Konzept des „Verbalisierens emotionaler Erlebnisinhalte (VEE)" operationalisiert. Doch dies ist eine weitgehende Verkürzung, denn es gilt, den inneren Bezugsrahmen des Klienten zu erfassen und herauszuarbeiten, *was der Klient meint, nicht nur, was er sagt.* Das heißt, der Berater darf nicht nur das explizit Gesagte berücksichtigen, sondern alles, was ein Klient mitteilt (nonverbale Ebene, früher Gesagtes, Gewusstes). Hierzu gehören Unvoreingenommenheit, genaues Hören auf alle Signale, Äußerungen und anklingende Bedeutungen, unvoreingenommene Haltung, die Fähigkeit zu Konkretheit. Wesentlich ist die Fähigkeit und Offenheit, in angemessener Weise über das unmittelbar vom Klienten Gesagte hinauszugehen (Weitergehen des Beraters) und *zur Sprache zu bringen,* was den Klienten wirklich momentan bewegt und dabei insbesondere seine selbstbewertenden emotionalen Reaktionen einzubeziehen. Dazu gehört auch die Kunst der phänomenologischen Interpretation, des prozessorientierten vertiefenden Fragens und den Focus auf das „Hier und Jetzt" das gegenwärtige, momentane Erleben des Klienten zu legen.

Für die Klinische Sozialarbeit wichtig sind die zentralen Indikationsaussagen, die Rogers vornimmt (vgl. auch Sachse 1999):

- Der Klient muss kontaktfähig sein, d.h. der Helfer muss eine wahrnehmbare Veränderung im Erfahrungsfeld des Klienten bewirken (d.h. bspw. akute Intoxikation, psychotische Episoden, schwere geistige Behinderungen etc. lassen das klassische klientenzentrierte Vorgehen nicht indiziert erscheinen).
- Die Problematik des Klienten besteht in einer Inkongruenz zwischen seinem Selbstkonzept und seinen Erfahrungen und der Klient „spürt das auch in irgendeiner Art und Weise: als mit sich selbst uneins sein, sich

nicht verstehen, sich nicht akzeptieren und/oder in der Form von Gespanntheit, die Angst genannt wird“ (Sachse a. a. O.). Die Problematik besteht nicht primär z. B. in Defiziten in sozialen Kompetenzen, in sozialer Desintegration aufgrund von Defiziten in der sozialen Chancenstruktur etc.
- Zumindest in Ansätzen nimmt der Klient das Beziehungsangebot (in Form des einfühlenden Verstehens und der Wertschätzung) des Helfers wahr, d. h. der Kontakt muss gekennzeichnet sein durch die Fähigkeit auf Seiten des Klienten, Einfühlung und Wertschätzung wahr- und anzunehmen.

Längst nicht alle Klienten Klinischer Sozialarbeit können durch diese Vorgehensweisen erreicht werden, und dies wird auch durch die hier dargestellten „Indikationsregeln“ deutlich gemacht: *überall da, wo die Problematik nicht nur oder evtl. gar nicht durch erfahrungsbedingte Inkongruenz zwischen Selbstbild und Erfahrung und/oder zwischen Realbild und Selbstideal* hinreichend definiert ist, wo es sich also um *andere Problem- oder Störungstypen* handelt (z. B. informationelle Defizite, grundlegende Entwicklungsdefizite, soziale Desintegration, körperlich (mit)begründete Beeinträchtigungen, materielle Notlagen etc.; vgl. Schwartz 1973; auch Sander 1999; Pfeiffer 1994, 1984), sind weitere und/oder andere Interventionen und Hilfsmittel notwendig (siehe Kapitel „Psycho-soziale Behandlung“).

Bereits im Rahmen der Forschungen und Weiterentwicklungen des Klientenzentrierten Ansatzes wurde ein Fülle weiterer Dimensionen beraterischen Gesprächs-Handelns konzeptualisiert:

- Aktives Bemühen, Suchen, Nachdenken des Beraters/Therapeuten;
- Ausmaß innerer Anteilnahme/Sorge/Commitment des Beraters/Therapeuten;
- Konkretheit des Ausdrucks des Beraters/Therapeuten;
- Spezifizieren/Differenzieren (Auflösen komplexer inhaltlicher Darstellungen, Probleme, Erlebnisweisen in einzelne Aspekte);
- Verallgemeinern/Generalisieren (Stellen einer Klienten-Äußerung in einen größeren Zusammenhang);
- Konfrontation: Berater greift Diskrepanzen auf; beispielsweise Diskrepanzen innerhalb verbaler Aussagen des Klienten, z. B. zwischen der augenscheinlichen Selbsteinschätzung des Klienten und seinem Idealbild, Diskrepanzen zwischen verbalem und nonverbalen Ausdruck, Diskrepanzen zwischen der Selbsteinschätzung des Klienten und der Sichtweise des Beraters/Therapeuten;
- Ansprechen von Beziehungen zu anderen Personen;
- Selbstöffnung/Selbsteinbringen des Beraters/Therapeuten.

Die Interventionen des Beraters/Therapeuten beziehen sich immer auf die Erlebensprozesse eines konkreten Klienten. Sowohl für die Beurteilung, ob Klientenzentrierte Psychotherapie oder Beratung indiziert ist, als auch für die Beurteilung des Fortschrittes und Erfolgs durch das klientenzentrierte Vorgehen, ist es wichtig, den Klienten in diesen Aktivitäten zu fördern. Im einzelnen handelt es sich hierbei um:

- Engagement des Klienten: die Aktivität des Klienten in der Beratung/Therapie ist sehr wesentlich. Berater können ohne Engagement und Resonanz beim Klienten keine Erfolge erzielen. Beratungserfolg wird weder vom Berater/Therapeuten allein, noch vom Klienten allein erreicht, sondern von beiden als Team;
- Selbstexploration: Ausmaß, in dem der Klient über Gefühle und emotionale Zustände spricht, in dem er über Ziele und Wünsche spricht, in dem er über Eigencharakteristika spricht (Kommunikation über das Selbst);
- Selbst-Kommunikation: Ausmaß, in dem jemand über sich selbst nachdenkt (laut oder leise), d. h. über die eigene Person oder über Ereignisse, die zur eigenen Person in Beziehung stehen;
- Experiencing: Bezugnahme des Klienten auf das aktuell ablaufende eigene Erleben, mit einer starken Betonung der Körperwahrnehmung und der affektiven Verarbeitung. Es geht um Aspekte der „gefühlten, gespürten Bedeutung" und ihrer Klärung (demgegenüber kann Selbstexploration auch stärker kognitiv sein);
- Selbst-Bezug/Offenheit: Klienten, die Gefühle zulassen, die sich intensiv mit sich selbst und ihren Problemanteilen auseinander setzen, haben eine gute Veränderungsprognose.
- Sprechen über andere Personen: Forschungsergebnisse belegen, dass Klienten, die fast nur über andere Personen sprechen und kaum über sich selbst, ihren Zustand nicht verbessern oder sogar verschlechtern. Günstig ist, wenn Klienten über für sie bedeutsame andere Personen sprechen *und ihre Beziehungen, Reaktionen, Gefühle* etc. zu diesen *und* sich dabei *mit den eigenen Anteilen* an der Beziehungssituation auseinander setzen.

Hans Swildens (1991) entwickelte seine *Prozessorientierte Gesprächspsychotherapie* im Hinblick auf die praktische Notwendigkeit, in der Arbeit mit schwer psychisch gestörten Menschen stärker direktive Vorgehensweisen zu entwickeln, die auch differenzielle gesprächstherapeutische Strategien bei unterschiedlichen Störungen ermöglichen. Als Unterschiede zwischen klassischer klientenzentrierter Therapie und prozessorientierter Gesprächspsychotherapie zeigt er auf:

Klassische Gesprächspsychotherapie: ein verhältnismäßig gesunder Mensch mit Problemen will über seine Probleme sprechen. Er leidet unter Kummer, Wut, Verletztheit, Einsamkeit, Schuldgefühl. Seine innerpsychische Situation kann mittels der klassischen Vorgehensweisen in der klientenzentrierten Gesprächspsychotherapie durch die Eigenaktivitäten des Klienten selbst überwunden werden, d. h. bei der klientenzentrierten Gesprächspsychotherapie wird das Hilfeverlangen immer wieder auf den Klienten selbst zurückgekehrt.

Prozessorientierte Gesprächstherapie: Menschen mit schwereren psychischen Erkrankungen (u.a. Depression, Neurosen, Magersucht, Alkoholismus – sie haben die eigene Vergangenheit nicht wirklich ausreichend zur Verfügung, werden mehr als gewöhnlich durch Angst vor der Zukunft in Anspruch genommen, der mitmenschliche Umgang ist ernstlich behindert durch Furcht, Misstrauen, Dominanz, Manipulation) bei denen der Entwicklungsprozess in seiner vollen existenziellen Bedeutung stagniert, benötigen sowohl eine sorgfältige Diagnostik und Indikationsabklärung als auch ein aktiveres therapeutisches Vorgehen. Hier erfordert klientenzentriertes Arbeiten eine starke Prozessorientierung und aktives Intervenieren seitens des Therapeuten. Die Rogers'schen klientenzentrierten Grundsätzen bleiben zwar bestehen, jedoch muss die Stagnation aktiv überwunden werden.

Im Laufe der Jahre hat es eine Reihe weiterer theoretischer und empirischer Forschungsaktivitäten zur Gesprächspsychotherapie gegeben (vgl. z.B. Heinerth 1981; Lietaer & Neirinck 1986; Mittag 1987; Sachse & Maus 1991; Sachse 1992, 1996 u. 1999, Speirer 1994; Tscheulin 1995 u. 1992; Finke 1994; Greenberg, Rice & Elliott 1995). Auch zur spezifischen Fundierung und Erweiterung der Klientenzentrierten bzw. „Personorientierten Beratung" sind wichtige Arbeiten erschienen:

Straumann (1992) sieht eine präventiv orientierte und personorientierte Beratungsarbeit im psycho-sozialen Kontext durch die Konzentration auf zwei Hauptaspekte bestimmt: „Sowohl auf die Förderung und Unterstützung des *Einzelnen* – körperlich, seelisch, geistig, sozial und materiell-existenziell wie auch auf die Entwicklung von *Bedingungen*, die ein gesundes Leben und eine konstruktiv erlebbare eigenständige Gestaltung des persönlichen Lebens ermöglichen. Hierzu zählen soziale, ökologische, gesellschaftliche, ökonomische, institutionell-rechtliche, kulturelle und u.a. auch geschlechtliche Faktoren und Interdependenzen." (119) Damit aber gesundheitsfördernde Hilfen im Rahmen psycho-sozialer Beratung bei einzelnen Personen oder Gruppen wirksam greifen können, muss zunächst mittels methodisch fundierter Beratungsgespräche die Bereitschaft für die Wahrnehmung und Annahme der Angebote geweckt werden, d.h. es müssen bestimmte persönliche Bedingungen zum Tragen kommen:

- „eine subjektiv erlebte Betroffenheit und ein spezifisches Unwohlsein,
- die Motivation und Offenheit zu einer möglichen Korrektur problematisch verlaufender Entwicklungen, d.h. auch
- die Einsicht bzw. das Bewusstsein des Einzelnen in die Notwendigkeit von Für- oder Vorsorge, dem ein gewisses Selbstwertgefühl und Selbstwertschätzung zugrunde liegen,
- Kenntnisse und Informationen über mögliche Hilfeleistungen und
- das Vertrauen in Hilfen bzw. in die Personen, die bestimmte Hilfen anbieten sowie Zutrauen und Selbstvertrauen in mögliche Veränderungsprozesse." (Straumann ebd. 120)

Sander (1999) hat ein Typenschema von *Problemerfahrungsfeldern* und *Lösungsangeboten* vorgestellt, dessen Typologie von Beratungsvorgängen eine hilfreiche Orientierung für potenzielle Zielbereiche der personorientierten Arbeit mit Klienten bietet. Er unterscheidet (ebd. 37 ff.) als *Problemerfahrungsfelder*:

- *Lebenswelterfahrung* als Erfahrung der sachlich-materiellen Aspekte der Umgebung, des Berufs- und Arbeitslebens, von Institutionen, Organisationen und Verwaltungen, der physischen Umgebung, wirtschaftlicher und technischer Prozesse, von Gesellschaft und Kulturerfahrung.
- *Beziehungserfahrung* als Erfahrung der Beziehung zu wichtigen Bezugspersonen wie Familie, Partnerschaft, Freundschaft, Peergroups, Nachbarschaft, Arbeitsgruppen bzw. zu allen Personen, mit denen der Mensch in einer für ihn bedeutsamen Weise verbunden ist oder war.
- *Selbsterfahrung* als Erfahrung der eigenen Person (körperlich, sozial und psychisch) insbesondere im Kontakt (Feedback und Reaktionen) mit anderen, einschließlich Selbstreflexion und Distanzierung, die Erfahrung neuer Aspekte der eigenen Person durch das Feedback oder Verhalten anderer Menschen.

Psycho-soziale Beratung bietet nach Sander Lösungshilfen auf verschiedenen Ebenen an:

- *Information und Orientierung* als Anbieten von Wissen und Fakten zur besseren Durchschaubarkeit, Vorschlagen von Vorgehensweisen und Plänen, Information über bestimmte Sachverhalte, Vermittlung von entsprechendem Grundwissen.
- *Deutung und Klärung* als sinnvolles Ordnen und Zusammenfassen verschiedener Erfahrungsaspekte, von Wahrnehmungsinhalten und Zusammenhängen, als Erkundung und Klärung von ungelösten Fragen, unbekannten Sachverhalten, Gefühlen und Einstellungen, als Erarbeitung neuer Sichtweisen und Sinngebungen.
- *Handlung und Bewältigung* als Erwerb eines Handlungsrepertoires und der entsprechenden Kompetenzen, Aneignung von Verhaltenstechniken einschließlich Übungen (z. B. soziale Durchsetzung, Training eines effektiveren Umganges mit Behörden).

Aus diesen insgesamt drei mal drei Kategorien ergibt sich ein Typenschema psycho-sozialer Beratung mit neun Feldern, die jeweils bestimmte Beratungstypen beinhalten.

Typenschema von zielrelevanten Problemfeldern in der psycho-sozialen Beratung (nach Sander 1999)

Lösungs-angebote	Problem-Erfahrungsfelder		
	Lebenswelt-erfahrung	*Beziehungs-erfahrung*	*Selbst-erfahrung*
Information und Orientierung	*Typ 1* vorwiegend Sachberatung in den Gebieten Beruf, Arbeit, Recht, Verwaltung, Institutionen, Gesundheit usw.	*Typ 2* Ehevorbereitungsberatung, Sexualberatung, klassische Erziehungsberatung usw.	*Typ 3* Berufsberatung, Begabungsberatung, diagnostische Beratung, Gesundheitsberatung, Eignungsberatung
Deutung und Klärung	*Typ 4* Klärende und überschaubar machende Beratung in Verwaltung, Politik, Gemeinwesen, Wirtschaft usw.	*Typ 5* Paarberatung, Familienberatung, Personalberatung, Organisationsberatung, Institutionsberatung usw.	*Typ 6* Psychotherapeutische Beratung, Krisenberatung, Sterbeberatung, Selbstklärung, existenzielle Beratung usw.
Handlung und Bewältigung	*Typ 7* Schuldnerberatung, Beratung über effektiven Umgang mit Institutionen, Behörden, Verwaltungen usw.	*Typ 8* Mediationsberatung, Trennungsberatung, lösungsorientierte Familienberatung, Verhaltensmodifikation bei Paaren und Familien usw.	*Typ 9* Gesundheitsberatung, Stressberatung, Mediationstechniken, Verhaltensmodifikation bei seelischen und körperlichen Störungen usw.

In seinem Beitrag im „Handbuch der Beratung“ (Nestmann & Engel 2004) formuliert Sander (ebd. S. 336) spezifische „Störungen“ der Beratungsklienten, sowie deren Ursachen. Danach erlebt auch ein Beratungsklient Inkongruenzen, die allerdings anders bedingt und strukturiert seien als bei Psychotherapieklienten. Letztere erlebten i. d. R. eher Inkongruenzen zwischen Selbstkonzept und organismischen Erfahrungen. Beratungsklienten seien eher konfrontiert mit Inkongruenzen zwischen ihrem Selbstkonzept und gegenwärtigen Anforderungen/Belastungen/Konflikten mit wichtigen Bezugspersonen bzw. Bezugsgruppen und in der Lebenswelt. Hier verknüpft Sander die Rogers'sche Inkongruenztheorie mit einer „Belastungstheorie“ der Beratung. Aus Sicht der Klinischen Sozialarbeit ist hinzuzufügen, dass es bei ihrem Klientel nicht selten um Interaktionen zwischen schwerwiegenden Inkongruenzen in beiden Bereichen (organismischen und externen Belastungen) geht.

Bei der Frage der spezifischen Einsatzmöglichkeiten und Grenzen des Klientenzentrierten Ansatzes in der Sozialen Arbeit hat Schwarz 1997 in einem unveröffentlichten Arbeitspapier Thesen zum Klientenzentrierten Ansatz in der sozialarbeiterischen Beratung formuliert, die seine Bedeutung, Möglichkeiten und Grenzen auch für Klinische Sozialarbeit umreißen:

- „Wir wissen nicht, was gut für den Klienten ist – manchmal führen die merkwürdigsten Ereignisse zu konstruktiven Entwicklungen.
- Wir vertrauen darauf, dass im Prinzip jeder Klient an einer konstruktiven Entwicklung seiner Person wie seiner Beziehung zu anderen Menschen interessiert ist.
- Jedes Verhalten, also auch das problematische, ist für das Individuum oder das System um das Individuum herum sinnhaft und daher verstehbar.

Im Unterschied zur Klientenzentrierten Psychotherapie geht es in der Klientenzentrierten Beratung nicht in erster Linie um die (personale) Selbstentwicklung, sondern um die Bewältigung von Anforderungen, die sich aus der individuellen Lebenssituation ergeben haben oder als Aufgaben vom sozialen/gesellschaftlichen Umfeld gestellt wurden.

- Beratungsziel ist danach so etwas wie ‚verantwortete Souveränität des Klienten'.
- Je nach Aufgabenbereich des Beraters kann dazu auch die Verantwortung für die Bewältigung der gestellten Anforderungen gehören.

Folgen für eine klientenzentrierte beraterische Haltung bzw. für klientenzentrierte Interventionen:

- Wichtiger noch als in der Psychotherapie ist in der Beratung das Verstehen des Klienten, insbesondere in seiner Reaktion auf die an ihn gestellten Anforderungen, weniger wichtig bis unangemessen ist das Verbalisieren vom Klienten geäußerter emotionaler Erlebnisinhalte.
- Verstehen und Akzeptanz der Sinnhaftigkeit des Klientenverhaltens sind wesentliche Elemente der Beraterhaltung, sie sind aber deutlich zu unterscheiden von einem Verzicht auf Forderungen an den Klienten.
- Zentral ist danach eine klientenzentrierte Haltung, nicht das verbale Verhalten.
- Die Anforderung an diese Haltung ist vor allem in beraterischen Settings der Sozialarbeit, den Klienten in seinem Anders-als-gewünscht-Sein oder seinem Unvermögen zu verstehen und zu akzeptieren, ohne auf die Aufrechterhaltung der Anforderungen an ihn zu verzichten.
- Das Vertrauen auf Seiten des Beraters, dass der Klient auch etwas ‚aushalten' kann (und muss), z.B. die an ihn gestellten Forderungen, ist durchaus als Ausdruck seiner unbedingten Wertschätzung, als Ausdruck seiner Bereitschaft, ihn ernst zu nehmen, zu verstehen.
- Das Klientenzentrierte Konzept ist aus dieser Perspektive eher ein Meta-Konzept, das hilft, die Angemessenheit von Handlungsschritten für den

konkreten Klienten zu beurteilen; die Handlungsschritte selbst sind anderen Quellen zu entnehmen oder vom Berater zu entwickeln."

Die Integration des gesprächs- und des gestalttherapeutischen Ansatzes zur Emotionsfokussierten Therapie und Beratung (vgl. Greenberg, Elliott & Lietaer 1994. Elliott et al. 2006), unter Einbeziehung auch verhaltensorientierter und kognitiver Konzepte, führt m. E. an dieser Stelle weiter.

4.3.3 Das Emotionsfokussierte Konzept

Ein an der individuellen Erfahrung orientiertes Vorgehen ist in der psychosozialen Beratung bei klinischen Aufgabenstellungen ohne ein spezifisches Verständnis der Emotionen nicht möglich. Die Arbeit mit Klienten/Patienten beinhaltet auch in der Klinischen Sozialarbeit in der Regel[15], dass auch ihre Gefühle und Erfahrungen zur Sprache gebracht werden, um Zugang zu finden zu dem, was für sie in ihrer Welt bedeutsam ist (Orientierung und Klärung). Somit ist es wichtig, sich der impliziten emotionalen und kognitiven Bedeutungen bewusst zu werden, die ihr Erleben und Handeln/Verhalten steuern. Emotionen konstituieren ein organisiertes, bedeutungsvolles und grundsätzlich adaptives Handlungssystem. Die biologische Funktion von Emotionen ist die Sicherung des Überlebens und der Reproduktion des Organismus. Gefühle stellen Rückmeldungen bereit über die eigenen Reaktionen auf bestimmte Situationen, mit dem Ziel, Anpassung und Problemlösung zu unterstützen (vgl. Greenberg et al 1995). Auch wenn Emotionen manchmal mit Dysfunktionen verbunden sind, (sie z. B. als destabilisierend, verwirrend erlebt werden), so sind ihre Effekte grundsätzlich positiv und adaptiv. Normalerweise leiten Gefühle und Empfindungen die Menschen zur Wahrnehmung wichtiger Bedürfnisse und motivieren wirksames Handeln. Emotionen sind reichhaltige Informationsquellen, Ergebnis eines komplexen inneren Verarbeitungssystems, das zweierlei bewertet:

- zum einen bewertet dieses Verarbeitungssystem alles das, was für das Subjekt bedeutsam ist,
- zum anderen bewertet es die wahrgenommene Möglichkeit der Zielerreichung.

In der von Moment zu Moment ablaufenden Arbeit am emotional-kognitiven Erlebensprozess im Beratungs- oder Therapiegespräch geht es darum, Klienten zu helfen, einen *Selbst-Bezug* zu entwickeln. Dabei wird eine Verbindung zu zugrunde liegenden selbst-relevanten kognitiv/affektiven

15 Bei bestimmten Erkrankungen und Behinderungen, die mit dauerhaften schweren Defekten der kognitiven Funktionen einhergehen gilt diese Prämisse nicht. Hier wird von Seiten Klinischer Sozialarbeit Erfahrung *für* die Klienten „organisiert" und primär auf der Situations-Verhaltensebene gearbeitet. Dass die Erfahrungsebene allerdings auch bei schweren hirnorganischen Degenerationsprozessen eine Rolle spielt, zeigen die Arbeiten zum Konzept der „Validation" (vgl. Feil 1992).

Strukturen hergestellt. Dadurch, dass Subjekten ihre Emotionen bewusst werden und sie diese artikulieren, gewinnen sie Wissen über die Bedeutung, die die sie umgebende Welt für sie hat. Emotionale Schemata verarbeiten vorbewusst eine Vielzahl kognitiver, affektiver und sensorischer Informationen und fassen sie zu einem gestalthaften Gefühl persönlicher Bedeutsamkeit zusammen. Somit sind emotionale Schemata unverzichtbar bei dem Versuch, die Ganzheitlichkeit des menschlichen Wesens zu verstehen und zugänglich zu machen: Sie sind komplexe, integrierende, organismisch verankerte kognitiv-emotive Reaktionen auf die Wahrnehmungen der Subjekte von sich selbst und von der Welt.

Komponenten der Emotion

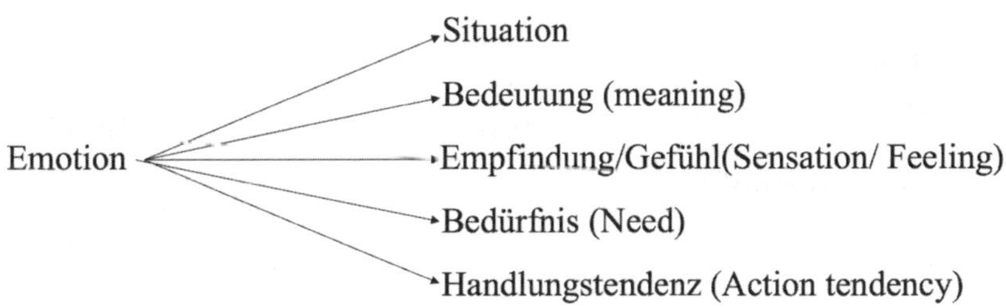

Emotionale Schemata integrieren soziale Erfahrungen ebenso wie biologische Prozesse, kognitive und motivationale ebenso wie physiologische: alle werden im Erleben zu einer zusammenhängenden komplexen Erlebensqualität. Im Lichte dieser Betrachtung wird das Subjekt als ganzheitliches, organismisches Wesen verstanden, das

- Affekt (in Form physiologischer Erregung – arousal- und sensorischen bzw. Körperempfindungen),
- Kognition (in Form von Einschätzungen, Erwartungen und Überzeugungen),
- Motivation (in Form von Bedürfnissen, Sorgen, Intentionen/Absichten und Zielen),
- Handeln (Handlungs-/Verhaltenstendenzen in Form expressiv-motorischer Antworten auf Wahrnehmungserwartungen)

fortwährend, bei allem was es tut, verarbeitet und integriert.

Veränderung der Erfahrung besteht in der Reorganisation existierender Schemata des Erlebens und der Schaffung neuer. Diese Integrationsleistung ist die Grundlage der „Selbst-in-der-Welt-Erfahrung“ und des Bewusstseins. Obwohl hier komplexe mentale Komponenten verschiedener Art beteiligt sind, bildet das emotionale Schema den Kern: denn die verschiedenen mentalen Repräsentationen sind um die emotionale Reaktion auf die Welt herum geformt. Diese emotional verankerten Erfahrungsschemata integrieren automatisch propositionale, sensorische und propriozeptive Informationen, mit dem Ziel der Erfahrung eines körperlich gefühlten Selbst-in-der-Welt (Greenberg et al., ebd.: embodied sense of feeling of oneself in the world).

Netzwerk der Komponenten eines emotionalen Schemas

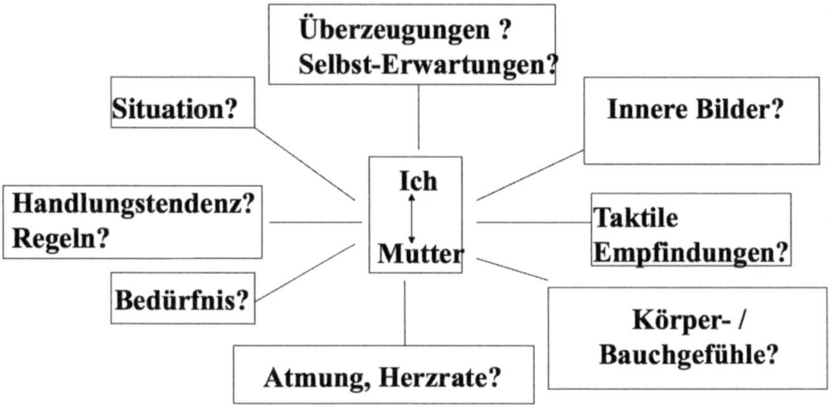

Genau diese psychischen Strukturen organisieren und strukturieren bzw. stabilisieren automatisch anfänglich vorübergehende und flüchtige Reaktionen und stellen damit ein überdauerndes Selbstgefühl (Selbst-in-der-Welt der Person-in-der-Situation) sicher (Identität). Und es sind diese Strukturen, die den Subjekten potenziell bewusst zugänglich (wahrnehmbar und verstehbar) machen, was für sie persönlich bedeutsam ist. Die Menschen beziehen sich auf ihre emotional verankerten Erfahrungen, wenn sie erzählen, was für sie wichtig ist, wie sie ihre Welt einschätzen (*appraisal*) und wie sie mit ihr zurechtkommen (*coping*). Interventionen zur Veränderung, die am Erleben ansetzen bzw. dieses einbeziehen, bestehen in der Aktivierung und Förderung des Flusses dieser emotional verankerten Schemata. Die beiden Schlüsselaktivitäten des Beraters/Therapeuten sind dabei

1. die empathische Abstimmung auf das von Moment zu Moment ablaufende Gefühlserleben des Klienten,
2. die Erleichterung spezieller Erlebensprozesse zu spezifischen Zeitpunkten, um die Aktivierung und die Reorganisation der emotionalen Schemata vorwärts zu bringen.

Damit emotionale Veränderung eintreten kann, müssen diejenigen Bedeutungsstrukturen, die emotionales Erleben in Gang setzen und tragen, aktiviert werden, so dass sie das gegenwärtig ablaufende Erleben bestimmen bzw. steuern. Nur dann werden sie nämlich zugänglich für neuen Input und neue Erfahrungen und damit für Veränderung. Wenn das Beratungsgespräch als gefühlsbetontes Geschehen erlebt wird, ist dies ein Hinweis, dass die relevanten Bedeutungsstrukturen aktiviert worden sind, und dass sie aufnahmebereit sind für die Verarbeitung neuer Informationen. In der Arbeit geht es nun darum, dem Klienten zu helfen, das eigene Erleben und die eigenen Erfahrungen wahrzunehmen und zu verändern bzw. neue emotionale Bedeutungen zu schaffen.

Ein zentrales Element des Veränderungsprozesses ist die systematische Förderung der *Aufmerksamkeit* des Klienten. Diejenigen Aspekte, denen ein Klient seine Aufmerksamkeit zuwendet, bilden die Basis für seine Bewusstheit. Wenn in spezifischen Momenten mit Hilfe spezieller Gesprächstechniken die Richtung der Aufmerksamkeit verändert wird, verändert sich die Bewusstheit. Somit ist es wichtig, nicht nur *über* ein Problem zu reden oder zu versuchen, es rational zu lösen, sondern sich den *gefühlten Erfahrungen* zuzuwenden. Dieser Prozess reorganisiert den gegenwärtig ablaufenden Erlebensprozess durch die Veränderung des Fokus der Aufmerksamkeit und der Wahrnehmungserwartungen. Die Veränderung der Richtung der Aufmerksamkeit ist äußerst bedeutsam für die Veränderung sowohl des Erlebens als auch des Handelns, weil sie neue Bewusstheit zur Folge hat. So kann bspw. das im Beratungsgespräch zugelassene Gefühl von Enttäuschung, von Verlorenheit oder von Ärger, weil man herabsetzend behandelt wurde, zu semantischen und perzeptiven Veränderungen führen, und so neue Optionen und Entscheidungen des Handelns ermöglichen. Neues, verändertes Verhalten tritt grundsätzlich auf, wenn und insofern neue Wahrnehmungen oder ein neues Verständnis der Situation auftreten und neue Optionen/Möglichkeiten des Handelns wahrgenommen werden. *Veränderung der Bewusstheit ist somit der Schlüssel zu verändertem Verhalten und differenzielle Veränderung der Aufmerksamkeit ist der Schlüssel zur Veränderung der Bewusstheit.* Regel: Verändere irgendein Element der Aufmerksamkeit im gegenwärtigen Erlebensprozess, oder verändere dessen Interpretation, so entsteht eine neue Perspektive und neue Bedeutung.

Im Emotionsfokussierten Ansatz ist die Inkongruenz zwischen (körperlich) Gefühltem und ins Selbst-Gewahrsein Symbolisiertem nicht mehr die alleinige Quelle von psychischer Dysfunktion. Ins Zentrum rückt ebenfalls die Aktivierung von massiv-negativen emotionalen Schemata (wie bei gravierenden Bindungsstörungen, nach Missbrauch oder bei psychotischen oder post-traumatischen Erlebensformen) sowie die Unfähigkeit, Emotionen zu regulieren und divergierende innerpsychische Prozesse zu integrieren. Emotionsfokussierte psycho-soziale Beratung und Therapie kombiniert zwei Elemente: (1) Beziehung (relationship) und (2) Bearbeitung (work).

- Beziehung: Aufmerksamkeit für eine einfühlsame (empathische) und akzeptierende Beziehung.
- Bearbeitung: Anwendung spezifischer Bearbeitungsformen mit unterschiedlichen Interventionen bei speziellen Aufgaben- bzw. Problemstellungen.

Die entscheidende Erweiterung des Rogers Konzepts besteht in der Direktivität und Vielfalt der Interventionen („marker guided interventions") um die Probleme der Klienten bei der Emotionverarbeitung, Emotionsregulation und Kommunikation zu bearbeiten. Im Gesprächsprozess werden „marker" identifiziert, die sowohl auf die jeweiligen Störungen des Erlebensprozesses als auch auf die Bereitschaft des Klienten zur tieferen Exploration und Bearbeitung derselben hinweisen (vgl. auch Keil 2001/2010). Darauf zugeschnitten werden spezifische Interventionstechniken eingesetzt:

Marker	**Operation**	**End State**
Verletzlichkeit, Gekränktheit (schmerzhafte selbstbezogene Emotionen)	Empathische Einfühlung, empathische Bestätigung	Selbst-Bestätigung (fühlt sich verstanden, hoffnungsvoll, stärker)
Nicht gespürte/erlebte oder unklare Gefühle	Experiential Focusing	Symbolisierung der Gefühle (Productive Experiential Processing)
Gespaltene Selbsteinschätzung (Selbstkritik, Zerrissenheit)	Zwei-Stühle-Dialog	Selbst-Anerkennung, Eingliederung/Integration
Selbst-Unterbrechung (blockierte Gefühle, Resignation)	Zwei-Stühle-Dialog	Selbst-Äußerung, Selbstsicherheit
Unerledigte Geschäfte (das bleibende schlechte Gefühl gegenüber specific other)	Leerer-Stuhl-Arbeit	Vergeben dem Anderen oder halte ihn für verantwortlich (Affirm Self or Separate)

Die klassischen Reaktionsmodi wie Empathisches Spiegeln (empathic reflections) und Empathisches Bestärken (empathic affirmation) werden schon in der Beziehungsphase durch „Empathische Exploration" erweitert:

- Exploratives Spiegeln (exploratory reflections): tastendes Animieren zu weiterer Selbstexploration
- Evokatives Spiegeln (evocative reflections): durch anschauliche Bilder, ausdrucksstarke Sprache, stimmliche Färbung Zugang zu den aktuellen Gefühlen und emotionalen Schemata des Klienten zu finden

- Exploratives Fragen (exploratory questions): Förderung der Selbstexploration des Klienten durch direkte Fragen nach dem Erleben.

Die von Elliott et. al. (2004) formulierten Schritte der Fallformulierung zur Entwicklung eines Fokus für die Problembearbeitung zeigen sehr schön, wie das Vorgehen in diesem Ansatz strukturiert ist:

- Identifiziere das vorgebrachte Problem
- Höre zu und exploriere das Narrativ des Kl.
- Beobachte die Art, wie Kl. Emotionen verarbeitet
- Identifiziere schmerzliche Aspekte des Erlebens d. Kl. (pain compass)
- Sammle Informationen über gegenwärtige Beziehungen d. Kl. ggf. auch über frühere Bindungserfahrungen
- Identifiziere Marker (Kennzeichen) der intra- und interpersonalen Probleme, die zum Problem- und Leidensdruck beitragen
- Tausche Dein Verständnis mit Kl. aus und erarbeite/schlage angemessene Aufgabenbearbeitungen vor
- Beachte das gegenwärtige, aktualgenetische Erleben d. Kl. um deine Interventionen zu leiten.

4.3.4 Die systemisch-familientherapeutische Beratung

Es gab verschiedene theoretische Entwicklungen, die zum Ansatz der Familientherapie unterstützend beitrugen. Traditionell wird die Anwendung von Familien- bzw. systemischer Therapie viel stärker von den Anwendungskontexten und den beteiligten Berufsgruppen geprägt als von Krankheitsbildern – mit nennenswerter Beteiligung von Sozialarbeiterinnen und Sozialarbeitern. Sie wird angewandt bei einem breiten Spektrum von Störungen und Problemen, in der Beratung, Krisenintervention, sozialpädagogischen Familienhilfe, Behindertenarbeit, Psychotherapie und Psychiatrie. Die besten psycho-sozialen Ressourcen für Klienten liegen in vielen Fällen innerhalb der Familie. So ist es bei allen Problemstellungen, die existenzielle Herausforderungen darstellen (z. B. schweren körperlichen und psychischen, chronischen Erkrankungen), in der Regel wichtig, die Familienressourcen zu mobilisieren. Ebenso bei Generationskonflikten und Ablösungsproblemen Jugendlicher, Erziehungsschwierigkeiten, psychischen Störungen bei Kindern und Jugendlichen, bei Suchterkrankungen, bei Alterserkrankungen (z. B. Familienpflege und Familientherapie bei Altersdemenz, vgl. z. B. Klein 2003).

Scheib und Wirsching (2000, 241) stellen in gedrängter Form die Wurzeln dar: „Die Familientherapie, als ‚heterogenes Bündel‘ unterschiedlicher therapeutischer Perspektiven, Theorien und Handlungsanweisungen, hat Wurzeln in der Psychoanalyse, der Kommunikationstheorie, der antipsychiatrischen Bewegung, der Kybernetik und in konstruktivistischen Theorien sowie systemischen Denkweisen (vgl. Glasersfeld 1987, Laing 1964). Die interpersonelle Betrachtung psychiatrischer Störungen durch H. S. Sullivan ergänzte die noch in den 1950er Jahren in der nordamerikanischen Psychiatrie vorherrschende intrapsychische Perspektive. Der Anthropologe G. Bateson formulierte zusammen mit Kollegen die ‚Double-Bind'-Theorie, in der typische Symptome der Schizophrenie auf paradoxe Kommunikationsweisen zwischen Eltern und Kindern zurückgeführt wurden (Bateson, Haley, Jackson, Weakland u.a. 1919–1969; Bateson 1972). Watzlawik und Mitarbeiter (1967) u.a. thematisierten, wie sehr Beziehungsprozesse als kommunikative Prozesse verstanden werden können und stellten fest, dass wir ‚nicht nicht-kommunizieren' können. Diese kommunikativen Strukturen schaffen (Lebens-)Wirklichkeiten, die durch reflexive Beobachtung und kommunikative Interaktion verändert werden können. Die kommunikativen Prozesse selbst unterliegen soziokulturell sich wandelnden semantischen Codierungen. Luhmann (1982) beschreibt z.B. die Bedeutung dieser Prozesse für das Empfinden von Liebe und Zuneigung in Partnerschaften und die daraus folgende Entwicklung der modernen familiären Systeme, die besonders stark auf der persönlichen Zuneigung und der Erfahrung von Liebe beruhen.

Starke Impulse zur Entwicklung der Paar- und Familientherapie in der heutigen Form gingen von sozialtherapeutisch engagierten Psychiatern, Psychologen und Sozialarbeitern aus, die in den USA in ihren jeweiligen Arbeitsfeldern die Erfahrung machen konnten, dass sich in therapeutisch wenig zugänglichen Bereichen (z.B. Psychosen, Delinquenz, Sucht und bei der Arbeit mit sozialen Randgruppen) neue Möglichkeiten erschließen, wenn das Umfeld der Patienten in gemeinsame Gespräche einbezogen wird.

Die weitere Entwicklung war dann durch Persönlichkeiten geprägt, die als Leitfiguren unterschiedliche theoretische und praktische Herangehensweisen vertraten. Dies führte zu einer starken Schulenorientierung innerhalb der Familientherapie. So stehen etwa Richter, Sperling, Willi, Bauriedel für die psychoanalytische Orientierung, Satir, Whitaker u.a. für eine entwicklungs- und wachstumsorientierte Orientierung, Minuchin für die strukturelle Familientherapie. Haley, Stierlin, Selvini-Palazzoli, Cecchin, Boscolo u.a. entwickelten und verbreiteten die systemische oder auch strategische Orientierung in der Familientherapie bzw. systemischen Therapie.

Heute befindet sich die Familientherapie im Umbruch. Einerseits ist gegenüber der ‚Gründungseuphorie' und der Zeit der ‚großen Entwürfe' Ernüchterung über die Praxis der Familientherapie eingetreten, andererseits befindet sich das Feld, im Rahmen weitreichender Veränderungen des psychotherapeutischen und beraterischen Kontextes, auf dem Weg zunehmender Professionalisierung und Verwissenschaftlichung. Dies führt zu einer rationalen Definition der Indikationen und Anwendungsbereiche familien- und paartherapeutischer Techniken, zur Festlegung von Ausbildungsstandards und zu kooperativen Bemühungen der Zusammenarbeit verschiedener Berufsgruppen sowie zur Abstimmung psychotherapeutischer Behandlungsverfahren auf ein ‚Gesamtpaket' von Veränderungsbemühungen im einzelnen Fall."

Jeder erfahrenen klinisch-sozialarbeiterischen Fachkraft ist bewusst, dass seelische Gesundheit, Wohlbefinden, das Selbstbild und die persönliche Funktionsfähigkeit in vielfältiger Hinsicht verknüpft sind mit dem sozialen System einer Person (Kleve 1999; Lüssi 1992; Germain & Gitterman 1999). Wohl annähernd jede breit genug angelegte Definition von psychisch gestörten oder funktionsbeeinträchtigten bzw. verhaltensauffälligen Individuen schließt eine Beeinträchtigung oder Unfähigkeit zur Partizipation, Aufnahme oder Aufrechterhaltung gesunder interpersonaler Beziehungen im Rahmen eines Familien- und Freundschaftssystems ein. Die depressive, überlastete und ausgelaugte Mutter, der arbeitslose Alkoholiker, der suizidale Teenager, der vom Schulverweis bedroht ist, das sich in Trennungskonflikten befindliche Elternpaar mit dem den Schulbesuch verweigernden Sohn, die vereinsamte alte Frau im Hochhaus – sie alle haben mit der überwältigenden Überzahl der Klienten Klinischer Sozialarbeit verarmte, dysfunktionale oder defizitäre soziale Systeme gemein. Maguire (2002) schreibt: „The social work profession has become defined as one that utilizes the system of its clients. This is done through a broad, generalist approach that includes advanced-practice and generalist methods, the ecological approach, case management, and group and family systems interventions. There are dozens of levels and variations of systems-based interventions, but all of these have in common the realization that supportive, therapeutic, healthy, and sensitive systems are the sine qua non of functionality or mental health." (69)

Der bio-psycho-soziale Ansatz beinhaltet unvermeidlich eine systemische Perspektive (vgl. Staub-Bernasconi 1995). Schon die frühen psychoanalytisch-sozialpädagogischen Ansätze haben sich durchaus mit dem sozialsystemischen bzw. sozialpsychologischen Zusammenhang seelischer Erkrankungen beschäftigt (vgl. A. Adler 1975; Bernfeld 1929/1974; Freud 1994). Die frühen Casework-Ansätze von Mary Richmond und Alice Salomon (a. a. O.) haben von Anfang an die Person-in-der-Umgebung fokussiert. Gerade die Einführung der systemischen Perspektive im Rahmen familientherapeutischer Behandlung hat die Brücke zwischen klinisch-sozialarbeiterischen Vorgehensweisen und therapeutischer Arbeit neu befruchtet. Kleve (a. a. O.) betont besonders die Urheberschaft der sozialarbeiterischen Methodik.

Familienberatung und Familientherapie (diese Begriffe sind in der Literatur nicht eindeutig abgrenzbar) wird allgemein dadurch definiert, dass nicht eine Einzelperson als „Symptomträger" oder als „identifizierter Patient" behandelt wird, sondern die Familie als „System", als „Ganze". Die Anwendung der Systemtheorie auf die Familienarbeit machte deutlich, dass sowohl die Analyseebene als auch die Interventionsebene des Familiensystems andere Aspekte einer Störung anbietet als die Einzelbetrachtung des Individuums. Im Sinne des ehrwürdigen Ehrenfels-Kriteriums der „Übersummativität“ (Das Ganze ist mehr als die Summe seiner Teile) wird die Familienkommunikation als dem Individuum quasi übergeordnete (Meta-) Ebene betrachtet. Als Beispiel seien die drei „Axiome“ Salvadore Minuchins zitiert (1977, zn. von Schlippe 1984, 59):

- Das geistig-seelische Leben ist kein ausschließlich interner Vorgang. Jeder Mensch steht zu seiner Umwelt in einer Wechselwirkungsbeziehung.
- Veränderungen in der Familienstruktur tragen zu Veränderungen im Verhalten und den innerpsychischen Prozessen der Mitglieder bei.
- Das Verhalten des Therapeuten, der mit einer Familie arbeitet, wird Teil des Kontextes; Therapeut und Familie bilden ein neues System.

Die Gesamtheit der Familie ist eine Struktur. Die Realität dieser Struktur ist eine andere als die Realität der individuellen Mitglieder. Ziel der familientherapeutischen Beratung und Behandlung sind im Sinne dieser Prämissen nicht die Verhaltensweisen der Individuen, sondern ihre Beziehungen untereinander.

Grawe, Donati und Bernauer (1994) forderten die stärkere Beachtung der interpersonalen Perspektive nicht nur in den familientherapeutischen Ansätzen im engeren Sinne. Diese Forderung hat ebenso Geltung für die therapeutisch ausgerichtete klinisch-sozialarbeiterische Beratung und Behandlung. Auch in familiären Beziehungssystemen richtet sich menschliches Verhalten und Erleben nicht einfach nach der objektiven Situation, sondern nach der subjektiven Wahrnehmung der Situation. Krankheit ist in sozialkonstruktivistischer Sicht ein komplex organisiertes Geschehen: der Mensch mit einer Krankheit ist ein System, das mit seinen Funktionen, seinem Sinn und seiner Bedeutung zu verstehen ist. Im beratenden bzw. therapeutischen Kontext ist demnach nicht zu klären, ob ein Verhalten richtig oder falsch war, sondern es geht darum, sinnstiftende und nützliche Beschreibungen des eigenen Beziehungshandelns mit dem Ziel der Lösung oder Linderung zu erreichen. Dabei werden Ressourcen des Einzelnen und des ganzen Systems für die Entwicklung einer individuell sinnvollen Beziehungs- und Lebensgestaltung genutzt. Interventionen sollen also den interaktionellen Handlungs- und Verstehensspielraum erweitern (vgl. von Schlippe & Schweitzer 1997). Hierzu werden einfache und praktikable Gesichtspunkte zur Analyse und thematischen wie methodischen Orientierung der psycho-sozialen Beratung und Intervention gebraucht.

Familientherapeutische Konzeptionen sind allgemein dadurch gekennzeichnet, dass nicht eine Einzelperson behandelt wird, sondern die Familie als System. Die systemische Diagnostik sucht nach verdeckten Gesetzmäßigkeiten zwischen Symptomen und Interaktionsbedingungen und Prozessen (von Schlippe & Schweitzer 1997). Ein soziales System wie eine Familie hat Eigenschaften, die in einzigartiger Weise ihm zu eigen sind. Diese sind im Verlaufe der Zeit entstanden und in der Regel in einem ständigen Entwicklungsprozess begriffen. Was sich im Verlaufe der Entwicklung formt, sind Werte, Regeln, die Machtstruktur (verbunden mit formellen und informellen Rollen), Weisen des Aushandelns von Bedeutungen und Wege der Problemlösung. Wesentliche Grunddimensionen der Abklärung im Familiengespräch, die zugleich aber auch Interventionscharakter haben, weil sie natürlich in der Regel einen Austausch unter den Familienmitgliedern in Gang setzen, der zu einem Prozess der Bedeutungsveränderung führt, sind:

1. *Werte*: Welche Überzeugungen haben die Familienmitglieder, was gut und was schlecht ist?
2. *Regeln*: Welche Regeln gelten im Umgang miteinander? Wie wird damit umgegangen, wenn sie gebrochen werden?
3. *Rollen und Macht*: Welche Rollen gibt es in der Familie? Wie nimmt der Einzelne seine Rolle wahr, wie wird sie von den anderen wahrgenommen? Was sind die Kosten, was die Vorteile?
4. *Schlüsselfiguren*: Wer sind „Schlüsselfiguren" in der Familie und in der Familiengeschichte? Wie sind die Familienmythen über diese Figuren beschaffen und beeinflussen das gegenwärtige Erleben und Verhalten?

Die auffällige Person ist „Symptomträger" oder „identifizierter Patient", und dies deutet darauf hin, dass die Familie als ganze in einer Belastungssituation ist. Der oft sehr deutliche Zusammenhang von Symptomen mit Kommunikationsproblemen in der Familie ist häufig so interpretierbar, dass das betroffene Familienmitglied mit seinen Symptomen und seinem Problemverhalten sowohl auf das Problem aufmerksam macht, als auch versucht, damit zu einer Lösung beizutragen. Symptomverhalten kann aus dieser Sicht also als (letztlich misslingender) Lösungsversuch im und für das Familiensystem angesehen werden. So sorgt z. B. bei der Anorexia nervosa (Pubertätsmagersucht) das magersüchtige Mädchen dafür, dass die Mutter jemanden hat, um den sie sich sorgen muss; es vermeidet Kritik an der Mutter, beispielsweise um deren Depression zu verhindern; die Symptomatik ist Anlass zur Sorge in der Familie, damit andere Probleme nicht in den Vordergrund rücken usw. Bei einer solchen Interpretation darf aber nicht der Fehler gemacht werden, anzunehmen, dass damit das äußerst komplexe bio-psycho-soziale Geschehen hinreichend erklärt wäre und das Kommunikationsproblem die Ursache hinreichend bestimmt. Diese familientherapeutische Sicht ist *eine* Lesart, die heuristisch für bestimmte Teilinterventionen allerdings sehr hilfreich sein kann! In der psycho-sozialen Beratung und Intervention mit Familien sollte die Einbeziehung von Kindern, Jugendlichen und Eltern fallspezifisch organisiert werden. Möglich sind:

- Arbeit mit einzelnen Familienmitgliedern (beispielsweise Kindertherapie) mit gelegentlichen Gesprächen mit der Gesamt- oder Teilfamilie;
- Arbeit mit einem Teil des Familiensystems;
- Arbeit mit kompletter (Klein-)Familie;

- Einbezug einer dritten Generation; ggf. weiterer Verwandter;
- Einbeziehung wichtiger nicht verwandter Bezugspersonen sowie nicht sorgeberechtigter Elternteile;
- Mehrfamilienberatung.

Folgende Übersicht zeigt die verschiedenen familientherapeutischen Perspektiven und ihre Methoden und Techniken.

Auswahl bedeutsamer Ansätze der Familientherapie (aus Bodenmann 1998, 478)

	Psychodynamisch	**Erfahrungsorientierte (humanistisch)**	**Multigenerational**	**Strukturell**	**Kommunikationsorientiert/ strategisch**	**Verhaltenstherapeutisch**
Wichtige Vertreter	Boszormenyi-Nagy, Stierlin, Richter, Willi	Satir, Whitaker, Kemple	Bowen, Boszomenyi-Nagy, Stierlin, Sperling	Minuchin, Haley	Boscolo, Cecchin, Madanes, Selvini-Palzzoli, Watzlawik	Patterson, Stuart, Liberman, Hahlweg, Jacobsen, Margolin
Theoretischer Hintergrund	Psychoanalyse	Existenzaialismus, humanistische Psychologie, Phänomenologie	Systemtheorie	Strukruelle Systemtheorie	Kommunikationstheorie, Systemtheorie	Kognitivve u. soziale Lerntheorie
Therapieziele	Einsicht, Stärkung der Ich-Funktionen, Verbesserung der Objektbeziehungen	Wachstum, erfüllendere Interaktionsmuster, klarere Kommunikation, erweitertes Bewusstsein, Authentizität	Vergrößerung der Selbstdifferenzierung u. des Selbstwertes, „bezogene Individuation“ (Stierlin)	Restrukturierung dysfunktionaler Interaktionsmuster, Reorganisation der Strukturen u. Herstellung klarer Grenzen	Aufdeckung von geheimen Interaktionsmustern, Durchbrechung von “Familienspielen“	Aufbau von Kompetenzen in Kommunikation und Problemlösung
Interventionstechniken	Aufdeckung unbewusster Vorgänge, Familiengeheimnisse, Mehrgenerationengespräch, Aufdeckung von Delegationen, Kollusionen	Humanistische Grundhaltung, Authentizität u. Spontaneität des Therapeuten, Hinweise auf inkongruente Kommunikation, Aufzeigen günstiger Kommunikation, Arbeit mit Hoffnungen u. Erwartungen	Coaching zur Aufdeckung von familiären Regeln u. familiären Loyalitäten, Genogramm, Familien-skulptur	Aufdeckung von Machtstrukturen u. Grenzen, Verteilung von Aufgaben, Schaffung von Krisen, um die Familie in ein neues Gleichgewicht zu bringen, Reframing, parasoxe Intervention	Verstörung des Systems durch zirkuläre Fraugen, paradoxe Interventionen, Rtuale, Umdeutungen	Psychoedukative Programme, Kommunikations- u. Problemlösetraining

Scheib und Wirschung (ebd., 249 f.) geben einige Grundregeln für das Familiengespräch an:

- *Möglichst Arbeit mit einem oder mehreren Beobachtern* („Es ist hilfreich, dass sich die Therapeuten und Beobachter in einer Pause zum Ende des Gesprächs beraten. Hier können wichtige noch nicht zu Ende gekommene Themen aufgegriffen werden. ... Natürlich liegt die Grenze eines solchen Vorgehens in der Akzeptanz durch die Beteiligten.")

- *Klärung des Kontextes und Problemdefinition*: Klärung der Erwartungen der Beteiligten, des Überweisungsmodus mittels beispielsweise folgender Fragen:
  - „Wer hat Ihnen empfohlen, zu uns zu kommen?
  - Was war der Grund, warum Sie XY zu uns überwiesen hat?
  - Was wäre für ihn, für die Familienangehörigen, für Sie selbst ein gutes Behandlungsergebnis?
  - Welches Problem führt Sie zu uns?
  - Wer würde als erster merken, dass Sie gesund sind?
  - Was haben Sie bisher unternommen, um das Ziel zu erreichen? Wer macht sich am meisten Sorgen, wenn Sie das problematische Verhalten/Symptom zeigen?
  - Wie sehen Sie das Problem, wie sehen es die anderen?"

- *Gesprächsverlauf*: Wichtig ist die Herstellung einer Beteiligung aller Beteiligten, was oft durch sehr aktive und direktive Gesprächsführung erreicht werden muss. Dabei muss für die Herstellung einer vertrauensvollen Atmosphäre gesorgt werden.

- Ziel eines Familiengespräches ist vor allem die *Erweiterung des Problemverständnisses*: „Hierbei ist entscheidend, inwieweit das Erfahrungswissen, die Dynamik des Gesprächs und die subjektiv erlebte Beteiligung der Klienten ein vertieftes Verständnis der Problemkonstellation erlauben."

- Die Erweiterung des Problemverständnisses soll so angelegt sein, dass sie der *Förderung von Entwicklungsmöglichkeiten* dient. Wichtig ist dabei die Betonung von Ressourcen, indem auch das vorgetragene Problem selbst als Lösungsversuch gesehen wird, der allerdings erst als ein solcher verstanden werden muss:
  - „Was hat Ihnen an Hilfe von außen am meisten geholfen, was am wenigsten?
  - Welche Bedingungen sind notwendig, damit Sie sich eine Woche lang nicht depressiv fühlen?
  - Was klappt gut in der Familie?
  - Was möchten Sie auf keinen Fall ändern?
  - Wann war das Problem das letzte Mal nicht da?
  - Gab es Zeiten, in denen Sie sich besser verstanden haben?"

- Wichtig sind *Allparteilichkeit und Neutralität*: „Alle Familienmitglieder müssen das Gefühl haben, dass der Therapeut unterstützend auf seiner Seite stehen kann. Zwischen den Familienmitgliedern oft strittige Themen können vom Therapeuten neutraler gesehen werden, Durch die Allparteilichkeit wird die Berechtigung der Gefühle und Haltungen betont. Entscheidend ist die Förderung der Erkenntnis, dass es sich nicht um absolut entscheidbare Konflikte, sondern um das Finden einer Lösung in einer Konfliktsituation handelt."
- Als besonders hilfreich, um Erstarrung und Stagnation aufzulösen hat sich das zirkuläre Fragen erwiesen (Mailänder Schule, Selvini-Palazzoli). „Es hilft den Patienten, sich in die anderen hineinzuversetzen, fördert die Erkenntnis, dass es verschiedene Haltungen und Erlebnisweisen innerhalb der Familie gibt und entlastet die Therapeuten, da sie nun nicht mehr als Agenten der Konflikte erscheinen … Beispiele für zirkuläre Fragen sind:
  - Wer glaubt am ehesten, dass Sie sich gut wehren können?
  - Was glauben Sie, was Ihr(e) Vater/Mutter/Partner/Schwester zu dem Problem denkt?
  - Aus der Sicht Ihres Mannes, wer hat wohl die engere Beziehung zu ihrer Tochter, er oder Sie?"
- Zu der aktiven Weise zu fragen gehört auch, dass im Therapieprozess permanent Hypothesen über die familiäre Dynamik entwickelt werden, die dann im Gespräch gemeinsam überprüft werden, beispielsweise:
  - „Angenommen, Sabine entschiede sich in der nächsten Zeit, zum Vater zu ziehen, wie würde die Mutter darauf reagieren?
  - Wer von den beiden Töchtern wird zuerst heiraten?
  - Angenommen, Sie bekämen ein Kind, wie würde sich Ihre Beziehung zueinander verändern?"
- Zum Gesprächsabschluss wird jeweils eine Zusammenfassung über Verlauf und die wichtigsten Erkenntnisse vorgenommen. „Anstehende Entwicklungsaufgaben werden benannt", Aufgaben („Hausaufgaben") und „Themen werden mit auf den Weg gegeben".

Heekerens (2006) hat in seiner Darstellung der Funktionalen Familientherapie (FFT) verdeutlich, dass ein solcher Ansatz hervorragend für die praktische psycho-soziale Fallarbeit geeignet ist und weist darauf hin, dass entscheidende Interventionskomponenten aus der Klinischen Sozialarbeit stammen. Die Interventionen der FFT sind in mehrere Phasen gegliedert, die insbesondere auch die Aufgabenstellungen in der Arbeit mit Multiproblemfamilien fokussieren.

Behandlungsphasen der FFT und deren Ziele (nach Sexton und Alexander, 2000) (aus: Heekerens ebd., 21):

	Frühe Phase: Engagement und Motivation	Mittlere Phase: Verhaltensänderung	Späte Phase: Generalisierung
Ziele der Phase	(Arbeits-)Bündnis entwickeln, Negativismus/ Widerstand reduzieren, Kommunikation verbessern, Hoffnungslosigkeit minimieren, Drop-out-Potential reduzieren, Familienfokus entwickeln, Veränderungsmotivation erhöhen	individuelle Veränderungspläne entwickeln und implementieren, Präsentiersymptomatik (Delinquenz) ändern, Beziehungsfertigkeiten (z.B. bei Kommunikation und Erziehung) aufbauen	Veränderung aufrechterhalten/generalisieren, für Ressourcen im Gemeinwesen sorgen, die notwendig sind, um Veränderung zu stützen
Risiko- (R) und protektive (P) Faktoren	Negativismus/Vorwurfshaltung (R), Hoffnungslosigkeit (R), Motivationsmangel (R), Glaubwürdigkeit (P), (Arbeits-)Bündnis (P), Treatment-Verfügbarkeit (P)	geringe Erziehungskompetenz (R), Negativismus/Vorwurfshaltung (R), schlechte Kommunikation (R), hohe Erziehungskompetenz (P), gute Kommunikation (P), weitere (R oder P) im Einzelfall	schlechte Beziehungen mit/ zu Schule/Gemeinwesen (R), schwaches soziales Unterstützungssystem (R), gute Beziehungen mit/zu Schule/Gemeinwesen (P)
Assessment-Fokus	Verhalten (z.B. Präsentierproblem sowie Risiko- und protektive Faktoren), Sequenz von/Interpunktion bei Beziehungsproblemen (z.B. welche Bedürfnisse werden befriedigt oder nicht, welche Funktionen haben die Verhaltensweisen/ Handlungen), Kontext (Risiko- und protektive Faktoren)	Qualität der Beziehungs-Skills (z.B. Kommunikation und Erziehung), Compliance mit Änderungsplan, Sequenz von/Interpunktion bei Beziehungsproblem	Identifikation der benötigten Ressourcen des Gemeinwesens, Aufrechterhaltung der Änderung
Therapeuten-Skills	interpersonale Skills (Bestätigung, positive Interpretation, Re-Attribuierung, Reframing, Interpunktieren von Ereignisfolgen), hohe Verfügbarkeit	strukturierende Skills, Implementieren von Veränderungsplan, Modell/Fokussieren/ Steuern/ Trainieren	Familien-Case-Manager, Helfer beim Finden/ Erschließen von Ressourcen, Interventionen zur Rückfallprävention

Heekerens stellt in seiner zusammenfassenden Bewertung des Ansatzes klar dessen klinisch-sozialarbeiterische Merkmale heraus: „Die Familien der jugendlichen (Index-)Klienten/Patienten sind oft Multiproblemfamilien, in denen verschiedene Belastungsfaktoren ökonomischer (z.B. Arbeitslosigkeit), sozialer (z.B. Wohnen in sozialen Brennpunkten) und familienstruktureller Art (von Alleinerziehung bis Drogenabhängigkeit eines Elternteils) zu finden sind. Wegen der Besonderheiten der Klientel finden sich auch Interventionskomponenten, die weniger aus der Tradition der Psychotherapie und klinischen Psychologie als aus der der (klinischen) Sozialarbeit stammen; ein aktiv-aufsuchendes Zugehen auf die Familie und Familiengespräche im Rahmen von Hausbesuchen etwa. Wenn unter den Therapeuten-Skills der frühen Phase ‚hohe Verfügbarkeit' genannt wird, dann ist damit gemeint, dass man Familien in Problemlagen wie den beschriebenen weder mit langen Wartezeiten noch mit engen Praxiszeiten gerecht werden kann. Dass die Versorgungswirklichkeit in Deutschland üblicherweise anders aussieht, kann hier nur als offenes Problem markiert werden. Vor dem Hintergrund der genannten kontextuellen Besonderheiten ist auch verständlich, weshalb unter den Therapeuten-Skills der späten Phase ‚Helfer beim Finden/Erschließen von Ressourcen (v.a. im Gemeinwesen)' genannt wird.

Das fällt in Deutschland gewöhnlich in das Aufgabengebiet und in den Kompetenzbereich des Sozialarbeiters; ist der als institutioneller Kollege (in der Erziehungsberatungsstelle, in der kinder- und jugendpsychiatrischen Ambulanz etwa) vorhanden, ist gegebenenfalls dessen Mitarbeit zu gewinnen; in der freien Praxis muss man über ein eng gesponnenes Netz professioneller Hilfesysteme verfügen. Familien-Case-Manager kann und soll auch der niedergelassene Kinder- und Jugendlichen-Psychotherapeut sein. Er kann es sein, wenn er auf andere professionelle Hilfe zurückgreifen kann, und er soll es sein, weil Familien, und zwar nicht nur Multiproblem-Familien, mehr oder minder schnell die Hoffnung auf Erfolg verlieren, wenn sie sich „herumgeschickt" und „verschoben" fühlen, weil niemand sie auf ihrem Weg nachhaltig begleitet." (Heekerens 2006, 23) Prägnanter lassen sich die notwendigen Behandlungsqualitäten kaum beschreiben.

4.4 Soziale Therapie

Schon 1926 konzipierte Alice Salomon Grundlinien sozialer therapeutischer Förderung und Fürsorge im Rahmen Sozialer Arbeit. Der Begriff der Sozialen Therapie[16] hat in der vorliegenden Arbeit eine grundsätzliche Bedeutung: Klinische Sozialarbeit versteht sich mit ihrem Behandlungsansatz insgesamt als sozialtherapeutisch. Das bedeutet, die verschiedenen „Grundformen" psycho-sozialer Intervention bzw. Behandlung gehören zu einer breit angelegten sozialtherapeutisch-beratend-begleitend-intervenierenden Methodologie. Auch die psycho-soziale Rehabilitation fußt zu großen Teilen auf sozialtherapeutischen Vorgehensweisen. Zwei Aspekte sind für die Soziale Therapie in diesem Sinne leitend:

- die professionelle zwischenmenschliche Hilfe, basierend auf einer personalen therapeutischen Beziehung,
- die Integration in das strukturierte und organisierte System menschlichen Zusammenlebens.

Zu diesem breiten Verständnis gehören Bestimmungen wie die von Gildemeister (1989), die sozialtherapeutisch Tätige charakterisiert als befähigt, auf der Basis struktureller Situationsanalyse zu intervenieren. Auch Weil (1994, 73; zn. Schwendter 2000) gibt eine so weit gefasste Definition, dass sie im Grunde auch die Klinische Sozialarbeit charakterisiert: „Soziale Therapie ... ist die immanente Kunst des Situationsverstehens in der Begegnung, mit dem professionellen Ziel der Erhaltung der Autonomie menschlicher Lebenspraxis, bezogen auf das Individuum als auch das Gemeinwesen." Die therapeutische psycho-soziale Fallarbeit besteht ja gerade in der Integration bzw. in der Synthese sozialer Unterstützungs- und Entlastungshilfen einerseits, persönlichkeitsstützender und -fördernder Bezie-

16 Im Folgenden synonym mit „Sozialtherapie" und „Soziotherapie" verwendet.

hungsgestaltung andererseits. In diesem Sinne schließt sich sozialtherapeutisch verstehende Klinische Sozialarbeit die Lücke zwischen traditioneller Sozialarbeit und Psychotherapie und umschreibt damit auch ihre Indikationsbereiche, die mit Strotzka (1965) durch drei soziogenetische Formen der direkten oder primären Soziogenese, der indirekten Soziogenese und der tertiären Soziogenese umschrieben wurden (vgl. Kapitel „Überlegungen zu einer Sozialpathologie").

Angesichts der Komplexität umfassender psycho-sozialer Behandlung im Sinne einer Sozialen Therapie wird deutlich, dass der Ansatz eine *Kooperation der Disziplinen* benötigt. Die schwierige Aufgabe ist, einen integrierenden Fokus der beteiligten Komponenten subjektiv-erfahrungsmäßiger *und* objektiv-situativer Aspekte in Theorie *und* Praxis sozialtherapeutischer Arbeit zu entwickeln. Insbesondere geht es darum, die oft als sehr verschiedene Betrachtungsweisen in Erscheinung tretenden Aspekte des „psychologischen" und des „sozialen" Menschen in seiner Lebenssituation und z. B. bei scheren chronischen Erkrankungen mit massiven sozialen Implikationen – in der Verschränkung mit seiner „biologischen" Existenz zu integrieren.[17] Soziale Therapie hat mit Medizin, Psychologie, Erziehungs- und Pflegewesen zusammenzuwirken. Dann kann sie im Sinne übergreifender strategischer Methoden zentrale Zielsetzungen der Weltgesundheitsorganisation (2001) für die psycho-soziale Behandlungsdimension mitgestalten:

1. Förderung der Bewusstseinsbildung für die grundlegenden kontinuierlichen bio-psycho-sozialen Wechselwirkungen und Reduzierung der Stigmatisierung,
2. Schaffung eines Behandlungskontinuums zwischen Gesundheitsförderung – Prävention – Behandlung – Nachsorge,
3. Aufbau eines breiten Spektrums von Diensten und Einrichtungen mit Lockerung der Sektorierungen (auch: Überwindung der starren Abgrenzungen zwischen Gesundheits- und Sozialwesen),
4. Involvierung der Betroffenen,
5. Partnerschaft mit Familien,
6. Einbindung der lokalen Gemeinde,
7. Integration psycho-sozialer Maßnahmen in die primäre (allgemeinmedizinische) Gesundheitsversorgung,

17 Hierauf hat bereits Turner (1979, 69) hingewiesen. „The term 'psychosocial' has deep, strong roots in the history of social work. Although originally a generic term, in recent years it has become very precise … It is a term that is fully the prerogative of our profession. If there is any concept that clearly sets out a function of social work treatment different from the focus of other professions it is this one. It is a concept that serves to prevent overemphasis on either the inner life of man or his relationships with society. When applied to a system of clinical practice, it refers to the body of theory that stresses the need for a dual and integrated focus on psychological and sociological man – that is on intrapersonal man, interpersonal man and intersystemic man."

Sozialtherapeutisches Grundverständnis sieht psycho-soziale Probleme und Störungen als Inkongruenzen, Inkompatibilitäten oder Passungsprobleme zwischen Konstitution, Zielen, Wünschen, Anforderungen, Potentialen, Ressourcen etc. auf den Ebenen der betroffenen Individuen, der sozialen Umgebung und Netzwerke, der gesellschaftlichen Bedingungen und Chancenstrukturen. Konsequenterweise kann die sozialtherapeutische Intervention an verschiedenen Bedingungen ansetzen. Priorität ist immer solchen Interventionsansätzen zu geben, durch die den Menschen Gelegenheit geboten wird, eigene Kompetenzen zu erproben und zu entwickeln. Dies sind Vorgehensweisen und Maßnahmen, die ihnen helfen, sich selbst (ihren Körper, ihre Gefühle und Gedanken), ihre Lebensweise (Gewohnheiten und Handlungen) und ihre Lebenssituation (ökonomisch-ökologisch-sozialer Kontext, interpersonale Beziehungen etc.) besser zu verstehen, selbst zu beeinflussen und künftige Probleme und Krisen besser zu bewältigen. Die Erfahrung, eine Krise gemeistert, eine Belastung bewältigt und notwendige Veränderungen vollziehen zu können, sollte die soziale Integration und das Vertrauen in die eigenen Handlungsmöglichkeiten stärken und damit zu einem positiven und kohärenten Selbstgefühl führen. Wir haben in der Sozialen Therapie bestmöglich die Erfahrung zu vermitteln, dass jedes Problem – von den kleinen alltäglichen bis zu großen, das Leben grundlegend beeinflussenden Veränderungen – eine Herausforderung ist, eine Gelegenheit zu lernen und neue Einsichten und neue Kompetenzen zu entwickeln.

Milne grenzt ein allgemeineres Verständnis der „social therapy" von einem spezielleren ab, das bei ihm wesentlich konzeptuell vor dem Hintergrund eines social-support-Ansatzes Kontur gewinnt: „Terms like ‚social therapy' have, of course, been used before, either to describe practical effords to engage in interpersonal interactions as part of occupational therapy, or as an aspect of a mayor therapeutic approach (e.g. social skills training in behaviour therapy). Similar terms have also been coined in relation to social support, such as 'social system psychotherapy', 'social network therapy' or 'social network intervention' (Herink 1980). However to my knowledge the term 'social therapy' has not been used in the present sense previously. This use refers primarily to how professionals intervene interpersonally to facilitate the functioning of social supporters (e.g. caring for the carers) and so as to improve the environments in which support occurs (e.g. 'expressed emotion' in families) in order to enhance a community's capacity to care. This incorporates the three defining features of a therapy, namely

- a basis in the helping relationship,
- the use of psychosocial methods to improve thoughts, feelings and behaviours,
- and administration of the therapy by a special trained professional (Strupp 1978)." (Milne 1999, 3)

Kisker (1986) definiert aus psychiatrischer Perspektive Soziotherapie „als das Bemühen um die Beeinflussung der psychischen Krankheit und Behinderung durch situative Faktoren, die zusammengefasst das soziale Gefüge der Umwelt bestimmen. Das betrifft das Gemeinschaftsleben in einer natürlichen oder künstlichen Gruppe, mit ihren dynamischen Auswirkungen, die Arbeit des Individuums, die Stimulierung der Persönlichkeit durch Erschließung neuer Interessen und Gestaltung der Freizeit." (zn. Schwendter a. a. O., 9) Auch sozialtherapeutische Konzepte in der Resozialisierung bzw. im Maßregelvollzug sind hier zu nennen: „Sozialtherapie ist eine Kombination medizinischer, psychologischer Verfahren mit pädagogischen Mitteln, die eine Behandlung der Persönlichkeitsstörung bei Delinquenten ermöglichen soll". (Mauch und Mauch 1971, zn. Schwendter a. a. O., 7)

Die Vorläufigkeit der Bestimmungen Sozialer Therapie wird erkennbar durch die ungeheuere Breite und Vielfalt der Verwendung dieses Begriffes. Beim therapeutischen Einsatz von Musik und Reiten, Gestaltung, Kunst und Tanz bis hin zu therapeutischer Beratungsarbeit durch „Nichtpsychotherapeuten" wird von Sozialtherapie gesprochen. Sozialtherapie ist eben nicht etabliert und hat keinesfalls etwa den Stand der Psychotherapie erreicht: sie ist im Werden und für ihre Entwicklung findet sie im Rahmen Klinischer Sozialarbeit eine angemessene Heimat. Denn der gemeinsame Nenner ist der Konsens, dass psycho-soziale Behandlung orientiert ist *sowohl* auf die personbezogenen sozialen und beratend-therapeutischen Hilfeleistungen, *als auch* auf Maßnahmen und Hilfen in Bezug auf die Umgebung: person-in-environment. Diese Zielsetzungen umfassen die Integration in das gesellschaftliche Leben durch soziotherapeutische Einzelfallhilfe im Rahmen von Einzelberatung und -therapie sowie gruppen- und gemeinwesenorientierte Arbeit. Es geht um alle Behandlungsmaßnahmen, die „auf die sozialen Gegebenheiten, d. h. vor allem die zwischenmenschlichen Beziehungen und die unmittelbare Umgebung der Patienten Einfluss nehmen" (Bäuml 1994, 120). Diese Einflussnahme im Sinne sozialer Beratungs- und Unterstützungsmaßnahmen sowie Übungs- bzw. Handlungsanweisungen wurde in der Vergangenheit in der Regel nur deshalb *Therapie* genannt, weil sie im Rahmen medizinisch bestimmter Behandlungen stattfand, d. h. sie hatte keinen eigenen Selbststand und ist auch bisher nicht hinreichend rechtlich abgesichert.

In den Kontext der Gegenstandsbestimmung gehört auch der Begriff der „Milieutherapie" als klassischer Sammelbegriff für Verfahren, die das räumliche und soziale Milieu innerhalb vorwiegend psychiatrischer Institutionen möglichst krankenhaus institutions-unähnlich und kommunikationsfördernd zu gestalten versuchen. Weitzel-Polzer und Barkey (2002) definieren: „Patienten sollen sich möglichst so erleben und verhalten können, wie sie es in ihrem früheren Alltag konnten. Vom Wohncharakter der Zimmer über Dienstleistungsangebote, Gruppenaktivitäten und Kleidung bis zur Strukturierung als „therapeutische Gemeinschaft" reichen die einzelnen als

Milieu bezeichneten Aspekte und Merkmale. Als wesentliche, wenn auch nicht in jeder Form der Milieutherapie anzutreffende Prinzipien werden genannt: Aktive Rehabilitation im Gegensatz zu bloßer Verwahrung; offene Entscheidungsfindung statt hierarchischer Vorschriften; Toleranz und kontinuierliche Anregung zur Kommunikation der Patienten untereinander und mit dem Personal. Neben der Umgestaltung einzelner Stationen ist die Teamarbeit des Personals im Vergleich zur traditionellen Leitung durch den Arzt eine wichtige Voraussetzung milieutherapeutischer Ansätze." So hilfreich diese Bestimmungen sind, weil sie konkrete Maßnahmen beschreiben, so wenig kommen sie über eine alltagsprachliche Umschreibung hinaus zu einer theoretisch-methodischen Fundierung einer modernen Sozialtherapie.

Soziale Therapie fußt mit ihrem psycho-sozialen Ansatz auf einer helfenden, therapeutischen Bindungsbeziehung, auf psycho-sozialen Methoden der Beeinflussung von Erleben-Verhalten in Situationen und Beziehungen (Gesprächsführung, Beratung, aktive soziale Unterstützung, Begleitung, therapeutische Interventionen) und erfordert durch ihre klinischen Aufgabenstellungen eine spezielle fortbildungsvermittelte psycho-soziale Basiskompetenz, die diejenige eines grundständigen Studiums der Sozialen Arbeit oder auch der Psychologie oder Pflege überschreitet. In der Bedeutung, wie sie hier zugrunde gelegt wird, umfasst sie die psycho-soziale Beratung, überschreitet diese als Behandlungsstrategie aber durch systemische, aufsuchende und umgebungsbezogene psycho-soziale Interventionen, die

- die Unterstützungsfähigkeit der sozialen Unterstützer (Angehörige, näheres und weiteres soziales Umfeld, professionelle Dienstleister) fördern (caring for the carers),
- die Umgebung verbessern, in welcher Unterstützung und Therapie stattfindet, um die Kapazität der Gemeinschaft zu erhöhen, für ihre Mitglieder zu sorgen (vgl. Milne a. a. O.).

Die in der Sozialen Therapie benötigten Handlungskompetenzen liegen gegenüber der klassischen Sozialarbeit insbesondere in der komplexeren Kommunikation. So umfasst Soziale Therapie Behandlungsmethoden, die bei psychischen Störungen und Erkrankungen mit schweren sozialen Beeinträchtigungen Einfluss auf die Lebensweise *und* auf die Lebenslage der Betroffenen nehmen. Dazu gehört der Aufbau von Basiskompetenzen für berufliche Rehabilitationsmaßnahmen, die Verbesserung der Compliance bei medizinischer Behandlung, die Schaffung und/oder Aktivierung sozialer Ressourcen sowie die Verbesserung der Fähigkeit der Klienten zu ihrer Nutzung, die Einbindung in soziale Strukturen und insgesamt die Verbesserung der Selbstständigkeit. Mittel sind neben dem Beratungsgespräch stationäre und ambulante – gerade auch zugehende und aufsuchende – Maßnahmen zur Aktivierung durch Auseinandersetzung mit dem sozialen Umfeld. Soziale Therapie im Rahmen Klinischer Sozialarbeit nimmt dabei auch aktiv Einfluss auf die Bewältigung bzw. Milderung objektiver Belastungsmerkmale der Lebenssituation durch die Erhöhung/Vermehrung/ qualitative Verbesserung sozialer und materieller Ressourcen. Sie zielt auf die Verbesserung der sozial-emotionalen Beziehungen, speziell im Hinblick auf Partnerschaft, Familie, enge Bezugspersonen, Nachbarschaft und Arbeitssituation. Soziale Therapie spielt eine wichtige Rolle in einer Reihe von stationären und ambulanten Arbeitsfeldern bzw. Versorgungseinrichtungen, sie kann erfolgen in:

- „offenen ambulanten Einrichtungen (genannt werden hier Ehe- und Familienberatung, Erziehungs-, Schwangerschafts- und Mütterberatung, Jugendberatung, Suizidentenberatung, sozialpsychiatrische Beratung, schulpsychologische Dienste, Bewährungs- und Gerichtshilfe… psychosoziale Hilfsvereine, Kulturzentren, Vereine und Verbände für Gemeinwesenarbeit sowie eine Vielzahl extramuraler Einrichtungen);
- halboffenen stationären Einrichtungen mit beipielsweise Tages- und Nachtkliniken, Übergangseinrichtungen, sozialtherapeutischen Wohngemeinschaften, offenem Strafvollzug, Bewährungsheimen, Sonderkindertagesstätten …;
- mit Vorbehalten auch in geschlossenen Einrichtungen wie Erziehungsheimen, psychiatrischen Anstalten, Regelvollzug etc.“ (Schwendter ebd., 10)

Auch mit diesen Bestimmungen lässt sich Soziale Therapie weder naht- noch konfliktlos in die psycho-soziale Therapielandschaft mit ihrer Medizin- und Psychotherapiedominanz einordnen. Sie ist eher eine Integration einer Vielfalt von Ansätzen. In Deutschland gibt es allerdings insbesondere aufgrund der mit dem Gesundheitsreformgesetz 2000 entstandenen sozialrechtlichen Einordnung die Notwendigkeit, Soziale Therapie im engeren Sinne als eine eigenständige Behandlungsform auf dem Kontinuum psychosozialer Fallarbeit zu bestimmen und zu entwickeln, nämlich

a. bei der ambulanten Soziotherapie für psychisch Kranke,
b. bei der Behandlung von Abhängigkeitskranken.

Sozialtherapie ist schon seit vielen Jahren im Rahmen der *stationären und ambulanten Suchttherapie bzw. -rehabilitation* durch speziell ausgebildete Suchttherapeuten ein bedeutsamer Teil der Behandlung von abhängigkeitskranken Menschen (Stimmer 2000; Grigoleit, Wenig & Ziegler 1998; Lindner & Reiners-Kröncke 1993; Walhalla Datenbank 2001; Köhn 2001). In sogenannten „sozialtherapeutischen Anstalten“ wurde Sozialtherapie seit Ende der 1960er Jahre zum Bestandteil von therapeutisch orientierten Resozialisierungsmaßnahmen im Strafvollzug, heute im sogenannten *Maßregelvollzug*. Die Aufzählung deutet darauf hin, dass Sozialtherapie nicht ein einheitliches Handlungskonzept umfassen kann, sondern eher ein Insgesamt von psycho-sozialen Interventionen umfasst. Je nach Aufgabenstellung, Klientel und Kontext sind verschiedene Aspekte zu berücksichtigen.

Menschen mit psychiatrischen Störungen, mit chronischen Erkrankungen und schweren psycho-sozialen Defiziten mangelt es in der Regel an Basiskompetenzen im Umgang mit anderen Menschen in sozialen Situationen. Die Folge ist, dass ihre Einbindung in soziale Strukturen unzureichend ist, dass sie durch mangelnde soziale Unterstützung sehr verletzlich sind und dass sie für eine konstruktive Auseinandersetzung mit ihrem sozialen Umfeld aktive Hilfe und Übung benötigen. Wie komplex dabei die Zusammenhänge sind, zeigt eine interessante empirische Studie von Scott Caton, die ich mit freundlicher Genehmigung des Autors hier kurz vorstellen kann:

Krankheitseinsicht bei schizophrenen Klienten im Betreuten Wohnen

Von Scott Caton, M.A. Klinische Sozialarbeit

Fragenstellung: Stark verminderte Krankheitseinsicht bei schwerwiegenden schizophrenen Erkrankungen gelten als eines der Hauptmerkmale der Krankheit. Die Schizophrenie-Forschung zeigt, dass krankheitseinsichtige Klienten bessere Behandlungsergebnisse haben. Daher wird die Förderung der Krankheitseinsicht von vielen Bezugsbetreuer/innen als ein wichtiges Behandlungs- /Betreuungsziel angesehen. Jedoch ist nur wenig bekannt, ob Krankheitseinsicht beeinflussbar ist. Ausgehend vom aktuellen Forschungsverständnis, welches besagt, dass Krankheitseinsicht ein multidimensionales Konstrukt ist und daher keinen dichotomen Faktor (Einsicht besteht/besteht nicht) aufweist, zielte die Untersuchung im Rahmen des Betreuten Wohnens darauf, mögliche Zusammenhänge zwischen mangelhafter Krankheitseinsicht, psycho-sozialen Variablen und Medikamenten-Compliance bei schizophrenen Klienten im Betreuten Wohnen festzustellen.

Methoden: Mittels Interviews mit standardisierten Instrumenten wurde die Krankheitseinsicht der Klienten mit einer schizophrenen Erkrankung (N=43) separat mit den Klienten sowie ihren Bezugsbetreuer/innen durch eine deutsche Version der Scale of Una- wareness of a Mental Disorder (SUMD) erfasst und der Zusammenhang zum psycho-sozialen Funktionsniveau mit dem Global Assessment of Functioning (GAF), zum psycho-sozialen Unterstützungsbedarf anhand des Berliner Bedürfnis-Inventars (BeBI), zur subjektiven Lebensqualität mit dem Berliner Lebensqualitätsprofil (BELP) und zur Medikamenten-Compliance mit der deutschen Version der Schedule for Assessing the Three Componets of Insight (SAI) untersucht. Für den Zusammenhang der Variablen wurden Korrelationskoeffizienten und Odd's Ratios berechnet.

Ergebnisse: Symptom-Misattributionen traten bei über der Hälfte der Stichproben auf. Eine signifikante Korrelation der SUMD-Variablen bestand aber nur zwischen dem psycho-sozialen Funktionsniveau und dem Misattributions-Score. Die Wahrscheinlichkeit erheblicher psycho-sozialer Defizite stieg bei Misattributionen von Dreiviertel und mehr der Symptome auf das Sechsfache. Zu den anderen Variablen, u. a. zur Medikamenten-Compliance, bestanden keine wesentlichen Zusammenhänge. Untereinander korrelierten hoher psycho-sozialer Unterstützungsbedarf und niedrige subjektive Lebensqualität in dem auch aus anderen Studien bekannten Muster, d. h. es besteht zwischen ihnen ein signifikanter Zusammenhang. Diese Untersuchung bestätigt die Ergebnisse einiger anderen Studien, die ebenfalls den Zusammenhang zwischen mangelhafter Krankheitseinsicht und niedrigen psycho-sozialen Funktionsniveau aufzeigen. Gesucht wurde u. a. ein direkter Zusammenhang zwischen psycho-sozialer Unterstützung und mangelhafter Krankheitseinsicht. Es konnte kein direkter Einfluss der psycho-sozialen Unterstützung auf die Verbesserung der Krankheitseinsicht nachgewiesen werden. Aber indirekt hat mangelhafte Krankheitseinsicht im Sinne eines hohen Ausmaßes an Misattributionen psychotischer Symptome, die sich in einem niedrigen psycho-sozialen Funktionsniveau zeigen, das zur Ermittlung des Unterstützungsbedarf notwendig ist, eine Bedeutung für die psycho-soziale Diagnostik und die Praxis. Schizophrene Klienten im Betreuten Wohnen, die ein hohes Maß an Misattributionen psychotischer Symptome aufweisen, haben einen hohen Bedarf an psycho-sozialer Hilfe. Bezugsbetreuer/innen sollten das bei der Behandlungs-/Rehabilitationsplanung (Hilfebedarfsgruppierung) in Betracht ziehen. Für Träger/Einrichtungsleiter heißt das, dieser Klientengruppe einen Platz in Intensiv Betreuten Wohnprojekten oder ähnlichen Projekten, wo es inhaltlich mehr individuelle Zeit für die Entwicklung einer sozialtherapeutischen Beziehung gibt und demzufolge die Erarbeitung von gemeinsam übereinstimmen- den psycho-sozialen Unterstützungszielen begünstigt wird, und in denen das Verhältnis Klient – Betreuer/in günstiger als im Betreuten Einzelwohnen ist, anzubieten. Denn gemessen an der subjektiven Lebensqualität können Menschen trotz mangelhafter Krankheitseinsicht gute psycho-soziale Betreuungsergebnisse durch psycho-soziale Unterstützung erzielen.

Abbildung: Zusammenhänge zwischen den Variablen

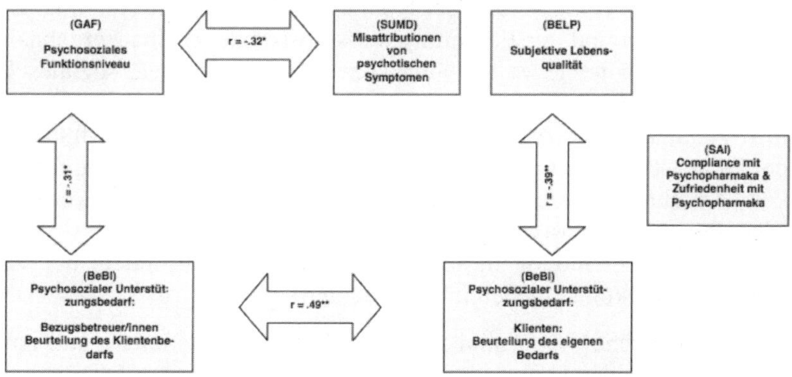

Pearson Correlations (* p<.05, ** p<.01), Odd's Ratio für Misattributionen von ¾ der Symptomen und ein GAF – Bewertung ≤ 40: 6 (95% CI: 1.5-23.9).

Sozialtherapie zielt durch Vermittlung und aufbauendes Training sozialer und kommunikativer Kompetenzen auf die Verbesserung der zwischenmenschlichen Beziehungen und der sozialen Integration der Betroffenen insgesamt. Dies erfordert die aktive Mitarbeit der Klienten. Es geht um das Erlernen, Üben und Umsetzen von konstruktivem psycho-sozialen Verhalten in verschiedenen Situationen mit einem dem jeweiligen Klienten und seinen Bezugspersonen angemessenen Schwierigkeitsgrad. Hier müssen drei Ebenen unterschieden werden:

1. Grundlegender Aufbau bzw. Erwerb von Fertigkeiten (bei grundlegenden Defiziten z.B. durch Instruieren, Modellieren, basales Üben – dabei sind verhaltens- und kognitionstherapeutische Methoden hilfreich);
2. Ausbau, Optimierung, Differenzierung und Unterstützung von Fertigkeiten (z.B. durch Rollenspiele und Dialoge, Verhaltensübungen, beratende Gesprächsführung);
3. Transfer und Generalisierung von Kompetenzen und Fertigkeiten in den Lebensalltag (z.B. durch Beratung und Begleitung, Übungs- und Hausaufgaben, Aufsuchen von Alltagssituationen und Einbeziehung von Bezugspersonen).

Im Anschluss an Melchinger (1999) lassen sich folgende zentrale Ziele ambulanter sozialtherapeutischer Maßnahmen formulieren:

- *Intrapersonal:* Verbesserung von Basiskompetenzen für berufliche Reha-Maßnahmen (Motivation, Belastbarkeit, Ausdauer, bspw. durch Alltagsstrukturierung: Aufstehen, pünktlich sein, richtige Einteilung von Aktivität und Erholung, Selbstinstruktionen o.Ä.); Verbesserung der Compliance (u.a. Bearbeitung dysfunktionaler subjektiver Krankheitstheorien und Förderung von Einsicht in die Erkrankung durch Psychoedukation, Mitarbeit bei der Einnahme notwendiger Medikamente, Tagesstrukturierung);
- *Interpersonal:* Verbesserung der Kontaktfähigkeit für die Nutzung sozialer Ressourcen und zur Förderung der selbstständigen Inanspruchnahme solcher Angebote (Erwerb/Übung sozialer Kompetenzen, soziales Lernen, Kommunikation);
- *Intra- und Interpersonal:* Verbesserung von Grundleistungsfunktionen der Selbstständigkeit (insbesondere Bindungs- und Abgrenzungsfähigkeit, Annahme von und Umgang mit sozialer Unterstützung, Konfliktlösungsfähigkeit, Selbstvertrauen);
- *Systemisch:* Einbindung in soziale Strukturen (insbesondere bei sozial isolierten und kontaktgehemmten Patienten).

Soziotherapeutische *Mittel* sind lebensfeldbezogene, stationäre und ambulante – auch zugehende und aufsuchende – Maßnahmen zur Unterstützung und ggf. Aktivierung der Patienten zu Kontaktaufnahme und Auseinandersetzung mit dem sozialen Umfeld. Wichtig ist die kontinuierliche Betreuung durch einen Bezugstherapeuten, der die Maßnahmen im Verlauf der soziotherapeutischen Behandlung an den sich verändernden Bedarf der Patienten anpasst. Dazu gehören regelmäßige Beratungsgespräche und die Koordinierung aller an der Behandlung beteiligten Dienste und Fachkräfte. Das heißt, Soziotherapeuten erschließen auch bedarfsgerechte Hilfeleistungen für die Patienten, z.B. Eingliederungshilfen nach dem BSHG, Maßnahmen in Zuständigkeit der Rentenversicherung bzw. der Bundesanstalt für Arbeit.

4.4.1 *Situations- und regelorientierte sozialtherapeutische Intervention*

Für die psycho-soziale Intervention im breiten Rahmen Sozialer Therapie stellt sich immer die Frage, *was in welcher Situation angemessen* getan werden sollte und getan werden kann: welche grundlegenden Interventionsmuster bzw. Handlungsgrundmuster kommen je nach Merkmalskonfiguration der Belastungssituation in Frage. Zu nennen sind folgende grundsätzliche Möglichkeiten:

1. direkte Einflussnahme (z.B. durch aufsuchende Maßnahmen, Einbeziehung des Umfeldes),
2. Förderung innerpsychischer Veränderungen (z.B. Beratungsgespräche, emotionale und kognitive Umbewertung durch Gesprächsführung oder Therapie),
3. Tolerieren, Training (z.B. Verhaltenstraining, Qualifizierungsmaßnahmen),
4. Evasion/aus dem Felde gehen (z.B. Arbeitsplatzwechsel, Trennung, Milieuwechsel, Institutionalisierung)?

Wenn eine sorgfältige situationsdiagnostische Abklärung erfolgt ist (siehe Kapitel 4.1.3 Situationsorientierte Belastungsdiagnostik) können empirisch überprüfte *Regeln der Belastungsbewältigung verknüpft mit Situationstypen* (nach Reicherts 1999) heran gezogen werden. Diese Regeln ermöglichen Beratungs- und Interventionsempfehlungen zur Situationsbewältigung unter Beachtung der erfassten situativen Bedingungen und Ereignisse *und* der Verhaltensweisen des Individuums. Zusätzlich werden die *individuelle Situationseinschätzung des Klienten* und seine bisherigen Bewältigungsversuche erfasst. Es wird beispielsweise exploriert, wie der Klient die Belastungssituation wahrnimmt und einschätzt. Auch sollte erfragt bzw. beobachtet werden, welchen impliziten Verhaltensregeln der Klient offenbar folgt. Letztere werden mit generell in solchen Belastungssituationen effektiven und bewährten Regeln (siehe unten) verglichen. In der Beratung wird dann die Bewusstmachung, Rekonstruktion und Veränderung dysfunktionaler subjektiver Verhaltensregeln angestrebt. Dabei geht es um die Auseinandersetzung mit subjektiven und ineffektiven Regeln des Verhaltens und das Lernen und Einüben effektiver situationsorientierter Regeln zur Belastungsbewältigung.

Bei Handlungsregeln sind grundsätzlich zwei Achsen zu unterscheiden:

1. Die umgebungsbezogene, instrumentelle Achse. Hier geht es um aktives Bewältigungshandlungen im Sinne aktiver Einflussnahme auf die Umgebung oder auf eigene Handlungs-Kompetenzen.
2. Die zweite Achse der Handlungsregeln betrifft die Selbst-bezogene Achse im Sinne innerpsychischer Erlebnisverarbeitung: Umgang mit den Gefühlen, Situations- und Selbstbewertungen.

Nach Reicherts lassen sich nun entlang dieser beiden Achsen generalisierte instrumentelle bzw. selbstbezogene Handlungsregeln formulieren, die sich auf die im diagnostischen Prozess erarbeitete Situationsanalyse beziehen lassen.

A. Instrumentelle situationsbezogene Handlungsregeln

Regel A-1: Aktive Einflussnahme; Wann soll aktiv auf die Situation Einfluss genommen werden? – Wenn akute aversive Elemente in der Situation – etwas Negatives – gegeben ist, wogegen man ankämpfen muss: *Nimm aktiv Einfluss auf die Situation, wenn sie kontrollierbar und wenig wandelbar*[18] *ist!*

Regel A-2: Umorientierung; Wann soll aktive Umorientierung unternommen werden? Wenn durch Verluste wichtige Verstärker verloren gegangen sind, ist es sinnvoll, nach Ersatz zu suchen – Verstärkersubstitution. Man sollte etwas anderes an die Stelle dessen treten lassen, was verloren geht oder scheitert: *Orientiere dich aktiv um, wenn die Verlustsituation wenig kontrollierbar und kaum wandelbar ist!*

Regel A-3: Evasion; Wann soll eine Situation vermieden werden, wann soll man ausweichen? Wenn eine aversive Situation besteht (Angst, Beeinträchtigung, akute Bedrohung etc.), die man nicht verändern kann und die sich voraussichtlich nicht verändern wird (abwarten ist sinnlos): *Geh aus der Situation oder vermeide sie, wenn sie unkontrollierbar und kaum wandelbar ist.*

Regel A-4: Informationssuche (instrumenteller Bezug)[19]*;* Wann soll man sich um weitergehende Informationen bemühen?: *Wenn die Situation unbekannt ist oder intransparent, suche nach Informationen in der Umgebung!* Suche aktiv, frage nach; suche die zuständige Institution bzw. Person auf; beschaffe Informationen (gerade in der Klinischen Sozialarbeit wird der instrumentelle Bezug wichtig: aktives Erstellen, Organisieren, Vermitteln, Präsentieren von Informationen; Vermitteln von Informationsquellen (z. B. Kontakte); Begleiten und Unterstützen bei der Informationssuche; stellvertretende Informationssuche)!

B. Selbstbezogene Handlungsregeln: die innerpsychische Verarbeitung betreffend

Regel B-1: Palliation; Wann soll man versuchen, sein Leid zu verringern? *Beruhige Deine Gefühle (geh darauf ein, sprich darüber usw.), wenn die Situation emotional beeinträchtigend ist!*

---

18 D. h. die Situation ändert sich kaum „von selbst".

19 Diese Regel hat eine Zwischenposition zwischen der instrumentellen und der innerpsychischen Bewältigung, deshalb tritt sie sowohl bei den instrumentellen als auch bei den selbstbezogenen Handlungsregeln auf!

Regel B-2: Umbewertung; Wann soll man versuchen, eine Situation oder ein geschehenes Ereignis in einem anderen Licht zu sehen? *Bewerte die Situation um, wenn sie intermittierend oder chronisch wieder auftritt oder andauert (z. B. schwere Krankheit, behindertes Kind etc.) und nicht geändert oder vermieden werden kann!*

Regel B-3: Selbstwertbewahrung; Vermeide Selbstbeschuldigungen, wann immer sie auftreten (außer in Situationen, an denen Du Anteil hast, da kann eine realistische (!) Abschätzung des eigenen Anteils im Sinne von Selbst*verantwortung* auch produktiv sein)!

Regel B-4: Informationssuche (Selbstbezug)[20]*;* Wann soll man sich um weitergehende Informationen bemühen? *Wenn die Situation unbekannt ist oder intransparent, suche nach Informationen in Dir selbst!* Erinnere Dich, denke nach, geh dem innerlich nach: was davon kennst Du? werde Dir darüber klar; reduziere Abwehr- bzw. Vermeidungshaltungen; kläre, was Dir unklar ist!

Es liegt auf der Hand, dass dieses Vorgehen von besonderer Bedeutung für den Person-in-Situation Ansatz der Klinischen Sozialarbeit sein kann. Denn das häufig mit massiven und oft chronischen alltäglichen Belastungssituationen belastete Klientel benötigt klare und rasche orientierende Handlungshilfe, die gerade in der Sozialen Arbeit eine „objektive" Analyse der Situation ebenso einschließen sollte, wie die „regelgerechte" Handlungshilfe. In diesem Sinne erlauben die in diesem Kapitel erarbeiteten Ableitungen:

1. die objektiven Situationsbedingungen von Belastungen aktiv in die Diagnostik mit einzubeziehen,
2. subjektive, meist nichtbewusste Handlungsregeln der Klienten zu erfassen,
3. sie auf ihre Angemessenheit hin einzuschätzen und ggf. zu bearbeiten,
4. regelgestützt zielorientierte Handlungshilfen zu geben.

4.4.2 Sozialtherapeutische Behandlung psychisch Kranker

Sozialarbeiterinnen und Sozialarbeiter beschäftigen sich oft intensiver mit psychiatrischen Patienten als es die in diesem Felde tätigen Ärzte tun (Bosshard, Ebert & Lazarus 1999, 115). Zu nennen sind hier die ambulante und stationäre Psychiatrie, die Suchtkrankenhilfe, Krankenhaussozialdienste, ambulante gesundheitliche Beratungsdienste, Gesundheitsämter, Sozialdienste in der Geriatrie, Rehabilitationseinrichtungen, Beratungs- und Therapieeinrichtungen in der Kinder- und Jugendhilfe, sowie die Familientherapie (vgl. Wendt 1999; Gödecker-Geenen & Weis 2002; Beck & Borg-Laufs 2010, 63). Allerdings ist die ambulante Versorgung und Rehabilitati-

20 Siehe vorhergehende Fußnote.

on psychisch Kranker in Deutschland trotz erheblicher Anstrengungen und Verbesserungen seit der Psychiatrie-Enquete 1975 und zehn Jahre nach der gesetzlichen Verankerung der ambulanten Soziotherapie für psychisch Kranke in der Gesundheitsreform im Jahre 2000 nach wie vor entwicklungsbedürftig[21]. Die Defizite treffen vor allem die ambulante Versorgung im *Alltag* der chronisch psychisch Kranken. Sie stehen oft ohne hinreichende personbezogene psycho-soziale bzw. sozialtherapeutische Unterstützung da und die traditionelle medizinische Versorgung durch niedergelassene Ärzte bzw. Psychiater ist in dieser Hinsicht völlig unzureichend. Benötigt wird Soziale Therapie, die personorientierte Begleitung, Beratung, Stützung und Umfeldhilfen bietet und die verschiedenen Behandlungen und Hilfemaßnahmen koordiniert und vermittelt (sozialtherapeutisches Case-Management). Das bestehende Defizit an solchen Maßnahmen führt zum berühmten Drehtüreffekt der immer sich wiederholenden stationären Behandlung, was natürlich erhebliche Kosten verursacht.

Doch auch in der stationären Versorgung spielt die sozialarbeiterisch/sozialpädagogische Behandlung eine bedeutsame Rolle. In der Personalverordnung (PV) Psychiatrie (1990/1991) werden komplexe sozialtherapeutische Interventionen explizit als Behandlungsmaßnahmen bezeichnet und der Zuständigkeit von Sozialpädagogen zugeordnet:

1. *Sozialpädagogische Grundversorgung*: (1) Mitwirkung bei Anamnese, Befund, Diagnose; (2) Therapieplanung; (3) Klärung von Anspruchsvoraussetzungen gegenüber Leistungsträgern; (4) Hilfen zur finanziellen Sicherung des Lebensunterhaltes; (5) Dokumentation.
2. *Einzelfallbezogene Behandlung und sozialpädagogische Behandlung*: (1) Sozialtherapeutisches Kompetenztraining; (2) Hilfen zur Wiedereingliederung im Wohnbereich sowie ins familiäre und gesellschaftliche Leben (einschließlich Sozialkontakte im Wohnumfeld); (3) Wiedereingliederung im Arbeitsbereich; (4) Familienberatung und Mitwirkung an Familientherapie.
3. *Gruppenbezogene Behandlung*: (1) Sozialpädagogische und sozialtherapeutische Gruppen (z. B lebenspraktisches Training der Kompetenzen im sozialen Bereich, Aktivitätsgruppen); (2) Mitwirkung bei Angehörigengruppen; (3) Teilnahme an Stationsversammlungen.

---

21 Die Umsetzung erfolgt in den Bundesländern sehr unterschiedlich und wird durch die Blockedehaltung von Krankenkassen sehr behindert. Dazu weiter untern mehr. Melchinger schreibt dazu (2008, 66): „Bereits im Gesetzgebungsverfahren wurden von großen Krankenkassen grundsätzliche Einwände gegenüber der ihnen allein zugeschriebenen Kostenzuständigkeit vorgetragen. Auch nachdem Soziotherapie Gesetz war, wurde von einigen Krankenkassen offen ausgesprochen, dass mit dem § 37a SGB V eine Kostenverlagerung von originären Sozialhilfeleistungen zur Gesetzlichen Krankenversicherung vorgenommen würde, mit der sie sich nicht einverstanden erklären könnten."

4. *Mittelbar patientenbezogene Tätigkeiten*: (1) Teilnahme an Therapiekonferenzen und Konzeptbesprechungen im Team; (2) Zusammenarbeit mit Diensten außerhalb des Krankenhauses; (3) Teilnahme an Fortbildungsveranstaltungen, Supervision.

Durch die Einführung von Tageskliniken und Institutsambulanzen wird die Sozialtherapie prinzipiell auch in den ambulanten und teilstationären Bereich hinein erweitert. Hier dürfte die ambulante Soziotherapie eine zunehmend wichtige Rolle spielen. Konkrete Maßnahmen der ambulanten Sozialtherapie mit psychisch kranken Menschen sind

- Gespräche über die Situation, die Krankheit, die Probleme und Ängste;
- Beratung und soziale Unterstützung in Konflikt- und Krisensituationen;
- Herstellen von realistischen Bezügen zur Umwelt mit dem Ziel der möglichst weitgehenden Verhinderung des Wieder-Abgleitens bzw. Rückfalls in die psychotische Symptomatik;
- Erhaltung und Förderung von sozialen Kontakten;
- Alltagsstrukturierung durch Erarbeitung von Tages- und Wochenplänen (zeitlich, aktivitätsbezogen, finanziell) und Unterstützung bei täglich wiederkehrenden Tätigkeiten;
- Begleitung und Hilfen bei der Erledigung von Behörden- und Finanzangelegenheiten;
- Anleitung und Unterstützung bei der Freizeitgestaltung;
- Förderung der Compliance: Motivierung, Begleitung und ggf. Kontrolle regelmäßiger Arztbesuche und Medikamenteneinnahme;
- Gespräche mit Angehörigen, Nachbarn, Vermietern, Arbeitgebern, Ärzten etc.;
- Hilfestellung bei der Wohnungs- und Arbeitsplatzsuche.

Im Jahr 1995 wurde ein Modellversuch der Krankenkassen zur Erprobung „soziotherapeutischer Maßnahmen“ als Leistung zur ambulanten Rehabilitation psychisch Kranker begonnen, der inzwischen abgeschlossen ist (Melchinger 1998). Die mit der Modellerprobung verbundene Aufgabenstellung wurde in der Vereinbarung der Krankenkassen (Brill 1999) wie folgt umrissen: „Das Konzept zur ambulanten Rehabilitation psychisch Kranker zielt darauf ab, auf der Grundlage eines geregelten Verfahrens dem von spezifischen Funktionseinschränkungen abgeleiteten Rehabilitationsbedarf wohnortnah durch gezielte rehabilitative Leistungen mit therapeutischem Bezug als Ergänzung zur ärztlich-medizinischen Rehabilitation zu entsprechen. Ambulante Leistungen zur Rehabilitation kommen für schwer psychisch Kranke in Betracht, für die angesichts des bisherigen Krankheitsverlaufes und aufgrund ihrer sozialen Situation eine stationäre Leistung zur Rehabilitation derzeit nicht indiziert ist. Ziel ist eine Förderung und Stabilisierung des individuellen Rehabilitationserfolges, der in der Regel in einem Zeitraum von bis zu drei Jahren erreicht werden kann. Daraus ergibt sich, dass entsprechende zusätzliche einzelfallbezogene Leistungen nicht dauerhaft, sondern nur zeitlich begrenzt gewährt werden."

Die Studien brachten empirisch abgesicherte Belege, dass ambulante Sozialtherapie als integrativer Bestandteil eines umfassenden Behandlungsprogramms bei psychisch Kranken ein „praktikables, effektives und gleichzeitig wirtschaftliches therapeutisches Verfahren für Patienten darstellt, die bislang stationär versorgt werden mussten" (Melchinger 1999, 520; Redel 2001). Seit dem 1. Januar 2000 besteht in Deutschland ein Rechtsanspruch auf „ambulante Soziotherapie". Sie ist als eine Leistung der Behandlung im SGB V verankert.

Analog zu der Regelung in der bereits bestehenden „Empfehlungsvereinbarung zur ambulanten Rehabilitation Suchtkranker" wurde seinerzeit Nach 10 Jahren der Umsetzung zeigt sich, dass der Umfang der ambulanten soziotherapeutischen Maßnahmen auf sechzig Stunden mit der Möglichkeit der Erhöhung auf maximal einhundertzwanzig Stunden im Einzelfall begrenzt.[22] Die Sozialtherapie realisiert einen Grundsatz der Reformpsychiatrie: So viel ambulante Behandlung wie möglich, so wenig stationär wie nötig. Sie ist nach Melchinger als Erweiterung des Behandlungsangebotes bei schwer psychisch Kranken ein wirksames Verfahren, wobei angestrebt wird, auch schwer psychisch Kranke zu befähigen, das vorhandene Behandlungs- und Betreuungsangebot für sich nutzbar zu machen und in diesem Sinn für den Patienten Lebensperspektiven anzubahnen, die langfristig stationäre Behandlungen weitergehend überflüssig machen.[23]

Nach zehn Jahren der Umsetzung zeigt sich in der Zwischenbilanz im Auftrag der Kassenärztlichen Bundesvereinigung von Melchinger (2008), dass sich trotz der fachlich eindeutigen Erfolge die Erwartungen an die im Jahre 2000 erfolgte gesetzliche Verankerung der ambulanten Soziotherapie nicht erfüllt haben. Melchinger (2008) zieht folgende Zwischenbilanz: „Die ambulante Soziotherapie wurde seinerzeit vom Bundesgesundheitsministerium gewürdigt als erste und bisher einzige Leistung in der ambulanten psychiatrischen Versorgung, die der Vorgabe des § 27, Abs. 1 SGB V ‚Bei der

22 Melchinger sieht dies allerdings strikt unter der Führung des Ärztestandes: „als integraler Bestandteil eines nervenärztlich geleiteten Komplexprogramms" (ebd.). In diesem Buch ist an anderen Ort die Frage der Zuständigkeiten, der Kooperation und Hierarchie aus unterschiedlichen Blickwinkeln reflektiert worden. Die gesellschafts- und berufspolitische Realität lässt auf absehbare Zeit keine eigenständige Verantwortlichkeit sozialer Behandler zu.

23 Durch die Substitution stationärer Behandlung können enorme Kosten eingespart werden, denn die Krankenhaustagessätze sind stetig angestiegen. Melchingers Studie zeigt, dass sich mit ambulanter Soziotherapie gegenüber einer stationären Behandlung Einsparpotentiale von 6:1 ergeben könnten. In absoluten Zahlen ausgedrückt bedeutet das: Ambulante Soziotherapie sparte im statistischen Mittel Klinikkosten von DM 27.522,- pro Behandlung ein und kostet dabei im Mittel DM 3.819,- was eine Ersparnis von DM 23.703,- ausmacht (Melchinger, a. a. O.).

Krankenbehandlung ist den besonderen Bedürfnissen psychisch Kranker Rechnung zu tragen‘ folgt. Die Umsetzung des Gesetzes wird durch die Krankenkassen weitgehend blockiert.[24] Dabei wird von den Krankenkassen auch der betriebswirtschaftliche Nutzen von Soziotherapie keineswegs angezweifelt. In der Blockade wird ein grundsätzliches Problem deutlich: Das Augenmerk der Krankenkassen ist auf die Konstanthaltung der Beitragssätze im laufenden und vielleicht auch noch im kommenden Jahr fokussiert. Für längerfristig angelegte Strategien ist oft kein Platz. Die durch die Gewährung von Soziotherapie entstehenden Mehrkosten stehen im Weg, auch wenn empirisch belegt ist, dass mit Soziotherapie mittelfristig um ein Mehrfaches höhere Einsparungen durch Vermeidung oder Verkürzung von Krankenhausaufenthalten erreichbar sind. Es zählen die Mehrausgaben von heute, nicht die Einsparungen von übermorgen. Die Verengung des Blickwinkels der Kostenträger auf die Ausgaben von heute ist ein ubiquitäres Problem, das nachhaltigen Reformen im Wege steht und das für alle Kostenträger gilt.

> Ein Beispiel:
> Zwingt Ressourcenverknappung die Sozialhilfeträger zu Einsparungen, werden etablierte Einrichtungen (wie z.B. Heime) von Kürzungen ausgenommen, auch wenn eine solche nachgewiesen wenig kosteneffektiv arbeitet. Dazu müssten erst Verträge gekündigt werden, Widerstand der Träger wäre zu erwarten. Der Rotstift wird deshalb an freiwilligen Leistungen angesetzt. Für eine örtliche Psychiatrie-Initiative, die sich mit geringer Förderung erfolgreich in der Rückfallprävention engagiert, mag eine Kürzung der Förderung das endgültige Aus bedeuten. Dass mit dem Aus für diese Initiative auf den Sozialhilfeträger mittelfristig höhere Ausgaben zukommen werden, mag dabei unstrittig sein.

Die Integration von sozialen und psychologischen Hilfen in ein ganzheitliches Behandlungsprogramm für psychisch Kranke bleibt als elementare Forderung der Psychiatriereform häufig unerfüllt. Beispiele aus der Praxis zeigen, dass dort, wo guter Wille auf beiden Seiten vorhanden ist, in vertrauensvoller Kooperation zwischen niedergelassenen Nervenärzten und SpDis soziotherapeutische Hilfen „unterhalb der Schwelle“ des § 37a SGB V Soziotherapie) oder des § 140ff. (Integrierte Versorgung) erbracht werden können. In einer systematischen Kooperation zwischen niedergelassenen Nervenärzten, PIAs und SpDis liegen große Chancen für eine Verbesserung der regionalen Versorgungsqualität. So ist, um ein Beispiel zu nennen, ein niedergelassener Nervenarzt schon aus zeitlichen Gründen im Regelfall

24 In einigen Verträgen zur Integrierten Versorgung nach § 140ff. SGB V wird die Gewährung von Soziotherapie als besondere IV-Leistung für die Versicherten angeboten. Die Nutzbarmachung von Soziotherapie setzt die Einschreibung eines Patienten in ein IV-Modell voraus. Der Nervenarzt kann Soziotherapie nur für die Patienten erschließen, die bei einer Krankenkasse versichert sind, mit der der Arzt einen IV-Vertrag abgeschlossen hat.

nicht in der Lage, für seine Patienten evidenzbasierte Gruppenprogramme zur Psychoedukation oder kognitive Trainingsprogramme zu organisieren und diese selbst durchzuführen. Ein SpDi hätte eher die Möglichkeit, solche Programme anzubieten, gegebenenfalls mit Unterstützung des Nervenarztes bei einzelnen Programm-Modulen. Solche Programme könnten dann sowohl von den Klienten des SpDi als auch von den Patienten der Nervenärzte genutzt werden. Durch eine abgestimmte gemeinsame Betreuung von Patienten in psychiatrischen Wohngemeinschaften könnte eine Verbesserung der Versorgungsqualität erreicht werden usw.

Wenn wechselseitige Ressentiments einer verbesserten Kooperation von SpDis und niedergelassenen Nervenärzten im Wege stehen und/oder wenn von den SpDis Dienstleistungen für niedergelassene Nervenärzte als Verlust von Autonomie abgewehrt werden, wird durch Appelle alleine kaum ein Aufbrechen des Nebeneinanders erreichbar sein. Hier wären die öffentlichen Gesundheitsverwaltungen als Leistungs- bzw. Kostenträger der SpDis gefordert, gemeinsam mit den niedergelassenen Nervenärzten Konzepte/Verfahrensweisen für eine verbesserte wechselseitige Kooperation zwischen Nervenärzten und SpDis zu entwickeln, um dadurch fachlich gebotene Synergieeffekte auszuschöpfen.“

Zusammenfassend kann die ambulante soziotherapeutische Betreuung im psychiatrischen Kontext als Hilfsangebot im Rahmen gemeindenaher psychiatrischer Versorgung bezeichnet werden, die sich an chronisch psychisch kranke Menschen richtet. Ziel ist die Ermöglichung eines möglichst normalen Lebens außerhalb von psychiatrischen Einrichtungen, insbesondere in der eigenen Wohnung. Durch soziale Unterstützung, Beratung, therapeutische Gespräche und Begleitung sollen Selbstständigkeit und lebenspraktische Fähigkeiten so weit gefördert und entwickelt werden, dass der Lebensalltag bewältigt werden kann. Die ambulante Sozialtherapie versteht sich somit als ein auf den individuellen Einzelfall ausgerichtetes Handlungskonzept und beinhaltet eine systematische Betreuungsplanung. Die Verwirklichung dieser Konzeption erfordert eine wissenschaftlich fundierte Ausbildung u.a. in Gesprächsführung, Beratungsmethoden, Psychopathologie, Familienberatung, Krisenintervention und ein kompetentes, reflektiertes Beziehungsangebot. Es liegt auf der Hand, dass die klinische Fachsozialarbeit die hierfür prädestinierte Disziplin ist.[25]

25 Weiterführende Literatur über Sozialarbeit in der Psychiatrie: Blanke, U. (Hrsg.) (1995). Der Weg entsteht beim Gehen. Sozialarbeit in der Psychiatrie. Psychiatrie Verlag: Bonn. Bosshard, M., Ebert, U., Lazarus, H. (1999). Sozialarbeit und Sozialpädagogik in der Psychiatrie. Psychiatrie-Verlag: Bonn. Clausen, J., Dresler, K. D., Eichenbrenner, I. (1996). Soziale Arbeit im Arbeitsfeld Psychiatrie. Lambertus: Freiburg. Bundesminister für Jugend, Familie, Frauen und Gesundheit (Hrsg.) (1988). Empfehlungen der Expertenkommission der Bundesregierung zur Reform der Versorgung im psychiatrischen und psychotherapeutischen/psychosomatischen Bereich. Bonn.

4.4.3 Klientenzentrierte Sozialtherapie

Klientenzentriertes Vorgehen

Voraussetzung der Anwendung des Klientenzentrierten Ansatzes ist die Modellvorstellung, dass Erleben und Verhalten von schizophrenen Menschen biographisch (mit-)bedingt und grundsätzlich in ihrer Bedeutsamkeit verstehbar sind (Teusch, Finke & Gastpar 1994). Dies gilt auch bei der Annahme einer biologischen Ätiologie. Auch sie geht davon aus, dass grundlegende (z.B. „substratnahe“, vgl. Süllwolds Basisstörungskonzept) Störungen durch psychische Prozesse verarbeitet werden. Zu beachten ist, dass hier der klassische klientenzentrierte Ansatz in Bezug gesetzt wird mit der realen Lebenswirklichkeit der Klienten und die Bewältigung von deren konkreten Aufgaben mit bearbeitet wird. Pfeiffer (1994) formuliert die Basisbedingungen zu diesem Zweck in erweiterter Form:

- *Akzeptanz:* Aufgrund von zentralen Selbstbewertungen der Betroffenen ist eine akzeptierende therapeutische Haltung ein wichtiger Baustein: *(a) Wahrnehmen und Bewerten der eigenen Person:* Sich selbst gegenüber sehen schizophrene Menschen ihre Defizite im Leistungsbereich, in der sozialen Begegnung, in der Unfähigkeit, sich mitzuteilen und vor allem im Scheitern eigener Lebensvorstellungen, was zu negativer Selbstbewertung (Selbstbild) führt. *(b) Wahrnehmen und Bewerten der Signale aus der Umgebung:* Betroffene haben die Erfahrung gemacht, bereits vor der Krankheit, mehr noch seit deren Ausbruch, dass sie von ihrer Umgebung kritisch betrachtet und abgelehnt werden. Selbst die Erfahrung, dass einzelne Personen – meist die Mutter – ihnen fest zur Seite stehen und sich um sie sorgen (häufig sogar mehr als nötig), führt zum negativen Selbstbild: nichts Wert sein, für andere eine Belastung sein, keine Zukunft zu haben, anderen das Leben zu erschweren, ihnen Sorgen zu machen und bei fehlender Kritik nur geschont zu werden. Um so wichtiger ist bei der Arbeit mit psychisch Kranken, durch nicht an Bedingungen geknüpfte Beachtung eine andere Selbstbewertung und nicht-abwertende Beziehung zu ermöglichen. Das bedeutet nicht, dass man alles für gut hält und allem zustimmt, vor allem nicht, was die unrealistischen Wahrnehmungen betrifft. Schon gar nicht bedeutet es, gegenüber Verhaltensweisen, die für den Klienten und seine Umgebung negativ sind und einen Veränderungsprozess erschweren (Aggressionen und Androhen von Gewalt, Alkoholkonsum, Inaktivität, sich Entziehen von Verantwortung, andere für sich ausnutzen), indifferent zu sein.
- *Empathie:* Da Psychisch Kranke vor allem Schwierigkeiten haben, sich andern klar und offen mitzuteilen, besonders misstrauisch sind und es sehr schwer fällt, zu verstehen, was in ihnen vorgeht, müssen die Fachkräfte versuchen, sich in ihre Welt und ihre oft unverständlichen Signale einzufühlen. Begleitende verbale Äußerungen ermöglichen es dem Betroffenen, (a) seine eigenen Gefühlslage deutlicher wahrzunehmen und

(b) zu erkennen, dass jemand versucht, ihn zu verstehen, auch wenn er sich nicht klar und deutlich verbal äußert, sondern eher versteckt, in Bildern und nichtverbal. Beispiel: Eine Klientin steht mit hängendem Kopf, hängenden Schultern in sich zusammengesunken vor dem Helfer. Auf seine Frage: „Was ist jetzt bei Dir?“, sagt sie erst nach langer Zeit: „Ja, wenn *Du* mich nicht einmal verstehst“. Erst nach längerer Zeit kann sie es verbal ausdrücken: „Ich bin völlig hoffnungslos, ohne Kraft. Möchte mich aufgeben. Hilf mir!“ Die Inhalte sind oft schwer verständlich, können verschlüsselt sein, sind aber häufig bei geduldiger Einfühlung verstehbar. Es geht um das Erschließen der inneren Welt. Andere theoretische Störungskonzeptionen (Transmitter, Basisstörungen) stehen diesem Vorgehen nicht entgegen. „Empathische therapeutische Grundhaltung impliziert, dass nicht nur neutrales Analysieren, sondern die aktive innere Beteiligung des Therapeuten mit dem Ziel der Reorganisation der Persönlichkeit wichtig ist.“ (Teusch et al. 1994, 90)

- Kongruenz (Authentizität, personale Präsenz) und therapeutische Beziehung. Es geht um „die Eindeutigkeit der Botschaften, die Transparenz der Worte und Handlungen, die verlässliche Kontinuität (im Gegensatz zum unberechenbaren Wechsel)“ (Teusch a.a.O., 15). Es werden gerade dadurch in der „verwirrten“ Welt des Betroffenen eindeutige, verlässliche Anker vermittelt, die besonders dadurch zur Wirkung kommen, dass die anderen obigen Grundvariablen dafür die Voraussetzungen (z.B. durch Glaubwürdigkeit) schaffen. Wichtiger als die Verstärkung der Selbstexploration (d.h., die konfliktzentrierte Selbstauseinandersetzung) ist die therapeutische Beziehung. Beispiel: Der Klient erzählt dem Studenten, der in der Institution ein Praktikum absolviert, etwas von sich. Als sich ein Mitarbeiter nähert, kommt er sofort auf ein „unverfängliches“ Thema zu sprechen.

Teusch (ebd., 15 f.) skizziert die Entstehung von schweren psychischen Störungen gemäß Klientenzentrierter Modellvorstellungen:

1. „Ein bestimmtes Ereignis (bzw. eine bestimmte Situation) trifft derart auf den traumatisierten Bereich (‚wie ein Schlüssel im Schloss‘), dass die bisherige Kompensation zusammenbricht.
2. Das bisher befriedigend funktionierende Sicherungssystem versagt aus Gründen, die im System selbst liegen (ein beruflicher Misserfolg gefährdet das Ansehen und damit das labile Selbstgefühl; eine bisher das kompensierende Arrangement mittragende Hilfsperson scheidet aus).
3. Veränderungen der Lebenssituation (etwa in Beruf, in der Altersstufe, auch im körperlichen Befinden) machen persönliche Weiterentwicklung und damit ein Aufgeben des gesicherten Zustands unausweichlich.
4. Abgesehen von solchen umschrieben einsetzenden Dekompensationen sind auch Störungen zu beachten, die aus eigener Dynamik in chronischer Progredienz das Leben des Betroffenen immer weiter einengen, bis

es gänzlich von der Symptomatik beherrscht wird. Gerade hierbei erreichen die bekannten psychiatrischen Syndrome ihre klassische Ausprägung."

Je nach Schwere der Erkrankung wird die Wahrnehmung entscheidend sein: Was braucht der Betroffene? Wo sucht er Nähe? Wo überschreite ich Grenzen? Wie bin ich selbst von der Problematik betroffen (Angst; „Helfersyndrom"; Ärger; Enttäuschung; Abneigung; Überdruss)?

Bei der spezifischen Vorgehensweise sind verschiedene Anwendungen zu unterscheiden: (a) Spezifische Psychotherapie als Aufgabe des ausgebildeten Psychotherapeuten. „Aufdeckende" Psychotherapie soll mit großer Zurückhaltung geübt werden. Es besteht die Gefahr erneuter Dekompensation, da Betroffene vulnerabel (erhöht verletzbar) sind und Schwierigkeiten haben, mit Angst/Reizüberflutung zurecht zu kommen. (b) Anwendung der Grundhaltungen im Rahmen von stützender Therapie, Beratung und Begleitung und sozialtherapeutischer Arbeit. Ziele (unter-)stützender Sozialtherapie sind:

1. Arbeit am Selbstbild: Hier kann dem Betroffenen ein neues Bild über seine Person, seine Krankheit und Lebensgeschichte vermittelt werden und über die Bedeutung, die sie für ihn haben. Stagnation und Einengung der Person sollen sich lösen und die Hinwendung zur Welt soll dadurch ermöglicht werden. Das bedeutet vor allem für psychisch Kranke, dass nicht nach „Ursachen" geforscht wird, sondern das „Hier und Jetzt" der Lebensrealität im Mittelpunkt steht. Die Vergangenheit wird aufgenommen, soweit der Klient dies selbst verlangt und soweit sie zum Verstehen der Gegenwart nötig ist.
2. Stützen in aktuellen Konflikten, z. B.: Streit mit Familie oder Mitbewohnern in der Wohngemeinschaft, mit Freund oder Freundin, am Arbeitsplatz oder bei drohendem Verlust des Arbeitsplatzes, bei Angstzuständen, beim Auftauchen von produktiven Inhalten bei Partnerkonflikten.
3. Ertragen und Bewältigen der (gegenwärtigen) Lebenssituation und Beistand leisten beim Leben mit der Krankheit. Dazu gehört: Ansprechpartner sein, motivieren und anregen, ermutigen, informieren, neue Perspektiven eröffnen (z. B. Auszug aus dem Elternhaus).

Schaub et al. (1997) formulieren „Eigenstärken" psychisch erkrankter Menschen, „die deren Abhängigkeitscharakter von der Versorgung möglichst gering halten", die mit den Grundperspektiven des Klientenzentrierten Ansatzes einhergehen (und auch als *empowerment* bezeichnet werden):

1. „Das Vertrauen in die Fähigkeit jedes einzelnen zu Selbstaktualisierung und personalem Wachstum;
2. die Akzeptanz von Eigen-Sinn und der Respekt auch vor unkonventionellen Lebensentwürfen;

3. das Respektieren der „eigenen Wege“ und der „eigenen Zeit“ des Klienten;
4. der Verzicht auf entmündigende Expertenurteile;
5. die Orientierung an der Lebenszukunft.“ (Schaub et al. 1997, 4)

Grenzen des klientenzentrierten Vorgehens

Klientenzentriertes Vorgehen allein ist nicht Therapie der Wahl. Sie ist ein Baustein in einem mehrdimensionalen Behandlungsplan! Nach Pfeiffer (1986) sind die Voraussetzungen für eine Gesprächstherapie eingeschränkt wegen der für eine Therapie geforderten und bei Schizophrenen nicht ausreichend vorhandenen bzw. zu verwirklichenden von Rogers postulierten Bedingungen:

- der konstruktiven „aktualisierenden Tendenz“ samt eines ihr dienenden „organismischen Wertungsprozesses“;
- der Vorstellung eines Leitbildes der „fully functioning person“ mit den Merkmalen der Offenheit für alle Erfahrungen und des „vollen Lebens im Augenblick“;
- der individualistischen Sicht der „Selbstverwirklichung“ mit einseitiger Betonung der Introspektion als therapeutischem Weg.

Diese Basis ist wegen der krankheitsbedingten Grenzen bei psychisch Kranken in der Regel nicht gegeben. Da ist zunächst die „Dekodierungsstörung“: Betroffene können schlechter als Gesunde das emotionale Ausdrucksverhalten des Therapeuten deuten. Auch ihr eigener mimischer Ausdruck ist schwer zu deuten. Für eine klientenzentrierte Vorgehensweise im engeren Sinne muss der Patient aber mindestens ansatzweise die Möglichkeit haben, den Therapeuten richtig wahrzunehmen (häufig damit verbunden: Aufmerksamkeitsstörung). Bei desorganisierter Emotionalität geht es um das Thematisieren des Grundgefühls.

Die Betroffenen sind weiterhin meist nicht in der Lage, auf die Äußerungen der Berater ähnlich sensibel einzugehen wie Gesunde (außer: was Misstrauen betrifft. Dies wird übertrieben gezeigt, auch wenn es nicht angebracht ist). Sie sind eher von dem geleitet, was in ihnen an Gedanken vorgeht und sie führen ihre Gedankengänge weiter. Das heißt auch, dass sie ihre „Gedankenfluchten“ fortsetzen, von einem Gegenstand zum anderen gehen, sich kaum unterbrechen lassen oder – nach der Unterbrechung – mit neuen Ideen (oder dasselbe Thema immer wiederholend) weiterfahren. Als letztes kann man als Therapeut oft nur schwer abschätzen, wie die eigenen Äußerungen von ihnen aufgefasst werden und auf sie wirken. Insbesondere brechen Betroffene oft den Kontakt ab, ohne dass wir wissen, warum. Anscheinend wurden verletzende Themen berührt oder die Fachkraft ist dem Patienten allgemein zu „nahe“ gekommen.

Kriterien für den *Ausschluss* klientenzentrierter Arbeit sind: Fehlende Krankheitseinsicht, fehlende Motivation, zu akute Symptomatik, zusätzliche Abhängigkeitsproblematik, erhebliche Dissozialität. Patienten, deren Stabilität nur durch hohe Medikation erreicht werden kann, sind überfordert. Wichtig ist jedoch, dass die sogenannten Grundhaltungen von Akzeptanz, Kongruenz und Empathie trotzdem beachtet werden.

4.4.4 Verhaltenstherapeutische Sozialtherapie

Eine grundlegende Haltung des Akzeptierens und eine positiven Beziehung zu den Klienten ist hier ebenso Voraussetzung wie bei anderen Methoden, denn Bedingung für instrumentelles Lernen wie auch für Modelllernen sind positive Bekräftigungen. Wenn die „belohnende" Person positiv gesehen wird, ist ein Lernerfolg wahrscheinlicher. Die Zielsetzung lerntheoretisch fundierter sozialtherapeutischer Förderung besteht im (Wieder-)Erlernen eingeschränkter Fähigkeiten für die Arbeit und Alltagsbewältigung durch Anleitung in der Familie, durch Angebote von Sozialpsychiatrischen Diensten, Übergangseinrichtungen usw. Dies geschieht durch

- strukturierte Programme (z. B. zur Verbesserung der kognitiven Leistungsfähigkeit, vgl. z. B. Roder, Brenner, Kienzle & Hodel 1988, und Rezidivprophylaxe, vgl. z. B. Kieserg & Hornung 1994);
- vorgegebene Strukturen und Regelungen, z. B. in Wohnheimen, mit Unterstützung von professionellen Betreuern;
- Einbinden in Beschäftigungs- und Arbeitstherapie (bzw. Arbeitserprobung);
- Erlernen/Einübung lebenspraktischer Tätigkeiten durch entsprechende Angebote (z. B. Einkaufen, Kochen, Waschmaschine bedienen, Gartenarbeit);
- individuelle Hilfen, die je nach Problematik angeboten werden.

Konkrete verhaltensorientierte Interventionen

Regulierung von Nähe und Distanz

Entscheidend ist eine Beziehung, die Distanz und Nähe angemessen reguliert (nicht zu weit entfernt oder zu nah), ebenso wie Wärme, Vertrauen und emotionale Anteilnahme. Nähe kann nur hergestellt werden, wenn man sich nicht aufdrängt. Dazu ist Geduld und Warten nötig. Rückzug ist eine Form des Selbstschutzes. Allerdings kann dieser Rückzug, besonders bedingt durch eine reizarme Umgebung, zu weit gehen. Eine aufdringliche soziale Umgebung macht einfachen Rückzug und Selbstschutz wiederum unmöglich, oft mit der Folge verstärkter Rückzugsbemühungen und neuer Symptome (Autismus). Deshalb dürfen Betroffene nicht in der Isolierung gelassen werden in der falschen Annahme: „Es ist die Entscheidung der Betroffenen, sich zu isolieren oder wieder zu kommen". Es ist eben *nicht* ihre Entscheidung, sondern ihre Angst, die sie zum Rückzug bringt und ihre Tendenz, sich bei emotionalen Begegnungen zu isolieren – auch angesichts freudiger Ereignisse (auch sie könnten ja gefährlich sein!). Einerseits das

Misstrauen respektierend ist andererseits eine unaufdringliche Kontaktaufnahme notwendig (steht beispielsweise ein Patient nur in der Ecke, lehnt er normalerweise jedes Gespräch ab, so kann im Vorbeigehen ab und zu ein „zufälliges", beiläufiges Wort an ihn gerichtet werden, was bedeutet: „Ich sehe Dich, komme Dir aber nicht näher, als Du es vertragen kannst". Oder: Etwas über *sich* erzählen oder über konkrete Ereignisse).

Sorgfältige Behandlungsplanung

Viele psychisch kranke Patienten empfinden es als schwierig, sogar schmerzlich, zu kommunizieren. Gerade bei sehr zurückgenommenen psychisch kranken Menschen sind auch die Behandler und Helfer versucht, aufzugeben, sich zu distanzieren – beim Spüren einer „Wand" hat man selbst Hemmungen, sich mit der Kälte auseinander zu setzen. Weil Erfolg auf der Beziehungsebene nicht erkennbar ist, werden eigene narzisstische Bedürfnisse der Helfer enttäuscht und es kommt zu Resignation, Distanz und Abwehr. Dann besteht die Gefahr, professionelle Hilfe nur in Form von Medikamenten und äußerer Versorgung anzubieten. Dies wird dann häufig vor sich selbst oder anderen als professionelle „Abgrenzung" gerechtfertigt. Schutz davor bietet nur sorgfältige Diagnostik, sorgfältige Zielformulierung und Reflexion der Interaktionen! Immerhin kann bereits das Aufrechterhalten des Status quo ein Erfolg sein. Wenn man das bei anderen schweren chronischen Erkrankungen, z. B. bei Krebskranken erreichen könnte, wäre man glücklich. Bei der Therapie schwerer psychischer Erkrankungen erwartet man Besserung – doch wenn diese nicht eintritt, aber Verschlechterung verhindert wird, ist die Intervention *nicht erfolglos*! Deshalb ist schon bei der Behandlungsplanung darauf zu achten, welche psycho-sozialen Ziele erreicht werden sollen. Nur so kann man klarstellen, dass es sich nicht um eine nachträgliche Rechtfertigung erfolgloser Interventionen handelt, sondern um die erfolgreiche Verhinderung weiterer Verschlechterung bzw. die Aufrechterhaltung des Status quo.

Kognitive Strukturierung

Wichtig sind Maßnahmen zur Strukturierung bei starker Sprunghaftigkeit der Klienten/Patienten durch Bündelung der „Leitgedanken". Dies kann erreicht werden durch Klarstellen des Themas, durch Verbalisieren und Zusammenfassen. Bei Abschweifen ist das aktive Zurückführen zum Thema wichtig (z. B. „Wir haben vorher über XY gesprochen. Lassen Sie uns darauf noch mal zurückkommen.").

Betonung der Realität

Hilfreich ist das konkrete Durchsprechen von Lebenssituationen. Ein Beispiel: Ein Patient sagt, er wolle aus dem Wohnheim weg, zu seinem Bruder ziehen. Das sei sein Ideal, „das bald kommt". Konkretisierende Fragen sind: Will der Bruder das? Kam der Bruder überhaupt im Laufe des Jahres zu Besuch? Wie war die Beziehung bisher? Häufig geben sich Patienten Idealisierungen hin. Hier geht es dann darum, der Irrealität entgegenzuwirken. Häufig findet man auch irreale bzw. unrealistische Berufs- und Zukunftsvorstellungen (Beispiele: Bewohner in Übergangseinrichtung sucht attraktive Frau mit Geld, gut aussehend, die ihn voll versorgt; Berufswunsch Arzt; Berufswunsch Taxifahrer, obwohl Führerschein wegen der Krankheit entzogen wurde). Bei Unverständlichkeit der Mitteilung ist es wichtig, nachzufragen, Einzelheiten zu erfragen, vor allem in Bezug auf konkrete, reale Ereignisse.

Realitätsgerechte Anreize und Anforderungen

Eine reichhaltige Umgebung reduziert die Symptome und ermöglicht positive Veränderungen. Dabei sind zwei Pole zu beachten: (a) Überforderung mit der Folge von Rückzug, Konfusion und der Gefahr von Rezidiven; (b) Unterforderung und Reizarmut mit der Folge von emotionaler und sensorischer Deprivation. Letzteres führt zu Zunahme von Symptomen wie Langsamkeit, verminderte Aktivität, Sprecharmut mit nachfolgendem Verlust von Fähigkeiten und verminderten Möglichkeiten der Veränderung. Deshalb sollte als Prinzip gelten: Behutsame Veränderungen anstreben und realitätsgerechte Ansprüche stellen, d.h., man muss bei den Betroffenen genau die Möglichkeiten/Grenzen abklären und einschätzen (etwa im Bereich Arbeit, Aufstehen am Morgen, Hausordnung u.a.). Beispiel: Ein Klient/Patient bringt es nicht fertig, morgens pünktlich zur Arbeitstherapie aufzustehen. Die Betreuer halten ihn für „arbeitsscheu“. Sie sagen, dass als letztes Mittel nur helfe, wenn man ihm im Bett kaltes Wasser überschütte. Im Gespräch stellt sich heraus, dass das ein Vorschlag vom Betroffenen selbst war! Er hatte also auch von sich aus ein sehr großes Bedürfnis, aus dem Bett zu kommen! „Arbeitsscheu“ war also eine Fehleinschätzung, die leider auch eine entsprechende Kritik an der Person beinhaltete. Richtig wäre gewesen, ihm Anerkennung zu geben für seinen guten Willen und Verständnis für seine extreme Schwierigkeit aufzustehen zu äußern.

Klarheit und Eindeutigkeit der Informationen, Aussagen und Anweisungen

Die Klarheit und Unzweideutigkeit muss sowohl von den Helfern und Behandlern kommen, und zwar in den unterschiedlichen Situationen als auch von den Bezugs- und Betreuungspersonen (z.B. über Dauer des Klinikaufenthaltes, Medikamente). Die Klarheit wird erreicht durch kurze, einfache Sätze. Nicht zu viele Informationen in einem Satz zusammenbringen.

Anleiten bei Handlungsverlust

Hier geht es um das Wiedererlernen alter Fertigkeiten und um das Vorbereiten auf neue Situationen. Prinzipien sind lerntheoretisches Aufbauen von a) Schwierigkeitshierarchien, b) Fading: Nach anfänglich häufigem Anleiten sich selbst immer mehr zurückziehen (= sich überflüssig machen),

c) prompting: konkrete Hilfen geben, d) chaining: Beginn des Lernens am Anfang oder Ende der ganzen Kette ansetzen oder dort, wo es am nötigsten ist und/oder die meiste Motivation besteht.

Anknüpfung an Kompetenzen

Stets sollte die Fachkraft bei den gesunden Anteilen und Möglichkeiten anknüpfen und weniger die negativen oder pathologischen Züge in den Vordergrund stellen.

Abgrenzung

Diese ist z. B. bei regressiven Verhaltensweisen nötig: wenn sich der Klient bspw. in einem kleinkindhaften Sprachstil äußert, sollte die Fachkraft nicht in ähnlichen Sprachstil fallen.

Kontinuität der Bezugspersonen

Möglichst Wechsel der Bezugspersonen vermeiden, schon bei der Personal- und Behandlungsplanung auf Kontinuität achten.

Klinik nicht negativ besetzen

Ein Klinikaufenthalt ist ein Angebot zur (oft letzten) Hilfe und bedeutet auch Zugeben der eigenen Hilflosigkeit. Er wird von den Patienten zur Entlastung oft selbst gewünscht. Deshalb ist ein „Drohen" mit einem Klinikaufenthalt im Sinne einer Sanktion nicht angebracht.

Kompetenter Umgang mit Angriffen

Angriffe, Beleidigungen und Beschimpfungen sind in aller Regel Ausdruck der Eigenproblematik der Patienten, sie sind in Wahrheit nicht auf die Person der Helfer gerichtet (der Berater/Behandler ist auch Ziel von Angriffen, wenn das eigentliche Kritikobjekt die Institution ist). Die Helfer werden zu „subjektiven Objekten" der Kranken. Nicht mit Gegenangriffen reagieren; ansprechen, sich auch klar abgrenzen und Beschimpfungen einschränken (je nach Krankheitszustand und Einsichtsfähigkeit.) Der Umgang mit tätlichen Angriffen ist natürlich von der Priorität des Selbstschutzes geprägt.

Klientenzentrierung

Hier geht es darum wahrzunehmen, welcher Art von Informationen und Ansprache der Klient bzw. Patient jetzt zugänglich ist. Hilfreich ist häufig: leises, sanftes Ansprechen oder nur Zuhören oder auch eindringliches Zureden. Auch „hartes" Bremsen und auf einem Thema zu beharren kann sinnvoll sein. Je nach Bezugssystem und Befindlichkeit ist anders vorzugehen bei jemandem, der erst bei massiven Beeinflussungen oder „Bremsmanövern" anspricht und durch sie nicht verärgert wird als bei einem Menschen, der extrem empfindlich ist.

Achten auf Regeln und Ordnungsgesichtspunkte

Je nach Krankheitsstand (Verlauf und Schwankungen) können unterschiedliche Regelungen erforderlich sein. Sofern unterschiedlicher Umgang und ungleiche Konsequenzen von anderen Patienten als „Vorteile" wahrgenommen werden, besteht hier natürlich die Gefahr, dass dies von anderen Patienten als „ungerecht" empfunden wird und sie ähnliche „Vorteile" für sich verlangen.

4.4.5 Anmerkung zur Pharmakotherapie

Eine Gegenstandsbestimmung psycho-sozialer Behandlung sollte eindeutig Stellung beziehen zur Frage des Einsatzes von Medikamenten. Klinische Sozialarbeit in wohl in den meisten Feldern nicht ohne enge Kooperation mit der Medizin möglich. Der Einsatz von Medikamenten, insbesondere Psychopharmaka ist in vielen Arbeitsfeldern der Klinischen Sozialarbeit, insbesondere natürlich in der Psychiatrie unerlässlich. Eine zielführende und möglichst nebenwirkungsarme pharmakologische Behandlung von psychischen Erkrankungen wird überall dort gebraucht, wo mit psychologischen und sozialen Einwirkungen nichts, zu wenig oder Lebenswichtiges zu langsam erreicht wird. Hier soll nicht der Versuch einer näheren Klassifizierung unternommen werden (ausführliche Darstellungen sind in der Fachliteratur zu finden[26]). Untersuchungen haben gezeigt, dass für die meisten psychischen Störungen eine medikamentöse Behandlung allein nicht effektiver ist als Gespräche. Allerdings wirken Medikamente generell viel schneller, als alleinige psycho-soziale Behandlung, was unter Umständen, die eine rasche Verbesserung der Befindlichkeit verlangen, sinnvoll oder notwendig sein kann und in Betracht gezogen werden muss. Zwischen psycho- und sozialtherapeutischen Interventionen und Pharmakotherapie bestehen intensive Wechselwirkungen.

Bei symptombedingt blockierten Behandlungssituationen, wenn eine Person z. B. zu depressiv oder ängstlich ist, die inneren und äußeren Umstände, die sie zur Behandlung geführt haben, zu explorieren und zu bearbeiten, kann eine angemessene Medikation diese Symptome so weit reduzieren, dass therapeutische und Beratungsarbeit möglich wird. Wenn das Alltagsleben stark beeinträchtigt ist, die Symptome also so stark sind, dass sie die Funktionsfähigkeit an der Arbeit, in der Schule oder zu Hause schwerwiegend behindern, können Medikamente entscheidend helfen, neben Beratung und Therapie zu einem normaleren Alltagsleben zurückzufinden.

Es gibt auch spezifische Signale, die psycho-sozialen Helfern im klinischen Bereich geläufig sein sollten: selbst wenn die Symptome nicht besonders schwerwiegend sind, können Anzeichen vorliegen, von denen bekannt ist,

---

26 Zu empfehlen ist das Buch von Finzen (2001); siehe auch z. B.: Opler, Wittchen & Lammers (1999); von Spiegel (1998) (alle siehe Literaturverzeichnis!).

dass sie besonders gut auf medikamentöse Behandlung ansprechen. Depression ist durch Medikamente besonders beeinflussbar, wenn sie begleitet ist durch Schlaf- und Appetitstörungen, Interessenverlust, geringer Energie und Motivationsarmut. Angst spricht gut auf medikamentöse Behandlung an, wenn sie begleitet ist von Herzrasen, Kurzatmigkeit und anderen Körpersymptomen.

Klinische Sozialarbeiterinnen und Sozialarbeiter haben eine besondere Verantwortung, wegen der Auswirkungen auf die Alltagsbewältigung ihrer Klienten die ärztliche Verordnung von Psychopharmaka einzubeziehen. Bei Veränderungen des Befindens und Verhaltens psychisch gefährdeter und insbesondere kranker Menschen sollten sie rechtzeitig die Initiative ergreifen, damit Ärzte pharmakologisch reagieren können.

4.5 Soziale Unterstützung, Netzwerkarbeit, klinisches Case-Management

Die Einbeziehung des sozialen Umfeldes betrifft zum einen Case-Management-Strategien, zum anderen Interventionen beratender und fördernder Art bei Bezugspersonen und Mitgliedern des sozialen Netzwerkes. Case-Management bezieht sich auf die Hilfe, mit dem sozialen Umfeld so umzugehen, dass sich die generelle Lebensbewältigung und das Wohlbefinden von Klienten verbessern. Als Case-Manager hilft der Klinische Sozialarbeiter den Klienten, ihre Kontakte mit anderen Fachleuten und Institutionen zu regeln, fördert deren Kooperation und hilft bei der Bewältigung von Alltagsschwierigkeiten im Umgang mit Mitgliedern des sozialen Netzwerkes. Aus dieser Sicht wird der klinische Case-Manager zum Koordinator der verschiedenen Systeme, Vermittler von Dienstleistungen und Berater im Lebensfeld mit spezifischen Systemkompetenzen.

Professionelle soziale Unterstützungsinterventionen zur Belastungsreduktion und Stressbewältigung basieren auf der grundlegenden Vorstellung, dass Probleme in Unterstützungsdefiziten im sozialen Netzwerk des Klienten begründet sind, z. B.:

- Trennung von wichtigen anderen Menschen (z. B. Partner),
- Trennung von informellen Netzwerken (z. B. Freundeskreis),
- Trennung vom weiteren sozialen Kontext,
- Wichtige andere Personen verfügen über begrenzte Ressourcen (z. B. weil sie dem selben Stressor ausgesetzt sind wie der Klient),
- Rückzug anderer Personen aufgrund negativer Einstellungen,
- Inkompetenz wichtiger anderer Personen,
- Ablehnung.

Grundsätzlich ist es das Ziel, dass Klienten selbst befähigt sind, mit ihrem Umfeld umzugehen. Wenn aber Beratungsstrategien und therapeutische

Gespräche nicht ausreichen oder unangemessen sind, sei es aufgrund bestimmter Eigenschaften des Umfeldes oder der Defizite oder spezifischen Situation des Klienten, dann müssen im sozialtherapeutischen Ansatz der Klinischen Sozialarbeit Interventionen im Netzwerk durchgeführt werden. In bestimmen Arbeitsfeldern bzw. mit bestimmten Klientelen sind Netzwerkarbeit und Fallmanagement noch notwendiger als in anderen. So ist die klinische Arbeit mit Kindern und Jugendlichen aus den Bereich der „hard-to-reach" Klientel in aller Regel ohne eine enge Vernetzung und Kooperation von Fachkräften aus dem Gesundheits- und Bildungssystem nicht hilfreich. Das bedeutet, dass das professionelle Netzwerk Erzieher, Lehrer, Sozialarbeiter, Fachtherapeuten, Mediziner, Eltern etc. einbeziehen muss (vgl. Nestmann, Günther, Stiehler, Wehner & Werner 2008).

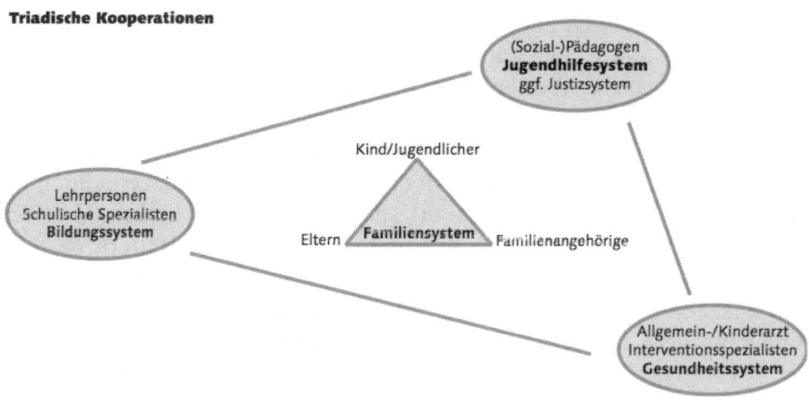

Darstellung aus: Käppler 2009, 59

Das Gestalten von Netzwerken kann somit eine wichtige Ergänzung zu bisherigen therapeutischen Lösungsversuchen und Angeboten sein. Dabei geht es einmal um persönliche Netzwerke, also die Beziehungen von Menschen zueinander, wobei das Konzept „Soziale Unterstützung" angesprochen ist, zum zweiten um Netzwerke von Institutionen, die durch neue Verbindungen zur Verbesserung der professionellen Kooperation beitragen können. Das soziale Netzwerk ist das System sozialer Beziehungen in dem ein Individuum lebt. Aus der Perspektive eines Individuums ist es immer ein „persönliches Netzwerk", wobei im Blick Klinischer Sozialarbeit nicht vernachlässigt werden darf, dass dieses immer in übergreifende sozialstrukturelle Bezüge sowohl innerhalb als auch außerhalb der eigenen Organisation/Institution (Reiners-Kröncke & Stübinger 2000) eingespannt ist. Keupp und Rerrich (1982, 47) nennen als sozialtherapeutischen Nutzen eines sozial unterstützenden Netzwerkes „emotionale Unterstützung, Vermittlung und Aufrechterhaltung einer sozialen Identität, materielle Hilfe und Dienstleistung, Vermittlung von Information und Herstellung neuer sozialer Kontakte. Vor allem die Ressourcenfunktion ist es, die immer wieder mit dem Netzwerk in Verbindung gebracht wird. Gefragt wird, was eine Person in einer spezifischen Belastungssituation zur Befriedigung ihrer Bedürfnisse, zur Bewältigung eines Problems oder zur Überwindung einer psychosozialen Krise an Unterstützungsressourcen für sich aktualisieren kann. Oder anders formuliert: Wie muss ein Netzwerk beschaffen sein, dass es einem Individuum diejenigen Unterstützungsangebote machen kann, die zur Bewältigung einer Leidenssituation erforderlich sind?"

Auch wenn also in unterschiedlichen Definitionen davon gesprochen wird, dass Netzwerke soziale Ressourcen und Unterstützungssysteme sind, muss deutlich gemacht werden, dass ein soziales Netzwerk nicht automatisch mit „sozialem Stützsystem" *gleichgesetzt* werden kann. Es sind aus der gesamten Menge der sozialen Beziehungen einer Person diejenigen heraus zu filtern, die für sie hilfreich und unterstützend sind. Es können zwar Netzwerke vorhanden sein; diese müssen aber keineswegs zwangsläufig auch unterstützend sein. Näherer Austausch von Kontaktpersonen kann jedoch dazu führen, dass die in einem Netzwerk liegenden Möglichkeiten zur Unterstützung herangezogen werden. Für den in ein Netzwerk einbezogenen Menschen (und jeder ist in eines eingebunden) ergeben sich Chancen, durch das aktive Einbeziehen von Personen aus seinem Netzwerk Hilfen und Unterstützung zu erhalten, die bisher nur von professionellen Helfern geleistet wurden (Priller 1999). „Je kleiner und dichter soziale Netzwerke sind, desto mehr mischen sich Unterstützung mit Spannungen und Konflikten, mit Gruppennormen, Zwängen, Kontrollen, Fremdbestimmungen und Sanktionen ... Hingegen bieten weniger dichte soziale Netzwerke ein größeres Spektrum an formellen und informellen Ressourcen bei gleichzeitig geringerer Wirkung von Gruppennormen. Die Unterstützung hängt vom immer wieder ausgehandelten sozialen Miteinander ab, wie sie auf reziproken Austauschbeziehungen basiert. ... Zentral, im sozialtherapeutischen Zusammenhang, ist die Abschirmung vor Belastungssituationen (etwa, bevor eine individuelle Überforderung eingetreten ist), die Stärkung des Selbstwertgefühls, Bewahrung vor Verzweiflung und Depression, die Minderung des Ausmaßes von Stressreaktionen und die Erleichterung des Ertragens von Belastung wie bereits eingetretenen Symptomen." (Schwendter 2000, 269)

Sinnvoll ist eine möglichst *frühzeitige* Berücksichtigung des Sozialen Netzwerkes der Klienten. Ziel ist, dem Klienten ein quantitativ und qualitativ möglichst hohes Niveau sozialer Unterstützung aus seinem Netzwerk zu ermöglichen. „Als Netzwerkförderung und Förderung sozialer Stützsysteme sind ... alle Strategien zu bezeichnen, die dazu beitragen, diejenigen Fähigkeiten und Kompetenzen von einzelnen Personen oder Gruppen zu stärken, die der Gesundheit der anvertrauten Klientel im Sinne psychischen, physischen und sozialen Wohlbefindens dienen." (Franz 1990, 16). Erwartungen von Angehörigen anderer Berufsgruppen an den Sozialarbeiter beschränken sich häufig auf Unterstützungsleistungen sozialadministrativer Art, während sich manche klinisch tätigen Sozialarbeiter – in Ermangelung einer adäquaten professionellen klinischen Sozialarbeitsidentität – lieber in der Psychotherapeutenrolle sehen (vgl. Stimmer 2000). Beides sind jedoch nur Extrempositionen des gesamten Handlungsspektrums. Gerade umgebungsbezogene Interventionen sind als wichtige Aspekte einer sozialen Behandlungskonzeption näher zu beleuchten, da ihre sozial-therapeutische Funktion häufig überhaupt nicht erkannt, oder nur oberflächlich als Kontrolle und Begleitung wahrgenommen wird. Wird die therapeutische Rolle (an-)erkannt, so wird aber meist davon ausgegangen, dass das *Unterstützungsdefizit im Klienten begründet* ist. Der Klient wird hier als Person begriffen, die aufgrund innerer Konflikte, Defizite oder Barrieren nicht in der Lage war und ist, in einem ausreichenden Maße soziale Unterstützung zu erhalten. Die psycho-soziale Fallarbeit richtet dann ihr primäres Augenmerk auf die Person des Klienten, d.h. seine inneren Konflikte, seine problematischen Einstellungen und Verhaltensweisen. Soziale Netzwerkunterstützung betrachtet jedoch Veränderungen in der Person als notwendige Voraussetzung, um vermehrt Veränderungen in der Lebenswelt zu erreichen, was wiederum sowohl die allgemeine Lebenszufriedenheit steigern kann als auch spezifische Hilfen mobilisieren kann. Sozialtherapeutische Förderung kann nun verschiedene Strategien verfolgen:

1. Schaffung eines neuen Netzwerkes, auch „künstlicher“ Netzwerke;
2. Stärkung vorhandener Netzwerke: Erhöhung von Ausmaß und Qualität der verfügbaren sozialen Unterstützung durch Steigerung der Fähigkeit und Bereitschaft aktueller und/oder potentieller Unterstützer, Unterstützung zu leisten;
3. Verknüpfung professioneller und nicht-professioneller Netzwerke und Unterstützungssysteme;
4. Befähigung zu eigenständiger Netzwerkgestaltung, Netzwerkerschließung und -erhaltung (Franz 1990, 17);
5. Erhöhung der Bereitschaft und/oder Aufbau/Verbesserung der Fähigkeit der Individuen, Unterstützung von anderen zu suchen und anzunehmen.

Bevor eine Intervention in Bezug auf das soziale Netzwerk des Klienten stattfindet, sind folgende Grundfragen zu klären:

1. Intervenieren oder nicht intervenieren (Stigmatisierung, negative Beeinträchtigung des natürlichen Systems).
2. Reparieren oder Ersetzen: sollen vorhandene Netzwerkressourcen und Beziehungen (re-)aktiviert, unterstützt oder geheilt werden, oder müssen neue durch professionelle Unterstützung geschaffen werden. Beispielsweise bei Hilfen zur Erziehung, die außerhalb der Familie stattfinden, geht es oft nicht um die Verbesserung der Unterstützungsleistung bestehender sozialer Netzwerke, sondern um die Ersetzung sozialer Netzwerke. Das KJHG favorisiert zwar eindeutig die ambulanten und familiennahen Formen der Hilfe, jedoch ist es nicht immer möglich, Hilfe zur Er-

ziehung in ambulanter Form zu leisten. Klinische Sozialarbeiterinnen müssen deshalb immer Entscheidungskriterien für ihr jeweiliges Feld erarbeiten, (1) ab wann eine sinnvolle Arbeit mit bestehenden sozialen Netzwerken nicht mehr möglich ist und (2) wie neue soziale Netzwerke, die Unterstützungsfunktionen in ausreichendem Maße wahrnehmen, aufgebaut werden können.

3. Indirekte Intervention als Befähigung der Klienten, ihr Netzwerk selbst zu beeinflussen oder direkte Beeinflussung der Netzwerkmitglieder durch die Fachkraft: Wenn das *Unterstützungsdefizit im Unterstützungssystem begründet* ist, ist es das Ziel der Intervention, eine Veränderung des sozialen Netzwerkes des Klienten herbeizuführen. Dies kann auf zwei Arten geschehen. (1) Einmal indirekt, indem man den Klienten instruiert, sein soziales Netzwerk so zu beeinflussen, dass er mehr soziale Unterstützung erhält, mit dem Augenmerk auf die unmittelbaren Mitmenschen (z.B. Angehörige, Nachbarn, Freunde) gerichtet (Was hindert diese daran, soziale Unterstützung zu gewähren? Wie können sie zu kompetenten Unterstützern qualifiziert werden? Welche Faktoren beim Klienten führen zur Annahme, welche zur Ablehnung welcher Art potenzieller sozialer Unterstützung in seinem Netzwerk?). (2) Zum zweiten direkt, indem man unmittelbaren Kontakt zum sozialen Umfeld des Klienten aufnimmt. Das soziale Umfeld selbst wird in den Mittelpunkt gestellt, und dessen mangelnde Struktur, Fähigkeit oder Bereitschaft zur sozialen Unterstützung wird durch soziale Interventionen bearbeitet.
4. Individuen- oder Gruppenorientierung: Arbeit mit einzelnen oder ganzen Gruppen.

Schwendter (a.a.O., 265) bezieht sich auf Keupp und nennt verschiedene praktische sozialtherapeutische Schwerpunkte: „Es kann ein sinnvoller psycho-sozialer Arbeitsschwerpunkt sein, Orte und Möglichkeiten zu schaffen, die es erleichtern, sich ein neues soziales Netzwerk zu schaffen (eine Frau dabei zu unterstützen, einen Secondhand-Laden zu eröffnen, kann etwa eine Möglichkeit sein, oder eine Erziehungsberatung kann Familien, die bei ihr in Beratung sind, zu gemeinsamen Aktivitäten einladen; daraus können sich Kontakte entwickeln). Selbsthilfegruppen unter dem Gesichtspunkt von Netzwerken organisieren ‚für sich die soziale Unterstützung, die ihnen gesellschaftlich nicht verfügbar ist … Betroffenen den Zugang zu solchen Gruppen zu erleichtern oder auch den Aufbau solcher Initiativen zu unterstützen, sind wichtige Aufgaben, die von Praktikern der psycho-sozialen Arbeit wahrgenommen werden können.‘ (Keupp & Rerrich 1982, 50) Insbesondere bei Psychiatrie-Erfahrenen (in anderer Formbestimmung besteht jedoch ein vergleichbares Problem bei Strafentlassenen, Drogenabhängigen und Behinderten) besteht die Gefahr, dass ihr soziales Netzwerk nur noch aus der entsprechenden unfreiwilligen Subkultur und aus professionellen Drehpunktpersonen besteht (Keupp nennt dies ‚ambulantes Ghetto‘). Dies ist zwar … besser als gar nichts …, dennoch ist Keupps Forderung voll zuzustimmen: ‚Notwendig sind … ein verstärktes Arbeiten mit wichtigen Personen aus dem Netzwerk des Patienten … und aktiver Aufbau von neuen Bezugssystemen dort, wo alte nicht mehr reorganisierbar sind oder die … Weiterentwicklung einer Person hemmen.'"

Linehan (1996, 300 ff.) hat im Rahmen ihres „dialektisch-behavioralen Ansatzes" zu Therapie der Borderline-Persönlichkeitsstörung eine Reihe von Bedingungen, die eine Intervention im Umfeld erfordern, in Form einer Checkliste vorgestellt.

Checkliste:
Strategien der Interventionen im Umfeld (Lineham 1996)

- *Fachkraft greift ein, wenn Klient/-in nicht in der Lage ist, für sich selbst zu handeln und das Ergebnis sehr wichtig ist.*
  Fachkraft veranlasst bei Bedarf eine psychiatrische Unterbringung.
  Fachkraft gibt dem stationären Betreuungsteam genügend Informationen, um die unmittelbare Einweisung zu unterstützen und einen Therapieplan einzuführen, der mit der ambulanten Behandlung vereinbar ist.
- *Fachkraft greift ein, wenn die Umwelt nicht beeinflussbar und übermächtig ist.*
  Fachkraft schreibt Briefe, tätigt erforderliche Telefonanrufe, um Versicherungsleistungen, Erwerbsunfähigkeitsrente aufrechtzuerhalten, Zugang/Zulassung zu begleitenden Therapiemaßnahmen zu erhalten usw.
  Fachkraft greift ein, um Klienten/-in vor unfreiwilligen Überweisungen zu alternativen Behandlungen oder stationärer Behandlung zu bewahren.
- *Fachkraft greift ein, um das Leben der Klientin zu retten oder eine Gefährdung anderer zu vermeiden.*
  Wenn angemessen, informiert Fachkraft die Familie der Klientin, wenn Suizidgefahr besteht. Fachkraft behandelt Suizidgefahr nicht vertraulich.
  Fachkraft informiert zuständige Stellen, wenn Klient/-in Kinder oder Erwachsene missbraucht oder vernachlässigt oder mit körperlicher Verletzung bei einer bestimmten Person droht; Fachkraft hält sich an die Gesetze, was den Schutz anderer Personen anbelangt.
  Fachkraft greift ein, wenn dies eine menschliche Pflicht ist (z. B. holt sie den/die Klienten/-in für die Stunde ab, wenn eine Autopanne vorliegt) und keinen Schaden anrichtet.
- *Fachkraft greift wie oben ein, wenn Klient/-in minderjährig ist, aber unter Berücksichtigung der Eltern und Betreuer.*
- *Fachkraft versorgt andere Fachleute bei Bedarf mit Informationen über Klient/-in.*
- *Fachkraft behält Informationen, die Klient/-in unnötigerweise demütigen oder beschämen, für sich.*
- *Fachkraft verteidigt Klient/-in.*

- *Fachkraft tritt in das Umfeld von Klient/-in ein, um ihm/ihr beizustehen.*
- *Fachkraft beachtet ihre eigenen Grenzen beim Case-Management.*
- *Als nicht fachgerecht gelten folgende Verhaltensweisen:*
  - Fachkraft greift nur ein, weil es einfacher ist und Zeit spart.
  - Fachkraft versäumt, die tatsächlichen Fähigkeiten des Klienten/der Klientin zu diagnostizieren.
  - Fachkraft versäumt, die Umweltanforderungen zu diagnostizieren.
  - Fachkraft verwendet abwertende Beschreibungen, unterstellt Motive ohne bestätigende Fakten und andere negative Besonderheiten dem/der Klienten/-in, wenn sie mit anderen über Klienten/-in spricht.

Im Anschluss an Arbeiten von Froland et al. (1981), Heller (1990) und Shinn (1987) hat Milne (1999) soziale Unterstützungsinterventionen (social support interventions) zusammengestellt, die wichtige Elemente *umgebungsbezogener Maßnahmen (distal – struktural)* sozialer Therapie sind, und die der folgenden Übersicht in modifizierter und ergänzter Form aufgeführt sind.

Zusammenstellung sozialer Unterstützungsinterventionen (social support interventions) im Rahmen sozialer Behandlung, modifiziert nach Milne (1999)

Interventions-strategie	**Ziele**	**Methoden**
Verbesserung des personalen Netzwerkes	Erweiterung der dem Klienten zugänglichen sozialen Unterstützung und Ressourcen	Kontaktaufnahmen, Beratung und Koordination mit bereits vorhandenen oder potentiellen professionellen und non-professionellen Unterstützern; Förderung bereits existierender Aktivitäten; Aufbau neuer Netzwerke (z. B. unterstützende Gruppen); Einstellung, Training und Anleitung von Hilfskräften
Entwicklung freiwilliger bzw. ehrenamtlicher Ressourcen	Engagement und Befähigung ehrenamtlicher Helfer und Begleiter	Klärung der Nutzbarkeit und Unterstützung der Nutzung existierender Dienste, Abbau von Schwellen etc.; Hilfe bei der Erschließung und beim Aufbau weiterer sozialer Ressourcen; Auswahl, Training und Anleitung ehrenamtlicher Helfer; Evaluation der Wirksamkeit der Maßnahmen sowie der wirksamen Faktoren und der Auswirkungen auf die div. Beteiligten

Unterstützung von reziproken Netzwerken (gegenseitige Hilfe)	Etablierung von Peergruppen zur gegenseitigen Unterstützung und Förderung dazu dienlicher Aktivitäten	Kontaktaufnahme mit bestehenden Selbsthilfegruppen; Aufbau neuer, ergänzender Angebote in Zusammenarbeit mit anderen Trägern (z. B. Kirchen)
Förderung organisatorisch-institutioneller und betrieblicher Abläufe und Beziehungen	Verbesserung der Qualität des Arbeitslebens	Ermutigung von Initiativen am Arbeitsplatz (z. B. Personalentwicklung) und der Partizipation in Entscheidungsprozessen (z. B. zwischen Lehrern und Eltern); Förderung von „lernenden Organisationen" und lernender Umwelt („learning environment"); Veränderung von innerorganisatorischen oder innerbetrieblichen Normen der Stigmatisierung („blame the victim") z. B. durch Workshops zur Stressbewältigung bzw. zum Empowerment der sozialen Kompetenzen und Strukturen in der Gemeinde/Region
Empowerment der sozialen Kompetenzen und Strukturen in der Gemeinde/Region	Schaffung lokaler Hilfsdienste und von Bürgerinitiativen zur Befriedigung wichtiger und dringender sozialer Anliegen der kommunalen Lebensgestaltung und nachbarschaftlicher Bedürfnisse	Anbieten eines Forums für Bürgerinitiativen und Erleichterung der Nutzung bürgerschaftlicher Hilfe-Initiativen (z. B. nachbarschaftliche Seniorenbetreuung; Kinderbeaufsichtigung; Freizeitgestaltung); Unterstützung von solche Projekte fördernden Meinungsführern; Koordinierung von Aktivitäten (z. B. Beeinflussung der Stadtplanung oder Jugendhilfeplanung)

Eine wichtige Dimension der Netzwerkarbeit, insbesondere auch im Sinne des Case-Management in der Klinischen Sozialarbeit, sind *institutionelle Netzwerke* (Priller 1999). Institutionen bzw. Organisationen sind Bausteine der psycho-sozialen Versorgung für das Klientel Klinischer Sozialarbeit in einer Region, wobei speziell für psychisch kranke Menschen ergänzend Institutionen existieren, die z. T. weiter entfernt von der Heimatregion sind (z. B. Rehabilitationseinrichtungen für psychisch Kranke sowie Berufsbildungs- und Berufsförderungswerke). Zu einem regionalen institutionellen Netzwerk gehören:

- ambulante Einrichtungen (Beratungsstellen, Jugend- und Gesundheitsämter, Ärzte; Sozialpsychiatrischer Dienst, Psychotherapeuten);

- stationäre und teilstationäre Einrichtungen (Psychiatrische Klinik, Psychiatrische Tages- oder Nachtklinik, Übergangseinrichtungen für psychisch Kranke, Rehabilitationseinrichtungen für psychisch Kranke, beschützte Wohneinrichtungen; Langzeitwohnheime);
- weitere Einrichtungen: Schulen, Polizei, Ämter und Behörden (z.B. Agentur für Arbeit).

Für die Existenz solcher Institutionen allein wird meist schon der Begriff „Netzwerk“ verwendet. Erst vor dem Hintergrund einer angemessenen *Sozialraumorientierung* ist die konsequente Verbindung von professioneller Stärkenarbeit auf der Fallseite und Ressourcenarbeit auf der Feldseite auch im Rahmen von institutionellen Netzwerken wirklich fundiert. Budde und Früchtel (2007, 71) betonen, dass aus den Stärken der Betroffenen, den Ressourcen des sozialen Raums und dem Können von Profis erst dann eine nachhaltige Hilfe wird, wenn angemessene flexible Organisationen und Organisationsstrukturen eine solche Orientierung fundieren. Tatsächlich ist das bloße Vorhandensein vieler (auch sich ergänzender) Institutionen noch kein Netzwerk im sozialtherapeutischen Sinn, solange nicht die dafür erforderlichen gegenseitigen *Verknüpfungen* bestehen. So wie im persönlichen Netzwerk der Gedanke von gemeinsamen Zielen, gemeinsamen Interessen und gegenseitiger Unterstützung im Zentrum steht, so sollte dieser Gedanke auch bei Organisationen eine Rolle spielen. Komplizierter wird die Thematik dadurch, dass Organisationen zwar als Ganzes existieren (als Organisationseinheiten), dass sie aber aus Individuen (Fachkräften) bestehen, die in unterschiedlicher Weise zu anderen Organisationen und zu einzelnen Mitgliedern anderer Organisationen Kontakte verschiedenster Art und Qualität haben können. So kann Organisation A zu Organisation B beste Beziehungen unterhalten – einzelne Mitglieder aber haben keinerlei Kontakt zueinander oder stehen sich ablehnend gegenüber. Umgekehrt können Organisationen nur geringe (oder keine bzw. konkurrierende oder feindselige) Kontakte zueinander haben, einzelne Mitglieder aber stehen zueinander in unterstützender Beziehung. Am einfachsten sind die Beispiele, wo sich Organisationen und Mitarbeiter einig sind: in positiver Verbindung und Zusammenarbeit oder klar abgegrenzter Isolierung.

Die Kooperation im Rahmen eines professionellen Netzwerkes stellt Anforderungen an die Kooperations- und Teamfähigkeit der Mitarbeiterinnen und Mitarbeiter und an ihre systemischen Kompetenzen. „Die Anforderung an die Teamarbeit lassen sich auf verschiedenen Ebenen beschreiben. Die höchste Aufmerksamkeit erhält in der Regel das unmittelbare Arbeitsteam, etwa das Team einer psychiatrischen Station, einer Praxis, eines ambulanten Pflegedienstes, einer Sozialstation etc. Im Rahmen dieses Kernteams bilden sich auch die primären Arbeitsprozesse ab, die mehr oder weniger auf die jeweilige Aufgabenstellung bezogen sind. Um dieses Kernteam herum bilden sich natürliche Grenzen, obwohl die Einbettung in ein Netzwerk notwendig ist. Dieses Netzwerk kann institutionellen Charakter haben, etwa bei einer Klinik, oder aufgabenbezogen sein (etwa die Versorgung chronischer Patienten). Das Team ist aber nicht nur eine Form der professionellen Zusammenarbeit, sondern trägt in der Regel auch das Milieu einer Einrichtung und bildet damit auch den Erfahrungsraum für den Betroffenen." (Rahn 2001, 26) Soziale Unterstützung im Rahmen institutioneller Netzwerke geschieht somit immer auf beiden Ebenen: a) die einzelnen Organisationen und deren Mitglieder geben sich gegenseitige Hilfestellung und b) die Organisationen und deren Mitglieder sind als „unterstützend" für einzelne Klienten zu sehen. Beide Ebenen wirken zusammen. Bei der damit einhergehenden Komplexität ist zu berücksichtigen, dass Klienten ebenfalls Mitglieder bzw. Beteiligte und Betroffene des Netzwerkes sind, so dass deren Schicksal mit dem des Gesamtnetzwerkes in Verbindung steht.

Bei der Analyse von institutionellen Netzwerken ist immer zu fragen:

a. Welche einzelnen Stationen eines Netzwerks existieren und welche Aufgaben haben sie?
b. Wie können sie als unterstützende Netzwerke funktionieren und verbessert werden?

In der Vernetzung von Institutionen liegt die Chance und die Herausforderung, Notwendigkeiten und Möglichkeiten von organisatorischen und fachlich-inhaltlichen Maßnahmen vor Ort zu erkennen. Es können Maßnahmen koordiniert und abgesprochen werden, um auf verschiedensten Ebenen (z.B. bei verschiedenen Trägern) gleichzeitig nachhaltig einzuwirken und auf Probleme hinzuweisen. Durch Verteilung von Aufgaben an Mitarbeiter unterschiedlicher Institutionen kann potenziell der Arbeitsaufwand minimiert werden. Dies bietet die Chance, Brennpunkte für soziale Fallarbeit zu erkennen, durch gemeinsame Analyse sowie Erfahrungsaustausch Lösungen zu finden und sie durch Vorstöße bei den unterschiedlichen Trägern in Gang zu bringen. Viele dieser Aufgaben können durch klinisch-sozialarbeiterisches Case-Management zusammengefasst und koordiniert werden. Der Sozialarbeiter als fachkundiger Case-Manager führt eine erste Problemanalyse durch und nimmt die Weiterleitung an die richtige Stelle vor bzw. leitet entsprechende Maßnahmen ein (z.B. Beratungsstelle, Klinik, Wohnmöglichkeit, Arbeit, Tagesstrukturierung und Freizeitgestaltung, Entlastung der Betreuer durch Vermittlung von Kur- oder Ferienaufenthalten, betreutes Wohnen).

Fällt eine Entscheidung zugunsten einer Netzwerkintervention, gleichgültig ob bezogen auf das persönliche Netzwerk eines Individuums oder ein institutionelles Netzwerk in einer Region, so sollte sie an folgenden methodischen Schritten orientiert sein:

1. Entscheidung über die Angemessenheit einer Netzwerkintervention (Stress versus Unterstützung);
2. Entscheidung, welche Netzwerkmitglieder um Teilnahme gebeten werden;

3. Einschätzung der Stärken und Grenzen des Netzwerks (Erstellung einer Netzwerkkarte);
4. Versammlung des Netzwerkes;
5. Förderung eines Gefühls gemeinsamer Gruppenziele und eines Gruppenzusammenhalts;
6. Öffnung für Kommunikation (Klärung der Erwartungen in bezug auf soziale Unterstützung);
7. Förderung von Bemühungen um Problemlösung (Verhaltensalternativen anbieten, Ressourcen aufdecken, Offenheit fördern, Modelle anbieten);
8. Training von Sozialkompetenzen;
9. Sicherung der Kontinuität der Intervention;
10. Evaluation. (nach Pearson a. a. O.)

Netzwerkinterventionen sind immer eine Gratwanderung. Schwendter weist darauf hin, dass es zwar eine zentrale sozialtherapeutische Aufgabe sei, „die Zielgruppen Sozialer Therapie bei der Findung sozialer Netzwerke zu unterstützen, die nicht mit dem ambulanten Ghetto identisch sind, wenn auch weithin mit diesem verknüpft. Ein Widerspruch tritt selbstredend umgehend in jenem Fall auf, in dem die sozialtherapeutisch tätigen Personen bei Trägern des ambulanten Ghettos angestellt sind, welche gleichzeitig darauf achten müssen, dass ihre Auslastungszahlen nicht in den Keller gehen, gleichzeitig indes das ambulante Ghetto überschreiten wollen. Auch die Angehörigenarbeit ist eine Gratwanderung, die etwa in der Mitte zwischen Öffentlichkeitsarbeit, Coaching und Unterstützung der (Wieder-)Herstellung der Netzwerkbildung liegt. Die Gratwanderung liegt darin, dass gleichzeitig die Angehörigen zu den wenigen übrig gebliebenen Momenten des Unterstützungsnetzwerks gehören, die etwa Psychiatrieerfahrenen geblieben zu sein pflegen – gleichzeitig ist nicht von der Hand zu weisen, dass sie, und sei es als Vermittelnde, an dem Zustandekommen der Leidenserfahrungen nicht unbeteiligt waren. Gleichzeitig hat, entsprechend, Arbeit mit den Angehörigen diesen die Schulderfahrungen zu nehmen (oder doch zu relativieren) … gleichzeitig sind die Schuldgefühle oft nicht unberechtigt.“ (a. a. O., 267)

So muss dieser Überblick mit dem Hinweis abschließen, dass – wie so oft in der Komplexität sozialtherapeutischer Fallarbeit – das „je-nach-dem“ zu betonen ist. Soziale Unterstützungsinterventionen in Netzwerken können sehr hilfreich sein, aber auch negative Wirkungen haben. Wichtig ist die Beachtung der Quelle der Unterstützung und der Beziehungsqualitäten der Beteiligten und Betroffenen. Wichtig ist die Form des Angebotes und die Art der Arbeitsbeziehung, innerhalb derer sie stattfindet. Wie fühlt sich die betroffene Person akzeptiert und respektiert? Wie bewertet sie sich selbst? Hier schließt sich der Kreis, der die verschiedenen sozialtherapeutischen Interventionsformen mit ihren Wechselwirkungen im Rahmen eines Person-in-der-Situation Ansatzes verbindet. Unverzichtbar ist die Beachtung des

„Zwischen", das durch die Verwobenheit der psychischen und sozialen Merkmale des Menschen gekennzeichnet ist, und das Turner (a. a. O.) als die Kernaufgabe Klinischer Sozialarbeit bezeichnet hat.

4.6 Psycho-soziale Rehabilitation

Psycho-soziale Rehabilitation ist nicht einfach eine „Grundform" psychosozialer Behandlung, sie hat mehrere Bedeutungen. Rehabilitation, also „Wiederbefähigung" ist ein zentrales Ziel Klinischer Sozialarbeit in der Arbeit mit kranken und behinderten Menschen. Zugleich ist Rehabilitation auch „Maßnahme" und damit eine der bedeutenden Grundformen psychosozialer Behandlungsmethoden. Schließlich hat die Rehabilitation in unserem Gesundheitswesen eine institutionelle Bedeutung: als spezialisiertes Behandlungssystem im Rahmen spezifischer rechtlicher Bestimmungen. Sie ist also Zielsetzung, Arbeitsform und Institution zugleich. Damit steht die Rehabilitation mit ihren Aufgabenstellungen und Arbeitsfeldern in vielen Bereichen und Hinsichten in engstem Bezug zu der in diesem Buch konzipierten Klinischen Sozialarbeit insgesamt.[27] Zu nennen sind die biopsycho-soziale Perspektive, die theoretischen Grundperspektiven der Salutogenese, der Belastungsbewältigung und sozialen Unterstützung, der person-in-environment-Perspektive und der Perspektive der lebenslangen Entwicklung. Alle sind für den Gesamtbereich der psycho-sozialen Rehabilitation ebenso konstitutiv wie die Grundformen psycho-sozialer Behandlung: die psycho-soziale Diagnostik mit ihren Koordinaten, Instrumenten und Zielbestimmungen sowie einer rehabilitationsorientierten Klassifikation (ICIDH-2, siehe ausführlich Kapitel 4.2.7), die klinisch geprägte psychosoziale Beratung, sozialtherapeutisches Vorgehen, Netzwerkarbeit und Case-Management, aber auch Krisenintervention und last but not least psychotherapeutische Methoden. D.h. Klinische Sozialarbeit ist grundsätzlich in akzentuierter Weise für diejenigen Aufgabenstellungen der Rehabilitation zuständig, die die direkte psycho-soziale Arbeit mit den Subjekten betrifft. Grundständige Sozialarbeit übernimmt stärker das auf die soziale Lebenslage bezogene Unterstützungsmanagement, das im Rahmen komplexer sozialrechtlicher und institutioneller Rahmenbedingungen zu organisieren ist.

Nach Petermann und Koch (1998) kann das Rehabilitationssystem der Bundesrepublik Deutschland im internationalen Vergleich trotz kritischer

---

27 Sofern die soziale Dimension bei der Rehabilitation in den Vordergrund gestellt wird, hätte die Klinische Sozialarbeit potenziell sogar die Chance zur Leitdisziplin zu werden. Zwar gibt es „schätzungsweise fünfzehn Heilberufe mit einer rechtlichen Regelung ihrer Aus- bzw. Weiterbildungsstandards, aber es gibt darunter bisher keinen Heilberuf, der sich umfassend (und nicht nur unter Teilaspekten wie die Ergotherapeuten) um die Integration in den Lebensalltag und unter Einbeziehung des sozialen Netzwerks und Empowermentzielen bemüht" (Crefeld 2003, persönliche Mitteilung).

Diskussionen über strukturelle Mängel als gut ausgestattetes Versorgungssystem gelten. Grundsätzlich beinhaltet die Rehabilitation eine präventive Idee: Prävention bedeutet Förderung der Gesundheit und vor allem Schutz vor möglicher Störung. Insbesondere sind damit auch Maßnahmen gemeint, die diese Ziele für die gesamte Bevölkerung anstreben. Prävention umfasst – extrem ausgelegt – jegliches Bemühen, das menschliche Leben lebenswerter zu machen. Die Weltgesundheitsorganisation (WHO) differenziert in Übereinstimmung mit Caplan (1964) primäre, sekundäre und tertiäre Prävention. Die *primäre Prävention* stellt die Frage, wie verhindert werden kann, dass es zu Krankheit kommt. Das Auftreten von Störungen überhaupt soll verhindert werden *(primary care, prevention)*. Ziel der *sekundären Prävention* ist die *Früherkennung*, d. h. Krisen und anlaufende Krankheitsprozesse rechtzeitig zu behandeln (*Therapie, Intervention – secondary care: repair*), zur Vermeidung von weiterer Symptombildung und bevor es zum Vollbild oder sogar zur Chronifizierung der Krankheit kommt. *Tertiäre Prävention* zielt auf die Verhinderung vermeidbarer Sekundärschäden durch rehabilitative Maßnahmen und bedeutet *Rückfallprophylaxe (tertiary care – compensation)* (vgl. Cowles 2000). In engerem Sinne wird unter Rehabilitation die Wiedereingliederung der kranken und/oder behinderten Menschen in die Gesellschaft durch Besserung oder Heilung ihrer Erkrankung bzw. ihres Leidens verstanden. Doch diese Bestimmung darf nicht allein dem behinderten Menschen den „Schwarzen Peter“, nämlich das „Problem“, zuschieben. Betont werden muss, dass hier Aktivitäten von Betroffenen, Angehörigen, Institutionen und der Gesellschaft notwendig sind.

Das Sozialgesetzbuch I Allgemeiner Teil, § 10 regelt: „Wer körperlich, geistig oder seelisch behindert ist oder wem eine solche Behinderung droht, hat ein Recht auf Hilfe, die notwendig ist, um 1. die Behinderung zu verhüten oder ihre Folgen abzumildern, 2. ihm einen seinen Neigungen oder Fähigkeiten entsprechenden Platz in der Gemeinschaft, insbesondere im Arbeitsleben zu sichern.“ Mühlum und Gödecker-Geenen (2003, 18) verstehen „in diesem Sinne“ unter Rehabilitation „alle Maßnahmen, Leistungen und Hilfen …, die auf die Behinderungsbewältigung und soziale Eingliederung gerichtet sind – mittlerweile organisiert in einem hochspezialisierten Leistungssystem mit ganzheitlichem, interdisziplinärem Behandlungsansatz. Trotz vieler Bekenntnisse zur umfassenden Rehabilitation, dominiert noch immer die Aufteilung in *schulische, medizinische, und berufliche Rehabilitation*, der die *soziale Rehabilitation* meist als Restkategorie hinzugefügt wird. Sachgerechter ist dagegen ein integrales Verständnis der sozialen Rehabilitation, die jene funktionalen Teilbereiche im Sinne einer ganzheitlichen Rehabilitation oder als Phasen einer Rehabilitation im Lebenslauf umfasst (Mühlum/Oppl 1992; Mühlum 1999).“ *Psycho-soziale Rehabilitation* umfasst die Gesamtheit aller Maßnahmen, deren generelles Ziel es ist, die Lebenssituation der Erkrankten „im Sinne der psycho-sozialen Rehabilitation so zu verändern, dass weitere Krankheitsprozesse möglichst vermieden, zumindest jedoch aufgehalten werden“ (Schaub et al. 1997). Dabei spielen wertsetzende Leitideen einer demokratischen und sozial gerechten Gesellschaft eine Rolle, die die *Partizipation* der Menschen in *Selbstbestimmung* und *Eigenverantwortlichkeit* garantieren, möglichst ohne dass sie ihre *persönliche Lebenssituation* aufgeben müssen. Firnenburg beschrieb als Leitziele für die sozialpsychiatrische Rehabilitation, „psychisch kranken oder behinderten Menschen das ihnen mögliche Niveau an Freude, Selbstverwirklichung und gesellschaftlicher Teilhabe zu erhalten bzw. wiederherzustellen im Rahmen einer möglichst selbstständigen, subjektiv und mit den Ansprüchen der sozialen Umgebung vereinbaren Lebensführung“ (Firnenburg 1994, 19; zn. Schaub et al. 1997, 4).

Behinderungen in Deutschland werden ganz überwiegend im Laufe des Lebens *erworben.* Nach Mühlum und Gödecker-Geenen (ebd., 29) sind 86,2 % der Behinderungen krankheitsbedingt, bei ca. 4,5 % bzw. ca. 300.000 Personen handelt es sich um angeborene Behinderungen, bei ca. 5 % wurde die Behinderung durch Krieg, Wehrdienst, Unfall oder eine Berufserkrankung verursacht. Es gibt ein weites Spektrum an Behinderungsarten:

- ca. 30 % Beeinträchtigung der Funktion von inneren Organen (darunter 1 Mio. Herz- und Kreislaufkranke);
- ca. 15 % Behinderungen der Wirbelsäule und des Rumpfes;
- ca. 15 % Funktionseinschränkungen der Gliedmaßen;
- ca. 15 % Querschnittslähmungen und zerebrale Störungen, geistig-seelische Behinderungen und Suchtkrankheiten;
- ca. 10 % Sinnesbehinderungen und Sprach- oder Sprechstörungen;
- ca. 11 % unklare Genese.

Allgemein werden verschiedene *„Achsen“ der Rehabilitation* unterschieden, die hier exemplarisch auf die Rehabilitation bei Psychisch Kranken bezogen werden:

4.6.1 Rehabilitation in Arbeit und Beruf

Da durch eine Behinderung häufig spezifische oder auch generelle Fähigkeiten der Berufsausübung verloren gehen, wird im Zusammenhang mit einer Rehabilitationsbeantragung eine Abklärung der verbliebenen und der aktivierbaren Möglichkeiten vorgenommen. Maßnahmen der Berufsfindung, häufig verbunden mit Umschulung und/oder Ausbildung folgen. Gerade bei Psychisch Kranken gehen viele beruflich wichtige Fähigkeiten verloren (Ausdauer, Konzentration; Abschirmung von Störreizen; Steuern von Denkvorgängen; Ermüdbarkeit; Verlangsamung). Deshalb müssen bei der beruflichen Reha-Maßnahme eine Reihe von Themen berücksichtigt werden:

- Trainingsaufbau von Grundfähigkeiten (Konzentration etc.),
- Training von Fähigkeiten für spezielle Arbeitsgebiete,

- Stufenweises Hinführen zu realistischen Arbeitsbedingungen. Dabei ist zu beachten, dass eine Integration in das offene Arbeitsleben meist nicht möglich ist.

An speziellen Maßnahmen gehören zur beruflichen Rehabilitation:

Ergotherapie. Dies ist ein Überbegriff für unterschiedliche Maßnahmen/Tätigkeiten im Sinne von Beschäftigungs- bzw. Arbeitstherapie. Arbeit bringt grundsätzlich Befriedigung durch Bewährung und Leistung. Sie bietet Gesprächsstoff und die Möglichkeit der Begegnung, die Notwendigkeit der gegenseitigen Abstimmung und des Austausches. Die Patienten lernen, sich in Regelungen einzuordnen.

Beschäftigungstherapie. Sie kann bereits im Akutstadium bei psychischen Erkrankungen eingesetzt werden. Es steht die Tätigkeit als solche im Vordergrund, nicht das Ergebnis. Dies ermöglicht die Entlastung von quälenden Erlebnissen, Ablenkung durch Unterbrechungen des sinnlosen Einerlei, Stärkung von Selbstvertrauen, eine Hilfe zur Tagesstrukturierung und Befriedigung durch Tätigkeit.

Kunsttherapie. Neben Beschäftigung, Begegnung mit anderen, Förderung des Gruppenerlebens, Möglichkeiten des Kontaktes usw. führen kreative Methoden zu Befriedigung durch Erfolg, der nicht gemessen wird an den üblichen Kriterien von Leistung (besonders wichtig z.B. bei geistig behinderten Menschen); sie hat auch einen psycho-therapeutischen Effekt, der eine nichtsprachliche Darstellung und Aufarbeitung der eigenen Situation und Problematik erleichtert, was verbal oft nicht möglich ist.

Arbeitstherapie. Sie besteht in der Regel in einer beschützten industriellen Werktherapie mit evtl. allmählicher Annäherung an normale Arbeitsbedingungen.

Arbeitserprobung. Sie wird z.T. eingeübt in Institutionen der beruflichen Rehabilitation (z.B. Berufsförderungswerke, berufliche Trainingszentren, Werkstätten für Behinderte).

4.6.2 Medizinische und Soziale Rehabilitation

Medizinische Rehabilitation

Sie besteht aus der Krankenhausbehandlung beim Eintritt der Behinderung, der Anschluss-Rehabilitation, ggf. wiederholten Klinik-Aufenthalten und begleitender ärztlich-medizinischer ambulanter Betreuung, einschließlich medikamentöser Behandlung. Im Falle psychischer Behinderung bei chronisch psychisch kranken Menschen handelt es sich vorwiegend um die Behandlung mit Neuroleptika. Ziele sind Symptomfreiheit (damit Erleichterung für Betroffene, Angehörige und andere Patienten bzw. Betreuungspersonen in Klinik) und Rückfallprophylaxe.

Soziale Rehabilitation

Soziale Rehabilitation beinhaltet – wie bereits eingangs betont – das Spektrum Klinischer Sozialarbeitsmethoden der Beratung und sozialen Behandlung mit ihren Hilfen zur Krankheits- und Lebensbewältigung und der Selbstbildstabilisierung. Einbezogen wird im Prinzip die gesamte Lebenswelt, insbesondere die Familie des Betroffenen. Großes Gewicht hat die Kontaktpflege innerhalb und außerhalb der Institutionen, die Teilnahme am kulturellen Leben und die finanzielle Absicherung sowie das Wohnen.

Bei psychisch kranken Menschen geht es zentral um das Ordnen und Bewältigen des Alltags und das Training psycho-sozialer Fertigkeiten. Dies geschieht in folgenden Bereichen:

- *Wohnen:* Fast 50 % der 15- bis 45-jährigen Erkrankten wohnen bei den Eltern, dreißig Prozent allein, zwanzig Prozent mit Partner. Oft bestehen die einzigen Kontakte in solchen zur Familie. Das ist einerseits eine große Hilfe, aber die Selbstständigkeit wird eingeschränkt, die Mutter ist zu fast fünfzig Prozent Hauptbezugsperson. Oft empfiehlt sich eine Außenunterbringung, dabei sollten die Kontakte zu Familie erhalten bleiben. Es empfiehlt sich psychoedukative Anleitung der Angehörigen.
- *Hilfen zur Lebensbewältigung:* hier geht es um Hilfe bei alltäglichen Verrichtungen wie sich Anziehen, Kochen, Wäsche waschen, Bus fahren, Telefonieren, Einkaufen, Körperpflege.
- *Freizeit und Teilhabe am kulturellen Leben, besonders auch Förderung der Kontaktpflege:* Soziale Kontakte erhalten bzw. wiederherstellen. Vielfach haben psychisch Kranke und Behinderte allgemein fast ausschließlich Kontakte zur eigenen Familie und – auch das z. T. sehr eingeschränkt – zu anderen Behinderten.
- *Tagesstrukturierung:* Einteilen des Tages in feststehende Rhythmen, um eintönigem Dasein vorzubeugen: Rhythmus von „Aufgaben erfüllen und Entspannung".
- *Finanzielle Absicherung/Teilhabe im System sozialer Sicherheit:* Hilfe beim Umgang mit Ämtern bei Fragen der Rente, Sozialhilfe, Eigenerwerbstätigkeit.

Klinische Sozialarbeit vollzieht sich in diesem Kontext im Rahmen systemischer Interventionen, bezogen auf die Lebenssituation der Betroffenen im psychiatrischen und sozialpsychiatrischen Alltag, mit seinen ambulanten, teilstationären und stationären Angeboten. Hier spielen auch das Case-Management und (sozial-)therapeutische Methoden eine wichtige Rolle[28].

---

28 Krebs (1990, 133) warnt zwar vor dem Versuch, andere Interventionsstrategien dadurch „aufzuwerten", dass sie als Therapie bezeichnet werden. „Therapie ist immer kausal- oder symptomorientiert." Er definiert Therapie als „Anwendung einer besonderen, d. h. speziellen (Behandlungs-) Methodik gegen konkret festgestellte Ursachen, bestimmte Symptome oder spezielle, behandlungsbedürftige Störungen." Es gehe um Heilung oder Linderung von etwas Unerwünscht-Abnormem. Angebote

Weitere Schwerpunkte sind hier „Begleiten und Betreuen“. Diese Begriffe umfassen eine Reihe von Interventionen und Handlungen:

- Unterstützen und Motivieren,
- in Alltagsfragen zur Seite stehen,
- bei persönlichen Problemen helfen,
- bei Auseinandersetzungen mit Familienmitgliedern oder Mitbewohnern helfen,
- Selbsthilfegruppen ins Leben rufen,
- Trainingsmaßnahmen durchführen (kognitiv oder lebenspraktisch; Ergotherapie, Belastungs- und Arbeitstraining).

Ziel ist die Förderung eines realistischen Selbstbildes (soweit möglich) und die Vermittlung der „Realität des Lebens“ (z. B. Freizeit und Urlaub planen, finanzieren und dabei begleiten). Die Förderung interpersoneller Fähigkeiten, Ermutigung und Hilfe bei Kontakten zu anderen Menschen, nimmt dabei breiten Raum ein.

Menschen, die eine psychiatrische Behandlung brauchen, sind häufig gar nicht besonders motiviert, gerade jetzt die angebotenen Hilfen und Behandlungsangebote anzunehmen. Die Behandler sind dadurch oft in einer undankbaren und schwierigen Situation. Auf sie werden meist auch noch Enttäuschungen und Ängste aus verschiedenen Vorerfahrungen der Patienten und ihrer Angehörigen übertragen. Auch sind andere Helfer beteiligt und es ist überhaupt nicht klar, ob diese Helfer gleiche oder andere, kompatible oder inkompatible Therapieziele verfolgen. Die engeren Angehörigen sind stark betroffen und involviert und sind mit ihren Erwartungen und Befürchtungen, Wünschen und Hoffnungen dabei, mischen sich ein, nehmen Einfluss auf den Kranken etc. Bei der Entwicklung eines Behandlungsplanes ist es deshalb sehr wichtig folgende Klärungen durchgeführt zu haben, um nicht in eine Sackgasse aus Widerständen zu geraten:

- Wer will was?
- Von wem?
- Wie, auf welche Art?
- Warum?

Dies wird als „Kontextklärung“ bezeichnet, durch die viele vergebliche Behandlungsstunden vermieden werden können.

---

wie Fördern, Training, Neues lernen, Erziehung und Bildung könnten damit nicht als Therapie bezeichnet werden. Dies ist natürlich aus der Perspektive des Mediziners geschrieben. Es wohl kann kein Zweifel daran sein, dass theoretisch fundierte und methodische psycho-soziale Förderung und Trainingsprogramme eine „spezielle (Behandlungs-)Methodik“ sind und für die Behandlung „speziell“ (mittels psychosozialer Diagnostik) festgestellter Ursachen oder Störungen eingesetzt werden. Folgerichtig verwendet auch die Personalverordnung Psychiatrie (1991) den Therapiebzw. Behandlungsbegriff im Zusammenhang mit sozialpädagogischen Interventionen und Maßnahmen.

Behinderungen überhaupt und psychische Behinderungen im Besonderen haben Auswirkungen in Beruf, Freizeit und Privatleben. Stabilisierende oder belastende Wirkungen in diesen Bereichen sind durch Rückkopplungseffekte eng miteinander verknüpft. Deshalb ist es erforderlich, dass psycho-soziale Maßnahmen und Hilfen zur beruflichen Eingliederung von den notwendigen medizinischen Maßnahmen sowie Angeboten zur Vermittlung sozialer Fähigkeiten begleitet werden, soweit diese für die Eingliederung psychisch Behinderter in das Berufsleben notwendig sind. Sie müssen zeitlich und organisatorisch flexibel strukturiert sein, damit bei möglichen behinderungsbedingten Schwankungen im Befinden des Rehabilitanden nicht zwangsläufig ein Abbruch der Maßnahme erforderlich ist. Damit soll die Teilnahme an derartigen Hilfen und die Aufeinanderfolge verschiedener Interventionen entsprechend dem individuellen Bedarf des Rehabilitanden möglich werden. Solche Maßnahmen sollten möglichst ortsnah angeboten werden, um die Belastungen des Betroffenen so gering wie möglich zu halten, die durch Beziehungsabbrüche und soziale Entwurzelung beim Übergang von einer Maßnahme in die nächstfolgende entstehen können. Ortsnahe Maßnahmen ermöglichen außerdem die Zusammenarbeit mit den regionalen psychiatrischen Diensten und stellen am ehesten die notwendige beruflich-rehabilitative Nachsorge sicher.

4.6.3 Der gemeindepsychiatrische Verbund

Der gemeindepsychiatrische Verbund stellt einen zentralen und exemplarischen Kontext Klinischer Sozialarbeit in der Psychiatrie dar. Zu diesem Verbund gehören:

Psychiater. Sie leisten den überwiegenden Teil der Versorgung Psychisch Kranker, vor allem medikamentös und mittels „stützender Gespräche“: Informieren, Konkrete Ratschläge geben, Ermutigen, emotionelle Entlastung durch Zuhören.

Psychiatrische Kliniken.

Tageskliniken/Nachtkliniken. Nach stationärem Aufenthalt oder wenn stationärer Aufenthalt nicht indiziert ist, einschließlich Ergotherapie.

Psychiatrische Abteilungen in Krankenhäusern.

Übergangseinrichtungen für Psychisch Kranke (ÜE). Nach Abklingen der Akuterkrankung (meist aus psychiatrischer Klinik kommend) wird durch rehabilitative Maßnahmen die Wiedereingliederung in den allgemeinen Arbeitsprozess und in ein selbstbestimmtes Leben angestrebt.

Sozialpsychiatrische Dienste (SpDi). Aufgaben sind:
- Prävention und Öffentlichkeitsarbeit,
- soziale und psychologische Beratung, begleitende und nachgehende Betreuung im sozialen Umfeld bei allen Formen von psycho-sozialen

Schwierigkeiten – also nicht nur bei Psychosen. Bei vielen SpDis liegt der Schwerpunkt bei allgemeiner Beratung und Therapie,

- Zusammenarbeit mit Familienangehörigen, sonstigen Bezugspersonen und den von den Vormundschaftsgerichten bestellten Betreuern,
- Vermittlung an niedergelassene Ärzte, insbesondere Nervenärzte in Krankenhäusern sowie an alle in Frage kommenden Beratungsstellen und Ämter,
- Betreuung in beschützten Wohnformen (Einzelwohnungen, lose betreute Wohngemeinschaften), sowie Unterstützung bei der Wohnungssuche. Eine der mit großem Arbeitsumfang wahrgenommenen Aufgaben ist die Betreuung von Wohngemeinschaften (beschütztes Wohnen), in denen psychisch kranke Menschen leben,
- Hilfen bei der Lösung von technischen, organisatorischen und finanziellen Problemen, die bei der Bewältigung des Alltags auftreten (dabei ist die Organisation der Durchführung von lebenspraktischen Details der „Haushaltsführung“ meist ein großes Problem: Sauberkeit, Ordnung, Einkaufen, Kochen usw.),
- Einzelgespräche zur Klärung individueller Probleme, Krisenintervention und -Prophylaxe,
- Hilfe zur Vermittlung eines Arbeitsplatzes und Betreuung am Arbeitsplatz einschließlich der Beratung von Arbeitgebern, Betriebsräten und Kollegen sowie Unterstützung bei der Arbeitsplatzsuche. Dafür ist besonders die Zusammenarbeit mit den Hauptfürsorgestellen und den Arbeitsämtern im Rahmen des §31 des Schwerbehindertengesetzes wichtig. Spezielle Unterstützung gibt es durch „Arbeitsassistenten“. Sie sind von den Hauptfürsorgestellen (die es bei jeder Bezirksverwaltung gibt) angestellt. Sie sind für ihre Tätigkeit aber bei den Sozialpsychiatrischen Diensten angesiedelt,
- Organisation von Freizeit- und Erholungsmaßnahmen, Angebot von tagesstrukturierenden Maßnahmen, Aufbau und Betreuung von Teestuben und Patientenclubs unter Einbeziehung der Laienhelfer,
- Aufbau und – soweit notwendig – Betreuung von Kontakt-, Hobby-, und Gesprächsgruppen, Selbsthilfe und Angehörigengruppen („Trialog“: Regelmäßige Zusammenkunft von Betroffenen, Angehörigen und fachlichen Helfern),
- Gewinnung, Schulung und Anleitung von Laienhelfern,
- Außerdem finden regelmäßig Besuche in den benachbarten psychiatrischen Kliniken statt, bei denen Klienten besucht werden sowie alle Patienten, die an einem Besuch interessiert sind,
- Für die Freizeitgestaltung werden vielfältige Möglichkeiten angeboten, z.B. längere Freizeiten (4 bis 6 Tage) und Tagesausflüge, wöchentliche Frühstückstreffen, Sportgruppen, verschiedene Kurse (z.B. Kochkurs, Autogenes Training),
- Kooperation mit anderen Einrichtungen und Institutionen wie: Erziehungs-, Jugend- und Familienberatung, Schuldnerberatung, Suchtbera-

tung, Ehe- und Partnerschaftsberatung, Übergangseinrichtungen, berufliche Reha-Einrichtungen, Kontakt- und Informationsstellen der Selbsthilfegruppen, Arbeitsamt, Nervenkrankenhäuser der Region, andere niedergelassene Ärzte, Gesundheitsamt, Rechtsberatung am Amtsgericht, Landesversicherungsanstalten, Sozialämter,

- Angebot von sozialtherapeutischer Gruppenarbeit, z.B. Depressionsgruppe, Selbstsicherheitstraining, Angstgruppe, autogenes Training, meditative Entspannung, Training von lebenspraktischen Fertigkeiten, Training kognitiver Fähigkeiten bei Menschen mit schizophrenen Residuen.

Tagesstätten. Sie bieten die Möglichkeit eines Aufenthalts mit Kontakten zu anderen (z.T. mit Einrichtungen wie Café).

Rehabilitationseinrichtung für psychisch Kranke (RPK). Ziele sind medizinische, berufliche und soziale Rehabilitation.

Beschützter Arbeitsmarkt. Bspw. Vereine zur Eingliederung und Beschäftigung, Selbsthilfefirmen für psychisch Beeinträchtigte und weitere Schwervermittelbare. Ziele: Arbeitsplatz bieten, um Einkommen zu sichern, alte Berufskenntnisse aufzufrischen, neue Berufsfertigkeiten zu erwerben.

Berufsbildungswerk. Für Jugendliche, die aufgrund psychischer Einschränkungen eine allgemeine Berufsausbildung nicht erfolgreich durchführen können.

Berufsförderungswerke. Der Verbleib im Erwerbsleben soll erhalten werden (Reha vor Rente). In Betracht kommen: Veränderungen am Arbeitsplatz oder in dessen Umfeld, Bereitstellen von Hilfsmitteln oder anderen Hilfen, Vorbereiten auf eine andere Tätigkeit oder einen anderen Beruf, Umschulen. Primäre Adressaten der Berufsförderungswerke sind jugendliche Behinderte. Ziel ist die Ausbildung in anerkannten Ausbildungsberufen mittels besonderer Ausbildungslehrgänge, meist mit Internats-Unterbringung. Neben der Berufsausbildung und der Arbeit wird pädagogisch-psychologische Betreuung angeboten. Von psychisch Kranken werden diese Einrichtungen aber oft abgelehnt, da hier auch Lern- und Geistig Behinderte betreut werden.

Langzeiteinrichtungen. Bieten Beschäftigungs- bzw. Arbeitstherapie, Ergotherapie, Tages- und Freizeitstrukturierung. Großeinrichtungen wurden weitgehend abgebaut. Gegen die Auflösung von Großkrankenhäusern spricht, dass bei einer größeren Anzahl von Patienten je nach Krankheit Spezialisierungen der Angebote möglich sind: bspw. für Depressive, Alkoholiker; Alterserkrankte oder Angebote für unterschiedliche Interessen und Bedürfnisse. Es gibt die zunehmende Tendenz der Verlagerung von Patienten in Kleineinrichtungen, die z.T. auch noch spezialisiert sein können auf unterschiedliche Patientengruppen, z.B. psychisch Kranke und Suchtproblematik. Vorteil kleiner Einrichtungen ist: Überschaubare und privatere Atmosphäre, konstantere Bezugspersonen (da in ländlichen Gebieten weniger Möglichkeiten des Arbeitsplatzwechsels), weniger bürokratische Allgemeinregelungen (d.h. mehr Flexibilität bei der Gestaltung von Richtlinien und Vorschriften), mehr Flexibilität in den Therapie- und Behandlungsmöglichkeiten. Nachteile sind: Keine Kontrolle über Behandlung und Finanzgestaltung, größere Abhängigkeit der Mitarbeiter. Das heißt, ein Klein(st)heim kann optimal arbeiten und beste Bedingungen bieten, aber auch Willkür ausüben. Wegen geringer Patientenzahlen bieten Kleinstheime kaum Möglichkeiten von spezifischen Angeboten.

4.6.4 Neuere Entwicklungen

In den letzten Jahren haben sich eine Reihe von Veränderungen in der Rehabilitation psychisch Kranker ergeben. Neben einzelnen Modellen und Projekten[29] sind durch bundesweit neue gesetzliche Bestimmungen richtungsweisende Veränderungen entweder bereits entstanden oder in Erprobung. In der Psychiatrie-Personalverordnung von 1990 für den *stationären* Bereich der Behandlung psychisch Kranker wurden Akzente gesetzt, die enorme Fortschritte einleiteten und psycho-soziale Interventionen von Psychologen und Sozialarbeitern[30] ermöglichten. Bereits in den Empfehlungen der Expertenkommission der Bundesregierung (1998) war von einem *Primat der ambulanten vor der stationären Behandlung* die Rede. Patienten sollen besser befähigt werden, außerhalb der Klinik zu leben. Es kam zur Abkehr vom einheitlichen Personalschlüssel für Betten und der Differenzierung in Behandlungsbereiche, die sich am Behandlungsbedarf von bestimmten Patientengruppen definierten. Eine *patientenzentrierte*, nicht mehr institutionszentrierte *Personalbemessung* wurde geschaffen (Kauder 1998, 12f.). Nach der Änderung der stationären Behandlung wurde die *Erneuerung der ambulanten Betreuung* in Angriff genommen (Kauder 1998; Kruckenberg & Kunze 1997). Die „Kommission Personalbemessung im komplementären Bereich" (mit entscheidender Beteiligung der AKTION PSYCHISCH KRANKE, 2001) entwickelte im Rahmen eines Forschungsauftrags des Bundesministeriums für Gesundheit ein neues Konzept, das unter dem Namen *„personenzentrierte Hilfen in der psychiatrischen Versorgung"* veröffentlicht wurde. Nach dem bisherigen Modell der Reha-Kette musste bzw. muss ein Patient bei Veränderung seiner Erkrankung oder bei neuen nötigen Behandlungs-, Betreuungs- und Reha-Formen jedes Mal die Institution und vielfach auch den Wohnort wechseln. Jedes Mal ist damit ein Herausreißen aus eben entstandenen Bindungen verbunden. Diese Form der Versorgung ist bzw. war daher vornehmlich institutionsbezogen. „In der

29 Zum Beispiel „Soteria": siehe Aebi, E., Ciompi, L., Hansen, L. (1996). Soteria im Gespräch. 3. Aufl., Psychiatrie-Verlag: Bonn. „Herner Modell": siehe Krisor, M. (1992). Auf dem Weg zur gewaltfreien Psychiatrie. Das Herner Modell im Gespräch. Psychiatrie-Verlag: Bonn.

30 Vgl. Kapitel „Sozialtherapeutische Behandlung psychisch Kranker": die PV (Personalverordnung) Psychiatrie (1990; 1991 in Kraft getreten).

Reha-Kette wechselt die hilfebedürftige Person bei verändertem Hilfebedarf zu dem für sie jeweils querschnittmäßig passenden Hilfebaustein. Jeder Hilfebaustein ist ein in sich möglichst homogenes Standardpaket für Personen mit im Querschnitt gleichem Hilfebedarf" (Kruckenberg & Kunze 1997, 19).

Nach dem *personenzentrierten Ansatz* soll der Klient bei verändertem Hilfebedarf in seinem festen, dauerhaften Wohnbereich bleiben (was nicht heißt, dass jede stationäre Klinikbehandlung ausgeschlossen wäre). Die bisherige Gleichung: stationäre Hilfe = viel Hilfe; ambulante Hilfe = wenig Hilfe, gilt so nicht mehr. Der Schwerpunkt der Behandlung soll auf den ambulanten Bereich verlegt werden indem komplexe Hilfen, „Komplexleistungen", auch ambulant zugänglich gemacht werden. Unter dem Prinzip „Gemeindenähe" wird eine Versorgung gefordert, die auf die Bedürfnisse der Person zugeschnitten ist. Art und Umfang der Hilfe müssen dem jeweils wechselnden Bedarf angepasst werden. Psycho-soziale Rehabilitation und Eingliederung soll vom Lebensfeld der Patienten ausgehen. Damit entstehen neue Formen von Netzwerken aufgrund der Bedürfnisse der Klienten. Der gemeindepsychiatrische Verbund soll die Hilfefunktionen zur Verfügung stellen. Damit ist auch eine Veränderung der Kostenstruktur verbunden: Die Bezahlung erfolgt nicht – wie bisher – institutionsbezogen, je nach ihrer spezielle Aufgabe in der Reha-Kette, sondern danach, was für jeden einzelnen Patienten konkret geleistet wird. Ein weiterer wesentlicher Schritt – neben organisatorischen Veränderungen – ist die Personalbemessung auf der Grundlage integrierter Planung. Für jeden Patienten muss ein eigener Behandlungsplan entworfen werden. Der vorgelegte *„Behandlungs- und Rehabilitationsplan"* gibt ausführliche Anweisung darüber, wie für jeden Klienten seine nur auf ihn zugeschnittene Behandlung/Betreuung aussehen soll, d.h. welche Maßnahmen von welchen Fachleuten ergriffen werden und wie die persönliche Begleitung eines jeden Klienten aussehen solle (Gromann 2001). In mehreren Bundesländern werden Modellprogramme durchgeführt, in denen der personenzentrierte Ansatz erprobt wird (Krüger 2002). Dies kann dann Grundlage werden für eine bundesweit einheitliche Reform der psychiatrischen Versorgung.

Der Bedarf an rehabilitativen Leistungen wird in Zukunft zunehmen, da die Fortschritte in der Akutmedizin und die steigende Lebenserwartung zu einer kontinuierlichen Erweiterung des Rehabilitationsbedarfs führen dürften. Dabei wird der sozialen Dimension immer mehr Bedeutung zukommen. Hier liegen große Herausforderungen für die Sozialarbeit. Insbesondere für sie stellt sich die Frage, wie eine Vernetzung von sozialen Unterstützungssystemen gefördert werden kann, die nicht noch vorhandene persönliche und lebensweltliche Ressourcen der Menschen durch sozialprofessionelle Systeme verdrängt, sondern deren Zusammenwirken fördert. Hier ist sicherlich die Weiterentwicklung der personzentrierten Maßnahmen erforderlich, mit denen Hilfen mit individuellem Zuschnitt auf den Einzelfall gegeben werden. In diesem Zusammenhang ist es wichtig, die klinisch-sozialarbeiterische Perspektive sowohl in die grundlagenbezogenen Fragestellungen der *Forschung* als auch in die anwendungsorientierten outcome-Fragen einbezogen werden. Es geht um

- die Abklärung der multifaktoriellen Ursachen chronischer Krankheiten,
- das Aufzeigen von Zusammenhängen zwischen Lebensweisen, Umwelt und Krankheitsentstehung/-verlauf in einem ganzheitlichen Konzept,
- die Erforschung sozialer und psycho-sozialer Merkmale von langfristigen Verläufen bei chronischen Krankheiten,
- die Entwicklung und Validierung einer interdisziplinär angelegten Diagnostik (z. B. zur Feststellung der Reha-Bedürftigkeit),
- die Bedarfsplanung, Qualitätskontrolle und Qualitätsentwicklung,
- die Effizienzverbesserung von psycho-sozialen Leistungen im Gesundheitswesen und
- die wissenschaftliche Begleitforschung (z. B. Modellprojekte oder die Durchführung von breit angelegten Qualitätssicherungsprogrammen (vgl. Petermann & Koch 1998).

Integrierte Rehabilitation bezogen auf die Lebenssituation (aus Mühlum & Gödecker-Geenen 2003, 37)

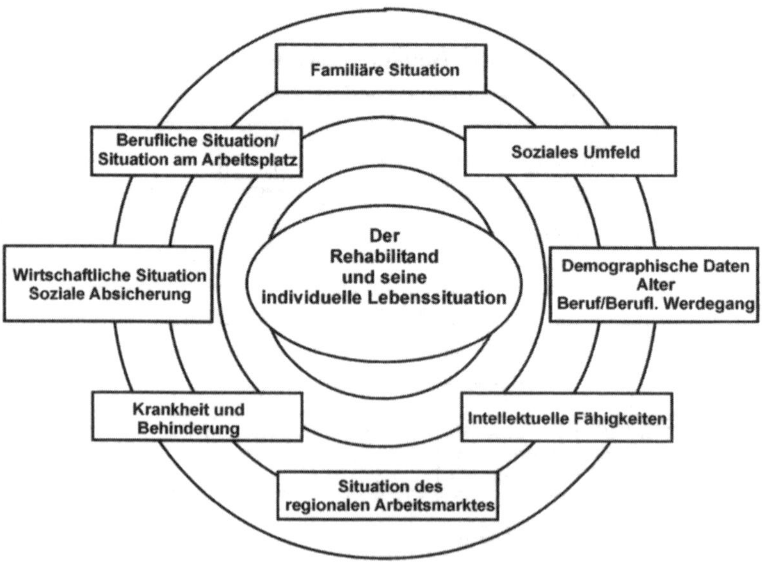

4.6.5 Angehörigenarbeit und Psychoedukation

Inhalte und Methoden der Arbeit mit Angehörigen psychisch kranker Menschen sind vielfältig. Abhängig vom jeweiligen Feld (ambulant, komplementär, stationär) hat die psycho-soziale Angehörigenarbeit unterschiedliche Funktionen. Interessant ist in diesem Arbeitsbereich, dass hier die Multiprofessionalität des psychiatrischen Sektors sehr deutlich wird, da hier Sozialarbeiter, Krankenschwestern und -pfleger, Psychologen und Ärzte gemeinsam tätig sind.

Angehörigenarbeit

Wie zuvor die psychisch Kranken zur Sprachlosigkeit verbannt waren, fanden auch ihre Angehörigen lange Zeit weder bei den professionellen Helfern noch in der Öffentlichkeit Gehör. Doch Wut, Verzweiflung und lähmende Entmutigung schlägt manchmal dann doch um in den Entschluss, etwas zu tun. Eine solche Entwicklung wäre sicher kaum denkbar gewesen, ohne die Psychiatriereform von 1975 und die damit einhergehende schrittweise Öffnung der Anstalten hin zu Ansätzen einer gemeindenahen Psychiatrie, also hin zu ambulanten Hilfen und Tageskliniken für psychisch Kranke. Es waren engagierte Sozialpsychiater, die zu Beginn der siebziger Jahre in den Tagesstätten in Hamburg und München die professionell begleitenden Gruppen ins Leben riefen. Denn die Erfahrungen einer gemeindenahen Psychiatrie, wie sie schon Jahre zuvor in England, Frankreich, USA und zuletzt in Italien angestrebt wurde, hatten die Schwierigkeiten der Reform offenbart. Die Familien und besonders die Frauen waren überfordert und sie fühlten sich allein gelassen, weil das Netz gemeindenaher Einrichtungen und alltagsbegleitender Hilfen (tagesentlastende Dienste) nicht ausreichend war. Es zeigte sich aber noch ein anderer Widerspruch: Schwer psychisch gestörte Menschen sollten in ihren Familien bleiben – obwohl die Familien doch als *„Verursacher"* der seelischen Störungen angesehen wurden. Eine paradoxe Situation, die nicht zuletzt die therapeutischen Bemühungen in Frage stellte.

Durch die Sektorierung der psychiatrischen Versorgung können Kranke heute in gemeindenahe Dienste (Tageskliniken, Wohnheime) entlassen werden. Kranke wohnen dann entweder zu Hause, oder zumindest im Kontaktbereich mit der Familie. Dies bedingt eine vermehrte Zusammenarbeit der professionellen Helfer und Behandler mit den Angehörigen. Auch bei geographischer Trennung sind die Familien meist ein wichtiges Bezugssystem. In dieser Situation leistet die Familie oft Wesentliches für das Leben des Patienten und wird zum Partner der behandelnden Fachkräfte. Damit „produziert" die Familie weniger Pathologie, als sie an Hilfe für den Kranken leistet. Dies ist eine der wichtigsten Einsichten in der therapeutischen Arbeit mit Familien in den letzten Jahren. Das bedeutet nicht, dass Hypothesen über Familiendysfunktionen falsch sind – z. B. gehört dazu ein hoher Expressed Emotion-Quotient. Allerdings ist die Familie durch das Zusammenleben mit psychiatrischen Patienten ganz erheblich materiell, psychisch und sozial beteiligt – und belastet. Der Einstieg in die Arbeit mit den Angehörigen ist eine wesentliche Komponente Klinischer Sozialarbeit in der Psychiatrie, und das bedeutet, auf die emotionalen, sozialen und materiellen Nöte einzugehen. Die eingeschränkte Fähigkeit schizophrener Menschen, soziale Beziehungen anzuknüpfen und aufrechtzuerhalten, führt zur Einengung der Kontakte auf die Familie, evtl. noch zu Mitpatienten und Betreuern, die es akzeptieren, wenn sie wenig Initiative zeigen.

Auch wenn eine gute gemeindenahe Versorgung gegeben ist, verbleiben die meisten Aufgaben der Alltagsbegleitung, Versorgung und Krisenintervention bei den Familienangehörigen. Dies ist auch der Fall, wenn der Kranke selbstständig in der Nähe wohnt. Ganz besonders ist die Betreuung belastend und schwierig, wenn der Kranke nicht krankheitseinsichtig ist. Hier stellt sich ein doppeltes Problem: Insbesondere Behandlungsunwillige werden von den Reha-Einrichtungen in die Familie entlassen, da sie in der Regel nur motivierte Kranke aufnehmen. Die Familie muss einerseits dem Kranken helfen, normale Beziehungen zu haben, Selbstvertrauen zu gewinnen und sich mit produktiven Tätigkeiten zu befassen. Andererseits braucht er in der Familie Verbündete und Begleiter als Vertraute, die verstehen, dass er große Schwierigkeiten hat, sich zu aktivieren.

Durch eine psychische Erkrankung wird das ganze Familiensystem langfristig und schwerwiegend betroffen. Die Folgen sind meist Scham- und Schuldgefühle und Rückzug von der sozialen Umgebung, der bis zur Abkapselung gehen kann. Die Angehörigen leiden unter dem Gefühl der Verunsicherung und des Überfordertseins. Das Verhalten ihres kranken Angehörigen ist schwierig oder nicht berechenbar. Bei dem in der Regel bestehenden phasenhaften Verlauf der Erkrankung ist ungewiss, wann die nächste Krise eintritt. Dadurch sind meist alle Familienmitglieder beeinträchtigt, nicht zuletzt auch durch finanzielle Belastungen. Angehörigenverbände berichten, dass aus Betreuungsnotwendigkeiten ein Familienmitglied – meist die Frau – ihren Beruf aufgeben muss. Angehörige schränken ihre bisherige Lebensweise immer mehr ein, verzichten auf Urlaub und Außenkontakte. Nicht selten kommt es zu ähnlich isolierten Lebensformen wie in Kliniken. Familien, die Kranke zu Hause betreuen, klagen über ständige Überforderung. Hilfreiche Grundsätze für betreuende Familien sind deshalb:

- Sich wehren gegen zu hohe Anforderungen, Selbstbehauptung;
- Den Kranken anregen und fordern, Einbinden in tägliche Aufgaben;
- Kennen der Krankheitsfolgen mit ihrer Gefahr der Überforderung;
- Emotionelles Überengagement vermeiden (Expressed Emotion);
- Anregen der Patienten, Angebote von professioneller Seite anzunehmen.

Die Familie ist ein Spannungsfeld: dort ist die Erkrankung entstanden, dort wird wesentliche Hilfe geleistet. Dabei ist sie zwar in der Regel der Ort der Entstehung psychischer Störungen, aber nicht die Ursache. In der Familienpflege steht der Gedanke der familiären Geborgenheit im Vordergrund, des Schutzes, der Anregung. Die Familie muss als Unterstützung in der Behandlung gesehen werden, nicht als „Schuldige“. Gleichzeitig darf es keine Komplizenschaft zwischen Familie und Behandlern bzw. Helfern gegenüber den Kranken geben. In der Arbeit mit Familien geht es oft nicht um das anspruchsvolle Ziel, die Familie selbst zu verändern, sondern die sozialen Fähigkeiten aller Beteiligten und des Patienten soweit zu fördern, dass sie den Alltagsansprüchen gewachsen sind, ohne krank zu werden. Letzteres gilt vor allem bei chronischen bzw. rückfallgefährdeten Patienten. Dies ist realistischer als der Vorsatz, „heilen“ zu wollen.

Grundlage für jede Form der sozialen Intervention ist es, die psycho-soziale und emotionale Situation der Angehörigen gründlich zu untersuchen und zu verstehen. Wenn die/der psychisch Kranke in der Klinik in Erscheinung tritt, so muss man davon ausgehen, dass Angehörige im Vorfeld über Monate bis hin zu Jahren bereits belastende Erfahrungen mit der Krankheit Schizophrenie und speziell mit „ihrer“ bzw. „ihrem“ Kranken gemacht haben und häufig an die Grenzen ihrer Belastung gestoßen sind. Da durch neue Behandlungsformen der Klinikaufenthalt meist zeitlich begrenzt ist – Drehtürpsychiatrie –, ist die Familie weitgehend für die Betreuung zuständig. In den USA leben ca. sechzig Prozent der Schizophrenen in Familien. Mehr als die Hälfte der Angehörigen Schizophrener klagen selbst über behandlungsbedürftige Symptome, meist Depression und Angst. Fünfzig Prozent der Angehörigen sind unzufrieden mit der Unterstützung, sie wünschen mehr Einbeziehung in die Behandlung und Informationen über die Krankheit. Trotz dieser hohen Belastung ist ein großes Potential an Fürsorge und Toleranz vorhanden. Familien entwickeln oft tragfähige Bewältigungsstrategien, diese sollten als Selbsthilfepotential unterstützt werden. Speziell in der *psychoedukativen Rückfallprophylaxe* wird dies versucht (Hahlweg et al. 1995).

Belastungen im familiären Zusammenleben durch allgemeine krankheitsspezifische Verhaltensauffälligkeiten und Beeinträchtigungen des Alltags entstehen durch folgende Verhaltensmerkmale seitens der Kranken:

- Inaktivität und Apathie oder Überaktivität (z.B. weder häuslich noch beruflich aktiv sein – andererseits unruhig und ziellos im Haus auf und ab gehen);
- Vernachlässigung der eigenen äußeren Erscheinung und der Wohnung; Missachtung von Hygiene-, Sauberkeits- und Ordnungsregeln;
- Störung der familiären Alltagsroutine (z.B. Blockierung des Badezimmers);
- häufig gestörter Tag-/Nachtrhythmus (z.B. nachts laute Musik hören);
- ungewöhnliche oder ungenügende Ernährung (Unmengen essen – aber auch tagelang nichts);
- auffälliges Kontaktverhalten (auch gegenüber Familienangehörigen und Bekannten), das vom Einsperren in das eigene Zimmer bis zur offenen Aggression reichen kann;
- merkwürdiges Verhalten (z.B. Müllsammeln, öffentliche Selbstgespräche, Speisensammeln);

- stumpfer, flacher oder inadäquater Affekt;
- auffälliges Sprechverhalten: zerstreut und sich verlierend, vage, überelaboriert, umständlich oder metaphorisch.

Psycho-soziale Angehörigenarbeit verfolgt Ziele auf verschiedenen Ebenen:

- emotionales Begleiten und Unterstützung in persönlicher Problematik und bei Sozialkontakten;
- Hilfe bei der Lebensführung/Planung/Gestaltung, im wirtschaftlichen Bereich, beim Umgang mit Behörden, beim Wohnen, bei der Arbeit und der Freizeit durch: Anleiten, Begleiten, Ermuntern, Anregen, Unterstützen, Aktivieren im Alltagshandeln (dazu: spezielle Therapie- und Trainingsprogramme, z. B. Kieserg & Hornung 1994; Roder, Brenner, Kienzle & Hodel 1988);
- Unterstützen und Beraten der Angehörigen (Mundt, Kick et al. 1993);
- Herstellen von unterstützenden Netzwerken und Hinführen der Angehörigen zum Netzwerk;
- Anbieten von Angehörigengruppen (z. B. ein Programm mit ca. zehn Einheiten und festen Inhalten anbieten).

Weitere Voraussetzung einer guten Unterstützung betreuender Familien ist das Vorhandensein gemeindepsychiatrischer Einrichtungen, vor allem von Wohn- und Arbeitsbereichen sowie Unterstützungsangeboten für alle Familienmitglieder[31].

Psychoedukation

Der Begriff Psychoedukation wird heute in einem breiten Sinne benutzt. Ursprünglich war er in der Arbeit mit an Schizophrenie erkrankten Menschen und ihren Angehörigen eingeführt worden. Heute wird Psychoedukation teils auch bei anderen chronischen Erkrankungen eingesetzt. Nach Buttner (1996) gibt es inzwischen ein Spektrum an psychoedukativen Behandlungsansätzen, denen als pädagogisches Element gemeinsam sei, dass Patienten und Angehörige wichtige Tatsachen über die Erkrankung, Modelle und Handlungsmuster erlernen. Unterschiede liegen in den Zielen, den Inhalten und der Vermittlungsweise, dem Umfang und den Adressaten der Interventionen. Bei der Vermittlung von Wissen über die Erkrankung und über Möglichkeiten der Bewältigung geht es um Themenbereiche wie:

- Reduzierung von Selbstbeschuldigungen Angehöriger (z. B., Eltern) bei einer Erkrankung eines Familienmitgliedes (z. B. eines Kindes),
- Aufklärung über Ursachen und Symptome psychischer Krankheiten (und damit zum Abbau unzutreffender subjektiver „Krankheitstheorien“),
- Wirkung und Umgang mit Medikamenten (zur Verbesserung der Compliance),

---

31 Vgl. z. B. Modellprogramm für Eltern schizophrener Kinder: Hubschmidt (1988).

- Möglichkeiten des Umgangs miteinander (z. B. Verhalten innerhalb der Familie oder Partnerschaft).

Psychoedukation bedeutet somit Mitwirkung der Patienten und ihrer Angehörigen bei der Behandlung. Sie wird oft im Rahmen von Patienten- und Angehörigengruppen durchgeführt, wofür es für spezielle Krankheitsbilder auch Manuale zur Durchführung gibt. Im Zusammenhang mit der Deinstitutionalisierung und der gemeindenahen und ambulanten Versorgung psychisch Kranker wird die aktive Einbeziehung der Patienten und ihrer Angehörigen in den Behandlungsprozess verstärkt notwendig. Damit wandelt sich zumindest partiell auch die Rolle des psychisch Kranken: er ist nicht passives Opfer der Krankheit und Adressat von Interventionen, sondern zusammen mit seinem sozialen Nahfeld aktiv Handelnder.

Buttner (1996, 195) gibt eine umfassende Definition, die auch eine Abgrenzung zu anderen psycho-sozialen Interventionsformen einschließt: „Psychoedukation ist eine pädagogische Behandlungsform der sekundären Prävention der Medizin (Psychiatrie), die im Rahmen einer umfassenderen Behandlung oder Rehabilitation stattfindet. Sie ersetzt die jeweilige Standardbehandlung nicht, sondern baut auf ihr auf und zielt darauf, das Verhalten von Patienten oder Angehörigen in einem gesundheitsfördernden Sinn zu beeinflussen. Zentrale Momente sind die strukturierte Vermittlung präventiv relevanter Information durch Experten und der Einsatz behavioraler Elemente (Verhaltensmodelle) zur Umsetzung der vermittelten Inhalte in praktische Fertigkeiten. Psychoedukation bezieht die Erfahrung der ‚Edukationsnehmer' in den Lernprozess ein. Sie zielt auf pragmatische Problembewältigung und grenzt sich damit gegen beziehungsorientierte Ansätze psychotherapeutischer Verfahren ab. Vom Training sozialer Fertigkeiten unterscheidet sie sich durch die Betonung des Informationsaspekts. Einzelne Elemente aus Verfahren der Psychotherapie und des Trainings sozialer Fertigkeiten werden jedoch häufig einbezogen. Im Unterschied zu Selbsthilfegruppen spielen Experten eine zentrale Rolle."

Studien zeigen, dass eine Kombination von medikamentöser Behandlung und psychoedukativer Familienarbeit zu einer nennenswerten Reduzierung der Schwere der Symptome und der Rehospitalisierungsrate führt (Mattaini 1996). Heekerens und Ohling (2006) zeigen, dass eine Familien-Psychoedukation sehr erfolgreich als Rückfallprophylaxe bei Schizophrenie wirkt.

Besonders wichtig ist die Verringerung der Selbststigmatisierung der Betroffenen und Angehörigen, die die psychische Erkrankung als folgende innere Gleichung interpretieren:

psychische Erkrankung = „Verrücktheit" = soziale Zurückweisung = Hoffnungslosigkeit

Die Rolle des Klinischen Sozialarbeiters besteht neben der kooperativen Vermittlung von Kenntnissen über die Krankheit wesentlich darin, solche inneren Gleichungen bei allen Betroffenen zu ändern. Dies berührt auch die Thematik der Akzeptanz der Erkrankung und der Hoffnung, dass trotz bzw. mit der Erkrankung oder Behinderung wieder ein befriedigendes Leben aufgebaut werden kann. Die sozialen Einschränkungen und Verluste der Patienten und Angehörigen und ihre Kompensationsmöglichkeiten sind ein weiterer Themenbereich in diesem Zusammenhang. Nicht alle psychisch Kranken können ihre Diagnose akzeptieren bzw. es fehlt manchmal an Krankheitseinsicht, weil kognitive Funktionen bei vielen psychotischen Störungen beeinträchtigt sind. Aber gerade auch für diese Menschen kann Psychoedukation in bestimmten Bereichen (z. B. Medikamentenumgang und Compliance, Verhalten in der Familie) sehr hilfreich sein.[32]

4.6.6 Klinische Sozialarbeit im Krankenhaus

Mit der Krankheit wird die Leiblichkeit des Menschen insofern zu einer Grundfrage auch der Klinischen Sozialarbeit, als seine psychische und soziale Abhängigkeit in besonderem Ausmaß *körperlich* spürbar wird. Schwere und vor allem chronische körperliche und psychische Erkrankungen leiten eine Diskontinuität im Leben der Betroffenen ein: durch ihre Leiden werden sie abhängig von sorgenden (versorgenden) Personen: Ärzten, Therapeuten, Helfern, Angehörigen. Dieses Abhängigwerden von anderen Menschen ist nicht gleichzusetzen mit dem unmittelbaren Leiden unter der Krankheit. Während organmedizinische Hilfen sich direkt der Behandlung der Krankheit oder Behinderung, oft verbunden mit hohem diagnostischen Aufwand, zuwenden, übernimmt die Pflege einen großen Teil des Symptommanagements, die Sozialarbeit das Management der sozialen Abhängigkeit (z. B. durch Lebensgrundlagen sichernde Maßnahmen). Die Thematisierung der längerfristigen oder endgültigen Abhängigkeit des Kranken von der Sorge anderer und deren sozialtherapeutische Bearbeitung ist eine Aufgabenstellung für therapeutisch geschulte Klinische Sozialarbeit. „Wie kann ich selbstbestimmt leben?", „Was heißt es für mich, abhängig bzw. unabhängig zu sein?" – Im Angesicht der Angewiesenheit auf Pflege und Fürsorge anderer sind hier zentrale Fragen, die das Selbstbild, die Bezie-

32 Weiterführende Literatur zum Thema Psychoedukation: Kieserg, A., Hornung, W. P. (1997). Psychoedukatives Training für schizophrene Menschen. Deutsche Gesellschaft für Verhaltenstherapie: Tübingen. Roder & Brenner (1988). Integriertes psychologisches Therapieprogramm für schizophrene Menschen (IPT). München. Stark, A. (Hrsg.) (1995). Verhaltenstherapeutische und psychoedukative Ansätze im Umgang mit schizophrenen Menschen. Deutsche Gesellschaft für Verhaltenstherapie: Tübingen. Wienberg, G., Schünemann-Wurmthaler, S. & Sibum, B. (1999). Schizophrenie zum Thema machen. Psychoedukative Gruppenarbeit mit schizophren und schizoaffektiv erkrankten Menschen/Pegasus. 3. Aufl., Manual und Materialien. Psychiatrie-Verlag: Bonn.

hung zu anderen und das Köhärenzgefühl (Antonovsky, a. a. O.) zentral betreffen. Hier kommen auch die Angehörigen und das gesamte soziale Umfeld ins Spiel, die sich ihrerseits in ihrem Lebensentwurf darauf einstellen müssen. „Was heißt es für mich bzw. für uns, auf Dauer diese Verantwortung zu haben und zu tragen?“ „Was heißt es für mich, für uns, abhängig von der Abhängigkeit des Angehörigen zu sein?“

Die Unabhängigkeit der Person, die in unserer Gesellschaft einen so hohen Rang besitzt, wird in der Erkrankung fragwürdig und unhaltbar – muss ein Mensch sogar in eine Klinik eingewiesen werden, kommt es zu einer großen Abhängigkeit. Diese Abhängigkeit bezieht bei schweren und chronischen Erkrankungen alle Manifestationsebenen von Erkrankung ein: körperlich braucht der Kranke die medizinische Hilfe, aber auch die Pflege, psychisch ist er in besonderem Maße auf Zuspruch und Aufmerksamkeit angewiesen, aber oft auch auf psychotherapeutische Beratung, sozial benötigt er nicht nur einen Schonraum und das Getragenwerden von der Gemeinschaft, die Regelung seiner ökonomischen und sozialen Angelegenheiten (z. B. Einkommen, Arbeit) sondern auch soziale Beratung und Behandlung unter Einbezug seiner Mitwelt (Angehörige, ggf. Arbeit, Nachbarschaft etc.).[33] Das Krankenhaus als spezialisierte medizinische Behandlungseinrichtung ist in erheblichem Ausmaß auch ein psycho-sozialer Schutz- und Schonraum, der nicht nur den somatischen Menschen, sondern genauso den psychischen und den sozialen Menschen in das Heilungsgeschehen einbeziehen muss. Die mit dem Abhängigwerden von Pflege und Fürsorgeverhältnis einhergehenden notwendigen Selbstkonzept- und sozialen Beziehungsänderungen werden aber in der heutigen Realität kaum beachtet, obwohl sie auch bei vermeintlich rein somatischen Prozessen Wirkungen zeigen.

In den letzten Jahrzehnten haben die chronischen Zivilisationskrankheiten erheblich zugenommen. Sie machen nach Heinz (1998) ca. 80 % der Inanspruchnahme ärztlicher Behandlung aus, und sie werden auch in Zukunft ihren Anteil an allen Behandlungsbemühungen im Gesundheitswesen eher noch vergrößern. Es ist unbestritten, dass bei ihrer Entstehung und Aufrechterhaltung und insbesondere bei der Bewältigung ihrer Folgen (der Suche nach einem neuen Lebensgleichgewicht mit der Krankheitsbeeinträchtigung) psycho-soziale Faktoren eine wichtige Rolle spielen. Hier kommt auch die Frage der poststationären psycho-sozialen Folgenlage eines chronisch kranken Menschen und seiner Angehörigen in den Blick. Ohne qualifizierte Soziale Unterstützung können in vielen Fällen Krankheitsfolgen nicht bewältigt werden. Die in der Krankheit zu bewältigenden psycho-

33 Hier wird der Begriff „klinisch“ im Sinne des schonenden Bettes in seinem ursprünglichen Sinne relevant: der Kranke braucht Geborgenheit, gewährende Schonung und Zuwendung, Behandlung.

sozialen Belastungen sind mehrdimensional und erheblich. Nach Heim (1988) handelt es sich um folgende Bereiche:

1. Veränderte Körperintegrität und verändertes Wohlbefinden
   - durch Verletzung oder Behinderung,
   - durch Schmerz, Beschwerden von Krankheit und/oder Therapie,
   - durch Invalidität.
2. Verändertes Selbstkonzept
   - durch neues Selbstbild und Körperschema,
   - durch Ungewissheit der Zukunft hinsichtlich Krankheit, Familie, Beruf und Sozialleben,
   - durch Autonomie und Kontrollverlust.
3. Gestörtes emotionales Gleichgewicht
   - durch innere und äußere Bedrohungen,
   - die neue oder intensivierte Emotionen auslösen.
4. Verunsicherungen hinsichtlich der sozialen Rollen und Aufgaben
   - durch Trennung von Familie, Freunden und Bekannten,
   - durch Aufgeben wichtiger sozialer Funktionen,
   - durch neue soziale Abhängigkeit.
5. Situative Anpassungen
   - durch neue Beziehungen mit Medizinalpersonen,
   - durch neue Umgebung (wie bei Hospitalisation),
   - durch neue Regeln, Werte und (Fach-)Sprache.
6. Bedrohung des Lebens, Angst vor dem Sterben
   - durch akute Krise oder chronische Progredienz,
   - durch Vielzahl an Verlusten.

Mit qualifizierter Sozialer Unterstützung können in vielen Fällen Krankheitsfolgen viel besser bewältigt werden. Hedtke-Becker (2001, Hedtke-Becker et al. 2000) untersuchte in einem interdisziplinär angelegten Forschungsprojekt[34] die soziale, psychologische und familiäre Situation von Patienten. Sozialarbeit und Familienmedizin arbeiteten dabei simultan und gleichberechtigt mit somatischer Medizin. Hedtke-Becker berichtet, dass bei 88,6% der in KISMED aufgenommenen Patienten (N = 183) die psycho-soziale Diagnostik erhebliche psycho-soziale Belastungen ergab. Bei 66,2% erfolgten daraufhin gezielte Interventionen. Auch solche For-

34 KISMED: *K*ooperationsprojekt *I*nterdisziplinärer *S*ozialarbeit und Krankenhaus*Medizin* – in Kooperation zwischen der Fachhochschule Mannheim und der Medizinischen Universitätsklinik Heidelberg – untersuchte über einen Zeitraum von zwei Jahren die Rolle der psycho-sozialen Betreuung von schwer und chronisch kranken Patienten im internistischen Krankenhaus. Es handelte sich um ein modellhaftes Forschungsprojekt, in dem Sozialarbeit und Familienmedizin als gleichberechtigte Partner mitwirkten.

schungsergebnisse belegen: wenn sich das Gesundheitswesen nicht auch sozial definiert, werden die Menschen in ihrer sozialen Not auf die medizinischen Behandlungsangebote zurückgeworfen, was nicht nur ökonomisch unsinnig ist, sondern auch sachlich und ethisch als Fehlbehandlung nicht vertretbar erscheint. Das Grundverständnis von Krankenhäusern – wie auch der ambulanten primärärztlichen Versorgung – muss sich in diesem Sinne erweitern: es handelt sich nicht nur um medizinische Einrichtungen, sondern auch um soziale Einrichtungen (vgl. auch Hegeler 2008). Dies ist eigentlich so naheliegend, dass es von vielen Fachkräfte und Gesundheitspolitikern entweder übersehen wird, oder als selbstverständliches Merkmal, das „sowieso" immer „irgendwie" mitbedacht wird, untergeht. Dabei wird die sozialprofessionelle Kompetenz als Qualitätsmerkmal der Behandlung kranker Menschen-in-ihrer-Lebenssituation vernachlässigt, obwohl auch in der biologisch orientierten Medizin Lebensqualität, Humanisierung und Gesundheitsverhalten zu programmatischen Zielen erhoben worden sind (vgl. Meyer et al. 1991). Sozialarbeit als Verwaltungshandeln ist zwar eine bedeutende und wichtige Aufgabe des Sozialdienstes im Krankenhaus, trifft aber nicht den Kern des Selbstverständnisses *Klinischer* Sozialarbeit als methodengeprägter beratend-behandelnder Disziplin[35]. Hier liegt ein noch gar nicht abzuschätzendes Potential an positiven Effekten durch personbezogene Betreuung, Beratung, Gesprächsführung, psycho-sozialen und sozialtherapeutischen Hilfen sowohl für die Patienten und ihre Angehörigen als auch in gesundheitsökonomischer Hinsicht. Insbesondere ist die zunehmende Frühentlassung und der Grundsatz „ambulant vor stationär" eine Entwicklung, die fachkundige Soziale Unterstützung noch notwendiger macht, und, so Becker-Bikowski (2005), gerade für die Klinische Sozialarbeit im Gesundheitswesen neue Wege eröffnet.

Betrachtet man Forschungsergebnisse zur psycho-sozialen Gesundheit, so zeigen sich bedeutsame positive Effekte psycho-sozialer Einflussnahme auf den Genesungsprozess bei unterschiedlichsten Erkrankungen wie z. B. Infektionskrankheiten, Krebserkrankungen, Alterskrankheiten (vgl. auch das Kapitel „Merkmale eines bio-psycho-sozialen Krankheitsmodells"). So sind die Aufgaben einer sozialtherapeutisch ausgerichteten Klinischen Sozialarbeit im Krankenhaus (neben den die Lebenslage sichernden materiellen, rechtlichen und vermittelnden Maßnahmen grundständiger Sozialarbeit wie z. B. Klärung von Anspruchsvoraussetzungen gegenüber Leistungsträgern, Hilfen zur finanziellen Sicherung des Lebensunterhaltes) vielfältig:

---

35 „Der Gesetzgeber sieht für eine angemessene Krankenhausbehandlung u. a. sozialarbeiterische Hilfen für Patienten vor. Nach § 112 II Nr. 4 und 5 SGB V handelt es sich hierbei um die soziale Betreuung und Beratung der Versicherten im Krankenhaus und um den nahtlosen Übergang von der Krankenhausbehandlung zur Rehabilitation oder Pflege." (Ansen 2001, 3)

- Mitarbeit in der Diagnostik (mit den Schwerpunkten Sozialanamnese, Belastungsdiagnostik, Netzwerkanalyse und Familiendiagnostik);
- psycho-soziale Beratung (z.B. Orientierungs- und Anpassungshilfen innerhalb des Krankenhauses, Hilfen zur emotionalen Krankheitsbewältigung, Hilfe zur Bewältigung von Krisen- und Konfliktsituationen (auch bei Suizidalität) im persönlichen Bereich und bei den Angehörigen);
- soziale Einzelhilfe, ggf. soziale Gruppenarbeit;
- Aufrechterhaltung, evtl. Wiederherstellung des Kontakts zur Familie und zum bisherigen Arbeitsplatz, ggf. auch durch aufsuchende Arbeit;
- Familientherapeutische Arbeit und Mitarbeit bei der Psychoedukation zur Förderung des Verständnisses für krankheitsbedingte Verhaltensweisen des Patienten, für seine möglicherweise verminderte Leistungsfähigkeit, für die Notwendigkeit ambulanter Weiterbehandlung.
- Aufklärung und Zusammenarbeit mit öffentlichen und karitativen Einrichtungen.
- Rehabilitationsmaßnahmen: Vorschläge für arbeitstherapeutische Förderungen im Hinblick auf einen zukünftigen Arbeitsplatz, Vermittlung eines geeigneten Arbeitsplatzes und Ermöglichung etwa erforderlicher Umschulung, Wohnraum-, evtl. Heimplatzbeschaffung und ggf. Aufklärung der zukünftigen Umwelt.
- Aufklärende Öffentlichkeitsarbeit: Förderung des Kontaktes zwischen Krankenhaus und Umwelt mit Abbau gesellschaftlicher Vorurteile und/ oder Unkenntnis gegenüber Menschen mit bestimmten Krankheiten, Vorbereitung des Patienten auf die Gesellschaft außerhalb des Krankenhauses.

Allerdings sprechen die in der Regel derzeit zu bewältigenden Fallzahlen und der Spagat zwischen Erwartungen der Verwaltung, des medizinischen Personals, des Pflegepersonals und der Patienten sehr dafür, dass die Arbeit der Sozialarbeiterinnen und Sozialarbeiter in den Krankenhäusern die eigentlich möglichen Qualitäten und gesundheitsfördernden Effekte einer sozialen Mitbehandlung gar nicht entfalten *kann*. Die Diskriminierung durch das Krankenhausgesetz macht in ihrer Konsequenz eine wirklich fruchtbare psycho-soziale Mitwirkung der „Kliniksozialarbeit“ an der *Behandlung* fast unmöglich (vgl. Crefeld 2000). Das Ziel, in unseren Krankenhäusern eine Klinische Sozialarbeit als mitbehandelnde Disziplin einzubeziehen, bedeutet, die ärztliche und pflegerische Versorgung im Krankenhaus bei der *Behandlung* zu ergänzen. Über die Unterstützung bei der Erschließung von Sozialleistungen hinaus sollte sich Art und Umfang der psycho-sozialen Maßnahmen durch Klinische Sozialarbeit nach der Art und Schwere der Erkrankung und nach dem damit verbundenen Bedarf an methodenspezifischer klinisch-sozialarbeiterischer Intervention richten (vgl. auch Ansen 2001, Gödecker-Geenen & Wies 2002, Gödecker-Geenen & Nau 2002, Nau 2002). Doch bis dahin scheint es noch ein langer Weg zu sein.

4.7 Krisenintervention

In der Krisenhilfe geht es im Kern *nicht* darum, eine Krise möglichst schnell zu beenden. Die Erfahrung zeigt, dass Menschen – auch Gesellschaften – meist erst durch eine krisenhafte Zuspitzung ihrer Situation zu Änderungen bereit sind, d.h. wir müssen zu Veränderungen meist „gezwungen" werden. Caplan (1964), der zu den Klassikern der Krisen- und Kriseninterventionstheorie gehört, beschreibt die Krise als eine akute Überforderung eines bisher gewohnten Bewältigungssystems (Coping) durch belastende äußere oder innere Ereignisse. Zur Krise kommt es, wenn die bisherigen adaptiven Mittel einer Person, einer Gruppe, einer Familie oder einer Gesellschaft bei Belastungen und Konflikten nicht mehr ausreichen. Mit den bisherigen Bewältigungsmöglichkeiten kann die Situation nicht gemeistert werden, es kommt zu Stress und schließlich zur Zuspitzung. Krise an sich ist nicht nur negativ einzustufen und führt keinesfalls automatisch zu Störung und Krankheit, sondern ist oft ein Zeichen notwendiger Änderung. Krise ist immer auch eine Chance, neu zu lernen und ein neues Gleichgewicht zu erringen und damit eine Chance für Entwicklung und Reifung. Aber *Krise* ist auch ein ernst zu nehmender Vorläufer von Störung und Erkrankung oder gar Suizid. Eine konstruktive Bewältigung ist von den Fähigkeiten der Person abhängig, auf psychische, soziale und ggf. materielle Ressourcen zurückzugreifen (Autonomie), d.h. von ihren psychischen Kompetenzen, ihrer Vulnerabilität, der sozialen Integration und der Tragfähigkeit ihrer sozioökonomischen Lage. Die Chance der Krise liegt darin, sie eigenständig oder mit Hilfe anderer zu überwinden und dadurch einen Reifungs- und Lernprozess zu durchleben, der neue Bewältigungskompetenzen für die Zukunft liefert.

Krisenintervention ist Soforthilfe bei akuten Krisensituationen, die der Betroffene allein zu beheben nicht in der Lage ist, mit dem Ziel der Verhinderung einer ungünstigen Weiterentwicklung und der Motivierung für eine weitergehende Betreuung (vgl. Deutscher Verein für öffentliche und private Fürsorge 1997). Nach Kanfer, Reinecker und Schmelzer (1991, 9 f.) stellt die Krisenintervention „eine eher kurze, sofortige, direkte Maßnahme dar, bei der unter Einsatz aller verfügbarer Hilfsmittel eine akute Krise bewältigt werden muss". Krisenintervention umfasst somit solche Maßnahmen, die die notwendigen Bewältigungsmöglichkeiten durch niederschwellige rasche Hilfe und Ressourcenaktivierung in einer begrenzten Zeitspanne herstellen und dadurch einer weiteren Zuspitzung oder einer Chronifizierung der Problematik vorbeugen.

Krisenintervention ist als Hilfsangebot vielgestaltig und wird in unterschiedlichen Diensten mit differierenden Aufträgen und Selbstverständnissen vorgehalten (vgl. Kunz, Scheuermann & Schürmann 2007). „Dies liegt nicht nur am Prozess der Diversifikation, durch den die Entwicklung unseres Versorgungssystems gekennzeichnet ist, sondern auch an den unterschiedlichen Wurzeln von Krisenintervention wie Notfallmedizin, Suizidprävention, Krise und Krisenintervention als gemeindeorientiertes Angebot, die gemeindenahe Psychiatrie zur Vermeidung von Unterbringungen und neuerdings als notwendiges Angebot durch einen neu entstandenen Bedarf durch Enthospitalisierungen." (Bergold & Schürmann 2001, 5) Interventionen von Seiten der Feuerwehr, Polizei und Notfallseelsorgern gehören auch dazu. Krisenintervention ist somit ein multiprofessionelles Arbeitsgebiet und keinesfalls allein der ärztlichen oder psychologisch-psychotherapeutischen Zunft vorbehalten. Sozialarbeiter/-innen, Psychologen und Psychotherapeuten, Ärzte, Pflegefachkräfte und Angehörige anderer Berufsgruppen sind in der Praxis z.B. im Rahmen von Beratungsstellen sowie ambulanten und stationären psychiatrischen Einrichtungen daran beteiligt. Eine Kooperation klinisch geschulter Fachkräfte aus den relevanten Disziplinen liegt auch deshalb nahe, weil bei vielen Krisen sowohl psycho-soziale als auch psychologische und medizinische Faktoren eine Rolle spielen. Zimmermann (2001, 23) weist darauf hin, dass nur bei den „äußeren Polen der Bandbreite dieser Krisen … eine uniprofessionelle Klärung und Behandlung sinnvoll" ist. Das gelte beispielsweise „für einen akuten Verwirrtheitszustand im Rahmen einer Intoxikation oder eines apoplektischen Insultes, wo eine ausschließlich ärztliche Diagnostik und Therapie zunächst am ehesten angezeigt" sei (ebd.). Die klinisch-sozialarbeiterische Perspektive betont bei der Krisenintervention folgende Maßnahmen:

- die stützende Beziehung zwischen Klient/Klientensystem und Helfer,
- die Orientierung und Halt gebende Klärung der Situation, des Erlebens, der Belastungen und Ressourcen,
- Klärung von Ausmaß, Möglichkeiten und Grenzen sozialer Unterstützung und deren Aktivierung (z.B. aktive Einbeziehung von Bezugspersonen),
- die sozialökologische Ressourcenaktivierung im Rahmen eines regionalen professionellen Netzwerkes psycho-sozialer und medizinischer Hilfen.

Eine Krise ist für denjenigen, der sie durchlebt, etwas sehr Bedrohliches und Beängstigendes, dem er sich hilflos ausgeliefert fühlt. Das innere Erleben gleicht einer tristen leblosen Landschaft. „Wie sieht die Landschaft der Krise aus? Voraussetzung ist stets ein ungelöstes Lebensproblem, am häufigsten ein Partnerproblem. Da dessen Angstsignale seit langem überwiegend abgewehrt wurden, ist der oder sind die Betroffenen bereits von vielen Landschaftsbezügen abgekoppelt und in ihrer Privathölle vereinsamt. … Die Landschaft ist eng und hart geworden. Aufmerksamkeit und Energie werden nicht in die Lösung des Problems, sondern in die Kontrolle der eigenen Angstsignale investiert – nicht selten über Alkohol, Medikamente, depressive, neurotische oder somatische Symptome. Nach dem Motto: ‚Mehr desselben' sind der oder die Betroffenen längst im Teufelskreis der Angst vor der Angst. … Loslassen oder Wechsel des Weges (der Angstabwehr, der Problemlösungsmethode) ist nicht mehr möglich. Möglich ist nur noch, den eingeschlagenen Weg noch konsequenter zu gehen. ... Irgendwann ist der nächste Schritt buchstäblich der letzte: So geht es nicht mehr weiter, der Weg ist am Ende. Die Krise ist zugespitzt. ... Rücktritt ist ebenso ausgeschlossen wie Auf-der-Stelle-Treten. Möglich und zugleich zwingend ist nur der gewaltsame Sprung. ... Der Sprung geht ins Offene. Und die Sprung-Fragen lauten: So oder anders? Ich oder Du? Ich oder Nichts? ... Jede Krise ist also auch eine Frage von Leben und Tod." (Golan 1983, 335) Kennzeichnend für akutes Krisenerleben ist in der Regel der Verlust des psychischen Gleichgewichtes, was mit hoher emotionaler Spannung und Druck einhergeht.

Entscheidend dafür, ob durch ein Lebensereignis eine Krise ausgelöst wird, ist das Ausmaß der sozialen Integration und die im Inneren der Person durch diese Ereignisse ausgelösten oder berührten Konflikte bzw. Defizite. Beide Dimensionen und die damit zusammenhängenden Bewältigungsressourcen sind bei der Krisenhilfe rasch zu explorieren und einzuschätzen. Eine wichtige Differenzierung von *Krisenanlässen* ist die Unterscheidung von traumatischen Krisen und Veränderungskrisen. Während die *traumatische Krise* meist durch unvorhergesehene Schicksalsschläge wie plötzlicher Verlust einer geliebten Person, Invalidität, unvorhergesehener Arbeitsplatzverlust ausgelöst wird, ist die *Veränderungskrise* das Ergebnis einer längeren Entwicklung, in der das Individuum oder die Familie mit akuten oder bevorstehenden Veränderungen konfrontiert ist. „Lebensveränderungen gehören gleichsam zum ‚normalen' Lebenslauf, eine Vorbereitung darauf ist relativ gut möglich, während traumatische Krisenanlässe, die meist überraschend kommen, schwerer vorzubereiten sind und daher leichter zu Krisen führen." (Wedler, Welz & Wolfersdorf 1992, 59) Der Verlauf beider Krisenformen ist unterschiedlich:

- Die erste Reaktion auf die traumatische Krise ist der Schock, darauf folgt dann eine Reaktions-, eine Bearbeitungs- und eine Neuorientierungsphase. Letzte sind im Gegensatz zur Schockphase nicht eindeutig abzugrenzen. Wird die Neuorientierungsphase erreicht, so entpuppt sich die Krise als Chance.
- Die Veränderungskrise nimmt in der Regel einen anderen Verlauf. Die sich anbahnenden Veränderungen können von der Person nicht integriert und bewältigt werden, was mit einem Anstieg des emotionalen Druckes und Spannung einhergeht und zu Gefühlen des Versagens führt. Unter der emotionalen Spannung ist oft eine gute Chance für Hilfestellung gegeben, da der Leidensdruck die Bereitschaft erhöht, Hilfe aufzusuchen und anzunehmen. Bei angemessener Hilfestellung kann dann die Krise oft gemeistert werden, was zu einer Erhöhung des Selbstwertgefühls führt. Erfolgt keine oder nur unzureichende Krisenbewältigung so kommt es nicht selten zu sozialem und emotionalem Rückzug, zu Resignation und Chronifizierung depressiver Reaktionen. Dann kann sich der

Verlauf auch entsprechend den Reaktionsmustern und Phasen der traumatischen Krise annähern. (vgl. Wedler, Welz & Wolfersdorf ebd., 57 ff.)

Symptomatik der Krise

Die Symptomatik einer Krise ist ebenso abhängig von der Konstitution und den Copingstrategien des Betroffenen wie den Auslösefaktoren. Es gibt die verschiedensten psychischen sowie somatischen Symptome. Zu unterscheiden sind psychische und somatische Hauptsymptome (vgl. Egidi & Boxbücher 1996):

- *Psychische Krisensymptomatik*: erhöhte Spannung, Nervosität, Aufregung (arousal); Unsicherheit, Ängstlichkeit, Irritation, Aggressivität oder Autoaggressivität, Depressivität; affektiv-kognitive Verwirrtheit, zunehmend inadäquates Verhalten; Depersonalisations- und Derealisationserscheinungen; wahnhafte Projektionen, Beziehungs- und Verfolgungsideen; Halluzinationen.
- *Somatische Zeichen einer Krise*: Störungen im Respirationstrakt: Hyperventilation, Dyspnoe, Asthma; Störungen im Herz-Kreislauf-System: Tachykardie, Blutdruckerhöhung, lokale Durchblutungsveränderungen; Störungen im Verdauungssystem: Durchfall, Obstipation, Ulkusbildung; Störungen im Urogenitalsystem: Miktionsstörungen, Menstruationsstörungen; Dermatologische Störungen: u. a. Exazerbation von Ekzemen, Psoriasis; muskuläre und neurologische Störungen: spannungsbedingte Rücken- oder Kopfschmerzen, Ischiasbeschwerden; Störungen des Immun- und Hormonsystems: allgemeine Resistenzverminderung, Infektionsbereitschaft, Erschöpfung. Somatische Beschwerden sind hier in der Regel ebenfalls Ausdruck für die enormen psychischen Belastungen.

Krisentheorien

Die verschiedenen Theorien zur Erklärung von Krisen und ihrer Entstehung sind in der Praxis Klinischer Sozialarbeit Verständnishilfen, die im Zusammenspiel das Nachvollziehen der inneren Erlebnisinhalte mit der sozialen Situation der Betroffenen erleichtern.

- *Der soziologische Ansatz nach Durkheim:* Durkheim (2002) sieht den Ursprung einer Krise darin, dass der Betroffene zu wenig oder zu viel Distanz zu gesellschaftlichen Werten und Einrichtungen hat. Ist die Distanz zu gering, fühlt sich der Betroffene von den gesellschaftlichen Normen unterdrückt, ist sie zu groß, fehlen ihm gesellschaftliche Bezüge und Unterstützungssysteme. Beides führt dazu, dass Ziele und Mittel der Person in einen unauflösbaren Verwirrungszustand (Anomie) geraten, was schließlich zur Krise führt.

- *Der psychoanalytische Ansatz:* Eine Krise wird durch den Verlust eines Menschen ausgelöst, an den man ambivalent, also gleichzeitig liebend und hassend, gebunden war. Der Schmerz über den Verlust bewirkt, dass man die verlorene Person zu einem Teil von sich selbst macht, d.h. Eigenschaften von ihr ins eigene Selbstkonzept einbaut. Dadurch wird auch die Ambivalenz der verlorenen Person gegenüber auf das eigene Selbst übertragen und der Betroffene hasst und liebt sich gleichzeitig, was letztlich die Krise ausmacht.

- *Der lerntheoretisch-sozialpsychologische Ansatz:* Die Entstehung einer Krise wird im lerntheoretisch-sozialpsychologischen Ansatz damit erklärt, dass eine Situation entstanden ist, die für den Betroffenen zu neu, zu schnell, zu selten, zu ungewohnt, zu fremd, zu schwer oder zu schmerzhaft ist. Sein bisher gelerntes Verhalten und seine Copingstrategien reichen nicht mehr aus, werden unbrauchbar oder sind für ihn in dieser Situation nicht nutzbar, weil er sich nicht daran erinnert. Dadurch werden auch seine bisherigen Erwartungen, Ziele und Bestätigungen sinnlos, was den Betroffenen empfänglich macht für neue Reize, auch für Tötung und Selbsttötung.

- *Schulenübergreifender Ansatz:* Grundsätzlich lässt sich festhalten, dass einer Krise ein entscheidendes Lebensereignis vorausgeht, was den Verlust von bestimmten und wesentlichen (äußeren oder inneren) Bezügen beinhaltet. Ein Zurückgreifen auf gelernte Verhaltensmuster oder Copingstrategien (Selbsthilfe) ist in der Krisensituation nicht oder nicht in ausreichendem Maße möglich. Die wahrgenommene Hilflosigkeit des Betroffenen geht zunehmend einher mit negativen Selbstbewertungen und schlägt um in Verzweiflung, inadäquate Selbstheilungs- oder Schmerzlinderungsversuche (Alkohol, Medikamentengebrauch, Rückzug und Einengung, Selbsttötung) und äußert sich auch in körperlichen Symptomen und sozialen Auffälligkeiten.

Merkmale und Ablauf der Krisenintervention

Krisenintervention meint immer einerseits aktive Intervention, andererseits Begleitung und Stützung, d.h. der professionelle Helfer muss abschätzen, in wie weit er sofort eingreifend tätig werden muss und in wie weit er den Betroffenen unterstützend auf dem Weg der Problemlösung begleiten kann. Dabei können Fehleinschätzungen des Helfers über seine eigenen Fähigkeiten und Grenzen für den Betroffenen katastrophale Folgen haben, welche bis zur Fremd- oder Selbsttötung reichen können. Gute psycho-soziale Krisenintervention braucht Wissen, Einfühlungsvermögen und Erfahrung auf Seiten des Helfers, um die Situation des Betroffenen in seinen komplexen Bezügen richtig einzuschätzen und effektiv tätig werden zu können. Je nach Fall muss entschieden werden, ob eine ambulante Krisenintervention ausreicht oder eine stationäre Behandlung nötig ist. Dies ist unter anderem abhängig von den Fähigkeiten des professionellen Helfers und dem Ausmaß der Krise. Beide Interventionsmöglichkeiten bergen sowohl Vor- als auch Nachteile:

- *Stationärer Aufenthalt*: Der Klient tritt bei einem stationären Aufenthalt zunächst aus der belastenden Situation heraus und es werden keine Leistungsanforderungen mehr an ihn gestellt. Dadurch soll eine Distanzierung von den bedrängenden Problemen erreicht werden. Bei einigen Klienten wird so eine Bearbeitung ihrer Krisensituation überhaupt erst möglich. In der Belastungssituation ihres Alltags sind sie nicht mehr handlungsfähig. Auf diese Art und Weise reduziert sich jedoch auch der Lösungsdruck, was bedeuten kann, dass der Klient nicht mehr unbedingt die Motivation zu einer Veränderung hat, die für ihn auch enorme Anstrengung und Kraft erfordert. Auch können bei einer Minderung des Drucks Verdrängungs- und Verleugnungstendenzen auftreten, die den Klienten in seiner Motivation schwächen. Ein weiterer negativer Aspekt stationärer Krisenhilfe kann sein, dass die Person in einen Loyalitätskonflikt kommt, weil sie wichtige Aufgaben, die ihr Selbstwertgefühl stützen, durch stationäre Behandlung nicht erfüllen kann. So werden Schuld- und Versagensgefühle entwickelt. Falls eine stationäre Unterbringung und Behandlung indiziert ist (z.B. bei akuten psychotischen Krisen und akuter Suizidalität) sollte gerade aus dem Ansatz Klinischer Sozialarbeit versucht werden, Familie und Umfeld auch schon während der stationären Maßnahmen einzubeziehen.
- *Ambulante Krisenintervention*: Sie ist der stationären Unterbringung grundsätzlich vorzuziehen. Voraussetzung ist jedoch, dass Therapeuten oder Berater sich selbst und die Interventionsmöglichkeiten angesichts der Problematik des Klienten auch realistisch einschätzen können. Der Klient verbleibt in seiner natürlichen Umwelt und lernt die Krise darin zu durchleben und zu bewältigen. Dabei ist gerade in der Klinischen Sozialarbeit nach Möglichkeit auch das soziale Umfeld (Partner, Familie, Freunde) zu aktivieren und einzubeziehen. Fühlt sich der Therapeut oder Berater überfordert, vor allem bei einer akuten Suizidalität und damit verbundener Selbstgefährdung des Klienten, ist eine sofortige stationäre Unterbringung zu empfehlen. Hier ist also die sorgfältige Krisen-Diagnostik unabdingbar.

Um der vom Betroffenen empfundenen Ausweglosigkeit und Vereinsamung in der Krise entgegen zu wirken, hat der Aufbau einer tragfähigen Beziehung höchste Priorität. Dadurch wird ein sicherer Beziehungs-Raum geschaffen, in dem sich der Betroffene angenommen und verstanden fühlen kann, wo er mit seinen Problemen zunächst einmal Gehör, Schutz und Abgrenzung findet. Nach Wedler, Welz und Wolfersdorf (1992) soll das anzustrebende Nähe-Distanz-Verhältnis im Idealfall zwischen den – zu vermeidenden – Extremen liegen, d.h. der Berater nimmt den Klienten interessiert an, ohne dass er versucht, das Problem zu verniedlichen, zu rationalisieren oder abzuschieben. In Bezug auf das Extrem der Überidentifizierung muss sich der Klinische Sozialarbeiter gegenüber dem Problem soweit distanzieren können, dass er das Problem beurteilen, diagnostizieren und lösen helfen kann, ohne dem Klienten seine Eigenverantwortung zu nehmen. Dieses Vorgehen lässt sich durchaus durch Schlagwörter wie, „Den anderen annehmen, wie er ist"; „Dort anfangen, wo der andere steht", charakterisieren. Zu beachten ist die häufig starke Kränkbarkeit des Hilfesuchenden. Hier muss der Helfer den Wunsch nach Kontakt verstehen und dem Klienten verständlich und annehmbar machen, dementsprechend auch aktive Zuwendung zeigen.

Die sensible Beachtung der eigenen Emotionen des Helfers (Selbstbezug) liefert Anhaltspunkte dafür, wie der Klient mit seiner Umwelt umgeht (Beachtung der Gegenübertragung). Die subjektive Welt des Klienten steht zunächst im Vordergrund, der Berater orientiert sich an dessen individuellen Bedürfnissen. Der Krisenhelfer soll allerdings nur soviel helfen wie nötig, um Abhängigkeit vorzubeugen. Argumentieren und Debattieren sind strikt zu unterlassen, da dies Klienten dazu verführt, noch mehr „Beweise" für ihre schlimme Lage zu suchen, statt konstruktiv an der Bewältigung zu arbeiten. Wichtig ist die rasche Abschätzung, in wie weit der Betroffene fähig ist, sich selbst zu helfen bzw. selbst Hilfe von anderen zu mobilisieren, und in wie weit aktive soziale Unterstützung benötigt wird. Bevormundung und Entmündigung durch ein Zuviel an Hilfestellungen sind keinesfalls wünschenswerte Auswirkungen der Intervention. In den Prozess der Problemlösung sind nach Möglichkeit die Bezugspersonen des Betroffenen mit einzubeziehen.

Die Offenheit und Stärke, auch die heftigsten Gefühle des Klienten zuzulassen und sie nicht zu mindern bzw. zu bagatellisieren, wirkt der vom Betroffenen oft empfundenen Isolation entgegen. Alle Lösungsmöglichkeiten, die der Betroffene für sich in Betracht zieht, bis hin zur Selbsttötung, sollte der professionelle Helfer als *Erleben* des Klienten achten und nicht abwerten, was natürlich *nicht* bedeutet, dass er auf der Handlungsebene alles geschehen lässt. Die verschiedenen Bewältigungsmöglichkeiten müssen im Gespräch behandelt und das Für und Wider abgewägt werden. Es werden dann zusammen mit dem Betroffenen adäquate und für ihn realistische Lösungsperspektiven erarbeitet, deren Verwirklichung Ziel der weiteren Interventionen ist.

Der *Ablauf der Krisenintervention* ist unter anderem abhängig von der Person des Helfers, dem Setting und dem Betroffenen selbst, deshalb gibt es die verschiedensten Modelle. Wedler, Welz & Wolfersdorf (1992, 62) geben folgende allgemeine Prinzipien vor:

- rascher Behandlungsbeginn,
- Aktivität des Beraters berücksichtigt die Gefahr einer Abhängigkeitsbildung vom Hilfsangebot bzw. vom Helfer,
- Methodenflexibilität, d.h. die Hilfen sind ganzheitlicher Natur und umfassen sowohl den sozialen, psychologischen als auch den medizinisch-biologischen Bereich,

- Fokus wird auf die aktuelle Situation ausgerichtet, wenngleich der lebensgeschichtliche und soziale Kontext samt seiner Ressourcen einbezogen wird,
- interprofessionelle Zusammenarbeit.

Auch Dörner und Plog (1996, 337f.) haben Grundsätze der Krisenintervention formuliert, die zugleich den präventiven Nutzen ins Zentrum stellen:

- Sie soll so schnell wie möglich erfolgen, um den Sprung noch umzulenken oder wenigstens danach seinen Schwung zu nutzen (schon Stunden nach dem Höhepunkt der Krise kann die Abwehrfassade wiederhergestellt sein).
- Seitens der psycho-sozial Tätigen soll möglichst tief verstanden sein, dass das Krisenhandeln des/der Betroffenen Selbsthilfe ist. Diese/r muss meistens ernster genommen werden, als er/sie sich selbst nehmen kann.
- Sie soll so nah wie möglich dort erfolgen, wo die betroffenen Personen ihre Krise leben. Präventiv ist die Erfahrung wichtig, Krisen in der eigenen Situation nutzen zu können.
- Die Krise soll so lange wie möglich offen gehalten werden (eventuell sogar verlängert und vertieft werden, um mit der Angst sowohl der betroffenen als auch der psychiatrisch tätigen Person arbeiten zu können. Würde sie schnell zugedeckt, wäre eine vertiefende Bearbeitung der zugrundeliegenden Ängste nicht mehr möglich).
- Den Sinn der Krise hat die betroffene Person aus sich zu finden, sonst nehmen Fremdbestimmung und Suizidgefahr zu.
- Krankschreibung soll vermieden werden, weil dies der betroffenen Person unter Umständen mit dem Arbeitsfeld ihre letzte Beziehung nimmt, d.h. die Isolation vergrößert.
- Fast jede Krise hat eine/n Krisenpartner, der/die zunächst getrennt, dieselbe Nutzungshilfe braucht.
- Im sozialtherapeutischen Milieu sollen Alternativen (hinsichtlich der Schwierigkeiten, die die Krise hervorgerufen haben) eingeübt werden, die dann auf das Alltagsleben der Person zu übertragen sind. Auch sind im Vorgriff Problemlösungen für mögliche künftige Krisen durchzuspielen; auch die vorhersehbare Enttäuschungskrise bezüglich der Trennung von der sozialtherapeutisch tätigen Bezugsperson ist durchzuarbeiten.
- Präventive Aufgaben (inklusive Beratungen für Polizei, Lehrer, Pfarrer, Sozialamt, Laienhelfende etc.) sind nach Möglichkeit wahrzunehmen.

Orientiert an Konzepten der ambulanten Krisenintervention nach Egidi & Boxbüchler (a.a.O.) lassen sich die Grundzüge des konkreten Vorgehens folgendermaßen skizzieren:

Erstkontakt

- Zu Beginn geht es darum, einen Kontakt zum Klienten herzustellen. Zuerst sollte man den Betroffenen begrüßen und sich selbst, die Institution und den Rahmen der Krisenintervention kurz vorstellen.
- Danach klärt man mit dem Klienten die Rahmenbedingungen der Krisenarbeit: das Setting der Intervention, d.h. den Ort, die Dauer und die Häufigkeit der Gespräche .
- Beim Einstieg in das eigentliche Gespräch bezüglich der Problematik sollte der Berater dem Klienten zunächst die Möglichkeit geben, sich emotional zu entlasten. Eine Frage des Beraters nach dem gegenwärtigen inneren Erleben des Klienten, wie z.B. „Wie geht es Ihnen im Augenblick?", gibt diesem die Chance, sich „Luft zu machen", seine Wut, Enttäuschung, Trauer, etc. heraus zu lassen und sich sowie dem Berater einen Überblick über die Situation zu verschaffen. Dieses „Eingehen auf die emotionale Situation des Klienten und auf die körperliche Begleitsymptomatik, Einschätzung des Ausmaßes von Panik und Depression sowie deren mögliche Konsequenzen, wobei insbesondere das Suizidrisiko erhellt werden muss, ist als nächster Interventionsschritt unabdingbar" (Wedler et al., ebd., 65). Hierbei gilt es ebenfalls abzuklären, ob der Betroffene einer Risikogruppe angehört (z.B. Alkoholiker), in welchem Stadium der Krisenentwicklung er sich befindet und ob Anzeichen auf affektive Einengung zu finden sind. Suizidgefährdung besteht beispielsweise u.a. bei Zugehörigkeit zu einer Risikogruppe oder der Unmöglichkeit, eine affektive Resonanz im Gespräch zu erreichen.
- Danach geht das Gespräch über in die eigentliche Problemanalyse, wobei der Berater auch nach spezifischen Aspekten der Lebensgeschichte fragt und somit die Krisenauslöser, die aktuelle Situation des Klienten und den Krisenhintergrund erfährt. Zunächst ist der aktuelle Anlass der Krise zu eruieren. Hierbei sind Fragen nach der derzeitigen Lebenssituation des Klienten, wer noch unmittelbar betroffen ist, die Situation im Hier und Jetzt während der Beratung, versuchten Lösungsmöglichkeiten bzw. nach früheren Bewältigungsversuchen und früheren Krisen, bereits eingetretenen Veränderungen und Fragen nach eventuell weiteren vorhandenen psychischen Vorbelastungen abzuklären.
- Bei einem guten Verlauf des Gespräches ist es dem Berater möglich, bereits in der ersten Sitzung eine Anamnese zu erstellen. Nicht selten zeigt sich bei einem kurzen „Streifzug" durch die Lebensgeschichte, dass die aktuelle Krise „überdeterminiert" ist (Cullberg 1978), dass der aktuelle Krisenauslöser so etwas wie der berühmte Tropfen ist, der das Fass zum Überlaufen bringt (Egidi & Boxbücher a.a.O., 61). Weiterhin wird der Berater im Gespräch auch das Copingverhalten des Klienten analysieren, d.h. Fragen nach in früheren Krisen und jetzt angewandten Bewältigungsstrategien stellen und Stärken sowie Defizite herausarbeiten.
- Eine Ressourcenanalyse komplettiert das Bild der Krise. Dabei erarbeitet der Berater mit dem Klienten „innere und äußere" Möglichkeiten, die

ihm bei der Bewältigung der Krise helfen können. „Innere Ressourcen sind beispielsweise intellektuelle und praktische Fähigkeiten, körperliche Gesundheit, ethische oder religiöse Werte. … Äußere Ressourcen finden sich in erster Linie im Bereich der zwischenmenschlichen Beziehungen, aber beispielsweise auch in Form von finanzieller Sicherheit.“ (Egidi & Boxbücher a. a. O., 62)

- Danach geht man zur Problemdefinition über: zusammen mit dem Klienten wird die Krise in verständliche Worte gebracht, um sie anschaulicher und verständlich zu machen. Es werden bisherige Lösungsversuche benannt und überprüft, ob und in wie weit sie wirksam waren. Diese Verdeutlichung der Situation soll dem Klienten die Angst nehmen, ihm seine eigenen Fähigkeiten ins Bewusstsein rufen und ihm Hoffnung machen, die Krise bewältigen zu können.
- Als letzter Punkt des Erstgespräches sollte eine Zieldefinition erfolgen. Dabei formuliert der Berater zusammen mit dem Klienten eine realisierbare Zukunftsperspektive, die Grundsatz-, Rahmen- und Ergebnisziele beinhaltet. Die einzelnen Schritte auf dem Weg zur Problemlösung sollten weder zu klein, noch zu groß sein, sondern auf die Fähigkeiten des Klienten abgestimmt werden, so dass sie für ihn nicht zu läppisch oder zu enorm wirken und er beim Erreichen der einzelnen Teilziele Erfolgserlebnisse hat. Diese Konkretisierung des Lösungsprozesses und die kleinen Erfolge vermitteln dem Klienten ein Gefühl von Hoffnung und den Glauben daran, seine Krise überwinden zu können.

In der folgenden Sitzung beginnt der Berater mit der Problembearbeitung, welche den größten Teil der Krisenintervention ausmacht. Dabei können die verschiedensten Kriseninterventions-Techniken zum Einsatz kommen.

- So gibt es z. B. distanzierende Techniken aus der Gestalttherapie oder dem Psychodrama, die dem Betroffenen z. B. durch einen Rollentausch ermöglichen sollen, die eigene Problematik objektiver zu sehen und sich von der als ausweglos empfundenen Situation und den bedrängenden Emotionen ein Stück zu distanzieren.
- Weiterhin können stützende Techniken eingesetzt werden (z. B. den „Inneren Beistand“ imaginieren: Suche nach einer positiv besetzten Person in der eigenen Biographie und Führen eines unterstützenden inneren Dialoges mit dieser „Person“ mit dem Ziel der Entlastung, Orientierung und Unterstützung).
- Auch „Realitäts-Training“ ist eine Möglichkeit der Krisenintervention. Dabei soll der Klient durch das Wahrnehmen seiner eigenen Leiblichkeit (Reiben der Gliedmaßen oder des Gesichtes, Stampfen oder Klatschen) bei Depersonalisations-Erlebnissen, paranoiden Wahnvorstellungen, o. Ä. die Möglichkeit erhalten, selbst oder mit Hilfe anderer in die körperfundierte Realität zurück zu finden.
- Copingstrategien des Klienten werden vom Berater differenziert eruiert und bei Bedarf erweitert, um ihm neue Entlastungsmöglichkeiten zu

verschaffen (Copingmodifikation). Besonders wichtig ist es, immer wieder zu überprüfen, ob die erlernten Möglichkeiten der Entlastung im Alltag des Klienten Anwendung finden, damit die Effektivität der Intervention nicht gefährdet wird.

Ablauf einer ambulanten Krisenintervention in Anlehnung an Schnyder & Sauvant (1993)

Kontakt herstellen
- Begrüßen
- Setting klären
- Emotionale Entlastung zulassen (Achtung: Schuldgefühle beachten)

Problemanalyse
- Situationsanalyse (Krisenauslöser, aktuelle Situation, Krisenhintergrund, Anamnese)
- Copinganalyse
- Ressourcenanalyse

Problemdefinition
- Krise in verständliche Worte fassen
- Bisherige Lösungsversuche beschreiben und benennen

Zieldefinition
- Realisierbare Zukunftsperspektive formulieren
- Hoffnung vermitteln

Problembearbeitung
- Kriseninterventions-Techniken einsetzen (Empathie, distanzierende und stützende Techniken, Realitäts-Training)
- Copingmodifikation
- Umsetzung in den Lebensalltag immer wieder überprüfen
- Zugrunde liegende (neurotische) Konflikte ansprechen, ohne vertiefende Bearbeitung
- Bei Bedarf Medikamente (Vorsicht mit Benzodiazepinen – abhängigkeitserzeugend!)
- Bei Bedarf psycho-soziale Hilfen, ärztliche Maßnahmen, juristische Beratung o. Ä.
- Unterstützung zwischen den Gesprächsterminen gewährleisten (Telefonkontakt, Selbsthilfe-Organisationen, Notfalldienst, Angehörige oder Freunde einbeziehen)

Beendigung
- Ist die Krise wirklich überwunden?
- Noch einmal Copinganalyse
- Abschied/Ablösung von Therapeut(in)/Berater(in) ansprechen
- Potentielle zukünftige Krisen antizipieren

Follow-up
- Standortbestimmung
- Indikation für weiterführende Hilfen (z. B. Psychotherapie) prüfen

Falls in der Arbeit mit dem Betroffenen zugrunde liegende (neurotische) Konflikte deutlich werden, sollte der Helfer diese kurz ansprechen und auf andere Hilfsangebote verweisen, jedoch auf keinen Fall diese vertiefend bearbeiten, da dies zu einer Labilisierung des Klienten führen könnte und den begrenzten Rahmen der Krisenintervention sprengt. Bei Bedarf sollte der

Helfer in Absprache mit anderen Fachleuten für den Klienten Entlastung schaffen, die außerhalb seiner Person liegt und z.B. durch Medikamente, finanzielle Hilfen oder gezielte handlungsorientierte Beratung erreicht werden kann. Zwischen den einzelnen Gesprächsterminen sollte der Klient Möglichkeiten kennen und nutzen, sich Unterstützung zu holen, so z.B. durch Telefonkontakte mit dem Berater, Selbsthilfe-Organisationen, Notfalldiensten.

Der *zeitliche Rahme*n der Krisenintervention ist ein wichtiger Aspekt. Eine Krisenintervention umfasst in der Regel vier bis acht Sitzungen innerhalb von ca. vier bis sechs Wochen. Es ist für alle Beteiligten wichtig, den zeitlichen Rahmen zu kennen und den Abschluss der Intervention innerhalb der vorgegebenen Zeitspanne zu erreichen. Am Ende der Intervention muss geklärt werden, ob die Krise bzw. ihre Folgen wirklich überwunden sind. Eine erneute Copinganalyse soll den Beteiligten Sicherheit geben und Erfolge erkennen lassen. Der Abschied bzw. die Ablösung vom Krisenhelfer sollte den Klienten nicht überraschen, sondern rechtzeitig thematisiert werden, um erneute Krisen zu vermeiden. Bevor der Klient wieder entlassen wird, sollte der Berater mit ihm zukünftige Krisen antizipieren, damit bereits im Vorfeld Möglichkeiten der richtigen Reaktion erarbeitet werden können.

Ein einmaliges Follow-up-Gespräch vor dem definitiven Abschluss der Krisenintervention im Abstand von etwa zwei bis drei Monaten hat sich als Ablösungshilfe bewährt (Sonneck & Ringel 1977; Battegay 1991 zn. Egidi & Boxbücher a.a.O., 72) Die Aussicht auf dieses Gespräch wirkt angstreduzierend. Das Gespräch selbst ermöglicht, die Situation des Klienten nach der Intervention zu besprechen und die Indikation für eine Psychotherapie zu überprüfen. Falls der Betroffene seine Krise gut überwunden hat, wird er dann endgültig in sein normales Leben zurück entlassen.

4.8 Hilfen bei Suizidalität

„Ein amerikanischer Philosoph hat einmal in einem Aufsatz über Suizid nachgedacht und hat geschrieben: Wenn ich mich jetzt umbringen würde, verlöre meine Frau einen Mann, meine Kinder einen Vater, meine Eltern einen Sohn, mein Bruder einen Bruder, meine Freunde einen Freund, meine Feinde einen Feind, meine Kollegen einen Kollegen, und ich bin Teil eines Netzes, wo ich auch Verpflichtungen habe, sorgsam mit mir selbst umzugehen.“ (Sedmark 2009, 8; Eröffnungsrede: Ethik im Spannungsfeld)

In der Bundesrepublik gibt es ca. 15.000 Selbstmorde pro Jahr, wobei auch hier eine gewisse Dunkelziffer anzunehmen ist, da nicht jede Selbsttötung als solche erkannt werden kann, gerade wenn es Verkehrsunfälle sind. Sicher werden Todesfälle mit suizidalem Hintergrund auch aktiv vertuscht. Eine wesentlich höhere Zahl von Menschen unternimmt Selbstmord*versuche*. Vorsichtige Schätzungen liegen bei eins zu acht bis eins zu fünfzehn.

Bei Jugendlichen geht man von einer höheren Anzahl aus, auf einen Selbstmord kommen zwischen 50 bis 100 Selbsttötungsversuche. Die Zahl bei Kindern und Jugendlichen ist seit zwei bis drei Jahrzehnten im Steigen begriffen. Bei Frauen finden wir wesentlich mehr Selbsttötungs*versuche* als bei Männern. Männer verwenden in der Regel „härtere" Methoden, also Sturz aus der Höhe, Erhängen, Erschießen. Unterhalb des Alters von 10 Jahren ist Selbsttötung selten. Man kann die Suizidneigung nicht eingrenzen auf bestimmte Krankheitsbilder oder auf eine bestimmte Persönlichkeit. Jeder Mensch kann Selbstmord begehen und es gibt wohl kaum Menschen in unserer Gesellschaft, die ein gewisses Alter erreichen und sich nicht mit dieser Problematik auseinander gesetzt haben.

Suizid bedeutet, dass sich das Individuum vom Zusammenleben mit anderen radikal abwendet. Durkheim (2002) betont, dass Tendenzen zum Suizid in einer Gesellschaft abhängig sind von der gesellschaftlichen Integration. Immer dann, wenn die soziale Kohäsion stärker wird, findet man einen Rückgang der Suizide (beispielsweise findet sich ein Rückgang der Suizide in Kriegszeiten in Israel). Zu viel und zu wenig Distanz zur Gesellschaft, nach Durkheim eine Werteverwirrung, Anomie genannt, führt zur Suizidneigung. Durkheim hat unterschiedliche Konstellationen beschrieben:

- die Desintegration, die zur Selbstmordgefährdung führt,
- die zu weit gehende Integration in die Gesellschaft (Orientierung an gesellschaftliche Normen), d.h. jemand handelt z.B. aus einem bestimmten Ehrenkodex heraus (z.B. bei sog. „Selbstmordattentätern").

Es spielt offenbar eine zentrale Rolle, inwieweit der Einzelne in ein Bezugs- und Wertesystem eingebunden ist. Zum „Wertesystem" gehören ethische Überzeugungen, religiöse Grundhaltungen, Verbindlichkeiten und gemeinsame Glaubenshaltungen, Zielsetzungen. Destruktives und selbstdestruktives Verhalten ist danach sowohl Ausdruck als auch Folge sozialer Integrationsprobleme.

Die suizidale Situation ist Ausdruck einer Krise, die fast immer nach einem bereits erfolgten graduellen Erlöschen der Zuwendung zur Welt die Frage nach der Verbundenheit mit anderen Menschen und die Frage nach der Lebens-Würdigkeit des eigenen Selbst auf eine äußerste Zuspitzung treibt. In dieser Zuspitzung erscheint der Person die Selbstvernichtung, Selbstzerstörung, die „Entselbstung" als einziger Ausweg. Offenbar gibt es zumindest in der Phantasie noch etwas Schlimmeres als *diesen* Ausweg: Suizid wird zur Möglichkeit, einer noch schlimmer phantasierten, erwarteten Situation zu entrinnen. Die Selbstvernichtung wird in diesem Verständnis paradoxerweise zu einem psychologischen Impuls, sich selbst zu retten. Dabei wird in einer solchen Krisensituation für die Person unabweisbar deutlich, dass die bisherigen Mittel mit den Problemen umzugehen, versagt haben. Es ist eine Lebenslage eingetreten, von der sie den Eindruck hat, dass sie ihr nicht mehr entsprechen kann. Das Selbst wird zunehmend auf Feindschaft gegen sich selbst fixiert.

Henseler (1974) hat 5 Thesen aufgestellt, in denen er versucht, die Person eines typischen Suizidanten zu beschreiben:

- Der zu Selbstmord neigende Mensch ist eine in ihrem Selbstgefühl stark verunsicherte Persönlichkeit. In der Regel ist er nicht in der Lage, gesund auf eine Kränkung zu reagieren. Er greift in den meisten Fällen auf den Mechanismus der Idealisierung und Verleugnung zurück.
- Er fühlt sich immer mehr bedroht, dass er in einen Zustand völliger Verlassenheit und Hilflosigkeit geraten kann, aus der er mit eigener Hilfe nicht mehr herauskommt. „Ein narzisstischer Defekt wird verleugnet und durch Größenphantasien überkompensiert. Aus der Perspektive der Größenphantasien gewinnt der narzisstische Defekt nunmehr eine irreal überhöhte Bedeutung. Jede Konfrontation mit dem Defekt hat schwere Minderwertigkeitsgefühle zur Folge, die man als negative Größenphantasien charakterisieren kann."
- Zum Schutz seines Selbstgefühls bedient er sich deshalb in hohem Maße der Realitätsverleugnung und der Idealisierung der eigenen Person, wie seiner Umgebung. Es entstehen hochgespannte Ich-Ideale und Anforderungen an das Selbst, die das Versagen oft schon vorprogrammieren.
- Reichen diese Schutzmechanismen nicht aus, muss er zu noch archaischeren Mitteln greifen, nämlich zu Phantasien vom Rückzug in einen harmonischen Primärzustand.
- Diese Phantasien setzt er in eine suizidale Handlung um und kommt so der narzisstischen Katastrophe aktiv zuvor (vgl. Henseler 1974, 85 f.).

Dörner und Plog (1996, 162) sehen in der *suizidalen Handlung* drei Anteile:

1. krampfartige Steigerung des bisherigen Handelns (Flucht, Selbstbestrafung, Rache),
2. Bereitschaft zur radikalen, endgültigen Änderung und
3. Herstellung eines ‚Gottesurteils', d. h. das Schicksal über Leben und Tod entscheiden zu lassen (genau das ist der Sinn des merkwürdigen Wortes Suizidversuch!).

Dieses Gottesurteil, das Schicksal entscheiden zu lassen, steht auch im Zusammenhang mit der radikalen Änderung, wirklich alles aufs Spiel zu setzen und abzuwarten, ob nicht doch noch etwas passiert. Man schafft eine Situation, wo das Schicksal möglicherweise noch eingreifen kann in die Verzweiflung und Einsamkeit.

Ankündigungen und Signale, Risikofaktoren und Möglichkeiten der Abschätzung der Suizidalität

Nach Schwendter (2000) sind eine Reihe sozialanamnestischer Risikofaktoren besonders bedeutsam:

- Wohnort in anonymen Ballungszentren;
- Vereinsamung: z. B. geschiedene, verwitwete oder kinderlose Personen;
- Zeiten extremen wirtschaftlichen Elends;
- Abwesenheit tragfähiger psycho-sozialer kultureller Bindungen (z. B. Flüchtlinge, Emigrantinnen, Gefangene);
- zunehmendes Alter, insbesondere wenn dies mit Rollenverlust einhergeht;
- Sinnentleerung der Beziehung zu sich, zu anderen und zur eigenen Tätigkeit.

Die Mehrzahl der Suizidanten kündigt ihre Selbstmordhandlung direkt oder indirekt an. Ringel geht von etwa achtzig Prozent aus. Die in folgender Übersicht dargestellten Signale sollten beachtet werden (Kielholz 1971).

Kriterien zur Abschätzung der Suizidalität im Anschluss an Kielholz

Selbstmordhinweise	Krankheitsgepräge	Umweltbeziehungen
• Vorkommen von Suiziden in der Familie oder näheren Umgebung (Suggestivwirkung) • Frühere Suizidversuche, direkte oder indirekte Suiziddrohungen bzw. Ankündigungen • Äußerung konkreter Vorstellungen über die Art der Durchführung und Vorbereitungshandlungen zu einem Suizid oder aber „unheimliche Ruhe" • Selbstvernichtungs-, Sturz- und Katastrophenträume • Kontaktabbruch, Vernachlässigung von Kontakten	• Beginn oder Abklingen depressiver Phasen, Mischzustände • Ängstlich agitiertes Gepräge, Affekt- oder Aggressionsstauungen • Schwere Schuld- und Insuffizienzgefühle • Biologische Krisenzeiten (Pubertät, Gravidität, Puerperium, Klimakterium) • Lange dauernde Schlafstörungen • Unheilbare Krankheiten oder Krankheitswahn • Alkoholismus und Toxikomanie	• Zerrüttete Familienverhältnisse während der Kindheit (broken home) • Verlust oder primäres Fehlen mitmenschlicher Kontakte (Liebesenttäuschung, Vereinsamung, Ausgestoßensein) • Verlust der Arbeit, Fehlen eines Aufgabenkreises, finanzielle Sorgen • Fehlen religiöser Bindungen

Erwin Ringel (1995) hat vor vielen Jahren ein nach wie vor sehr brauchbares Schema zu Abschätzung der akuten Suizidalität formuliert, das sogenannte *Präsuizidale Syndrom*.

Das Präsuizidale Syndrom nach Ringel

Einengung

Einengung der Wertwelt: Der Suizidale ist eingeengt durch ein beeinträchtigtes Selbstwertgefühl. Starke Minderwertigkeitsgefühle herrschen vor. Er befindet sich im narzisstischen Ungleichgewicht. Nichts macht ihm mehr Freude, er hat einen reduzierten Bezug zu Interessengebieten. Es herrscht u.U. ein suizidales Familienklima. Je intensiver die Schwächung des Selbstwertgefühls, desto geringere Anlässe bringen die Personen aus dem seelischen Gleichgewicht.

Einengung der zwischenmenschlichen Beziehungen: Der selbstmordgefährdete Mensch ist innerlich und äußerlich isoliert. „Jedem Selbstmord geht ein missglücktes oder nicht stattgefundenes menschliches Gespräch voraus." (Ringel)

Situative Einengung: Aus der Lebenssituation des Suizidalen ergeben sich verschiedene Einengungen, wie Vereinsamung, Trennung, Beziehungsverlust durch Krankheit o. Ä. Auch hier gilt: je reduzierter das Selbstwertgefühl, desto geringere Dinge bringen den Menschen aus dem seelischen Gleichgewicht.

Dynamische Einengung: Die innerpsychischen Kräfte sind beim Suizidalen auf eine Richtung fixiert, die gefühlsmäßige Reaktion wird nur noch in eine Richtung geleistet, Gegenregulationen versagen. Die Welt entwickelt sich zu einem Käfig, aus dem es keinen Weg mehr nach draußen zu geben scheint – außer Selbsttötung.

Aggressionsumkehr

Es gibt einen Teufelskreis von Frustration – Aggression – Zurückhaltung der Aggression – Schuldgefühl – Selbstbestrafung. Rachetendenzen den Eltern und/oder anderen gegenüber sind stark. Keine andere Todesart führt bei Freunden und Verwandten zu so langanhaltenden Gefühlen des Schmerzes, der Scham, der Schuld, der Verwirrung, des allgemeinen Verstörtseins wie der Selbstmord. Selbstmord wird zu einem symbolischen Mord: die Tötung geht durch den eigenen Körper zum anderen (bei sog. erweiterten Selbstmorden wird dies offensichtlich).

Suizidphantasien

Suizidphantasien dienen erst als Entlastungsmechanismen, dann drängen sie sich zunehmend selber auf. Ringel: „Je mehr man in eine Scheinwelt flüchtet, desto mehr gibt man die aktive Gestaltung der Wirklichkeit auf, desto größer und damit unerträglicher wird der Unterschied zwischen Scheinwelt und Realität."

Regeln des Vorgehens

Beim Umgang mit einem akut suizidalen Menschen arbeitet man mit Mitteln der Krisenintervention. Neben der Beziehungsaufnahme sind entsprechend der Problemlage Handlungsmöglichkeiten zu erschließen (siehe oben Vorgehensweisen nach Egidi und Boxbücher, Schnyder & Sauvant). Die Beziehungsaufnahme ist in einer akuten suizidalen Krise immer entscheidend. Wenn zu erkennen ist, dass sich die Selbstmordabsicht nicht aus einer akuten Krise, sondern aufgrund einer längeren, evtl. krankhaften Entwicklung (z.B. Depression) herauskristallisiert, dann reicht die Krisenintervention nicht aus. Grundhaltung des Krisenhelfers ist Ehrlichkeit und das gelassene Ernstnehmen der Selbsttötungsabsicht und die Vermittlung dieses Ernstnehmen-Wollens. Es sollte keinesfalls versucht werden, die Not des Betreffenden zu beschwichtigen oder ihn/sie zu „überreden“ mittels Tröstungen und Versprechungen. Es sollte kein Zeitdruck geschaffen werden. Nach Dörner und Plog (a.a.O.) werden beim Bearbeitungsprozess folgende Haltungen und Vorgehensweisen bedeutsam:

1. *Angemessene Selbstwahrnehmung und Vertiefung der Beziehung:* Wer seine eigenen suizidalen Anteile nicht wahrnehmen kann, wird eine Beziehung zu einem suizidalen Menschen nicht aufnehmen können. Aber die Aufnahme einer Beziehung ist schon ein Widerspruch zur Selbstmordabsicht und deshalb bei der Krisenintervention unerlässlich. Wichtig ist in diesem Zusammenhang die Auseinandersetzung des Helfers mit seinen eigenen Schwierigkeiten in der Beziehung zu einem suizidalen Menschen.

2. *Vollständige Wahrnehmung*: Es geht darum, das Nebeneinander zu ertragen. „Jeder suizidale Mensch erlebt seine Lage als unerträglich und zugleich sich als entschlossen, das Unerträgliche nicht länger so ertragen zu wollen. Er nimmt sich wahr als total eingeengt und zugleich auf dem Wege zur ebenso totalen Befreiung, als total ausgeliefert seinem negativ bewerteten Sozial- und Körper-Ich und zugleich auf dem Sprung zur totalen Unabhängigkeit (‚Ich gehöre nur mir.‘). Daher das Nebeneinander von Isolation und Wertverwirrung (Anomie), von Wunsch nach Ende und Veränderung und von Entscheidungsfähigkeit (Ambivalenz); das Nebeneinander der Haltung, selbst zu entscheiden, und der Haltung, das Schicksal entscheiden zu lassen, ‚es darauf ankommen zu lassen‘; das Nebeneinander der Entscheidung, alle Beziehungen loszulassen, und der Entscheidung, die Beziehungen verändert fortzusetzen – mit den Gefühlen, die Anderen zu ängstigen, zu beschämen, sie oder sich zu bestrafen, sich für Kränkungen zu rächen, zu fliehen, sich zurückzuziehen, Ruhe zu haben, abzuschalten, in den Mutterschoß zurückzukriechen oder auch das Leben als Leben nach dem Tode fortsetzen zu wollen. Dies ist für den Betroffenen in der Krisenzuspitzung meist eine für ihn undurchdringliche Einheit – selbst in der entlasteten oder heiteren Ruhe nach dem eigentlichen Selbsttötungsentschluss. Alle diese Anteile sind vollständig wahrzunehmen, zu entzerren, aufzudröseln.“

3. *Täter und Opferseite sehen und gleichgewichtig Ernstnehmen:* „Entscheidend ist es, den Unterschied zwischen den Anteilen, die leben wollen, und denen, die sterben wollen, zu sehen. Bei jedem noch so zum Suizid entschlossenen Menschen finden Sie diese beiden Seiten – ebenso wie bei Ihnen selbst. Das Suchen, Trennen und gleichwertige Ernstnehmen beider Seiten gemeinsam durchzustehen, ist zwar für Sie und den Anderen schmerzhaft und maßlos anstrengend, aber auch schon wieder ein Stück normales Leben.“

4. *Die Verantwortung* für sein Leben hat der Klient. Gibt der Helfer dem Klienten die Verantwortung für sein Leben, so muss er sich selbst öffnen für eigene Allmachts- und Ohnmachtsphantasien.

4.9 Veränderungsfördernde und -hemmende Faktoren

In Prozessen persönlicher Veränderung, die eine Konfrontation mit eigenen dysfunktionalen Einstellungen und Gewohnheiten beinhalten, sind fördernde und hemmende Faktoren zugleich wirksam. Die Behandlungssituation zwischen Helfer und Klient ist komplex. Es gibt Kräfte, die im Klienten für eine Veränderung arbeiten und solche, die dagegen arbeiten. Was in Veränderungsaktivitäten bei Klienten geschieht, ist sozusagen eine Resultante der fördernden und der hemmenden Faktoren. Es geht im Sinne therapeutischen Fortschrittes weiter, wenn die fördernden Faktoren die Oberhand haben. Bei *den Kräften, die für die Veränderung arbeiten,* sind zu nennen:

- *Das Leiden.* Der Leidensdruck treibt Klienten am wirkungsvollsten an, Hilfe zu suchen und zu arbeiten. Leidensdruck als fördernder Faktor führt die Menschen meist zu *freiwilliger* Suche nach Hilfe. Die Symptomatik ist so massiv geworden oder Probleme sind so bedrängend, dass man nicht mehr zurecht kommt. In der Klinischen Sozialarbeit haben wir es aber auch mit Personen zu tun, die nicht freiwillig in Behandlung oder Beratung kommen. Personen im Strafvollzug, in der Bewährungshilfe oder anderen resozialisierenden Maßnahmen sind hier zu nennen. Hier ist es manchmal wichtig, durch klare Regeln und Begrenzungen, ggf. auch durch Institutionalisierung eine Motivation zu eigener Veränderung zu erzeugen (einen „Leidensdruck von außen" herzustellen).

- *Das verantwortliche Selbst.* Das verantwortliche Selbst behält die Fernziele der therapeutischen Maßnahmen oder Beratung im Blick. Es versteht die Notwendigkeiten und Regeln der Maßnahme und übernimmt aktiv Verantwortung: dies ist der Teil des Klienten, der „arbeiten will". Es ist der Teil des Klienten, mit dem der Helfer einen Kontrakt schließen kann, z.B. über Häufigkeit und Länge der Sitzungen bzw. Treffen, über Fragen der Finanzierung und letztendlich über die Frage der Veränderungsziele.

- *Unerledigte Angelegenheiten.* Weitere fördernde Faktoren sind all die unerledigten, verdrängten, verleugneten, abgespaltenen Gestalten, die im Leben des Klienten immer wieder auftauchen und nach Abfuhr bzw. auf „Erledigung" drängen, wo der Klient beispielsweise merkt: hier ist ein Bedürfnis, mit dem ich nicht zurecht komme.

- *Das Arbeitsbündnis.* Es befähigt die Klienten, mit dem Helfer längerfristig zusammenzuarbeiten. Arbeitsbündnis und Kontrakt geben Rahmen und Halt, auch wenn Tendenzen der Vermeidung und negative Übertragungen bzw. „not-wendige Krisen" in der Beziehung zum Helfer auftauchen. Der Klient kann sicher sein, dass eine Beratungs- oder Therapiestunde in einer bestimmten Form, in einem bestimmten Setting unter vereinbarten und verlässlichen Bedingungen abläuft. Wie an anderer Stelle dargelegt, müssen die Strukturen des vereinbarten Kontraktes und des Arbeitsbündnisses aufrechterhalten werden, da die Zuverlässigkeit, der Rahmen und die Regeln der Zusammenarbeit Halt geben und gerade für schwierige und krisenhafte Phasen der gemeinsamen Arbeit sehr wichtig sind. Sie sind keinesfalls als Formalien zu betrachten.

- *Positive Gefühle gegenüber dem Helfer.* Die Veränderungen werden auch gefördert durch die positiven Gefühle, auch *positive Übertragungen*, die der Klient zum Helfer entwickelt und die dessen Kompetenz hoch erscheinen lassen, nicht selten auch überbewerten. Der Helfer wird häufig idealisiert. Solange dies der Fall ist, kann die Idealisierung auch dazu führen, dass man deshalb gerne dahin geht und fleißig mitarbeitet und sich verändern will. Dies ist gerade für den Aufbau einer tragenden Arbeitsbeziehung nicht ungünstig. Es ist für viele eine wertvolle Erfahrung, dass jemand da ist, der zuhört und Verständnis hat, der von Schuldgefühlen entlastet.
- *Die Aktualisierungstendenz.* Last but not least nehmen Vertreter der humanistischen Psychologie eine hypothetische Grundkraft an, die den lebendigen Prozessen der menschlichen Entwicklung innewohnt, eine „Wachstumstendenz" (Perls), „Aktualisierungstendenz" (Rogers) oder auch „schöpferische Kraft" (Adler), die zur Entfaltung der Person und damit zur Veränderung drängt.

Klinische Sozialarbeiterinnen und Sozialarbeiter müssen aber auch in der Lage sein, mit den wohl immer auftretenden Kräften umzugehen, die gegen Veränderung wirken, die zu Vermeidungsverhalten und Verleugnung führen und geschulte interaktionelle Kompetenzen im Umgang erfordern. Als *Kräfte, die gegen Veränderung wirken*, sind zu nennen:

- *Die Furcht vor Veränderung.* Hierzu gehört insbesondere das Streben nach Sicherheit (Sicherungstendenzen), das den Klienten dazu führt, sich an die vertrauten Verhaltens- und Erlebensschemata zu klammern, auch wenn sie mittel- und langfristig viele negative Konsequenzen haben. Der Klient handelt gemäß bisher subjektiv erfolgreicher Vermeidungsstrategien. Es ist ein Festhalten an scheinbar bewährten Schemata des Erlebens und Verhaltens, das zur Erstarrung und zur Unflexibilität und letztendlich zu viel mehr Unsicherheit in neuen Situationen führt.
- *Die Angst vor Begegnung* mit dem Du, mit dem Anderen. Hier können wir im Anschluss an Otto Rank zwei verschiedene Ängste unterscheiden: (a) Die Angst sich voll in sein eigenes Erleben in einer Beziehung einzulassen. Insbesondere die Angst bei der Intensität und Tiefe des Erlebens die eigenen Grenzen zu verlieren – Angst vor Autonomieverlust, „To-

desangst". (b) Die Angst Verantwortung zu übernehmen für das eigene Verschiedensein, die eigene Verselbstständigung und Individuierung. Das Gewahrwerden und die Übernahme des eigenen Selbst führt zu Gefühlen der Schuld und zur „Lebensangst". Diese beiden Ängste stehen auch im Therapieprozess immer wieder auf der Seite gegen die Veränderung (Ich atme lieber flach, sage lieber mit vielen Worten nichts, so dass es ungefährlich ist. Auf jeden Fall nicht zu nah, nicht zu weit, nicht „ja" oder „nein".).

- *Feindselige Gefühle und negative Übertragungen gegen den Therapeuten/Berater/Helfer.* An dieser Stelle fühlen sich Sozialarbeiter häufig überfordert, dem Klienten zu begegnen. Es ist natürlich auch sehr schwierig, Ablehnung, gar Feindseligkeit zu ertragen, und sich dabei nicht wirklich persönlich gemeint zu fühlen. Sogenannte negative Übertragungsprozesse führen nicht selten dazu, dass Maßnahmen abgebrochen werden. Auch Klinische Sozialarbeiter müssen mit den negativen Übertragungen arbeiten. Sie werden oft zu *subjektiven Objekten* (Winnicott, von Uexküll, beide a.a.O.) gemacht. Negative Übertragungen sind nicht unnütz und schlecht, aber sie stehen zunächst gegen Veränderung. Zur Auflösung solcher negativer Übertragungen gehört das Wahrnehmen und Erkennen, dass hier eine alte Erfahrung auf den Helfer projiziert wird, d.h. dass das, was der Klient hier erlebt, etwas ihm Bekanntes ist. Wenn es dem Helfer gelingt, mit Wertschätzung und Abgrenzung bei einer eigenen Sicht zu bleiben und sich nicht in das angebotene Rollenschema zu verwickeln, dann ist die Chance zur Auflösung der negativen Übertragung gegeben.
- *Tendenzen zum Agieren.* Gerade in der Klinischen Sozialarbeit haben wir es häufiger mit Klienten zu tun, die in die Richtung rascher Befriedigung und gegen das Erinnern und gegen das Fühlen, die Einsicht, Integration und Verantwortungsübernahme drängen. Sie „agieren", d.h. ein früheres Erlebnis wird durch Handeln ohne Bewusstheit wiederholt statt mit Bewusstheit als Teil seiner Selbst integriert (Handeln statt Erinnern und Fühlen). Wenn Klienten bspw. nicht über bestimmte Gefühle sprechen, sondern handeln, z.B. jemanden betrügen, hat dies u.U. etwas mit agiertem Widerstand zu tun. Mit den Tendenzen zum Agieren kann der Klient ein bestimmtes Gefühl vermeiden. Hinter dem vermiedenen schmerzlichen Gefühl steht eine schmerzhafte Erfahrung.
- *Sekundärer Krankheitsgewinn.* Die Folgen einer Problematik können durchaus auch eine Reihe erwünschte Effekte beinhalten, einen „Krankheitsgewinn", der dem Klienten nahe legt, sich an diese Vorteile seiner Problematik zu klammern, z.B. Entschuldigung unakzeptablen Verhaltens, Mitgefühl oder Mitleid, sichere Zuwendung und Versorgung durch andere.

- *Barrieren gegen die Annahme sozialer Unterstützung.* Häufig bestehen auch hemmende Faktoren in Bezug auf die Annahme sozialer Unterstützung. Diese Barrieren können sich auf verschiedenste Weisen zeigen: in bestimmten Einstellungen, in Rückzugsverhalten, niedrigem Selbstwertgefühl und Selbstabwertung, Angst vor Kritik, Erwartung von Unfähigkeit zur Hilfe seitens der anderen, Ungeschicklichkeit, Ambivalenz gegenüber anderen, Selbstbezogenheit, Unsensibilität, belästigendem Verhalten, andere (über-)forderndes Verhalten, Manipulieren, fehlende Reziprozität, Ausbeutung, Aggressivität. Geringe Selbstachtung und niedriger Selbstwert sind entscheidende Faktoren, die die Wahrscheinlichkeit, dass soziale Unterstützung gegeben wird, verringern: Ein niedriges Selbstwertgefühl führt häufig zu problematischem Sozialverhalten, so dass der Kontakt zu wichtigen Bezugspersonen tiefgreifend gestört ist. Eine Person, die andere beeinträchtigt, z. B. durch unangemessenes Verhalten, wird von anderen gemieden; die Wahrscheinlichkeit, soziale Unterstützung zu erhalten, sinkt. Auch andauernde Hilflosigkeit führt zum Rückgang sozialer Unterstützung: erleben potentielle Helfer fortwährend, dass ihre Versuche, soziale Unterstützung zu geben, ohne Erfolg bleiben, führt dies meist zu ihrem Rückzug. Ebenfalls ist versäumte Reziprozität hier zu nennen: Wird soziale Unterstützung auf Dauer nicht erwidert, führt dies langfristig dazu, dass potentielle Helfer nicht mehr bereit sind, Unterstützung zu gewähren. Soziale Ungeschicklichkeit, Mängel verbaler Kompetenz, inkongruenter nonverbaler Ausdruck, unzureichende persönliche Hygiene, abstoßendes äußeres Erscheinungsbild sind weitere Faktoren, die Prozesse sozialer Unterstützung sehr behindern können. Wichtig ist dann, von vornherein Interventionen zur Beseitigung oder Verringerung von klientenabhängigen Barrieren zu entwickeln.

Es ist also eine Reihe von Faktoren erkennbar, die eine Veränderung befördern und die ihr widerstehen; ihr Verhältnis entscheidet darüber, ob der Klient in der Stagnation verharrt oder ob gar ein Rückschritt erfolgt. Und es hängt von der Art des interaktionellen Umgangs ab, welche Seite gestärkt oder geschwächt wird oder ob auch das Konstruktive in den vermeintlich negativen, hemmenden Seiten aufgegriffen wird.

5. Ein erfahrungsorientiertes Konzept klinischer Fallarbeit

Einzelfallarbeit, Familien- und Netzwerkarbeit, Gemeinwesenarbeit – ein integratives erfahrungsorientiertes psycho-soziales Interventionskonzept, das Individual- und Sozialsystemorientierung verbindet, vereinigt viele der bisher in diesem Buch erarbeiteten Dimensionen. Es stellt „praxeologisch“ die auf langjährigen Erfahrungen (1994–2007) des Autors als Gründer und Leiter einer klinisch-sozialarbeiterischen Einrichtung der Kinder-, Jugend- und Familienhilfe[1] beruhenden Merkmale integrativen und erfahrungsorientierten Vorgehens vor. Es beinhaltet folgende Elemente:

1. Kontakt und Beziehung eingehen;
2. Aufbau eines strukturgebenden, sozial und institutionell vernetzten Behandlungssettings (einschließlich Involvierung, Diagnostik, Krisenintervention und Kontrakt);
3. Kompetenzförderung und Ressourcenaktivierung;
4. Aktive Hilfen geben, Erfolge erreichen;
5. Emotionale Entlastung ermöglichen, Awareness fördern:
6. Würde achten und Selbstwert fördern;
7. verstehend-erklärend mit Symptomen umgehen;
8. Soziale Unterstützung aktivieren;
9. Hilfen stufenweise zurücknehmen und Ablösung.

Die Verwirklichung dieser Behandlungsschritte und Haltungen wird nicht allein von der einzelnen Fachkraft geleistet. Sie basiert auf der Kooperation eines tragfähigen Teams in interdisziplinärer und regionaler Vernetzung mit tragfähigen und fachgerechten organisatorisch-institutionellen Rahmenbedingungen.

5.1 Kontakt und Beziehung eingehen

Die helfende Beziehung ist in einem erfahrungsorientierten Verständnis Klinischer Sozialarbeit eine therapeutische Bindungsbeziehung, auch wenn Ansatzpunkt und Zielsetzung von Interventionen in bestimmten Bereichen auch die *indirekte* Arbeit mit Klienten mitbetrifft (z.B. mit relevanten Personen des sozialen Netzwerkes). Im Bereich Klinischer Sozialarbeit ist der

1 Zentrum für Kinder-, Jugend- und Familienhilfe des „IPSG – Institut für Psycho-Soziale Gesundheit“ – Wissenschaftliche Einrichtung an der Fachhochschule Coburg.

Aufbau einer therapeutischen Bindungsbeziehung für beide Seiten eine schwierige Herausforderung, insbesondere in den Anfangskontakten. Die chronisch schwierigen und belastenden psycho-sozialen Situationen und Lebensbedingungen der Klienten, jenseits selbst wahrgenommener Kontrollmöglichkeiten, haben ihre Zuversicht, mit Hilfe eines anderen eine positive Veränderung erreichen zu können, weitgehend zerstört. Der Berater/Therapeut erhält nicht selten für seine Bemühungen um Kontakt zunächst relativ wenig Bestätigung durch den Klienten. Dies ist anders bei Klienten mit starkem *neurotischen* Leidensdruck. Gleichwohl benötigen die Klienten der Klinischen Sozialarbeit ein verlässliches, professionelles, wissensfundiertes, unterstützendes und menschliches Beziehungsangebot, auch wenn zunächst scheinbar wenig Aussicht auf eine grundlegende Veränderung zum Besseren besteht.

Die klinisch-sozialarbeiterische Fachkraft muss deshalb in aller Regel *aktiv und vielseitig handeln.* Klinische Sozialarbeiter/-innen können davon ausgehen, dass Passivität, gefühlsmäßige Zurückhaltung und technische Neutralität von vielen Klienten als sorgloses oder gar zurückweisendes Verhalten erlebt wird und dass dem Veränderungsprozess viel mehr gedient ist durch die Einnahme einer warmen, aktiven Haltung, die zugleich eine Vielseitigkeit der affektiven Anteilnahme der Helfer erlaubt. Es gibt mehrere Gründe für diese Hinweise:

- Klienten der Klinischen Sozialarbeit, insbesondere solche, die unter Traumatisierungen leiden, nehmen relative emotionale Neutralität häufig als Distanzierung des Helfers von ihrer Person und den für sie selbst oft beschämenden Umständen wahr.
- Wenn der Klinische Sozialarbeiter nicht real und greifbar ist, sondern in (klassischer psychotherapeutischer) Neutralität verharrt, ist der Klient seinen Projektionen ausgeliefert und wird den Helfer als übel wollende, herzlose oder gefährliche Person wahrnehmen. Das zwischenpersönliche Feld zwischen Klient und Helfer wird dann durch extrem negative Übertragungen dominiert. Der Klient kann nicht mehr zwischen Vergangenheit und Gegenwart unterscheiden und verhält sich gegenüber dem Klinischen Sozialarbeiter, als wäre dieser ein (potenzieller) Feind, der zur Selbstverteidigung angegriffen werden muss.

Bei den infrage stehenden Vorgehensweisen des Helfers wird hier allerdings nicht zu extremem Agieren geraten. Gemeint ist warme Zuwendung im Rahmen der therapeutischen Beziehung und ein möglichst weites Spektrum affektiven Ausdrucks natürlicher Reaktionen (die professionell reflektiert sein sollten). Regeln für den Aufbau und die Förderung einer in diesem Sinne hilfreichen Beziehung sind:

- signalisiere Respekt und eine wertschätzende Beziehung;
- höre dem Klienten zu und nehme ihn ernst; kommuniziere ggf. Empathie (eher in zurückhaltender Weise);

- sorge für ein sicheres und Halt gebendes Setting;
- erläutere in verständlicher Weise, was die ersten und nächsten Schritte sind. Beziehe den Klienten aktiv in die Zielerarbeitung ein.

Dabei gilt es Haltungen zu realisieren, die primär darauf zielen, die Einstellung des Beraters und die Art seines Umganges mit dem Klienten zu offenbaren:

- Ruhe und Offenheit,
- aktive sprachliche Qualitäten: Konkretheit und Direktheit,
- angemessene nicht-verbale Kommunikation.

Entsprechende Bemühungen sind nicht nur in der Initialphase der Arbeit einzusetzen, sondern in jedem Fall während des gesamten Prozesses und sind sorgfältig der jeweiligen neuen Situation anzupassen. Selbst wenn in den letzten zehn Begegnungen produktive Fortschritte erreicht wurden, ist in der elften zuerst zu prüfen, ob Klient und Helfer sich tatsächlich verstehen: Tun sie *beide* was notwendig ist, wenden sie sich *beide* den Fragen, Anliegen und konkreten Schritten zu, die aktuell anstehen? Verfolgen *beide* die angestrebten Ziele und besteht darüber (immer noch) Konsens? Wenn nicht, dann ist dies das erste Problem, mit dem sie sich in der aktuellen Begegnung beschäftigen müssen.

Die tragfähige Arbeitsbeziehung darf ebenso wie die therapeutische Bindung nicht naiv verwechselt werden mit einer positiven Übertragung des Klienten auf den Klinischen Sozialarbeiter. Wenn ein Klient gegenüber dem Helfer positiv eingestellt ist, kann das bedeuten, dass er tatsächlich positive Gefühle erlebt. Jedoch kann es sich ebenfalls um Reaktionsbildungen gegen negative und feindselige Gefühle handeln oder um eine unterwürfige Haltung, weil sie den Klinischen Sozialarbeiter durch die Brille einer früheren Erfahrung mit einer problematischen Bezugsperson sehen, dem gegenüber sie zum eigenen Schutz Zuneigung demonstrieren mussten. Stärke und Tragfähigkeit der Arbeitsbeziehung bedeutet, dass der Klient und der Helfer in regelgerechter Art und Weise miteinander arbeiten und dass es die begründete prognostische Annahme aufgrund prozessbezogener Indikatoren gibt, dass die Behandlung *auf dieser Basis* Fortschritte macht. Der Klient muss hier einbezogen werden. Es ist von entscheidender Bedeutung, dass es eine *gegenseitige* Verpflichtung zur Veränderungsarbeit gibt.

5.2 Aufbau eines strukturgebenden Behandlungssettings, Involvierung, Diagnostik und ggf. Krisenintervention

Bei Störungen, die stark durch sozialstrukturelle und sozialfunktionelle Belastungen und Defizite geprägt sind, lässt sich der klinisch-sozialarbeiterische Auftrag der Intervention nicht in psychotherapeutische Arbeit einerseits und klassische Sozialarbeit andererseits aufspalten. Die Behandlung als ganze hat Aufgaben heilender Nach-Erziehung, beratender Unterstützung zur Belastungsbewältigung und Konfliktbearbeitung, therapeutischer Selbstwertförderung und der sozialen Unterstützung. Unmittelbar sollen Klienten geschützt werden vor weiteren Traumatisierungen und existentiellen Vernachlässigungen. Häufig ist auch Krisenintervention notwendig. Dabei erweist es sich als sehr hilfreich, wenn die Fachkraft den überflutenden Erfahrungen der Klienten sowohl mit ruhiger Anteilnahme, als auch mit klarer Planung der nächsten Schritte begegnet. Mittelbar sind alle beratenden, erzieherischen und therapeutischen Aktivitäten auf Ausgleich der erlittenen Mängel, Revidierung der erfahrenen Traumata und die grundlegende Förderung der Klienten durch Verbesserung ihrer psychischen und sozialen Ressourcen ausgerichtet. Dies bedeutet für die Durchführung und das Behandlungssetting je nach Fall, Zielsetzung, Aufgabenstellungen und Möglichkeiten der Institution:

- Von Beginn an klare Strukturen, Regeln und Orientierung über die Maßnahme bzw. Zusammenarbeit (z. B. klare zeitliche Absprachen, u. U. bei Nichterscheinen Nachforschen; bei Kindern und Jugendlichen: keine Zerstörung von Gegenständen; keine Gewalt gegen Personen – Unterscheiden von Gefühl und Handlung; vertragliche Vereinbarungen, schriftliche Kontrakte); (Ziel: Regelhaftigkeit, Struktur, verlässliche Grenzen);
- Zuverlässigkeit und Regelmäßigkeit der Behandlung und Präsenz des Behandlers (z. B. sollten möglichst keine Stunden ausfallen, auf jeden Fall nicht unangekündigt), Halt geben durch Zuverlässigkeit und positives Beziehungsangebot; (Ziel: Vorhersagbarkeit, Vertrauen; Nachreifung);
- Variabilität der Behandlungsfrequenz (z. B. am Anfang und in Krisenzeiten mehrfach pro Woche, gegen Ende nur noch weitmaschige Begegnungen); variable Dauer der Begegnungen (z. B. nicht rigide eine Stunde pro Woche, sondern ggf. auch kürzere und zusätzliche Treffen oder Telefonate zwischendurch); (Ziel: Überforderung vermeiden);
- Variabilität des Ortes der Begegnungen (auch Nutzung sozialer Räume der Klienten außerhalb der eigenen institutionellen Räumlichkeiten, z. B. Haus- und Schulbesuche); (Ziel: Einbezug der Lebenswelt, „Organisation“ sozialer Unterstützung, Förderung einer mitwirkenden sozialen Umgebung);
- Bereitschaft zu aufsuchender Arbeit und aktiver Einflussnahme (z. B. zu Hause, Einbeziehung von Bezugspersonen einschließlich deren Beratung und ggf. Anleitung). Dabei muss ggf. externe Hilfe gegeben werden durch unterstützende und beschützende Grenzsetzungen (bspw. gegenüber Angehörigen und Milieu), damit der Klient nicht weiter traumatisiert oder vernachlässigt wird, auch Schutz vor weiterer Traumatisierung durch Angehörige des weiteren Umfeldes (z. B. Nachbarschaft, Schule, auch andere Helfer); (Ziel: Schutz der Integrität);

- Methodenvielfalt um die Klienten emotional und kognitiv zu erreichen (kognitions- und erlebensbezogene Gesprächstechniken, kreative Medien einbeziehen, ggf. Bewegung, körperbezogene Interventionen und erlebnisaktivierende Techniken, verhaltenstherapeutische Vorgehensweisen); (Ziel: multimodale klientengerechte Förderung und Bearbeitungshilfe);
- Echtheit und Begegnungsbereitschaft auf Seiten der Fachkraft (u.a. Bereitschaft, sich selbst einzubringen, z.B. über angemessene Gefühlsreaktionen, eigene Erfahrungen oder auch auf den Klienten bezogene Sorgen; ständiges Bemühen um Awareness und Kongruenz); (Ziel: Erfahrung von Wertschätzung, Respekt, Anteilnahme einer anderen Person; Erhöhung des Selbstwertes);
- Offenheit für soziale Ressourcen und systemische Gestaltung des Behandlungssettings; Helferkonferenzen: gemeinsam mit allen Beteiligten; so gut wie möglich Vorsorge für Krisensituationen treffen (Ziel: professioneller sozialer Halt, soziale Verantwortung).

Wichtigstes Ziel in der ersten Phase ist Aufbau und Erhaltung eines positiven persönlichen Kontaktes und einer positiven Grundhaltung gegenüber der Behandlung, wenn notwendig auch unter beträchtlichem Einsatz der Fachkraft. Wie bereits betont: bei klinisch-sozialarbeiterischem Klientel ist es häufig nicht angemessen, wie im Falle neurotisch-konflikthafter Störungen vorzugehen. Durch klassische neurosen-psychotherapeutische Vorgehensweisen gefördertes „Sich-entfalten-lassen“ der pathologischen Umgangsformen ist nicht indiziert. Dieses ist gekennzeichnet durch Merkmale wie: Setzen auf den Leidensdruck und die Eigenmotivation der Klienten im Rahmen eines Settings mit „Komm-Struktur“, Beschränkung auf Verbalisierung, bloßes „dem-Klienten-Folgen“ und/oder pathologische Beziehungsangebote verweigernde Zurückhaltung, Deutung. Statt dessen ist ein engagierter Kontakt *aktiv* herzustellen und auch aufrecht zu erhalten. Dazu gehört z.B., dass Klienten ggf. zu Hause aufgesucht werden und dass Missverständnisse, Spannungen, Irritationen sofort in angemessener, auch konfrontativer Form angesprochen werden. Es geht also von Beginn an um aktive Kommunikation mit den gesunden Ich-Anteilen (Involvierung).

Es gehört zur Motivierung, eine klienten- und altersangemessene Situation zu schaffen, vorausschauend Material auszuwählen (z.B. bei Kindern und Jugendlichen Spielmaterial, Werk- und Gestaltungsmaterial, Bewegungsräume). Es werden nicht selten Begegnungen mit der Fachkraft in bestimmten Phasen auch außerhalb der eigenen Räumlichkeiten durchgeführt. Großer Wert ist zu legen auf sorgfältige Abklärung bzw. Diagnostik in Zusammenarbeit mit unseren Klienten, weiteren involvierten Einrichtungen (bspw. Jugendämtern, der Kinder- und Jugendpsychiatrie und anderen beteiligten Fachkräften). Dazu gehören psycho-soziale Abklärungen, die Untersuchung der Sozialbeziehungen in Familie und am Arbeitsplatz bzw. in der Schule, die Analyse belastender Lebensbedingungen, kritischer Lebensereignisse und des psychischen Funktionsniveaus.

5.3 Kompetenzförderung und Ressourcenaktivierung

Hierzu gehören auf soziale Kompetenzen und auf das soziale Umfeld bezogene Interventionen im Sinne direkter Einflussnahmen wie:

- stellvertretende Ausübung von Ich-Funktionen (z.B. Anrufen und an den Beratungstermin erinnern, bei Kindern und Jugendlichen ggf. Einsatz des Fahrdienstes der Einrichtung);
- Klienten zu eigenen persönlichen Lösungen führen;
- Bearbeiten konkreter Aufgabenstellungen;
- Mobilisieren von psychischen und sozialen Gesundungsressourcen.

Dies bedeutet, dass – konkret erlebbar und anschaulich – verhaltensbezogene und interaktionelle Ziele der Arbeit gemeinsam mit den Klienten bestimmt werden (Verwendung systematischer Zielbestimmung und Zielerreichungsanalysen, Kontrakt). Nicht selten können die Klienten entdecken, dass sie sich bisher konkrete Vorstellungen von Lösungen schwieriger Situationen noch gar nicht erlaubt haben und sich ziellos den Problemen und Beschwerden ausgeliefert haben.

Sehr wichtig ist es, die Aufmerksamkeit auch auf solche Situationen zu lenken, in denen die Probleme/Symptome nicht auftreten bzw. in denen die Klienten sich besser fühlen (oder früher fühlten) oder in denen sie aktiv eigene Bewältigungskompetenzen einsetzen.[2] Am schwierigsten aber ist es zu verstehen, dass gerade in der auffälligen Art, wie sich Klienten zu retten versuchen, ein besonderes Maß an Kreativität und Lebenswillen steckt; es ist die „schöpferische Anpassung“ des Klienten an sein krankmachendes Lebensfeld und seine inneren Konflikte, Minderwertigkeitsgefühle und Autoaggressionen mit dem Ziel des Überlebens. Um es hier mit einem Schlagwort zu verdeutlichen: auch die Symptomatik beinhaltet „Ressourcen„ (z.B. führt aggressives Verhalten immer wieder *auch* zu Nähe, Kontakt und Aufmerksamkeit). Wenn die Fachkraft dem Klienten und seinen Bezugspersonen mit dieser Haltung begegnet, verbindet sie ihr Beziehungsangebot mit angemessen Halt gebender professioneller „Elternersatzfunktion“, unter den Bedingungen der Berufsrolle, die sie nicht verlassen darf. Diese Hilfen umfassen die gesamte Skala gesunden „elterlichen“ Verhaltens gegenüber Kindern von der Geburt bis zum Erwachsensein (vgl. Winnicott a.a.O.).

2 Für viele der Bezugspersonen von schwierigen Kindern und Jugendlichen ist es leider (und oft verständlicherweise) sehr schwer geworden, auch noch Fähigkeiten, Begabungen und Beziehungsmöglichkeiten dieser schwer gestörten Kinder und Jugendlichen wahrzunehmen. Da können wir als von außen Kommende oft gut helfen, neu hinzuschauen. Eltern beispielsweise sind oft nach einiger Zeit verwundert, dass es offenbar doch noch jemand für Wert hält, sich um ihr Kind zu kümmern: das ist eine gute Gelegenheit, sie darin zu unterstützen, ihr Kind noch einmal neu zu sehen.

5.4 Aktive Hilfen geben, erste Erfolge erreichen

Unter aktiven Hilfen werden hier aktive Anleitungen zur Problemlinderung und -lösung verstanden, die sich am besten als „verhaltenstherapeutische" Hilfen charakterisieren lassen. Zu nennen wäre z. B. die Arbeit mit Anleitung zu aktiver Entspannung, Freizeitgestaltung, die Entwicklung sinnvoller Tageslaufstrukturen, die Vermittlung von Selbstinstruktionstechniken, das Training sozialer Kompetenzen, das Erlernen effektiver Problem- und Belastungsbewältigungstechniken.

5.5 Ermöglichung emotionaler Entlastung im Rahmen der helfenden Beziehung

Dieser Punkt ist zugleich besonders wichtig und besonders schwierig; nicht zuletzt hier wird über Erfolg und Misserfolg der Hilfebeziehung entschieden. Die Menschen, die zu Klienten Klinischer Sozialarbeit werden, sind meist „am Ende", nicht wenige stehen unter der Drohung, dass die bisherige Lebenssituation nicht mehr fortgeführt werden kann oder schon zerbrochen ist (z. B. durch Klinikeinweisung, Heimeinweisung, Trennung/Scheidung vom Partner, Trennung/Scheidung der Eltern, Verlust von Angehörigen durch Tod, soziale Desintegration durch Arbeitslosigkeit, Behinderung etc.). Oft haben sie schwere Kränkungen und vielfältige Erfahrungen des Scheiterns hinter sich. Sie sind innerlich in Panik, extrem gereizt, bereit, sich auch mit Gewalt zu verteidigen. Für diese Menschen ist es völlig überflüssig, wenn ihnen jemand fassadenhafte Hilfe anbietet. Sie sind „ganz unten" – Vermeidung hilft nicht mehr. Sie brauchen echtes Engagement, Realsein, fachkompetente – damit auch abgegrenzte – Sorge und Zuwendung. Dieses Sich-Einlassen ist eine schwere Arbeit für die Helfer, da es verlangt, die wirkliche Existenzkrise der Subjekte, Familien und weiterer beteiligter Bezugspersonen nicht abzuwehren – auch wenn sie selber noch gar nicht in der Lage sind, die Tragweite ihrer Problematik zu erfassen.

Auszuhalten und produktiv umzugestalten ist der teilweise extreme Druck von außen durch verschiedenste Bezugspersonen und Institutionen. Der Helfer wird zum stellvertretenden Adressaten der Ängste, des Ärgers, der Ablehnung und auch der Änderungserwartungen der Außenwelt. Eltern können entlastet werden, wenn z. B. sich Lehrer nunmehr mit ihren Erwartungen, Hilfeersuchen oder auch ihrer Enttäuschung und ihrem Ärger an die Klinische Sozialarbeiterin wenden (zumindest bis die Eltern in der Lage sind, für die Schule – wieder – kompetente Gesprächspartner zu sein bzw. sich die Situation entspannt hat).

Auszuhalten ist fernerhin die in der Regel nicht ausbleibende Rückfallschleife: Nach anfänglichen Verbesserungen kommt es zu neuerlicher Stagnation und/oder auch Verschlimmerung. Aus der Gestalttherapie kennen wird dafür einen sehr hilfreichen Begriff: wenn ein Klient sich sicher genug fühlt, sich wirklich einzulassen, macht er eine „sichere Krise“ durch. Neben dem Test auf die Verlässlichkeit des Beziehungsangebotes („Hast Du mich auch lieb, wenn ich schlimm bin?“), ist es nicht selten auch ein Zeichen beginnender Heilungsbereitschaft. Der Klient öffnet sich für bestimmte Bedrängnisse und Gefühle, die ihn bedrohen und agiert sie noch einmal. Die Heilungschance liegt darin, dass dies zumindest ansatzweise mit Bewusstheit geschieht. Dies muss jedoch sorgfältig im Einzelfall geprüft werden, denn es müssen natürlich Behandlungsfehler oder auch störungsbedingte maligne Entwicklungsprozesse in Betracht gezogen werden.

Die Fachkraft sieht von eigenen Bewertungsmustern ab und macht Raum für emotionale Extrembelastungen des anderen. Beispiele: Selbstmordgefährdung auszuhalten; vor der Wut nicht zu flüchten, sondern in ihr den Hilferuf zu erkennen und zugleich Grenzen zu setzen, wenn nötig mit der Polizei zusammen zu arbeiten; Ignoranz und Gleichgültigkeit als Symptom zu sehen und sich nicht selbst von der Depression anstecken zu lassen; Hass zu ertragen, vor Liebe nicht zurückzuweichen, ohne auszuagieren; kurz: immer wieder bereit zu sein, von den Klienten zum subjektiven Objekt gemacht zu werden und mit ihnen den Weg zu einer realeren und menschlicheren Wahrnehmung der Beziehungen und zu gegenseitiger Achtung und schließlich Selbst-Akzeptanz zu gehen. Winnicott (1984, 301) formuliert die professionelle Haltung des Sozialarbeiters in der Arbeit mit psychisch Kranken anschaulich (Übersicht s. u.).

Die therapeutische Haltung nach Winnicott

- Sie widmen sich Ihrem Fall.
- Sie erfahren, wie es sich anfühlt, Ihr Klient zu sein.
- Sie werden *zuverlässig* für das begrenzte Feld Ihrer professionellen Verantwortlichkeit.
- Sie verhalten sich professionell.
- Sie kümmern sich um das Problem Ihres Klienten.
- Sie akzeptieren es, dass Sie im Leben Ihres Klienten die Stellung eines subjektiven Objektes einnehmen, während Sie zugleich mit beiden Füßen auf Ihrem eigenen Boden stehen.
- Sie akzeptieren Liebe, selbst Verliebtheit, ohne zurückzuweichen oder Ihre eigene Reaktion auszuagieren.
- Sie akzeptieren Hass und begegnen ihm nicht mit Vergeltung, sondern mit Stärke.
- Sie ertragen die Unlogik, Unzuverlässigkeit, das Misstrauen, die Verwirrtheit, Untüchtigkeit, Gemeinheit usw. usw. Ihres Klienten und erkennen all diese Unannehmlichkeiten als Symptome der Not.
- Im Privatleben würden die gleichen Dinge Sie veranlassen, sich in der Distanz zu halten.
- Sie erschrecken nicht, Sie werden auch nicht von Schuldgefühlen überwältigt, wenn Ihr Klient verrückt wird, sich desintegriert, im Nachthemd auf die Straße rennt, einen Selbstmordversuch macht und dabei vielleicht Erfolg hat.
- Wenn Mord droht, rufen Sie die Polizei, damit sie nicht nur Ihnen, sondern auch Ihrem Klienten hilft.
- In all diesen Notlagen erkennen Sie den Hilferuf des Klienten – oder auch einen Verzweiflungsschrei, weil er die Hoffnung auf Hilfe verloren hat.

Der Helfer sollte fähig sein, für den begrenzten Bereich der psycho-sozialen Fallarbeit hinreichend „selbstkongruent“, d.h. offen und belastbar, zu sein. Auf jeden Fall sollte ein Helfer wenig abwehrend und fähig zu persönlicher Offenheit sein, d.h. in Kontakt mit sich selbst, offen gegenüber seinen eigenen Gefühlen, sich seiner Regungen und Reaktionen bewusst. Nur dann kann er sich verantwortlich auf den Anderen einlassen und auch schwierige Beziehungen erfolgreich gestalten. Diese Kompetenzen sind Dimensionen des „Selbst-Bezuges“ (vgl. das allgemeine Modell der Psychotherapie nach Orlinsky & Howard, a.a.O.): Der *Selbstbezug des Helfers* meint die Fähigkeit, sich selbst, d.h. seine eigenen emotionalen, körperlichen und kognitiven Reaktionen in der Beziehung zum Klienten bzw. zum Klientensystem wahrzunehmen und mit seinen klinischen Kenntnissen und Interventionen abzustimmen.

Die psycho-sozialen Störungen von Klienten Klinischer Sozialarbeit stehen häufig in Zusammenhang mit mangelnder *Verantwortungsübernahme* durch andere Personen, insbesondere wichtige Bezugspersonen, aber auch Lehrer, Ärzte und professionelle Helfer/-innen für die tatsächlich vorliegenden sozialen und psychischen Konflikte, Mängel und Defekte. So wird im professionellen Bereich – auch gerade durch nicht hinreichend klinisch geschulte Sozialarbeiter – häufig nur symptomatische Hilfe gegeben und vor einem wirklichen sich-verantwortlich-Einlassen wegen der Massivität der Probleme und der Belastung durch das Beziehungsgeschehen zurückgeschreckt. Nicht selten wird eine angemessene Diagnostik, die zur Wahrnehmung der Tiefe und Komplexität von Störungen befähigt, vermieden, weil dies für die Helfer zu bedrohlich ist (vgl. auch Rauchfleisch 2001).

Der Klinische Sozialarbeiter muss seine Klienten zu verantwortlicher Mitarbeit anhalten sobald er sicher ist, dass ein Klient verstanden hat, was vernünftige Verantwortungsübernahme konkret beinhaltet. Hier wird der verantwortliche Selbstbezug des Klinischen Sozialarbeiters zu einem wichtigen *Modell.* Denn viele Klienten dieses Feldes haben nie recht gelernt, was Verantwortung bedeutet. Nicht selten waren sie in ihrer Entwicklung zweierlei Standards ausgesetzt: dass sie immer unrecht hatten und falsch lagen und dass jemand anderes immer Recht hatte, gleich unter welchen Umständen. Nicht selten sind sie auch sehr ängstlich und phobisch, wenn es zu bestimmten Anforderungen kommt. Dann haben sie unbewusst innere Regeln, die ihnen erlauben, vor besonders ängstigenden Situationen und Anforderungen auszuweichen. Es wird in vielen Fällen Monate dauern, mit diesen Fragen umzugehen. Aber der Helfer muss in dieser Hinsicht aufmerksam und beständig sein und im Bewusstsein haben, dass er es hier mit speziellen Defiziten seines Klienten zu tun hat. Die Fortschritte bei den Klienten resultieren in der Regel aus der Bearbeitung der Reaktionen auf die Hinweise, Aufgaben oder ggf. auch Anweisungen, die der Helfer gegeben hat.

5.6 Würde achten und Selbstwert fördern; Respekt

Akzeptanz und Respekt, Achtung und Beachtung sind Schlüssel für erfahrungsorientierte Klinische Sozialarbeit, deren Klienten oft vielfältig traumatisiert, marginalisiert und recht erfolglos durch soziale und medizinische Behandlungssysteme geschleust worden sind, wo sie auf Grund ihrer Problematik und Lebenslage als eher ungeeignete (unmotivierte, unbehandelbare) Klienten oder Patienten auffielen. Die bekannten Konzeptualisierungen von Rogers, der der „unconditional positive regard“ eine zentrale Funktion zuschrieb, sind für das vorliegende Konzept leitend. Doch es geht nicht „nur“ um die Wertschätzungserfahrung der Klienten im Rahmen einer helfenden Beziehung. In der Klinischen Sozialarbeit haben die Wertprobleme der Menschen ganz handfest mit ihrem geringen sozialen Status, ihrem mangelnden Prestige und damit fehlender Anerkennung in ihrem Alltagsleben (z. B. in der Arbeit) zu tun. Sofern sie sozial marginalisiert und ökonomisch arm sind, machen sie kaum die Erfahrung, öffentlich „gewürdigt“ oder gar „geehrt“ zu werden.

In jüngster Zeit hat Sennett die Bedeutung des gesellschaftlichen „Respekts“ für die Charakterentwicklung untersucht: „Auf drei Wegen formt die Gesellschaft den Charakter, der den Menschen dann befähigt oder nicht befähigt, den Respekt der anderen zu gewinnen. Der erste Weg ist die Entwicklung der eigenen Fähigkeiten und Fertigkeiten. Ein hochintelligenter Mensch, der seine Talente brachliegen lässt, erntet keinerlei Respekt, wohl dagegen jemand, der weniger talentiert ist, aber seine Möglichkeiten bis an die Grenzen ausschöpft. Die Entwicklung der eigenen Fähigkeiten wird deshalb zur Quelle gesellschaftlicher Wertschätzung, weil die Gesellschaft Verschwendung verachtet und den effizienten Einsatz von Ressourcen in der Wirtschaft wie auch im persönlichen Leben belohnt.

Der zweite Weg ist die Sorge um sich selbst. In der Antike hieß Sorge um sich selbst, dass man lernte, mit körperlicher Lust und körperlichem Schmerz umzugehen. … Sorge um sich selbst kann auch heißen, anderen nicht zur Last zu fallen; als Erwachsener bedürftig zu sein bedeutet daher Schande, während Menschen, die für sich selbst sorgen können, Achtung genießen. Verantwortlich dafür ist der Hass der modernen Gesellschaft auf Parasitentum: Mehr noch als Verschwendung fürchtet die Gesellschaft – ob nun rational oder irrational – von ungerechtfertigten Ansprüchen ausgesaugt zu werden.

Der dritte Weg, Achtung zu gewinnen, liegt in dem Bestreben, den anderen etwas zurückzugeben. Hier haben wir die wohl universellste, zeitloseste und tiefste Quelle der Wertschätzung für den eigenen Charakter … Auch wer für sich selbst sorgt, erlangt nicht solch ein Maß an Wertschätzung, denn wer für sich selbst sorgt, ist letztlich nicht von besonderem Belang für die anderen. Da er die anderen nicht braucht, entsteht keine gegenseitige

Bindung. Der Austausch ist das soziale Prinzip, das den Charakter eines Menschen bewegt, der etwas an die Gemeinschaft zurückgibt.

Bei der Formung dieser drei Charaktertypen spielt die Ungleichheit eine besondere und entscheidende Rolle. Der außergewöhnliche Mensch, der vollen Gebrauch von seinen Fähigkeiten macht, kann als gesellschaftliches Vorbild und als Rechtfertigung für ungleichen Zugang zu Ressourcen oder ein geringes Ansehen von Menschen dienen, die sich selbst nicht so vollständig entwickeln. Der Kult der Unabhängigkeit und die Angst vor Parasitentum können dazu führen, dass echte soziale Bedürfnisse geleugnet werden. Das Mitgefühl, das hinter dem Wunsch, etwas zurück zu geben, steckt, kann durch die gesellschaftlichen Verhältnisse zu einem Mitleid mit den Schwachen verformt werden, das der Empfänger als Verachtung erlebt." (Sennett 2002, 83 f.)

Hier lauern in der Beziehung der professionellen Helfer zu ihren Klienten Gefahren, die zum einen auf Helferseite bewusst gemacht werden, zum anderen bei der Realisierung von Interventionen ständig balanciert und aktiv beachtet werden müssen. Das Selbsthilfepotenzial, die Ressourcen und Fähigkeiten und insbesondere auch die kreativen und lebenssichernden Aspekte von vermeintlich rein negativen Auffälligkeiten sind zu *würdigen*. Im Rahmen der kooperativen Interventionsplanung, der Zielbestimmung und des Contracting, später der Zielerreichungsanalyse ist der Klient ernst zu nehmen. Wo immer möglich ist sein *aktiver Beitrag* einzubeziehen. So beziehen wir Eltern ein, wenn es um die Gestaltung und Organisation von Kinderbetreuungen nicht nur beim eigenen Kind geht (wie z.B. bei Fahrdiensten, Hausaufgabenhilfen, Ferienprogrammen etc.). Auch der richtige Umgang mit Auffälligkeiten und „Symptomen" – wie er im nächsten Absatz angesprochen wird – gehört zum Erweisen von Respekt.

5.7 Verstehend-erklärender Umgang mit Symptomen

Dieses Vorgehen führt bei Klienten zu einer veränderten Selbstwahrnehmung und Auseinandersetzung mit sich selbst, bei Angehörigen auch zu einer veränderten Wahrnehmung und einem verändertem Umgang miteinander. Es geht darum, den Klienten die lebensbejahende (adaptive) Funktionen ihrer Symptomatik und ihrer Verhaltensweisen (bzw. derjenigen ihrer Kinder, Partner, Eltern) verstehbar und erlebbar zu machen (z.B. als dem Klienten derzeit oder zur Zeit der Problementstehung bestmögliche Lösung, die durchaus auch aus Liebe zu den Bezugspersonen, zum Zusammenhalt der Familie etc. als Notlösung entwickelt wurde und eingesetzt wird: Selbstheilungsversuche). Deshalb wird versucht, bei allen Beteiligten eine gewisse Symptomtoleranz zu erzeugen. Die Symptomatik verliert ihre Ich-Fremdheit, was paradoxer Weise eine Distanzierung von der Symptomatik einleitet, indem es möglich wird, nach besseren Lösungen zu suchen und die bisherigen Auffälligkeiten durch Umdeutung, Reframing und emotionale Umbewertung gleichsam zu „zähmen“ und selbstkontrollierbarer zu machen. Dabei ist es wichtig, Zuwendung, Gewähren von Befriedigungen, Zeichen der Zuneigung und Schutz getrennt von Überlegungen zu gewähren, ob der Klient (besonders wichtig bei Kindern und Jugendlichen) sie aufgrund seines Verhaltens verdient oder nicht (Ziel: Entwicklung einer von positivem Selbstwertgefühl getragenen Identität). Dann wird sich der Klient am ehesten verstanden fühlen und neuen Selbstwert schöpfen, was häufig zu intensiven Gefühlsreaktionen führt und nicht selten auch neuen (positiveren) Gefühlsausdruck zwischen Familienmitgliedern ermöglicht.

5.8 Aktivierung und Rücknahme sozialer Unterstützung

Soziale Unterstützung wird in zweifacher Hinsicht einbezogen:

- Unterstützung durch geeignete Personen im natürlichen sozialen Nahraum der Klienten (Familienmitglieder und Verwandte, Freunde, Nachbarn, auch Lehrer);
- soziale Unterstützung durch Vernetzung mit anderen Institutionen und professionellen Helfern, die entweder bereits mit dem Klientensystem befasst sind oder durch die Klinischen Sozialarbeiter einbezogen werden (Bezirkssozialarbeit bzw. Jugendamt, Beratungsstellen, Horte, Ärzte, Kinder- und Jugendpsychiatrische Tagesklinik und vollstationäre Kliniken, Pflegestellen, Schulbehörden, Polizei etc.).

Hier sind einerseits Helferkonferenzen zu organisieren und so zu leiten, dass die Würde der Betroffenen gewahrt bleibt. Andererseits geht es um die Beratung und das „Coaching“ von Bezugspersonen mit dem Ziel, ein realistisches Verständnis der Situation und der Problematik zu erreichen und eigene Handlungsperspektiven entwickeln zu können. Wenn Bezugspersonen, z.B. Lehrer, Verwandte, nicht verstehen, warum sich ein Schüler so verhält wie er sich verhält (sense of comprehensibility), wenn sie keine Handlungsmöglichkeiten und Ressourcen für den weiteren Umgang sehen (sense of manageability), dann kommt es über kurz oder lang zu einem Gefühl der Sinnlosigkeit (sense of meaningfulness) im Umgang mit dem Kind und seiner Familie. Die richtig verstandene Einbeziehung, die eigene Handlungsmöglichkeiten (wieder) eröffnet, ermöglicht sinnstiftende Partizipationserfahrungen, die häufig zu einer rapiden Verbesserung der Beziehungssituation führen. Zentrales Mittel ist dabei immer wieder auch aufsuchende Arbeit. Der sozialtherapeutische Teil erfahrungsorientierter Klinischer Sozialarbeit findet eben nur zu einem sehr begrenzten Teil „im Sessel“ statt!

Die aktiven professionellen sozialen Unterstützungen müssen und können in späteren Phasen stufenweise zurückgenommen werden. Das bedeutet Reduzierung und schließlich Einstellung der aufsuchenden Arbeit nach hinreichender Stabilisierung. Dabei ist die Mitarbeit der Klienten sehr wichtig: Rücknahmen werden besprochen, das damit verbundene Erleben (z.B.

Ängste aber auch Stolz und Selbstvertrauen) wird thematisiert. Einfühlung, Verständnis und Awareness treten stärker in den Vordergrund. Ein spürbares „empowerment“ des Klienten bzw. Klientensystems ist die Voraussetzung für die nun notwendigen Maßnahmen, die durch ein *zunehmendes Bestehen auf „Komm-Struktur“ und „Versprachlichung“* (Fürstenau a. a. O.) charakterisiert sind. Mehr und mehr wird darauf verzichtet, im Lebensfeld zu intervenieren zugunsten eines nach- und vorbereitenden Besprechens in der Beratungsstelle. Dabei wird die Fähigkeit der Klienten zur innerpsychischen „Aufbewahrung“ von Erlebnissen, zum Aufschub von Bedürfnissen, zur Antizipation und Planung gefördert. Weiterhin werden ggf. auch aktive Hilfen im Sinne von Problemlösungsplanung, Tagesplänen etc. eingesetzt. Die Bearbeitung der innerpsychischen Defizite und Konflikte sowie der in der Beziehung zum Klinischen Sozialarbeiter auftauchenden und erlebbar werdenden interaktionellen Anliegen und Probleme tritt mehr in den Vordergrund. Das heißt, es findet eine Problemaktualisierung in der Beratungssituation statt, die eine direkte Bearbeitung und Lernprozesse im „Hier und Jetzt“ erlaubt (hierzu werden vor allem gestalttherapeutische Methoden und Vorgehensweisen der Gesprächstherapie genutzt). Es entsteht mehr Spielraum für nachreifende Konfliktbewältigung und Klärung bisher bewusst nicht verarbeiteter Motive.

5.9 Ablösung

Die Ablösungsphase wird explizit und aktiv mit den Klienten und ihren Angehörigen geplant und bearbeitet. In manchen Fällen muss auch damit gerechnet werden, dass es aus Angst vor dem Beziehungsende vorübergehend zu nochmaligen „Verschlimmerungen“ kommt, oder dass Klienten einer Ablösung zuvor kommen, indem sie die Beziehung selbst abbrechen, um die damit verbundene Trauer und Angst zu vermeiden. Dies muss dann angesprochen werden und therapeutisch-beraterisch bearbeitet werden.

Abschließende Bemerkung

Das Buch verdeutlicht die großen Anforderungen und Möglichkeiten, die der Klinischen Sozialarbeit gestellt sind und die sie bietet. Sie bedeuten natürlich eine Herausforderung an die Fachkräfte, an die tragenden Institutionen und vor allem an die Ausbildung und Forschung innerhalb und außerhalb der Hochschulen. Große Aufmerksamkeit muss auf die klinischen Ausbildungselemente im Studium gelegt werden, sowohl bei den Bachelor- als auch den Masterstudiengängen, wenn die Soziale Arbeit in der Gesundheitsarbeit auch künftig eine Rolle spielen will. Dies ist nicht nur im Sinne der Profession, sondern vor allem im Sinne der betroffenen Menschen in unserer Gesellschaft zu wünschen. Zunehmend stellen sich Sozialarbeiterinnen und Sozialarbeiter den Anforderungen eines klinisch-sozialarbeiterischen Profils und sind für diese Arbeit zu begeistern. Nach wie vor muss daran gearbeitet werden, dass Entscheidungs-, Anstellungs- und Kostenträger in Deutschland erkennen, welches Potenzial hier nutzbar ist.

Literatur

Adler, A. (1975). Individualpsychologie. Ernst Reinhardt Verlag: München/ Basel.

Adler, H. (1998). Eine gemeinsame Sprache finden. Klassifikation in der Sozialen Arbeit – Ein Versuch: das Person-In-Environment System (PIE). Blätter der Wohlfahrtspflege, 1998, 7+8, Wohlfahrtswerk für Baden-Württemberg: Stuttgart, 161-164.

Aktion Psychisch Kranke (Hrsg.) (2001). 25 Jahre Psychiatrie-Enquete. Bd. 1 und 2, Psychiatrie-Verlag: Bonn.

American Board of Examiners in Clinical Social Work (2000). Internet-Text. http://www.abecsw.org (vom 30.10.2000).

Ahrendt, H. (1981). Vita Activa oder Vom tätigen Leben. Piper: München. (die amerikanische Ausgabe erschien 1958 unter dem Titel „The Human Condition" bei University of Chicago Press.)

American Psychiatric Association (1996). Diagnostisches und statistisches Manual psychischer Störungen DSM-IV. Hogrefe: Göttingen.

Amini, F., Lewis, T., Lannon, R., Louie, A., Baumbacher, G., McGuiness, T. & Schiff, E. Z. (1996). Affect, attachment, memory: Contributions toward psychobiologic integration. Psychiatry, 59, 213-239.

Ansen, H. (2000). Klinische Sozialarbeit und methodisches Handeln. Sozialmagazin, 2-2000, 16-25.

Ansen, H. (2001). Klinisch-methodische Kompetenzen der Sozialen Arbeit in der Beratung von Patienten. Forum Krankenhaussozialarbeit Nr. 1/2001, DVSK, 2-9.

Antonovsky, A. (1979). Health, stress, and coping. Jossey-Bass: San Francisco.

Antonovsky, A. (1993). Gesundheitsforschung versus Krankheitsforschung. In: Franke, A. & Broda, M. (Hrsg.). Psychosomatische Gesundheit. Versuch einer Abkehr vom Pathogenese-Konzept. dgvt-Verlag: Tübingen, 3-14.

Antonovsky, A. (1997). Salutogenese. Zur Entmystifizierung von Gesundheit. Deutsche erweiterte Herausgabe von A. Franke. dgvt-Verlag: Tübingen.

Applegate, J. S. & Shapiro, J. R. (2005). Neurobiology for Clinical Social Work. Theory and Practice. Norton & Co. :New York.

Arbeitskreis „Sozialarbeit und Gesundheit" der Deutschen Gesellschaft für Sozialarbeit (1997). Soziale Arbeit und Gesundheit. Versuch einer Positionsbestimmung. Deutsche Gesellschaft für Sozialarbeit, Mitgliederrundbrief Dezember 1997, 5-11.

Auckenthaler, A. (2000). Die Manualisierung der Psychotherapie. Ziele und Implikationen. Gesprächspsychotherapie und Personenzentrierte Beratung, 2/2000, 119-125.

Auckenthaler, A. (1983). Klientenzentrierte Psychotherapie mit Paaren. Kohlhammer: Stuttgart.

Bäuml, J. (1994). Psychosen aus dem schizophrenen Formenkreis. Ein Ratgeber für Patienten und Angehörige. Springer: Berlin, Heidelberg, New York.

Bandura, A. (1982). Self-efficiacy mechanisms in human agency. American Psychologist, 37, 122-147.

Baric, L. & Conrad, G. (2000): Gesundheitsförderung in Settings. Konzept, Methodik und Rechenschaftspflichtigkeit zur praktischen Anwendung des Setting-Ansatzes der Gesundheitsförderung. Verlag für Gesundheitsförderung: Gamburg.

Barlow, D. H. & Durand, V. M. (1998). Abnormal Psychology, an integrative approach. Brooks/Cole Company: Pacific Grove.

Bartels, H. & Bartels, R. (1987). Physiologie. Urban-Schwarzenberg: München, Wien.

Bateson, G., 1983. Sozialplanung und der Begriff des Deutero-Lernens. In: ders., Ökologie des Geistes. Suhrkamp: Frankfurt a.M., 219-240.

Bauer, A. & Gröning, K. (Hrsg.) (1995). Institutionsgeschichten – Institutionsanalysen. Tübingen.

Baulig, I. & Baulig, V. (2002). Praxis der Kindergestalttherapie. Edition Humanistische Psychologie: Bergisch-Gladbach.

Baumann, U./Perrez, M. (Hrsg.)(2005): Lehrbuch Klinische Psychologie. Psychotherapie: Klassifikation, Diagnostik, Ätiologie, Intervention. Huber: Bern (vollst. überarb. Aufl.).

Baumann, U. & Perrez, M (Hrsg.) (1998). Grundbegriffe – Einleitung. In: Baumann, U. & M. Perrez, Lehrbuch Klinische Psychologie – Psychotherapie. Verlag Hans Huber: Bern, 3-18.

Baumann, U. & Perrez, M. (Hrsg.) (1998). Lehrbuch Klinische Psychologie – Psychotherapie. 2. Vollständig überarbeitete Auflage. Huber: Bern.

Baumann, U. & Stieglitz, R.-D. (1998). Klassifikation. In: Baumann, U. & M. Perrez, Lehrbuch Klinische Psychologie – Psychotherapie. Verlag Hans Huber: Bern, 83-99.

Bauriedel, T. (1994). Auch ohne Couch. Psychoanalyse als Beziehungstheorie und ihre Anwendungen. Klett-Cotta: Stuttgart.

Baxter, L. R., Schwartz, J. M., Bergmann, K. S., Szuba, M. P., Guzem, B. H., Mazziotta, J. C., Alazraki, A., Selin, C. E., Ferng, H. K., Munford, P. (1992). Caudate glucose metabolic rate changes with both drug and behavior therapy for obsessive-compulsive disorder. Archives of General Psychiatry, 49 (9), 681-689.

Beck, A. T., Rush, A. J., Shaw, B. F. & Emery, G. (1981). Kognitive Therapie der Depression. Urban & Schwarzenberg: München.

Beck, B., Borg-Laufs, M. (2010). Sind Sozialarbeiter nicht (mehr) gut genug? Betrachtungen zur Überarbeitung des Psychotherapeutengesetzes. Hrsg. Dekan des Fachbereiches Sozialwesen. Band 50 der Schriften des Fachbereichs Sozialwesen an der Hochschule Niederrhein: Mönchengladbach

Becker, P. (1997). Psychologie der seelischen Gesundheit. Bd. 1 (2. Aufl.). Hogrefe: Göttingen.

Becker, P. (1992). Die Bedeutung integrativer Modelle von Gesundheit und Krankheit für die Prävention und Gesundheitsförderung. Anforderungen an allgemeine Modelle von Gesundheit und Krankheit. In: Paulus, P. (Hrsg.). Prävention und Gesundheitsförderung. Perspektiven für die psycho-soziale Praxis. GwG-Verlag: Köln, 91-107.

Becker-Bikowski, K. (2005). Ist Sozialarbeit im Gesundheitswesen zukunftsfähig? Der Grundsatz „ambulant vor stationär" eröffnet neue Wege für klinische Sozialarbeit. Forum Sozialarbeit + Gesundheit, 2005 (Nr. 4), 6-8.

Bengel, J.; Strittmatter, R. & Willmann, H. (1998). Was erhält Menschen gesund? Antonovskys Modell der Salutogenese – Diskussionsstand und Stellenwert. Forschung und Praxis der Gesundheitsförderung Band 6. Bundeszentrale für gesundheitliche Aufklärung: Köln.

Bergin, A. E. & Garfield, S. L. (1994). Handbook of psychotherapy and behavior change (4th ed.), Wiley: New York.

Bergold, J. & Schürmann, I. (2001). Krisenintervention – neue Entwicklungen? In: Verhaltenstherapie und psycho-soziale Praxis, 33. Jg. (1), 5-15.

Biermann-Ratjen, E., Eckert, J. & Schwartz, H. J. (1979). Gesprächspsychotherapie – Verändern durch Verstehen. Kohlhammer: Stuttgart, Berlin, Köln, Mainz.

Binner, U. & Ortmann, K. (2008). Klinische Sozialarbeit als Sozialtherapie. In K. Ortmann & D. Röh (Hrsg.), Klinische Sozialarbeit. Konzepte – Praxis – Perspektiven. Lambertus-Verlag: Freiburg im Breisgau, 71-87.

Brill, H. E. (1999). Hilfe für chronisch psychisch Kranke: „Soziotherapie" erfolgreich. Psychosoziale Umschau, 2, 14-18.

Birbaumer, N. & Schmidt, R. F. (1996). Biologische Psychologie. (3. Auflage). Heidelberg: Springer.

Bodenmann, G. (1998). Ansatzpunkt interpersonelle Systeme: Paar und Familientherapie. In: Baumann, U. & M. Perrez, Lehrbuch Klinische Psychologie – Psychotherapie. Verlag Hans Huber: Bern, 468-484.

Böhm, W. (2000). Wörterbuch der Pädagogik. Alfred Körner Verlag: Stuttgart.

Böhme, A. (2010). Beziehungsgestaltung in der Sozialen Arbeit – dargestellt am Beispiel klinisch sozialarbeiterischer Berufspraxis. Unveröffentlichte Masterthesis. Berlin & Coburg: Masterstudiengang Klinische Sozialarbeit.

Bosma, H., Perter, R., Siegrist, J. & Marmot M. (1998). Two alternative job stress models and the risk of coronary heart disease. American Journal of Public Health, Vol. 88, No.1, 68-74.

Bottenberg, E. H.: 1995. Neuer Umgang mit Gefühlen – ein anthropologisch-integrativer Ansatz der Psychologie: Originäres Gefühl, Affektkonzept, MetaEmotion und Authentizierung der Gefühle. In: Petzold, H. (Hrsg.). Die Wiederentdeckung des Gefühls. Emotionen in der Psychotherapie und der menschlichen Entwicklung. Junfermann Verlag: Paderborn. 15-46.

Bowlby, J. (1975). Bindung. Eine Analyse der Mutter-Kind-Beziehung. Kindler: München.

Bowlby, J. (1995). Historische Wurzeln, theoretische Konzepte und klinische Relevanz. In: Spangler, G. & Zimmermann, P. (Hrsg.). Die Bindungstheorie. Grundlagen, Forschung und Anwendung. Klett-Cotta: Stuttgart, 17-26.

Bowlby, J. (1995): Elternbindung und Persönlichkeitsentwicklung. Therapeutische Aspekte der Bindungstheorie. Heidelberg: Dexter.

Bozok, B. & Bühler, K. E. (1988). Wirkfaktoren der Psychotherapie – spezifische und unspezifische Faktoren. Neurologische Psychiatrie, 56, 119-132.

Brandell, J. R. (Ed.) (1997). Theory and Practice in Clinical Social Work. The Free Press: New York.

Brandenburg, H., Dorschner, S. (Hrsg.) (2008). Pflegewissenschaft 1 – 3. Lehr- und Arbeitsbuch zur Einführung in das wissenschaftliche Denken in der Pflege. Huber: Bern, Auflage: 2., überarb. u. erw. Aufl.

Brandtstätter, J. (1985). Entwicklungsberatung unter dem Aspekt der Lebensspanne: Zum Aufbau eines entwicklungspsychologischen Anwendungskonzeptes. In: J. Brandtstätter & H. Gräser (Hrsg.). Entwicklungsberatung unter dem Aspekt der Lebensspanne. Hogrefe: Göttingen, 1-15.

Brechler, U. (1999). Bindungstheoretische Konzepte und ihre Einsatzmöglichkeiten im Bereich der Jugendhilfe. Unveröffentlichte Diplomarbeit: Fachhochschule Coburg.

Breschan, A. & Boog, C. (2010). Klinische Sozialarbeit in der Schweiz. Methodische Ansätze im Suchtbereich. Bachelorarbeit der Hochschule Luzern – Soziale Arbeit. http://edoc.zhbluzern.ch/hslu/sa/ba/2010_ba_Breschan-Boog.pdf (20.07.2010, 19:30 Uhr).

Bretz, H. J., Heekerens, H.-P. & Schmitz, B. (1994). Eine Metaanalyse der Wirksamkeit von Gestalttherapie. Zeitschrift für Klinische Psychologie, Psychopathologie und Psychotherapie (ZKPPP), 42, 241-260.

Brisch, K. H. (2009): Bindungsstörungen. Von der Bindungstheorie zur Therapie. Neunte, vollständig überarbeitete und erweiterte Auflage. Klett-Cotta: Stuttgart.

Broda, M. & Senf, W. (2000). Transparenz, Kombination, Integration: Ein Stufenmodell zur Integration in der Psychotherapie. In: W. Senf & M. Broda (Hrsg.), Praxis der Psychotherapie. Ein integratives Lehrbuch: Psychoanalyse, Verhaltenstherapie, Systemische Therapie. Thieme: Stuttgart, 293-295.

Budde, W., Früchtel, F., Hinte, W. (2006). Sozialraumorientierung – Wege zu einer veränderten Praxis. Verlag für Sozialwissenschaften: Wiesbaden.

Bundesdrucksache 16/12860 (2009). Bericht über die Lebenssituation junger Menschen und die Leistungen der Kinder- und Jugendhilfe in Deutschland – 13. Kinder- und Jugendbericht. Bundestag: Berlin.

Bundesministerium für Familie und Senioren (1993). Familie und Beratung. Gutachten des Wissenschaftlichen Beirates für Familienfragen. Schriftenreihe des Bundesministeriums für Familie und Senioren Bd. 16. Kohlhammer: Stuttgart, Berlin, Köln.

Bundesministerium für Gesundheit (2000). Sozialgesetzbuch Fünftes Buch (SGB V) Gesetzliche Krankenversicherung. Internet-Text. http://www.bmgesundheit.de

Bundesminister für Jugend, Familie und Gesundheit (1975). Bericht über die Lage der Psychiatrie in der Bundesrepublik Deutschland – Zur psychiatrischen und psychotherapeutisch/psychosomatischen Versorgung der Bevölkerung. Drucksache 7/4200. Deutscher Bundestag, 7. Wahlperiode, Bonn.

Burow, O. A. (1987). Gestaltpädagogik in der Praxis. Otto Müller: Salzburg.

Butollo, W., Rösner, R, & Wentzel, A. (1999). Integrative Psychotherapie bei Angststörungen. Huber: Bern.

Butollo, W. & Maragkos, M. (1999). Gestalttherapie und empirische Forschung. In: Fuhr, R., Sreckovic, M. & Gremmler-Fuhr, M. (Hrsg.) (1999). Handbuch der Gestalttherapie. Hogrefe: Göttingen, Bern, Toronto, Seattle, 1091-1120.

Buttner, P. (1996). Die Wirksamkeit psychoedukativer Verfahren in der Schizophreniebehandlung. In: Atark, A. (Hrsg.). Verhaltenstherapeutische und psychoedukative Ansätze im Umgang mit schizophren Erkrankten. Dgvt-Verlag: Tübingen.

Caplan, G. (1974). Support systems and community mental health. Behavioral Publications: New York.

Caplan, G. (1964). Principles of preventive psychiatry. Basic Books: New York.

Cassel, J. (1974). Psychosocial processes and stress: theoretical formulations. International Journal of Health Services, 4, 471-482.

Cobb, S. (1976). Social support as a moderator of life stress. Psychosomatic Medicine, 38, 300-314.

Cockerham, W. C. (1992) Medical Sociology. Prentice Hall: Englewood Cliffs, New Yersey.

Cohen, S. & Wills, T. A. (1985). Stress, social support and the buffering hypothesis. Psychological Bulletin, 98, 310-357.

Cooper, M. G. & Granucci, L. (2002). Clinical social work practice. An integrated approach. Allyn and Bacon: Needham Heights.

Cournoyer, B. (1996). The social Work skills workbook. 2nd Edition. Brooks/Cole Publishing Company: Pacific Grove.

Cowles, L. (2000). Social work in the health field. A care perspective. The Haworth Press: New York.
Crefeld, W. (2000). Von der Sozialmedizin zur Klinischen Sozialarbeit. Oder: Was ist und wozu treiben wir Sozialmedizin. Vortrag auf dem Workshop Sozialmedizinische Lehre an Fachhochschulen im Rahmen der Jahrestagung der Deutschen Gesellschaft für Sozialmedizin und Prävention und der Deutschen Gesellschaft für Medizinische Soziologie am 30. September 2000 in Berlin.
Crefeld, W. (2000). Zur Erforderlichkeit klinischer Sozialarbeit. Protokoll des Symposiums Perspektiven klinischer Sozialarbeit vom 18.2.2000 in der Katholischen Fachhochschule Mainz. Deutsche Gesellschaft für Sozialarbeit e.V.: Sersheim.
Crefeld,W.(2002): Klinische Sozialarbeit – nur des Kaisers neue Kleider? In: Dörr, M. (Hrsg.): Klinische Sozialarbeit, eine notwendige Kontroverse. Schneider: Hohengehren, 23-39.
Davison, G. C. & Neale, J. M. (1996, 1978). Klinische Psychologie (4. Auflage). Weinheim: Beltz, Psychologie-Verlags-Union.
Dehmel, S. & Ortmann, K. (2006). Soziale Unterstützung (Social Support) – ein Verstehens- und Handlungskonzept für die gesundheitsbezogene Sozialarbeit. (http://www.khsb-berlin.de/fileadmin/user_upload/Weiterbildung/Dehmel_Ortmann-Soziale_Unterstützung.pdf) (21.02.2010)
Deneke, C. (2005). Gesundheitsarbeit in der Jugendhilfe. In: Ortmann, K.; Waller, H. (Hrsg.): Gesundheitsbezogene Sozialarbeit. Eine Erkundung der Praxisfelder. Baltmannsweiler, Schneider-Verlag Hohengehren (Grundlagen der Sozialen Arbeit, Bd. 13), 114-127.
Dentler, P. (2004). Clinical Social Work – eröffnet die Situation in den USA Perspektiven für Deutschland? In: Crefeld, W., Geissler-Piltz, B. & Pauls, H. (Hrsg.) Beiträge zur Klinischen Sozialarbeit. Erscheint 2004.
Dentler, P. (2006). ‚Clinical Social Work' in den USA und Perspektiven für Deutschland. In: Klinische Sozialarbeit. Zeitschrift für Psychosoziale Praxis und Forschung. 2. Jg., Heft 4, 4-6.
Deutsche Gesellschaft für Sozialarbeit – DGS (2000a). Satzung der Deutschen Gesellschaft für Sozialarbeit. Internet-Text. http://www.fh-fulda.de/dgs/dgssatz.htm
Deutsche Gesellschaft für Sozialarbeit – DGS (2000b). Die Arbeitskreise. Internet-Text. http://www.fh-fulda.de/dgs/dgskreis.htm
Deutsche Gesellschaft für Sozialarbeit – DGS (2000c). Die Veröffentlichungen. Internet-Text. http://www.fh-fulda.de/dgs/dgspub.htm
Deutsches Institut für medizinische Dokumentation und Information (Hrsg.) (1994). ICD-10, Bd. I, Systematisches Verzeichnis. Internationale statistische Klassifikation der Krankheiten und verwandter Gesundheitsprobleme. Bern: Huber.
Deutscher Verein für öffentliche und private Fürsorge (1997) (Hrsg.). Fachlexikon der Sozialen Arbeit. 4. Auflage. Eigenverlag: Frankfurt a.M.
Dörner, K. & Plog, U. (1996). Irren ist menschlich. Lehrbuch der Psychiatrie/ Psychotherapie. Psychiatrie-Verlag: Bonn.
Dörner, K. (2008). Helfende Berufe im Markt-Doping: Wie sich Bürger- und Profi-Helfer nur gemeinsam aus der Gesundheitsfalle befreien. Paranus-Verlag: Neumünster.
Dörr, M. (Hrsg.) (2002). Klinische Sozialarbeit – eine notwendige Kontroverse. Schneider: Hohengehren.
Dorfman, R. A. (1996). Clinical Social Work. Definition, Practice, and Vision. New York: Brunner/Mazel.

Durkheim, E. (2002). Der Selbstmord. Suhrkamp: Frankfurt/M.
DVSK (2000). Satzungsänderungen. Deutsche Vereinigung für den Sozialdienst im Krankenhaus. Forum Krankenhaussozialarbeit, 1-2000, 19-22.
Egidi, K. & Boxbücher, M. (1996, Hrsg.). Systemische Krisenintervention. dgvt-Verlag: Tübingen.
Elias, N. (1998). Über die Einsamkeit der Sterbenden in unseren Tagen. (9. Aufl.) Suhrkamp: Frankfurt/M.
Elias, N. (1976). Über den Prozess der Zivilisation. Soziogenetische und psychogenetische Untersuchungen. Bd. 1: Wandlungen des Verhaltens in den weltlichen Oberschichten des Abendlandes. Bd. 2: Wandlungen der Gesellschaft. Entwurf zu einer Theorie der Zivilisation. Suhrkamp: Frankfurt/M.
Elliott, R. K., Watson, J. C., Goldman, R. N. & Greenberg, L. S. (2004, dt. 2009). Learning emotion-focused therapy: The process-experiential approach to change. American Psychological Association: Washington, DC. 4th edition.
Engel, G. L. (1980). The clinical application of the biopsychosocial model. The American Journal of Psychiatry, 137:5, 535-544
Engel, G. L. (1977). The need for a new medical model: A challenge for biomedicine. Science, 8. April 1977, Vol. 196, Number 4286. 129-136.
Erikson, E. H. (1950, 1963). Childhood and Society. Norton, New York. (deutsch: Kindheit und Gesellschaft, 1965, Klett: Stuttgart.)
Faber, F. R. & Haarstrick, R. (1999): Kommentar Psychotherapie-Richtlinien. Urban & Fischer: München.
Fawzy, F. I., Cousins, N., Fawzy, N. W., Kemeny, M. E., Elashoff, R. & Morton, D. (1990). A structured psychiatric intervention for cancer patients: I.: Changes over time in methods of coping and affective disturbance. Archives of General Psychiatry, 47, 720-728.
Fawzy, F. I., Kemeny, M. E., Fawzy, N. W., Elashoff, R., Morton, D., Cousins, N. & Fahey, J. L. (1990). A structured psychiatric intervention for cancer patients: II. Changes over time in immunological measures. Archives of General Psychiatry, 47, 729-735.
Fawzy, F. I., Fawzy, N. W., Hyun, C. S., Elashoff, R., Guthrie, D., Fahey, J. L. & Morton, D. (1993). Malignant melanoma: Effects of an early structured psychiatric intervention, coping, and affective state on recurrence and survival 6 years later. Archives of General Psychiatry, 50, 681-689.
Federn, E. (1995). Warum ich in die Sozialarbeit gegangen bin. In: Verein für Psychoanalytische Sozialarbeit Rottenburg und Tübingen (Hrsg.). Fragen zur Ethik und Technik psychoanalytischer Sozialarbeit. Edition diskord: Tübingen, 21-27.
Fegert, J. M. (1995). Was ist seelische Behinderung? Anspruchsgrundlage und kooperative Umsetzung von Hilfen nach §35a KJHG. Votum Verlag: Münster.
Feil, N. (1992). Validation. (4. Aufl.) Verlag Altern & Kultur: Wien.
Feinbier, R.J. (1997). Klinische Sozialarbeit. Ein Prolog. Schriftenreihe des Instituts für Soziale Praxis, Bd. 12, Asgard: Sankt Augustin.
Fetscher, K. (2008). Die Bedeutung neurowissenschaftlicher Aspekte in der Klinischen Sozialarbeit – am Beispiel der beruflichen Eingliederung von Menschen mit einer mesialen Temporallappenepilepsie (mTLE). In: Klinische Sozialarbeit. Zeitschrift für Psychosoziale Praxis und Forschung. 4. Jg., Heft 4, 10-12.
Filipp, S.-H. (1990). Kritische Lebensereignisse (2. Aufl.). Psychologie Verlags Union: München.

Finke, J. (1994). Empathie und Interaktion: Methodik und Praxis der Gesprächspsychotherapie. Thieme: Stuttgart.

Finzen, A. (2001). Medikamentenbehandlung bei psychischen Störungen. Einführung in die Therapie mit Psychopharmaka. 13. neu bearbeitete Auflage. Psychiatrieverlag: Bonn.

Fisseni, H.-J. (1984). Persönlichkeitspsychologie. Auf der Suche nach einer Wissenschaft. Hogrefe: Göttingen.

Fliegener, B. (1991). Bibliographie der Gestalttherapie. Deutsche Vereinigung für Gestalttherapie: Frankfurt.

Frank, J. D. (1961). Persuasion and healing. John Hopkins Press, Baltimore. Dt. (1981, 1992). Die Heiler. Wirkweisen psychotherapeutischer Beeinflussung. Klett-Cotta: Stuttgart.

Frank, M. G. (1997). Clinical practice with children. In: Brandell, J.R. (Ed.) (1997). Theory and Practice in Clinical Social Work. The Free Press: New York, 83-100.

Franz, H. J. (1990). Bewältigung gesundheitsgefährdender Belastungen durch soziale Unterstützung in kleinen Netzen. Hartung-Gorre: Konstanz.

Franzkowiak, P. & Sabo, P. (Hrsg.)(1993). Dokumente der Gesundheitsförderung. Peter Sabo: Mainz.

Franzkowiak, P. (2006): Präventive Soziale Arbeit im Gesundheitswesen. UTB: München.

Freud, S. (1994/1940). Abriss der Psychoanalyse. Fischer: Frankfurt/M.

Freud, S. (1960). Das Ich und das Es. GW Bd. 13. Fischer: Frankfurt/M.

Frietsch, R. & Löcherbach, P. (1995). Soziale Unterstützung als Handlungsansatz in der Sozialen Arbeit. In: Ningel, R. & Funke, W. (Hrsg.). Soziale Netze in der Praxis. Verlag für angewandte Psychologie: Göttingen, 40-53.

Fu Keung Wong, D. (2006). Clinical Case Management for People with Mental Illness. A Biopsychosocial Vulnerability-Stress Model. The Haworth Press: New York, London, Oxford.

Fürst, Roland (2008). Klinische Sozialarbeit in Österreich – Quo vadis? Klinische Sozialarbeit, 4(3), S.11-12.

Fürstenau, P. (1992). Entwicklungsförderung durch Therapie. Grundlagen psychoanalytisch-systemischer Psychotherapie. Pfeiffer Verlag, Leben Lernen 81: München.

Fuhr, R., Sreckovic, M. & Gremmler-Fuhr, M. (Hrsg.) (1999). Handbuch der Gestalttherapie. Hogrefe: Göttingen, Bern, Toronto, Seattle.

Gahleitner, S. B. (2007). Überlegungen zur Bindungstheorie als Ausgangspunkt für eine professionelle Beziehungsgestaltung. In: Klinische Sozialarbeit. Zeitschrift für Psychosoziale Praxis und Forschung. 3. Jg., Heft 4, 4-6.

Gahleitner, S. B. & Hahn, G. (2008). Klinische Sozialarbeit. Zielgruppen und Arbeitsfelder. Psychiatrie Verlag: Bonn.

Gahleitner, S. B. & Borg-Laufs, M. (2007). Wer wird Kinder- und JugendlichenpsychotherapeutIn nach der Bologna-Reform? Perspektiven der Sozialarbeit, Sozialpädagogik und Heilpädagogik. Psychotherapeutenjournal, 2, 108-117.

Gahleitner, S. B. & Pauls, H. (2010). Soziale Arbeit und Psychotherapie – zum Verhältnis sozialer und psychotherapeutischer Unterstützungen und Hilfen. In: W. Thole (Hrsg.), Grundriss Soziale Arbeit. 3. Überarbeitete u. erweiterte Auflage, Wiesbaden: VS-Verlag, 367-374.

Galuske, M. (1998, 2005 6. Aufl.). Methoden der Sozialen Arbeit. Eine Einführung. Juventa: Weinheim/München.

Garfield, S. L. (1982). Psychotherapie: Ein eklektischer Ansatz. Beltz: Weinheim/ Basel. Engl. (1980). Psychotherapy: An eclectic approach. Wiley: New York.

Garvin, C. D. (1997). Group treatment with adults. In: Brandell, J.R. (Ed.) (1997). Theory and Practice in Clinical Social Work. The Free Press: New York, 315-342.

Gehrmann, G. & Müller, K. D. (1993). Management in sozialen Organisationen. Ein Handbuch für die Praxis Sozialer Arbeit. Walhalla: Berlin.

Geissler-Piltz, B. (2002). On stage! Klinische Sozialarbeit – Master of social work. In: alice. Magazin der Alice-Salomon-Fachhochschule Berlin, 5/2002, 4-7.

Geißler-Piltz, B.; Mühlum, A. & Pauls, H. (2005): Klinische Sozialarbeit, UTB: München

Geißler-Piltz, B. & Gerull, S. (Hrsg.) (2009). Soziale Arbeit im Gesundheitsbereich. Wissen, Expertise und Identität in multiprofessionellen Settings. Budrich UniPress Ltd.: Leverkusen, Opladen.

Geißler, K. A. & Hege, M. (1999). Konzepte sozialpädagogischen Handelns. Ein Leitfaden für die Praxis. Beltz: Weinheim/Basel.

Gerhardt, U. (1999). Gesundheit und Krankheit als soziales Problem. In: Albrecht, G., Groenemyer, A. & Stallberg, F. W. (Hrsg.). Handbuch soziale Probleme. Westdeutscher Verlag: Opladen/Wiesbaden, 402-418.

GePsA (2000). Forschungsverbund Gesundheit-Pflege-Soziale Arbeit (Vorstellungsbroschüre): Fachhochschule Hamburg

Germain, C. B. & Gitterman, A. (1996/ dt. 1999). The life model of social work practice. Columbia University Press: New York. Deutsch: Praktische Sozialarbeit. Das „Life Model“ der Sozialen Arbeit. Fortschritte in Theorie und Praxis. Enke: Stuttgart.

Giddens, A. (1995). Die Konsequenzen der Moderne. Suhrkamp, Frankfurt a.M. Englisch: (1990). The consequences of modernity. Polity Press in association with Basil Blackwell: Oxford.

Gildemeister, R. (1989). Institutionalisierung psycho-sozialer Versorgung. Eine Feldforschung im Grenzbereich zwischen Gesundheit und Krankheit. Deutscher Universitätsverlag: Wiesbaden.

Gildemeister, R. & Robert, G. (2005). Sozialpädagogik und Therapie. In: Otto, H.-U. & Thiersch, H. (Hrsg.) Handbuch der Sozialarbeit/Sozialpädagogik. Luchterhand: Neuwied, 1901 – 1909.

Gödecker-Geenen, N., Nau, H. (Hrsg.) (2002). Klinische Sozialarbeit. Eine Positionsbestimmung. Lit: Münster.

Gödecker-Geenen, N & Weis, I. (2002). Klinische Sozialarbeit in der Praxis. Soziale Arbeit in Krankenhäusern und Rehabilitationskliniken – Eine Bestandsaufnahme. In: Gödecker-Geenen, N., Nau, H. (Hrsg.) (2002). Klinische Sozialarbeit. Eine Positionsbestimmung. Lit: Münster, 8-17.

Golan, N. (1983). Krisenintervention – Strategien psycho-sozialer Hilfen. Lambertus: Freiburg im Breisgau.

Goldfried, M. R. (2007). What has Psychotherapy Inherited from Carl Rogers? In: Psychotherapy: Theory, Research, Practice, Training, Vol. 44, No. 3, 249–252.

Goldstein, E. (1980). Knowledge base of clinical social work. Social Work, 173-178.

Goldstein, E. (1996). What is clinical social work? Looking back to move ahead. Clinical Social Work Journal, 24 (1), 89-104.

Goodman, P. (1970). Aufwachsen im Widerspruch. Über die Entfremdung der Jugend in der verwalteten Welt. Verlag Darmstädter Blätter, Schwarz & Co: Darmstadt.

Goodman, P. (1975). Das Verhängnis der Schule. Athenäum Fischer: Frankfurt/M.

Goodman, P. (1989). Natur Heilt. Psychologische Essays. Edition Humanistische Psychologie: Köln.

Goodmann, S. H., Sewell, D. R., Cooley, E. L. & Leavitt, N. (1993). Assessing Levels of Adaptive Functioning: The Role Functioning Scale. Community Mental Health Journal, 29, 2, 119-131.

Gosejacob-Rolf, H. (2000). Vorschläge des DBSH zur Ausgestaltung und Beauftragung der Soziotherapie. Internet-Text. http://www.dhsh.de

Gottlieb, B. H. (1983). Social support strategies – Guidelines for mental health practice. Sage: Beverly Hills.

Grant, I., Patterson, T. L. & Yager, J. (1988). Social supports in relation to physical health and symptoms of Depression in the elderly. American Journal of Psychiatry, 145 (10), 1254-1258.

Grawe, K. (2004). Neuropsychotherapie. Göttingen, Bern, Toronto, Seattle, Oxford und Prag: Hogrefe.

Grawe, K. (2000). Allgemeine Psychotherapie. In: W. Senf & M. Broda (Hrsg.). Praxis der Psychotherapie. Ein integratives Lehrbuch: Psychoanalyse, Verhaltenstherapie, Systemische Therapie. Stuttgart: Thieme, 314-325.

Grawe, K. (2000). Psychologische Therapie. 2. korrigierte Auflage. Hogrefe: Göttingen.

Grawe, K. (1998). Psychologische Therapie. Hogrefe: Göttingen.

Grawe, K. (1995). Grundriss einer allgemeinen Psychotherapie. Psychotherapeut, 40, 130-145.

Grawe, K., Donati, R. & Bernauer, F. (1994). Psychotherapie im Wandel – Von der Konfession zur Profession. Hogrefe: Göttingen.

Graziano, R. (2006). Clinical Social Work Practice in the U.S.: A Brief History of the Past 100 Years. In: Klinische Sozialarbeit. Zeitschrift für Psychosoziale Praxis und Forschung. 2. Jg., Heft 4, 7-8.

Green, R.-J. & Herget, M. (1989). Outcomes of systemic/strategic team consultation: 1. Overview and one-month results. Family Process, 28, 37-58.

Greenberg, L. S., Elliott, R. K. & Lietaer, G. (1994). Research on experiential psychotherapies. In: Bergin A. E. & S. L. Garfield (eds.) Handbook of psychotherapy and behavior change. John Wiley & Sons: New York. 509-539.

Greenberg, L. S., Rice, L. N. & Elliott, R. (1995). Process-experiential therapy: Facilitating emotional change. Guilford: New York.

Greenberg, L. S. & Watson, J. (1999). Forschung zur gestalttherapeutischen Behandlung von Depressionen. In: Fuhr, R., Sreckovic, M. & Gremmler-Fuhr, M. (Hrsg.) (1999). Handbuch der Gestalttherapie. Hogrefe: Göttingen, Bern, Toronto, Seattle, 1121-1135.

Grigoleit, H., Wenig, M. & Ziegler, H (1998). Handbuch Sucht. Asgard, Sankt Augustin.

Gromann, P. (2001). Integrierte Behandlungs- und Rehaplanung. Ein Handbuch zum Umsetzung des IBRP. Psychiatrie-Verlag: Bonn.

Grossmann, K. E., Becker-Stoll, F., Grossmann, K., Kinder, H., Schieche, M., Spangler, G., Wensauer, M. & Zimmermann, P. (1997). Die Bindungstheorie. Modell, entwicklungspsychologische Forschung und Ergebnisse. In: Keller, H. (Hrsg.). Handbuch der Kleinkindforschung. 2. Aufl., Huber: Bern, 51-95.

Grossmann, K. E. & Grossmann, K. (1994). Bindungstheoretische Grundlagen psychologisch sicherer und unsicherer Entwicklung. GWG-Zeitschrift, 96, 26-41.

Großmaß, R. (2004). Psychotherapie und Beratung. In: Nestmann, F., Engel, F., Sickendiek, U. (Hrsg.) (2004). Das Handbuch der Beratung. Bd. 1 Disziplinen und Zugänge. Tübingen: DGVT-Verlag.

Großmaß, R. (2004). Beratungsräume und Beratungssettings. In: Nestmann, F., Engel, F., Sickendiek, U. (Hrsg.) (2004). Das Handbuch der Beratung. Bd. 1 Disziplinen und Zugänge. Tübingen: DGVT-Verlag.

Habermas, J. (2001 a). Die Zukunft der menschlichen Natur. Auf dem Weg zu einer liberalen Eugenik? Suhrkamp: Frankfurt/M.

Habermas, J. (2001 b). Glauben und Wissen. Rede zur Verleihung des Friedenspreises des deutschen Buchhandels. Frankfurter Allgemeine Zeitung vom 15.10.01, 9.

Hahlweg, K., Dürr, H. & Müller, U. (1995). Familienbetreuung schizophrener Patienten. Ein verhaltenstherapeutischer Ansatz zur Rückfallprophylaxe. Konzepte, Behandlungsanleitung und Materialien. Beltz: Weinheim.

Hahn, G. (2010). Fünf Jahre „Klinische Sozialarbeit – Zeitschrift für psycho-soziale Praxis und Forschung". Die Entwicklung einer klinischen Fachsozialarbeit. In: Klinische Sozialarbeit. Zeitschrift für Psychosoziale Praxis und Forschung. 6. Jg., Heft 3, Juli 2010, 3-7.

Hahn, G. (2006). Standardisierte Diagnostik in der Sozialen Arbeit – Das Person- in-Environment System (PIE). Klinische Sozialarbeit. Zeitschrift für psycho-soziale Praxis und Forschung, 2. Jg. (Online-Sonderausgabe, 2006), 45-48. (15.05.2009 unter http://www.klinische-sozialarbeit.de)

Hartmann-Kottek, L. (Hrsg.) (2008). Gestalttherapie. Springer: New York, Berlin.

Hautzinger, M. & Wahl, R. (1989). Verhaltensmedizin – eine Einführung. In: Wahl, R. & Hautzinger, M. (Hrsg.). Verhaltensmedizin. Konzepte, Anwendungsgebiete, Perspektiven. Deutscher Ärzte Verlag: Köln, 17-27.

Havighurst, R. J. (1982). Developmental tasks and education. Longman: New York. (Erstauflage 1948 bei David McKay: New York).

Haye, B. & Kleve, H. (2002). Die sechs Schritte helfender Kommunikation. Eine Handreichung für die Praxis und Ausbildung Sozialer Arbeit. Sozialmagazin, Heft 12/2002, 41-52.

Heatherton, T. F., Macrae, C. N. & Kelley, W. M. (2004). What the Social Brain Sciences Can Tell Us About the Self. American Psychological Society, Vol. 13 No. 5., 190-193.

Hedtke-Becker, A. (2001). KISMED: Kooperationsprojekt Interdisziplinärer Sozialarbeit und KrankenhausMedizin. Psychosoziale Betreuung von schwer und chronisch kranken Patienten im internistischen Krankenhaus – Forschungsprojekt zwischen Sozialarbeit und Familienmedizin als gleichberechtigte Partner. Horizonte, 02/2001.

Hedtke-Becker, A., Herzog, W., Hoevels, R., Hübner, B., Kemper, F., Lutz, M., Schwab M., Topp, F. (2000). Kooperation im Krankenhaus. Blätter der Wohlfahrtspflege, Heft 1+2, 32-33.

Heekerens, H.-P. (2009). Der Beruf der Kinder- und Jugendlichenpsychotherapeutin – ein Abriss der Geschichte. Verhaltenstherapie mit Kindern & Jugendlichen. Zeitschrift für die Psychosoziale Praxis, 5 , 85-99.

Heekerens, H.-P. (2006). Die Funktionale Familientherapie: Ein effektives klinisches Behandlungsverfahren. Psychotherapie in Psychiatrie, Psychotherapeutischer Medizin und Klinischer Psychologie, 11(1), 16-24.

Heekerens, H.-P. & Ohling, M. (2006). Familien-Psychoedukation als Rückfallprophylaxe bei Schizophrenie: Wirkung und Wirkungsweise. Psychotherapie in Psychiatrie, Psychotherapeutischer Medizin und Klinischer Psychologie, 11(1), 26-36.

Heekerens, H.-P., Ohling, M. (2005). Am Anfang war Otto Rank: 80 Jahre Experienzielle Therapie. Zeitschrift für Integrative Therapie. Heft 3/2005 (31. Jg)., 276-293.

Heekerens, H.-P. & Ohling, M. (2004). Systemisch denken und experienziell handeln: die Emotions-Fokussierte Paartherapie. Person, 8(2), 156-163.

Hegeler, H. (2008). Klinische Sozialarbeit im Krankenhaus. In K. Ortmann & D. Röh (Hrsg.), Klinische Sozialarbeit. Konzepte – Praxis – Perspektiven. (121-137) Lambertus-Verlag: Freiburg im Breisgau.

Heidegger, M. (1927, 1967). Sein und Zeit. 11. unveränderte Auflage. Max Niemeyer: Tübingen.

Heidegger, M. (1987). Zollikoner Seminare. Protokolle – Gespräche – Briefe. Vittorio Klostermann: Frankfurt a.M.

Heim, E. (1988). Coping und Adaptivität. Gibt es geeignetes oder ungeeignetes Coping? Psychother. Med. Psychol. 28, 8-18.

Heim, T. (2003). Neurobiologie psychischer Erkrankungen. Psychotherapie der Zukunft? Deutsches Ärzteblatt PP, September 2003, 418-419.

Heiner, M. (2010). Handlungskompetenz und Handlungstypen. Überlegungen zu den Grundlagen methodischen Handelns. In: Otto, H.-U. & Thiersch, H. (Hrsg.) Handbuch der Sozialarbeit/Sozialpädagogik. Luchterhand: Neuwied, 611-624.

Heiner, M. (2007). Soziale Arbeit als Beruf. Fälle – Felder – Fähigkeiten. Ernst Reinhardt Verlag: München.

Heinerth, K. (1981). Neuere psychotherapeutische Verfahren und ihre Indikation. In: W. R. Minsel & R. Scheller (Hrsg.). Psychotherapie (Brennpunkte der Klinischen Psychologie). Bd. 1. Kösel: München, 126-148.

Heinz, C. (1998). Anderer Blick – freiere Sicht. Zum Gedankengebäude der ICDH und ihrer zweiten Revision. INFORUM 2/98, 8-13.

Heller, K. (1990). The effects of social support: prevention and treatment implications. In: Goldstein, A. P. & Kanfer, F. H. (Hrsg.). Maximizing treatment gains: Transfer enhancement in psychotherapy. Academic Press: New York. 353-382

Heller, K., Swindle, R. W. & Dusenbura, L. (1986). Component social support processes: comments & integration. Journal of Consulting & Clinical Psychology, 54, 466-470.

Henseler, H. (1974). Narzisstische Krisen. Zur Psychodynamik des Selbstmords. Rowohlt: Reinbek b. Hamburg.

Hepworth, D. H., Rooney, R. H. & Larsen, J. A. (1997). Direct social work practice. Theory and skills. (5th Ed.) Brooks/Cole Publishing Company: Pacific Grove.

Hey, G. (2000). Klinische Sozialarbeit. Zu den Aufgaben Sozialer Arbeit in Einrichtungen des Gesundheitswesens. In: Sting, S. & Zurhorst, G. (Hrsg.). Gesundheit und Soziale Arbeit. Gesundheit und Gesundheitsförderung in den Praxisfeldern Sozialer Arbeit. Juventa: Weinheim und München, 163-175.

Hermer, M. (Hrsg.). (2000). Psychotherapeutische Perspektiven an der Jahrtausendschwelle. DGVT-Verlag: Tübingen.

Hilke, R. & Aschenbach, G. (1985). Zu den konzeptuellen Grundlagen psychologischer Praxis zwischen Beratung und Therapie. In: J. Brandtstätter & H. Gräser (Hrsg.). Entwicklungsberatung unter dem Aspekt der Lebensspanne. Hogrefe: Göttingen, 1-15.

Hoehne, R. (2005). Gesundheitsarbeit in Kindergarten. Aus: Ortmann, K.; Waller, H.

(Hrsg.): Gesundheitsbezogene Sozialarbeit. Eine Erkundung der Praxisfelder. Baltmannsweiler, Schneider-Verlag Hohengehren (= Grundlagen der Sozialen Arbeit, Bd. 13), 102-113.

Höllmüller, H. (2010). Klinische Soziale Arbeit. Ein (Be)Handlungskonzept zwischen Medizin und Pädagogik. www.promente-jugend.at/xedaq/src/uploads/docs/929.pdf (28.09.2010)

Höllmüller, H. (2009). Erkenntnistheoretische Grundlagen von Diagnostik in der Sozialen Arbeit. In: Pantucek, Peter & Röh, Dieter (Hrsg.) (2009): Perspektiven Sozialer Diagnostik. Lit-Verlag: Wien und Münster.

Hofer, M. A. (1982). Some thoughts on the „transduction of experience" from a developmental perspective. Psychosomatic Medicine, 44, 19-28.

Hollenstein, L. & Sommerfeld, P. (2009): Arbeitsfeldanalyse und Konzeptentwicklung der Sozialen Arbeit in der Psychiatrie. In: Gahleitner, S. & G.Hahn (Hrsg.): Jahrbuch Klinische Sozialarbeit II. Psychiatrie Verlag: Bonn

Holmes, T. H. & Rahe, R. H. (1967). The Social Readjustment Rating Scale. Journal of Psychosomatic Research 11, 1967, 213-218.

Holmes, J. (2006): John Bowlby und die Bindungstheorie. 2. Auflage. Ernst Reinhardt: München.

Holohan, C. J., Moos, R. H. & Schaefer, J. A. (1996). Coping, stress resistance and growth: conceptualizing adaptive functioning. In: Zeidner, M. & Endler, N. S. (Hrsg.). Handbook of coping. Wiley: New York.

Homfeldt, G. (2005). Gesundheitsarbeit im Stadtteil. Aus: Ortmann, K.; Waller, H. (Hrsg.): Gesundheitsbezogene Sozialarbeit. Eine Erkundung der Praxisfelder. Baltmannsweiler, Schneider-Verlag Hohengehren (= Grundlagen der Sozialen Arbeit – Bd. 13), 143-160.

Hüttemann, M., Fetscher, K. & Leuthold, B. (2007). Klinische Sozialarbeit als forschungsbasierte Intervention. Internationale Perspektiven forschungsbasierter Praxis und die Situation Klinischer Sozialarbeit in der Schweiz. In: Klinische Sozialarbeit. Zeitschrift für psycho-soziale Praxis und Forschung, 3 Jg., Heft 3, 6-9.

Huf, A. (1992). Psychotherapeutische Wirkfaktoren. Psychologie Verlags Union: Weinheim.

Hurrelmann, K. (1994). Sozialisation und Gesundheit. Juventa: Weinheim und München.

Hurrelmann, K. & Laaser, U. (Hrsg.) (1998). Handbuch Gesundheitswissenschaften. Neuausgabe. Juventa: Weinheim und München.

Hyman, S. E. (2000). Mental illness: genetically complex disorders of neutral circuity and neural communication. Neuron, 28, 321-323.

Internationale Klassifikation psychischer Störungen ICD-10 (1992). Huber: Bern u. Göttingen.

Jaspers, K. (1973). Allgemeine Psychopathologie. Springer: Heidelberg.

Jakobs, S. & Röh, D. (2005). Über die (Un)Möglichkeit einer Sozialen Diagnose. Diagnostizieren in der Sozialen Arbeit ist ein Prozess, an dessen Ende keine Diagnose steht. Soziale Arbeit, Jg. 54 (Heft 8), 282-288.

Jungnitsch, G. (1999). Klinische Psychologie. Kohlhammer: Stuttgart.

Junker, H. (1973). Das Beratungsgespräch. Zur Theorie und Praxis kritischer Sozialarbeit. Kösel: München.

Käppler, C. (2009). Klinische Familienpsychologie – Grundverständnis und Anwendungsperspektiven am Beispiel von Vernachlässigung und Gewalt. In: Berufsverband Deutscher Psychologinnen und Psychologen e.V. (Hrsg.). Familien in

Deutschland. Bandherausgeber Schneewind, K.A., 58-63. (http://www.bdp-verband.org/aktuell/2009/bericht/Bericht2009.pdf; 30.09.2010)

Kandel, E. (2007). In Search of Memory: The Emergence of a New Science of Mind. Norton: New York. Dt. (2009). Auf der Suche nach dem Gedächtnis: Die Entstehung einer neuen Wissenschaft des Geistes. Goldmann: München.

Kanfer, F. H., Reinecker, H. & Schmelzer, D. (1991). Selbstmanagement-Therapie. (2. Auflage). Springer: Berlin.

Karls, J. M. & Wandrei, K. E. (Eds.) (1994 a). Person-In-Environment System. The PIE Classification System for Social Functioning Problems. NASW Press: Washington, DC.

Karls, J. M. & Wandrei, K. E. (1994 b). PIE: A System for Describing and Classifying Problems of Social Funktioning. In: Karls, J. M. & Wandrei, K. E. (Eds.). Person-In-Environment System. The PIE Classification System for Social Functioning Problems (3-21). NASW Press, Washington, DC.

Karls, J. M. & Wandrei, K. E. (1992 a). PIE: A New Language for Social Work. Social Work, 37, 80-85.

Karls, J. M. & Wandrei, K. E. (1992 b). The Person-In-Environment System for Classifying Client Problems. A New Tool for More Effective Case Management. Journal of Case Management, 1, 90-95.

Katschnig, H. (Hrsg.) (1980). Sozialer Stress und psychische Erkrankung. Urban & Schwarzenberg: München.

Kauder, V., Aktion Psychisch Kranke (Hrsg.) (1998). Personenzentrierte Hilfen in der psychiatrischen Versorgung. 2. Aufl., Psychiatrie Verlag: Bonn.

Kayser, K. (1997). Couples Therapy. In: Brandell, J.R. (Ed.). Theory and Practice in Clinical Social Work. The Free Press: New York, 254-287.

Keil, W. W. (2001). Therapietheorie der Klientenzentrierten Psychotherapie. http://www.donau-uni.ac.at/imperia/md/content/studium/umwelt_medizin/____psymed/artikel/a4oegwg.pdf (30.09.2010).

Keupp, H. (1972). Psychische Störungen als abweichendes Verhalten. Urban & Schwarzenberg: München.

Keupp, H. (1987). Psychosoziale Praxis im gesellschaftlichen Umbruch. Psychiatrie Verlag: Bonn.

Keupp, H. (2000). Gesundheitsförderung als Ermutigung zum aufrechten Gang. Eine salutogenetische Perspektive. In: Sting, S. & Zurhorst, G. (Hrsg.). Gesundheit und Soziale Arbeit. Gesundheit und Gesundheitsförderung in den Praxisfeldern Sozialer Arbeit. Juventa: Weinheim und München, 15-40.

Keupp, H. & Rerrich, D. (Hrsg.) (1982). Psychosoziale Praxis. Urban & Schwarzenberg: München, Wien, Baltimore.

Kielholz, P. (1971). Diagnose und Therapie der Depression für den Praktiker. Lehmanns: München.

Kieserg, A., Hornung, W. P. (1994). Psychoedukatives Training für schizophrene Patienten (PTS). Ein verhaltenstherapeutisches Behandlungsprogramm zur Rezidivprophylaxe. DGVT: Tübingen.

Kiresuk, T. J. & Sherman, R. E. (1968). Goal attainment scaling: A general method for evaluating comprehensive community mental health programs. In: Community Mental Health Journal, 4, 443-453.

Kisker, K.-P. (1986). Psychiatrie der Gegenwart. Bd. 1,3. Springer: Berlin u. Heidelberg.

Klein, U. (2003). Psychoanalytische Familientherapie in der Behandlung von Demenzpatienten. Z. f. Psychoanalyse und Familientherapie, 3-8.

Klein, U. (2010).Soziale Arbeit und Psychoanalyse. In: Klinische Sozialarbeit. Zeitschrift für Psychosoziale Praxis und Forschung. 6. Jg., Heft 3, Juli 2010, 11-12.

Kleve, H. (1999). Postmoderne Sozialarbeit: ein systemtheoretisch-konstruktivistischer Beitrag zur Sozialarbeitswissenschaft. Kersting: Aachen.

Kleve, H. & Ortmann, K. (2000). Sozialarbeitswissenschaft und Sozialmedizin – ein bezugswissenschaftliches Verhältnis. Theorie und Praxis der Sozialen Arbeit Nr. 3, 114-117.

Kling-Kirchner, C. (2002). Diagnostik als Bestandteil klientenbezogener Sozialarbeit. Soziale Arbeit, 9, 322-330.

Kling-Kirchner, C. (2000). Zum Verständnis Klinischer Sozialarbeit. Protokoll des Symposiums Perspektiven klinischer Sozialarbeit vom 18.2.2000 in der KFH-Mainz, Deutsche Gesellschaft für Sozialarbeit e.V.: Sersheim.

Klüsche, W. (Hrsg.) (1994). Professionelle Identitäten in der Sozialarbeit/Sozialpädagogik – Anstöße, Herausforderungen und Rahmenbedingungen im Prozess der Entwicklung eines beruflichen Selbstverständnisses. Mönchengladbach.

Klüsche, W. (1994). Soziale Arbeit im Spannungsfeld von Hilfserwartung und Selbstverantwortung. In W. Klüsche (Hrsg.), Grundpositionen Sozialer Arbeit. Gesellschaftliche Horizonte, Emotion und Kognition, Ethische Implikationen. (177-222). Fachhochschule Niederrhein. Fachbereich Sozialwesen.

Klüsche, W. (1999). Ein Stück weitergedacht ...: Beiträge zur Theorie und Wissenschaftsentwicklung der Sozialen Arbeit. Lambertus: Freiburg im Breisgau.

Kottler, A. (2004). Psychosoziale Beratung in der Klinischen Sozialarbeit. Bedarf und Kompetenzen. Lage: Jacobs-Verlag.

Köhn, M. (2001). Soziale Suchtbehandlung. Unveröffentlichte Diplomarbeit: Fachhochschule Coburg.

KMK (1999). Strukturvorgaben für die Einführung von Bachelor-/ Bakkalaureus- und Master-/Magisterstudiengängen. Beschluss der KMK.

Krebs, H. (1990). In: Speck & Martin (Hrsg.). Sonderpädagogik und Sozialarbeit. Wissenschaftsverlag Spiess: Berlin.

Kraemer, G. W. (1995). The significance of social attachment in primate infants: The infant-caregiver relationship and volition. In: Pryce, C. R., Martin, R. D. & Shuse, D. (Hrsg.). Motherhood in human and nonhuman primates. Biosocial determinants. Karger: Basel, 152-161.

Kriz, J. (2001). Grundkonzepte der Psychotherapie (5., vollständig überarbeitete Auflage). Urban & Schwarzenberg: München.

Kunz, S., Scheuermann, U. & Schürmann, I. (2007). Krisenintervention. Ein fallorientiertes Arbeitsbuch für Praxis und Weiterbildung (2. Aufl.). Juventa Verlag: Weinheim und München.

Kunze, H., Kruckenberg, P., Aktion Psychisch Kranke (Hrsg.) (1999). Von institutions- zu personenbezogenen Hilfen in der Psychiatrischen Versorgung, Band II – Ambulante Komplexleistungen, sozialrechtliche Voraussetzungen zur Realisierung personenbezogener Hilfen in der psychiatrischen Versorgung. Schriftenreihe des Bundesministeriums für Gesundheit, Band 116 II. nomos Verlag: Baden-Baden.

Krüger, U. (2002). Personenzentrierte Hilfen im Kommen. Psychosoziale Umschau, 2/2002, 7-8.

Kruckenberg, P. & Kunze, H. (Hrsg.) (1997). Personenzentrierte Hilfen in der psychiatrischen Versorgung. Psychiatrie Verlag: Bonn.

Labonté-Roset, C., Hoefert, H.-W. & Cornel, H. (Hrsg.) (2010). Hard to Reach: Schwer erreichbare Klienten in der Sozialen Arbeit. Schibri-Verlag: Berlin.

Laireiter, A.-R. (2003). Diagnostik in der Psychotherapie. Aus der Praxis für die Praxis. Report Psychologie, 1/2003, 27-42.

Lambert, M. J. (1992). Psychotherapy outcome research: Implications for integrative and eclectical therapists. In: J.C. Norcross & M.R. Goldfried (Eds.), Handbook of psychotherapy integration (pp. 94-129). Basic Books: New York.

Lantermann, E. D. (1983). Kognitive und emotionale Prozesse beim Handeln. In: Mandl/Huber: Bern, 248-280.

Laucht, M., Esser, G., Schmidt, M. H. (2000). Längsschnittforschung zur Entwicklungsepidemiologie psychischer Störungen: Zielsetzung, Konzeption und zentrale Befunde der Mannheimer Risikokinderstudie. Zeitschrift für Klinische Psychologie und Psychotherapie, Oktober 2000 Vol. 29, No. 4. Hogrefe-Verlag: Göttingen. 246-262.

Lazarus, R. S. (1966). Psychological stress and the coping process. McGraw Hill: New York.

Lazarus, R. S. & Folkman, S. (1984). Stress, appraisal & coping. Springer: New York.

Lazarus, R. S. & Launier, R. (1981). Stressbezogene Transaktionen zwischen Person und Umwelt. In: Nitsch, R. (Hrsg.). Stress: Theorien, Untersuchungen, Maßnahmen. Huber: Bern, 213-259.

Lemert, E. M. (1951). Social Pathology. McGraw-Hill: New York.

Lempp, R. (1995). Psychoanalyse und Sozialarbeit. In: Verein für Psychoanalytische Sozialarbeit Rottenburg und Tübingen (Hrsg.). Fragen zur Ethik und Technik psychoanalytischer Sozialarbeit. Edition diskord: Tübingen, 10-20.

Levinas, I. (1987). Die Spur des Anderen. Karl Alber: Freiburg/München.

Lewin, K. (1951). Field Theory in social sciences. Harper & Brother: New York. (deutsch: 1963. Feldtheorie in den Sozialwissenschaften. Ausgewählte theoretische Schriften. Huber: Bern.)

Lewin, K. (1963). Principles of toplogical psychology. McGraw-Hill: New York. (deutsch: 1969. Grundzüge der topologischen Psychologie. Huber: Bern.)

Lindner, P., Reiners-Kröncke, W. (1993). Sozialisationsstörungen als Suchtursache und Möglichkeiten der Prävention. Asgard: St. Augustin.

Lietaer, R. & Neirinck, M. (1986). Client and therapist perceptions of helping process in client-centered/experiential psychotherapy. Person-Centered Review, 1, 436-455.

Linehan, M. M. (1996). Dialektisch-behaviorale Therapie der Borderline-Persönlichkeitsstörung. Cip-Medien: München.

Lüssi, P. (1992). Systemische Sozialarbeit. Praktisches Lehrbuch der Sozialberatung. Haupt: Bern.

Luhmann, N. (1984). Soziale Systeme. Grundriss einer allgemeinen Theorie. Suhrkamp: Frankfurt/M.

Lutzker, J. R., Frame, R. E. & Rice, J. M. (1982). Project 12-Ways: An ecobehavioral approach to the treatment and prevention of child abuse and neglect. Education and Treatment of Children, 5, 141-155.

Lux, M. (2008). Neurowissenschaftliche Aspekte Personzentrierter Psychotherapie und Beratung. In: Klinische Sozialarbeit. Zeitschrift für Psychosoziale Praxis und Forschung. 4. Jg., Heft 4, 4-7.

MacDonald, F. (2003). Unveröffentlichte Lehrmaterialien im Masterstudiengang Klinische Sozialarbeit: Fachhochschule Coburg.

Macsenaere, M. (2007).Wirkungsorientierte Steuerung in den Hilfen zur Erziehung. www.paderborn.de/microsite/jugendamt/download/Folien_Mac-senaere_ Paderborn_14.6.07.pdf (Download vom 21.07.2007)

Maguire, L. (2002). Clinical Social Work. Beyond generalist practice with individuals, groups, and families. Brooks/Cole Company: Pacific Grove.

Maslow, A. (1954). Motivation and personality. Harper & Row, New York. Dt. (1981). Motivation und Persönlichkeit. Rowohlt: Reinbek.

Mattaini, M. A. (1997). Clinical Practice with Individuals. NASW Press: Washington DC.

Melchinger, H. (1999). Ambulante Soziotherapie: Evaluation und analytische Auswertung des Modellprojekts „Ambulante Rehabilitation psychisch Kranker“ der Spitzenverbände der gesetzlichen Krankenkassen. Schriftenreihe des Bundesministeriums für Gesundheit. Nomos: Baden-Baden.

Melchinger, H. (2008). Strukturfragen der ambulanten psychiatrischen Versorgung – Expertise – Zentrum Psychologische Medizin Klinik für Psychiatrie, Sozialpsychiatrie und Psychotherapie Prof. Dr. Dr. H. Emrich. www.root.webdestination.de/kunden/01extern/bdn_redaktion_ssl_neu/upload/ kbv_gutachten_(Endfassung).pdf (vom 25.09.2010)

Merten, R., Sommerfeld, P. & Koditek, T. (Hrsg.) (1996). Sozialarbeitswissenschaft. – Kontroversen und Perspektiven. Luchterhand: Berlin.

Merten, R. (1996). Wissenschaftstheoretische Dimension der Diskussion um „Sozialarbeitswissenschaft“. In: Merten, R., Sommerfeld, P. & Koditek, T. (Hrsg.). Sozialarbeitswissenschaft – Kontroversen und Perspektiven. Berlin: Luchterhand, 55-92.

Mertens, W. (2000). Grundlagen psychoanalytischer Psychotherapie. In: Senf, W. & Broda, M. (Hrsg.). Praxis der Psychotherapie. Ein integratives Lehrbuch: Psychoanalyse, Verhaltenstherapie, Systemische Therapie. Thieme: Stuttgart und New York, 130-167.

Merz, J. E. (2000). Borderline. Weder tot noch lebendig … Einzelheiten aus der subtilen Hölle des neuen Menschen. Enke: Stuttgart.

Metzinger, T. (1993). Subjekt und Selbstmodell. Die Perspektivität phänomenalen Bewusstseins vor dem Hintergrund einer naturalistischen Theorie mentaler Repräsentation. Ferdinand Schönigh: Paderborn, München, Wien, Zürich.

Metzinger, T. (2000). Die Zukunft des Subjekts. Die Welt. Sonderteil „Die literarische Welt“, 26.8.00, 3.

Meyer, A. E., Richter, R., Grawe, K., Graf v.d. Schulenburg, J.-M., Schulte, D. (1991). Forschungsgutachten zu Fragen eines Psychotherapeutengesetzes im Auftrag des Bundesministeriums für Jugend, Familie, Frauen und Gesundheit. Universitätskrankenhaus Eppendorf.

Meyer, C. H. (1995). The ecosystems perspective: Implications for practice. In: Meyer, C. H. & Mattaini, M. A. (Eds.). The foundations of social work practice: a graduate text. NASW Press Washington, D.C., 16-27.

Miller, S. C., Duncan, B. L. & Hubble, M. A. (1997). Escape from Babel. Toward a Unifying Language for Psychotherapy Practice. W. W. Norton & Company: New York, London. Dt. (2000). Jenseits von Babel. Wege zu einer gemeinsamen Sprache in der Psychotherapie. Klett-Cotta: Stuttgart.

Milne, D. L. (1999). Social Therapy. A Guide to Social Support Interventions for Mental Health Practitioners. John Wiley & Sons: New York.

Minuchin, S. (1977). Familie und Familientherapie. Theorie und Praxis struktureller Familientherapie. Lambertus: Freiburg.

Mishne, J. (1997). Clinical social work with adolescents. In: Brandell, J. R. (Ed.) (1997). Theory and Practice in Clinical Social Work. The Free Press: New York, 101-131.
Mitchell, S. A. (1988). Relationational concepts in psychoanalysis: An integration. Harvard University Press: Cambridge, MA.
Mitscherlich. A. & Mitscherlich, M. (1967/1994). Die Unfähigkeit zu trauern. Piper: München.
Mitscherlich, A. (1966). Krankheit als Konflikt, Bd. I. Suhrkamp: Frankfurt/M.
Mitscherlich, A. (1967). Krankheit als Konflikt, Bd. II. Suhrkamp: Frankfurt/M.
Mittag, O. (1987). Die Klassifikation von Therapeuten und Patienten nach ihrem perzipierten Interaktionsverhalten in psychotherapeutischen Anfangskontakten (Kurzfassung der unveröff. Diss.). GwG Zeitschrift, 69, 63-65.
Moll, G. H., Hüther, G. & Rothenberger, A. (1999). Neurobiologische Modellvorstellungen zu Entstehung und Aufhebung von Zwängen/Zwangsstörungen. Verhaltenstherapie & Verhaltensmedizin, 20. Jahrg. , Heft 4, 449-463.
Montada, L. (1995). Fragen, Konzepte, Perspektiven. In: Oerter, R. & Montada, L. (Hrsg.). Entwicklungspsychologie. Ein Lehrbuch. (3. vollst. überarb. Aufl.) Psychologie Verlags Union: Weinheim, 1-83.
Montada, L. (1985). Entwicklungsberatung als Angewandte Entwicklungspsychologie. In: J. Brandtstätter & H. Gräser (Hrsg.). Entwicklungsberatung unter dem Aspekt der Lebensspanne Hogrefe: Göttingen, 1-15.
Moos, R. H. & Schaefer, J. A. (1993). Coping ressources & processes: current concepts & measures. In: Goldberger, L. & Brezniz (Hrsg.). Handbook of stress: Theoretical and clinical aspects. Free Press: New York.
Mühlum, A. (1994). Zur Notwendigkeit und Programmatik einer Sozialarbeitswissenschaft. In: Wendt, W. R. (Hrsg.). Sozial und wissenschaftlich arbeiten. Status und Positionen der Sozialarbeitswissenschaft. Lamberus: Freiburg i.Br., 41-74.
Mühlum, A. (2001). Wie viel Spezialisierung bracht – und verträgt – die Soziale Arbeit? In: Forum Sozial, 2, 12-15.
Mühlum, A. (2000). Stufenabschlüsse als Modernisierungsschub. Blätter der Wohlfahrtspflege, 3+4, 72-76
Mühlum, A. (2002). Klinische Sozialarbeit – Stationen einer Kontroverse. In: Gödecker-Geenen, N. & Nau, H. (Hrsg.). Klinische Sozialarbeit. Eine Positionsbestimmung. Lit-Verlag: Münster, 18-56.
Mühlum, A., Gahleitner, S. B. (2008). Klinische Sozialarbeit als Fachsozialarbeit. In: Gahleitner, S. B. & Hahn, G. (Hrsg.) (2008). Klinische Sozialarbeit. Beiträge zur psycho-sozialen Praxis und Forschung; Bonn: Psychiatrie Verlag. 44-59.
Mühlum, A. & Goedecker-Geenen, N. (2003). Soziale Arbeit in der Rehabilitation. Reinhardt/UTB: München, Basel.
Mühlum, A., Franzkowiak P., Köhler-Offierski, A., Paulus, P. & Zurhorst, G. (1998). Soziale Arbeit und Gesundheit. Online-Texte der DGS: Sersheim.
Müller, B. (1993). Sozialpädagogisches Können. Lambertus, Freiburg i.Br.
Mundt, Ch., Kick, H. & Fiedler (Hrsg.) (1993). Angehörigenarbeit und psycho-soziale Intervention in der Psychiatrie. Roderer: Regensburg.
Myers, K. (2000). E-Mail-Auskunft. Clinical Social Work Federation: Arlington.
Nau, H. (2002). Perspektiven für die Klinische Sozialarbeit im Gesundheitswesen – Ein Ausblick. In: Gödecker-Geenen, N., Nau, H. (Hrsg.) (2002). Klinische Sozialarbeit. Eine Positionsbestimmung. Lit Verlag: Münster, 178-191.
Nestmann, F., Günther, J., Stiehler, S., Wehner, K. & Werner, J. (Hrsg.) (2008). Kin-

dernetzwerke. Soziale Beziehungen und soziale Unterstützung in Familie, Pflegefamilie und Heim. Tübingen: DGVT.
Nestmann, F. (2008): Die Zukunft der Beratung in der sozialen Arbeit. In: Beratung Aktuell, Fachzeitschrift für Theorie und Praxis der Beratung. 2-2008. Junfermann Verlag: Paderborn. 1-25.
Nestmann, F., Engel, F., Sickendiek, U. (Hrsg.) (2004). Das Handbuch der Beratung. Bd. 1 Disziplinen und Zugänge. Bd. 2 Ansätze und Methoden. Tübingen: DGVT-Verlag.
Nitsch-Berg, H. & Kühn, H. (2000). Kreative Medien und die Suche nach Identität. Methoden Integrativer Therapie und Gestaltpädagogik für psycho-soziale Praxisfelder. Bd. I. Edition Humanistische Psychologie: Köln.
Northen, H. (1982). Clinical Social Work. Columbia University Press: New York.
Oaklander, V. (1988). Gestalttherapie mit Kindern und Jugendlichen. Klett-Cotta: Stuttgart.
Oerter, R., Hagen, C. von, Röper, G. & Noam, G. (1999). Klinische Entwicklungspsychologie. Ein Lehrbuch. Beltz. Psychologie Verlags Union: Weinheim.
Oerter, R. & Montada, L. (2008). Entwicklungspsychologie. Beltz Psychologie Verlags Union; Auflage: 6., vollständig überarbeitete Aufl.: Weinheim
Ohling M, Heekerens H-P (2004): Otto Rank und die Soziale Arbeit. neue praxis 34, 355-370.
Opler, L. A., Wittchen, H.-U., Lammers, K. H. (1999). Der Einsatz von Medikamenten und anderen somatischen Behandlungsformen. In: Kass, F. I., Oldham, J. M. & Pardes, H. (Hrsg.). Handbuch psychische Störungen. Beltz Quadriga: Weinheim & Berlin. 65-82. (Herausgeber der deutschen Ausgabe: H.-U. Wittchen)
Orlinsky, D. E. (1999). Learning from many masters. In: Pertzold, H. & Märtens, M. (Hrsg.). Wege zu effektiven Psychotherapien. Leske + Budrich: Opladen.
Orlinsky, D. E., Grawe, K. & Parks, B. K. (1994). Process and outcome in psychotherapy – noch einmal. In: Bergin A. E. & S. L. Garfield (eds.) Handbook of psychotherapy and behavior change. John Wiley & Sons: New York, 270-378.
Orlinsky, D. E. & Howard, K. I. (1987). A generic model of process in psychotherapy. In: Huber, W. (ed.). Progress in psychotherapy research. Presses Universitaires de Louvain : Louvain-La-Neuve, 445-458.
Orlinsky, D. E. & Howard, K. I. (1986). Process an Outcome in Psychotherapy. In: Bergin, A. E. & Garfield, S. L. (Eds.). Handbook of psychotherapy and behavior change. Wiley: New York, 270-329.
Ortmann, K. (2010). Klinische Sozialarbeit – Wie geht es voran? In: Sozialarbeit in Österreich, Sondernummer, 18 – 21.
Ortmann, K. & Röh, D. (Hrsg.). (2008). Klinische Sozialarbeit. Konzepte – Praxis – Perspektiven. Freiburg im Breisgau: Lambertus-Verlag.
Ortmann, K. & Waller, H. (Hrsg.) (2000). Sozialmedizin in der Sozialarbeit. Forschung für die Praxis. Verlag für Wissenschaft und Forschung: Berlin.
Ortmann, K. & Schaub, A. (2001). Klinische Sozialarbeit – eine kritische Einschätzung. Arbeitskreis Gesundheit der Deutschen Gesellschaft für Sozialarbeit: Sersheim.
Ortmann, K. & Röh, D. (Hrsg.) (2008). Klinische Sozialarbeit. Konzepte – Praxis – Perspektiven. Lambertus: Freiburg im Breisgau.
Ortmann, K.; Waller, H. (Hg.) (2005): Gesundheitsbezogene Sozialarbeit. Eine Erkundung der Praxisfelder. Schneider Verlag Hohengren: Baltmannsweiler.
Otto, H.-U. & Thiersch, H. (Hrsg.) Handbuch der Sozialarbeit/Sozialpädagogik. Luchterhand: Neuwied.

Paivio, S. C. & Pascual-Leone, A. (2010). Emotion Focused Therapy for Complex Trauma. An Integrative Approach. American Psychological Association: Washington, D.C.
Pantucek, P./Röh, D. (Hrsg.) (2009): Perspektiven Sozialer Diagnostik. Lit-Verlag: Wien und Münster.
Pantucek, P. (2009). Soziale Diagnostik: Verfahren für die Praxis Sozialer Arbeit. Böhlau Verlag, 2. Auflage: Wien, Köln, Weimar.
Pantucek, P. (2005). Materialien zu diagnostischen Verfahren. http://www.pantucek.com/diagnose/mat/ecomap/ecomap.pdf (25.09.2010).
Parsons, T. (1978). Action Theory and the Human Condition. Free Press: New York.
Parsons, T. (1958/1979). Definition von Gesundheit und Krankheit im Lichte der Wertbegriffe und der sozialen Struktur Amerikas. In: Mitscherlich, A., Brocher, T., Mehring, O.v. & Horn, K. (Hrsg.). Der Kranke in der modernen Gesellschaft. Kiepenheuer & Witsch: Köln, 57-87.
Parsons, T. (1951). The Social System. Free Press: Glencoe, Ill.
Pauls, H. (2010). Hard-to-reach – Gedanken zur Aporie des Alleingangs. In: Labonté-Roset, C., Hoefert, H.-W., Cornel, H. (Hrsg.). Auflage: (2010). Hard to Reach: Schwer erreichbare Klienten in der Sozialen Arbeit. Schibri-Verlag: Berlin.
Pauls, H. (2008). Aufgabenstellungen und Bedarf an Klinischer Sozialarbeit in der Kinder- und Jugendhilfe. In: Gahleitner Silke/ Gernot Hahn (Hrsg.): Klinische Sozialarbeit. Zielgruppen und Arbeitsfelder. Beiträge zur psycho-sozialen Praxis und Forschung Bd. 1. Psychiatrie Verlag: Bonn. 126-136
Pauls, H. (2008a). Gestalttherapie im Kinder- und Jugendbereich. In: Hartmann-Kottek, L. (Hrsg.) (2008). Gestalttherapie. Springer: New York, Berlin.
Pauls, H. (2005). Klinische Sozialarbeit und Kinder- und Jugendlichenpsychotherapie. In: Klinische Sozialarbeit – Zeitschrift für Psychosoziale Praxis und Forschung. 1. Jhrg., September 2005, 10-11.
Pauls, H. (2002 a). Erfahrungsorientierte Klinische Sozialarbeit in der Kinder-, Jugend- und Familienhilfe – Konzeption einer Praxiseinrichtung. In: Gesprächspsychotherapie und Personzentrierte Beratung 3/02. GwG, Köln, 223-228.
Pauls, H. (2002 b). Klinische Sozialarbeit konkret – Gegenstand und Perspektiven. Vortrag auf dem Bundeskongress der Deutschen Vereinigung für den Sozialdienst im Krankenhaus. In: Deutsche Vereinigung für den Sozialdienst im Krankenhaus (Hrsg.). Von der Krankenhausfürsorge zur Klinischen Sozialarbeit – der Mensch im Mittelpunkt. DVSK: Mainz, 62-69.
Pauls, H. (2002 c). Spezialisierte Qualifizierung, Kompetenzstufen und berufliche Profilierung – Voraussetzungen, Ziele und Arbeitsweise der Zentralstelle für Klinische Sozialarbeit (ZKS). In: Gödecker-Geenen, N. & Nau, H. (Hrsg.). Klinische Sozialarbeit. Eine Positionsbestimmung. In: Management und Humanität im Gesundheitswesen. Lit Verlag: Münster, Hamburg, London, 140-177.
Pauls, H. (2001 a). Klinische Sozialarbeit – eine dringend notwendige Spezialisierung. Krankenhaussozialarbeit. Forum der Deutschen Vereinigung für den Sozialdienst im Krankenhaus, Heft 1, 2001. 9-17.
Pauls, H. (2001 b). Anmerkungen zu Kompetenzen und Ausbildung in Klinischer Sozialarbeit. Forum Sozial. DBSH, April – Juni 2/2001. 23-25.
Pauls, H. (2000). Konzeption eines berufsbegleitenden Weiterbildungsstudienganges in Klinischer Sozialarbeit mit Master-Abschluss. Unveröffentlichtes Manuskript: Fachhochschule Coburg.
Pauls, H. (1999). Psycho-soziale Gesundheit als Gegenstand Klinischer Sozialarbeit.

In: Pauls, H. & Reicherts, M. (Hrsg.) Schriftenreihe zur psycho-sozialen Gesundheit. IPSG-Institut für Psycho-Soziale Gesundheit: Coburg, 9-29.
Pauls, H. (1997). Das therapeutische Band. In: Gestalttherapie, Zeitschrift der Deutschen Vereinigung für Gestalttherapie, I/97, 43-56.
Pauls, H. (1992). Evaluation des Psychologischen Dienstes im Kinderheim Bachtelen. In: Kinderheim Bachtelen (Hrsg.): 100 Jahre im Dienst von Kindern. Habegger Verlag: Derendingen, 255-285.
Pauls, H. (1988). Alkoholikerstolz und Partnerschaft – Selbstheilungsversuche und Irrtümer. Zeitschrift für Individualpsychologie. Ernst Reinhardt Verlag: München, Basel, 163-180.
Pauls, H. (1986). Schöpferische Kraft, Lebensstil und Psychotherapie. Zeitschrift für Individualpsychologie. Ernst Reinhardt Verlag: München, Basel, 173-183.
Pauls. H. & Gahleitner, S. B. (2008). Progressive Levels der professionellen Kompetenz in Klinischer Sozialarbeit. In: Klinische Sozialarbeit – Zeitschrift für psychosoziale Forschung und Praxis, Jg. 4, 2008, Heft 1, 6-12.
Pauls, H. & Mühlum, A. (2005). Klinische Kompetenzen. Eine Ortsbestimmung der Sektion Klinische Sozialarbeit. In: Klinische Sozialarbeit. Zeitschrift für psychosoziale Praxis und Forschung, 1 Jg. (1). 6-9.
Pauls, H. & Diethelm, K. (1993). „Du scheißt mich an" – Zur Einführung von Gestalttherapie in einem Kinderheim. In: Gestalttherapie. Zeitschrift der Deutschen Vereinigung für Gestalttherapie, 2/93.
Pauls, H. & Reicherts, M. (1999). Empirische Forschung in der Gestalttherapie am Beispiel eines praxisorientierten Forschungsprojektes. In: Fuhr, R., Sreckovic, M. & Gremmler-Fuhr, M. (Hrsg.) (1999). Handbuch der Gestalttherapie. Hogrefe: Göttingen, Bern, Toronto, Seattle. 1137-1160.
Pauls, H. & Reicherts, M. (1996) Materialien der IPSG-Wirksamkeitsstudie zur Gestalttherapie. (unveröffentlicht) IPSG: Fachhochschule Coburg.
Paulus, P. (Hrsg.) (1992). Prävention und Gesundheitsförderung. Perspektiven für die psycho-soziale Praxis. GwG-Verlag: Köln.
Pearson, R. E. (1997). Beratung und soziale Netzwerke. Beltz: Weinheim und Basel.
Perls, F. (1985). Gestalt, Wachstum, Integration. Junfermann: Paderborn.
Perls, F., Hefferline, R., Goodman, P. (1951). Gestalt Therapy. Julian Press: New York. Dt. (1979/1988). Gestalt-Therapie. Klett-Cotta: Stuttgart.
Perrez, M. (1998). Psychologische Faktoren: Einflüsse der Sozialisation. In: Baumann, U. & M. Perrez (Hrsg.). Lehrbuch Klinische Psychologie – Psychotherapie. Hans Huber: Bern, 215-245.
Perrez, M. & Baumann, U. (1998). Psychotherapie: Systematik. In: Baumman, U. & M. Perrez, Lehrbuch Klinische Psychologie – Psychotherapie. Hans Huber: Bern, 392-415.
Pesso, A. (1986). Dramaturgie des Unbewussten. Klett-Cotta: Stuttgart.
Petermann, F. & Koch, U. (1998). Rehabilitationsforschung – Welchen Beitrag kann die Gesundheitspsychologie leisten? Zeitschrift für Gesundheitspsychologie, 6 (3). Hogrefe: Göttingen, 151-156.
Petermann, F. & Schmidt, F. (1995). Qualitätsmanagement und Qualitätssicherung im Bereich der Kinder- und Jugendhilfe. In: Jugendwohl. Zeitschrift für Kinder- und Jugendhilfe, 76. Jg., Heft 10, 451-456.
Petzold, H. (Hrsg.) (1995). Die Wiederentdeckung des Gefühls. Emotionen in der Psychotherapie und der menschlichen Entwicklung. Junfermann: Paderborn.

Petzold, H. (1992). Die 14 Wirkfaktoren in der Psychotherapie. In: Petzold, H. & Sieper, J. (Hrsg.). Integration und Kreation. Junfermann: Paderborn.
Petzold, H. (1987). Rückschritte in der Gestalttherapie. Integrative Therapie, 4, 440-446.
Petzold, H. (1987). Überlegungen und Konzepte zur Integrativen Therapie mit kreativen Medien und einer intermedialen Kunstpsychotherapie. In: Integrative Therapie, 2/3, 104-140.
Petzold, H. & Schobert, T. (1982). Empirische Studien über die Effizienz gestalttherapeutischer Interventionen. Gestalt-Bulletin, 7 (1), 55-79.
Petzold, H. & Brown, G. I. (Hrsg.) (1977). Gestaltpädagogik. Pfeiffer: München.
Pfeiffer, W. M. (1994). Pathogenese aus der Sicht der Gesprächspsychotherapie. In: Teusch, L. Finke, J. & Gastpar, M. (Hrsg.): Gesprächspsychotherapie bei schweren psychiatrischen Störungen. Asanger: Heidelberg, 13-17.
Pfeiffer, W. M. (1986). Ist das Rogersche Persönlichkeits- und Therapiekonzept im Hinblick auf psychiatrische Erkrankungen angemessen? Zeitschrift für personenzentrierte Psychologie und Psychotherapie. 5, 1986 (4), 367-377.
Pongratz, L. (1973). Lehrbuch der Klinischen Psychologie. Hogrefe: Göttingen.
Prestele, I. (2003). Klinische Sozialarbeit im Rahmen primärer Gesundheitsversorgung konkretisiert anhand der chronischen Schmerzkrankheit aus geschlechtsspezifischer Perspektive. Unveröffentlichte Diplomarbeit: Fachhochschule Coburg.
Priller, H. (1999). Netzwerke in der sozialpsychiatrischen Versorgung. In: Pauls, H., Schlittmaier, A. & Priller, H.: Beiträge zur Klinischen Sozialarbeit. Schriftenreihe zur psycho-sozialen Gesundheit. IPSG: Weitramsdorf, 65-95.
Priller, H. (1996). Anamnese, Exploration, psycho-soziale Diagnose. Asgard Verlag: Sankt Augustin.
Raffoul, P. R. & McNeece, A. (Eds.) (1996). Future issues for social work practice. Allyn and Bacon: Needham Heights Massachusetts.
Rahm, D. (1986). Gestaltberatung. Junfermann: Paderborn.
Rahm, D., Otte, H., Bosse, S. & Ruhe-Hollenbach, H. (1999). Einführung in die Integrative Therapie. Junfermann: Paderborn. 4. Auflage.
Rahn, E. (2001). Arbeitsbuch Psychiatrie für Studium und Beruf. Psychiatrie Verlag: Bonn.
Ravens-Sieberer, U., Wille, N., Bettge, S. & Erhart, M. (2007). Psychische Gesundheit von Kindern und Jugendlichen in Deutschland. Ergebnisse aus der BELLA-Studie im Kinder- und Jugendgesundheitssurvey (KiGGS). Bundesgesundheitsblatt – Gesundheitsforschung – Gesundheitsschutz, 50(5-6), 871-878.
Rauchfleisch, U. (2001) Arbeit im psycho-sozialen Feld. Beratung, Begleitung, Psychotherapie, Seelsorge. Vandenhoeck & Ruprecht: Göttingen.
Redel, C. (2001). Nachgefragt. Deutsches Ärzteblatt, Jg. 98, Heft 6, 71.
Reicherts, M. (2002). Wissenschaftstheoretische Grundlagen Klinischer Forschungsmethoden. Unveröffentlichtes Manuskript: Fachhochschule Coburg.
Reicherts, M. (1999). Comment gérer le stress? Le concept des règles cognitivo-comportementales. Contributions fribourgeoises en psychologie. Volume 9. Editions Universitaires : Fribourg/Suisse.
Reicherts, M. (1998). Ansatzpunkt Therapeut-Klient-Beziehung: Gesprächstherapeutisch orientierte Interventionen. In: M. Perrez & U. Baumann (Hrsg.). Lehrbuch der Klinischen Psychologie. Huber: Bern, 430-447.
Reicherts, M. (1988). Diagnostik der Belastungsverarbeitung. Neue Zugänge zu Streß-Bewältigungs-Prozessen. Freiburger Beiträge zur Psychologie 4. Universitätsverlag Freiburg/Schweiz & Verlag Hans Huber: Bern, Stuttgart, Toronto.

Reinecker, H. (2000). Verhaltenstherapie. In: Senf, W. & Broda, M. (Hrsg.). Praxis der Psychotherapie. Ein integratives Lehrbuch: Psychoanalyse, Verhaltenstherapie, Systemische Therapie. Georg Thieme Verlag: Stuttgart, New York, 186-227.

Reinecker, H. & Latakos, A. (1998). Ansatzpunkt Erleben, Verhalten: Verhaltenstherapeutisch orientierte Psychotherapie. In: M. Perrez & U. Baumann (Hrsg.). Lehrbuch der Klinischen Psychologie. Huber: Bern, 448-467.

Reinicke, P. (Hrsg.) (2001). Soziale Arbeit im Krankenhaus. Vergangenheit und Zukunft. Lambertus: Freiburg i. Br.

Reiners-Kröncke, W., Stübinger, M. (2000). Der Einstieg in soziale Organisationen – Ein Sprung ins kalte Wasser. Fortis: Triosdorf.

Richmond, M. (1922). What is social casework? Russell Sage: New York.

Richmond, M. (1917). Social Diagnosis. Russel Sage: New York.

Richter, H. E. (1978). Engagierte Analysen. Rowohlt: Reinbek.

Richter, H. E. (1970). Patient Familie. Rowohlt: Reinbek.

Ringel, E. (1995). Selbstmord. Appell an die anderen. 5. Aufl., Chr. Kaiser/Gütersloher Verlagshaus: Gütersloh.

Roder, V., Brenner, H. D., Kienzle, N., & Hodel, B. (1988). Integriertes psychologisches Trainingsprogramm für schizophrene Patienten (IPT). Psychologie Verlags Union: München-Weinheim.

Röh, D. (2008). Konzept und Methodik sozialarbeiterischer Diagnostik in der Klinischen Sozialarbeit. In Karlheinz Ortmann & Dieter Roh (Hrsg.), Klinische Sozialarbeit. Konzepte – Praxis – Perspektiven. Lambertus-Verlag: Freiburg i.B., 35-50.

Röhrle, B. (1994). Soziale Netzwerke und soziale Unterstützung. Beltz: Weinheim und Basel.

Rogers, C. R. (1987). Eine Theorie der Psychotherapie, der Persönlichkeit und der zwischenmenschlichen Beziehungen. Gesellschaft für wissenschaftliche Gesprächspsychotherapie: Köln.

Rogers, C. R. (1983). Therapeut und Klient. Fischer: Frankfurt/M.

Rogers, C. R. (1963). Psychotherapy today or where do we go from here? American Journal of Psychotherapy, 17, 5-15.

Rogers, C. R. (1961/1973). Entwicklung der Persönlichkeit. Klett: Stuttgart.

Rogers, C. R. (1957). The necessary and sufficient conditions of therapeutic personality change. Journal of Consulting Psychology, 21, 95-103.

Rogers, C. R. (1951). Client-centered psychotherapy. Houghton Mifflin: Boston.

Romney, D. M. (1976). Treatment progress by objectives: Kiresuk's and Sherman's approach simplified. In: Community Mental Health Journal,12, 210-218.

Roos, U. (2008). Soziale Arbeit mit psychisch kranken jungen Menschen im stationären Rahmen medizinischer Rehabilitation. In U. Denner (Hrsg.), Soziale Arbeit mit psychisch kranken Kindern und Jugendlichen. Stuttgart: Kohlhammer, 125-139.

Rosenbrock, R. et al. (2004): Primärprävention im Kontext sozialer Ungleichheit – Wissenschaftliche Gutachten zum BKK-Programm „Mehr Gesundheit für alle". Bremerhaven: BKK.

Rutz, W. (2001). Psychische Gesundheit in Europa – Die Perspektive der Weltgesundheitsorganisation: Unterschiede, Möglichkeiten, Probleme, Herausforderungen. In: Aktion Psychisch Kranke (Hrsg.). 25 Jahre Psychiatrie-Enquete. Band 2. Psychiatrie-Verlag: Bonn, 27-33.

Saari, C. (1997). Editorial. Clinical Social Work Journal. Vol. 25, No. 4, 385-389.

Sachse, R. (2003). Von der Gesprächspsychotherapie zur Klärungsorientierten Psychotherapie. Institut für Psychologische Psychotherapie: Bochum. (www.psychotherapie-ausbildung-sachse.de)
Sachse, R. (1999). Lehrbuch der Gesprächspsychotherapie. Hogrefe: Göttingen.
Sachse, R. (1996). Praxis der zielorientierten Gesprächpsychotherapie. Hogrefe: Göttingen.
Sachse, R. (1992). Zielorientierte Gesprächspsychotherapie. Hogrefe: Göttingen.
Sachse, R. & Maus, C. (1991). Zielorientiertes Handeln in der Gesprächspsychotherapie. Kohlhammer: Stuttgart.
Salomon, A. (1926) (Neuauflage 2002). Soziale Diagnose. Alice-Salomon-Fachhochschule: Berlin.
Sander, K. (1999). Personzentrierte Beratung. GwG Verlag & Edition Beltz: Köln und Basel.
Schaub, H.-A. (2008). Klinische Sozialarbeit. Ausgewählte Theorien, Methoden und Arbeitsfelder. V&R unipress: Göttingen.
Schaub, H.-A., Bungenstock, A., Flessner-Schaub, L., Hess-Diebäcker, D. (1997). Psychosoziale Rehabilitation in der Sozialpsychiatrie. Schattauer: Stuttgart, New York.
Schauder, T. (1996). Die Aussagenliste zum Selbstwertgefühl für Kinder und Jugendliche. Manual. Beltz Test: Weinheim.
Scheib, P, Wirsching, P. (2000). Familientherapie – eine heterogene Praxis. In: Senf, W. & Broda, M. (2000). Praxis der Psychotherapie. Ein integratives Lehrbuch: Psychoanalyse, Verhaltenstherapie, Systemische Therapie. Thieme: Stuttgart, 240-251.
Schlittmaier, A. (1999). Konzepte der sozialen Unterstützung. In: Pauls, H., Schlittmaier, A. & Priller, H. Beiträge zur Klinischen Sozialarbeit. Schriftenreihe zur psycho-sozialen Gesundheit. IPSG: Weitramsdorf, 30-64.
Schlittmaier, A. (2004). Ethik in der Klinischen Sozialarbeit. Unveröffentlichtes Manuskript, Coburg.
Schiepek, G. (1998). Ausbildungsziel Systemkompetenz. In: Reiter, L., Brunner, E. J. & Reiter-Theil, M. (Hrsg.). Von der Familientherapie zur systemischen Perspektive. (2. Aufl.) Springer: Heidelberg, 181-215.
Schiepek, G. Manteufel, A. & Reicherts, M. (1993). Dynamik und Struktur in komplexen Sozialsystemen. Zur Entwicklung eines Forschungs- und Trainingsparadigmas. In: Schiepek, G., & Spörkel, H. (Hrsg.). Verhaltensmedizin als angewandte Systemwissenschaft. Mackinger: Salzburg, 141-155.
Schiepek, G. & Reicherts, M. (1992). The system game as a research paradigm of self-organisation processes in complex social systems. In: Tschacher, W., Schiepek, G & Brunner, E.J. (Eds.). Self-organization and clinical psychology. Springer: Berlin, 385-417.
Schlippe, A. von (1984). Familientherapie. Junfermann: Paderborn.
Schlippe, A. von & Schweitzer, J. (1997). Lehrbuch der systemischen Therapie und Beratung. (3. Aufl.) Vandenhoeck und Ruprecht: Göttingen.
Schmid, Holger (2009). Der Mehrwert der Gesundheit gegenüber der bloßen Abwesenheit von Krankheit. Vortrag gehalten an der 2. Fachtagung Klinische Sozialarbeit am 4. Juni 2009 in Olten. (http://www.klinischesozialarbeit.ch/tagung-4-5-juni-2009/referat_sch-midholger.pdf am 12.08.2009)
Schmidt, M. H.; Schneider, K. & Hohm, H. et al. (2003): Effekte erzieherischer Hilfen und ihre Hintergründe. Schriftenreihe des Bundesministeriums für Familie, Senioren, Frauen und Jugend, Band 219. Kohlhammer: Stuttgart.

Schmidt, M. H., Holländer, A. & Hölzl, H. (Hrsg.) (1995). Psychisch gestörte Jungen und Mädchen in der Jugendhilfe. Zur Umsetzung von § 35a KJHG. Lambertus Verlag: Freiburg i.Br.
Schmidt, R. F. & Thews, G. (1996). Physiologie des Menschen. (26. Auflage) Springer: Berlin.
Schneider, K. (1985) Widerstand in der Gestalttherapie. In: Petzold, H. (Hrsg.). Widerstand – ein strittiges Konzept in der Psychotherapie. (2. Aufl.) Junfermann: Paderborn, 227-253.
Schnyder, U. & Sauvant, J. D. (Hrsg.) (1993). Krisenintervention in der Psychiatrie. Huber: Bern, 19-32.
Schraml, W. J. (1970). Klinische Psychologie. Huber: Bern.
Schulte, D. (1998). Psychische Gesundheit, Psychische Krankheit, Psychische Störung. In: Baumann U. & M. Perrez (Hrsg.). Lehrbuch der Klinischen Psychologie – Psychotherapie. Huber: Bern.
Schuntermann, M. F. (2000). Kurzeinführung in die ICIDH-2 Beta-2 Version. VDR: Frankfurt/M.
Schwendter, R. (2000). Einführung in die Soziale Therapie. Tübingen: DGVT-Verlag.
Sedmark, C. (2009). Eröffnungsrede. Ethik im Spannungsfeld. In: Gesundheit Berlin-Brandenburg (Hrsg.): Dokumentation 15. bundesweiter Kongress Armut und Gesundheit, Berlin. http://www.gesundheitliche-chancengleichheit.de/?id=main1 &news=348 (25.02.2010).
Sennett, R. (2002). Respekt im Zeitalter der Ungleichheit. Berlin Verlag: Berlin.
Sennett, R. (1998). Der flexible Mensch. Die Kultur des neuen Kapitalismus. Berlin Verlag: Berlin.
Senf, W. & Broda, M. (2000). Praxis der Psychotherapie. Ein integratives Lehrbuch: Psychoanalyse, Verhaltenstherapie, Systemische Therapie. Thieme: Stuttgart.
Senftleben, H. U. (1988). Klinische Sozialarbeit. Eine empirische Untersuchung in hessischen Krankenhäusern des somatischen Versorgungsbereiches. Veröffentlichungen aus Lehre, angewandter Forschung und Weiterbildung: Fachhochschule Wiesbaden.
Selye, H. (1986). History and present status of the stress concept. In: Goldberger, L. & Brenitz, S. (Hrsg.). Handbook of stress. Theoretical and clinical aspects. The Free Press, New York. 7-17.
Shumaker, S. A., Brownell, A. (1984). Toward a theory of social support: Closing conceptual gaps. Journal of Social Issues, 40, 4, 11-36.
Siegrist, J. (1998). Ätiologie/Bedingungsanalyse: Allgemeine Grundlagen – Soziologische Aspekte. In: Baumann, U. & Perrez, M. (Hrsg.). Lehrbuch Klinische Psychologie – Psychotherapie. 2. Vollständig überarbeitete Auflage. Huber: Bern, 264-276.
Siegrist, J. (1996). Soziale Krisen und Gesundheit. Eine Theorie der Gesundheitsförderung am Beispiel von Herz-Kreislauf-Risiken im Erwerbsleben. Hogrefe: Göttingen.
Simon, F. B. (1995). Die andere Seite der Gesundheit. Ansätze einer systemischen Krankheits- und Therapietheorie. Carl-Auer-Systeme: Heidelberg.
Skinner, B. F. (1953). Science and Human Behavior. Free Press: New York.
Skinner, B. F. (1973). Jenseits von Freiheit und Würde. Rowohlt: Reinbek b. Hamburg.
Smail, J. (1993). The origins of unhappiness. Harper-Collins: London.
Smith, J., Standinger, U. M. & Baltes, P. B. (1994). Occupational settings facilitating wisdom-related knowledge: the sample case of clinical psychologists. Journal of Consulting & Clinical Psychology, 62, 989-999.

Sommerfeld, P. (2009). Soziale Arbeit in der Psychiatrie. 2. Fachtagung Klinische Sozialarbeit: Ressourcenaktivierende Verfahren in der psycho-sozialen Praxis und Beratung. Donnerstag, 4. Juni 2009, Fachhochschule Nordwestschweiz: Olten.

Sommerfeld, P. (2009a). Zur Notwendigkeit der Kooperation von Medizin und Sozialer Arbeit und die Modellierung der Grundlagen für diese Zusammenarbeit. www.gef.be.ch/site/ip-tagung-sd-ref-p.sommerfeld.ppt (24.02.2010).

Sommerfeld, P., Hollenstein, L. & Krebs, M. (2008): Entwicklungsperspektiven der Sozialen Arbeit in der Integrierten Psychiatrie Winterthur. Bericht eines kooperativen Entwicklungsprojekts. Forschungsbericht der Fachhochschule Nordwestschweiz: Olten (http://www.fhnw.ch/sozialear-beit/ipw/publikationen/forschungsberichte/arbeitsfeldanalyse.pdf) (19.02.2010, 14:15 Uhr).

Sommerfeld, P., Calzaferri, R. & Hollenstein, L. (2008): Die Dynamiken von Integration und Ausschluss. Zur Erfassung und Bearbeitung von Komplexität in der Sozialen Arbeit. In: Conrad, C. & Mandach, L. von (Hrsg.): Auf der Kippe. Integration und Ausschluss in Sozialhilfe und Sozialpolitik. Seismo Verlag: Zürich, S. 67-80.

Spangler, G. & Grossmann, K. E. (1993). Biobehavioral organization in securely and insecurely attached infants. Child Development, 64, 1439-1450.

Spangler, G. & Schieche, H. (1995). Psychobiologie der Bindung. In: Spangler, G. & Zimmermann, P. (Hrsg.) (1995). Die Bindungstheorie: Grundlagen, Forschung und Anwendung. Klett-Cotta: Stuttgart, 297-310.

Spangler, G. & Zimmermann, P. (Hrsg.) (1995). Die Bindungstheorie: Grundlagen, Forschung und Anwendung. Klett-Cotta: Stuttgart.

Speirer, G.-W. (1994). Das Differentielle Inkongruenzmodell (DIM). Handbuch der Gesprächspsychotherapie als Inkongruenzbehandlung. Asanger: Heidelberg.

Spiegel, R. (1998). Psychopharmakotherapie. In: Baumann, U. & Perrez, M. (Hrsg.) (1998). Lehrbuch Klinische Psychologie – Psychotherapie. Verlag Hans Huber: Bern, 507-522.

Staub-Bernasconi, S. (1995). Systemtheorie, soziale Probleme und Soziale Arbeit: lokal, national, international oder: vom Ende der Bescheidenheit. Haupt: Bern.

Steinert, E. (Hrsg.) (1998). Sozialarbeitsforschung: Was sie ist und leistet; eine Bestandsaufnahme. Lambertus: Freiburg i. Br.

Stern, D. (2007 erweiterte Aufl.). Die Lebenserfahrung des Säuglings. Klett-Cotta: Stuttgart. Orginalfassung (1985). The interpersonal world of the infant. Basic Books: New York.

Stern, D. (1985). The interpersonal world of the infant. Basic Books: New York. Dt. (1992). Die Lebenserfahrung des Säuglings. Klett-Cotta: Stuttgart.

Sticher-Gil, B. (1998). Menschen in prekären Situationen sollen erleben: Probleme sind lösbar. Blätter der Wohlfahrtspflege, 9 & 10, 180.

Stiels-Glenn, M. (2008). Neurowissenschaften und die Kriminologie. In: Klinische Sozialarbeit. Zeitschrift für Psychosoziale Praxis und Forschung. 4. Jg., Heft 4, 8-9.

Stimmer, F. (Hrsg.) (1996). Lexikon der Sozialpädagogik und der Sozialarbeit. Oldenbourg Verlag: München, Wien.

Stimmer, F. (2000). Suchtlexikon. Oldenbourg Verlag: München, Wien.

Sting, S. & Zurhorst, G. (Hrsg.) (2000). Gesundheit – Ein Kernthema Sozialer Arbeit? In: Sting, S. & Zurhorst, G. (Hrsg.). Gesundheit und Soziale Arbeit. Gesundheit und Gesundheitsförderung in den Praxisfeldern Sozialer Arbeit. Juventa: Weinheim und München, 7-11.

Stockmann, P. (2010). Sociotherapeutic Interventions for Children with Asperger Syndrome. Unveröffentlichte Masterthesis. Coburg & Berlin: Masterstudiengang Klinische Sozialarbeit.

Straumann, U. (1992). Prävention zwischen Individuum, Institution und Gesellschaft. In: Paulus, P. (Hrsg.) (1992). Prävention und Gesundheitsförderung. Perspektiven für die psycho-soziale Praxis. GwG-Verlag, Köln, 119-131.

Straumann, U. (Hrsg.) (1992 b). Beratung und Krisenintervention. Materialien zu theoretischem Wissen in interdisziplinärem Bezug. GwG-Verlag: Köln.

Stroebe, W., Hewstone, M., Codol, J.-P. & Stephenson, G.-M. (1992). Sozialpsychologie. Springer: New York, Berlin, Heidelberg.

Strotzka, H. (1975). Psychotherapie: Grundlagen, Verfahren, Indikationen. Urban & Schwarzenberg: München.

Strotzka, H. (1965). Einführung in die Sozialpsychiatrie. Rowohlt: Reinbek.

Swildens, H. (1991). Prozessorientierte Gesprächspsychotherapie. GwG-Verlag: Köln.

Tabert, G. (2005). Gesundheitsarbeit in der Wohnungslosenhilfe. Aus: Ortmann, K.; Waller, H. (Hrsg.): Gesundheitsbezogene Sozialarbeit. Eine Erkundung der Praxisfelder. Baltmannsweiler, Schneider-Verlag Hohengehren (= Grundlagen der Sozialen Arbeit, Bd. 13), 161-176.

Tausch, R. (1960). Gesprächspsychotherapie. Hogrefe: Göttingen.

Teusch, L., Finke, J. & Gastpar, M. (1994): Gesprächspsychotherapie bei schizophrenen Störungen. In: Teusch, L., Finke, J. & Gastpar, M. (Hrsg.). Gesprächspsychotherapie bei schweren psychiatrischen Störungen. Asanger: Heidelberg, 90-99.

Textor, M. (1990). Gemeinsamkeiten von Therapieansätzen. Integrative Therapie, 3, 246-259.

Textor, M. (1988). Eklektische und integrative Psychotherapie. Psychologische Rundschau, 39/4, 201-211.

Theunissen, G, (1992). Heilpädagogik und Soziale Arbeit mit verhaltensauffälligen Kindern und Jugendlichen. Lambertus: Freiburg i.Br.

Thiersch, H. (1992). Lebensweltorientierte Soziale Arbeit. Aufgaben der Praxis im sozialen Wandel. Juventa: Weinheim und München.

Thiersch, H. (1986). Die Erfahrung der Wirklichkeit. Perspektiven einer alltagsorientierten Sozialpädagogik. Juventa: Weinheim und München.

Thomae, H. (1968). Das Individuum und seine Welt. Hogrefe: Göttingen.

Tomasello, M., Dweck, C. , Silk, J. & Skyrms, B. (2009). Why We Cooperate. Review Books von The Mit Press: Cambridge, Boston.

Tscheulin, D. (1992). Wirkfaktoren psychotherapeutischer Intervention. Hogrefe: Göttingen.

Tscheulin, D. (1995). Grundlagen und Modellvorstellungen für eine personenzentrierte Störungslehre. In: S. Schmidtchen, G.-W. Speirer & H. Linster (Hrsg.), Die Entwicklung der Person und ihre Störung, Bd. 2. GwG-Verlag: Köln, 139-180.

Turner, F. J. (Ed,) (1995). Differential Diagnosis and Treatment in Social Work. The Free Press: London, Toronto, Sydney, Singapore.

Turner, F. J. (1979). Psychosocial Therapy. In: F. J. Turner (Ed.). Social work treatment. Interlooking theoretical approaches. Second Edition. The Free Press: New York, London, 69-90.

Uexküll, T. von & Wesiak, W. (1986). Wissenschaftstheorie und Psychosomatische Medizin, ein bio-psycho-soziales Modell. In: von Uexküll, T. Psychosomatische Medizin. Herausgegeben von R. Adler, J.M. Herrmann, K. Köhle, O. W. Schon-

ecke, T. von Uexküll, W. Wesiak. 3. Auflage. Urban & Schwarzenberg: München, Wien, Baltimore, 1-30.
Velden, M. (2010). In Sachen Intelligenz nicht auf Intuition bauen. FAZ, 08. September 2010, Nr. 208, N 2.
Viefhues, H. (Hrsg.) (1981). Lehrbuch Sozialmedizin. Kohlhammer: Stuttgart.
Walhalla Datenbank Power-Lex: Zivil- und Wirtschaftsrecht – Sozialrecht – Strafrecht und Verwaltungsrecht, Walhalla Fachverlag,
Update 2001.2, \005\015\964.HTM.
Waller, H. (2002): Sozialmedizin. (5. Aufl.) Kohlhammer: Stuttgart.
Waller, H. (Hrsg.) (1982). Sozialarbeit im Gesundheitswesen. Ausbildungskonzepte, Praxisberichte, Forschungsergebnisse. Beltz Verlag: Weinheim/Basel.
Wallroth, M. (2008). Vom Sinn der Sucht – philosophische Aspekte. In: Klein, M. (Hrsg.). Handbuch Kinder und Suchtgefahren. Stuttgart: Schattauer. 27 -39.
Watters, E. (2007). Epigenetik: der Übercode. GEO Magazin Nr. 4/07, http://www.geo.de/GEO/mensch/medizin/53101.html (08.09.2010).
Wedler, H., Welz, R. & Wolfersdorf, M. (1992). Therapie bei Suizidgefährdung. Roderer: Regensburg.
Weinberger, S. (1988) Klientenzentrierte Gesprächsführung. Beltz: Weinheim/Basel.
Weis, I. (2000b). Statement für Symposium Klinische Sozialarbeit. Protokoll des Symposiums Perspektiven klinischer Sozialarbeit vom 18.2.2000 in der KFH-Mainz, Deutsche Gesellschaft für Sozialarbeit e.V.: Sersheim.
Weiss, W. (Hrsg.) (1993). Gesundheit in der Schweiz. Seismo: Zürich.
Wendt, W. R. (2008). Case Management im Sozial- und Gesundheitswesen. Eine Einfuhrung. 4., überarbeitete Auflage. Lambertus: Freiburg.
Wendt, W. R. (2000). Klinische Sozialarbeit. In: Stimmer, F. (Hrsg.) Lexikon der Sozialpädagogik und der Sozialarbeit. Oldenbourg: München. 391-393.
Wendt, W. R. (1998). Behandeln können. Klinische Kompetenzen in Praxisfeldern Sozialer Arbeit. Blätter der Wohlfahrtspflege, 9 & 10, 173-175.
Wendt, W. R. (1997). Case Management im Sozial- und Gesundheitswesen. Eine Einführung. Lambertus: Freiburg i.Br.
Wendt, W. R. (Hrsg.) (1995). Soziale Arbeit im Wandel ihres Selbstverständnisses – Beruf und Identität. Lambertus: Freiburg i.Br.
Wendt, W. R. (1990). Ökosozial denken und Handeln, Grundlagen und Anwendungen in der Sozialarbeit, Lambertus: Freiburg i.Br.
Wendt, W. R. (1999). Stellungnahme zum Weiterbildungsstudiengang Klinische Sozialarbeit an der Fachhochschule Coburg. In: Pauls, H. (2000). Berufsbegleitender Weiterbildungsstudiengang mit Master Abschluss Klinische Sozialarbeit. Unveröffentlichtes Manuskript: Fachhochschule Coburg.
Wendtland, W. (2002). Therapeutische Hausaufgaben. Georg Thieme Verlag: Stuttgart, New York.
Weltgesundheitsorganisation, Regionalbüro Europa (1999). GESUNDHEIT21. Das Rahmenkonzept „Gesundheit für alle" für die Europäische Region der WHO. Europäische Schriftenreihe „Gesundheit für alle", Nr. 6. WHO: Kopenhagen.
Weitzel-Polzer, E. & Barkey, P. (2002). Stichwort: Milieutherapie. In Deutscher Verein für öffentliche und private Fürsorge (Hrsg.). Fachlexikon der Sozialen Arbeit. Gelsenkirchen: Verlag Soziale Theorie und Praxis.
Wettstein, F. (2008). Gesundheitsforderung und Pravention – Ein Beitrag zur Klärung des oft diskutierten Verhältnisses unter besonderer Berücksichtigung der Suchtthematik. Abhängigkeiten, 14.Jg. (2/2008), 41-51.

Weltgesundheitsorganisation [WHO]. (2004). Soziale Determinanten von Gesundheit. Die Fakten. 2. Ausgabe. (21.07.2009, http://www.euro. who.int/document/e81384g.pdf)

Wilfing, H. (2008). Sozialraumsensible Klinische Sozialarbeit – Und was macht der Raum mit uns? In: Klinische Sozialarbeit. Zeitschrift für psycho-soziale Praxis und Forschung, 4. Jg. , Heft 3, 4-6.

Wilkinson, R. & Pickett, K. (2009). Gleichheit ist Glück. Warum gerechte Gesellschaften für alle besser sind. Zweitausendeins: Frankfurt.

Williams, J. B. W., Karls, J. M. & Wandrei, K. E. (1989). The Person-in-Environment (PIE) System for Describing Problems of Social Functioning. Hospital and Community Psychiatry, 40, 1125-1127.

Winnicott, D. W. (1984). Reifungsprozesse und fördernde Umwelt. Fischer: Frankfurt/M.

Witteriede, H. (2005). Gesundheitsarbeit in Schulen. Aus: Ortmann, K.; Waller, H. (Hrsg.): Gesundheitsbezogene Sozialarbeit. Eine Erkundung der Praxisfelder. Grundlagen der Sozialen Arbeit – Bd. 13. Schneider-Verlag Hohengehren: Baltmannsweiler, 128-142.

Wohlfahrtswerk für Baden-Württemberg & Paritätischer Wohlfahrtsverband (Hrsg.). (1998). Sonderheft „Klinische Sozialarbeit". Blätter der Wohlfahrtspflege, Deutsche Zeitschrift für Sozialarbeit 10/11.

World Health Organisation (2001). The World Health Report 2001. Mental Health: New Perspectives, New Hope. WHO Library (bookorders@who.int).

Wittgenstein, L. (1958). Philosophische Untersuchungen. Suhrkamp: Frankfurt/M.

Wüsten, G. (2009). Ressourcenaktivierende Verfahren in der psycho-sozialen Praxis, Klinische Sozialarbeit. Ressourcenaktivierende Verfahren in der psycho-sozialen Praxis und Beratung. Olten: FHNW.

Wüsten, G.; Schmid, H. & Amann, M. (2009). Ressourcenaktivierende Verfahren in der psycho-sozialen Praxis. Klinische Sozialarbeit: Rückblick auf die 2. Fachtagung vom 4./5. Juni 2009 an der FHNW in Olten. Sozialaktuell, 2009 (7/8), 41-42.

Yalom, I. D. (2000): Existentielle Psychotherapie. Edition Humanistische Psychologie: Köln.

Zarbock, G. (1996). Heilen durch Erfahrung. Einführung in die integrative Verhaltenstherapie – Grundlagen und Anwendung. Herder: Freiburg i. Br.

Zepf, S. (1986). Psychosomatische Medizin als eine Sozialwissenschaft. In: von Uexküll, T. (1986). Psychosomatische Medizin. Herausgegeben von R. Adler, J. M. Herrmann, K. Köhle, O. W. Schonecke, T. von Uexküll, W. Wesiak. 3. Auflage. Urban & Schwarzenberg: München, Wien, Baltimore, 31-47.

Zurhorst, G. (2010). Die Bedeutung Klinischer Sozialarbeit für die Kinder- und Jugendlichenpsychotherapie.. In: Klinische Sozialarbeit. Zeitschrift für psycho-soziale Praxis und Forschung, 6.Jg., Heft 3, 10-11.

Zurhorst, G., Gottschalk-Mazouz, N. (2008). Krankheit und Gesundheit. Philosophie und Psychologie im Dialog. Vandenhoek & Ruprecht: Göttingen.

Zurhorst, Günter (2005). Soziale Benachteiligung und psycho-soziale Gesundheit. In: Klinische Sozialarbeit. Zeitschrift für psycho-soziale Praxis und Forschung, 1. Jg. (1), 4-6.

Zurhorst, G. (2000). Armut, soziale Benachteiligung und Gesundheit. In: Sting, S. & Zurhorst, G. (Hrsg.). Gesundheit und Soziale Arbeit. Gesundheit und Gesundheitsförderung in den Praxisfeldern Sozialer Arbeit. Juventa: Weinheim/München, 41-54.

Zurhorst, G. (2002). Klinische Sozialarbeit und Soziopathologie. Vortrag an der Fachhochschule Coburg im Dezember 2002.

Sachregister

Personenregister